西村昌也 著

ベトナムの考古・古代学

同成社

はじめに

　唐突かもしれないが、大観して考古学には２つの方向性があると思う。ひとつは普遍的な人類史を追究する方向である。欧米の文化人類学に含まれるような考古学研究には、この方向性をとるものが多い。人類の進化史、社会進化や国家形成の問題、狩猟採集と農耕の起源などのテーマは、この方向で発展していると考えたい。もうひとつはその地域の歴史・文化の成り立ちを読み解こうとする地域研究的な方向である。こちらは特定の地域に関して、考古学を中心としつつも、諸学と連携して、その地域の成り立ちを明らかにしようとする研究である。日本で活躍する各都道府県や市町村の埋蔵文化財関係者の研究は、このラインに位置づけられるものが多いと考える。本書は後者のスタンスで書いている。地域研究的な考古学が進まなければ、人類史的な考古学研究も正しい方向には進まないと思う。

　東南アジア考古学は、データ蓄積量の薄さも手伝って、それぞれの地域の歴史・文化的事象や特徴を、説明あるいは理解するための考古学の成長が不十分である。豊かな伝統的民族文化があるゆえ、民族考古学的研究が盛んな地域であるが、それらは人類史研究の方向で行われていることが多く、地域理解に繋がっていないものが多い。この原因は、ひとつにはその地域に根ざした研究が少ないことによる。フィールドを単に考古学の調査地として捉えたなら、その地域を総合的に捉える理解が進まないのは当然である。こうしたことが学部生以来気にかかっていた。いろいろ試行錯誤はしたが、結局、私自身は方法論的に考古学を基盤にした研究ではあるが、他分野のベトナム研究も学際的に参照し、地域理解つまり地域研究を目標（ディシプリンとしての地域研究ではなく）としたものが、自分の理想的研究と考えるに到った。ところで、日本の場合、古代といえば古墳時代から平安時代頃までを指し、ベトナムの場合、古代を独立政権の指向が強くなる９世紀から陳朝代（13-14世紀）までを当てはめる桃木至朗氏（桃木 2001a, b）の考え方がある。しかし、ベトナムの場合、地方文書等の文献資料が豊富に出現する17-18世紀期以前の研究は、考古学と他分野研究との学際研究、つまり古代学（森浩一氏などが提唱）がひとつの大きな軸となると考え、各時代の研究を配列した本書に考古・古代学を使った次第である。

　ベトナムは南シナ海に面した南北に細長い国土で、面積約32万km²を有している。西に中国雲南省、ラオス、カンボジアが隣接し、北には中国広西壮族自治区を隣接し、海を東に越えると中国海南島、フィリピンが控えている。この南北に長い国土には２つの穀倉地帯、紅河下流域とメコン河下流域とその周辺地帯があり、8000万人を超える人口を養う基礎体力を提供している。

　ところで、北部の紅河平野は、キン族（現在のベトナム人の90％以上を占める民族）を含むベト・ムオン緒族やタイ系緒民族の居住の場となり、ドンソン期から現在に至るまで、周辺地域と連動して、国家興亡の舞台であり続けた地域である。

紅河下流域などの北部の平野部を俯瞰すると歴史・文化的視点からいくつかの疑問が湧いてくる。平野部の場合、ひとつの集落の人口規模が数千人規模であることなど珍しくなく、そうした大規模な集落が平野に密度濃く分布する光景は空から眺めると圧巻でさえある。しかも、一般的にこうした集落は農村と表現される場合が多い。確かに、居住者たるベトナム人（キン族）は、おのおの水田を持ち、農業を食べるための生計基盤としている。しかし、かれらは農業だけで経済を営んでいるわけではなく、現金収入のための様々な生業に取り組んでいるのが普通である。こうしたことは、発掘時にムラの民家に泊まり込んで生活してみて初めて知ったことである。"ベトナムの人口の90％以上が農民です"などというありきたりの言説を信用できないと思った。

　ところで、平野部はキン族が主人公の居住域であるが、周囲の山間部にはキン族はほとんど居住せず、ムオン族やタイ系諸族、さらには他の民族の居住域となっている。こうした棲み分け的居住域の違いはなぜ生じたのであろうか。さらに、ベトナムは北に中国を接し、過去に中国に服属させられた時代（北属時代や属明期など）を経験している。しかし、周囲の広西壮族自治区、雲南、海南島などは、ベトナム同様に、中原の漢族系国家成立地域とは異なる国家や社会を形成した地域にもかかわらず、最終的には中国に服属してしまった地域である。ベトナムがそうならなかったのは何が原因であろうか。また、こうした問題に理解や解決が与えられなければ、北部ベトナムのキン族を中心とする社会が、15世紀以降、中部そして南部ベトナムへ膨張し、現在のベトナムを形作ってきた歴史も正確に理解することはできないだろう。

　このような大きな問いに答えるのは、筆者の研究だけでは無理であろうが、少なくとも、こうした問いに答えられることを目指した考古学研究があってもいいと思っている。また、いくつかの章では、考古学研究をきっかけにして歴史地理や文献史学の問題へ、実際に踏み込んでみた。現在、考古学は人文社会学や自然科学などの関連諸学の分析や考えを取り入れ発展しており、考古学的認識を起点に他分野研究へ積極的発言をすることが、将来的に考古学の意義を主張できると考えたからである。読者のご意見をお待ちする。

　本書は、2006年に東京大学大学院人文科学研究科に提出した学位論文『紅河平原とメコン・ドンナイ川平原の考古学的研究』の北部ベトナムに関する論考を抜粋・分解し、修正を加え、さらにいくつかの書き下ろしを加えたものである。これまでの筆者の研究には、編年研究と居住や分布の問題を扱った研究が多い。そこで、まず、地域史理解の基本となるべく編年の整理を時代ごとに行いながら、これまでの自身の研究の一中心をなす居住パターンに関する各研究を時代ごとに分解して提示することにした。また、先史時代末から出現する銅鼓の分布問題は現在に至る平地民と山地民の民族史形成を理解する鍵であり、それに絡む形で歴史時代を中心とした墓葬の問題にも触れてみた。さらに、歴史時代の権力者の居住地である各都城遺跡の問題にも触れ、権力と文化の関係にも若干の考察を及ぼした。最終的には先史時代から歴史時代にかけての居住と民族（文化）形成をテーマとして、本書をまとめた次第である。

目　次

はじめに　i

第1章　北部ベトナムの地理的趨勢　　　　　　　　　　　　　　　　　　　　　1
　　　　──北部ベトナムと紅河平野について──

　第1節　本書で言及する地理的範囲　1
　第2節　気候・植生　3
　第3節　紅河平野の地理概況　4
　第4節　紅河平野の地形分類と人文景観　4
　第5節　紅河平野周辺域の地理概況　8

第2章　旧石器時代から続旧石器時代　　　　　　　　　　　　　　　　　　　11
　　　　──長く続いた礫石器伝統と洞穴貝塚の出現──

　第1節　先史編年の枠組みについて　11
　第2節　段丘礫層やその周辺に現れる後期旧石器時代以前の石器群　12
　第3節　ランヴァック遺跡の調査から　16
　第4節　ホアビン石器群と同時期の石器群　19
　第5節　気候変動　23
　第6節　完新世ホアビン石器群について　23
　第7節　旧石器時代の紅河平野周辺域　25
　第8節　ホアビン石器群時代の生業と石器利用パターン　26
　コラム1　ソムチャイ洞穴　31

第3章　前期新石器時代　　　　　　　　　　　　　　　　　　　　　　　　　33
　　　　──開地遺跡と大型貝塚出現が示す定住化の過程──

　第1節　新石器アセンブリッジの出現と海進問題　33
　第2節　最大海進期以前の開地遺跡　34
　第3節　最大海進の確定　37
　第4節　ダブット文化などの前期新石器アセンブリッジ：大規模貝塚形成の時代　40
　コラム2　"文化"が多い？、少ない？　44

第4章　後期新石器時代 ……………………………………………………… 45
　　　　──長期安定居住や集団墓が示す定住農耕集落社会の形成──

　　第1節　後期新石器時代のはじまり　45
　　第2節　フングエン文化段階　52
　　第3節　前期新石器から後期新石器時代の居住パターン変化　54
　　第4節　後期新石器時代の利用環境と定住社会への移行　56
　　第5節　マンバック遺跡の石器群と付随する問題　68
　　コラム3　先史墓葬アラカルト　82
　　コラム4　釜形土器の伝統　86

第5章　金属器時代 ………………………………………………………………… 89
　　　　──青銅器製作伝統の始まりと銅鼓の出現──

　　第1節　時期区分　89
　　第2節　青銅器時代から鉄器時代にかけての居住パターン　91
　　第3節　ダイチャック遺跡の研究　93
　　第4節　北部ベトナム銅鼓の分布とその意味　109
　　コラム5　ドンソン遺跡とフィールドスクール　117
　　コラム6　ラオカイ青銅器群　119
　　コラム7　紅河平野の木棺墓遺跡とドンソン文化南域の石蓋墓葬　121

第6章　コーロア城の研究 ……………………………………………………… 125
　　　　──ベトナム史上最初の大型城郭遺跡の魅力──

　　第1節　マーチェー地点の銅鼓等青銅器資料について　127
　　第2節　ソムニョイ地点出土の銅鼓等青銅器資料　131
　　第3節　両地点の青銅器群の位置づけ　132
　　第4節　バイメン地点の調査　133
　　第5節　デン・トゥオン地点の調査　134
　　第6節　瓦類について　134
　　第7節　文献資料との対比　136
　　第8節　終わりに　139

第7章　初期歴史時代前期（紀元1世紀半ばから3世紀初頭）……………… 141
　　　　──在地化する中国的伝統と周縁化した在地伝統──

　　第1節　紀元1000年紀の編年枠設定のための基礎的課題　141
　　第2節　紀元後1世紀から3世紀について：磚室墓資料を中心に　142
　　第3節　1世紀から3世紀の居住パターン　146
　　第4節　漢代の郡県制の空間について　147

第5節　Ⅰ式ドンソン系中期銅鼓：銅鼓伝統の大変容期　*151*

第8章　ルンケー城の研究　………………………………………………………………*155*
　　――初期歴史時代前・中期の中心城郭"龍編"の実態――

　　第1節　文献史学からの理解　*157*

　　第2節　これまでの考古学研究からの理解　*157*

　　第3節　ルンケー城に関する近年の考古学的研究概況　*158*

　　第4節　城塁の構造　*159*

　　第5節　城郭内遺構の性格と城域の範囲　*160*

　　第6節　城郭の存続時期について　*161*

　　第7節　利用最終期について　*161*

　　第8節　他城郭、土塁遺跡との比較　*164*

　　第9節　中国遠隔域や東南アジア大陸部各地との関係を示す遺物　*167*

　　第10節　ルンケー城は嬴陘城ではなく龍編城　*172*

　　第11節　交流の時代"2世紀－3世紀初頭"を体現するルンケー城　*175*

　　コラム8　バイノイ磚室墓　*177*

第9章　初期歴史時代中期・後期素描　………………………………………………………*181*
　　――根付いていく仏教と中国文化――

　　第1節　3世紀半ばから10世紀初頭までの編年基礎資料　*181*

　　第2節　4世紀から9世紀の遺跡分布パターン　*183*

　　第3節　北部ベトナムと扶南あるいはメコン河下流域との交流　*185*

　　第4節　紀元3世紀から9世紀頃の銅鼓　*187*

第10章　タンロン城前史初探　………………………………………………………………*189*
　　――複雑な安南都護府時代あるいはその前身――

　　第1節　ホアンジウ通り18番地点D4－D6区からの問題認識　*189*

　　第2節　前タンロン時代に相当する陶磁器資料群　*190*

　　第3節　文献資料の再検討　*192*

　　第4節　安南都護李元嘉の問題　*192*

　　第5節　南詔侵攻時に多出する都護府の城郭記述　*193*

　　第6節　高駢の大修築とその後　*193*

　　第7節　"江西軍"磚の問題　*194*

　　第8節　『大越史略』、『大越史記全書』の北属時代末期に独自の記述？　*195*

　　第9節　結　論　*195*

　　コラム9　ドゥオンサー窯址遺跡：北属期から独立王朝時代をまたぐ遺跡　*197*

第11章　独立初期王朝時代から李・陳朝期 …… 203
――ベトナムの基本が作られた10〜14世紀――

- 第1節　11-15世紀の新開拓地　*204*
- 第2節　紀元2000年紀前半の銅鼓とその分布　*207*
- 第3節　10-14世紀の大型遺跡と建築文化：仏教とチャンパとの濃密な関係　*214*
- 第4節　ベトナム集落の形成：ナムディン省バッコック集落と周辺域の考古学調査から　*226*
- コラム10　大越の外港遺跡・雲屯（ヴァンドン）について　*253*
- コラム11　胡朝城：ベトナムが達成した技術力の粋を表す都城　*255*

第12章　胡朝・黎朝初期（15世紀）以降 …… 259
――現代ベトナムに直結する景観や文化が形成される時代――

- 第1節　ベトナム集落の形成：キムラン、川べり手工業専業集落の考古学・歴史地理学からの理解　*259*
- 第2節　北部ベトナム紅河平野における輪中型堤防形成に関する試論　*277*
- 第3節　紀元2000年紀後半の銅鼓　*297*
- 第4節　ムオン族の墓葬遺跡　*301*
- 第5節　北部ベトナムの改葬墓の出現についての予察　*308*
- コラム12　権力に左右され続けたベトナム施釉陶器　*316*
- コラム13　戦争と考古学　*318*

第13章　まとめと展望 …… 321

- 第1節　居住パターンの変化と凋密集落形成　*321*
- 第2節　民族形成史理解のための銅鼓　*323*
- 第3節　北部ベトナム：文化形成のベクトルとその場について　*328*

参考文献　*331*

あとがき　*351*

索引　*355*

第1章　北部ベトナムの地理的趨勢
―――北部ベトナムと紅河平野について―――

第1節　本書で言及する地理的範囲

　本論では、ハティン（Hà Tĩnh）省を北部ベトナムの南限として限定して議論を進める。北部ベトナムの地形概況については、図1を参照。行政区分については図2を参照していただきたい。それは中部・南部ベトナムは基本的に15世紀以降に、キン族が南下して形成した新居住地であり、北部ベトナムを、居住史や民族形成の問題において、その初現から系統立てて、理解することが必要だからである。

　北部ベトナムの地理的中心として認識されている地域は、首都ハノイ（Hà Nội）[(2)]市を抱える紅河平野（Đồng bằng song Hồng）という大きな沖積平野である（図3を参照）。雲南から注ぎ込む紅河

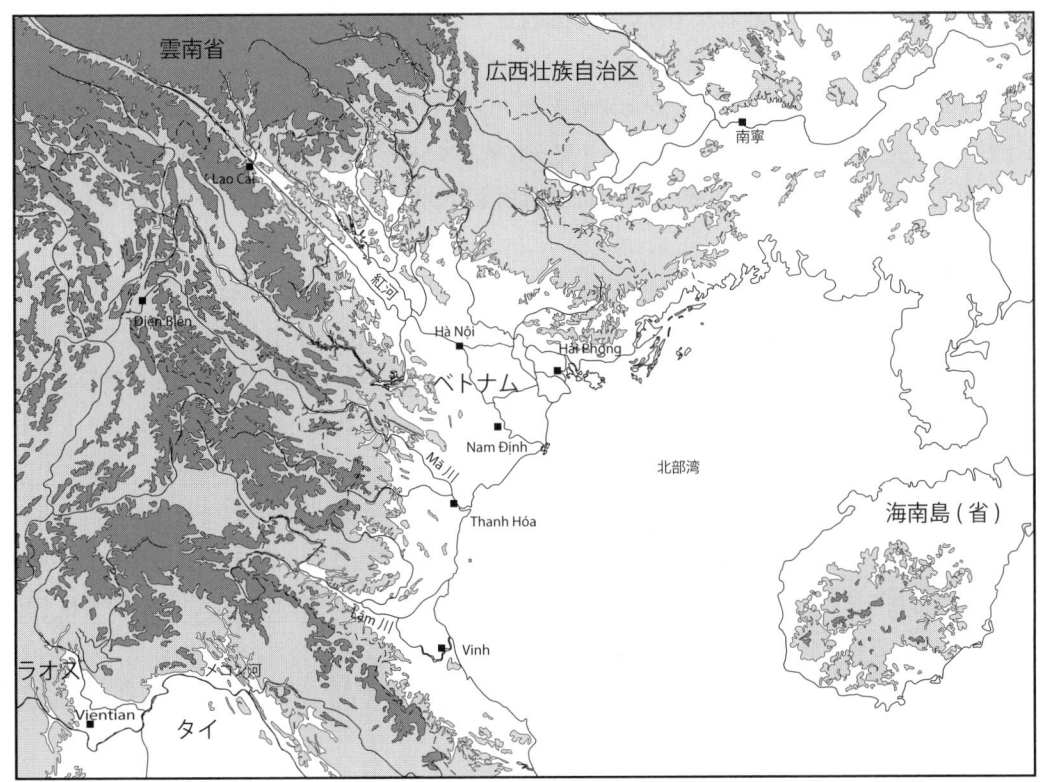

図1　北部ベトナムと周辺の地形図
スクリーントーン（淡：200m以上　濃淡：1000m以上）

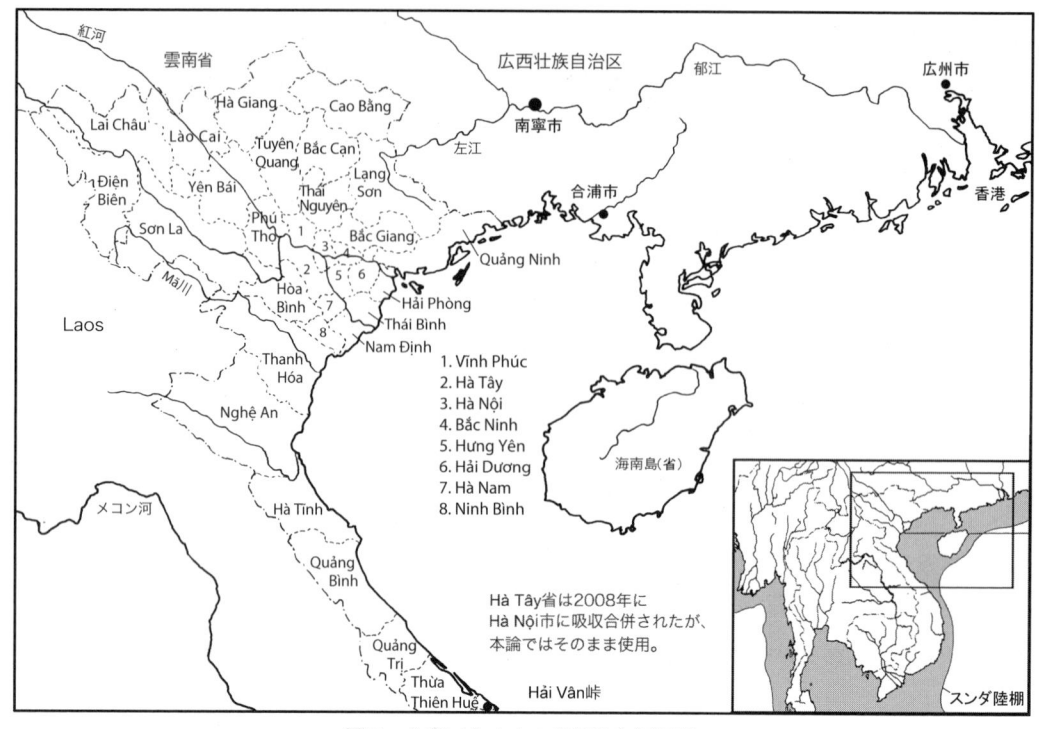

図2　北部ベトナムの省区分と周辺域

の沖積作用によって形成された平野は、約1500km²面積をもち、平野に南接するタムディエップ（Tam Điệp）山脈を挟んで南にはタインホア（Thanh Hóa）市を中心に抱えるマー（Mã）川平野が位置する。さらに南に山地（タインホア省とゲアン省の省界）を越えるとカー（Ca）川とラム（Lâm）川が流れ込むゲアン・ハティンの平野が位置している。この3つの平野域のなかでも、紅河平野が、北部ベトナムのキン族社会、あるいは国家としてのベトナムの政治的・文化的・経済的中心を果たしてきた。

　各章において論述対象となることの多い、紅河平野であるが、英語ではRed River Plainで通称されている。それは、雲南に起源を発する紅河がもたらす土砂堆積によりできた堆積平野であり、地理学、地質学、歴史学、考古学などからの様々な総合的研究が行われている。それらの研究の中で両地域は"紅河デルタ"と呼ばれている場合が多い。筆者もかつてはこの用語を用いていた。しかし、デルタ（三角州）という地形用語は井関弘太郎（1972）によれば、「変化を繰り返して形成される河口部の堆積地形、つまり活三角州（active delta）が主であるべき」とされ、この三角州の集合体からなる平野を三角州平野と定義している。したがって、筆者もこれを参考とし、"デルタ（三角州）"の用語濫用をやめて、三角州平野と同じ程度の意味でPlain（平野あるいは平野）の呼称を用いる。当然、この範囲には扇状地や、自然堤防地帯などの地形が含まれるわけである。したがって、紅河下流域に関しては"紅河平野（Red River Plain）"と呼称しておく。

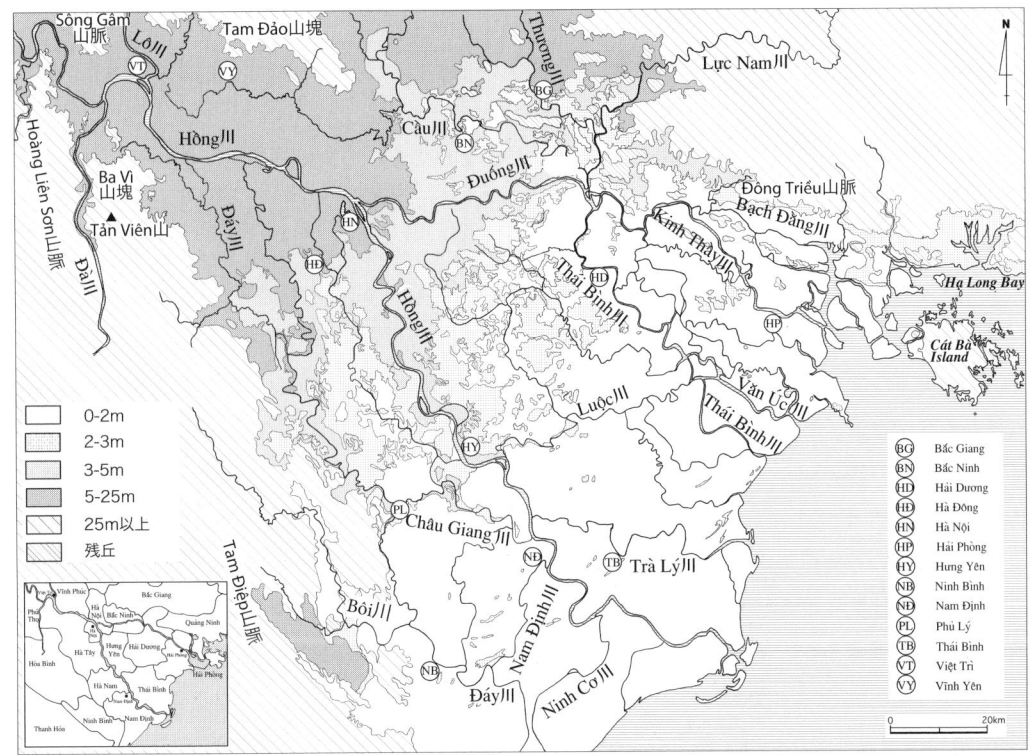

図3　紅河平野の標高分布

第2節　気候・植生

　北部ベトナムは、年間平均気温は23°前後で、穏やかな寒期が存在する亜熱帯気候帯である。冬の寒さは厳しくても日本の11-12月程度である。年間降水量は1500-1800mm位である。年間を通じて湿気が非常に高く、降雨が少ない乾期の期間もさほど長くなく（11月から2月頃）、2-3月から1カ月以上、気温上昇とともに霧雨が一日中降る時期が続く。ただし、最近は温暖化により、この霧雨もあまりみられなくなってきた。東南アジア大陸部の他地域と比べ、寒暖の差が明瞭で、雨季乾季の差は逆にやや不明瞭となっており、嶺南地区（広東・広西）との共通性の方が高い。他、東南アジア大陸部と同様な気候区となるのは、ベトナムではトゥアティエン・フエ（Thừa Thiên Huế）省とダナン（Đà Nẵng）特別市の省界となるハイヴァン（Hải Vân）峠以南である。

　植生は亜熱帯モンスーン林で、熱帯雨林ほどの高い樹冠は発達せず、落葉樹の混交率もかなり高くなり、下生えもより発達している。また、石灰岩地帯特有の植生が発達しているのも特徴である。

第3節　紅河平野の地理概況

　紅河平野は地理的に区切った場合、どこからどこまでになるのであろうか。Gourou（1936）が論じているように、山塊が平野部ぎりぎりまでせり出しているところは、その境が確定しやすいが、そうでないところは非常にぼやけた判断を行うことになる。

　山脈沿いに、平野域の範囲をおおよそで述べると以下のようになる（図3）。北東端はハロン湾にせりだしたドンチュウ（Đông Triều）山脈から始まる。ドンチュウ山脈の南麓をバックダン（Bạch Đằng）川が流れている。西北に朔上するとバックザン（Bắc Giang）省を中心域とする段丘と残丘の複合地帯に出る。北側にはバックザンの北部省境からランソン（Lạng Sơn）省南部にかけてバックソン（Bắc Sơn）山脈などが北西―南東の方向に走っており、その谷間より、ルックナム（Lục Nam）川やトゥオン（Thương）川、カウ（Cầu）川が流れ込んでいる。カウ川流域の平野部は、かなり北の方まで広がりをみせタイグエン（Thái Nguyên）省南部まで食い込んでいる。そして、さらに西行するとタムダオ（Tam Đảo）山塊に出会う。この山塊はヴィンフック（Vĩnh Phúc）省の北部に位置するが、俯瞰するとカウ川とロー（Lô）川の流域に挟まれて、南北に走るソンガム（Sông Gâm）山脈などから南に向かって突出しているのがわかる。ヴィンフックとフート（Phú Thọ）省の境を流れるロー川を越えると、フート省の段丘地帯に入る。ヴェトチー（Việt Trì）市の西側段丘地帯のさらに西や北はコンヴォイ（Con Voi）山脈やホアンリエンソン（Hoàng Liên Sơn）山脈など北西から細長く走る山脈の南東端に位置している。当地域にはロー川、ホン（Hồng：紅河本流）川、ダー（Đà）川という3つの大型河川が北西より流入している。ダー川はホアンリエンソン山脈を大きく南に迂回してヴェトチー近くで紅河と合流している。ダー川と紅河の合流地点の南にタンビエン（Tản Viên：傘円）山を主峰とするバーヴィ（Ba Vì）山塊が北西から南東に向かって走っており、平野部の西側の境を作りだしている。この山塊の東麓をなぞるように流れているのがダイ（Đáy）川である。旧ハタイ（Hà Tây）省、さらにはハナム省（Hà Nam）、ナムディン（Nam Định）省、ニンビン（Ninh Bình）省の4省はこのダイ川以東のタムディエップ（Tam Điệp）山脈やその支脈などにより平野部を仕切られていることになる。

　この範囲を現在の行政区分に対応させると、フート省、ヴィンフック省、旧ハタイ省、ホアビン（Hòa Bình）省の東北端部、ハナム省、ニンビン省、ナムディン（Nam Định）省、タイグエン（Thái Nguyên）省の南部、バックザン（Bắc Giang）省、Bắc Ninh（バックニン）省、ハノイ（Hà Nội）特別市、フンイェン（Hưng Yên）省、ハイズオン（Hải Dương）省、ハイフォン（Hải Phòng）特別市、タイビン（Thái Bình）省、クアンニン（Quảng Ninh）省の西端部を包括することになる（図2）。

第4節　紅河平野の地形分類と人文景観

　Gourou（1936）は紅河平野を区分するにあたって、「周辺山地とデルタの起伏地帯」と「沖積地」に大きく分け、前者に紅河平野を取り囲む山地やバックザン省の段丘地帯や平野部に局所的に

図4 空からみた紅河本流（中流域）

図5 ナムディン省ヴーバン県ホーソン山からの遠景。海岸近くの砂堆列に沿った集落がよくわかる。

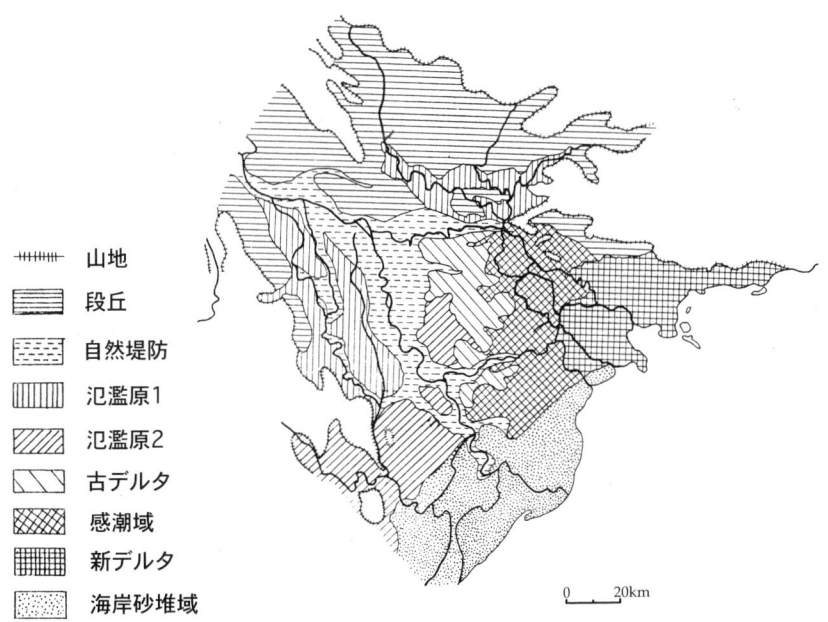

凡例：
- 山地
- 段丘
- 自然堤防
- 氾濫原1
- 氾濫原2
- 古デルタ
- 感潮域
- 新デルタ
- 海岸砂堆域

図6 紅河平野の高谷による区分図

分布する段丘を含めている。後者の沖積地は海面より15m高の範囲として、高度差が河川・農耕・居住の様々な面を決定していると結論し、詳細な等高線を入れた地形図を付している。そしてこの沖積地をデルタ北西部、デルタ東部、西部低地、沿岸地帯に区分けし、それぞれの特徴を以下のように述べている。

　北西部（図4）は河川の沖積作用が大きいため、河川がしばしば高いところを流れ、それが自然堤防の発達を促している。東部では非常に高度が低く、河川も低みを流れ、自然堤防も発達していない。西部低地では、自然堤防に挟まれた低地においては、下流の砂礫列に阻まれ雨期の排水が利かず雨期作がまったく不可能になる。沿岸地帯において河川方向に直交するように砂礫列がいくつ

も並行して発達し、しばしばその上に集落が立地する（図5）。

　高谷は紅河平野の簡単な地形区分案を提出し（Takaya 1975）、その後より詳細な地形区分図に書き換えている（桜井 1980：図6）。高谷案では周縁の高位部を段丘として、紅河本流やダイ川沿いに自然堤防を同定している。ダイ流域やフンイェン省南部、バックザン省南部からバックニン省北部にかけてのカウ川やトゥオン川合流地帯に氾濫原を同定している。またドゥオン（Đuống）川南岸ハイズオン省西域に高谷特有のデルタ区分概念である古デルタ（地理学での高位デルタに相当）を当てはめている。そして、ハイズオン東域からハイフォンにかけての低地帯を新デルタ感潮帯（地理学での低位デルタ）とし、タイビン省からナムディン、ニンビン省にかけての沿岸部を海岸砂丘地帯としている。

　春山は衛星画像をもとに地形分類を行い、高谷案より正確かつ詳細な分類案を提出している（図7：春山 1994）[4]。高谷案との大きな違いは自然堤防地帯の広がりを河川沿いに限定し、氾濫原や高位デルタ（高谷の古デルタ）を逆に拡げていることであろう。

　紅河平野部を構成する沖積層についてはいくつかのまとまった研究がある（Phan C.T. 1991、Ngô Q.T. et al. 2000）。春山成子らが行っている研究は細かいボーリングデータの分析や^{14}C年代測定などを行い、なおかつ図示をしているので最も理解しやすい。まず既存の150-200m深のボーリングデータをまとめて、最終氷河期盛期（Late Glacial Maximum：18000BP頃）に深度5-60mの沖積谷が現タイビン省からハイフォン省の間に位置していたことを復元している（Haruyama, Tanabe & Le Q.D. 2000）。そして、海面上昇期の潮汐三角州や河口砂州の堆積物が沖積谷を埋めるように堆積している。また、現ハイズオン市、ハイフォン市An Lão県アンラオ、ナムディン省Trực Ninh県チュックニン、ニンビン省Yên Khánh県イェンカイン周辺でかなり深い落ち込みが確認できる。そして、完新世のデルタ性堆積物が徐々に海岸方向に向かって埋積の深度を大きくしながら前進しているのがわかる。

　こうした地形・地質環境の上で形成された人文景観は、非常に特異である。集落は一般に密集する住居群からなっている（図8）。現在の凋密集落内（図9）では、車さえ行き来が困難な細い道が縦横に集落内を走り、周りは家々に囲まれ、自身の歩いている位置がしばしばわからないような時さえある。一度、その集落内に入ると、そこは周囲の水田によって隔てられた独自の世界をなしているといってもよい。

　紅河平野の場合、1931年時点ですでに650万人の人口を擁し、人口密度は430人/km^{2}に達している。そして、その人口のほとんどが農民であることに、フランス人文地理学者グルー（Gourou 1936）は素直な驚きを表明している。現在ではフンイェン、ナムディン、タイビン、ハイズオンといった紅河平野下流域の各省では軒並み人口密度が1000人/km^{2}を軽く越え、1200人にまで達しているところがある。ちなみに、過密都市を多く抱えた千葉県の人口密度が1132人/km^{2}で、日本全国第6位である。また、集落もまばらなタイのチャオプラヤ河平野やベトナムとカンボジアにまたがるメコン河下流平野部、メコン・ドンナイ川平野と比較すると、凋密な人口を村ごとに抱えたベトナム北部の平野の際だった特異性が浮かんでくる。もうひとつの特徴は集落（村や都市）を外れると、ほぼ一面が水田という光景が続き、山際まで行かないと、その立体的変化に乏しい光景が続く。たとえば、海岸線間際まで行かないと平野の眼前に海があるということなど想像できないので

第1章 北部ベトナムの地理的趨勢 7

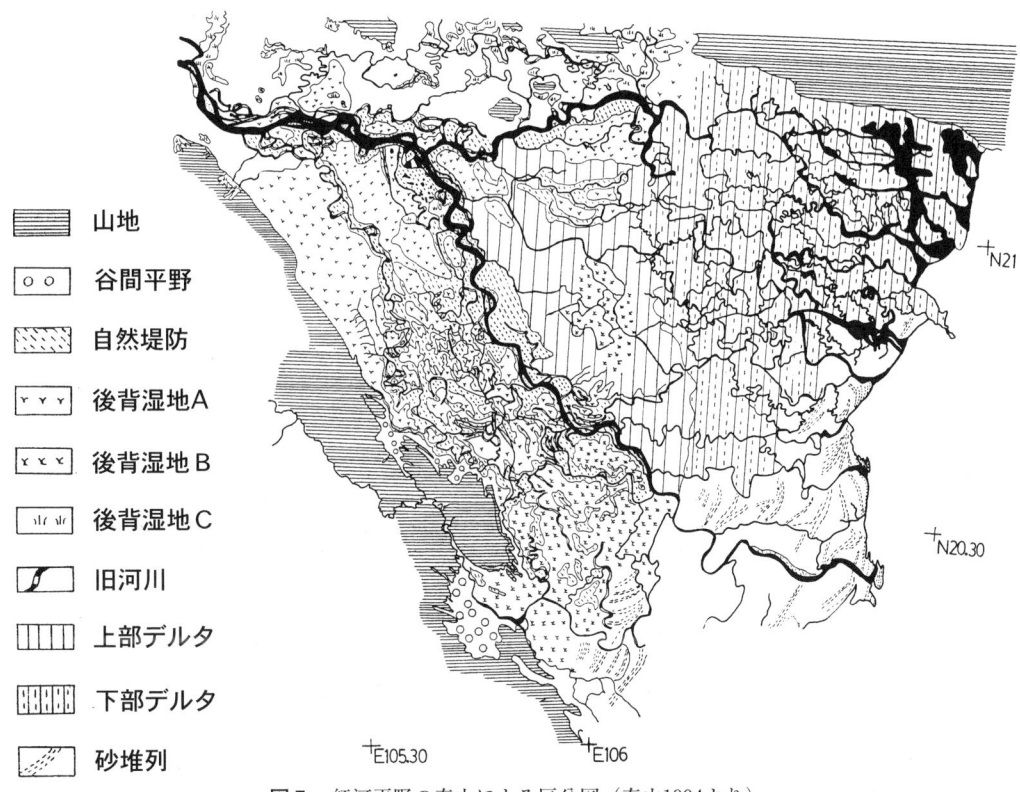

	山地
	谷間平野
	自然堤防
	後背湿地A
	後背湿地B
	後背湿地C
	旧河川
	上部デルタ
	下部デルタ
	砂堆列

図7　紅河平野の春山による区分図（春山1994より）

図8　稠密な紅河平野の集落遠景

図9　紅河平野の集落光景（ハイズオン省チューダウ）

図10　雨期（夏）のハノイ近郊集落遠景

ある。これは、平野の起伏面が非常に乏しいことに由来する。したがって、雨期（夏）と乾期（冬）では、風景も違う。雨期は、集落周辺に大きな池や湖のような浸水域（図10）が出現することが多い。

第5節　紅河平野周辺域の地理概況

まず、行政区分との対応も含めて、北部ベトナムの伝統的地理区分を一部参照しながら、紅河平野の周辺域の地理環境を述べる。

北部北域となる越北(Việt Bắc)地方は、ハザン（Hà Giang）、カオバン（Cao Bằng）、ラオカイ（Lao Cai）、イェンバイ（Yên Bái）の紅河北岸域、トゥエンクワン（Tuyên Quang）、タイグエン（Thái Nguyên）、バッカン、ランソン（Lạng Sơn）の諸省、そしてクアンニン（Quảng Ninh）省の山岳部を含む、紅河中流と紅河平野から北の地域に相当する。西北（Tây Bắc）地方は、ソンラ（Sơn La）、ディエンビエン（Điện Biên）、ライチャウ（Lai Châu）、イェンバイ（Yên Bái）の紅河南岸域、ホアビン（Hòa Bình）、フート（Phú Thọ）の山岳域といった紅河中流の南岸域に相当する。紅河の支流ダー（Đà）川やマー（Mã）川がこの地域を流れる主要河川であるが、マー川はタインホア省中心部に流れ込んでいる。越北、西北地方ともに伝統的には、キン族以外の各民族が居住する空間であり、越北地域はタイ系のタイ（Tày）族やヌン（Nùng）族、チベット・ビルマ語族系のロロ（Lô Lô）などが比較的古くから居住する民族として認識され、人口も多い。西北地域では、タイ系のタイ（Thái）族、キン族とは言語的に近しい兄弟関係にあるムオン（Mường）族が多く住む。特に、ホアビン省、フート省西部、タインホア省西部にはムオン族が多い。両地域とも標高2000mを超える地域があり、最高部は3000mを超える。生態環境的には、西北地方の標高1000mを超える地域は、低地ほど湿度が高くなく、よりラオスに近い気候や生態といってよい。山地は石灰岩塊を中心とする山脈が多く、標高自体はさほど高くないが険しい山容のものが多い。

タインホア、ゲアン、ハティン省は北部南域とも呼ぶべき地域で、生態環境的には、より北部の地域との違いはほとんどないものの、山脈による地理空間の隔絶により、文化地理的にはやや異なる地域を形成しており、その違いは言語（方言）やベトナム史における地政学的役割や位置づけなどに如実に現れている。タインホアの場合、マー川とチュー（Chu）川が形成する平野、ゲアンの場合、ラム（Lâm）川が形成する平野が、規模は紅河平野に比べ小さいけれど、下流域に発達し、豊かな穀倉地帯となっている。山岳部は西北地域同様、各民族の居住域であり、ムオン、タイ、トー（Thổ）族などが居住する。また、当地域の海岸部では、砂礫列が南にいくほど発達し、景観的にはクアンビン（Quảng Bình）省からトゥアティエン・フエ（Thừa Thiên Huế）省までの中北部のそれに近づいていく。これは、海岸部が南シナ海の海流に直接影響を受けるようになるからである。海南島とベトナムに挟まれた海域は、海流が弱く、穏やかな海域である。17世紀、日本からの朱印船は海南島の南を廻って北上し、北部ベトナムを目指していた。

註

(1) 本論での地名・遺跡名表記については、以下のようにした。

　遺跡名表記は、初出の場合、ベトナム語とカタカナ語読みを併記し、2回目以降はカタカナのみとする。ただし、銅鼓名に付された地名は、それ自体が遺物名的な固有呼称になっているため、そのままベトナム語表記を使ってある。

　現在の行政単位は、省（Tinh）の下位行政単位に市（Thành phố）あるいは県（Huyện）ががあり、省と同レベルの特別市（Thành phố đặc biệt）には、郡（Quận）と県（Huyện）がある。北部ではハノイ市とハイフォン市が特別市である。日本の行政村や町程度の人口規模に相当する社（xã）には末尾に社を付し、社の下位行政単位で村（thôn）が存在するところのみ、地名の後に村を付した。また村（thôn）がなく社の下位単位がソム（xóm）の場合は、地名の前にソムを付した。たとえばナムディン省のバッコック周辺ではthônは使われておらず、xãの下の集落単位はソム（xóm）である。また、市（Thành phố）の場合、その下位行政単位に坊（Phường）がある。省名や特別市名は初出の場合、ベトナム語とカタカナ語読みを併記し、2回目以降はカタカナのみとし、それ以下の行政単位名はベトナム語表記を基本とした。それから、市の規模に及ばないThị trấnは、町と訳した。

　また、社会主義革命以前の地名表記は漢字名を用いる。それから、行論を通じて、「村落」という言葉は、ベトナム集落の性格を正確に表す用語ではないので、意図的に使用せず、「集落」に統一してある。

(2) ベトナムでは行政単位の分割・統合が頻繁に行われている。最近では2008年にハタイ（Hà Tây）省が、ハノイ特別市に吸収合併された。しかし、この区分に沿うと歴史地理的実態をわかりにくくするため、行論中では旧区分にとどめてある。

(3) 紅河（Sông Hồng）は、フランス語（Fleuve de Rouge）の訳語であり、植民地時代以前は珥河（Nhị Hà）と呼ばれてきた。

(4) 春山（2004）は、それまでの研究を総括する形で紅河平原の地形分析などの自然地理学的研究を発表しているが、残念ながらフィールド調査以前に行った、紅河平野の地形分類の再分析とその提示にはいたってない。

第 2 章　旧石器時代から続旧石器時代
―― 長く続いた礫石器伝統と洞穴貝塚の出現 ――

第 1 節　先史編年の枠組みについて

　以下、旧石器時代から初期歴史時代（紀元938年まで）の各章においては、各時期単位で編年の枠組みと遺跡の空間分布の変化を叙述する。そのうえで、個別研究テーマやコラムを各章で叙述することを基本構成とする。当然のことながら、北部ベトナムに限定したとしても、その考古学編年は紅河平野域のデータが主となり、周囲地域を適宜参照している（遺跡位置は図11参照）。また、編年の整理にあたっては土器等の遺物分類研究を基礎とする相対編年を重視し、放射性炭素年代はおおまかな絶対年代を知るための参照資料にとどめ、時間の前後関係を論じる主根拠とはしない。なぜなら、遺物研究による相対編年は他の考古学者が公表された編年案を、その資料等にもとづい

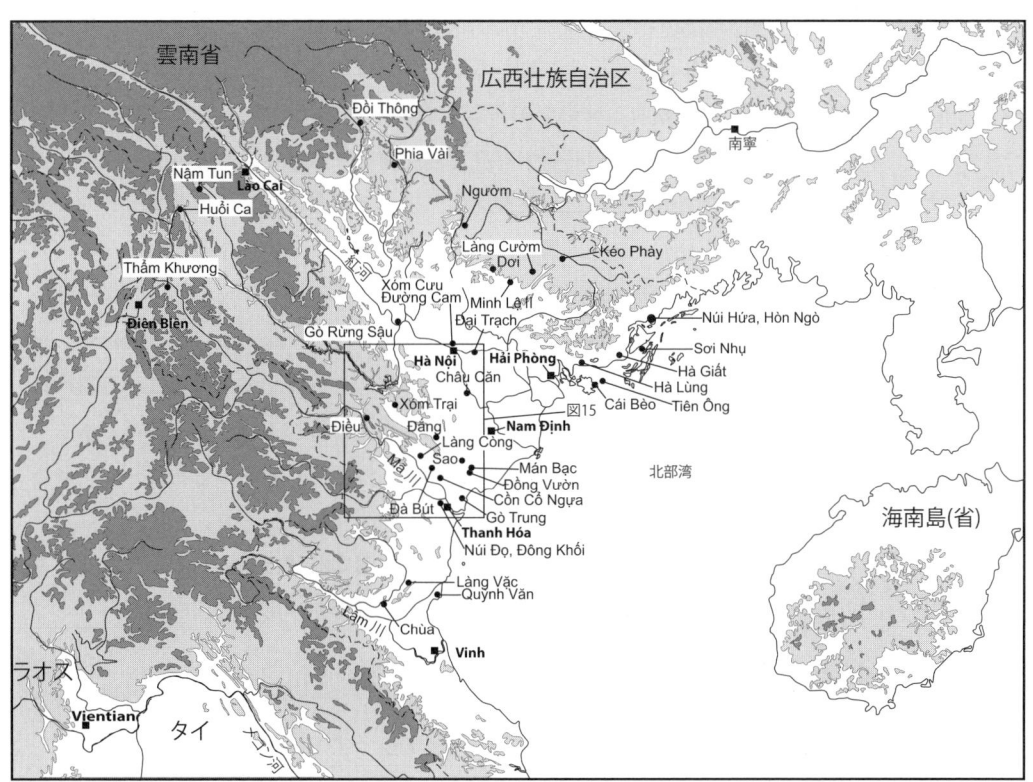

図11　第2章と第3章で言及する旧石器時代から前期新石器時代の遺跡位置

て、再議論することは可能であるが、放射性炭素年代測定法による年代値を、我々、考古学者自体が検証することはできない。もちろん測定結果を他の放射性炭素年代測定法研究者が検証している例も非常に少なく、客観性が保証されていない状況である。

　筆者自身、放射性炭素年代法を学術的年代測定法のひとつとして認める立場を取るものにあるが、あくまでも大まかな時期認識（最大限1000年間を前・中・後3分期で理解する程度）のための手段と利用している。なお、ベトナムの場合、年代測定資料採集層位や共伴遺物との関係が不明な場合が多いため、遺跡や遺物群の時間的前後関係を論じる根拠とさらになりにくい場合が多いことも留意する必要がある。

　ちなみに^{14}C年代値の具体数値に言及している場合は、すべて暦年代較正を施していない年代値（半減期5570年）で、具体的出典が明記していないものは先史時代年代測定値の集成表に依拠してある。関係遺跡の測定年代は表1に集成してある。また、以下叙述する先史編年観を簡易にまとめたものが、表2の編年表である。

第2節　段丘礫層やその周辺に現れる後期旧石器時代以前の石器群

　北部ベトナムの旧石器遺跡といえば、過去においてタインホア省Đông Sơn県のドー山（Núi Đọ：TBNCKCH 1961）のハンドアックスを含む石器群が有名であったが、これは後期新石器時代の方角斧生産のために、露頭石材（玄武岩）を粗割した製作址であることが明らかにされている（Nguyễn K.S. 1989）。ドー山近くの中のドンコイ（Đông Khối）遺跡では、方角斧の製作段階の石器が後期新石器段階の土器とともに多く出土しているが、中には旧石器と見まがうハンドアックス的石器も含まれている(1)。ただし、露頭石材地を旧石器人が利用した可能性を100％否定することはできず、パティネーションの違いなどで旧石器の存在有無を確認する必要はあろう。

　ところで、紅河平野辺縁域のフート省、バックザン省、旧ハタイ省、さらに山岳地域のソンラー省、ラオカイ省、ライチャウ省、イェンバイ省、ハザン省、タインホア省のなどの段丘部の河川礫を多く含む礫層やその付近を中心として、粗製の礫石器群が発見・調査されている（Hà V.T. et al. 1999）。この石器群は、フート省の最初の発見遺跡を標式として、ソンヴィー（Sơn Vi）石器群と呼ばれ、一般に後期旧石器段階に位置づけられている。珪岩や石英を多用したこの石器群は、片面からの打撃により、礫の一側縁や二側縁に刃部を作出した非常に加工の粗い石器群である。南中国や東南アジアの礫石器群などと比較してその類似性や異色性を論じるものもあるが年代判断の決定打とはなっていない。

　そうした状況下、タインホア省のコンモーン（Con Moong）洞穴などと比較して年代を論じる意見が出てきた。Nguyễn Khắc Sử（1983）はコンモーン洞穴の石器群が下層から上層にかけて、ソンヴィアン（ソンヴィー石器群）、ホアビニアン（ホアビン石器群）、バクソニアン（バックソン石器群）の3段階に順次移行変化していることを主張した。最近では、ソンヴィアンを前後2段階に分け、前期を30000BPから17000-18000BP前後、後期を17000-18000BPから12000-11000BP前後に分期している。そして、前期にはディウ（Điều）岩陰第7層、クオン（Thầm Khương）洞穴、ナムトゥン

表1 北部ベトナムの放射性炭素測定年代値（先史時代遺跡に限定）

遺跡名	省、県	インダストリー・文化名 あるいは時期	発掘深度	放射性炭素年代 測定値（BP）	樹輪較正年代（Cal BP）	分析資料	ラボ番号
Nguom R.	バックタイ, Vo Nhai	後期旧石器	1.1m	23100±300	27526-28264	淡水産巻貝	Bln-2692/II
Nguom R.	バックタイ, Vo Nhai	後期旧石器	1.1m	23000±200	27515-28129	淡水産巻貝	Bln-2692/I
Nguom R.	バックタイ, Vo Nhai	後期旧石器	0.7m	19040±400	22352-23384	淡水産巻貝	Bln-2691/I
Nguom R.	バックタイ, Vo Nhai	後期旧石器	0.7m	18600±200	21912-22526	淡水産巻貝	Bln-2691/II
Dieu R.	タインホア, Ba Thuoc	ホアビニアン	1.8-2.0m	8200±70	9070-9276	炭化材	Bln-3541
Dieu R.	タインホア, Ba Thuoc	ホアビニアン	3.0-3.1m	8610±80	9540-9693	炭化材	ANU-10377
Dieu R.	タインホア, Ba Thuoc	ホアビニアン	3.0-3.1m	19700±150	23083-23893	炭化材	Bln-3542
Dieu R.	タインホア, Ba Thuoc	ホアビニアン	L20a	7720±70	8445-8572	淡水産巻貝	ANU-10376
Dieu R.	タインホア, Ba Thuoc	ホアビニアン	L10a	6360±125	7119-7398	炭化材	ANU-1118
Dieu R.	タインホア, Ba Thuoc	ホアビニアン	L17a	4940±40	5627-5716	淡水産巻貝	ANU-1119?
Xom Trai C.	ホアビン, Lac Son	ホアビニアン	?	450±80	366-541	炭化材	Bln-3527
Xom Trai C.	ホアビン, Lac Son	ホアビニアン	0.4m	15150±200	18165-18688	炭化材	Bln-3526
Xom Trai C.	ホアビン, Lac Son	ホアビニアン	0.6-0.8m	16130±90	19093-19530	炭化材	Bln-3042/I&II
Xom Trai C.	ホアビン, Lac Son	ホアビニアン	0.7m	4750±80	5365-5569	炭化材	Bln-3469
Xom Trai C.	ホアビン, Lac Son	ホアビニアン	1.0-1.2m	17100±70	20026-20729	炭化材	Bln-2857/I&II
Xom Trai C.	ホアビン, Lac Son	ホアビニアン	1.2-1.4m	17440±70	20561-21351	炭化材	Bln-2858
Xom Trai C.	ホアビン, Lac Son	ホアビニアン	1.2-1.4m	16900±80	19859-20346	淡水産巻貝	Bln-3478
Xom Trai C.	ホアビン, Lac Son	ホアビニアン	1.2-1.4m	17160±100	20111-20952	炭化材	Bln-3473
Xom Trai C.	ホアビン, Lac Son	ホアビニアン	1.4m	18170±70	21648-22208	炭化材	Bln-3471
Xom Trai C.	ホアビン, Lac Son	ホアビニアン	1.5m	18400±200	21766-22360	淡水産巻貝	Bln-2698/I
Xom Trai C.	ホアビン, Lac Son	ホアビニアン	1.5m	18400±200	21766-22360	淡水産巻貝	Bln-2698I I/II
Xom Trai C.	ホアビン, Lac Son	ホアビニアン	1.5m	18400±20	21835-22333	淡水産巻貝	Bln-2698/II
Xom Trai C.	ホアビン, Lac Son	ホアビニアン	1.4-1.5m	17010±80	19949-20445	炭化材	Bln-3474
Xom Trai C.	ホアビン, Lac Son	ホアビニアン	1.4-1.6m	17290±70	20435-21282	炭化材	Bln-2859
Xom Trai C.	ホアビン, Lac Son	ホアビニアン	1.6-1.8m	17450±100	20564-21359	炭化材	Bln-2860
Xom Trai C.	ホアビン, Lac Son	ホアビニアン	1.6m	18420±150	21809-22358	炭化材	Bln-3472.
Xom Trai C.	ホアビン, Lac Son	ホアビニアン	1.6-1.7m	17010±70	19951-20440	炭化材	Bln-3475
Xom Trai C.	ホアビン, Lac Son	ホアビニアン	1.6-1.7m	16970±70	19923-20397	淡水産巻貝	Bln-3480
Xom Trai C.	ホアビン, Lac Son	ホアビニアン	1.7-1.8m	17390±70	20523-21332	炭化材	Bln-3476
Xom Trai C.	ホアビン, Lac Son	ホアビニアン	1.7-1.8m	17730±70	20754-21524	淡水産巻貝	Bln-3481/I
Xom Trai C.	ホアビン, Lac Son	ホアビニアン	1.7-1.8m	17230±70	20354-21223	淡水産巻貝	Bln-3481/II
Xom Trai C.	ホアビン, Lac Son	ホアビニアン	1.8-2.0m	17670±70	20702-21472	炭化材	Bln-3477
Xom Trai C.	ホアビン, Lac Son	ホアビニアン	1.8-2.0m	17420±100	20543-21347	炭化材	Bln-2861
Xom Trai C.	ホアビン, Lac Son	ホアビニアン	2.0-2.2m	17470±100	20577-21367	炭化材	Bln-2862
Xom Trai C.	ホアビン, Lac Son	ホアビニアン	2.0-2.2m	17720±100	20736-21522	炭化材	Bln-2914
Xom Trai C.	ホアビン, Lac Son	ホアビニアン	2.2-2.4 (oc dat)	17210±100	20274-21200	炭化材	Bln-2863
Xom Trai C.	ホアビン, Lac Son	ホアビニアン	2.2-2.4 (oc dat)	8990±90	9953-10218	炭化材	Bln-3468
Xom Tre	ホアビン, Lac Son	ホアビニアン	?	16410±100	19402 - 20003	淡水産巻貝	Bln-3707/I
Xom Tre	ホアビン, Lac Son	ホアビニアン	?	16040±200	18919 - 19484	淡水産巻貝	Bln-3707/II
Chua C.	ゲアン, Tan Ky	ホアビニアン	1.5m	9075±120	10021-10403	淡水産巻貝	Bln-1274/I
Chua C.	ゲアン, Tan Ky	ホアビニアン	1.5m	9570±120	10730-11095	淡水産巻貝	Bln-1274/I
Chua C.	ゲアン, Tan Ky	ホアビニアン	1.5m	9175±120	10254-10511	淡水産巻貝	Bln-1304/I&II
Muoi. C.	ホアビン, Tan Lac	ホアビニアン	?	9930±100	11283 - 11619	淡水産巻貝	Bln-3616/I
Muoi. C.	ホアビン, Tan Lac	ホアビニアン	?	10740±100	12620 - 12811	淡水産巻貝	Bln-3616/II
Con Moong C.	タインホア, Thach Thanh	ホアビニアン	1.0m	10660±145	10574 ± 215	?	HNK-495
Con Moong C.	タインホア, Thach Thanh	ホアビニアン	1.6m	10990±210	11001 ± 189	?	HNK-494
Con Moong C.	タインホア, Thach Thanh	ホアビニアン	1.0-1.2m	9900±60	11259-11438	淡水産巻貝	Bln-3492
Con Moong C.	タインホア, Thach Thanh	ホアビニアン	1.0-1.2m	9200±70	10289-10477	淡水産巻貝	Bln-3487
Con Moong C.	タインホア, Thach Thanh	ホアビニアン	1.0-1.2m	9110±60	10234-10374	炭化材	Bln-3497
Con Moong C.	タインホア, Thach Thanh	ホアビニアン	2.0-2.2m	1033±40	929-986	炭化材	Bln-3485
Con Moong C.	タインホア, Thach Thanh	ホアビニアン	2.0-2.2m	11070±70	12850-13073	淡水産巻貝	Bln-3493/I
Con Moong C.	タインホア, Thach Thanh	ホアビニアン	2.0-2.2m	10870±70	12752-12927	淡水産巻貝	Bln-3493/II
Con Moong C.	タインホア, Thach Thanh	ホアビニアン	2.0-2.4m	11830±70	13603-13879	淡水産巻貝	Bln-3488
Con Moong C.	タインホア, Thach Thanh	ホアビニアン	2.0-2.4m	9909±150	11233-11704	淡水産巻貝	ZK.380
Con Moong C.	タインホア, Thach Thanh	ホアビニアン	2.5m	11240±205	11198 ± 222	?	HNK-493
Con Moong C.	タインホア, Thach Thanh	ホアビニアン	2.4-2.6m	12040±70	13813-14294	淡水産巻貝	Bln-3494
Con Moong C.	タインホア, Thach Thanh	ホアビニアン	2.4-2.6m	12100±70	13876-14385	淡水産巻貝	Bln-3494
Con Moong C.	タインホア, Thach Thanh	ホアビニアン	2.8-3.0m	12150±70	13945-14435	淡水産巻貝	Bln-3495
Con Moong C.	タインホア, Thach Thanh	ホアビニアン	2.8-3.0m	12430±70	14299-14931	淡水産巻貝	Bln-3495
Con Moong C.	タインホア, Thach Thanh	ホアビニアン	2.8-3.0m	12020±70	13792-14299	淡水産巻貝	Bln-3489/I
Con Moong C.	タインホア, Thach Thanh	ホアビニアン	2.8-3.0m	11900±70	13648-13959	淡水産巻貝	Bln-3489/II
Con Moong C.	タインホア, Thach Thanh	ホアビニアン	3.0m	13110±180	14069 ± 468	?	HNK-492
Con Moong C.	タインホア, Thach Thanh	ホアビニアン	3.0-3.2m	11090±185	12830-13204	淡水産巻貝	ZK.379
Con Moong C.	タインホア, Thach Thanh	ホアビニアン	3.2m	11755±55	13514-13768	淡水産巻貝	Bln-1713/I
Con Moong C.	タインホア, Thach Thanh	ホアビニアン	3.2m	11840±55	13613-13882	淡水産巻貝	Bln-1713/II
Con Moong C.	タインホア, Thach Thanh	ホアビニアン	3.5m	12170±100	13957-14482	淡水産巻貝	Bln-3490/I
Con Moong C.	タインホア, Thach Thanh	ホアビニアン	3.5m	12350±70	14166-14817	淡水産巻貝	Bln-3490/II
Con Moong C.	タインホア, Thach Thanh	ホアビニアン	3.5m	12920±90	15258-16302	淡水産巻貝	Bln-3496/I
Con Moong C.	タインホア, Thach Thanh	ホアビニアン	3.5m	12860±90	15173-16194	淡水産巻貝	Bln-3496/II
Con Moong C.	タインホア, Thach Thanh	ホアビニアン	3.6m	13980±210	15284 ± 286	?	HNK-491
Con Moong C.	タインホア, Thach Thanh	バクソニアン或はダブト	0.5m	9840±175	9365 ± 321	?	HNK-495
Con Moong C.	タインホア, Thach Thanh	バクソニアン	0.4-0.6m	8510±60	9478-9535	淡水産巻貝	Bln-3486

遺跡	省, 地区	文化	深さ	年代 (BP)	暦年代 (cal BP)	試料	Lab. No.
Con Moong C.	タインホア, Thach Thanh	バクソニアン	0.4-0.6m	9230 ± 60	10308-10491	淡水産巻貝	Bln-3491
Khuong C.	ライチャウ, Tuan Giao	ホアビニアン	0.6-1.0m	15800 ± 150	18807-19298	淡水産巻貝	HCMV03/93
Khuong C.	ライチャウ, Tuan Giao	ホアビニアン	1.5m	28130 ± 2000	31165-35164	淡水産巻貝	Bln-1408
Khuong C.	ライチャウ, Tuan Giao	ホアビニアン	1.5m	33150 ± 2500	35801-40884	淡水産巻貝	Bln-1412
Khuong C.	ライチャウ, Tuan Giao	ホアビニアン	?	27700 ± 200	31578-32755	淡水産巻貝	Bln-3556/I
Khuong C.	ライチャウ, Tuan Giao	ホアビニアン	?	32100 ± 150	36785-37859	淡水産巻貝	Bln-3556/II
Phung Quyen C.	ホアビン, Mai Chau	ホアビニアン	0.5m	18390 ± 125	21697 - 22354	淡水産巻貝	?
Phung Quyen C.	ホアビン, Mai Chau	ホアビニアン	0.5m	19040 ± 400	22301 - 23325	陸産巻き貝	Bln-1735/I
Phung Quyen C.	ホアビン, Mai Chau	ホアビニアン	0.5m	18600 ± 200	21828 - 22613	陸産巻き貝	Bln-1735/II
Phung Quyen C.	ホアビン, Mai Chau	ホアビニアン	0.5m	16470 ± 200	19409 - 20136	淡水産巻貝	Bln-1855/I
Phung Quyen C.	ホアビン, Mai Chau	ホアビニアン	0.5m	18300 ± 200	21604 - 22321	淡水産巻貝	Bln-1855/II
Phung Quyen C.	ホアビン, Mai Chau	ホアビニアン	0.5m	16580 ± 70	19574 - 20176	淡水産巻貝	Bln-3195/I
Phung Quyen C.	ホアビン, Mai Chau	ホアビニアン	0.5m	18130 ± 70	21522 - 22216	淡水産巻貝	Bln-3195/II
Lang Vanh	ホアビン, Lac Son	ホアビニアン	0.2m	11800 ± 150	13547 - 13867	淡水産巻貝	Bln-3617/I
Lang Vanh	ホアビン, Lac Son	ホアビニアン	0.2m	16470 ± 80	19479 - 20093	淡水産巻貝	Bln-3617/II
Soi Nhu C.	クアンニン, Ha Long	ホアビニアン	?	14125 ± 180	17099 - 17665	淡水産巻貝	Bln-1975/I
Soi Nhu C.	クアンニン, Ha Long	ホアビニアン	?	15560 ± 180	18562 - 19111	淡水産巻貝	Bln-1975/II
Soi Nhu C.	クアンニン, Ha Long	ホアビニアン	?	14460 ± 60	17349 - 17845	淡水産巻貝	Bln-3333/I
Soi Nhu C.	クアンニン, Ha Long	ホアビニアン	?	14300 ± 400	17072 - 17964	淡水産巻貝	Bln-3333/II
Sung Sam	ハタイ, My Duc	ホアビニアン	1.2-1.4m	11365 ± 80	13130 - 13401	淡水産巻貝	Bln-1541/I
Sung Sam	ハタイ, My Duc	ホアビニアン	1.2-1.4m	10770 ± 75	12680 - 12831	淡水産巻貝	Bln-1541/II
Tham Hai C.	ランソン, Binh Gia	バクソニアン	0.2m	9705 ± 200	10778 - 11381	淡水産巻貝	Bln-1002/I
Tham Hai C.	ランソン, Binh Gia	バクソニアン?	0.2m	9645 ± 200	10711 - 11240	淡水産巻貝	Bln-1002/II
Tham Hoi C.	ゲアン, Con Cuong	ホアビニアン?	0.6m	10125 ± 175	11438 - 12134	淡水産巻貝	Bln-1275/I
Tham Hoi C.	ゲアン, Con Cuong	ホアビニアン?	0.6m	10875 ± 175	12692 - 13009	淡水産巻貝	Bln-1275/II
Tham Hoi C.	ゲアン, Con Cuong	ホアビニアン?	0.6m	10225 ± 150	11612 - 12321	淡水産巻貝	Bln-1276/I
Tham Hoi C.	ゲアン, Con Cuong	ホアビニアン?	0.6m	10815 ± 150	12647 - 12937	淡水産巻貝	Bln-1276/II
Tham Hoi C.	ゲアン, Con Cuong	ホアビニアン?	0.6m	10550 ± 120	12222 - 12650	淡水産巻貝	Bln-1305/I&II
Pong C.	ソンラ, Moc Chau	ホアビニアン	0.25m	11330 ± 180	13031 - 13444	淡水産巻貝	Bln-1351
Pong C.	ソンラ, Moc Chau	ホアビニアン	0.25m	11915 ± 215	13604 - 14295	淡水産巻貝	Bln-1352
Doi C.	ランソン, Bac Son	ホアビニアンと同時期	0.6m	11000 ± 200	12774-13139	淡水産巻貝	Bln-3708/I
Doi C.	ランソン, Bac Son	ホアビニアンと同時期	0.6m	11200 ± 100	12957-13228	淡水産巻貝	Bln-3708/II
Dang C.	ニンビン, Nho Quan	ホアビニアン?	0.6m	7665 ± 90	8404-8550	淡水産巻貝	Bln-913/I
Phia Vai C.	トゥエンクアン, Na Hang	ホアビニアン?	level 7 (B1)	7610 ± 25	8397-8419	陸産巻貝	HNK-287
Phia Vai C.	トゥエンクアン, Na Hang	ホアビニアン?	level 6 (A2+3)	7050 ± 115	7759-7976	陸産巻貝	HNK-287/1
Phia Vai C.	トゥエンクアン, Na Hang	ホアビニアン?	level 5 (A2)	6920 ± 115	7667-7882	陸産巻貝	HNK-260
Phia Vai C.	トゥエンクアン, Na Hang	新石器?	level 4 (D10+11)	3570 ± 55	3777-3949	陸産巻貝	HNK-263
Sao C.	ニンビン, Tam Diep	ダブット?	Level 5	9170 ± 55	10260 - 10490		HNK-358
Sao C.	ニンビン, Tam Diep	ダブット	Level 3	8740 ± 85	9625-9923	陸産巻貝?	HNK-359
Sao C.	ニンビン, Tam Diep	ダブット	Level 3	9060 ± 125	9984-10386	淡水産巻貝	HNK-373
Con Co Ngua	タインホア, Ha Trung	ダブット	0.7m	2600 ± 80	2536-2780	炭化材	ZK.375
Con Co Ngua	タインホア, Ha Trung	ダブット	1.0m	3200 ± 100	3318-3550	骨	Bln-2679
Con Co Ngua	タインホア, Ha Trung	ダブット	1.5m	5520 ± 95	6225-6409	貝	HNK88
Con Co Ngua	タインホア, Ha Trung	ダブット	1.5m	5140 ± 95	5770-6006	貝の外殻	HNK88
Go Trung	タインホア, Hau Loc	ダブット	0.6m	4790 ± 50	5476-5582	炭化材	Bln-2090
Da But	タインホア, Vinh Loc	ダブット	0.7m	6095 ± 60	6893-7104	淡水産巻貝	Bln-1407
Da But	タインホア, Vinh Loc	ダブット	?	6540 ± 60	7399-7507	淡水産巻貝	Bln-3509
Ban Thuy	タインホア, Vinh Loc	ダブット	0.5-0.7m	5000 ± 95	5656-5867	貝	HNK89
Ban Thuy	タインホア, Vinh Loc	ダブット	0.7-1.0m	5560 ± 95	6285-6453	貝	HNK93
Lang Cong	タインホア, Vinh Loc	ダブット	1.0m	4900 ± 85	5554 - 5743	淡水産巻貝	HCMV01/93
Lang Cong	タインホア, Vinh Loc	ダブット	0.7-0.8m	4850 ± 70	5498 - 5655	淡水産巻貝	HCMV02/93
Quynh Van	ゲアン, Quynh Luu	クインヴァン	0.5m	4785 ± 100	5374 - 5607	汽水産貝	Bln-914/I
Quynh Van	ゲアン, Quynh Luu	クインヴァン	0.5m	4730 ± 100	5346 - 5566	汽水産貝	Bln-914/II
Quynh Hoa	ゲアン, Quynh Luu	クインヴァン	1.5m	4300 ± 90	4731 - 5024	汽水産貝	ZK 418
Quynh Hoa	ゲアン, Quynh Luu	クインヴァン	2.7m	4280 ± 70	4723 - 4950	汽水産貝	?
Go Lap	ゲアン, Quynh Luu	クインヴァン	2.0m	4440 ± 45	4970 - 5229	炭化材	Bln-2193
Go Lap	ゲアン, Quynh Luu	クインヴァン	3.3m	4170 ± 50	4623 - 4802	汽水産貝	Bln-2194/I
Go Lap	ゲアン, Quynh Luu	クインヴァン	3.3m	4245 ± 50	4697 - 4852	汽水産貝	Bln-2194/II
Cai Beo	ハイフォン, Cat Ba	前期新石器	2.2m	>40000		炭化材	ZK.306
Cai Beo	ハイフォン, Cat Ba	前期新石器	2.2m	5645 ± 115	6338-6586	骨	ZK.328
Cai Beo	ハイフォン, Cat Ba	ハロン	0.6m	130 ± 90	28-260	淡水産巻貝	Bln-3709/I
Cai Beo	ハイフォン, Cat Ba	?	3.0-3.2m	3485 ± 60	3692-3837	骨	Bln-1437
Ha Lung C.	クアンニン, Hoanh Bo	前期新石器	0.4m	6310 ± 60	7182 - 7305	淡水産巻貝	Bln-1439/I
Ha Lung C.	クアンニン, Hoanh Bo	前期新石器	0.4m	6485 ± 60	7336 - 7449	淡水産巻貝	Bln-1439/II
Man Bac	ニンビン, Yen Mo	前期・後期新石器	L5-8	5540 ± 70	6292-6403	炭化材	Seoul Univ.
Man Bac	ニンビン, Yen Mo	前期・後期新石器	L2 (0.3-0.4m)	3530 ± 60	3734-3893	炭化材	HNK
Man Bac	ニンビン, Yen Mo	前期・後期新石器	L5-7	3400 ± 60	3579-3742	炭化材	Seoul Univ.
Ba Vung	クアンニン, Van Don	ハロン	0.54m	90 ± 40	36-237	炭化材	Beta 162876
Ba Vung	クアンニン, Van Don	ハロン	0.77m	110 ± 40	40-239	炭化材	Beta 162877
Ba Vung	クアンニン, Van Don	ハロン	0.9m	4100 ± 40	4551-4776	炭化材	Beta 162878
Bai Ben	ハイフォン, Cat Ba	ハロン	1.0m	3030 ± 55	3154-3319	貝	HNK87
Bai Ben	ハイフォン, Cat Ba	ハロン	1.0m	3180 ± 55	3366-3459	貝	HNK91
Bai Ben	ハイフォン, Cat Ba	ハロン	0.8-1.0m	3000 ± 50	3109-3286	貝	HNK86
Bai Ben	ハイフォン, Cat Ba	ハロン	1.0m	3640 ± 55	3896-4059	貝	HNK91
Go Ma Dong	ハタイ, Ba Vi	マドン・ホアロック	0.6m	4145 ± 60	4586-4789	炭化材	Bln-1277

第 2 章 旧石器時代から続旧石器時代

遺跡	省・地区	文化	深度	BP年代	CalBP	試料	ラボ番号
Phai Nam	ハティン, Thach Ha	後期新石器	1.3m	4030±45	4453-4575	汽水産貝	Bln-2089/I
Phai Nam	ハティン, Thach Ha	後期新石器	1.3m	4160±70	4588-4798	汽水産貝	Bln-2089/II
Phai Nam	ハティン, Thach Ha	後期新石器	1.3m	4120±60	4558-4780	汽水産貝	Bln-2089A/II
Thach Lac	ハティン, Thach Ha	マドン・ホアロック	0.61m	4080±40	4527-4769	炭化材	Beta 173292
Thach Lac	ハティン, Thach Ha	マドン・ホアロック	0.86m	4160±40	4626-4796	炭化材	Beta 173293
Thach Lac	ハティン, Thach Ha	マドン・ホアロック	1.03m	4120±40	4579-4780	炭化材	Beta 173294
Trang Kenh	ハイフォン, Thuy Nguyen	フンゲン	L8/1.6m	3280±55	3454-3578	炭化材	AA 2772
Trang Kenh	ハイフォン, Thuy Nguyen	フンゲン	L8/1.6m	3340±70	3496-3668	炭化材	AA 2773
Trang Kenh	ハイフォン, Thuy Nguyen	フンゲン	L8	3260±150	3331-3680	炭化材	Bln-3710
Trang Kenh	ハイフォン, Thuy Nguyen	フンゲン	1.6m	3340±70	3496-3668	?	?
Trang Kenh	ハイフォン, Thuy Nguyen	フンゲン	1.6m	3280±50	3458-3571	?	?
Trang Kenh	ハイフォン, Thuy Nguyen	フンゲン	1.9m	3405±100	3537-3803	?	Bln-891
Trang Kenh	ハイフォン, Thuy Nguyen	フンゲン	1.9-2.1m	3405±100	3537-3803	炭化材	Bln-981
Trang Kenh	ハイフォン, Thuy Nguyen	フンゲン	1.4m	3005±90	3057-3313	有機堆積物	ZK-307
Trang Kenh	ハイフォン, Thuy Nguyen	フンゲン	1.75-1.9m	3440±60	3632-3805	炭化材	ANU-10884
Dong Dau	ヴィンフック, Yen Lac	フンゲン	3.4-3.6m	3100±50	3263-3372	炭化材	HCMV.06/93
Go Vuon Chuoi	ハタイ, Hoai Duc	ドンダウ	0.8m	3070±100	3122-3377	炭化材	Bln-984
Thanh Den	ヴィンフック, Me Linh	フンゲン・ドンダウ	1.13m	2650±130	2542-2909	炭化材	R-9755/1
Thanh Den	ヴィンフック, Me Linh	フンゲン・ドンダウ	1.49m	3530±100	3698-3955	炭化材	R-9755/2
Thanh Den	ヴィンフック, Me Linh	フンゲン・ドンダウ	2.3m	3390±70	3549-3741	炭化材	R-9755/3
Thanh Den	ヴィンフック, Me Linh	フンゲン・ドンダウ	1.14m	2630±50	2733-2797	炭化材	Bln-3263
Thanh Den	ヴィンフック, Me Linh	フンゲン・ドンダウ	1.15m	3090±60	3233-3369	炭化材	Bln-3261
Thanh Den	ヴィンフック, Me Linh	フンゲン・ドンダウ	1.24m	3650±70	3892-4080	炭化材	Bln-3264
Thanh Den	ヴィンフック, Me Linh	フンゲン・ドンダウ	1.46m	3730±50	4008-4157	炭化材	Bln-3262
Thanh Den	ヴィンフック, Me Linh	フンゲン・ドンダウ	1.15m	3100±65	3236-3383	炭化材	HCMV07/93
Thanh Den	ヴィンフック, Me Linh	フンゲン・ドンダウ	1.15m	2920±70	2978-3192	炭化材	Bln-2953
Thanh Den	ヴィンフック, Me Linh	フンゲン・ドンダウ	1.15m	2860±70	2900-3110	炭化材	Bln-2981
Thanh Den	ヴィンフック, Me Linh	フンゲン・ドンダウ	1.38m	2960±60	3038-3231	炭化材	Bln-2954
Thanh Den	ヴィンフック, Me Linh	フンゲン・ドンダウ	1.39m	2940±60	3012-3203	炭化材	Bln-2955
Thanh Den	ヴィンフック, Me Linh	フンゲン・ドンダウ	1.49m	3350±50	3515-3654	炭化材	Bln-2956
Thanh Den	ヴィンフック, Me Linh	フンゲン・ドンダウ	1.62m	3000±60	3095-3294	炭化材	Bln-2957
Dai Trach	バックニン, Thuan Thanh	ドンダウ	L1-3 (-44cm)	3210±50	3394-3489	炭化材	HNK
Dai Trach	バックニン, Thuan Thanh	ドンダウ	L2-1 (-82cm)	3280±50	3458-3571	炭化材	HNK
Dai Trach	バックニン, Thuan Thanh	ドンダウ	0.9m	3860±60	4188-4381	炭化材	Wk.8274
Dai Trach	バックニン, Thuan Thanh	ドンダウ	L1-3 (-46cm)	2890±60	2950-3137	炭化材	Seoul Univ.
Dai Trach	バックニン, Thuan Thanh	ドンダウ	L2-2 (-87.5cm)	2960±60	3038-3231	炭化材	Seoul Univ.
Go Mun	フートー, Lam Thao	ゴームン	1.0m	2385±60	2371-2633	炭化材	Bln-1278
Quy Chu	タインホア, Hoang Hoa	クイチュー	1.16m	2520±55	2501-2706	炭化材	Bln-2092
Quy Chu	タインホア, Hoang Hoa	クイチュー	1.16m	2450±45	2413-2664	炭化材	Bln-2092/A
Dong Son	タインホア, Dong Son	先ドンソン	1.7-2.0m	2830±120	2844-3148	炭化材	Le.983
Dong Ngam	タインホア, Dong Son	クイチュー	1.27m	2675±40	2765-2834	炭化材	Bln-2448
Dong Ngam	タインホア, Dong Son	バイマン	1.7-1.9m	3110±60	3259-3390	炭化材	Bln-2693
Dong Ngam	タインホア, Dong Son	バイマン	1.7-1.9m	3100±80	3209-3395	炭化材	Bln-2692
Viet Khe	ハタイ, Thanh Oai	ドンソン	1.5-2.0m	2480±100	2416-2690	木	Bln-950
Viet Khe	ハタイ, Thanh Oai	ドンソン	1.5-2.0m	2415±100	2375-2663	木	Bln-1227
Viet Khe	ハタイ, Thanh Oai	ドンソン	1.5-20m	2330±100	2217-2586	木	Bln-1249
Van Noi	ハタイ, Thanh Oai	ドンソン	2.1m	2060±50	1967-2102	炭化材	Bln-3536
Phu Luong	ハタイ, Thanh Oai	ドンソン	?	2150±60	2063-2277	木	Bln-3538
Phu Luong	ハタイ, Thanh Oai	ドンソン	2.1m	2060±50	1967-2102	木	Bln-3539
Bai Te	タインホア, Dong Son	ドンソン	1.3-1.5m	1940±80	1794-1984	炭化材	ZK.377
Lang Vac	ゲアン, Nghia Dan	ドンソン	1.0m	1990±85	1859-2063	炭化材	ZK.310

R.＝岩陰、C.＝洞穴、参考資料: Pham L.H.&Nguyen Q.M.（2001）, Nguyen Q.M.（2003）, Yi Seonbok（2004）, Bui V.&Nguyen Q.M.（2003）, Chen W.C.（2003）, Chen W.C. et al.（2004）
較正年代（CalBP）は、CalPal2005__SFCPのオンラインプログラムで算出した。Cho洞穴での40の年代値は、Yi Seonbok et al. 2010を参照。

（Nậm Tum）洞穴を、後期にはコンモーン最下層、ディウ岩陰第6層などを対応させている（Hà V.T. 1997、Hà V.T. ed. 1998）。コンモーン洞穴（第1次調査）の最下層は12000BP前後しか遡らず、複数のホアビン石器群洞穴遺跡で20000BP前後の年代値が測定されており、こうした考えは、結果的にソンヴィー石器群とホアビン石器群の同時併存を容認することとなる。しかし、こうした考えに関してはいくつかの疑問を提示できる（西村 1992）。コンモーン洞穴では、最下層でホアビン石器群に頻出する石皿が出土しているが、この種の石器はソンヴィー石器群の開地遺跡ではまったく確認されていない。また最下層では斧型石器、つまりスマトラリスと同定可能な資料もあり、ソンヴィー石器群とは同定できない。また、ディウ岩陰では第3次調査では明らかに最下層までホアビン石器群的石器が出土しており、ソンヴィー石器群とは同定できない（Nguyễn G.Đ. 2001）。

表2　紅河平野と周辺域の編年表

		具体時期名と代表遺跡名
40000BP頃	前期あるいは中期旧石器	ソンヴィアン石器群
		Go Rung Sau Lang Vac（L）
	後期旧石器	ホアビン石器群と同時期石器群
	〜	Dieu R.（L）Xom Trai C.（L）Khuong C. Nguom R.（L）
	続旧石器	Con Moong C.（L）Doi C.（L）
8-9000BP頃		Chua C. Con Moong C.（M）Sung Sam C. Doi C.（M）
	?	バクソン石器群
7000BP頃		Minh LeII C. Doi C.（U）Con Moong C.（U）Cai Beo（B）
	前期新石器時代	ダブット、クインヴァン（文化）
		Da But, Con Co Ngua, Cai Beo（L）, Man Bac（B）, Cai Beo（L）
4500BP頃		Go Trung, Lang Cong
	後期新石器時代前半期	マードン・ホアロック期
4000BP頃	マードン・ホアロック期	Hoa Loc, Ma Dong, Bai Ben, Mai Pha, Man Bac,（L）Cai Beo（U）
	後期新石器時代後半期	フングエン期
	フングエン期	Phung Nguyen, Xom Ren, Go Bong, Lung Hoa, Trang Kenh
3000BP頃		Thanhn Den, Man Bac（M）, Dong Cho
	青銅器時代	ドンダウ期
		Dong Dau（M）, Dai Trach（L）, Thanh Den（M）, Go Vuon Chuoi
		ゴームン期
紀元前3-4世紀		Go Mun, Doi Da, Go Chua Thong
	鉄器時代	ドンソン期
		Co Loa, Dong Son, Lang Vac, Dai Trach（U）, Viet Khe, Lang Ca,
紀元1世紀		Phu Luong, Xuan La, Duong Co
	初期歴史時代	

（B）：最下層（L）：下層（M）：中層（U）：上層

第3節　ランヴァック遺跡の調査から

　ゲアン省Nghĩa Đàn県のランヴァック（Làng Vạc）遺跡（図12）は、谷地の斜面に形成されたドンソン文化の墓葬遺跡だが、その下層の河岸段丘形成層の河川礫混じりのラトゾル層から礫器群が出土している（図13：Nishimura & Trinh N.C. 2004）。主に珪岩や石英岩の河川礫を用いた礫石器群で、出土状況から、原位置からさほど動いてないと判断している。接合は1例の剥片（図13-12）でしか成功していないが、母岩分類や礫端片や原礫の存在から、石器製作後に持ち込んだ例のみならず、遺跡に礫を持ち込み製作した例も相当数あることが明らかとなった（西村 1992）。器種構成は、チョッパー類（図15-4,5,7）、尖状石器（図13-1,2）、斧型石器（図13-3）が大型石器（重量300gr以上）の主を占め、小型石器ではサイドチョッパー（図13-6）、チョッパーが主を占める。片面加工が主だが、器身の厚みを減ずるために加工が裏面に及ぶものもある。礫端に磨き痕を持つものがある（図13-10）。この他に礫石器とは石材が異なり、剥片生産を目的とした石核（図13-8,9）が少量存在する。剥片自体は礫面を打面とする単純なもので、一部に刃部作出のための二次加工や使用痕がみられる（図13-11）。共伴したテクタイトはフィッション・トラック年代法で70±14万年

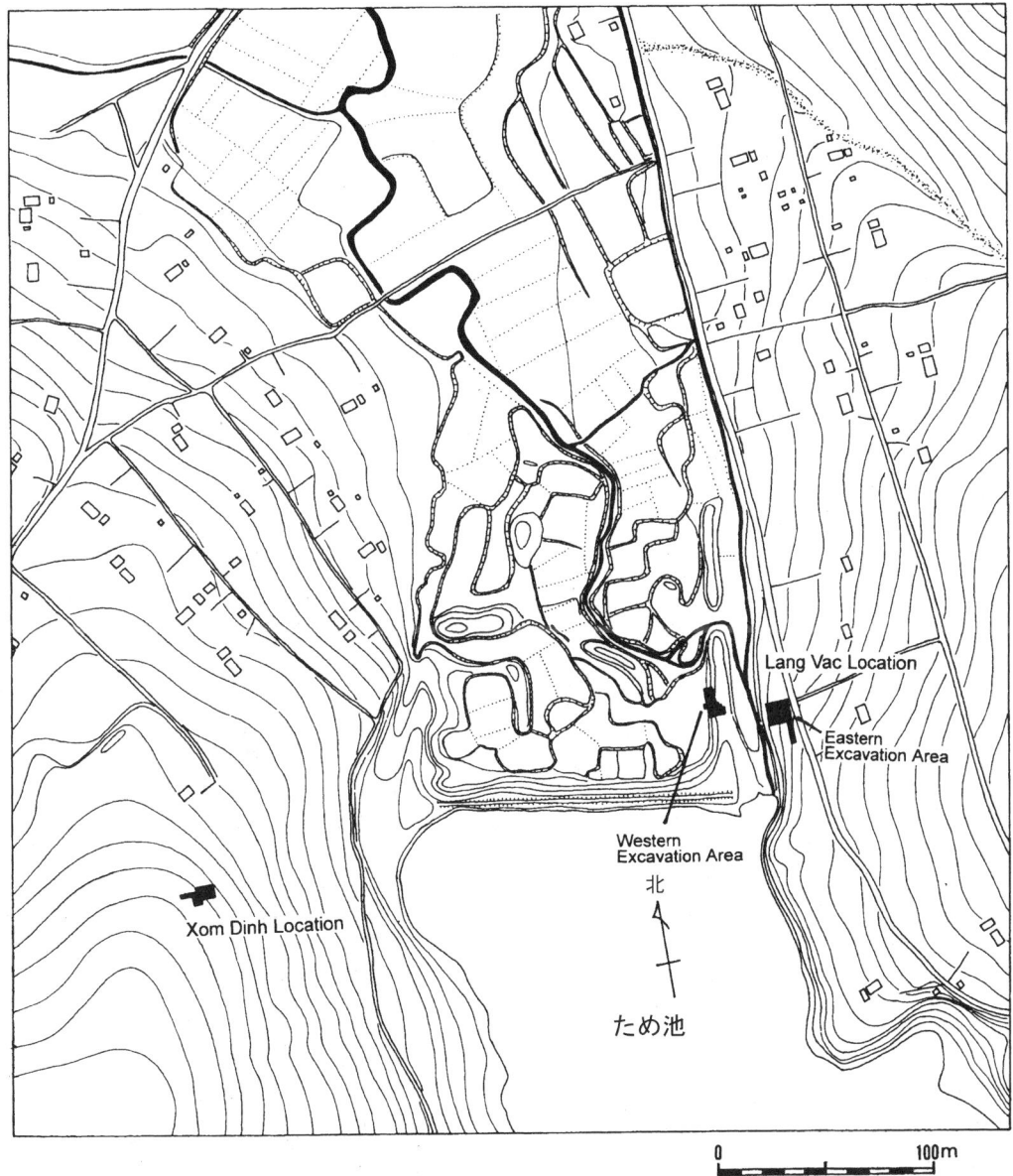

図12 ランヴァック遺跡の地形 Lang Vac地点のEastern Excavation Areaが礫石器出土地点

BP、73±15万BP、72万±8万BPと測定されたが、測定装置を換えた再測定で、127万±6万BPと測定されている（Suzuki & Watanabe 2004）。この年代差をどのように解すべきかは、筆者の能力を超えた問題である。

ところで、紅河平野から山脈を北に越えた広西壮族自治区の百色盆地の旧河岸段丘では、右江の第4河岸段丘などの網紋赤色土層で、ソンヴィー石器群と酷似した礫石器群が発掘調査されている。共伴したテクタイトのアルゴン・アルゴン法により、70-80万年前という古い年代が測定されている（Hou Y. et al. 2000）。最近の調査（裴ほか 2007）では、網紋赤色土層直上の赤色土層からも石

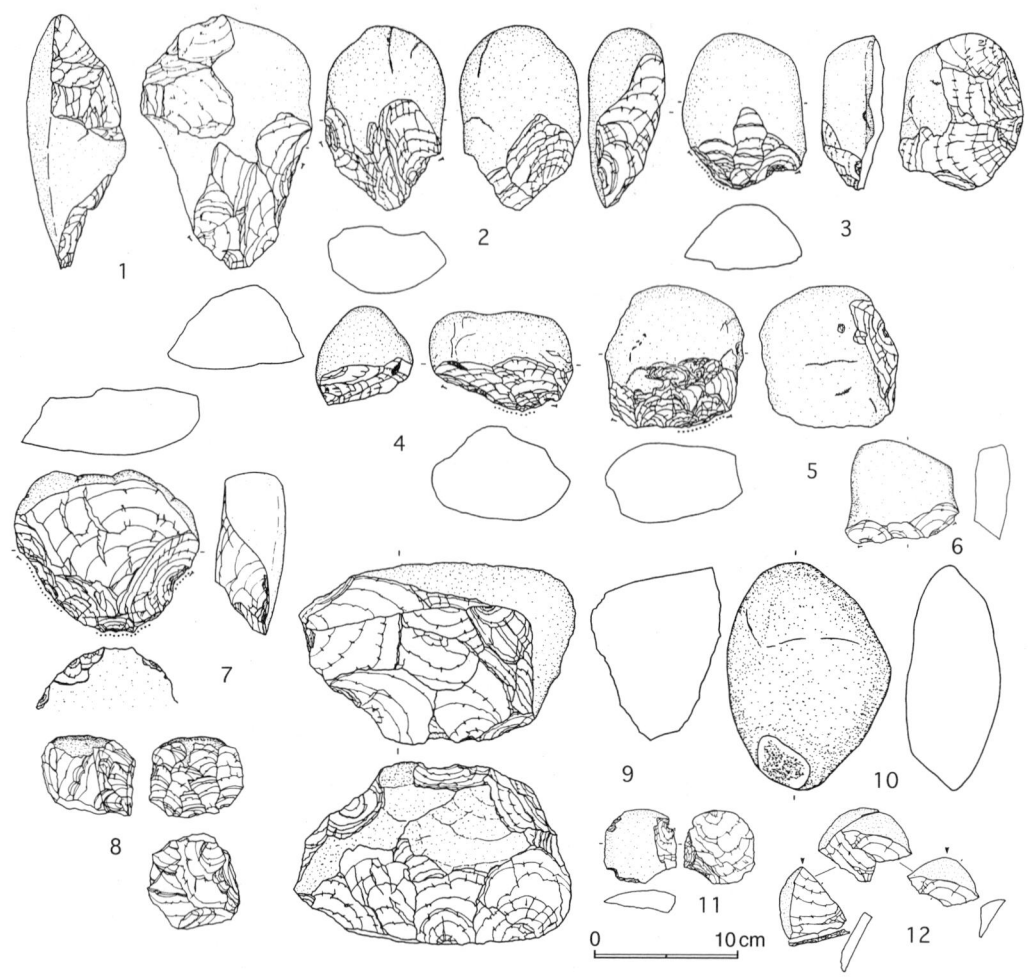

図13 ランヴァック遺跡出土の石器（Nishimura & Trịnh N.C.2004）尖頭礫器（1-3）、チョッパー（4-7）、石核（8，9）、磨痕をもつ礫（10）、剥片（11，12）

器が出土することが確認され、両層間に石器の違いが認められるという（謝私信）。テクタイトと石器の共伴も上宋遺跡などで確認され、テクタイト自身の摩滅などが観察されず、石器包含層中の一次堆積と考えられる（謝他 2008）。73.2万±3.9万BP、80.3万BPの年代値がアルゴン・アルゴン法などで測定されている。また、石器を包含する網紋赤色土層は他地域での同土壌層が、古地磁気年代などで90-68万BPと測定されている。当遺跡群のなかにはアシューリアン・ハンドアックスによく似た両面加工の尖状石器が多く見られるが、それ以上に多いタイプの石器は、片面加工の尖状石器で、それらはソンヴィー石器群の尖状石器との違いがほとんど見られない。両面と片面の加工の違いは利用する石材差に起因するようで、一概にアシューリアン・ハンドアックス的なもののみを取り上げて比較するわけにはいかない。しかし、これらの石器群が中位段丘のラトゾル層にのみ分布することなどはベトナムのソンヴィー石器群との類似点でもある。中位段丘の形成年代ははっきりしないが、更新世末程度の新しい年代ではあるまい。また、ほぼ同様な出土状況で、広東省の深圳でも段丘のラトゾル層直上の紅黄色土層から百色石器群と同じような石器群が確認されており、

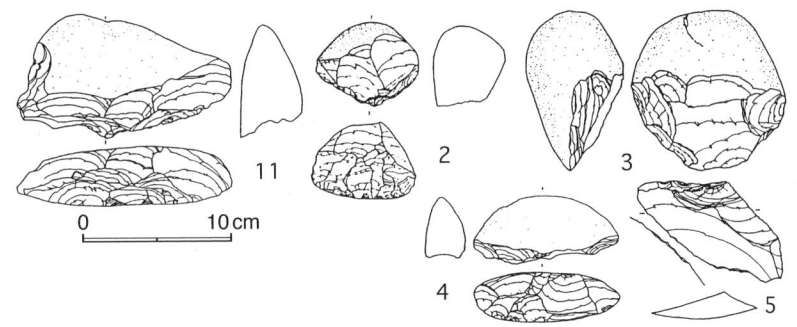

図14　ソンヴィ石器群（ゴーズンサウ遺跡）の礫石器

石器包含層中位に含まれていた炭化物から紅土層の熱ルミネッサンス年代で、13-17万年前の年代が測定されている（曾祥旺 1998）。

ランヴァックのテクタイトに関しては、人類が持ち込んで使用したとする考え（Imamura 2004）や二次堆積による混入（Suzuki & Watanabe 同上）という解釈も出されている。しかし、百色石器群で指摘されたように、ランヴァック出土のテクタイトに関しては、前後の層に確実にテクタイトが含まれる層がなく、さらに摩滅などの風化現象も認められないので、二次堆積の可能性は否定したい。また人類が使用のために持ち込んだことは比定できないが、ならばより大きなものや加工痕のあるものがあるはずで、この考えにも否定的にならざるを得ない。百色石器群との類似性からテクタイト年代もあながち外れてないと筆者は考える。

したがって筆者はこれらソンヴィー石器群の年代も、後期旧石器並行程度の新しい年代ではなく、より古い前期旧石器時代に属するものと考えている。ソンヴィー石器群には、ランヴァックやハザン省ドイトン（Đồi Thống）遺跡（Nguyễn K.S.et al. 2000）などのように尖状石器を含む石器群とフート省のゴーズンサウ（Gò Rưng Sau）遺跡（図14）などを標式とする尖状石器を含まない石器群があり、この差の原因を過去に筆者はリダクションの程度差に求めた（西村 1992）が、これは時期差と考えた方がよいと今は考えている。尖状石器を含まないソンヴィー遺跡の石器群などはより新しい段階、つまり前期旧石器以降、後期旧石器時代（40000BP前後）以前の産物と考える（西村 2010a）。

第4節　ホアビン石器群と同時期の石器群

ホアビン石器群（通称ホアビニアン）期の洞穴遺跡はホアビン省を中心に多く確認されている（図15）。スマトラリス、ディスコイド、チョッパー類、刃部磨製石斧、石皿などを器種組成とするホアビン石器群（図16）は、現在までのところ更新世にまで遡ることが確実な^{14}C年代が、ドンカン（Động Can）洞穴（ホアビン省）、ディウ（Điều）岩陰（タインホア省）、クオン（Thẩm Khương）洞穴（ライチャウ省）、ソムチャイ（Xóm Trại）洞穴、ソムチェー（Xóm Tre）洞穴、ランヴァイン（Làng Vành）岩陰、チョー（Chổ）洞穴（それぞれ、ホアビン省）などで測定されて

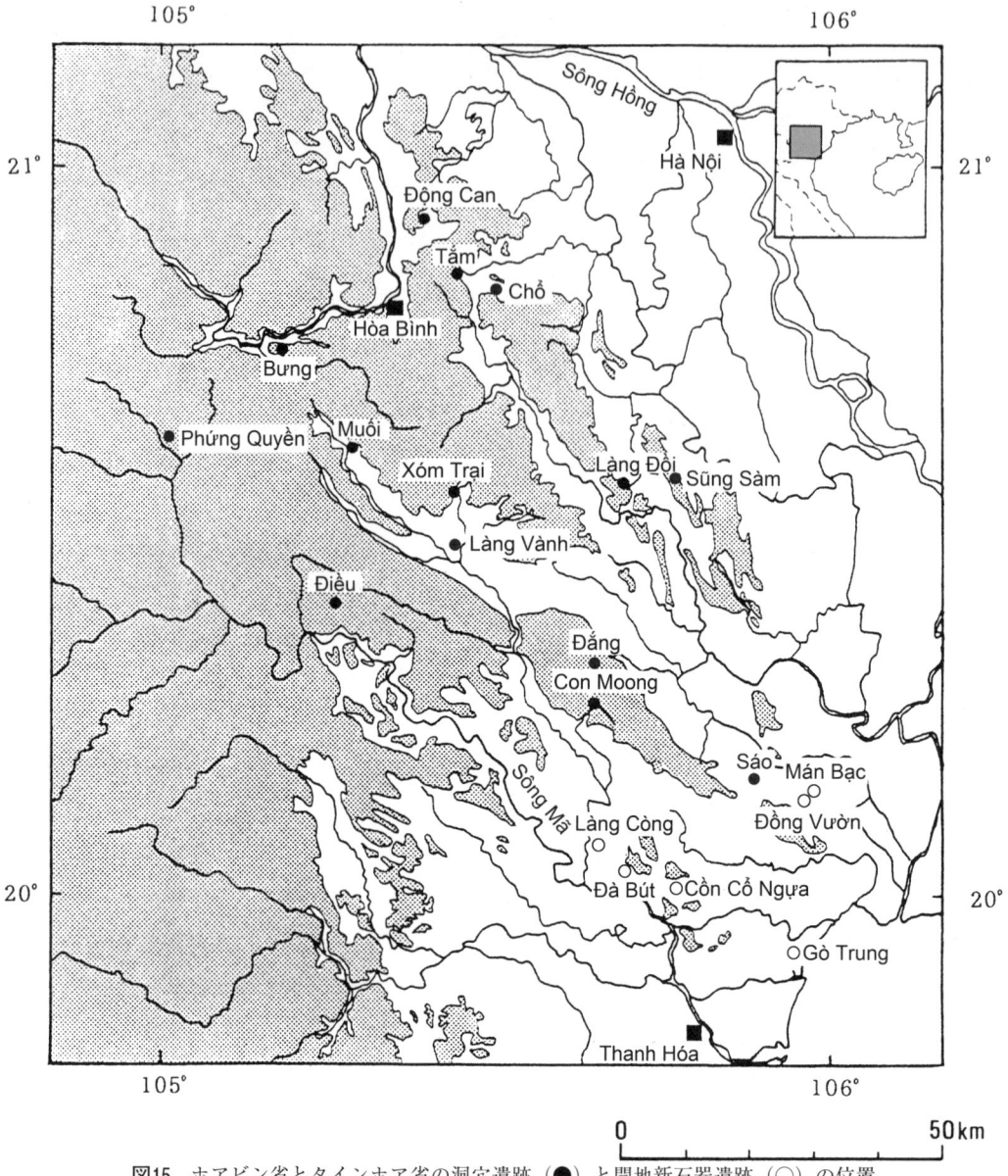

図15　ホアビン省とタインホア省の洞穴遺跡（●）と開地新石器遺跡（○）の位置

いる（Hoàng X.C. 1989、Nguyễn V. 2001、Nguyễn G.Đ. 2001、Yi et al. 2008）。クオン洞穴の場合、最初の調査資料で28000-33000BP前後の最古の年代値（表1）が測定され、年代や石器群の信憑性に疑問符をつける意見もあるが、石器群の内容からしてホアビン石器群と判断してよく（Chu V.T. 1976）、更新世末期のどのあたりに位置づけるのが問題となろう。2度目の調査では最下層に至らないところの資料で15800BP前後が測定されており（Phạm L.H. & Nguyễn Q.M. 2001）、最下層部が20000-30000BPくらいまで遡るのは確実であろう。

ディウ岩陰（Nguyễn G.Đ. 2001）では、3度の調査で3.8mから5.3m深に及ぶ厚い文化層が確認されており、堆積層が相当石灰化していることなどから更新世に属するものであることは間違いな

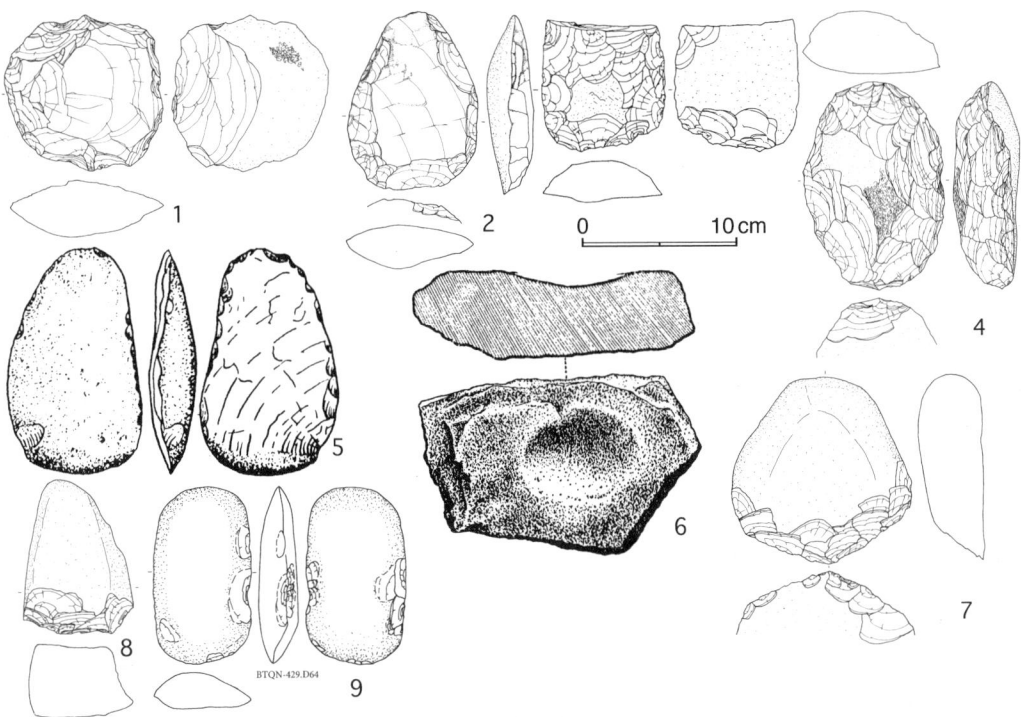

図16 ホアビニアン石器群、ソムチャイの石器（ディスコイド：1、スマトラリス：2, 4、ショートアックス：2 刃部磨製石斧：5、不定形礫石器：7, 8）、ランドイの磨り石：6、ソイニュの刃部磨製石斧：9（5：Hoàng X. C. 1989、6：VBTLSVN 1967より）

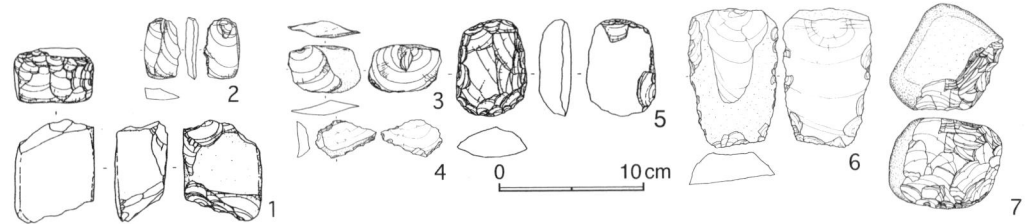

図17 グオム岩陰の石器（1, 7：石核　2-4, 6：剥片石器　5：スマトラリス的礫石器、1-3, 5は栗島 2000より）

い。また、2次調査の最下層部の最上部で^{14}C年代（19700BP）が測定されている。ソムチャイ洞窟もBP19000-16000前後の年代が多く測定されている（Nguyễn V. 1990・2001）。

1980年に発見・試掘されされ、1982年に発掘されたタイグエン省Võ Nhai県のグオム（Ngườm）
ヴォーニャイ
岩陰の石器群（図17）は、剥片が圧倒的多数を占める石器群（Quang V.C. et al. 1981）である。文化層は3時期に分割され、第1期は第5層と4層、第2期は第3層、第3期は第2層からなるとされる。第1期は多量の剥片石器が石器群の98％以上を占め、残りわずかを礫石器、あるいは剥片生産のための石核などで構成されている。第2期はその剥片石器の比率が減少し、第3期ではバクソン遺跡群に頻出する刃部磨製石斧や礫斧が一定量存在するが、第1期、2期を中心として全体的に不定型な剥片石器が多くを占めていることに変わりはない。

ところで、当石器群は、礫石器と剥片の石材（流紋岩）が同じであることから、礫石器と石核あるいは礫石器生産時の剥片と剥片目的の剥片の区別が行いにくいのが現実である（詳細な石器観察は栗島2000参照）。また、礫器の中にはホアビン石器群に頻出するスマトラリス（礫斧）も存在している。1985年に調査されたゾイ（Dơi）洞穴（ランソン省Bắc Sơn県）の調査では文化層厚が1.4mあり、最下層でグオム岩陰と同様な剥片石器群が出土している（Nguyễn G.Đ. & Bùi V. 1988）。60cm深で11000BPと11200BPの2例の^{14}C年代が測定されている（Phạm L.H.& Nguyễn Q.M. 2001）ので、この剥片石器群も更新世に遡ることは確実であろう。

　グオム下層部（第1期、2期）を、広西柳州白蓮洞（柳州白蓮洞科学博物館他1987）やタイのランロンリエン（Lang Rongrien：Anderson 1990）やその他の東南アジアの更新世レヴェルの石器群との類似を指摘する意見、さらにはソンヴィー的礫石器が伴うことから、ソンヴィー石器群の洞穴遺跡例としてと認定する意見（Hà V.T. 1997、Hà V.T.et al. 1999）もある。白蓮洞との類似は剥片石器優越の点において認められるが、白蓮洞では礫器（エンドチョッパー類）、大型の礫器スクレーパー、さらに小型の剥片石器の作り分けを、石材や石器生産法を変えて行っていることはグオムとの明瞭な違いである。また、その他の東南アジアの剥片石器群との類似性指摘に関しても、単に剥片優越という1点に尽きる。ホアビン石器群にも礫器製作時の剥片などを転用した剥片石器は存在しており（西村1992）、剥片石器の優越ということのみで他石器群との文化的弁別を求める意見には賛成しない。技術的背景はホアビン石器群のそれと大きく変わらないが、筆者はングオム下層に、確実に石核から作出した剥片石器が一定量存在することをアセンブリッジのひとつの特徴として認め、現段階ではホアビン石器群と時間軸や技術背景を共有しながらも、石材環境の差から剥片利用の点において適応差が現れた石器群であると考える（西村 2010b）$^{(2)}$。ただし、典型的なホアビニアンであるディウ岩陰では最下層部（おそらく20000BP前後）で、剥片の多用が報告されている（Nguyễn G.Đ. 2001）ので、北部ベトナムの更新世に共通した現象である可能性も高い。

　ソイニュ（Soi Nhụ）洞穴（クアンニン省Vân Đồn県）を指標とするハロン湾の石灰岩崖の洞穴内貝塚遺跡群がある（Anderson 1939、Đỗ V.N. 1968、Nguyễn T.L. 1992、Hà H.N. 1998）。これらの洞穴貝塚は淡水産、陸産の巻き貝で構成されているものと、海産貝が主のものがある（西村・西野2003参照）。前者の淡水産・陸産貝の貝塚の場合、現遺跡直下周囲には海面が周囲に存在することから、少なくとも完新世以降の海面上昇期に形成された遺跡ではあり得ない。発掘調査の行われたソイニュ洞穴のハンズア（Hang Giữa）地点では、12460BPから15560BPにわたる4つの^{14}C年代（貝）が測定されている（Nguyễn T.L. 1992、Hà H.N. 1998）。石灰岩地域の貝による年代だから、年代値の鵜呑みは危険だが、更新世末の年代観は受け入れてよい。発掘で出土した石器量は非常に少なく、これは周囲環境に礫などの石材が乏しいことが原因であろう。出土した石器は河川礫に簡単な剥離を施し、刃部を磨いたホアビニアンに共伴する刃部磨製石斧（図16-9）と単純な礫片である（Nguyễn T.L. 1992）。また、Colani（1938）が発掘したハザット（Hà Giát）洞穴では典型的なホアビニアン石器であり、これら淡水産貝や陸産貝貝塚を形成した集団が使用した石器群はホアビニアン石器群と考えてよく、ソイニュ文化として別称する必要はない。また、ホアビン石器群と同定してよい石器群が、広東省南域の黄岩洞（宋他 1991）でも確認されており、中国側での分布も

再検討する必要があろう。

第5節　気候変動

　ソムチャイ洞穴、グオム岩陰、ディウ岩陰、ドンカン洞穴では、20000-11000BPくらいの層からクルミ（Juglan）、ドングリ（マテバシイ属：Lithocarpus）、クマシデ属（Carpinus）などの堅果や植物遺存体などが出土している。そして、コンモーンの下層部ではアブラギリ属（Aleurites sp.）やシイ属（Catapnopsis sp.）など、現在の北部ベトナム山地高標高地域の植物が確認されており、さらに10000BP前後くらいからカンラン（Canarium）が出土している。カンランは、北タイのスピリット洞穴（Gorman 1971）などでも出土している。したがって、最終氷期前後は、クルミなど、現気候より5度程度冷涼で、徐々に温暖化していったと考えられている（Nguyễn V. 2001ならびに私信）。また、当地域に現在確認されない動物として、ジャイアントパンダ（Ailuropoda sp.）が、フンクエン（Phùng Quyên：ホアビン省）洞穴の18000BP、オランウータン属（Pongo sp.）が、ディウ岩陰の最下層部やングオム岩陰の23000BPの年代値が測定された層から出土しており、前者は寒冷化による動物相の南下、後者は寒冷化により、より熱帯の動物相が当地域からいなくなったことを示していると考えられる。また、グオム岩陰の石灰華層は、23000BP頃に気候が寒冷乾燥化した結果と考え（Hà V.T. 1985）、ソムチャイ洞穴の落盤現象（10000BP以降）は、気候が多雨化した証拠（Nguyễn V. 私信）と考えられている。最近ではフィアヴァイ洞穴（トゥエンクワン省Na Hang県：Trịnh N.C.& Nguyễn G.Đ. 2007、Nguyễn Q.M.& Lê C.L. 2007）で、完新世前半の鍾乳石の落下層を気候の寒冷・乾燥化と捉えているが、その時期に乾燥化はあっても激しい寒冷化があったとは考えられず、落盤層や鍾乳石落下の原因を詳しく追求する必要もあろう。

第6節　完新世ホアビン石器群について

　以上から、ホアビン石器群が北部ベトナムにおいて、3万年前前後にまで遡るのは非常に確実性の高いことだと考えられる。タイなどでもホアビン石器群が3万年前近くまで遡っている例（Shoocongdej 1996・2006）があることから問題はないだろう。
　ディウ岩陰での出土獣骨の分析から、更新世から完新世にかけて開発資源の変化（西村 1994）があったことが考えられるが、石器群の内容においては、大きな変化がないことも事実である。更新世のホアビニアン石器群を旧石器時代と考えるなら、完新世に入っても存続するホアビン石器群を続旧石器時代として考えなくてはいけない（西村 2010b）。ホアビン石器群に共伴する石皿や刃部磨製石斧を捉えて新石器時代、あるいは石器群存続期間を完新世に限定し、中石器時代とする考えがあるが、現在の研究結果に対応する考えではない。
　では逆に、ホアビン石器群の終末はいつかが問題となる。スンサム（Sũng Sàm：Phạm Đ.M. 1975）洞穴（旧ハタイ省）では10770BP、11365BPの年代が下層で測定されている（Hoàng X.C. ed. 1989）。ゲアン省のチュア（Chùa）洞穴は9000BP近くの年代が測定されている。これらはとも

にホアビン石器群が出土した層位での測定値である。ディウ岩陰でも7970BPが上層で測定されている（Nguyễn G.Đ.2001）。前述のコンモーン洞穴は上層部（1.5m深まで）で8500BPから9380BPにまたがる年代値がいくつか測定されている（Phạm H.T. et al.1990a）。この上層部は報告者によればバクソン石器群とされるもので、確かにバクソン的局部磨製石斧が出土している。ただし、この年代値とホアビン石器群、さらには局部磨製石斧を単純に同一脈絡で理解できないのは、発掘の精度などから明らかである。また、ダン（Đắng）洞穴（ニンビン省）ではホアビン石器群や局部磨製石斧が出土しており、上層部で7665BPの年代が測定されている（Hoàng X.C.1966a、Hoàng X.C. ed. 1989）。近年のチョー（Chổ）洞穴では、8430±180BP（上層）から19560±220BP（最下層）までの40の年代値が測定されているが、最上層部で、8430±180BP、9710±180BP、9990±50BP、10300±200BPの4つの年代値が貝により測定されている。報告者は、石灰岩地帯のデスカーボンによる貝の年代値への影響は、考慮する必要はないと述べているが、すでに、コンモーンでは、デスカーボンの影響が認められ、700年前後、貝による年代値が古くなることが報告されている（Nguyễn V.1990）。ただし、これは石灰岩地帯の硬水域において淡水域生息の貝に特有な現象らしく、非硬水域や陸産巻き貝では影響がないようである（Nguyễn V.私信）。チョー洞穴では同じ層位で、貝の方が500-1000年くらい古く出ている場合もあるので、最上層の貝による年代値も差し引いて考える必要があろう。また樹輪較正年代値（Oxcal v.3.10）にかけると、この4つの年代は、数百年単位で若返っている。また、ホアビン石器群期の層上には前期新石器のダブット（Đà Bút）文化などの土器が出土するのが普通であるが、本遺跡では、そのことに触れられておらず、後期新石器のフンゲン文化層下にホアビン石器群層が確認されたとしか報告されていない。おそらく土器自身は出土していないのであろうが、その時期に洞穴利用がなかったとは言い難く、この年代値が測定された第1層が、純粋なホアビン石器群層として良いかどうかは、判断が難しいところである。

以上の^{14}C年代より明らかなのは8000-9000BP前後の時間幅においては、まだホアビン石器群が存在したということであろう。ただし、第3章第2節で述べるように、新出の早期新石器資料との関係が問題になる。

さて、北部ベトナムのみならず、東南アジア大陸部で広範に確認されているホアビン石器群だが、紅河平野域に北接するランソン省など北部ベトナムの北域では、ホアビン石器群と並行して、若干様相の異なる石器群が存在する。

これは、ある程度ブランク整形をしたあとに磨出した局部磨製石斧が伴う石器群で（Mansuy 1924・1925、Mansuy & Colani 1925）、独自の石器文化、つまりバックソン石器群（通称バクソニアン）として認識されてきた（Ha H.N. 2001）。しかし、実際ホアビン石器群との違いはさほど大きくはない。ヒン岩の石材を多用する不定形剥片石器が比率的に多いこと、両面加工の礫石器が比較的多く見られることが違いとして挙げられるだけで（西村 1992）、ホアビン石器群と比べて、明瞭な違いがあまりないのが現実である（Hoàng X.C. 1978）。局部磨製石斧については後述するが、少なくとも更新世に遡るような古いものではないので、バックソン石器群には含めない。

ちなみに精緻な調査が行われた広西北部の桂林甑皮岩の下層部の無土器層の石器群（中国社会科

学院考古研究所他 2003）は礫石器群であるが、ホアビン石器群と呼べるものではない。おそらく、気候差に起因する生態条件差から石器群分布の違いが生じていると思われる。筆者はこれまでのホアビンとバックソン両石器群の分布域を包括して、ホアビン石器群と呼称することを提唱する。

第7節　旧石器時代の紅河平野周辺域

　図18に図示したように、ソンヴィー石器群の遺跡は紅河平野域の河岸段丘・扇状地複合地帯に分布している。最も多く分布が集中するのはフート省の紅河とロー川が合流する河岸段丘地帯である。Q1-Q3とされる更新世に形成された河岸段丘の分布と重なっている。ちなみに、研究対象域のなかで、当石器群に同定可能な洞穴遺跡はまったく確認できない。

　分布の最南端はハノイ市Đông Anh県コーロア（Cổ Loa）城址内のソムキュー（Xóm Cưu）遺跡とドゥオンカム（Đường Cấm）遺跡で、その標高は10-20mの間に納まっており、海抜標高の上でも当遺跡は最も低い位置にあると考えられるが、石器が正式報告されていないのでソンヴィーと判断してよいかは保留しておきたい。

　ホアビン石器群に関しては洞穴・岩陰遺跡しか当地域では確認できない。唯一、カイベオ最下層の無土器文化層が、完新世のホアビニアン並行の可能性をもつ。

　ところで3万BP程度しか遡らないホアビン石器群と、それ以前のソンヴィー石器群の間には、洞

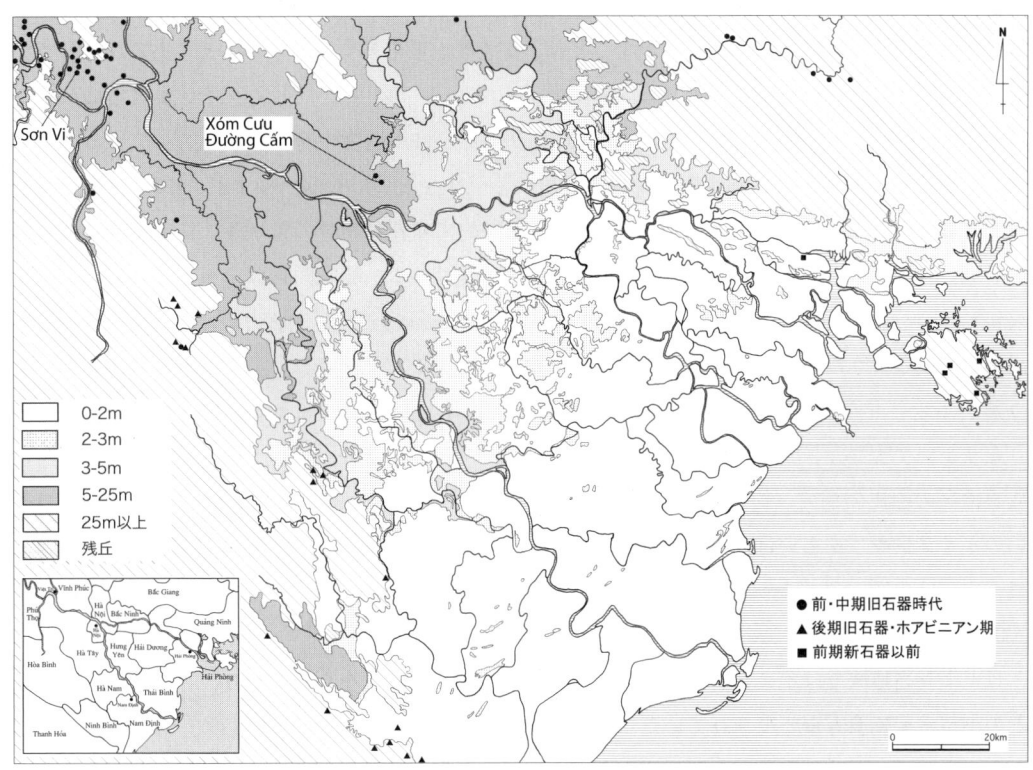

図18　紅河平野における旧石器時代からホアビニアン時代にかけての遺跡分布

穴と開地といった遺跡立地の違いが存在する。中国南部を含めた東南アジア大陸部で、3－4万BP前後を境に洞穴居住が各地で確認され、逆に開地遺跡（あるいは開地礫器製作址）の確認例が非常に少なくなるのが一般的傾向である（西村 2010a）。もちろんホアビン石器群期や並行する石器群時代の居住が洞穴のみで行われたわけではない。ただし、ホアビン石器群期の洞穴以外の居住地は居住痕跡が非常に見つかりにくいほど文化層が薄いか、石器数が少なく、ホアビン石器群以前の礫石器群の場合、礫が集中する河岸段丘が礫石器製作の地として頻繁に利用され、その中でも相対的に古い時期の石器群の遺跡は段丘上位部の発見されやすい所に位置している結果を反映していると考えるべきであろう。筆者は、ホアビン石器群期の石器製作は礫採取が可能な礫層や川岸のみではなく、礫を運び出して他所で製作・使用することが行われていたが、それ以前は礫層や川岸で石器製作が行われ、その場で使われ捨てられることが多く、遺跡の分布差が、石器製作とそれにもとづく遺跡利用パターンの差を表していると考えている（西村 同上）。

第8節　ホアビン石器群時代の生業と石器利用パターン

　北部ベトナムの紅河平野に南接するホアビン盆地とその周辺域（図15）は洞穴・岩陰の豊富な石灰岩地帯となっており、ホアビン石器群の最初の調査地ともなった地域である。タイン・ホア省のコンモーン洞穴では、各層での篩い選別にもとづいて、文化層単位での量比が公表されている（Phan H.T. et al. 1990a）。最下層の第1層は11000-12000BP、第2層は9000-10000BPの^{14}C年代が測定されている。両層を通じて明らかなことは、シカ類が最も多くを占めることである。そして、アナグマ、イノシシ、カメなども比較的多く出土している（図19）。同じくタインホア省のディウ（Điều）岩陰の第2次調査では、貝も併せてかなり細かい自然遺物のサンプルを行っているようである。層位別の大まかな比率が明らかにされている（Nguyen,V.B. & Vu.T.L. 1993）。更新世に属すと考えられる第7-5層では貝の量が少なく、相対的に哺乳動物骨の量が多く、完新世に属する第4-2層では貝とカニが急に増加し、哺乳動物が減少している。哺乳動物は全層を通じて、シカ類（*Capricornis sumatraensis, Muntiacus muntjak*）とサル（*Macaca* sp.）が主を占め、イノシシも一定量出土しているようだ。ゲアン省のチュア洞穴のホアビニアン文化層では、同定された41例のうちシカ類が46％を占め、ついでウシ類（*Bovinae*）が24％、イノシシが9％となっており、そして、残りをサル、アナグマ、サイ、カメなどが占めている（Vu T.L. 1973）。ベトナムに北接する広西壮族自治区の甑皮岩洞穴（約12000-7000BP）でも、出土動物骨で主を占めるのはシカで、ついで多いのがイノシシ（あるいはブタ）である（李他 1978）、近年の再調査で、第3期の10000BP以降、貝、魚、は虫類の量が急増していることが明らかにされている（中国社会科学院考古研究所他 2003）。

　以上より当地域ではイノシシやシカ類の狩猟が中・大型獣の主をなしており、カメ、カニ、貝などの小型水産資源も重要視されていたことがわかる（西村 2005）。

　さて、ここで遺跡の生業や石器利用から考える遺跡利用パターンについて言及しておきたい。当地域の各洞穴遺跡では他の東南アジア地域にはない厚い貝層の形成がみられ、洞穴内貝塚と呼んで

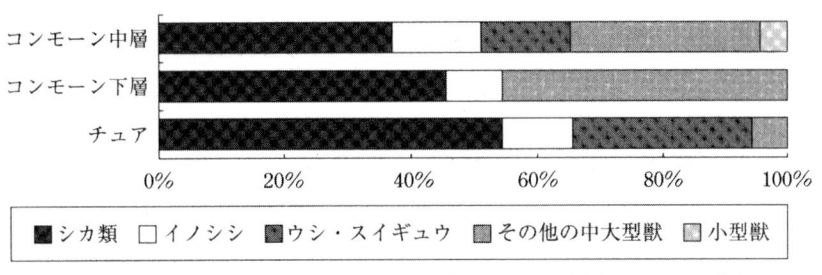

■シカ類 □イノシシ ▨ウシ・スイギュウ ▨その他の中大型獣 ▨小型獣

北部ヴェトナムでの哺乳動物遺存体出土比（数字はサンプル数）
コンモーン（不明）　チュア（37）

図19　コンモーン洞穴とチュア洞穴の動物遺存体比率（西村 2005）

ソムチャイ　　　コンモーン

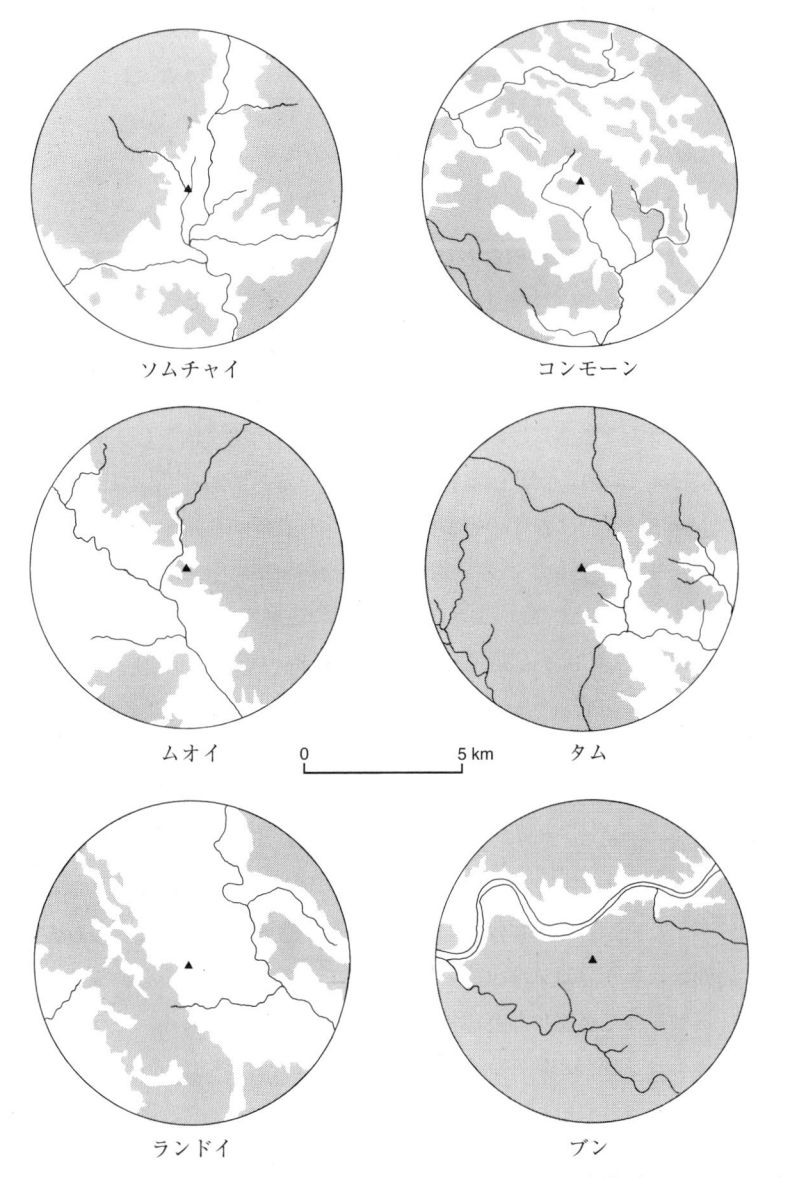

ムオイ　　　タム

0　　5 km

ランドイ　　　ブン

図20　ホアビニアン洞穴の立地　スクリーントーンは山地、石灰岩塊（Nishimura 2005）

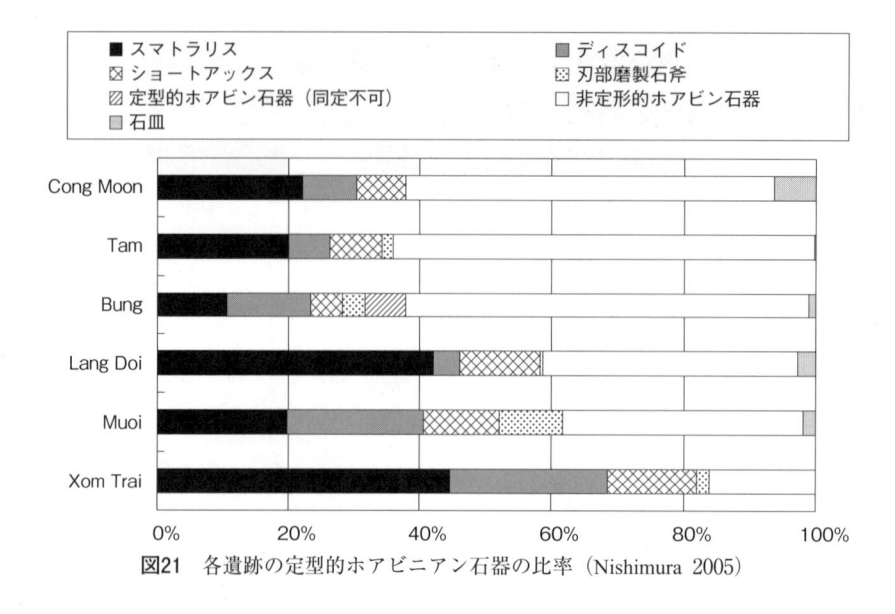

図21 各遺跡の定型的ホアビニアン石器の比率（Nishimura 2005）

　いる。ただし、貝の出土比率は均一的なわけではなく、たとえばソムチャイの場合、1m³あたり約10800個、ディウの場合、1m³あたり約1100個といった違いが確認できる（西村 1994）。両遺跡とも更新世からの居住利用が確認されている遺跡だが、筆者のいくつかの洞窟査経験からも、ソムチャイの貝層の発達度合いは非常に特異である。
　ソムチャイ洞穴（コラム1参照）は、盆地内の独立石灰岩山塊に位置し、平野とも言えるような広大な平地が周囲に控えており、洞窟眼前に川が流れている（図20）。出土石器群はスマトラリス、ディスコイド、ショートアックスなどの定型的ホアビン石器量が豊富で、全体量の80％以上を占める。刃部磨製石斧が多いのも特徴である。似たような石器群の内容を持つ遺跡として、ランドイ（Làng Đồi：ホアビン省）、ムオイ（Muối：ホアビン省）の各洞穴を挙げることができる（VBTLSVN 1967、Hoàng X.C. 1987）。両者とも定型的ホアビン石器の比率が高い（図21）。ランヴァイン（Làng Vành）岩陰（ホアビン省Lạc Sơn県：Colani 1931）も、ソムチャイ洞穴と同じ盆地内に位置し、眼前に平坦地を抱えている。ここでは951点の石器のうち、54点が刃部磨製石斧類である。出版資料（VBTLSVN 1967）から見る限りは、定型的な石器の比率が高そうで、ソムチャイと似た石器群内容である可能性がある。
　興味深いことは、貝の出土比率の高い遺跡（ソムチャイ）あるいは貝層（主にMelanoides：トウガタカワニナ科）がよく発達した遺跡は周囲に平坦地形が豊かで、逆に貝層のあまり発達していない遺跡の場合、周囲はかなり急傾斜な山地で構成されている。この違いを石器アセンブリッジにおいて検討すると、貝層がよく発達した遺跡では定型的な石器比率が高く、そうでない遺跡では非定型的石器の比率が高くなる傾向が明らかとなった（詳細な分析はNishimura 2005c参照）。このアセンブリッジ上の違いは石器の利用パターンの差と考えられる。つまり、より定型的石器が大事に使われ、より非定型的石器が使い捨てに近い形で使われた結果の違いである。したがって、ある遺跡の定型的石器の比率が高いことは、その遺跡ではより定型的石器が持ち込まれることが多く、定型

的石器の比率が低いことはより定型的石器が持ち込まれることが少なかったか、あるいは持ち込まれても再び持ち出されることの多かった遺跡ということになり、遺跡機能の視点から前者はより中心キャンプ的性格の強い遺跡、後者はより一時的利用の性格の強い遺跡と考えている。

　ここでは、ホアビン石器群期に獲得された食料資源を精緻に分析しているNguyễn Việt氏（グエン・ヴェト）の研究を引用し、生業と遺跡利用パターンにもう少し踏み込んでみたい。ソムチャイでは、出土した骨と貝の総量からの試算によると、1 m³あたり78.5kgの肉を貝から、3.5kgの肉を哺乳動物から得られると計算されている（Nguyễn V.私信）。つまり、狩猟によるタンパク質獲得はきわめて小さいということになる。

　ドンカン（Đông Can）洞穴（ホアビン省Kỳ Sơn県（キーソン）Độc Lập社（ドクラップ）：Nguyễn V.B. 1988）遺跡は、小さな谷間の山塊の麓に開口部を持つ洞穴で、洞穴深部に流れ込む渓流を有している。出土魚骨の分析から、190例中171例が冬の漁であったことを明からにし、出土貝の中には、身が非常に美味な陸産巻き貝のヤマタニシ（Óc Núi：*Cyclophorus* sp.）が非常に少なく、ヤマタニシが3−5月、8−10月に捕れることを現生例から確認しているころから、洞穴利用の主要季節が冬であったと推測している。これは、洞穴周囲に石灰岩岩塊が少なく、好んで捕獲される陸産巻き貝が生息する環境が少なかったことも考え合わせる必要がある（Nguyễn V. 2004）。コンモーン洞穴の場合、同じく小さな渓谷の石灰岩岩塊の中腹に海溝部をもつ洞穴である。現在、眼下の渓流は、夏は水流をもつが、冬期は枯れている。7−10月に結実するカンラン（*Canarium* sp.）の種子、夏に多く捕れるイワガニ（*Ranguna* sp.）、ヤマタニシが多く出土していることから、ドンカンとは逆に夏あるいは雨期に頻繁に利用されたと考えられている（Nguyễn V. 2004.私信）。両遺跡は石器群の内容としては、前者は16㎡の発掘に対して、礫石器量が非常に少なくわずかに39点しか出土しておらず、それに対して1500点以上の礫片が確認されている。礫器の再生剥片が多く含まれているようだ。コンモーンの場合も礫石器数は少なく、礫石器数95点のうち、定型的な石器は36点しか存在しない。

　筆者が中心的キャンプあるいは一次利用的キャンプと推測した遺跡は、年間を通じて利用されたか、季節的な利用の偏りがあったかの違いに還元できる可能性があるようだ。

　18000BP前後から貝層を形成するほどの貝の採集が盛んであったことは、東・東南アジアの定住と農耕起源を考える上で興味深い現象である。最終氷期前後の温帯に近い気候のもと、ホアビニアン人は、貝に代表されるような小型生物資源の活発な利用を行い、完新世になると哺乳動物の狩猟利用を減じ、小型生物資源依存度を強化して、最終的には新石器化に結びつけたことは間違いない。採集あるいは採集に近い捕獲業が彼らの重要な生業であったことになる。当然、採集生活が比率の高い狩猟採集民となると、頻繁な移動生活はむしろ考えにくく、ソムチャイに顕現されるように、特定領域のなかで季節性や生態ニッチに応じて資源開発をじっくり行いながら、適度に小規模な移動をするような生活を考えた方がいいだろう。東南アジアの他地域の同時代あるいは現生狩猟採集民の生業・行動パターンとはかなり異なり、農耕活動の有無は抜きにしても、むしろ現在の焼き畑移動民のような資源開発パターンに近かったのではないかと推察する。このパターンは嶺南地方（広西・広東）も似たようなもので、やがて南寧郊外の頂獅山開地貝塚遺跡（中国社会科学院考古研究所広西工作隊他 1998）のような10000BP前後の開地貝塚形成につながってくるのであろう。

註

⑴　新石器遺跡にハンドアックス型石器や礫石器が共伴する現象は北部のマンバック遺跡（第4章第5節参照：西村2006c）、南部のダカイ（Đakai）遺跡（Nishimura et al. 2009）でも確認されている。

⑵　不定形剥片石器が卓越するかしないかという問題は、更新世東南アジア全体で考える必要のある問題である。南タイのランロンリエン（前掲）、モーキュウ（Moh Kieu：Pookajorn et al. 1996）などの更新世石器群と更新世ホアビニアン（Shoocongdej 1996）、あるいは、ボルネオのニア（Niah）石器群（Zuraina Majid 1982）との関係は、剥片石器群と礫石器群が共存したように解釈する向きもある。それではいかにも技術背景の異なる集団の併存を安易に認めることになる1970年代以前の議論となってしまう。この問題は更新世から完新世にかけて、基本的アセンブリッジの性格を変えなかったホアビニアン石器群の遺跡（西タイ、北タイ、ベトナムのホアビン山塊）、また逆に、性格を変えた南タイと理解できる。南タイは更新世末から完新世にかけて、スンダ陸棚が消滅する大環境変化を経験しているが、大陸部内陸の他遺跡群はその変化が大きくなかった可能性がある。問題は技術背景を同じとしつつも、石材環境差に応じた石器群の発現が異なった可能性を探るべきである。たとえば、剥片石器が卓越するグオム石器群と礫石器が見かけ上卓越するホアビン石器群、そして石器が極端に少ないソイニュ等のハロン湾洞穴遺跡などとの石器群の違いは石材環境差に起因すると考えてよい。

●コラム1

ソムチャイ洞穴

　ホアビン省のソムチャイ洞穴（図22）は、典型的なホアビン石器群18000BP前後の古い年代（表1参照）が測定され、さらには多くの刃部磨製石斧が出土した遺跡で有名である。ただし、石器と年代以外にも注目すべきことは多い。洞穴周辺は傾斜の非常に緩い大きな扇状地に囲まれており、洞穴からの遠望が聞くと同時に、眼前の渓流、比較的平坦な扇状地、そして山地と多様な生態環境を利用できたと理解できる。ここでは当遺跡で長く研究を続けるNguyễn Việt（2004・2009）の研究などにもとづき紹介を行う。

図22　ソムチャイ洞穴遠景（Nguyễn Việt氏撮影）

　第2章第8節で述べたように、その分厚い貝層が注目されるが、遺跡周辺の渓流では30才の女性が2時間ほどかければ、約5kgのカワニナが採集できるそうだ。また、渓流などに棲むカメの骨も多く確認されている。さらに、篩い選別により出土した植物遺存体には稲も含まれていた（Đào T.T. 1983）。稲の実年代に関しては、炭化米から直接年代測定がされていないので、ホアビン石器群期のものなのか、それより後のものなのか不明である。また、クルミ、カンランなどの植物遺存体が豊富に出土している。

　非常に興味深いことに、風化したヘマタイトなどの赤色顔料原石などがホアビン石器群遺跡出土の石皿や石棒に付着していることが知られていたが、篩い選別によりヘマタイトやカオリンの細かい土片を明らかにし、それらに人類が意図的に摺り下ろしたような痕跡が残っていること、また、動物の歯跡などを確認している。現在でもキン族を含むベトナムの各民族にこうしたヘマタイトやカオリンなどの風化石を採取して意識的に食べる習慣が確認されており、当遺跡居住の人類が、周囲の土壌や植生に影響されやすい栄養環境状況により、意図的に鉄やアルミナなどのミネラル分を栄養補完するために利用したと推定し、その慣習は現代まできわめて長く続いたと考えている。現代ベトナム人は、鉄分が不足がちで貧血になりやすい体質で、栄養学の研究から食事性鉄分摂取不足が原因と指摘されている（中西 2003）。栄養補完食料として利用した可能性があろう。

　さらに、近年の発掘では、貝含みの文化層下の石灰岩表面に人類の往来により摩耗した痕跡を同定して、当時の人類が遺跡内で往来した道を推定している。また、前期新石器時代のダブット期の土器やフンゲン期の土器が出土しており、新石器時代の人間にとっても、ソムチャイ洞穴周辺の環境が魅力的であったことが理解できる。東南アジアの狩猟採集から初期農耕への移行を研究するには欠かせない重要な遺跡である。

第3章　前期新石器時代
――開地遺跡と大型貝塚出現が示す定住化の過程――

第1節　新石器アセンブリッジの出現と海進問題

　ここでは、土器と磨製石器の共伴を新石器アセンブリッジと判断することにして、議論を進める。また、初期の新石器の遺跡は完新世の最大海進とも絡んでくるので、海進問題の理解についても並行して議論を行う。

　ホアビニアン石器群が出土するいくつかの洞穴遺跡の上層部では局部磨製石斧が頻出することが指摘されている（Colani 1931、KLSĐHTH 1967）。たとえばタム（Tầm）洞穴（ホアビン省Lương Sơn県）では上層部でのみ、局部あるいは刃部磨製石斧が出土している（KLSĐHTH 1967）。局部磨製石斧はブランク製作後に磨きを加えたものとみられるもので（西村 1992）、コンモーン洞穴の上層例などに似ていよう。タム洞穴上層では、土器はまったく出土していなかったが、コンモーン洞穴の第2次調査では、ダブット期の縄蓆文土器が出土している（Nguyễn K.S. 2009）。局部磨製石斧は、ブランク成形後に磨きを加えたもので、前出の刃部磨製石斧とは異なっている。

　ランソン省などの北部山岳地帯で多く調査されており、ある程度ブランク整形をしたあとに磨出した局部磨製石斧がひとつの示準遺物となって"バックソン石器群（通称バクソニアン：図23）"として、Mansuy（1924・1925、Mansuy & Colani 1925）の報告以降、独自の石器文化として認識されてきた（Ha H.N. 2001）。

　Mansuyの調査では出土層位情報が非常に少なく、遺物の時期差を読みとることは不可能だが、石器群の内容や組成（Phạm V.K. & Lưu T.T. 1969）などから、遺跡自体に時期幅がある程度読み

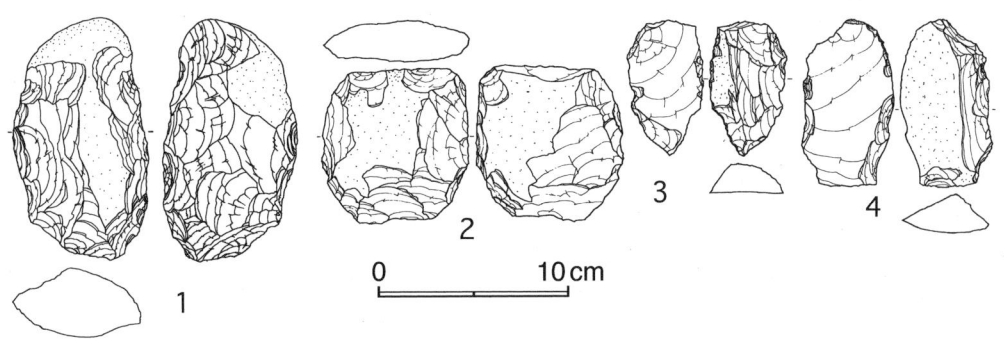

図23　ボラム洞穴のバクソニアン礫石器（1、2）と剥片石器（3、4）

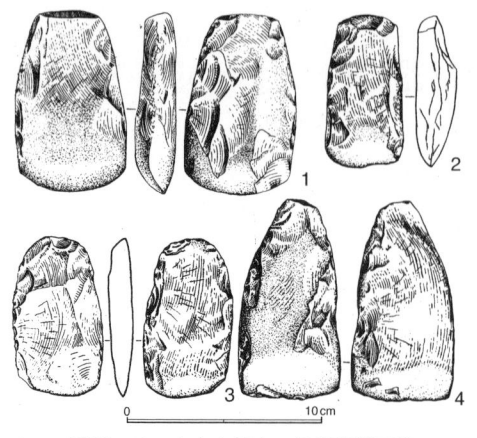

図24 ランクオム洞穴の局部磨製石斧

とれそうである。たとえば、ケオファイ（Keo Phay）洞穴（現在はBó Namと呼ばれる）では、礫片に簡単に磨きをかけた刃部磨製石斧と局部磨製石斧が併せて2点しか出土しておらず、主体となる石器はホアビニアン的礫器である（Mansuy 1924）。これに対し、ミンレⅡ（Minh LệⅡ）洞穴は局部磨製石斧が26点も出土しているが、ホアビン石器群的礫器は非常に少ない（Mansuy 1925）。3m深の文化層があったランクオム（Làng Cườm）洞穴（Mansuy & Colani 1925）も局部磨製石斧（図24）の大半は墓葬を含む上層部からの出土で、下層からは刃部磨製石斧のみ出土しているようだ。しかも、上層での石器の主体は局部磨製石斧である。1985年に調査されたゾイ（Dơi）洞穴（ランソン省Bắc Sơn県）の調査では文化層厚が1.4mあり、その中でも上層部30cm深までしか局部磨製石斧は出土していない（Nguyễn G.Đ. 1986、Nguyễn G.Đ. & Bùi V. 1988）。60cm深で11000BPと11200BPの2例の^{14}C年代が測定されている（Phạm L.H. & Nguyễn Q.M. 2001）。脈絡が不明ながらケオファイ洞穴は表土層近くで7960BPと7875BPが測定されている。

なお、前述のゾイ洞穴（ランソン省Bắc Sơn県）の調査では、文化層厚は1.4mであったが、上層部30cm深まででしか局部磨製石斧は出土していない（Nguyễn G.Đ. 1986、Nguyễn G.Đ. & Bùi V. 1988）。

第2節　最大海進期以前の開地遺跡

ハロン湾南端Cát Bà島のカイベオ（Cái Bèo）遺跡、カットバー島より東沖のCái Tai島のティエンオン（Tiên Ông）洞穴、そしてハロン湾の沿岸部のホンゴー（Hòn Ngồ：クアンニン省Tiên Yên県Đông Hải社）とヌイフア（Núi Hứa遺跡：クアンニン省Đầm Hà県Đại Bình社）の各遺跡は、ベトナムの新石器出現期の問題を解決するひとつの糸口を提供している

カイベオ遺跡は砂浜の浜堤部に位置し、遺跡表面は現海面の高潮面からわずか3.5mしか高くないのに対し、第2次発掘（Luu T.T. & Trinh C. 1983）で確認されている文化層の厚さは3.2mに及ぶ。つまり最下層形成時は現海水面より30cmしか高くなかったことになる。文化層は約2.4m深のところで約20cm厚の無遺物砂礫層があり、上層部と下層部（80cm厚前後）を分ける基準となっている。この無遺物層は完新世の最大海進時の形成と考えられているが、これは現海面との比高差から納得できる。そして、海進時形成層下の下層において、上層部分からは磨り石、礫石器に伴って粗製の厚手丸底土器が出土している。この土器は記述から判断する限り、口縁部にすぼまりがほとんどないダブット（Đà Bút）タイプの粗い叩き文土器である可能性が高い。そして、さらに下層では土器は確認されず、礫石器、砥石、石皿、そして、記述から判断するならバックソン石器群特有の

局部磨製石斧程度の石斧が出土している。砥石（石斧研磨用か）はホアビン石器群にはまだ出現していない。したがって、この下層部を、バックソン型局部磨製石斧を含むホアビン石器群以降の遺物群と考えてよい。また海進以前の時期であることも確実である。

2006年の第4次調査（Nguyễn K.S. & Phan T. T. 2006）でも、海進時に形成されたと思われる小礫層の下の最下層部で無文土器が確認されているようだ（Phan T. T.私信）。

図26　ホンゴー遺跡遠景　海水に洗われている低木群が遺跡範囲

ティエンオン洞穴は、昔J.G.Anderson（1939）が踏査したハロン湾の石灰岩崖に位置する遺跡である。近年の発掘調査で、淡水産巻き貝（トウガタカワニナ科：*Melania* sp.）が70-75％、陸産巻き貝（ヤマタニシ）が20-22％を占める洞穴内貝塚であることが明らかになった（Trương Đ.C. et al. 2009）。この貝層から石器や土器が出土している。石器は石灰岩製が多いようで、河川礫起源のものは非常に少ないようだ。記述からはホアビン的礫石器も含まれるが、局部磨製石斧や後述のホンゴーなどに特徴的な尖状石器も含まれているようだ。土器は縄蓆文の粗製土器が主のようだが、詳細は不明である。出土貝から、文化層はまだ海が現海面まで上昇しきっていない時期の所産と考えられるが、炭化材による^{14}C年代測定を4点行っており、7770±380BPから8210±420BPに納まっており（Nguyễn Q.M. & Trương Đ.C. 2009）、非常に妥当な結果と思えるが、土器の出土層位や遺物組成の層位上変化の問題が現時点では理解できず、決定的な資料とはなり得ていない。

ホンゴー（Hòn Ngò）とヌイフア（Núi Hứa）遺跡もこの問題を考えるに重要な遺跡である（Đào Q.C.2010）。残丘裾野のマングローブ帯に位置する両遺跡は、山岳部から流れ込む河川流域南端に位置し、高潮時には水没し（水面下約1.5m）、干潮時に遺跡表面が露頭する状況である（図25）。残丘周囲の感潮帯はマングローブ植生で被われることから、海岸や浅海水域に高床式住居を構えて居住するという東南アジアに多い居住形態も考えにくい。したがって、両遺跡は最大海進が起きる

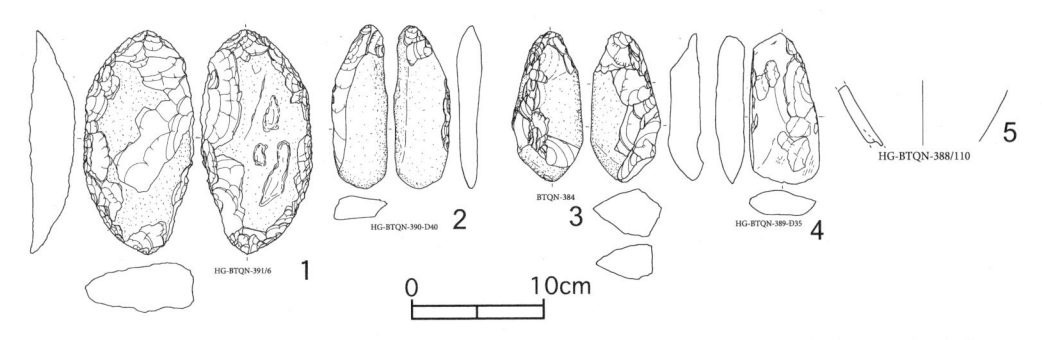

図25　ホンゴー遺跡の礫石器（1）、局部磨製石斧未製品（2-3）、局部磨製石斧（4）、土器片（5）

以前の、海水面が現海水面より低い時期に形成された遺跡と考える。出土する遺物（図26）は、局部磨製石斧（図26-2～4）と尖状礫石器（図26-1）や凹み石が中心の石器群である。また、ホンゴーでは、無紋土器（図26-5）や粗い縄蓆文土器も共伴している。局部磨製石斧は細長の河川礫に横方向から薄い剥離を加えて厚みを減じるブランクを整形した後に磨きを加えたもので、バックソン型と同類と考えてよい。尖状石器は、細長い礫周囲に剥離を加え、尖状部のみ有効な作業刃部を作出したもので、両端に刃を有すものと片側に有すものがある。広西側の東興県海岸の貝塚遺跡群（広東省博物館 1961）や、時期的にはやや遅れるが香港の深湾遺跡（Meacham 1978）などでも類似した石器が出土している。このタイプの石器分布は海岸部に偏在しており、海岸生業に関係する道具と考える。局部磨製石斧製作のための原礫加工途上のものが収集品に混じり、尖状石器に利用される河川礫が豊富に発見されることから、両遺跡は製作址であろう。無紋土器に関しては内面にわずかな凹みが観察されるものもあるので、叩き技法による製作であろう。収集品中唯一確認された底部片（図26-5）は、胴部から底部にかけて厚みが増すような尖底型的器体と想像される。これらの遺物を、完新世の海進が始まる時期（7000BP頃）以前、つまり8000BP前後と考えるなら、石器の組成や土器の組成からも納得しやすい。

　以上のことから、ホアビン石器群とは区別して局部磨製石斧が伴う石器群のみをバックソン石器群として捉えることを提唱したい。バックソン石器群に土器が伴うかどうかは、現段階で明言できる資料はない。ただし、ホンゴー遺跡での収集例やカイベオ遺跡での無紋土器が縄蓆文土器に先行する可能性、そして、これらの遺跡が最大海進以前に位置づけけられることから、バックソン石器群に共伴する土器があるとすれば、無紋土器である可能性が高いと推測する。[2] 具体的年代としては、9-7000BP位を想定しておけばよいのではないだろうか。近年、最古の縄蓆文に先行する無紋土器例が、広西省北部の桂林の甑皮岩、大岩、廟岩、湖南省南端の道県玉蟾岩などで11-12000BP前後を遡る例として報告されてきた（簡単な紹介は、西村 2009参照）。そして、ついにベトナムでも、局部磨製石斧が共伴する文化層より下で、無紋土器が粗雑な礫器と共に出土することが、北部ベトナム西北部のライチャウ省Sin Hồ県Nậm Mạ社のフオイカー（Huổi Ca）遺跡で確認された（Nguyễn G.Đ. et al 2010）。詳細は具体的資料が未公表なので控えるが、新石器アセンブリッジ出現は広西北部と同程度にまで遡る可能性が出てきた。将来的には、後述する前期新石器時代に先行して早期新石器時代を設定する必要があるし、場合によっては続旧石器時代という時代設定を消去する必要も出てこよう（表2参照）。

　ただし、タインホア、ニンビン、ホアビンの各洞穴遺跡の調査数は広西よりはるかに多く、洞穴遺跡で広西側に対応するような初現期の土器が見つかっていないこと、ダブット（Đa Bút）文化に典型的な縄蓆文土器がホアビニアン石器群の上層で出土するのが一般的であることなどから、新石器化現象は紅河平野を挟んで南と北では時期差が生じている可能性が高い。さらに、ハイヴァン峠を越えた中部ベトナム（南域）では、ホアビニアン石器群自身が完新世半ばまで継続するバウズー（Bàu Dũ）貝塚遺跡（クアンナム省）の例（5030±60BP：Vũ Q.H. & Trịnh C. 1986）もあり、他東南アジア大陸部からマレー半島にかけても同じような状況と判断される。したがって、嶺南山脈から北部ベトナムの北側で新石器化が先行し、南に向かって、徐々に拡がったと考えるのが妥当であ

ろう。

第3節　最大海進の確定

　従来のベトナム地質研究では最大海進時の海岸線がどこまで入り込んでいたかが、あまり正確に明らかにはなっていなかった。Ngô Q.T. et al. ed.（2000）の研究では、ドゥオン川、ハノイ市、旧ハドン（Hà Đông）市を呑み込む形で海進域が拡がっている。

　春山は紅河平野の沿岸部近くの砂州卓越地帯に位置するナムディン省ヴバン（Vụ Bản）県バッコック（Bách Cốc：図27、第11章第4節参照）村の旧河道上で70m深のボーリングを行い、土壌分析と^{14}C年代測定によりデルタ形成の過程を細かく復元している（Haruyama et al. 2000・2001、Funabiki 2004）。それによると、10000BP前後（36-45m深）はラグーンと考えられ、9000-10000BP前後（27-36m深）には潮汐三角州に変化している。つまり完新世初頭には沿岸近くに位置していたことになる。9000-8000BP頃（20.5-27m深）には干潟あるいは塩性沼沢地に変化している。そして、8000-6700BP頃（16-20.5m深）には海成堆積によるプロデルタ（prodelta：三角州堆積の海底部）に変化し、海産貝も多く確認されている。さらに6700-6000BP頃（7-17m深）には三角州堆積の先端に推移している。春山はこのプロデルタ堆積ユニットと三角州堆積ユニットの間が最大海進期と考えている。海退が始まると、貝などと一緒に河成堆積物が一挙に増加する。そして6000-5000BP頃（7-3.5m深）では干潟に近い環境となり、さらに上部の堆積（3.5-1m深）では旧河道の堆積物となり、最上層で現在の氾濫原となっている。またバッコック村の集落が位置する自然堤防における簡易ボーリングB地点（春山 1999）では、6.6m深で、遠浅の内湾の砂浜や砂底に生息する二枚貝（クチベニガイ科：*Anis corbule* sp.）を多く含むシルト層が検出され、貝殻による^{14}C年代は4780BP（誤差値不明）と測定されている。この貝は汀線域を示すものとされる。年代値を信じるならば、完新世の最大海進の後、海退していく段階での汀線を反映していると考えられる。これより上の堆積で、褐色砂層などに汽水産貝が混じっているのが断続的に確認されている。海退に伴う離水後、河成堆積により自然堤防が形成されたことを示している。バッコックから西500mに位置している　ズオンライ（Dương Lai）村は古い砂礫列に位置しており、この砂礫列はタイビン省中央部からナムディン省Nam Trực県（ナムチュック）、そしてヴーバン県の沿岸部に延びる沿岸砂礫列帯に属すると考えられる。この砂礫列は最大海進後の海退時による形成であるから、バッコックの自然堤防が4780BP以後に形成されたという考えと整合する。

　また、紅河平野北東沿岸部ハイフォン市域で行われたボーリング調査では地表から2m前後の厚さで氾濫原起源の堆積物、海抜0m前後のレヴェルからほぼ4m近い厚さで潮間帯（マングローヴ林など）起源の堆積物、さらに下で干潟域起源の堆積物（層厚10m以上）を同定している（Doan D.L. & Boyd 2000）。そしてHH120地点では、氾濫原起源堆積物層から4145±50BP、その下の潮間帯起源堆積物層から6000±50BP、その下の干潟域起源堆積物層中の旧河道埋積物から7129±80BPの年代値が測定されている。そして、完新世においては6000BPまでの急激な海面上昇とその後の海退を想定し、4000BP前後には河成堆積物が出現する環境となったと判断している。また、彼ら

図27　海進海退関係図

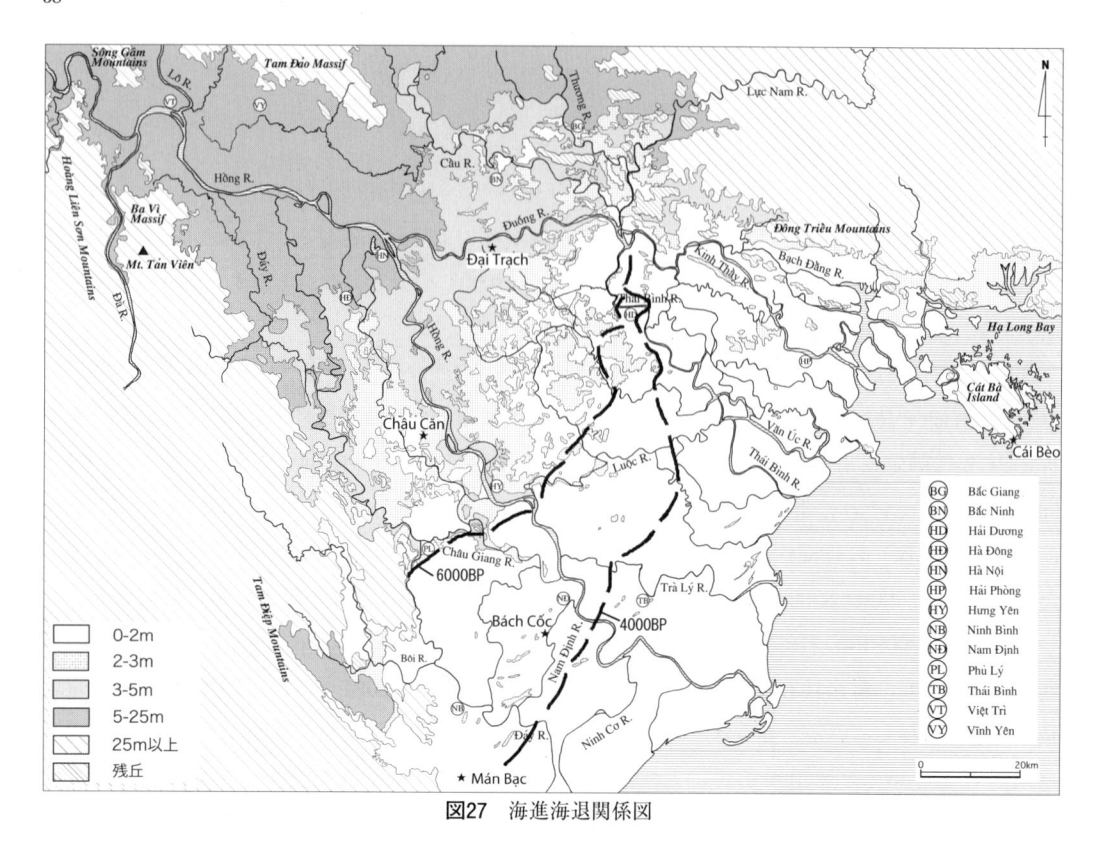

は、紅河平野北東域に接するハロン湾で島々の岩崖に残る海進による海食地形を読みとり、その高度と海食崖に伴う貝の^{14}C年代測定を行っている（Doan D.L. & Boyd 2000・2002）。完新世の年代では4990±90BPから2280±60BPの範囲で８つの年代値が測定されている。そして、その年代と高度から、完新世の最大海進が6000-5000BPに現海抜より５-６m高に達し、その後多少の上下を繰り返しつつ、2280BP前後には3.5m高にまで海面高が下降したと考えている。ただし、この研究にはいくつかの方法論的問題が存在する。具体的には、海食崖に残っている貝層がまったく同時期に形成された保証がない、つまりいくつかの時期のものを含む可能性があること、^{14}C年代測定値を絶対年代として信じ切っていること、ハロン湾の位置するプレートがまったく不動のものとして仮定していることなどである。ただこれらを差し引いても海面高が海進時には現在より高く、5000BP前後から海退が始まったということはいえそうである。ニンビン省では海食崖とマンバック（Mán Bạc）遺跡（新石器時代）の文化層直下の自然貝層を利用した^{14}C年代が測定されている（Nguyễn Q.M. & Le K.P. 2000）。海食崖の貝の年代は4860±60BP（半減期5730年計算、未較正年代）で、マンバック遺跡の自然貝層では6860±110 BP（半減期5730年計算）の年代値が測定されている。マンバック遺跡では、筆者が発掘の指導を行った第２次調査で、最下層で後述の前期新石器時代に属するダブット（Đa Bút）文化の土器が検出されており、その年代が少なくとも4500BP-5000BPに遡ることは確実である。また、問題の文化層直下の貝層は近くで確認される海進による海食崖（図28）の高さと一致すること、また貝が波動により細かく破砕・摩耗を受けている

ことから潮間帯に位置していたであろうことなどが第2次調査で理解された。したがって、自然貝層の年代と遺物の年代観に矛盾はなく、ここでも最大海進時の海面高が現海面のより高くその年代が5000BP〜7000BPの間に納まってくることが理解できる。

管見では最大海進期の年代はある時点に限るのではなく、ある程度その海面が維持されるほどの時間幅で存続したと考えた方が、年代値等の理解に無理がないようだ。

図28 マンバック遺跡近くの海食崖

では、最大海進前後の、紅河平野のより内陸部はどのような環境であったのだろう。西氾濫原に位置するチャウカン（Châu Can）遺跡（図27：旧ハタイ省Phú Xuyên県）では2000年に行われたドンソン期の木棺墓の緊急発掘調査時などに併せて、古環境研究が行われている（Nguyễn V. 2001、Nguyễn N. et al. 2002・2005、Hori et al. 2003）。古環境データ採取のための試掘抗では、最上層が表層部にドンソン土器を含む褐色粘土層で、中層が砂や植物遺存体などを含まない黄色硬質粘土層、下層が植物遺存体や白色砂層を含む暗灰色粘土層と報告されている。花粉分析では黄色硬質粘土層で淡水域の水草（*Caudora* sp.）が多いことが同定され、湖や沼地のような環境が想定されている。下の灰色粘土層では植物遺存体や汽水域の植物花粉が多いことが同定されている。また下層では4040±55BPの^{14}C年代も測定されている。したがって、ここでは海退後の汽水環境の存在が確認できる。また、ドゥオン川南岸の自然堤防上に位置するダイチャック（Đại Trạch）遺跡（図27：バックニン省Thuận Thành県、第5章第3節参照）でも汽水域の水草が文化層中から確認されている（Nguyễn T.M.H. 2002）。当遺跡はドンダウ期を居住開始時期とするので、紀元前1000年紀の古環境と考えられる。

この他、フンイェン省のMỹ Hào県、ハイズオン省のハイズオン市などで、最大海進期の形成と考えられるカキなどの自然貝層が確認されており、最大海進時の海岸線がハノイ周辺まで入り込んでいたとするのがベトナム地質学者の一般的な考えである（Nguyễn N. 私信）。しかし、春山は進展中のボーリング調査等にもとづいて、最大海進時にはハノイ周辺から旧ハタイ省南部、ハーナム省さらにはフンイェン省などを含む広大な汽水域が存在し、海岸線はより沿海側にあったと考えている（春山私信）。筆者は、ベトナム人地質学者が海岸線の根拠とするカキには汽水域の泥地を好むマガキが含まれており、細かい種同定を行わないと、海岸線の根拠とはならないと考える。したがって、春山の考えに賛成したい。

以上のような諸研究にもとづき、旧海岸線を復元した研究が、公表され始めた（図27：Funabiki 2004）。この分野の研究は今後さらに精度を上げることであろう。

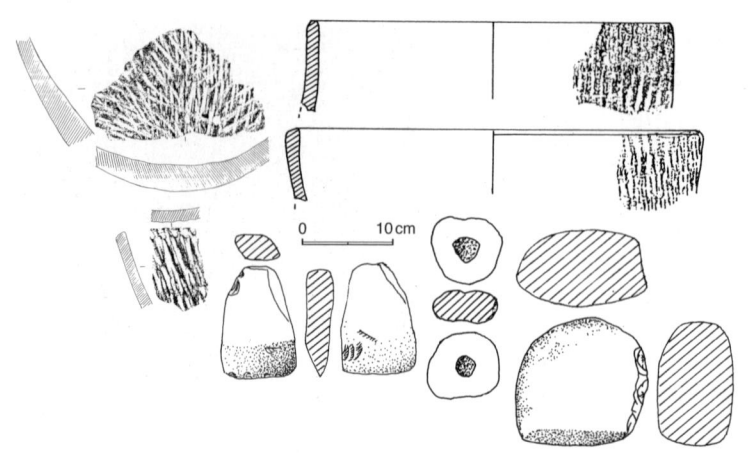

図29 ダブット文化の石器と土器：左端2例（スケール不明）はゴーチュン遺跡の縄席
文土器（ブイ1992）、残りはドンヴオン遺跡（Trịnh H.H.&Hà V.P. 2003）

第4節　ダブット文化などの前期新石器アセンブリッジ：大規模貝塚形成の時代

　前述したバックソン石器群あるいはそれより早い時期の可能性も出てきた早期の新石器アセンブリッジは、アセンブリッジとして正確に公表され、具体的年代論が提出された段階で、早期新石器時代とすべきであろう。これから述べていく新石器アセンブリッジは開地に形成された大規模な貝塚などから発掘されるものが中心であり、前期新石器時代として括っておく。

　フランス植民地時代から明らかになっていたダブット文化はタインホアやニンビン省で確認されており、縄席文が全面に施された丸底深鉢と局部磨製石斧を示準遺物（図29）とする遺物群で規定される。ダブット文化は現在までのところ、前後2時期に分期可能である。前期は無節の縄席文深鉢しかみられず、後期には有節の縄席文が地紋となり、ややくびれた口頸部をもつ土器が出現する。石器も局部磨製から完全磨製へと変化するようだ（Nguyễn K.D. 1983）。後期段階には有溝石錘も出現する（Bùi V. & Nguyễn K.S. 1978）。前期段階に相当するのがダブットやコンコーグア（Cồn Cổ Ngựa）の下層（Bùi V. 1982）で、ダブットでは6540BPから5700BPに至る年代が中層から上層にかけて層序よく測定されている（Bùi V. 1991）。また、後期段階に相当するのがゴーチュン（Gò Trũng：Bùi V.& Nguyễn K.S. 1978）やコンコグア上層（Bùi V. 1982）、ランコン（Làng Còng：Bùi V. 1994）である。ゴーチュンでは4790±50BP、ランコンでは下層部で4900±85BP、4850±70BPの^{14}C年代が測定されており、ダブット文化の終末時期を探る資料となる。そして、このダブット後半段階に相当するドンヴオン（Đồng Vườn）遺跡が、ニンビン省南域（Yên Mô県）イェンモーで最近発見され、紅河平野域でも、この時期の遺跡が存在することが明らかとなった（Hà V.P. & Trịnh H.H. 2002）。また、すぐ近くのマンバック（Mán Bạc）遺跡の第二次発掘地点最下層でも同時期の土器群が確認されている。ドンヴオンとマンバック最下層ともに、厚手の大きな石粒を含む粗質な叩き紋土器が出土している。マンバックでは海進時に形成された破砕貝と砂から構成される無遺物堆積層の直上で、この粗製叩き紋土器を含む層が確認されている。マンバックやドンヴオン

遺跡からさほど離れていない同省のサオ（Sáo）洞穴（Tam Điệp町）で、同タイプの土器が出土している（Hà V.P. et al. 2009）。貝による3点の^{14}C年代は8740±85BP（レベル5）、9060±125BP（レベル3）、9170±105BP（レベル3）となっている（Nguyễn Q.M. & Trịnh H.H. 2009）。この年代はダブット文化の年代としては最古だし、ホアビニアンの終末期に相当する年代である、レベル3の2つの年代は、資料を陸産巻き貝と淡水産巻き貝に分けた結果であり、デスカーボンの影響は300年程度しかないことになる。この年代値に樹輪更正年代を施すとさらに古くなる。しかし、納得できないのは、サオ洞穴すぐ近くに位置するコー（Cò）洞穴（Trịnh H.H.et al. 2009）でも、同じ組成の遺物群が出土しているにもかかわらず、4点の^{14}C年代（Nguyễn Q.M. & Trịnh H.H. 2009）が、3890±80BPから3540±65BPの間に納まっていることである。4点のうち3点は貝を資料とし、1点は最下層出土のダブット型土器中の炭化物から測定されたものである。樹輪較正を施せば多少古くなるが（表1）、後期新石器時代の年代にしか相当しない。この測定値と考古学からの年代認識のズレを考古学から説明するのは無理である。文化層形成や^{14}C年代測定過程における何らかのエラーを考える必要があろう。

　ただし、ダブット貝塚遺跡での下層部は年代測定が行われておらず、また、貝種の層別出土データもなく、正確な年代議論は不可能な状況にある。もちろんダブット貝塚遺跡の出現を以て、ダブット文化の初現期と捉える必要はない。無節縄蓆文土器などのダブット的遺物群が海進開始期以前に遡る可能性を、現時点では完全には否定できない。

　紅河平野より北東海岸域に位置するハロン湾沿岸域では、海岸の砂浜や洞穴を中心に多くの新石器時代の遺跡が確認されている。そのなかでもハルン（Hạ Lung）洞穴（クアンニン省Hoành Bò県：Nguyễn V.H. & Nguyễn K.S. 1976）、カイベオ下層などの新石器時代遺跡は早い時期の遺物群を含んでいると考えられる（Nguyễn V.H. 1979a）。先述した最下層部に後続する、海進形成層直上で出土している遺物群（図30）は、局部磨製石斧あるいは完全磨製でも断面楕円形のものが石斧（図30-1）の主を、さらに盤状礫器（図30-4）や尖状礫器（図30-3,5）、石皿（図30-6）、土器には縄蓆文も出現しているようだ。カイベオでは、第1次発掘の下層部2.2m深で5645±115BPの^{14}C年代が測定されているが、残りの2点の測定値とその層序関係が信用に値するとはいえない。この海進形成層の直上層はダブット後期並行の可能性が高い。最近4度目の調査が行われ、下層部で海産二枚貝が文化層中に確認されており、海進前後を挟む初期の縄蓆文土器やそれ以前の時期の活発な貝利用が証明されている（Nguyễn K.S. 2009）。

　ゲアン省北部Quỳnh Luru県海岸部のクインヴァン（Quỳnh Vān）貝塚遺跡群（Nguyễn T.C. 1998）では尖底土器（図31）が供伴している。標識遺跡のクインヴァン（図32）は、マドガイ（*Placuna placenta*）の純貝層厚（図33）が6mもあり、貝層分布が直径100m前後に及ぶ巨大貝塚である。当遺跡群も前期新石器時代から後期新石器時代初頭まで続くと考えられる。出土する土器は深鉢型尖底土器を主としている。表面には条痕紋らしきものが残されているが、これは製作時の器面調整痕であり、意図的な紋様ではない。より後期の遺跡の尖底土器は器体がより丸腹形になっている。この無紋尖底土器は先述のホンゴー遺跡の無紋土器の伝統が続いた結果ではないかと思う。現在までのところ、こうした無紋土器は海岸部あるいはその周辺でしか確認されておらず、地域的偏在を示

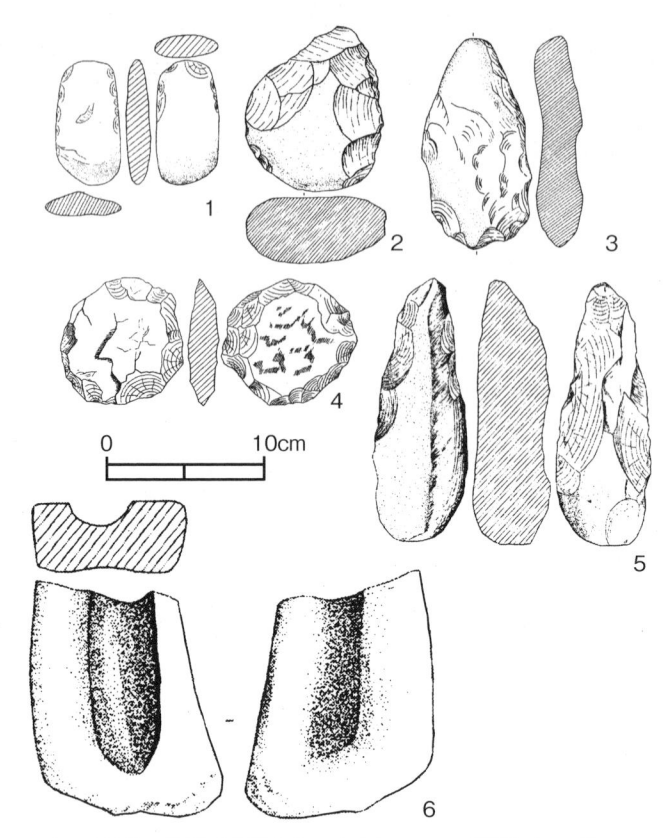

図30　カイベオ遺跡の海進形成層直上で出土している石器群（Nguyễn K.S.2009）

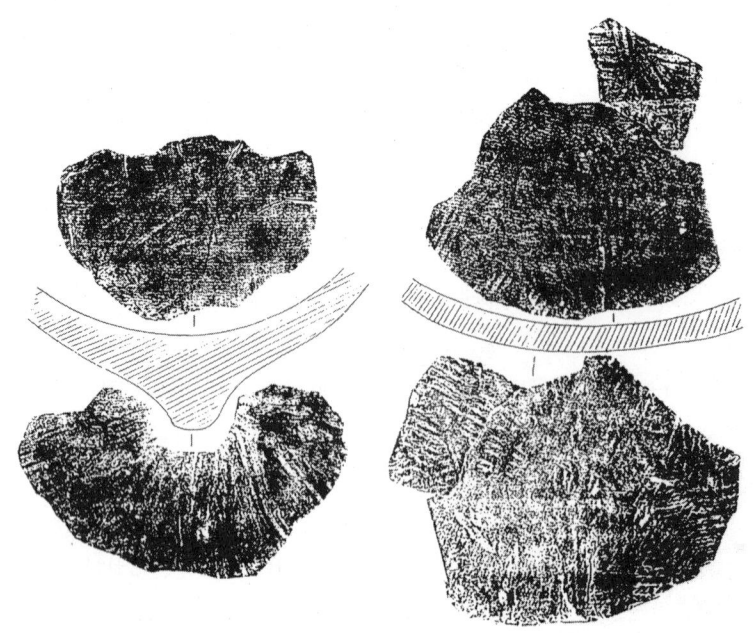

図31　クインヴァン貝塚とコンダット貝塚の尖底土器（スケール不明：ブイ1990より）

図32　クインヴァン貝塚遺跡遠景

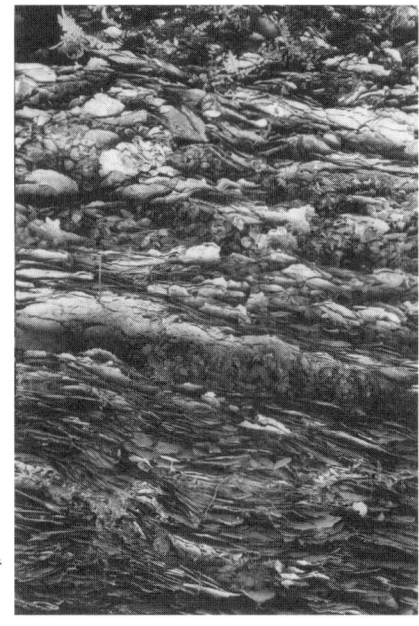

図33　クインヴァン貝塚の貝層。文化層の大半は純貝層である。

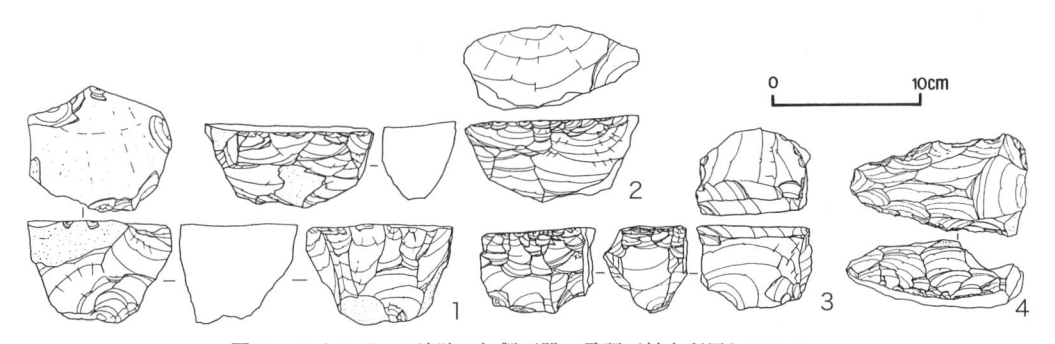

図34　クインヴァン遺跡の打製石器　露頭石材を利用している。

す可能性が高い。また、石器（図34）は打製石器が主体で、これに若干の石皿や部分磨製石斧が伴うようだ。

註
(1) この砂礫層は、マンバック遺跡の文化層直下で確認されている波浪で破砕された貝殻混じりの砂層と同じ性質のものではないか。
(2) ただし、可能性としてひとつ考えておかなくてはならないのは、土器を含む新石器アセンブリッジが、洞穴で出土しないからといって、それをその地域全体に普遍化させるのは危険である。新石器化が始まった時点で、新石器的アセンブリッジを頻繁に製作・利用する人たちは、より開地の遺跡に居住したと思われ、これに対して洞穴をまだ継続利用するような狩猟採集民的住民もいたと思われ、彼らが新石器的アセンブリッジ、特に土器などをすぐに頻用したかは疑問である。甑皮岩での下層土器の出土量はわずかである。開地遺跡の正確な調査にもとづき、洞穴資料を見直す必要もあろう。

●コラム2

"文化"が多い?、少ない?

　先日、ベトナムで南中国の考古学者と親しく話をする機会があった。「ベトナムは考古学文化の数が多すぎますね」といわれ、その通りと思い、「逆に南中国は少ないですね」という共通認識に至った。
　東アジア、東南アジアでは考古学的文化の定義として、一般にゴードン・チャイルド流に、ある特定のタイプの遺跡・遺構や遺物のセットが限られた時間幅や空間領域において分布を見せる現象に文化名をつけているのが普通であろう。ベトナムの新石器時代において、北部では、前期のダブット文化、クインヴァン文化、カイベオ文化、後期新石器時代相当の文化として、ホアロック文化、フンゲン文化、ハロン文化、マイファー文化等が使われており、やや多すぎる印象は否めない(第4章注釈1参照)。また、南部ではドンナイ川流域を中心にドンナイ文化という設定も行われているが、これは新石器時代と青銅器時代をまたぐような文化設定であり、時間的矛盾を来している。いずれにしても、ベトナムにおいて考古学的"文化"は豊かなのである。ところが、国境をまたいで広西や広東に行くと、文化設定数が途端に少なくなる。特に青銅器時代になると、商代、周代、あるいは春秋・戦国並行期というような表現が増え、めっきり文化名が姿を現さない。この背景には、中原からの漢民族の南進あるいは漢文化の浸透を期待して、地域文化名を認めない雰囲気にも関係していよう。また、現代の考古学者あるいは関係者が考える"文化"領域が、その後の民族分布や国家の形成領域に絡むという思いこみとも関係していよう。
　先日、第55回国際東方学者会議のシンポジウム「地方化を通じた国際化─交趾・林邑・扶南の新出考古資料の考察」で、メコン河下流域平野部の初期国家"扶南"の考古学文化に比定されている"オケオ(オッケオ)文化"(紀元2-7世紀前後)という設定の妥当性を問題にしてみた。基本的に国家の存在が史書に現れ、具体的な記述が多い時代になると"文化"を使わず、国家名とその領域を以前の文化名からスライドさせる場合が東アジアでは多いようだ。しかし、東南アジアにおいて、紀元1000年紀の古代国家(林邑、扶南など)に関する文字資料は非常に限られている。考古学的な研究が勢い発言権を増すのはよいが、従来のままで"文化"設定をしてしまうと、先史時代の文化と国家形成期の文化が無条件に接続することになる。つまり、国家形成期の文化領域認定の意識をそのまま先史時代に持ち込んでしまうことになり、そこに暗黙の内に民族分布空間や政治領域の初現空間を認めてしまうことになる気がする。今後、再考を要すテーマである。

第4章　後期新石器時代
――長期安定居住や集団墓が示す定住農耕集落社会の形成――

第1節　後期新石器時代のはじまり

　筆者の考えでは、北部ベトナムの前期新石器時代と後期新石器時代の境をどこに設けるかは、以下のような遺物群の違いで理解したい（西村 2003b、Nishimura 2006a、西村 2006c,d）。前期の土器は、ダブット文化、クインヴァン文化、カイベオ下層などで確認されているもので、深鉢あるいは口縁部が若干くびれた壺が器種の中心で、石器に関しては、断面がレンズ形あるいは楕円形の部分磨製あるいは同じく磨製石斧（前期の中でも後半に出現）が特徴的である。後期になると、明確なくびれをもつ頸部と丸く膨らむ胴部を特徴する釜や圏足付きの鉢等の新器種が出現する。紡錘車（マイファー文化：Nguyễn C. 2001）なども加わるようだ。石器に関しては、断面方形の方角石斧や肩部をもつ有肩石斧、石環、管玉、有溝樹皮叩き棒等が特徴的となる。石器製作技術においても擦り切り技法、管鑽法、軟玉などの硬質石材の利用といった革新が認められる。前期と後期の境は^{14}C年代を参考にするなら、4500BPくらいと考えている。

　そして、後期新石器時代がどのくらいの時間幅をもち、時期細分が可能かということが、ここでの議論の中心となる。現在、最初期の後期新石器文化に位置づけられる文化には旧ハタイ（Hà Tây）省のゴーマードン（Gò Mả Đống、通称マードン：Phạm L.H. 1973）を指標とするマードン類型、タインホア省のホアロック（Hoa Lộc）文化（Phạm V.K. & Quang V.C. 1977）、ニンビン省のマンバック（Mán Bạc：Hà V.P. 2001、Trinh H.H. 2004）、カットバー（Cát Bà）島のバイベン（Bãi Bến: Nguyễn K. D. 2005c,d）などのハロン（Hạ Long）文化の諸遺跡、ランソン省のマイファー（Mai Pha：Mansuy 1920、Bùi V. & Nguyễn C. 1997）、ゲアン省からクアンビン（Quảng Bình）省にかけてのバウチョー（Bầu Tro）文化（Phạm T.N. 2000）、ハザン省のハザン文化（Nguyễn K.S. et al.2000）などがある（図35）。後述するフングエン文化を含めて、こうした後期新石器時代の遺跡の前後関係を、土器などから細かく論じた考察はつい最近まで非常に少なかった。後述のフングエン文化（類型）とは異なる遺物群を持つこれらの考古学的遺物群は、さほど真剣に検討もされず、ドンダウ期やフングエン期に並行づけられてきた（研究史に関してはHà V.T.ed. 1999：63-95参照）。わずかに典型的なマードンやホアロック類型の土器片がフングエン文化遺跡の下層から出土して、その前後関係を議論したものがあるにすぎなかった（Hà V.T. 1977）。かつて、筆者はマードンやホアロックの土器がフングエン文化の土器とまったく異なることなどを理由

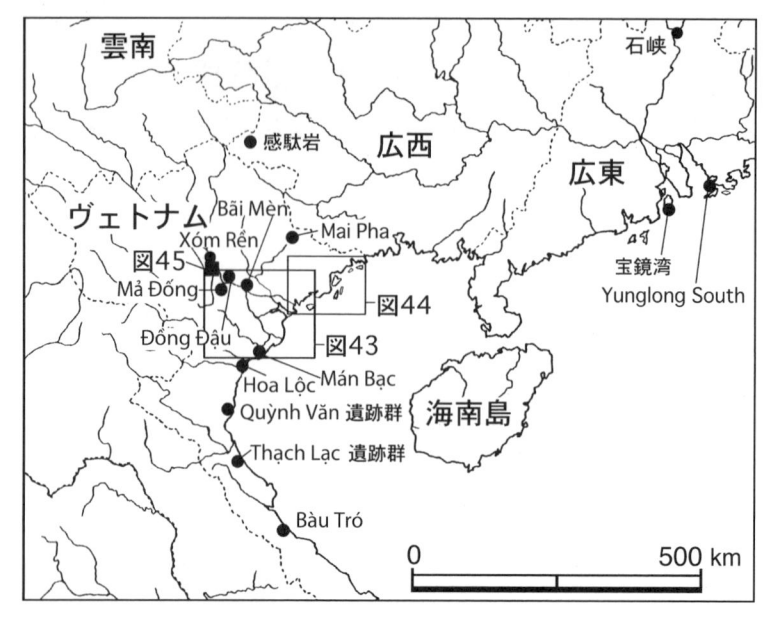

図35　本章で言及する主な遺跡位置

に、マードン・ホアロック類型がフングエン文化に先行すると考えたことがある（西村 1994）。その後、調査資料が公表されるにつれ、両者間の関係がより明確になりはじめたので、筆者の編年観を説明するためマードン・ホアロック類型や並行する遺跡を中心にやや詳しく述べておく。

　筆者が2001年に2次調査発掘を指導したマンバック遺跡（ニンビン省：Yên Mô県）は文化層が1.8m厚近くあり、発掘は分層発掘に徹したため、数次にわたって行われた発掘において、層位的確実性は最も高い。最下層部でダブット文化特有の土器が若干出土している以外、すべての遺物は後期新石器時代に位置づけられる。金属器に関係する遺物はまったく存在しない。当遺跡については2次調査を中心にした資料で、Trịnh Hoàng Hiệp氏（チン・ホアン・ヒエップ）が修士論文を書いており（Trịnh H.H. 2004）、土器のデータを体系的にまとめている。ただし、当論文の問題はその分期である。土器の時期認識に関して報告者はやや混乱した認識を示している。たとえば、フングエン早期段階とマンバック下層（早期）を同時期と捉え、別論ではホアロックとマンバック下層を同時期に捉えており、まったく違う性質の土器群を同時期に捉える結果となっている。このように問題はあるが、現在までのところ、後期新石器の土器に関して、層位別に時期差を論じることが可能な数少ない遺跡資料である。

　ここではマンバックを軸にして各遺跡との資料比較を行いたい。マンバックの2次調査は5つの層ユニット（L1-L5：第1層から第5層）に分け、さらに、その中で細かい分層発掘（L5の場合L5-1からL5-10）を行っている。最下層で若干量のダブット期の土器が出土した他は、後期新石器時代の土器と考えてよい。ここではその形態的変化と文様の変化について簡単にまとめる。まず、口縁資料であるが、体部等の下方部との関係が明らかにできないものが多いが、その大半は釜（広口壺）、高坏の口縁類と考えられる。

　L5ユニットでは、並行沈線を多用した文様が主となっている。3-4本の並行沈線を直線状に、

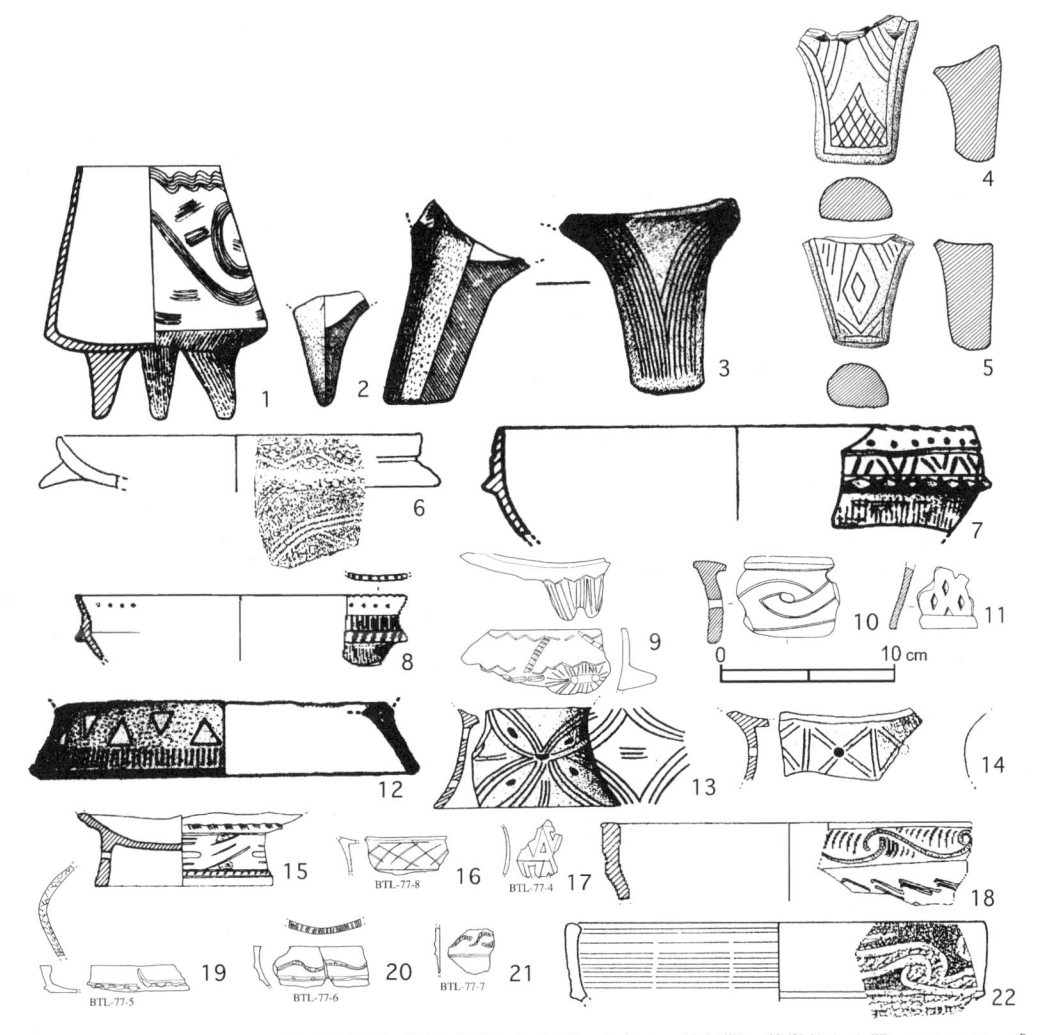

図36 マードン・ホアロック期（後期新石器前半期）と広西・広東での並行期に特徴的な土器　1,7,8,11：感駄岩　2,3,9,12：Hoa Loc　4：Bau Tro　5：Thach Lac　6,22：Man Bac下層　10：Yunglong South　13,14：Mai Pha　15,18：宝鏡湾　16,17,19,20,21：Bai Tu Long

あるいは曲線状やジグザグ状に施文している。さらには刺突文をこれらの沈線に絡めて施文している場合（図36-6、図37-6）も多い。この並行沈線文以外に、地紋を細い縄蓆文か斜行する沈線で充填し、太い沈線で文様帯を区画し、文様帯の一部の地紋を磨り消すものも見られる。この種の施文技法は薄手の精製土器に多く見られる。また、この施文技法と類似したもので、器面を丁寧に磨き、沈線で文様区画を行い、区画間に貝殻腹縁圧痕を充填するものも若干例存在する（図36-22）。貼り付け凸状帯をもつ口縁（図36-6）や刺突文を上面に施した口縁も特徴的である。

　L4ユニットに入ると大きな変化が見られる。まず、L5のような並行沈線文様が見られなくなり、磨り消し区画を多用した文様が主となり、文様区画を充填する施文に櫛歯状工具による列点文、あるいは円盤状工具に鋸歯縁を作出し、回転を利用して列点文を充填する方法が出現する。貝殻腹縁文も口縁部に施されている例はあるが、文様区画を充填する例はないようだ。

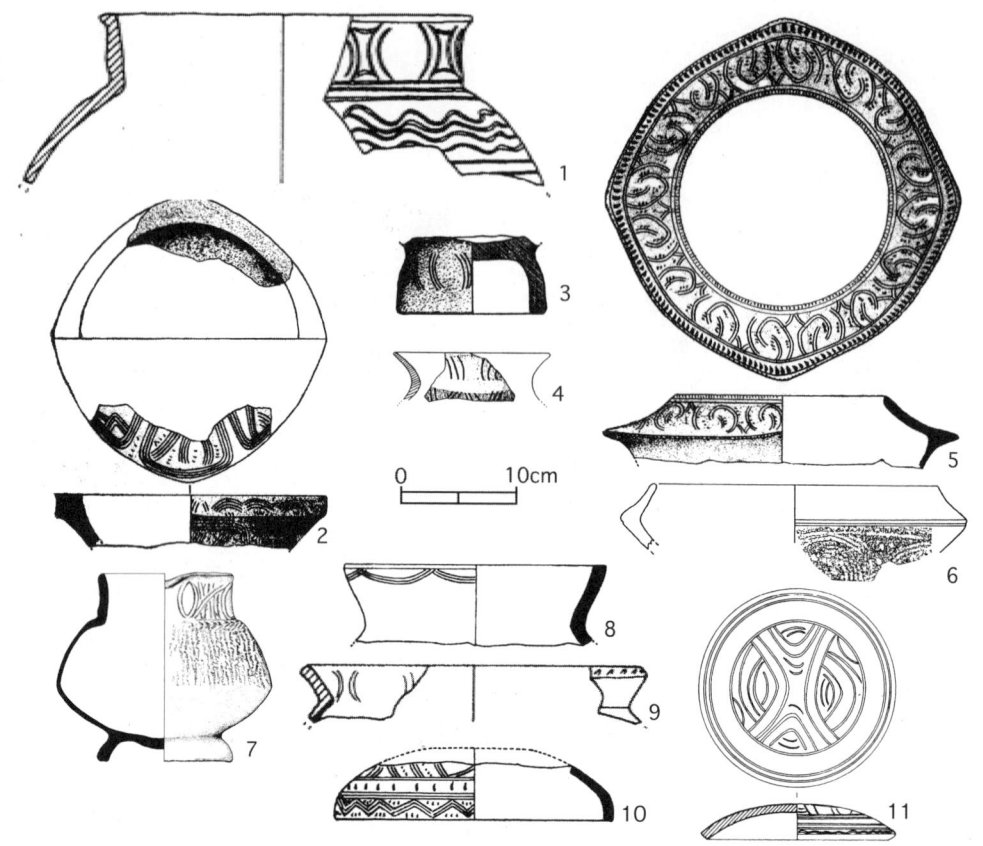

図37 マドン・ホアロック期（後期新石器前半期）と広西・広東での並行期に特徴的な土器　1,9,11：宝鏡湾　2,3,5,8,10：Hoa Loc　4：Mai Pha　6：Man Bac下層　7：Yunglong South　図36,37ともに図版出典は、Hoa Loc（Pham V.K & Quang V.C. 1977）、Mai Pha（Bui V. & Nguyen C. 1997）、Man Bac（Trinh H.H. 2004）、Thach Lac, Bau Tro（Pham T.N. 2000）、感馱岩（広西壮族自治区文物工作隊他 2003）、宝鏡湾（広東省文物考古研究所他 2003）、Yunglong South（Meacham 1994他）

　L3ユニット以降になると、文様施文技法は、前出の文様区画に列点文充填する方法が主となる。また竹管のようなもので円文を押文する技法も出現している。上層は幾何学的文様区画に櫛歯状工具で連続列点文を充填したもの、口縁外端が垂れ下がるように張り出したものなどが特徴的土器として挙げられる

　石器型式についても、L5、L4でホアロックやマードンとの型式学的重なり、L3-L1でフングエン期の諸遺跡との型式学的重なりが確認でき、土器からの時期区分認識にまったく問題はない（本章5節参考）。1999年の発掘はレヴェル掘りのため、2001年調査との単純比較は困難だが、軟玉（nephrite）素材のT字形石環が2001年発掘の上層部、有肩石斧が下層部で出土していると理解できる。L5ではまず蛇紋岩を中心とする方角石斧が特徴的で、L4,L3以上ではフングエン文化の特徴となる軟玉の石材を、石斧や石製装飾品（管玉、環状製品）に多用することなどが特徴である（Nishimura 2003b）。

　さて、ここでは簡単に特徴的な遺物を利用して、各遺跡との並行関係を理解しておく。並行沈線

や刺突文を複合させた施文技法はホアロック、コンチャンティエン（タインホア省ドンソン県）、マードンなどでも、主を占める文様技法であるし、モチーフの類似性も高い。特に、Trịnh Hoàng Hiệp（同上）が指摘するように、ホアロックとは形態的類似性も容易に指摘できる。これらの遺跡がマンバックのL5ユニットと同時期と見なすことに問題はない。ホアロック文化やマードン遺跡に特徴的遺物とされた取っ手状土製品（図36-3〜5：Phạm T.N. 2000）は、把手と脚、両方があるようだ。把手のついた釜、鉢（図36-9）、あるいは丸形壺は、マイファー遺跡でも確認される。脚は鼎状の容器の足として機能したようだが、ホア

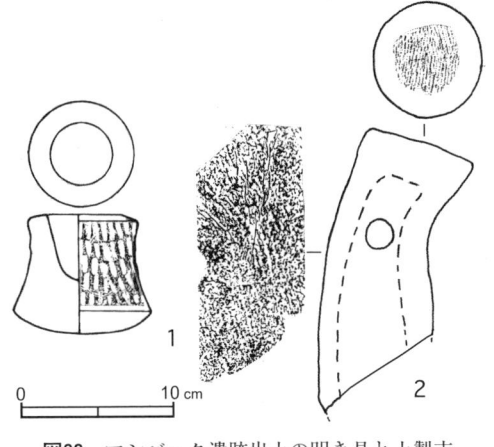

図38　マンバック遺跡出土の叩き具と土製支脚（Trịnh H.H. 2004より）

ロック、タックラック、バウチョーで確認されている。ホアロックの脚には図36-2例のように先端が先細りしたものもあり、中国南部の同時期の三足土器と直接対比が可能である。

　また、マンバックのL5でも確認された磨り消し文様区画施文や貝殻圧痕を文様区画に充填させる文様のモチーフ自体は、フンゲン文化の文様モチーフによく類似した複合水波文様であるが、フンゲン文化のものは沈線区画に列点文様を充填する施文技法で、むしろL4ユニット以降との時期的重なりが考えられる。モチーフ的にも並行沈線間を列点文で充填するもの、木の葉状の文様区画に列点文を充填するものや、連続円文などL4ユニット以降との共通点を多く指摘できる。1-3層の土器は、チャンケン（Tràng Kênh）との類似性（Trịnh H.H. 同上）を指摘しているが、チャンケンのみならず、フンゲン文化の諸遺跡との土器との類似性を認めてよい。さらに、上端の片側に突起を有す土製支脚（図38-2：Trịnh H.H. 同上）はフンゲン期に特徴的な遺物だが、マンバックのL1-L3で確認される。さらに、土器の叩き具と考えられる土製品（図38-1）も出ており、下層と上層で形態的違いがある。

　96年に再調査されマイファーの土器（Hà H.N. 2001）のなかには、ホアロック、マードンなどとの文様や形態上の類似を看取できるものがある。さらに1999年調査のマンバックでも類似の土器を下層部に見ることができる。また、バイベン（Nguyễn K.D. 2001）もマンバックやホアロックとの類似性を確認できる。もちろん層位的データが非常に乏しいため、各遺跡の居住時期を細かく判定はできないが、明らかにこうした遺跡は同時期の遺物を含んでいる。そして、マンバック上層はフンゲン文化に頻出する土器があるので、下層部はフンゲン段階に先行する段階の遺物を含んでいると考えられる。

　この時期変化については最近、公表された広西や広東省域の調査結果とも符合することが多い。ベトナム側のハザン省の中越国境から40kmしか離れていない広西の那坡県の感駄岩遺跡（広西壮族自治区文物工作隊他 2003）の調査では、感駄岩第1期の土器群に、三足を用いた容器（図36-1）、土器の把手らしきもの、菱形スリットの入った脚（図36-11）、体部に突帯文様帯が付いた高坏

（?）、並行沈線による波状線文などが存在する。石器群の中には有肩有段石斧、河川礫や剥片利用の部分磨製の石刀、石斧の半磨製品（?）とされるものも存在する。こうした土器の施文技法や器種、石器器種などはマードン、ホアロック、マンバックなどでも存在するものである。

感駄岩第2期は前・後期に分期されている。前期は引き続き並行波状沈線文が主たる施文技法となっている。石器には格子状に溝を作出した樹皮叩き棒片、有肩石斧、側面が面取りされ、両主面が膨らみをもつ方角斧、擦り切り技法による小型片刃石斧、石鏃、石環などが存在する。これらはマードン、ホアロック、マンバックなどでも確認されている施文技法・器種群であり、まだ時期差が存在するとは明言できない。後期になると土器の施文技法に彩文、沈線区画に列点文を充塡する施文法が出現する。石器にも断面がT字形や隅丸方形の石環、基部に抉りの入った石鏃、擦り切り技法による片刃方角斧などが存在する。また骨角器のなかには牙璋のミニチュア製品も存在する。これらはフングエン期との並行関係をたどれるものである。また、上述の沈線区画に列点文を充塡する施文法や新出の石器器種については、そのかなりのものがフングエン期になって初めて確認されるものである。特に沈線区画に列点を充塡する水波文様の出現には注目される。

^{14}C年代に関しては、第1期の遺物包含層である4・5層のうち4層から$4718±50BP$（炭化物DY〜D1016：半減期5730年）が測定されている。また第2期前期の第3層の貝（DY〜D1017）$3815±50BP$、第2期後期とされる第2層からは、炭化粟（DY〜D1015）の$3131±50BP$、炭化稲（DY〜D1014）の$3463±50BP$、炭化稲（DY〜D1013）の$2883±50BP$という年代が測定されており、^{14}C年代値の層序による変化が検証されており、年代値自身もベトナムのフングエン期の測定年代などと比べ離齬はなさそうだ。

さらに、このマードン・ホアロック期と対比可能な資料が、香港を含む珠江河口域（珠澳地区）で報告され始めている。宝鏡湾遺跡は珠江河口沖の高欄島に内湾に位置する遺跡である（広東省文物考古研究所他編 2004）。当遺跡は遺構の層位的認識などにより、主に3期に分期され、ハロン類型やマードン・ホアロック類型の土器の器形・文様に類似例を見出すことができる。石器群には、方角石斧、有肩石斧、有段石斧、有孔石斧、管鑽法による石環や玦状耳飾り、有溝石錘、磨製石鏃、溝砥石などマードン・ホアロック期の遺跡や並行するであろう周囲の遺跡に特徴的な石器器種を備えている。^{14}C年代に関しては土器片に含まれている炭化物のAMS年代測定法（北京大学）で、4A層から2つの年代$4360±80BP$と$4260±90BP$、3B層から$4200±120BP$、そして、2層から$4090±60BP$の各年代が測定されている。また、やはり土器片からの炭化物による測定（広州地球科学研究所）で、3B層から$3460±170BP$が測定されている。3B層からかけ離れた2つの年代値に関する説明はないが、AMS法による層序に応じた測定年代値は遺跡の絶対年代に対して、一定の発言権を有しているようだ。

続いて、簡単に北部ベトナムと広東・香港の比較可能例を挙げておく。ハロン文化、マンバックなどの貼りつけ凸状帯付き口縁（図36-6）やマードンの把手付き鉢（図36-9）は、感駄岩の図36-7,8例に対比可能である。並行沈線交叉文やスリットを有した平たい圏足は、ホアロック（図36-12）、ハロン文化（図36-16,17）やマイファー（図36-13,14）の特徴的土器であるが、広西の感駄岩（図36-11）、珠海の宝鏡湾（図36-10,15：広東省文物考古研究所他 2004）などで出土してい

る。またS字状貼り付け文はハロン文化（図36-19,20,21）に特徴的な土器文様だが、モチーフとしては宝鏡湾（図36-18）やマンバック（図36-22）との共通性を指摘できる。また宝鏡湾（図36-9,11）、香港のYunglong South（図37-7：Meacham 1995）ともに、曲線状の並行沈線を口縁部、脚や器体上面に定間隔に配置することを特徴のひとつとして指摘できるが、ホアロック（図37-2,3,5,8,10）、マイファー（図37-4）、マンバック下層（図37-6）ともに同様な施文の共通性を指摘することができる。また宝鏡湾出土の平行沈線文を有す器蓋（図37-11）は、ホアロック（図37-10）にもその類似例を見ることができる。

　以上より、マードン遺跡とホアロック文化の遺跡を標準遺跡として、ハロン、マイファー、バウチョー各文化の諸遺跡、マンバック下層などを後期新石器時代前半期（マードン・ホアロック期）とし、後続するフングエン文化諸遺跡を後期新石器後半期（フングエン期）として理解する。ちなみにタックラック遺跡（次節参照）では、2002年の調査で4120±40BP（103cm深）、4160±40BP（86cm深）、4080±40BP（61cm深）の^{14}C年代（較正値は表1参照）が測定されている。またマードンでは4145±60BPの^{14}C年代が測定されており、これらはどのフングエン文化遺跡の測定年代（Phạm L.H. & Nguyễn Q.M. 2001）より古い値である。両期の境は、^{14}C年代を基準にすれば4000BP位であろう。[(2)] マードン・ホアロック期の諸遺跡は4000-4500BP程度の年代幅を持ち、前述したダブット文化やハロン湾沿岸の早い時期の新

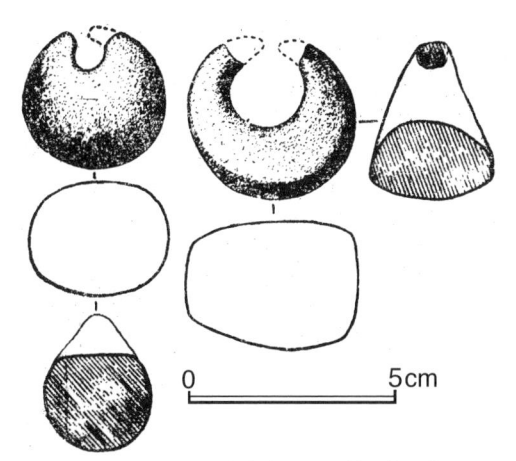

図39　ホアロック遺跡出土の土製玦状耳飾り

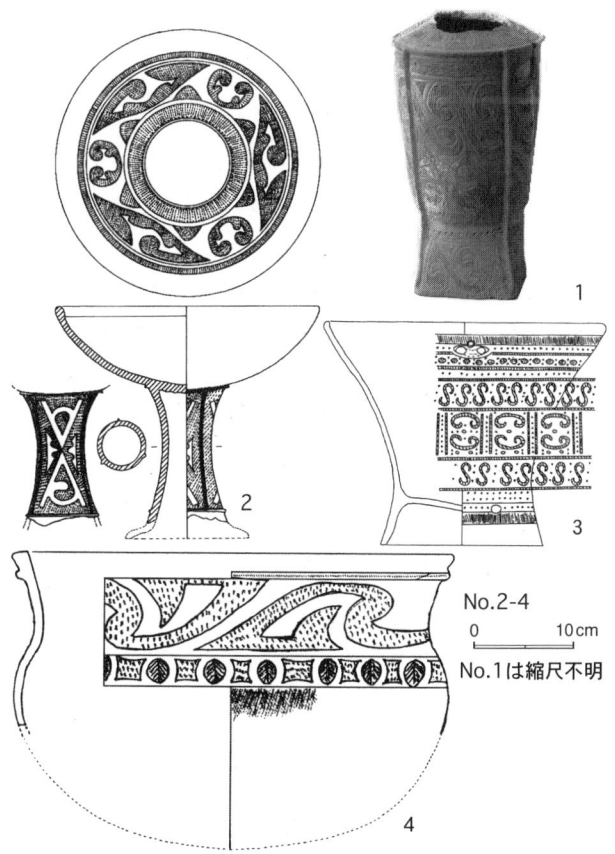

図40　フングエン期の土器　1はダウザム遺跡の出土で、J.C.Whiteが現民族例の編み物籠との形態類似を指摘、2-4はソムゼン出土。（2-4：Hán V.K. 2009より）

石器段階（前期新石器時代）に接続するものと考えられる。

　ところで、こうした広州周辺から北部ベトナムの4500-4000BP前後の土器は、広東北東部の石峡遺跡第1期の土器（易 2008）などとの共通点（スリットの入った圏足や口縁外面への並行沈線文など）も見出すことができる。かつて、石峡下層文化が北から流入したこと（中村 1990）が指摘されていたが、あらためて検討する必要があろう。また、ホアロックの土製玦状耳飾り（図39）も注意する必要がある。ベトナム以外の出土例で、時期的にも形態的にも近いものを敢えて求めると、フィリピン・北ルソン島の新石器時代のカガヤン渓谷出土例（青柳他 1991）くらいしかない。陸域のみならず、海域も含んだ形で、当時の文化の交流や伝播を復元する必要を感じる。

　さて、ここで石器群の問題に触れておきたい。前段階の前期新石器時代に比べて、磨製石器のヴァリエーションは格段に増加している。石器群の主を占める石斧は完全磨製で、その断面形は有肩型と非有肩型（方角斧）に分けられるが、ともに横断面は扁平な長方形、あるいはそれに近い形をしている。マードン、ホアロックやマンバック下層（1999年発掘）出土のものは肩部、つまり着柄部にあたる突起部と斧身部が角張った作りで、なおかつ突起部の幅が相対的に幅狭である特徴が見られる。一方、マイファー出土のもは突起部が相対的に幅広で、斧身との段差の幅も小さく、肩部も角張らずに緩やかである。また、ハロン文化のカイベオ（Nguyễn K.S. 2009）やバイベン（Nguyễn K.D. 2001）でも、有肩石斧と方角斧が共伴している。ここの有肩石斧は肩部の作りが比較的角張ったものと肩部がなめらかに作り出された2つのタイプがあるが、ともに面がやや中央部で盛り上がり、稜線が横に走る共通性がある。それらの一部は明らかに中央の盛り上がったところが段をなしており、有肩有段石斧である（図53-16参照）。同タイプのものは広西・広東・香港の沿海部の新石器時代遺跡でよく出土する。また、方角斧は擦り切り技法で制作されたものが多いことが確認されている。マンバック（2001年発掘）では、石斧のほとんどが擦り切り技法による製作であることが確認された（Nishimura 2003b）。ホアロックではスレート的石材を利用した部分磨製の薄手の石鏃や刃部が尖り出されていない磨製の楔が出土しているが、これらは他の遺跡では出土していないやや特殊な遺物である（図41）。現在までのところ、これらの遺跡例が、層位的に確認できる北部ベトナムで最も古い有肩石斧や擦り切り製方角斧である。また管鑽法制作による石環もこの段階で出現する。

第2節　フングエン文化段階

　後期新石器時代における最大の課題はフングエン文化の位置づけである（主な遺跡位置は図35、43参照）。周知のように、ベトナム考古学は一般にフングエン文化を初期金属器時代として扱っている。ゴーボン（Gò Bông：フート省）で青銅かす、ソムゼン（Xóm Rền：フート省）で青銅かすと青銅片、ドンボン（Đồng Vông：ハノイ）で青銅かす、チュアライ（Chùa Lái：バックニン省）で鉛片、バイトゥ（Bãi Tự：バックニン省）で青銅かす、そして、ホアロックで針金状青銅片、錐状青銅片、青銅かすなどの出土が伝えられていることである（Phan V.T. & Hà V.T. 1970、Diệp Đ.H. 1978）。しかしこうした出土例に関して、正式かつ正確な出土の脈絡を報告したものはなく、

その確実性を検証できる手段はない。ドンボン、バイトゥ、チュアライ例に関しては後続するドンダウ段階からの混入の可能性を否定できず、具体的製品やその鋳型は一切明らかになっていない。また、南部ベトナムの新石器時代遺跡でも、新石器時代の遺跡での若干の金属器などの出土例はあるが、それは後代の墓等による混入と考えられ、すぐさま信用できるものではない（Nishimura 2002）。正確な出土情報が検証可能となってから、フングエン文化等に共伴する青銅器として議論すべきである。

　筆者はフングエン期までを後期新石器時代と考え、ドンダウ期を青銅器時代の始まりと捉えている（西村 2003b、Nishimura 2006）。フングエン文化の最終段階とされるルンホア（Lũng Hòa）段階は、ルンホア遺跡（ヴィンフック省）やドンダウ（Đồng Đậu：ヴィンフック省）遺跡最下層などで確認されているが、青銅器関連の報告は皆無である。したがって、筆者はこれらの出土例の確実性は高くないと考え、フングエン文化は、後期新石器時代と判断する[(3)]。

　ところで、フングエン文化に関しては3段階に分期する考えが有力である。それは、指標遺跡名をとって古い順からゴーボン、ソムゼン、ルンホアを標式遺跡として、3段階に分ける考え（Hà V.T. 1971）がかなり一般化しているが、異論も多い。特に前・中期段階の区別に関しては、層位的根拠や細かい土器の分類研究なしに区別されている感があり、あまり当てにはならない。フングエン後期と理解されていたドンダウでは、フングエン早期とされている土器も報告されており、見直しが必要となっている（Ngô T.P. & Nguyễn M.T. 2002）。近年ようやく、ダウザム（Đầu Rầm：クアンニン省）、マンバック、チャンケン、カイベオ上層などの土器の文様や形態の具体的比較より、編年議論の基礎を築く動き（Trịnh H.H. & Phạm T.N. 2005）が見られ、将来期待できる。ちなみにチャンケンやダウザムとの時間関係は、マンバックの上層部、特にL2ユニットとの重なりが確実である（Trịnh H.H. 同上）。ただし、ここではフングエン期自身の細分はあえて行わず議論を進める。

　^{14}C年代は、ゴーボン段階に属するドンチョー（Đồng Chỗ：旧ハタイ省Ba Vì県（バヴィ））の3800±60BPが最も古い年代値となっている（Hà V.T. 1987）。この他、ドンダウ下層、タインゼン（Thành Dền：ヴィンフック省）下層、チャンケン（Tràng Kênh：ハイフォン市：Nguyễn K.D. 2005a,b）などでも3000BPを上回る年代値がいくつも測定されている。

　フングエン期の土器（例：Bùi T.P. & Nguyễn K.D. 2006）は、沈船区画に列点紋を充填した幾何学紋様が特徴的な紋様の中心で、器形的にも特徴的なものがしばしば確認されている（図40）。また実年代の比較参考資料としては牙璋（図42）や石戈が最もいい資料である。ソムゼンやフングエン遺跡出土の牙璋[(4)]は中国側の資料と比較して、紀元前2000年紀中期（Hà V.T. 1994）と2000年紀前期（Phạm M.H. 1995）に位置づける2つの意見がある。最近、ソムゼン出土例を観察した中国考古学者の中村慎一は、牙璋を二里頭文化期の形式と位置づけている。二里頭文化の年代はBC1750-1520年頃と考えられている（中村私信）。ソムゼンではすでに複数地点で、計5点の牙璋が出土しており（Hán V.K. 2009）、その出土量は他遺跡に比すると異常でさえある。このように集中して出土する現象は、当遺跡が他遺跡に比して特別な意味を持ち、また、伝世して後代に伝わった現象などではないことを意味する。フングエン文化が紀元前2000年紀の前半に遡ることを示

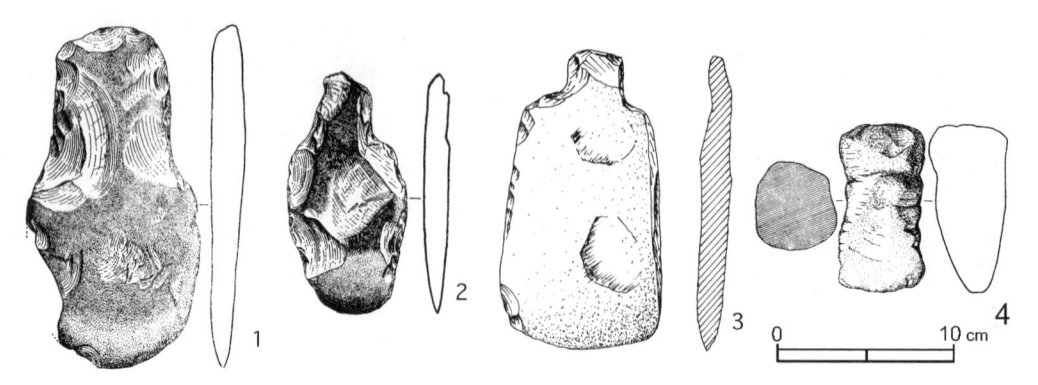

図41　ホアロック・マードン期の有肩石鍬 (1-3) と石楔 (4)（1,2,4.ホアロック、3.レンハント）

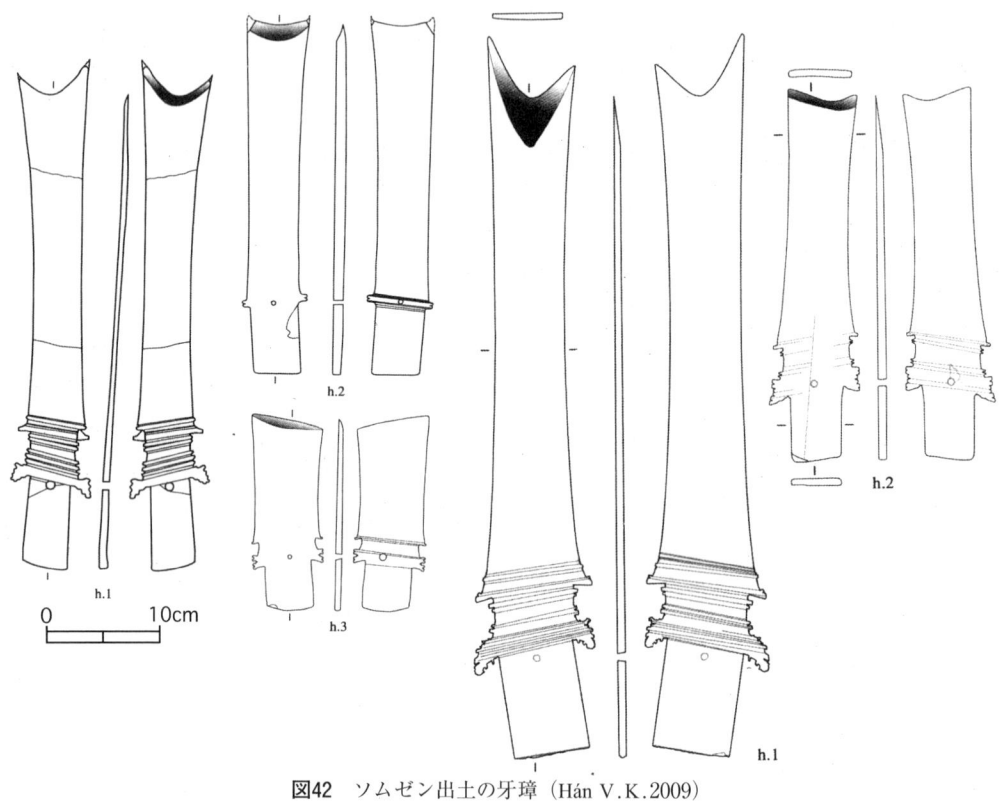

図42　ソムゼン出土の牙璋（Hán V.K.2009）

す貴重な資料である。ソムゼンの牙璋偏在状況は、遺跡間の階層差なども想定しないといけないのかもしれない。また、チャンケンとルンホア出土の石戈については南中国の商周並行期に対応資料（蒋廷瑜 1994）が見出せるが、細かい年代の推定は今後の課題である。

第3節　前期新石器から後期新石器時代の居住パターン変化

紅河平野域での前期新石器時代（図43）の開地遺跡は、カットバー島やニンビン省イェンモ県な

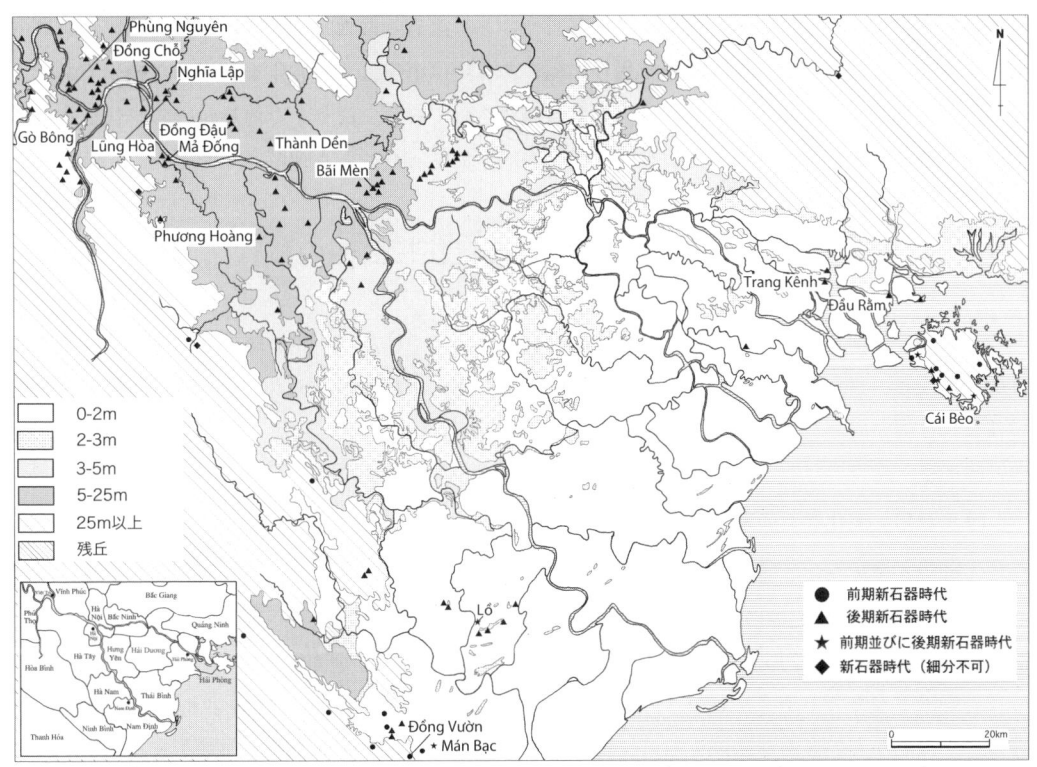

図43　新石器時代前期から後期にかけての紅河平野の遺跡分布パターン（Nishimura 2005a）

どの海岸部でしか発見されていない。山岳部のホアビニアン石器群が出土する洞穴（特にニンビン省からタインホア省にかけて）やカットバー島の山間部に属する洞穴・岩陰、さらにハナムディン省Vụ Bản県のロー（Lồ）洞穴遺跡（Nguyễn Q.H. 1999：疑問ながらも局部磨製石斧が出土している）などである。出土する貝が汽水、海水産のものが多く、淡水貝がさほど多くないことを考慮するなら、海岸資源利用により重きを置いた資源開発・居住パターンであったと想定してよい。農耕開始期前後の小型生物資源集中開発の結果と考えられる（西村 1994）。コンモーン洞穴の花粉分析では、ホアビニアン期から前期新石器時代にかけて、花粉組成の変化があり、開地環境の増加を示す禾本科の花粉が増えている（Nguyễn M.H. & Phan V.H. 2009）。コンモーン洞穴周辺では、もともと開地環境が豊かであったとは考えられず、何らかの人為的森林破壊があったとみるのが適当である。本格的新石器的遺物や遺跡（開地大型貝塚）の出現を併せて考えるなら、初期農耕への道程を歩んでいたと考えるべきであろう。

　後期新石器時代（図43）になると海岸部のみならず山間部から中遊域にかけての平野域の高位部でも遺跡が出現する。確認遺跡数が多いのはフート省であるが、旧ハタイ省、ヴィンフック省、ハノイ市、バックニン省の一部まで分布域が連なっている。前期新石器と比べ、フート省などの段丘・扇状地複合地帯が突然のごとく、活発かつ大規模に利用されている。フンイェン省、ハイズオンやハナム省、そしてハイフォン市の低地ではまったくこの時期の遺跡は存在しない。これは当時、このあたりがまだ汽水であらわれるような低湿地であったため、居住可能範囲に含まれなかったの

が主理由と考えられる。しかし、ナムディン省やニンビン省の低地では同時期の居住遺跡が数は少ないが確認されている。これは山脈や残丘の裾、あるいは海岸近くの砂碓を利用した結果である。また、ハイフォン市沖のカットバー島でも多数確認されている。こうした海岸付近の居住痕跡は、前期新石器に引き続き海岸資源に依存した居住が活発であったことを理解させてくれる。

第4節　後期新石器時代の利用環境と定住社会への移行

　ここでは、後期新石器時代の前半段階と後半段階に位置づけられる諸遺跡の立地環境差などを具体的に検証し、さらに遺跡構造や墓層などの問題にも触れ、北部ベトナムでは後期新石器時代から定住農耕社会が成立したことを論じる。

（1）　ハロン文化などの遺跡立地

　クアンニン省からハイフォン市にかけての海岸地帯で多く確認されている後期新石器前半段階のハロン文化(3)（Nguyễn K.S. 2005）の諸遺跡（図44）には、開地遺跡と洞穴遺跡が存在する。開地遺跡のほとんどは、島や岬状地形の浜堤部に位置している。遺跡の面積はバイベンのように5000m^{2}くらいの大きなものもあるが、カイベオ（Hoàng X.C. & Nguyễn K.S. 2005）のように約800m^{2}と非常に小規模なものもある。後背地には少なくとも農耕に適した沖積土壌の平野が決して多くない場合が多い。もちろん、斜面地などを利用しての小規模な農耕は可能ではある。ところで、カット

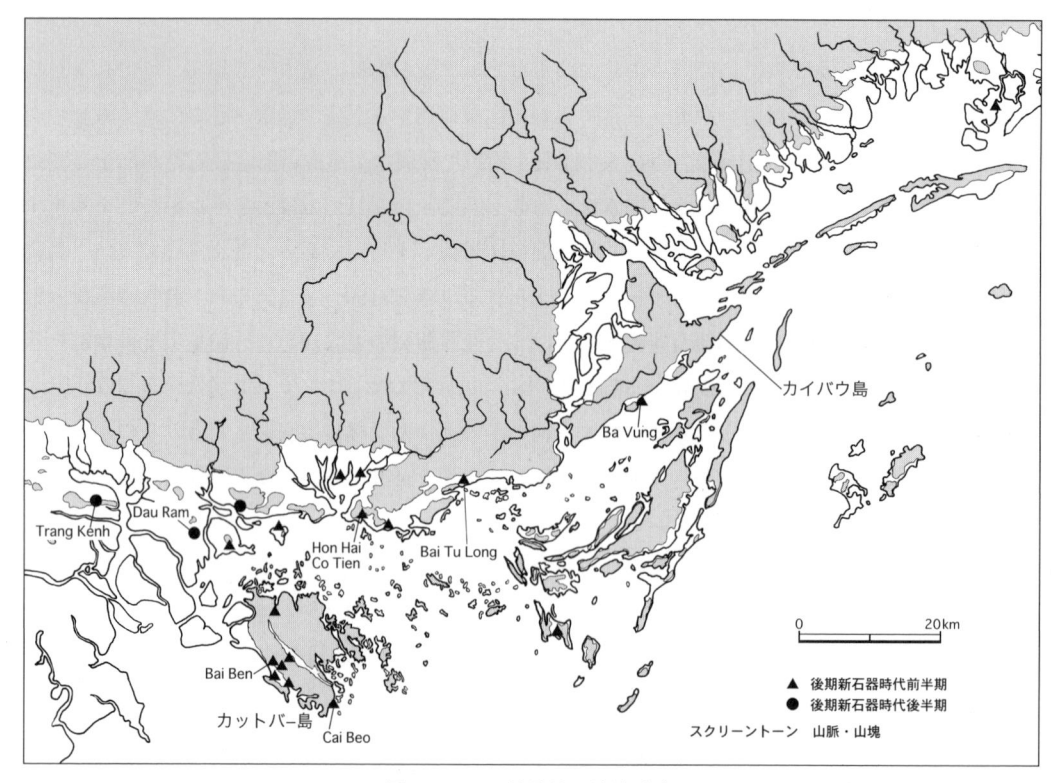

図44　ハロン湾地域の遺跡分布

バー島、Cái Bàu(カイバウ)島ではともに、1980年以降の紅河平野部からのヴェト族の移住者が、土地改良を経て、水稲農耕を小規模ながら行っているが、それ以前は水稲農耕を行う農耕適地は皆無に近かったようだ。たとえば、バーヴン(Ba Vũng)遺跡(Hà H.N. 2005)は、ハロン湾のカイバウ島の東南岸に位置している(図45)。遺跡は山麓から海岸にかけての段丘・沖積平野部ではなく、その先端にある石灰岩山塊麓の浜堤に位置している。後方の段丘・沖積平野部の水利のよいところでは、現在水稲耕作を行っているが、それ以外にヤムイモ・タロイモなどの栽培が盛んであることをしばしば聞いた。当然、バーヴン遺跡の人間が、農耕を主とする生業を行っていたなら、

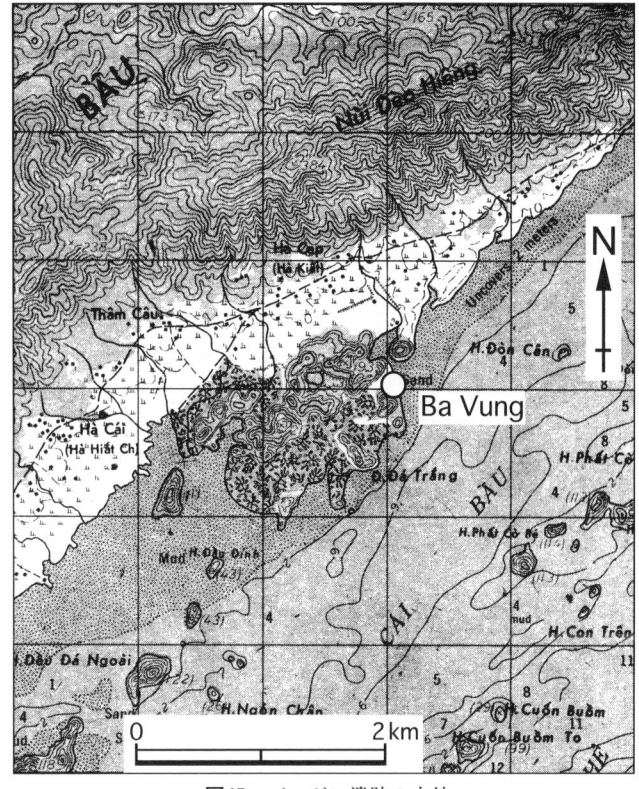

図45　バーヴン遺跡の立地

このような立地は選ばず、より後背の平野部を選択するであろう。こうした開地遺跡の立地は香港や広東省沿岸で確認されている中期新石器時代（大湾文化：鄧・王 1994）の遺跡と非常によく類似している。

　マイファー文化、ハロン文化の諸遺跡などは洞穴・岩陰遺跡も多く確認されている。ともに、洞穴岩陰内空間を居住に利用しただけでなく、集団墓地として利用したことが明らかになっている(Bùi V. & Nguyễn C. 1997)。前述のように、ハロン文化では、近接距離内に浜堤部などに立地する開地遺跡も確認されており、異なる立地が同時期に利用されたことを想定せねばならない。筆者が1999年に行ったカットバー島の踏査では、洞穴・岩陰内の空間は大きいものではなく、また、水場や平地が周囲にない立地も多く、一時的な居住は行えても、長期安定居住は無理と判断された。浜堤の開地遺跡と洞穴・岩陰遺跡を頻繁に行き来するような居住パターンも考えられるであろう。

　また、図44からも明らかなように、後期新石器前半期（ハロン文化）と後期新石器後半期では、立地が明瞭に変化していることも注目される。後半期の遺跡は島嶼部にはほとんどなく、海岸依存の占地性が明らかに減じられている。

（2）　北部紅河中遊域の遺跡立地

　紅河中流域は、後期新石器後半段階のフンゲン期以降の先史時代遺跡が多く確認されている（西村・西野 2003：図43参照）。そこで、フート省のViệt Trì(ヴェトチー)市の西に位置する紅河の湾曲部が形成

図46　紅河中流域の遺跡立地

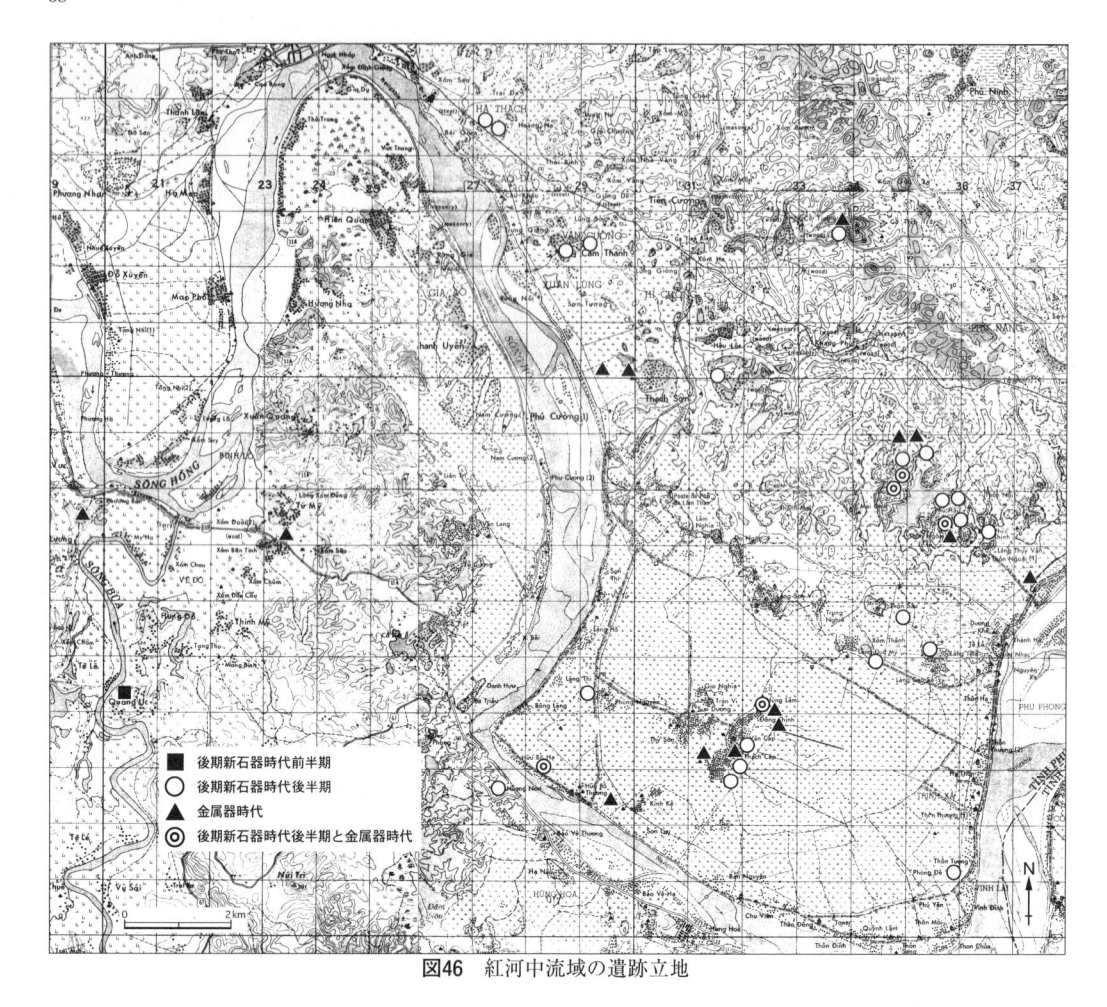

した自然堤防と氾濫原複合地帯（滑走斜面側）とその周辺の河岸段丘や丘陵・山脈地帯を中心に、遺跡分布を概観する（図46）。分期は後期新石器時代前半、後期新石器時代後半、金属器時代（ドンダウ期からドンソン期）の3期とした。後期新石器時代前半の場合、当区域内には紅河に注ぐ支流ブア（Bua）川岸近くの1遺跡しか確認できないが、この区域外の近くにも3遺跡ほどが確認できる（Phạm L.H. 1999）。すべて、川べりや丘陵地に位置しているのが特徴である。後期新石器時代後半になると、遺跡数が増加し、丘陵地帯や自然堤防・氾濫原複合地帯にも遺跡が出現する。さらに後の金属器時代の遺跡と立地傾向を比較すると、丘陵地、自然堤防・氾濫原複合地帯ともに遺跡が分布しており、後期新石器時代後半との傾向差が特に明瞭に生じているわけではない。したがって、後期新石器時代後半以降に、当地域では丘陵地、自然堤防・氾濫原複合地帯ともに、多くの遺跡が形成されていることが理解できる。

（3）　マンバック遺跡とホアロック文化の遺跡の立地

　マンバック（図47）はニンビン省の埋没旧河川脇に位置し、周囲には石灰岩山塊が散在する。こうした石灰岩山塊の基部には完新世の最大海進期の海食崖（図28）が残されており、その高度は、

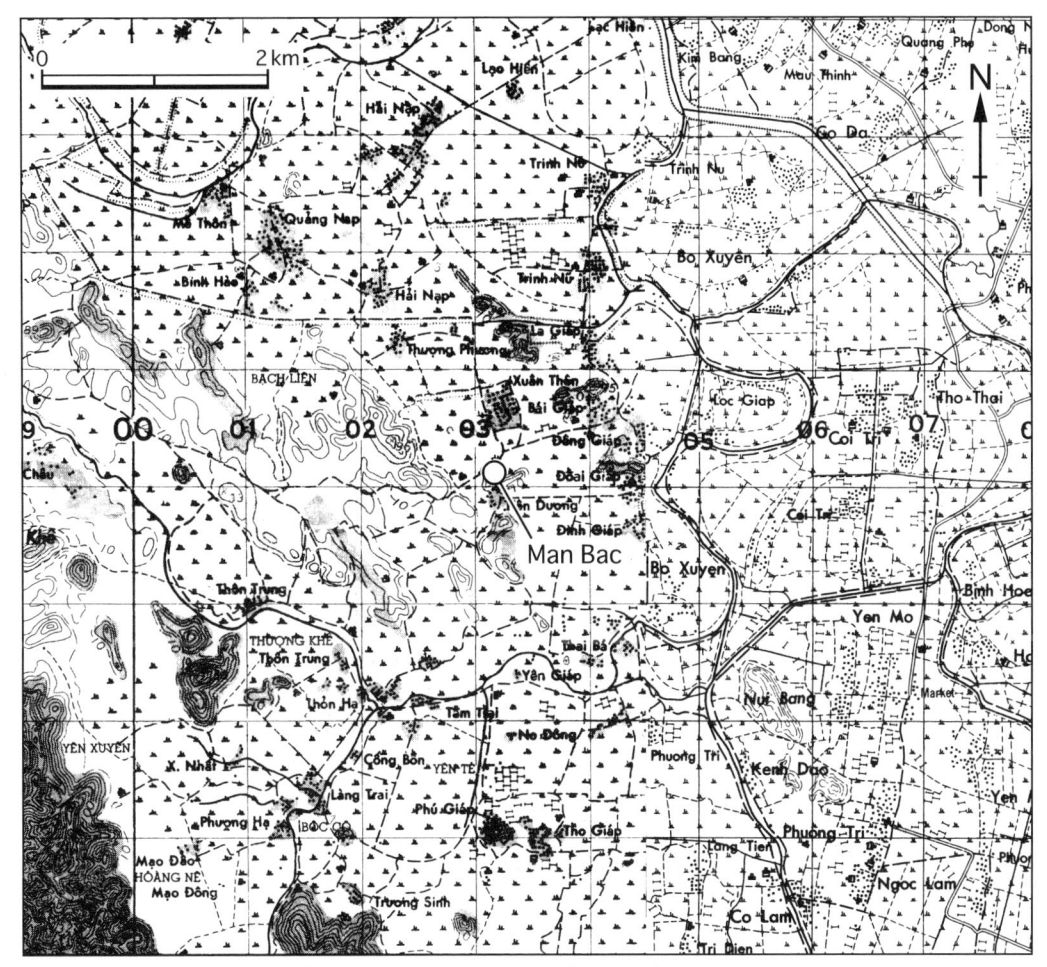

図47　マンバック遺跡の立地

遺跡の文化層最下部の高度と一致する。現在の周囲環境はかなり低平な水田が囲むところであり、水田集落としての当地域の開発は、せいぜい13-14世紀までにしか遡らない居住史の新しい地域である。先述のように、マンバックではダブット文化の土器も最下層で出土しており（Trịnh H.H. 2004）、海退後すぐに遺跡で居住が開始されたことが想像される。遺跡から現最短海岸線までは約15kmだが、下層部の出土貝（タイワンハマグリ、マドガイ、ハイガイ）の生息環境（Matsushima 2004）が示すように、内湾性の浅海域・潮間帯に非常に近いところに位置していたようだ。当然、汽水域・海岸域の資源開発が生業の主であったろう。また、下層文化層の時期に農耕を行っていたなら、汽水域に適応した水稲稲作を想定しないといけない。

タインホア省のホアロック文化は、フーロック遺跡とホアロック遺跡（図48）の調査で認識されたものであるが、ともにマー（Mã）川の形成したデルタの先端に近い砂礫列帯に位置している。現海岸まで3km離れているが、当時の海岸線はさらに遺跡近くに位置していたはずである。遺物の分布面積はそれぞれ25000m^2、20000m^{2}を越える大きなもので、一時的居住が形成したといった規模のものではない。マー川のデルタ先端部に位置する立地を巧みに利用するための生業（漁業や

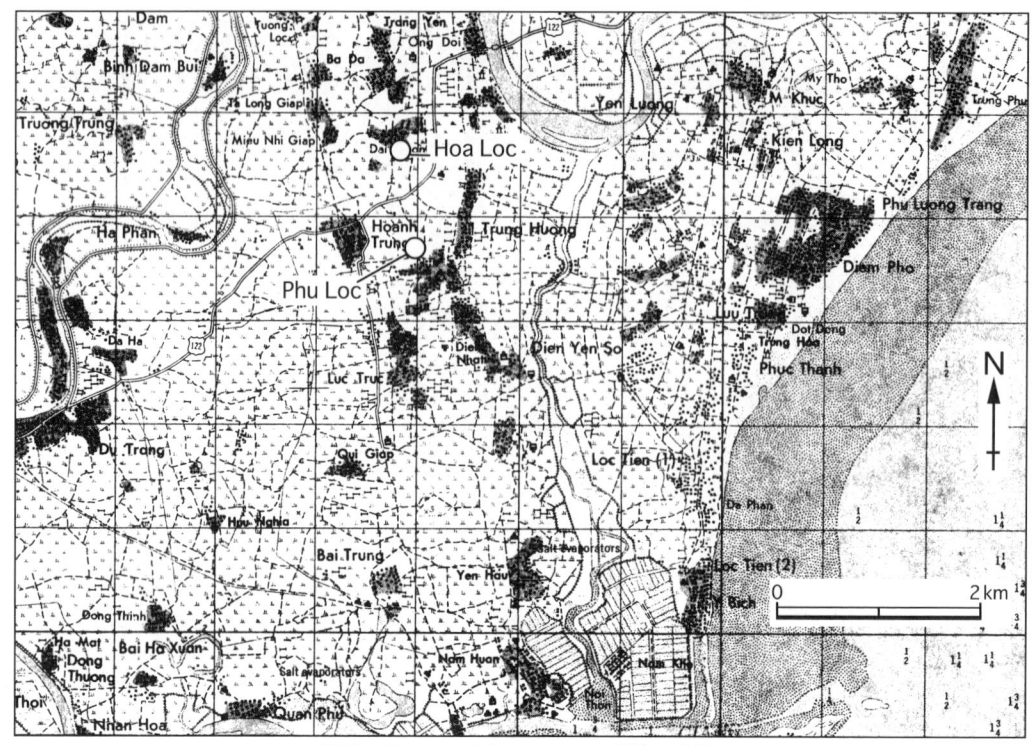

図48 ホアロックとフーロック遺跡の立地

運輸）が活発であったことが推察される。

（4） クインヴァン遺跡群とタックラック遺跡群

　前期から後期新石器時代にかけての貝塚遺跡が分布するクィンヴァン遺跡群（図49）は、ゲアン省の北部海岸に迫りだした山脈から流れ出したハウ（Hậu）川とズア（Dũa）川の下流域に位置している。貝塚は主に2つの群（西群と東群）に分けることが可能である。西群は山側の残丘が点在するところから平野部にかけて分布している。東群はハウ川と海岸砂丘列の間に位置している（Hoàng X.C. 1966b、Nguyễn V.H. 1979b）。貝塚の主要構成貝はマドガイ（Placuna placenta）であり、現水田となっている各河川の下流域、特に西群と東群の遺跡空白地帯は当時、内湾性の潮間帯・浅海や汽水域が多くを占めた古環境であったと判断される。当遺跡群はデンドイ（Đền Đồi）、レンハント（Lèn Hàng Thờ）、チャイオイ（Trại Ổi）、チャイムン（Trại Múng）など一部遺跡[5]（Phạm T.N. 2000）が、後期新石器時代前半と推定される。

　タックラック遺跡群（Hoàng X.C. 1966c、Phạm T.N. 2000）は、ハティン省のハティン市郊外の平野部に分布している貝塚遺跡群で、海岸に形成された砂丘列より西側で、ハヴァン（Ha Vang）川に合流する各支流近くの丘陵の裾野部や微高地に位置している。非貝塚遺跡は若干高度が高い西側に位置しており、各遺跡で砂層が基盤層に見られることから、貝塚遺跡の周囲環境は、クィンヴァン貝塚遺跡同様、マドガイの生息しやすい内湾性の潮間帯・浅海や汽水域が多く存在したと考えられる。

図49　クィンヴァン遺跡群

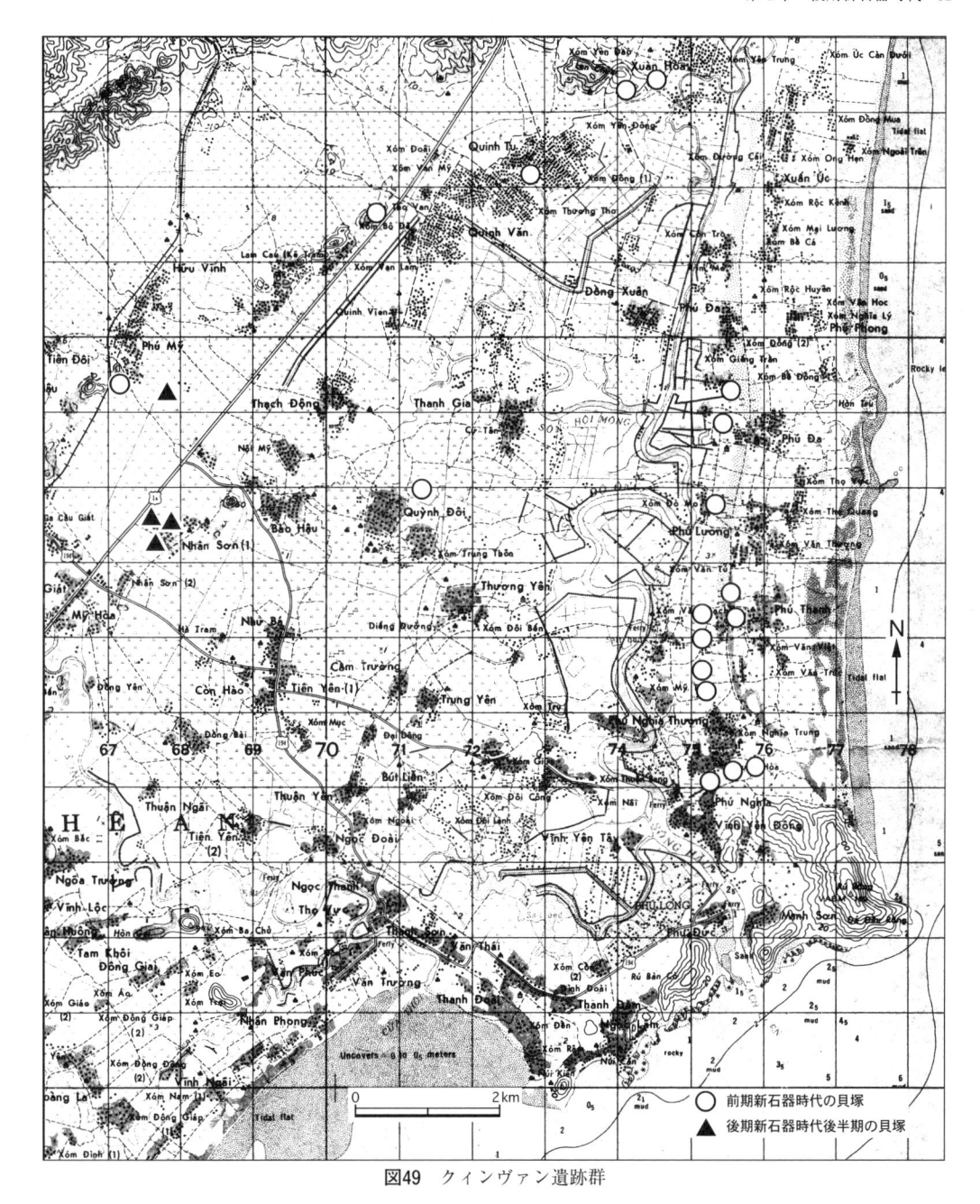

　上述両遺跡群ともに、後期新石器後半期の遺跡が分布域内にほとんど確認されていないことも注目される。後期新石器後半期の人間が資源開発域としては利用しなかった環境なのである。

（5）　貝塚遺跡の位置づけ
　北部ベトナムの開地貝塚遺跡の多くは前期新石器時代に属し、タインホア省のダブット文化やゲアン省のクインヴァン文化の遺跡群は、その代表的なものである（西村 1993、東南アジア考古学

会編 1994)。そして、数は多くはないが、後期新石器時代の遺跡にも貝塚遺跡が存在する。上述のようにクインヴァン遺跡群のレンハント、チャイオイ、ゲアン省のタックラック遺跡群は、この時期に相当する。

マンバックでも、マードン・ホアロック期に相当する下層部は貝層と認識できるほどの多量の貝が出土しているが、フングエン期相当の上層では貝の出土量は非常に少ない（Trịnh H.H. 2004）。

また、上述のハロン文化とされる海岸部遺跡では貝塚の形成例がほとんど存在しない。開地遺跡の場合、浜堤上に位置した遺跡なので、骨や貝が残りにくい保存条件が存在する。しかし、カイベオ遺跡（カットバー島）やホアロック文化の遺跡では動物骨や魚骨が大量に確認されており、骨・貝がすべて残らなかったという解釈は成立しない。また、ハロン文化の洞穴・岩陰遺跡でも、同地域内にあるソイニュ（Soi Nhụ）文化（Hà H.N. & Nguyễn V.H. 2002）とされる更新世末頃の洞穴遺跡には淡水産巻き貝などの純貝層が確認されるが、ハロン文化の洞穴・岩陰遺跡では、それなりの貝の出土はあるものの純貝層をなすような場合は存在しないようだ。したがって、同時期の貝塚遺跡や同地域のそれ以前の遺跡と比べて、魚類等の資源利用が活発で、貝の利用頻度は低かったのであろう。遺跡立地の項で述べたように、マンバック、クインヴァン遺跡群、タックラック遺跡群などの貝塚遺跡において、出土貝の主要構成種は内湾性浅海－潮間帯の貝が最も多く、海岸に近い内湾性の環境下、貝の集中採集が行われたことが理解できる。

一方、タインホアのホアロック文化の遺跡（ホアロック、フーロック）は海岸から約3km しか離れておらず、約4000年前の海岸線は、現在よりさらに内陸へ位置していた可能性が高く、上述の貝塚遺跡よりさらに海岸線に近い遺跡であったことになる。その場合、汽水域は遺跡周囲に少なく、より海水域に関係した生業（漁業）の比率が高い可能性もある。

さらに、フングエン期になると貝塚と呼べるようなものは、ほとんど存在しない。チャンケンとダウザム（Đầu Rầm）両遺跡は、ハイフォン市とクアンニン省の間を流れるバックダン（Bạch Đằng）川の河口部近くに位置し、フングエン期に属しているが、ともにマガキなどの出土はあるものの純貝層を形成するほどには至っていない。たとえば、ダウザムの第4坑では、貝を多く含む層が出土したが、55kgの骨の量に対して500個程度の貝殻しか確認されていない（Phạm T.N. et al. 2005）。また、紅河中流域の山麓域に位置するフオンホアン（Phượng Hoàng）は、同時期の居住遺跡の中では多量の動物遺存体が確認された遺跡だが、13737片の動物骨に対して、733個の貝殻しか確認されていない（Vũ T.L. et al. 1995）。

概観すると、後期新石器時代前半段階には前期新石器時代から継続して貝塚遺跡が形成され、後半には貝塚を形成するほどの集中的貝の採集活動は行われていなかったと理解できる。このことは貝を中心とする沿岸・汽水域の小型生物資源の集中利用が前期新石器時代に活発化し、後期新石器時代後半には、生業全体の中での比率が圧倒的に縮小した結果と推測される。

(6) 動物利用について

新石器時代から青銅器時代の遺跡において、若干の遺跡で出土動物骨の同定がなされており、資料採集方法、同定方法に問題はあるが、それらは家畜を含めた動物利用のあり方をおぼろげながら

表3　動物骨比率（北部旧石器時代）

	ウシ・スイギュウ	サイ	シカ	ブタ	サル	イヌ
Con Co Ngua	58.2%		28.3%	13.4%		
Cai Beo＊			少	少		
Hoa Loc	P	P	多	多	P	P
Thach Lac＊＊	P	多い	最多	P（野・家）	P	
Mai Pha	P		P	P（野：家＝38：7）		
Phuong Haong	P		13.8%	41.3%	44.8%	P
Trang Kenh	P	P	P	P（野・家）		P
Dong Dau84	P		P	P（野生多）	P	P
Dong Dau68	フンゲン期では野生ブタ、シカが多い。ドンダウ期ではブタ、シカ、スイギュウ多い、家畜ブタ（増加）。					
Quy Chu	P	P	P	多		多

Pは存在するが多寡不明
＊Cai Beoでは、この他イルカ・魚が多量に出土　＊＊Thach Lacでは、この他海水魚が大量に出土

教えてくれる。表3は、量的多寡の情報が存在する遺跡のみにおいて、主要哺乳動物の有無（一部量比）を表している。所属時期は、コンコーグア（前期新石器：Vũ T.L. 1980）、カイベオ（前期新石器～後期新石器前半：Vũ T.L. & Nguyễn G.Đ. 1987）、ホアロック、タックラック（Vũ T.L. & Nguyễn M.T. 2005）、マイファー（後期新石器前半：Vũ T.L. & Nguyễn C. 1997）、フオンホアンとチャンケン（後期新石器後半）、ドンダウ（後期新石器後半から金属器：Vũ T.L. 1984）、クイチュー（Quy Chủ：タインホア省の金属器時代）である。また、哺乳動物以外にも、トリ、カメ、魚などが多く出土している遺跡もあるが、保存条件や採集方法の違いで、他資料との比較が困難な場合が多い。

　前期新石器時代のコンコーグアでは、ウシ・スイギュウ類の比率が高いが、後期新石器前半段階のマードン・ホアロック期では、どうやらシカやブタに比率の中心が移るようである。カイベオは新石器時代の複数の時期を含む資料で、海水魚やイルカが多量に出土し、哺乳動物がわずかしか出ていない。これはハロン湾に立地する新石器時代の海岸遺跡の生業を如実に反映したものであろう。海岸に近い砂丘上貝塚タックラックでも、魚は多く確認されている。また、山地に近いフオンホアンのようにブタ・シカ以外にサルが多く出土しているものもある。ブタの家畜化に関しては、その過程を認定するにあたって困難があるようだが、マードン・ホアロック期以降、家畜ブタが頻出し、青銅器時代には、野生ブタ（イノシシ）に対し相対的に比率を増すようだ。また、イヌが出現するのもマードン・ホアロック期以降である。

　以上基本的にはブタ、特に家畜ブタの比率が時期を下るに従って増加し、イヌ飼育が後期新石器時代には完全に存在することを読みとることができる。これらは、後期新石器時代の生業において、家畜飼育を伴う農耕の比重が増加したことを類推させる証左である。シカに関しては陳朝期（13-14世紀）になってもかなり捕獲されている事実（Vũ T.L. & Hà V.C. 1997）があるが、これは野生ブタとならんで、単にタンパク源として捕獲対象にしただけでなく、農耕地に侵入する害獣として捕獲されている結果も暗示している。

図50　ドンダウ遺跡のマウンド遠景

（7）重層遺跡・重層マウンド遺跡の出現

いくつかの時期の文化層が重なり合っている遺跡を重層遺跡と筆者は呼んでいる。その中でも遺跡形態がマウンド状を呈すものを重層マウンド遺跡と呼んでいる（西村1994）。これは東南アジアや中国の平野部の特徴的な先史遺跡の形態で、出現時期も限定されている。紅河平野では、重層遺跡出現が頻繁化するのはフンゲン期である。そして、その中にはドンダウ遺跡（図50）のように、フンゲン期からドンソン期までの連続居住が確認され、面積が86000m^2（Gò Đồng Đậu Lớn等3つのマウンド複合と考えた場合）、文化層が最大5mを越える大型マウンド遺跡も存在する（Lê X.D. & Hoàng X.C. 1983）。また、タインゼンのように、文化層自体はさほど厚くはないが、フンゲン期からゴームン期あるいはドンソン期まで連続居住が確認できる場合も多い。

特に、重層マウンド遺跡は、東南アジア大陸部の平野域に新石器時代から鉄器時代にかけて普遍的に出現するもので、詳論は既稿に譲るが、筆者自身は土器の集中的生産と盛り土により厚い文化層が形成されたと考える（Nishimura & Nguyễn K.D. 2002、Nishimura 2003a）。もちろん、こうしたマウンド遺跡は居住遺跡でもあり、土器を繰り返し生産することは、その遺跡で繰り返し居住を行ったことを表しており、定住性の高まりを反映していると考えられる。

（8）集団墓の変容

定住農耕社会の出現の根拠として、集団墓の存在が挙げられることが多い。北部ベトナムでも、集団墓自体は屈葬墓群が前期新石器時代には出現する。そして、後期新石器時代前半には副葬品をもつ伸展葬土抗墓が出現し、墓坑を初めとして、明らかに墓葬に投下しているエネルギーは大きくなっている。この現象は定住性強化にもとづく墓葬伝統の変化と理解していいだろう（詳細はコラム3参照）。

（9）道具の変化

a　土製支脚の出現

土製支脚（図38-2）は炉における煮炊き等の土器の器台と考えられ、ベトナムでは現在までその利用が続いている。この遺物の存在は炉での煮炊きが普遍化したことを意味しているが、フンゲン期には出現し、以後歴史時代まで継続して利用されている[6]。そして、煮炊きに使う土器の形態が問題となるが、土器は球形あるいは楕円形の器体断面で、口縁部ですぼまりを持つ釜形のものが主体である。この器形は多少の器形変化を見せつつも、その後も一貫して胎土に砂が混じる土器・陶器の主要器種として続き、現在も飯炊き具として残存している（コラム4参照）。また、土製支脚も形態を変えつつも、歴史時代を経て現在まで使われ続けており、釜形土器と土製支脚での煮炊き

は後期新石器時代後半以降の北ベトナムでの伝統的調理方法であったと考えられる。もちろんこの道具セットを、米の炊飯と1対1で結びつけて考える必要はないが、主要調理対象のひとつとして考えておくべきであろう。

b 大型石斧（石鍬）

ホアロック遺跡では部分磨製の有肩大型石斧（図41-1,2）が出土し、またさらに南のゲアン省のレンハント：図41-3）やバイフォイフォイ（Bãi Phôi Phối）では、大型磨製有肩石斧が出土している（Phạm T.N. 2000）。前者例は他の小型の石斧類とは違うやや軟質の石材で作られており、切断・切削などの各種木工作業には適していない。斧身が若干の反りをみせ、さらには刃部が片刃で、刃部に直交する使用痕（擦痕）も確認されていることから、報告者が判断するように石鍬的な機能を考えてよい。また、後者例は石質が不明であるが、斧身が反っていることから、手斧的な柄付けによる掘削的機能が最も適した利用法であろう。ただし、その対象物が土か木かは慎重を要する。また、こうした大型有肩石斧（石鍬）類はフングエン期の遺跡からは、ほとんど出土例がない。この現象は石鍬が他の素材（木・骨など）のものに取って代わられたか、あるいは鍬自体が利用されなくなったことを意味している。南部の新石器時代では、この置換が骨製品による可能性があるが、北部の場合、後代のドンソン期に木製鍬が出土していることを考慮すれば、木製品への置換説が理にかなっている。また、石楔（図41-4）が出土しているので、木工業が発達したと推測される。

c 石刀

マードンでは半月形をした刃器と両側縁に刃部を有す石刀が出土している（図54-6,8）。同様な刃器は、ホアロック文化の遺跡でも平面が方形のものが出土している。これらの刃器は刃角も大きく、鋭利な刃角を必要とする木工には適していない。南部の新石器時代遺跡では類似した石刀類の刃部はポリッシュが観察できる例があり、穂摘み具的機能を推定している（Nishimura et al. 2009）。北部の事例においても、穂摘み具的な利用方法を可能性として考えておくべきであろう。また、稲穂の収穫に関しては、貝製穂摘み具の利用や、根刈り後稲穂のたたきつけによる脱粒法（現南部ベトナムの収穫法にあり）、稲穂をしごく方法なども想定しておかなければならない。

d 紡錘車

マイファー遺跡からは、紡錘車が出土している（Nguyễn C. 2001）。当遺跡は、先述のようにマードン・ホアロック期に位置づけられるので、後期新石器最初期に出現した紡錘車例となる。この後、フングエン文化では紡錘車の出土が普遍的となる。安定した農耕社会に織布業が伴うことは、一般的現象であろう。

(10) 農耕の具体像ならびに定住化の進行

a 水稲農耕と陸稲・雑穀耕作

現研究では水稲耕作が確実に行われていたと明言できるのはドンソン期である。それは夏期に冠水する低湿地帯に遺跡が形成され、そのような環境での定住を可能とするには冬期に栽培可能な冬春稲の導入（桜井 1987b）しか考えられないからである（第5章第2節参照）。また、文献史料はドンソン期あるいは、さらに下る南北朝並行期においても、生業形態は先端的な水稲耕作のみでは

なく、狩猟採集や焼き畑もしくは常畑などが存在したことを伝えている（参照：『後漢書』任延伝、『水経注』36巻・温水条）。

当然、紅河平野ではフングエン期以降、ドンダウ期、ゴームン期、ドンソン期という各先史時代区分を通じて、居住域が時代を下るに従い紅河平野の低地部へ伸張する様子から、その居住を可能とする低湿地対応の生業つまり水稲耕作が、生業に組み込まれていたことを容易に想定させる（西村 2003b、Nishimura 2005b）。

炭化米は一部、後期新石器時代の遺跡で確認されているし、後続の金属器時代になると確認例も増加するから稲作が生業の一部であったことは間違いない。問題は農耕に水稲耕作や焼畑耕作がどの程度組み込まれていたかであろう。段丘・扇状地複合地帯が活発に利用されるには、水稲耕作と同時に陸稲などの畑作も存在したと考えた方が理解しやすい。時代はさらに下って、鉄器時代、つまりドンソン期のランヴァック遺跡は、ゲアン省の段丘・扇状地複合地帯に位置している。この遺跡の土製支脚の胎土からは稲とともにモロコシやハトムギなどの畑作種の雑穀が確認されている（Hori & Miyamori 2001）。単純な比較ではあるが、ランヴァック周辺の地形は、前述のフート省の段丘・扇状地複合地帯によく類似している。

広西の北西部山岳地帯の感駄岩では、米と粟が大量に出土している（広西壮族自治区文物工作隊他 2003）。その一方で、マンバックなどは周囲に石灰岩の岩山以外には、河川と低平な沖積平野しかない環境であり、タイのKhok Phanom Di（Higham 2002）と類似した環境にある。稲作が存在するなら、水稲耕作しかありえない。近年の紅河平野下流域における花粉分析研究では、3400BP前後頃からの、イネ科草本類の花粉と二次林に特徴的な*Pinus*（マツ属）が急増していることから、人為的植生攪乱と農耕活動の活発化を推定し、特に、大型のイネ科花粉の増加を水田耕作に結びつけている（Li Z. et al. 2006）。

後期新石器時代後半期の農耕は、水稲耕作や現在の山岳部に見られるような雑穀と陸稲を合わせた焼畑農耕など、立地に応じた様々な農耕があったと考えるべきだろう。

b　定住化の進行

後期新石器時代前半と後半に関しては、土器のアセンブリッジや石器の組成、技術レヴェルなどにおいて、さほど大きい違いを読みとることはできない。むしろ、一部の遺物を除いて、前半期に出現したものが、形態や技術精度を若干変えて継続していると理解したほうがよい。もちろん、飼育を含めた動物利用や他の生業面においてもそれは同じではないかと推測される。そのように理解した場合、前半期から後半期にかけての大きな変容は、集落立地パターンの変化と重層（マウンド）遺跡の出現、貝塚遺跡の消滅、あるいは減少に集約される。ハロン湾諸遺跡の分布パターンの変化、洞穴・岩陰遺跡や海岸遺跡の減少に象徴されるように、この変動は、海岸を含む農耕不適地から農耕適地への立地変化と言い換えてよいであろう。その結果、重層（マウンド）遺跡が頻出するようになったと考えたい。前期新石器時代にすでに出現していた定住集落の性質というものは、後期新石器時代前半期に加増されたことは確実である。ただし、本格的定住社会形成は、マウンド形成、集団土坑墓群の形成、内水面近くの低湿地への進出などを基準にしてフングエン期以降と考える。そして、農耕をひとつの生業基盤とした農耕社会の形成がこの段階から始まり、ドンダウ、

ゴームン、ドンソンといった金属器時代まで、不断なく遺跡形成が平野部を中心に行われるようになる（西村 2003b、Nishimura 2005b）。ただし、山間部に関しては、重層遺跡の報告などもないことから、農耕の具体像でも述べたように、平野部とは定住度、居住構造の異なる社会が形成されていた可能性も十分あろう。焼き畑や畑作を基礎にした、定住度の低い社会も想定しておく必要がある。

c　将来の課題

ところで、問題はこの変化がなぜ起こったかということである。前述したように、すでに後期新石器時代前半期において定住農耕社会を営めるほどの技術力を持っていたにもかかわらず、それを行わずに海岸部などに積極的に集落を展開した理由は何であろうか。農耕に大きく依存するような条件が整っていなかった、あるいは、初期農耕から本格農耕への過渡期に位置していたという説明は安易すぎるきらいがある。海岸依存の生業指向が強かったのは明らかであるが、その理由付けを考える必要がある。または、生業変化にもとづき集落パターンが変化したのか、あるいは集落パターンが変化したから生業が変化したのかと言い換えてもよい。この問題は文化変化をどのように説明するかという考古思想的な問題に関わる。ただし、その場合に周囲地域の状況を考慮しておく必要がある。周知のように、海をはさんで北部ベトナムに東接する島嶼部（台湾を含む）東南アジアは新石器時代の始まりが、大陸からの南島（オーストロネシア）語族系集団の植民による結果との仮説が有力である。これは新石器に先行する考古学的遺物軍群と新石器時代遺物群の差があまりにも大きく、他所からの植民文化導入によらなければ説明できないことに大きく依拠している（Bellwood 1989・1997）。また、島嶼部に現在居住する南島語系住民の穀物等の語彙が共通していることと、新石器時代の遺跡から農耕文化的遺物や米が確認できることを状況証拠に、新石器時代の植民は農耕を導入するものであったと考えている。さらに最近明らかになったことであるが、台湾海峡の澎湖諸島の石斧が海を越え台湾へ運ばれているのである（Rolett et al. 2000）。石材開発とその交易が植民初期に行われていたことが明らかになりつつある。オーストロネシア語族に関しては、一部中部ベトナムを中心とする東南アジア大陸部に居住しており、その起源がサーフィン文化を遡り北部ベトナムの後期新石器並行期まで遡るという仮説も出されている（Hà V.T. 1991）。大陸部の場合はキン族（現ベトナムの多数民族：モン・クメール語族系）が属す南亜（オーストロアジア）語族の植民がいつかという問題が存在する。南亜語族の植民に関しては、北部ベトナム以外の東南アジア大陸部では、ホアビニアンから新石器時代にかけて物質文化や生業の根本的置換が認められるので、新石器時代初頭に位置づけるのが妥当と考えてきたが（Higham 1996b、西村 1996）、南中国や北部ベトナムの場合、他地域に確認できない前期新石器時代が存在し、状況はやや複雑である。前期新石器時代から後期新石器時代にかけての形質人類学的分析（Matsumura et al. 2008）では、両時期間に形質の大きな変化があった可能性が高くなっており、後期新石器時代前半段階にオーストロアジア語族の植民を重ねられる可能性もある。

　仮説の是非はさておき、海岸依存の生業あるいは定住性の低い居住から農耕の活発化、定住性の強化といった変化を、単純唯物論的な、技術革新にともなう段階発展的仮説での説明に落ち着かせず、交易やネットワークの問題、南亜・南島語族の植民問題などをも視点に入れて説明していく必

要があろう。個人的類推としては、マードン・ホアロック期は、ハロン文化の諸遺跡に代表されるように、遺跡間ネットワークが、海を通じて非常に発達していたと考えている。たとえば、ハロン文化のバイベン遺跡では多量の管鑽法のための石錐が出土しており、その量的多さは交換のための可能性が指摘されているし（Nguyễn K.D. 2005c,d、Nguyễn T.Đ. 2008）、溝砥石の多量の出土は骨角器などの集中生産を示しているのかもしれない。今後、このような視点に留意して分析を行う必要がある。

第5節　マンバック遺跡の石器群と付随する問題

　マンバック遺跡の2001年度調査は、層位的発掘による非常に良好な層位認識をもたらした。ところで、後期新石器時代の石器研究については石器製作址などにおいての技術的研究（Nguyễn K.D. 1996）などがあるものの、消費地あるいは居住遺跡からの分析発言はほぼ皆無である。第5章3節で金属器時代（ドンダウ期）の石器について議論を行うので、比較の意味も込め、ここでは出土石器の紹介を行い、他遺跡との比較から後期新石器時代の石器利用を理解するにあたっての問題と議論を提出したい。出土石器の構成は以下の通りである。各器種に関しての、形態的、技術的特徴や利用石材や硬度（モース硬度）の傾向を記述する。

（1）　マンバックの石器（石斧類）

石斧（図51）

　完成品、あるいはその破損品に関してはすべて方角斧に分類可能なものである。その他に未製品、あるいはその原材料と同定可能なものがあった。

　詳細な分類は以下の通りである。

　　方角斧A類：斧身が相対的に厚手で、幅狭なもの（図51-1～3,6）。擦り切り技法で長側縁を分割している。暗緑色～暗灰色の石材C類（蛇紋岩）を多用している。

　　方角斧B1類：斧身が相対的に薄手で、身幅に対して身長が短かめのもの（図51-4,5）。擦り切り技法で長側縁を分割している。下層では石材C類（蛇紋岩）が多用されている。

　　方角斧B2類：斧身が相対的に薄手で、身幅に対して身長がやや長めのもの（図51-7,8）。擦り切り技法で長側縁を分割している。

　　方角斧C類：斧身が厚手で、身長が長い大型品（図51-11）。刃角も大きい。このタイプのものは長側縁に調整剥離痕を多くとどめており、擦り切り技法による成形とは考えられない。

　　方角斧D類：斧身がかなり薄手で、平面形が長方形を呈す（図51-9,10）。身幅に対して身長がやや短かめのものである。擦り切り技法で長側縁を分割している。白色系の軟玉石材（石材A類）を利用。

　　方角斧E類：斧身が相対的に薄手の小型品（図51-12～14）。身幅に対して身身長が長い大型品。擦り切り技法で長側縁を分割している。

第 4 章 後期新石器時代 *69*

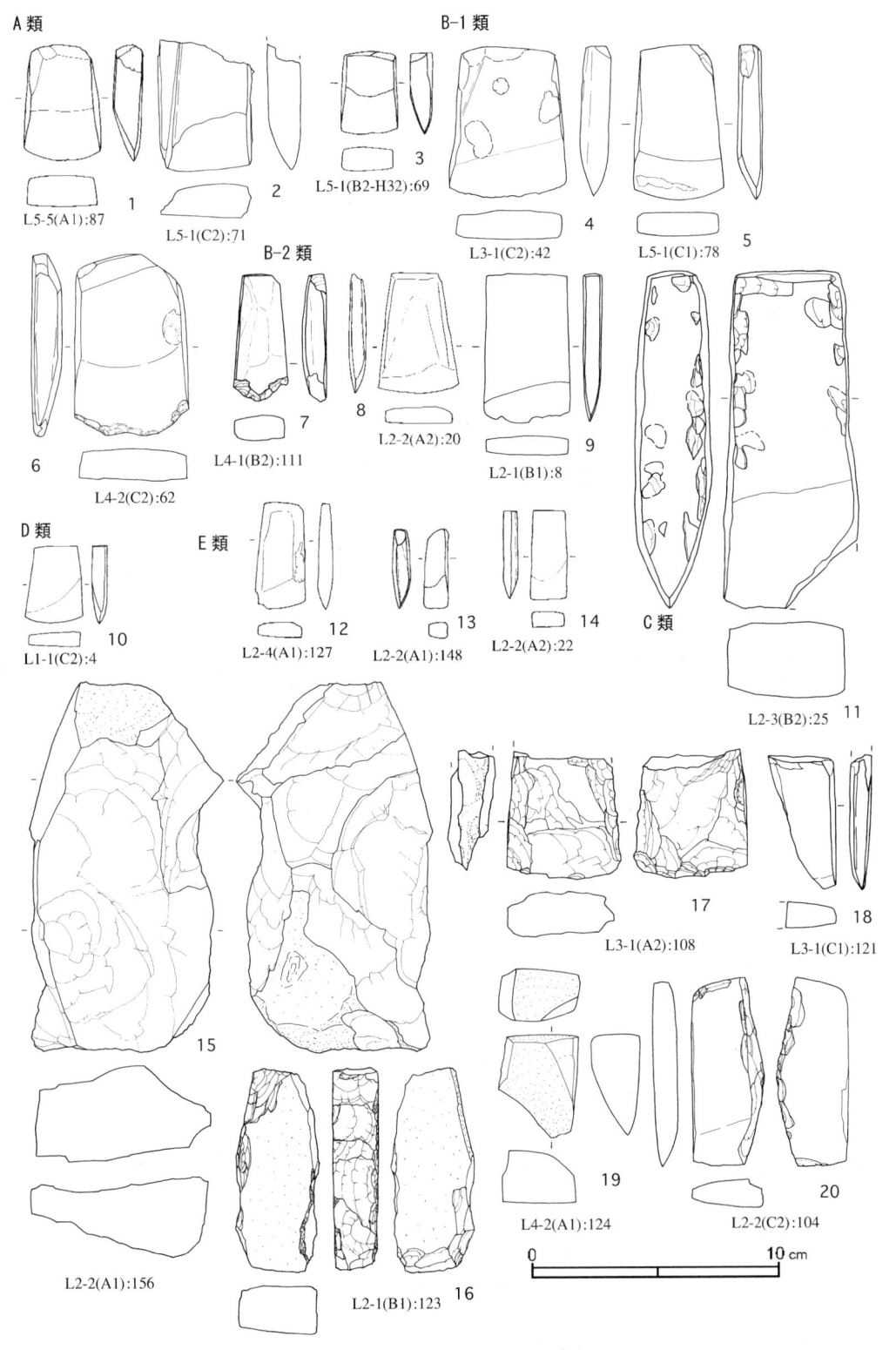

A 類

1　L5-5(A1):87
2　L5-1(C2):71
3　L5-1(B2-H32):69

B-1 類

4　L3-1(C2):42
5　L5-1(C1):78

B-2 類

6　L4-2(C2):62
7　L4-1(B2):111
8　L2-2(A2):20
9　L2-1(B1):8

D 類

10　L1-1(C2):4

E 類

12　L2-4(A1):127
13　L2-2(A1):148
14　L2-2(A2):22

C 類

11　L2-3(B2):25

15　L2-2(A1):156
16　L2-1(B1):123
17　L3-1(A2):108
18　L3-1(C1):121
19　L4-2(A1):124
20　L2-2(C2):104

0　　　　　　10 cm

図51　マンバック遺跡出土の石斧類

石斧ブランク素材

L2-2-156（図51-15）は、玄武岩系素材利用の大型剥片で、両面に大型剥離痕をとどめている。L2-1-123（図51-16）は、板状の石材の側縁を中心に調整を施し、石斧ブランク整形を意図しているものである。同じ石材で調整剥離片と考えられるものも存在しており、ブランク素材整形のものであろう。

再生剥片利用ブランク

石斧片あるいはその他の石器の破片に再調整を施し、石斧ブランク整形を意図しているものである（L3-1-108：図51-17）。これも、上層部でのみ確認されている。

再利用石斧片

石斧片に再加工（研磨、調整剥離）を施して、石斧以外の石器に利用しているものがある。No.104（図51-20）は擦り切り石斧片を刃器として再利用している例である。No.124（図51-19）は擦り切り整形の方角斧片の一側縁に調整を施している。No.18（図51-18）は、他の石斧の消耗程度の激しいものと同様、石斧破損後、楔として再利用されたと考えられる。No.124（図51-19）は、方角斧片の体部片あるいは刃部片の切断面や斧身面を磨きあげたものである。磨きによる再加工面（上端部と上面）は、石斧整形のための磨きより、より細かく光沢をもつ磨き面になっており、使用によるものとも考えられるが、使用する以前にある程度の磨きにより平坦面を作出しておかないと、磨面として機能しないであろう。後述の砥石の一類に含めた、磨面を有す石片と同機能を果たしたと考えられる。土器製作の磨きに用いた可能性もあろう。

（2）　小結

こうした石斧類の観察を通じて認識できることは以下のようなことである。

　上下層を通じて、擦り切り技法により製作された石斧の比率がきわめて高い。ただし、遺跡上層部のみに残された石斧製作を示す資料（ブランクや調整剥離片）は打撃調整と敲打法のみを示しており、擦り切り技法が当遺跡で実行された可能性は非常に低い。

　また、比較的厚手の石斧に、上端部が欠けていたり、再調整剥離痕や刃部が摩滅していたりするなどの現象がしばしば観察される。これは石斧として機能した後に、楔として転用されたことを示すものである。

　型式的には下層部ではA類、上層部ではC類とD類が特徴的な型式で、B2類とE類は両期を通じて存在する。また、下層部（マードン・ホアロック期）では蛇紋岩の利用が、上層部（フングエン期）では白色系軟玉の利用が目立つ。

（3）　マンバックの石器（非石斧類）

樹皮叩き棒

非常に硬質な白色の石材を長方形6面体に磨きだし、上下の長方面に長軸に沿った溝を数条並行に作出したものである（L5-2-118：図52-1、L4-2ND-115：図52-2）。側面全体に柄に縛り付けのためのへこみが作出されている。この凹み面は柄付けによる使用のためか、非常に平滑で光沢を帯

第 4 章　後期新石器時代　71

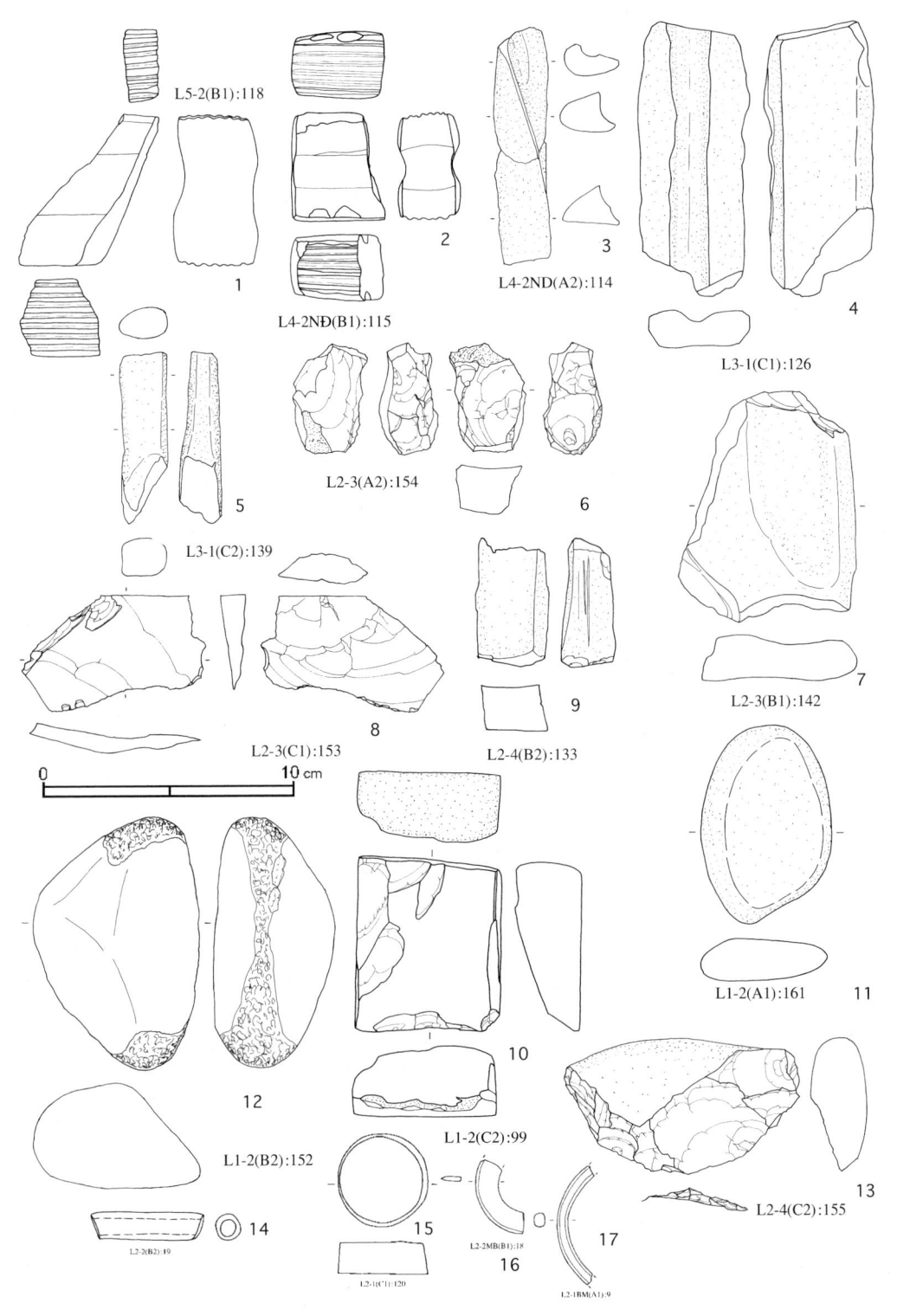

図52　マンバック遺跡の各種石器類

びる程度になっている。下層部にのみ出土している。

石核と剥片

チャート質あるいは軟玉質の石材を利用している。上層部のみでしか出土していない。

剥片（L2-3-153：図52-8）は薄手の平坦なもので、辺縁に二次調整や使用による刃こぼれ的なものが若干観察される。

石核（L2-3-154：図52-6）は原礫面を一部残すもので、多面体形に応じて、薄く平坦な剥片をはぎ取るように打撃を加えられている。しかし、その剥片生産法に規則的な連続生産を認めることはできない。類似品を、ソムチャイ洞穴（ホアビン省2004年発掘資料）の新石器時代資料で確認した。

砥石

形態的には3種類に分類することが可能である。

砥石A類：長い溝を有するもので、L4-2-114（図52-3）、L3-1-126（図52-4）のように棒状のものに単独の溝をもつものや、L5-1-117のように溝が直交したり、旧溝部分を利用して裁断したものもある。

砥石B類：棒状砥石。細長の棒状のものに磨面を全面に作出したもの。L3-1-139（図52-5）もやはり、上端部がすぼまっている。

砥石C類：平坦な磨面を有すもの。この類が量的に最も多い。大きさや厚さにもばらつきが多い。一部は、鋭利な刃部を集中的に磨いたために生じたであろう細い溝が走っているものがある（L2-3-142：図52-7、L2-4-133：図52-9）。

石材に関しては主に2種類に分類することが可能である。第1種は堆積岩系の軟質かつ目が非常に細かいもので、硬度は1から3の間に納まるものがほとんどだが、L5-1-117のみは硬度4を示した。A類とC類多くに使用されている。第2種は硬質で、石粒がより粗いものである。硬度は1例のみ5と6の間を示したが、残りは2から5の間に納まり、かなりが4と5の間に納まる。A類、B類、C類すべてに利用されている。

磨き石

L1-2-99（図52-10）は一見、石斧と見まがうものであるが、石材や磨面のあり方から判断すると、石斧ではない。横断面形が長方形、縦断面がくさび形になるように全面を磨出している。そして、裏主面や上端面と下端面に磨きによる光沢平滑面が残されている。表主面の辺縁には打撃による剥離痕が残されている。上端部側のものは、光沢平滑面形成前のものであるが、下端のものは光沢平滑面形成後のものである。使用によるものか調整によるものかははっきりしないが、使用による打撃剥離痕形成後に、磨出により別機能の石器に作り替えた可能性もある。モース硬度が2と3の間に納まり、砥石に使われている石材の中にも同じものと考えられるものがあることから、砥石からの転用の可能性が高い。前述のL4-2-124（図51-19）例と機能的には同じものと考えられる。おそらく土器製作時の磨きなどに、頻繁に利用された結果であろう。L1-2-161（図52-11）は円礫に磨き面をもつものである。

叩き石

叩きによる潰れを辺縁に残した円礫（L1-2-152：図52-12）。ほとんどが3層以上の上層部から出土している。硬度は5から7の間のものと3程度の2種類があった。

打製石器

L2-4-155（図52-13）は河川礫の片面の側縁に剥離を施した旧石器の小型サイド・チョッパー的なものである。

台石

石片のやや丸みを帯びた平坦面に叩きなどによる窪みを残しているものがある。

石環剖り抜き残芯

管鑽法による剖り抜き芯が1例（L2-1-12：図52-15）のみ出土している。片面からの剖り抜きである。石環（腕輪）類の製作に伴うものであろう。

石環

断面が隅丸方形（L2-1-9：図52-17）や断面が縦に長細い方形のものがある。

管玉

細長い管状製品で、軟玉質の石材を利用している管鑽法により芯央が中空にくり抜かれている（L2-2-19：図52-14など）。白色の軟玉質の石材を利用しているものあり。上層部のみでの出土である。

玦状耳飾り

扁平な輪状製品で、一端に玦状部を有すものである。通常これは耳飾りとして使われたと考えられている。断面形はレンズ状のもの、あるいは外端が尖りだし、内端が方角（L2-2-18：図52-16）になっているものがある。白色の軟玉質の石材を利用しており、上層部のみでの出土である。

99年発掘調査からの補遺

有肩石斧が1点、下層部に相当するレヴェルから出土している。T字形の断面を有す石環が、上層部に相当する発掘深度から出土している。

（4）マンバック遺跡の石器利用について

上記の石器群観察から以下のことを抽出することができる。

1：石斧、樹皮叩き棒、石環、管玉、玦状耳飾りなどにおいて、その形態や有無に関して、明らかな時期差を認めることができる。石斧A類などはL3-2層以下の下層部でしか確認されず、樹皮叩き棒は4層以下、有肩石斧も下層でしか出土していない。石斧C類、D類はL2-3層以上でしか出土していない。

2：石材に関しても時期差が認められる。白色系の軟玉質石材（石斧石材A類）はL2-2層以上、つまり、フングエン期に限定される。また、灰色系軟玉質石材（石斧石材B類）はL4-2層からL2-3層の間、さらに、石斧石材C類（蛇紋岩）、D類は1例を除いてすべてがL3-1層以下（マードン・ホアロック期）での出土である。

軟玉などを中心とする石器石材の研究をしている飯塚義之氏（私信）によれば軟玉

（nephrite）より蛇紋岩のほうが、硬度などの理由により加工が行いやすいとのことであるので、マードン・ホアロック期からフングエン期にかけての石材加工技術発展のひとつに挙げられるかもしれない。

3：白色系の軟玉質の石材に関しては、石斧、玦状耳飾り、石環など複数器種間の利用が認められ、遺跡での最終整形が行われている可能性もある。

4：上層部、L3-1層以上において再利用石斧片、再生剥片利用ブランク、ブランク素材などが出土している。叩き石もL3-1層以上において頻出している。したがって、L3-1層から上層において石斧の再生利用活動が活発で、石斧の生産活動もあった可能性が理解できる。

（5） マードン遺跡の石器群

旧ハタイ省Sơn Tây市Đương Lâm社Hưng Thịnh村に位置するマードン遺跡の石器群資料は、土器から判断するに、マードン・ホアロック期が遺跡形成の主要期間と考えられる（本章第1節参照）。1m程の文化層であったとされるが（Phạm L.H. 1973）、残念ながら詳しい報告が残されないまま遺跡は破壊され、考古学院にその部分的資料が残っている。マードン類型として北部後期新石器から金属器時代への移行期議論の俎上にしばしばのせられる遺跡だが、きちんとした研究が行われていない。その石器内容（図53と図54）を石斧類とそれ以外に分けて紹介し、マンバックとの比較を行う。

a 石斧類

〈部分磨製石斧〉

大型の河川礫を利用したもので、打撃剥離と敲打により整形している。蛤刃に近い刃部を有す（MD72H2(1)-97：図53-1）。剥離痕や敲打痕を明らかに残しており、完全磨製には至っておらず、他の石斧と磨製度合いがまったく異なる。後期新石器時代の石斧体系に存在し得るものではなく、マンバック最下層のように、前期新石器時代の文化層が最下層にあり、その時期のものと推定する。ダブット文化に特徴的な部分磨製石斧レヴェルか、それより粗い仕上げといえる程度のものである。

〈方角斧〉

平面や断面が角張るもの（A類）、丸みを持つもの（B類）に分類できる。

 A-1類：断面が角張って、上端とに比べ、下端の幅が若干広いもの（MD72-H2(2)-11：図53-2）。最も普遍的なタイプで、擦り切り技法で製作したと考えられる。

 A-2類：断面が角張り、長細いもの（MD72-H2(2)-16：図53-3）。片刃で、側縁に剥離痕の磨き残しを多く残す。

 A-3類：有肩石斧を方角石斧に再生したもの（MD72-H6(19)-28：図53-4）。

 A-4類：剥片を擦り切って、磨き、石斧にしようとしたもの（MD72-H2(4)-88：図53-5）。これは石斧の破片あるいは再生時に生じた剥片の再利用と考えられる。

 B-1類：断面形は、上主面がやや膨らみを持ち、下主面が比較的平坦で、両端が不整である。上端部幅と下端部幅にはある程度の差がある（MD72-H2(2)-17：図53-6）。

 B-2類：断面形は角張っておらず、下端部幅が上端部幅よりかなり大きい。MD72-H4(2)-8

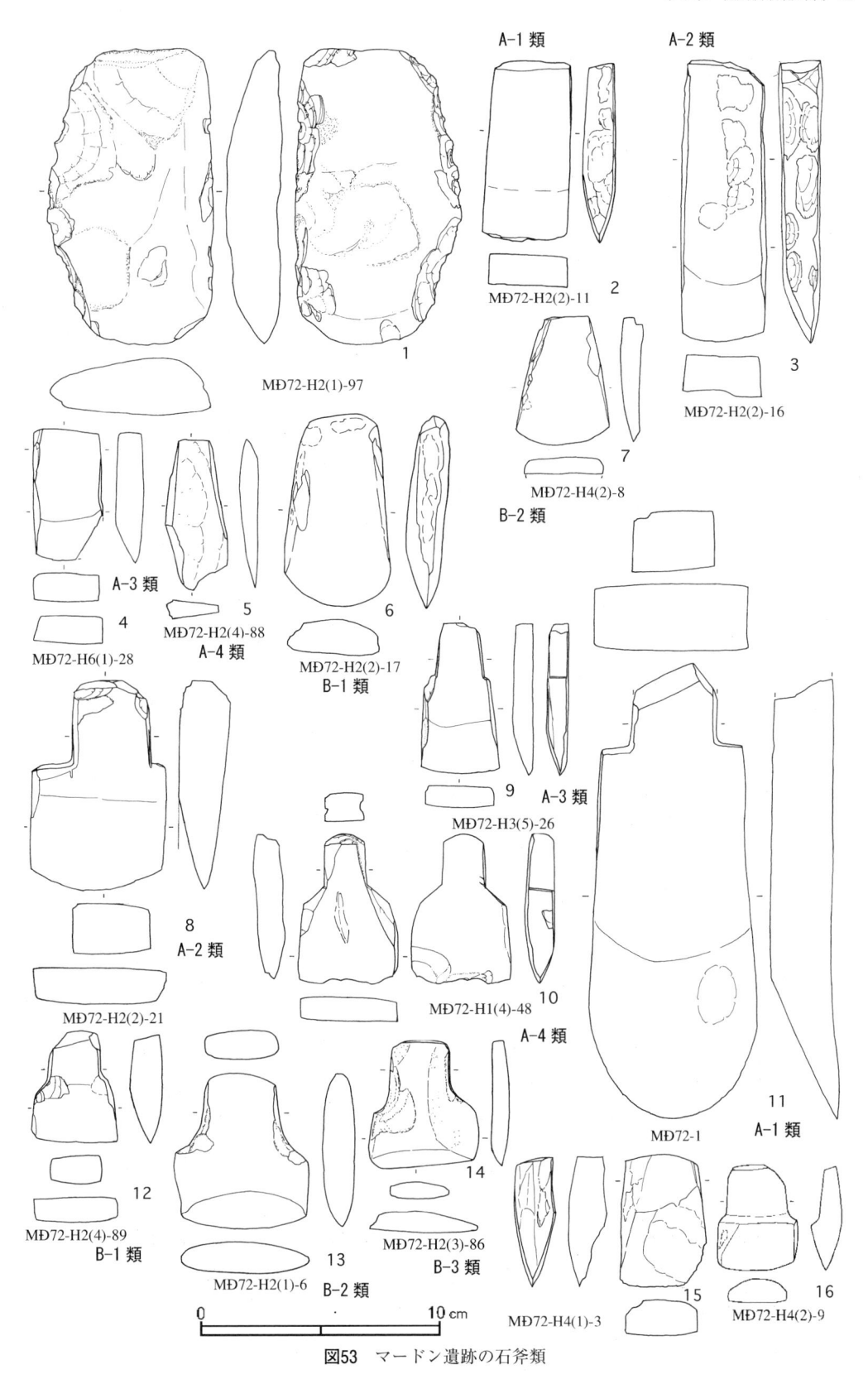

第 4 章　後期新石器時代　75

A-1 類　　A-2 類

MĐ72-H2(1)-97　1

MĐ72-H2(2)-11　2

MĐ72-H2(2)-16　3

MĐ72-H4(2)-8　7
B-2 類

MĐ72-H6(1)-28　4
A-3 類

MĐ72-H2(4)-88　5
A-4 類

MĐ72-H2(2)-17　6
B-1 類

MĐ72-H3(5)-26　9
A-3 類

MĐ72-H1(4)-48　10
A-4 類

MĐ72-H2(2)-21　8
A-2 類

MĐ72-1　11
A-1 類

MĐ72-H2(4)-89　12
B-1 類

MĐ72-H2(1)-6　13
B-2 類

MĐ72-H2(3)-86　14
B-3 類

MĐ72-H4(1)-3　15

MĐ72-H4(2)-9　16

0　10 cm

図53　マードン遺跡の石斧類

図54 マードン遺跡の各種石器類

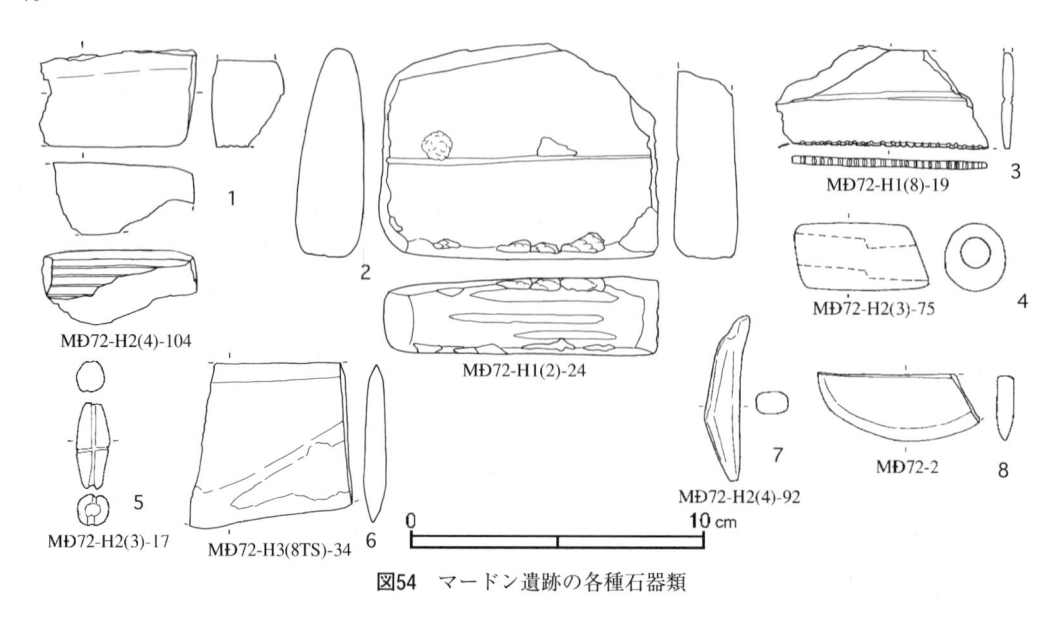

（図53-7）例は、左側縁に再生剥離が加えられている。これらは再生による上端幅を中心とした器幅減少が作り出したタイプと考える。

〈有肩石斧〉

有肩石斧も平面形や断面が角張るもの（A類）と、丸みを持つもの（B類）に分類できる。

 A-1類：超大型の有肩片刃石斧（MD72-1：図53-11）。石材が他の石斧類とは異なっており、また、擦り切りによる製作か否かも判断不可能。

 A-2類：上端と下端の間の幅にあまり差がないもの。最も普遍的なタイプである。MD72-H2(2)-21（図53-8）例は、擦り切り製作痕を肩部に残している。

 A-3類：肩部の幅が相対的に非常に小さいもの（MD72-H3(5)-26：図53-9）。

 A-4類：肩部を斜めに作りだしたもの。もともとは角張っていた肩部を、損傷等により斜めに再生したと考えられる（MD72-H1(4)-48：図53-10）。裏面に擦り切り痕を残しているため、この肩部再生自体を擦り切り技法で行ったと考えられる。

 B-1類：着柄部の断面の側縁は膨らみを呈し、主体部は断面が角張った方形を呈している（MD72-H2(4)-89：図53-12）。

 B-2類：着柄部と主体部ともに、断面の側縁が膨らみを呈すもの（MD72-H2(1)-6：図53-13）。

 B-3類：断面はレンズ状に膨らむが、器体全体はは平坦なもの（MD72-H2(3)-86：図53-14）。

〈有段石斧〉

なだらかな段部を作出しているもの（MD72-H4(1)-3：図53-15）。利用石材は暗黒灰色軟玉質（おそらく蛇紋岩）のもので、マンバックでも、下層部に方角斧石材に類似石材が存在した。擦り切り技法による製作である。

〈有肩有段石斧〉

第 4 章　後期新石器時代　77

着柄部断面は上主面が膨らみを持ち、下主面は比較的直線に近い。その両端もほぼ直線に磨き出されている（MD72-H4(2)-9：図53-16）。肩部はややなめらかな小さい幅のもので、明瞭な段部も作出されている。

　b　石斧の石材・製作技法的特徴

　石材に関しては、マンバックの特に下層で使われているような、石材を多く見ることができた。また、有肩と方角タイプの間に、石材差はほとんど見られない。方角斧B-1類に属するものはすべて白色の軟玉質石材（nephrite）であった。石材の硬度に関しては5前後から7前後に納まり、軟玉質の石材が最も硬質（6から7）で、特に方角斧B-1類の白色軟玉石材は、硬度7を示した。局部磨製石斧利用石材にも硬度6を示すものがあった。

　製作技法としては、擦り切り技法が方角斧、有肩斧、有段石斧などに適用されている。ただし、方角斧B類、有肩斧B類などの、平面形、断面形に丸みを有すタイプは、擦り切り技法による製作ではない可能性が高い。また有肩斧が再生により方角斧に作り替えられている例が確認できた。

　c　その他の石器類

〈樹皮叩き棒〉

　MD72-H(4)-104（図54-1）例は下端面に並行な細溝を、器体央部に凹みを作出したもので、マンバック出土例と同型式と考えられる。MD72-H1(2)-24（図54-2）例は、溝自体は前例ほど深くなく非常に浅いが、それは使用のためかもしれない。やはり器体中央部に浅い溝を作出しており、縛り付けのためのものと考えられる。MD72-H1(8)-19（図54-3）例は、前2者と違いスレート質の堆積岩を使い、下端部を鋸歯縁状に作出しており、器体央部にやはり溝を作出している。石材や器体の薄さにおいて、前2者と違うが、央部の溝などは図54-2例とよく似ている。

〈玦状耳飾り〉

　側面外形が逆水滴状で、平面外形が不整な円形に近い。上端に玦部作出されている。同類のものはホアロックで土製品（図39）が報告されている。

〈石環〉

　形態的に2種類に分別される。両者共に内径が4.4から5.6cmくらいの小型のものが主を占めるようだ。

　　A類：断面がT字形に近いものである。吉開（1992）が、かつてT字型石環の分類でB2類としたものである。しかしフングエン期のもののように角張ったT字形にはなっておらず、ホアロック同様突出部の作出がなめらかで、三角形の両辺にさらに磨出を加えて形作ったように見受けられる。

　　B類：断面が三角形あるいはそれに近いものである。吉開（1992）が、かつてT字型石環の分類でB1類としたものである。

　両型式間に技術的違いはないだろう。フングエン期のものは軟玉質の石材（例：チャンケン、バイトゥ等）を使っているのに対し、当遺跡例はホアロック同様、軟玉石材利用ではない。またフングエン期のものは、管鑽法で断面方形のドーナツ形製品を刳り抜き、そこからT字形になるように、さらに管鑽法で角張った整形を行っているが、当遺跡例にそのような例は見られない。時期差を反

映しているようだ。
　〈管玉〉
　MD72-H2(3)-75（図54-4）は管鑽法で両側から穿孔を行ったもので、石材は軟玉質のものではない。フングエン期のものと比べ、全体的に作りが粗く、管玉外面の平滑度が劣っている。
　〈石錘〉
　MD72-H2(3)-17（図54-5）は細長い棒状の形をしており、十字状に交差するように央部に溝をめぐらせている。両端の先端は若干凹んでいる。
　〈石刀〉
　MD72-H3(8TS)-34（図54-6）は堆積岩の薄い剥片を両面で磨き、上下両端に刃部を作出したもの。両側が折れているので、全体器形が把握できない。
　〈砥石小型砥石類〉
　MD72-H2(4)-92（図54-7）はバナナのような形状をしており、断面でわかるように長軸に沿って幾条も面取りされている。MD72-2（図54-8）は半月形で、弧状の刃部のようなものが作出されているが、尖りだしているわけではない。前者は硬度4、後者は硬度5を示した。

（6）　マードン遺跡石器群の位置づけ
　部分磨製石斧を除いて、石器群も土器群同様、マンバックやホアロックとの類似性を示している。フングエン期の石器群とは、近いレヴェルの製作技術（管鑽法、擦り切り技法など）を有しながらも、石材利用のあり方、型式、最終整形の精巧さなどの点において違いが認められる。
　この違いは、砥石類の変化からも理解できる。つまり、マンバックでは硬度が1から3に納まる軟質なものと、硬度が4から5の間に納まる硬質なものが中心であった。細長い石や扁平な板石に溝を作出したA類、棒状石片に凸面的磨面を作出したB類などが、特徴的に存在する。
　マンバックの中期段階と時期的に重なるマードンも、考古学院所蔵の砥石においてはマンバックと同様な石材を利用している。

（7）　方角斧と有肩石斧の問題
　ここで、後期新石器時代の諸遺跡における方角斧と有肩石斧の比率の違いについて論じておきたい。これはマンバックやマードンなどでみられる擦り切り技法と絡む問題だからである。石斧群における有肩石斧の比率は、ホアロック期を確実に含む各遺跡間においてすら異なっている。マイファー（7.1％：Bùi V. & Nguyễn C. 1997）、マードン（60.3％：Phạm L.H. 1973）、マンバック（1999年調査は1.4％：Hà V.P. et al. 1999、2001年調査は0％：Nishimura 2003b）、ホアロック（2.3％：Phạm V.K. & Quang V.C. 1977）、バイベン（Bãi Bến 53.6％：Nguyễn K.D. 2001）となり、マードンとバイベンの比率がずば抜けて高い。また、ホアロック類型との近似性を指摘されるハティン省のタックラック（Thạch Lạc）でも37％の高率である。概してハロン類型の諸遺跡やゲアン省やハティン省の後期新石器では有肩石斧の比率が高く、紅河平野やタインホア平野部との違いを見せている。このことに注目し、Hà Văn Tấn（1991）は、紅河平野やタインホアを拠り所と

したキン族の祖先となるオーストロアジア語族系と、中部ベトナムを拠り所としたチャム系集団の祖先となるオーストロアジア語族集団の言語集団差に、有肩石斧の比率差の説明を求めた。ハロン文化（類型）の場合、北接する広西・広東・香港の新石器諸類型と関係が深く、有肩有段や有肩石斧の形態的類似性もそちらに求めうる。また、Hà Văn Tấnの説を認めるなら、香港から広西にかけての有肩石斧卓越地帯もオーストロネシア語族の故地のひとつに挙げなくてはならない。

　こうした仮説の可能性を、筆者は否定はしない。しかし、これらの議論の根底は現在の語族分布と過去の遺物分布を結びつける、かつてHeine-Geldernが行った方法論と変わるものではない。ここでは、そうした議論を進める前に行うべき製作技法と石斧形態の関係について、少し議論しておきたい。

　マンバックでは1999年調査で唯一の有肩石斧例が、最下層部（第7レベル）から出土しているが、この出土レベルは2次調査の結果より、マードン・ホアロック期と考えてよい。当遺跡の石斧群は、厚手のC類石斧以外とフングエン期の石斧ブランクや再利用ブランク以外は、擦り切り技法による製作である。この擦り切り技法適用比率の高さはホアロック遺跡でも同様のようである。

　マードンの石斧群の中には確かに、マンバック下層にある方角斧（A-1類）が存在し、土器とともに両遺跡間の時期的重なりを示している。しかし、有肩石斧の比率、有肩有段石斧の存在など、マンバック下層やホアロックとの非常に大きな違いも存在する。有肩石斧においては、整形の角張ったA類に関しては擦り切り技法の存在が指摘できるが、肩部が緩やかなカーブを描くB類は、擦り切り技法での製作はあり得ない。また、有段石斧や方角斧A類は明らかに擦り切り技法を用いており、その中には軟玉系石材もある。また方角斧B類に残された磨痕には、積極的に擦り切り技法適用を確定させる痕跡がない。ただし、軟玉質の石材もB類に存在する。

　バイベンが所属するハロン文化は、土器から見ると、マードン・ホアロック期並行と判断される（第1節参考）。当遺跡では有肩石斧類は玄武岩や輝緑岩系の硬質な石材であり、方角斧類にもその石材が存在する。こうした石材は、ハロン湾ではハロン文化以前から使用されているが、基本的に擦り切り技法が適用されない石材のようである。また肩部の作り出しが、曲線状の緩やかなものが多く、擦り切り技法適用には適していない。チャンケンと同じような軟玉質の石材が小型方角斧（鑿型石斧）に利用されているので、小型方角石斧に関する限り、擦り切り技法の存在の可能性がある。同じくハロン文化のバーヴン遺跡（クアンニン省：第4章第4節参考）でも、肩部の作り出しが曲線状の有肩石斧が多く、若干例の肩部が角張った有肩石斧以外は、擦り切り技法適用例は見られなかった（筆者クアンニン省博物館実見資料）。したがって、マードン・ホアロック期に並行するハロン文化の石斧群は、有肩石斧・有肩有段石斧の比率が高く、擦り切り技法適用比率が低いと判断される。

　上述の傾向をまとめると、マードン・ホアロック期において、有肩石斧の比率と擦り切り技法適用率は、ある程度反比例的相関関係にあることを認識できる。また、紅河平野のフングエン期の石斧群の場合は、バイメン（Hoàng V.K. 2002）、ドンダウ、タインゼン（Thành Dền：Bùi V.L. & Phạm Q.Q. 1991）等など、限られた資料実見の限りでは、擦り切り技法による方角斧がかなりを占めると推定される。したがって、有肩石斧比率が非常に低いが、逆に方角斧への擦り切り技法適

用比率は非常に高いと理解できる。

ただし、有肩石斧が比率の高い遺跡と低い遺跡が明確な分域をなしているわけではない。また、マードンでは擦り切り技法で有肩石斧を製作している例が多くあり、ホアロックでは、身の薄い有肩石鍬が多く出土している特異な現象もある。

現在、紅河平野と南隣のタインホア省ではいくつかの石斧製作関係の遺跡が確認されている。その中でチャンケン、バイトゥはともに、擦り切り技法による軟玉系石材の方角斧生産が行われている（Nguyễn K.D. 1996）。また、フート省のドアントゥオン（Đoàn Thượng）をはじめ、Tam Nông 県、Thanh Thuy県の各生産遺跡では、Spilite（玄武岩の一種か？）などを使って、打撃剥離と敲打法で生産が行われている。タインホア省のĐông Sơn県のドンコイ（Đông Khối）、Thiệu Yên県のヌイヌオン（Núi Nương）などでも、Spiliteなどを利用して、打撃剥離による石斧ブランクが製作されている。またハティン省のズーザウ（Rú Dầu：Hà V.T. 1976）でも、打撃、敲打法による石斧生産が確認されている。ひとつ特筆すべきはこれらの生産遺跡では、有肩石斧の未製品がまだ報告されていないことである。この問題に関しては以下の可能性を想定する必要があろう。

ひとつは、これらの生産遺跡が有肩石斧率の低いフングエン期所属の場合である。チャンケン、バイトゥに関しては、その通りだが、ズーザウに関してはタックラックなどとの並行関係が確認されており、マードン・ホアロック期の遺物も含まれていることになり、この解釈のみでの解決は難しい。

次は、有肩石斧の場合、肩部を一定のブランク成形後に作出している場合である。これに関しては、それぞれの石斧生産過程を追跡しなければ明言はできない。しかし、有肩と非有肩間に石材上の作りわけがなければ、その可能性の否定はできない。この場合、石斧製作址から搬出後に、意匠に応じて有肩部作出・不作出が選択された可能性もあるということになる。擦り切り技法の場合、方角斧状に成形後に肩部を作出したと考えられるが、打撃剥離・敲打法製作の場合は、方角斧成形後に肩部を作出するのは、非常に困難と思われる。

以上の認識・問題をまとめると以下のようになろう。

マードン・ホアロック期においては一般的に有肩石斧、有肩有段石斧、有段石斧などの比率が高いが、マンバックやホアロックのように、有肩比率が非常に低い遺跡もある。この比率関係は擦り切り技法適用率に反比例する。そして、またマードンの事例で観察されたように、再利用により有肩斧が方角斧に作り替えられている例もあることから、使い込みが進めば有肩比率が低くなる可能性もある。マンバックでの石斧類の使い込み度は、このことを反映しているのかもしれない。おそらく、この問題は、石材入手条件、製作址からの距離、石斧機能といった複合的視点で考えていく必要があり、石斧のライフサイクル（リダクション）が影響していることは間違いない。

フングエン期においては軟玉（nephrite）石材の石斧が多用されるが、それは擦り切り技法の方角斧で代表されている。これは加工が難しく、なおかつ貴重石材であることを考えれば、形態的にも製作技法的にも合理的であると言える。軟玉（nephrite）石材の原産地は未だ確認されていないが、石灰岩岩塊周辺の変成岩に形成されるものなので、紅河平野においては辺縁の石灰岩山地地域にしかない石材となる。当然、平野内の石材供給条件に適応して、石材を有効に使うために擦り切

り技法が多用されたと考えられる。ただ、有肩石斧比率がマードン・ホアロック期からフングエン期にかけて激減することは、このような軟玉石材の効率的利用と供給のみでは説明できない部分もある。この点については南部ベトナムと北部ベトナムで問題を共有しているわけだが（Nishimura 2002a）、石斧の機能差なども踏まえて考えていく必要がある。

注
(1) 本論ではベトナム人考古学者の用いる考古学的文化概念をそのまま使う。これはチャイルドなどが用いた、遺物群による時間と空間を限定する概念だが、ベトナムの場合、土器などに関して、決してその検証は十分になされているわけではない。筆者もその概念をそのまま受け入れてはおらず、たとえばフングエン、ドンダウなどは時期区分の用語として使えばよいと考えている（西村 2003b、Nishimura 2006a）。ただし、空間的分布を限定する上では理解しやすい用語でもあるので、その目的において、本論は便宜的に使用しているにすぎない。
(2) バイベン遺跡（Nguyễn K.D. 2002）でもいくつかの^{14}C年代値が測定されているが、浜堤での軟質砂質土の文化層であり、後世のさまざまな攪乱要因（植物の根痕など）が影響している可能性がぬぐえない。
(3) 唯一、ゴーボン出土（例：Hán V.K. et al 2008）の鋳かす状の遺物に関しては、詳細な検討が必要である。組成分析で、銅が11-58％で、鉛が0.03-0.8％、錫が0.0009-0.02％という結果が出ており、青銅ではなく銅そのものの可能性も残されている。ただし、出土する層位や区域も限られているようで、フングエン期以降の遺物や遺構の有無と併せて検証する必要がある。
(4) ソムゼンの牙璋資料を最初に中国側資料との比較・同定を行ったのは、1991年に同遺跡を踏査した吉開将人氏であることを学史として付け加えておく。
(5) デンドイ遺跡はホアロックとフングエン文化のゴーボンに類似するという意見（Bùi V. 1984）が出されている。可能性としてはマンバックのように下層がホアロック・マードン期、上層がフングエン期ということも考えないといけないが、その検証手段を欠いている。たとえ、デンドイがフングエン期に属するものとしても、後期新石器期前半期から後半期にかけて、貝塚遺跡が激減するという傾向に変わりはない。
(6) マードン・ホアロック期には、3カ所に配置する土製支脚は明らかに存在していない。しかし、同時期の香港・広東に出土している筒形土製品は、器座（3脚ではなく1脚支持である）とされており、一部確認されている（カイベオ遺跡筆者確認資料）が、まだ確認資料が少なく、炉の中で使われたかも確認できていない。

●コラム3

先史墓葬アラカルト

　ドンソン文化ならびに歴史時代の記述で、いくつか墓葬の問題にも触れるので、比較参考として、ドンソン文化期以前の墓葬について簡単に触れておきたい。

　更新世末から完新世初頭のホアビニアン石器群に共伴する墓葬は屈葬形態であり、これは嶺南から東南アジア大陸部にかけて共通した現象である。その中には、頭蓋骨の眼窩にタカラガイを配したユニークなフィアヴァイ洞穴（Phia Vài：Nguyễn L.C. 2007a,b）の墓葬（図55）も存在する。

　時代はかなり下るが、タインホア省のNga Sơn県Nga Văn村発見のⅠ式ドンソン系銅鼓内で確認された頭蓋眼窩に五銖銭を配した例（Nguyễn L.C. 2001）と、葬法的に共通するものがある。また、バックソン石器群の見つかったランクオム洞穴（ランソン省：Mansuy&Colani 1925：第3章第1節参照）では、80-100体分の人骨が見つかっており、バックソン石器群段階の屈葬集団墓であった可能性があるが、詳細は不明である。ダブット文化（第3章第4節参照）のダブット（Đà Bút：Patte 1932）、コンコーグア（Bùi V. 1982）では、集団墓的な状況で屈葬墓が出土している。

　マンバック遺跡の2001年第2次発掘では下層部のM8号墓（図56）からは頭蓋が割れており、その頭蓋上で子安貝やハイガイなどが複数見つかった（図57）。そのなかには貝殻製の有孔小円盤も含まれ、装飾品であったと考えられる。それより上層では一般的な仰臥伸展葬が複数出土している。頭位方向にはばらつきもあるが、土器などの配置にもある程度の規則性の見られる規格的なものである。ただ、体の大きさに合わせて墓坑を掘り込み、副葬品を埋置しているもので、墓葬への必要

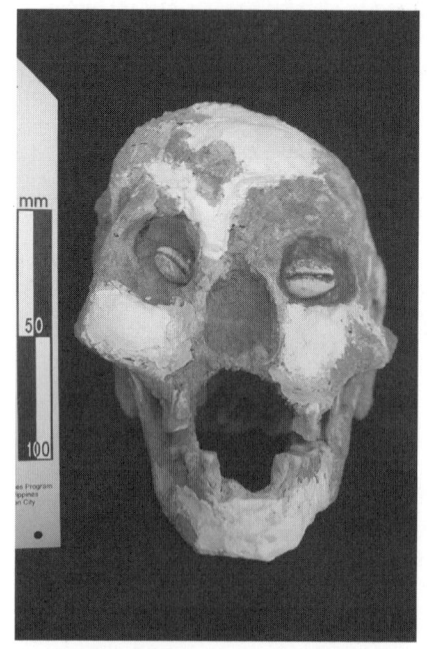

図56　マンバック遺跡のM8号墓とM9号墓（2001年調査）

図55　フィアヴァイ岩陰洞穴の屈葬墓眼窩にはめられた子安貝（写真Nguyễn-Lân Cường氏撮影）

図57　マンバックM8号墓出土の貝

図58　マイファー（マイファー文化）出土の石囲い墓

以上のエネルギー投下を感じさせるものではない。ほぼ同時期と考えられるマイファー（Mai Pha）文化のマイファー（ファー岩陰）遺跡やハロン文化のホンハイコーティエン（Hòn Hai Cô Tiên：クアンニン省ハロン市）遺跡などから出土した墓葬はやや奇異である。ともに岩陰遺跡であるが、マイファー（Bùi V. & Nguyễn C. 1997、Nguyễn C. 2001）では、下顎骨や歯の遺存から少なくとも19体分の埋葬があった（Nguyễn L.C. 2000）と考えられている。そして、多数の人骨が自然石で囲われたなかで、土器片や炭化物などとともに出土している（図58：Bùi V. & Nguyễn C. 1997）。ホンハイコーティエンはハロン湾の岩陰遺跡で、2005年の調査で6 m^{2}程度の発掘坑から多数の人骨が重なり合うようにして出土している。両遺跡とも文化層中に無数の人骨が含まれ、各個体の人骨が原位置を保っている例はほとんどなく、バラバラに各部位が散っていたようだ。マイファー文化のフィアディエム（Phia Điểm）遺跡でも同様な現象が確認されている。マイファーでは人骨に焼けた跡や意図的に切断や破砕をしたのではないかと見られる跡が観察されているし、同様な意図的痕跡を筆者もホンハイコーティエンの資料でみた。おそらく、この文化の墓葬は、通常の土坑墓葬を行わず、意図的に人体あるいは遺体を加工・切断したり、遺棄したりする慣習を持っていたと思われる。あるいは、儀礼的食人や骨咬み風習をもっていたとしても不思議ではない。今後の研究における注意事項である。

　後期新石器時代後半期の墓葬は、これまでさほど多く確認されていなかったが、筆者が発掘を指導した2003年のバイメン（ハノイ市）遺跡の調査が、当該期の墓葬問題を明確にし始めた。2003年調査区では当該期の文化層自体は、後のコーロア城期の土地造成により削平され残っていなかったが、フンゲン期からドンダウ期にかけての集団墓がコーロア城期の文化層下で出土し、方形土坑が発掘区全面に分布していることが確認された（図59）。発掘当初、土抗の機能は不明であったが、人骨が確認されたことにより墓抗と結論づけられた。2003年の発掘区は不整楕円形を呈する微高地

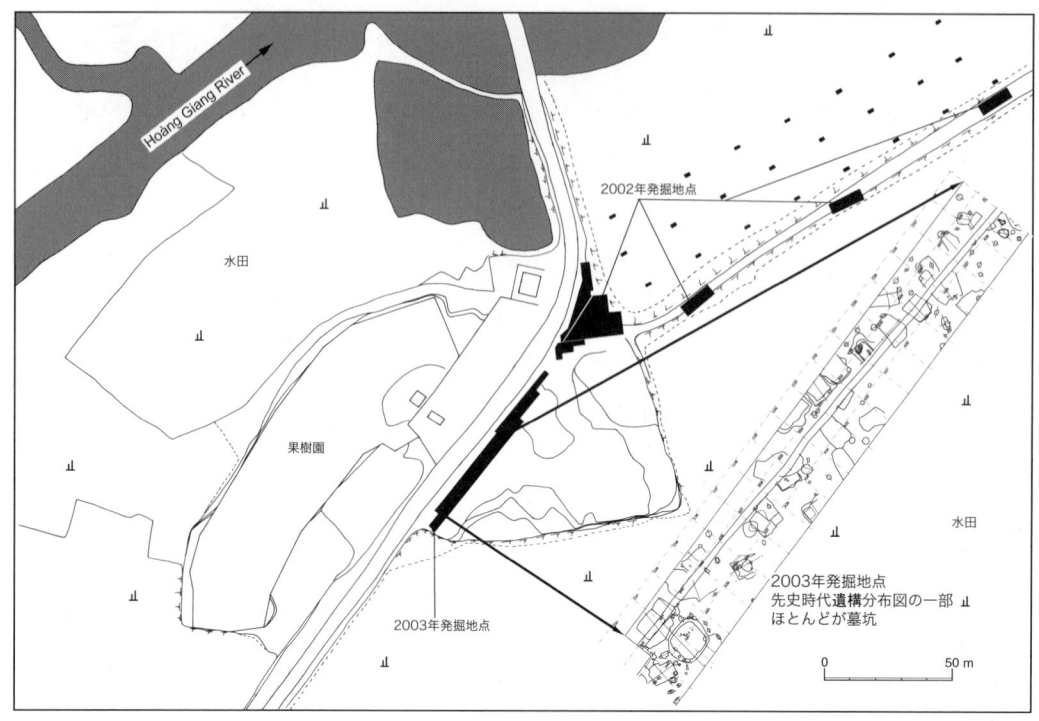

図59 バイメン遺跡と先史時代（フングエン期〜ドンダウ期の墓坑群）

状マウンドの短軸を横断するように位置しており、約320m²の発掘面積で、60基前後の墓坑が確認され、遺跡中央部で墓地が形成されたことが理解できる。おそらく居住層と墓群が重なり合っていた可能性が高い。方形土坑墓には副葬土器が伴うものもあり、土器からフングエン期からドンダウ期に墓群形成が行われたと理解できる。墓坑は、大きいもので2.5m（縦）×2.1m（横）×1.2m（深）程度（深さに関しては文化層が削平されているため、もっと深い可能性あり）の大きさがあり、墓坑の周囲やその直上に小さい円形土坑を掘り、柱などを立てていた可能性が高い。同じくフングエン期のギアラップ（Nghĩa Lập：ヴィンフック省）でも、2007年の発掘で、前述の方形土抗が多く確認され、さらに伸展葬の墓層も1基確認されている。フングエンやドンダウ段階の墓層は、居住遺跡に重なって墓群が形成されていることが明らかになり始めた。

ヴィンフック省のルンホア（Lũng Hòa：Hoàng X.C. 1968）では、長方形土坑底部にひと回り小さい同形の土坑（中国考古学の二層台式墓層）をさらに堀込み、人体と副葬品を埋置した土坑墓が多数確認されている（図60）。共伴する土器や石戈から墓葬はフングエン期のものと考えられている。墓坑には、3.75m（縦）×2.3m（横）×5.23m（深）のような大きいもの（7号墓）まで存在する。

ソムゼン（フート省）も小さい丘陵地に立地した遺跡で、丘陵頂上部では文化層が薄く、裾野部では厚くなっている。当遺跡でも土坑墓がある程度数確認されている（Nguyễn K.D. & Tăng Chung 私信）。ソムゼンでは、これまで5点の軟玉製牙璋が出土しているが、すべて完形品である。2006

年には、偶然の発見ではあるが、牙璋2点とT字型環4点、環状製品20点、小型管状装飾品120点、方角石斧1点（以上すべて軟玉製）と釜形土器1点が、伸展葬の副葬品としてわかる状態で出土している（Hán V.K. 2009）。両腕にT字環を2点ずつはめ、牙璋を脇あるいは胴部上に、頭部あるいは頸部に環状装飾品を配していたと推定される。それ以前の発見品も墓葬に伴うものと判断される。当然、こうした貴重な玉器を副葬する人物は、集落や地域の社会のなかでも特別な立場を占めていたと考えなくてはならない。前述のバイメンやギアラップの方角土坑墓とこうした伸展葬土坑墓は明らかに性質の違うもので、当時すでに、墓葬において異なるスタイルが同時併存し、伸展葬土坑墓は稀少性をみせている。社会の性質を考える上での貴重な資料となろう。また、ドンソン期は伸展葬土坑墓や木棺葬が中心となり、こうした墓葬は確認されていないことから、ドンダウ期に後続するゴームン期の前後に、葬法の変化をもたらす大きな文化変容があったことになる。

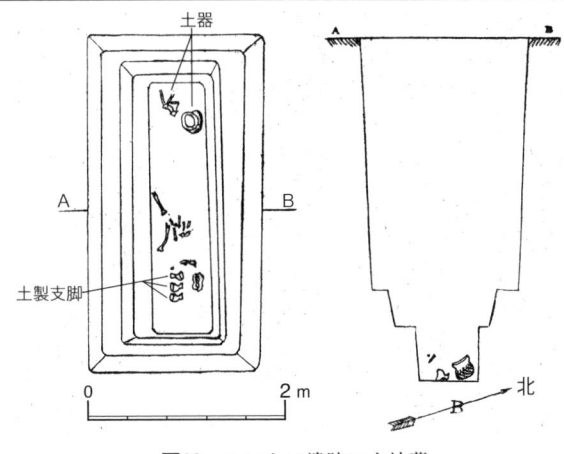

図60 ルンホア遺跡の土坑墓

●コラム4

釜形土器の伝統

　中国・嶺南地域では晩期新石器時代（5000BP頃以降）、北部ベトナムでは後期新石器時代（4500BP頃以降）に、口縁が外側に反り返る球形丸底の釜形土器（図61）が、器種組成の中心として登場する。この器形は新石器時代の南中国から東南アジア大陸部、さらには島嶼部東南アジアも含めて共通した器形となる。そして、先史時代を経て、現在までベトナムでは土器あるいは無釉陶器の基本器形としての位置を保っている。図62は現在フーラン窯業村で焼成されている釜形無釉陶器である。

　釜形土器は出現当初から地文として縄蓆文が施されることが多く、高火度焼成の無釉陶器にも施文されている場合がある（例：コラム9のドゥオンサー窯例）。やがて北部ベトナムでは、縄蓆文

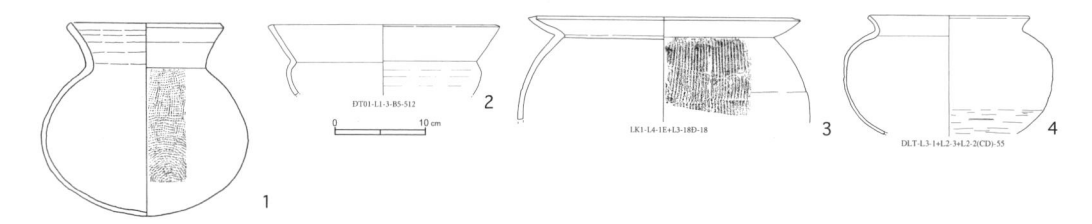

図61　各種釜形土器（1.マンバック：後期新石器時代　2.ダイチャック：青銅器時代　3.ルンケー城：初期歴史時代前期　4.ズオンライチョン：18世紀頃）

図62　フーラン窯業村で生産される釜（niêu：ニウと呼ばれる）

図63　年初の飯炊き競争祭り（ハノイ郊外）

の釜形土器自体は陳朝期に伝統が途絶え、以降は無文となる。これは、叩き成形の土器の製作伝統が途絶えることを意味すると考えられる。鉄製や銅製の釜の普及とも関係するのであろう。ただし、釜形土器自体はその後も存続する。

　釜形土器は、外面などにすすが付着しており、炊飯などの煮炊きの主要器種であったと考えられる。近年のタイなどにおける土器利用の民族考古学では、頸部がややくびれた釜形器形は煮炊きに適し、口縁部が胴部より張り出す器形はおこわをつくることに適しているという釜形土器自体の機能分化研究も進んでいる（小林正史氏私信）。またこの釜形土器をもとに発展した甑、釜形土器のための土製支脚などが発達したことも特徴的で、無釉陶器の甑や土製支脚も、現在まで使用され続けている。また、北部ベトナムの新年の村祭りにはこの伝統的釜（現在は銅製の場合が多い）を使って、飯炊き競争（図63）をするというものがある。米の炊飯食文化が、ベトナムにおいて非常に大切なことを表している。

第5章　金属器時代
――青銅器製作伝統の始まりと銅鼓の出現――

第1節　時期区分

（1）ドンダウ文化

　紅河平野域において、後期新石器時代から青銅器時代への移行はドンダウ遺跡（ヴィンフック省Yên Lạc県Minh Tân社：Lê X. D. & Hoàng X.C. 1983）やタインゼン遺跡（同省Mê Linh県Tự Lập社）で確認されている。この文化段階から青銅器鋳造とその製品が明らかとなる。ただ石器から金属器への移行は、一挙に行われるのではなく、石斧・石環・装飾品など継続利用されているものも多い（本章での主要遺跡分布は、紅河平野は図65、その他は図77参照）。

　^{14}C年代はドンダウで2830±80BPと2960±150BP、ゴーヴオンチュオイ（Gò Vườn Chuối）で3070±100BPが測定されていた。最近、さらにダイチャック（Đại Trạch：バックニン省）の1999年の試掘抗で3860±60BP（ドンダウ文化層：Phạm L.H. & Nguyễn Q.M. 2001）、2001年の発掘抗で3210±50BP（L1-3層）、3280±50BP（L2-1層）の年代値が測定されたが（Phạm M.H. & Nishimura 2004）、筆者はやや古すぎるのではないかと考えている。ドンダウでは、石戈（図64-3）も確認されているが、これは前述のチャンケンやルンホアのものとは形態的に異なっており（Phạm M.H. 1995）、フングエン期より後の年代を考えてよい。

（2）ゴームン文化

　ドンダウ文化に続くのがゴームン（Gò Mun）文化である（Hà V.P.& Nguyễn D.T. 1982, Hà V.P. 1996）。青銅器のヴァリエーションに鏃・斧・戈・鎌などが出現する。^{14}C年代はゴーチュアトン（Gò Chùa Thông）で2655±90BP、ゴームンで2385±60BPが測定されている。

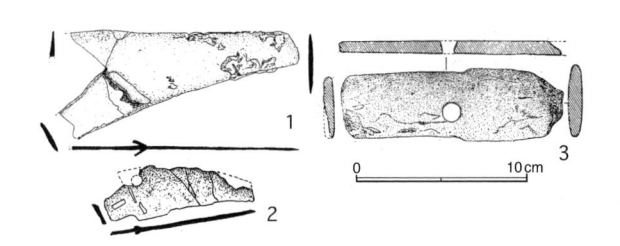

図64　石戈（3.ドンダウ出土）と青銅戈（1.ドンラム　2.ドイダー）

中国との実年代比較を可能とする遺物は多くはない。戦国早・中期の四川出土の青銅戈（川村 2001）と比較可能なもの（図64-2）がドイダー（Đồi Đà：旧ハタイ省）のゴームン文化層より出土したとされている（Hà V.P. 1996）。当遺跡はドンダウ文化層やドンソン期の墓も確認されており、具体的出土状況の報告がないので確実性に乏しいが、ひとつの参考とはなろう[(1)]。また、形態的にやや進化したと思われるもの（図64-1）が、バックザン省Hiệp Hoà県（ヒエップホア）のドンラム（Đông Lâm）遺跡（Trịnh S. 2006）でも出土している。これらの戈は後続するドンソン文化で出土する有翼戈ではなく、明らかな形態的違いから先行時期のものである。

（3）ドンソン文化

ドンソン文化では青銅器のヴァリエーションが急増するばかりでなく、ガラス製品や鉄器も出現する。ヘーガーⅠ式の銅鼓（Phạm M.H. et al. 1987、Phạm H.T. et al. 1990b）のかなりのものはこの文化の時間幅に収まると考えられる（編年は今村 1992参照）。現在までのところ、ドンソン文化から鉄器が出現することに異論はないが、具体的にどの段階から鉄器が出現するかということに関しては明言不可能である。

また、ドゥオンコー（Đường Cồ）類型という紅河平野域のドンソン文化の土器が、ゴームン文化の土器とどのように接続するかといった細かい研究も不十分であったが、近年のダイチャックやドンソン遺跡の研究から、ゴームン段階の土器とドンソン段階の土器は胎土の選定において、後者はより、精良なものを使っていることが明らかになってきた。形式的にも明らかな変化を見せている。^{14}C年代はヴェトケー（Việt Khê：ハイズオン省）で2480±100BP、2415±100BP、BP2330±100BP、ゴーチエンヴァイ（Gò Chiền Vậy：旧ハタイ省）で2325±100 BP、チャウカン（Châu Can：旧ハタイ省）で2325±60 BPが測定されている。

実年代の比較材料としていくつかの遺物があげられる。銅鼓、銅銭、ドンソン文化特有の人型柄の青銅短剣が湖南省の戦国晩期楚系墓葬より出土している（湖南省博物館 1984）。また、ヴェトケー・ドンソン木棺墓では、ヘーガーⅠ式の石塞山系銅鼓がドンソン型青銅提筒や越式鼎と共伴している（VBTLSVN 1965）。鼎・銅鼓ともに戦国晩期の紀元前3世紀に位置づけるのは異論がないようである（横倉他 1990、今村 1992）。したがって紀元前3-4世紀のどこかにゴームン文化とドンソン文化の境をもうけるのが妥当なところであろう。

（4）ドンソン文化の終末について

ドンソン文化がいつ終わるかということに関しても議論は尽きない。周知のごとく、ドンソン文化と北から侵入してきた漢系文化がどのような関係を持ち、結果的に漢系文化一辺倒に近い様相を呈するようになった過程については、今後さらに追求していく必要がある。最近のコーロア（Cổ Loa）城外のバイメン遺跡での緊急発掘では、紀元前2世紀に遡ることが確実な資料が出土し、漢系の土器とコーロア式の瓦などが、ドンソン文化の器物との併存関係になることが確認されつつあり（西村 2008a）、新たな波紋を呼んでいる。

また、ドンソン文化のなかで重要な役割を果たしていたヘーガーⅠ式銅鼓や関連遺物が、漢系文

化が圧倒的になった紀元後1000年紀前半においても継続して存在するという議論（例：今村 1992、吉開 1995・1998a、西村 2001）もあり、ドンソン文化と漢系文化の間に時空的に単純な境界線を引いてしまうことが困難となってきた。文献から理解・想像できるように、当該期は土着のドンソン文化の中に、北からの異質（異民族的）な漢文化が圧倒的な量で流入してくる時代である。民族的に異なる文化同士の葛藤、融合、強調といった前段階までとはかなり違った文化変容があったと考えられる。ある時期をもって中国支配下になったと考える、ドンソン文化から漢系文化への単純な移行モデルは、当地域の民族的問題を含めた歴史理解をぼかしてしまうであろう。また、漢あるいはそれ以降の中国側政権が北部ベトナムを支配するときに、その中心にしたのは紅河平野域の地理的中心部であり、それ以外の地ではない。この視点は後の時代の文化的性質を考える上でも重要である。したがって、紅河平野域の中心部を中心として一定の周辺域は、土着文化から漢系文化への変容が他地域より早く、強力に果たされた可能性もある。そうした視点で、紅河平野域の中心部資料を俯瞰するとドンソン文化から漢系文化への移行は、墓葬資料が最もわかりやすい変遷過程を示してくれる。

　前述のドンソン文化に特徴的な割竹形木棺墓の終末はいつであろうか。フールオン（Phú Lương：Hà V.P. 1986、Bùi V.L. & Hà V.P. 1988）やスアンラー（Xuân La：Phạm Q.Q. & Trịnh C. 1982）の木棺墓群は終末期のドンソン型青銅器や大銭五十（初鋳紀元後8年）あるいは五銖銭が出土している。ドゥオンコーの墓群（Phạm M.H. 1970）でも終末期のドンソン型青銅器や前漢後期頃の漢系土器も出土している。しかし、これらの墓葬資料には紀元2世紀以降と位置づけられるような漢系陶器が出土していない。後述のゴックラック（Ngọc Lặc）木槨墓出土資料の中にはこれらの割竹形木棺墓出土の漢系土器に型式的に近いものもあり、さほどの時間的距離を感じさせない。当資料群が紀元1世紀後半に位置づけられると考えられ（西村 2007b）、考古学的文化としてのドンソン文化は紀元1世紀のある時期（少なくとも後期ではなく、中期頃の可能性が高い）に終結したと考えるのが妥当なところだろう。文献史上の徴姉妹の起義（紀元後40-43年）、そして馬援の遠征といった事象に重なってくる可能性が高い。さすれば、南越（趙佗）が西甌（北部ベトナムに比定）を支配下においた（紀元前179年）という『史記』の記述をもとに北属時代の開始とする意見（第7章第1節参照）は受け入れがたくなる。これまで、文献資料研究と考古資料研究の照合はさほど熱心に行われておらず、再考が必要なことはいうまでもない。

第2節　青銅器時代から鉄器時代にかけての居住パターン

　後期新石器時代から青銅器時代になると海岸部での居住遺跡が大幅に減少する（図65）。また、後期新石器時代の遺跡が多いフート省、旧ハタイ省でも減少している。さらに、興味深い現象としては紅河本流からドゥオン（Đuống）川にかけての北岸域では後期新石器時代から青銅器時代にかけて連続して居住されている遺跡が多いことである。これらの事象は石器から金属器への転換に関係している現象ではないかと考える。周知のように紅河平野域内では、沖積平野であるがゆえに青銅器原料の鉱山はまったく存在しない（西村 2006c：Pl.A）。銅、錫の資源は、近いところでは紅

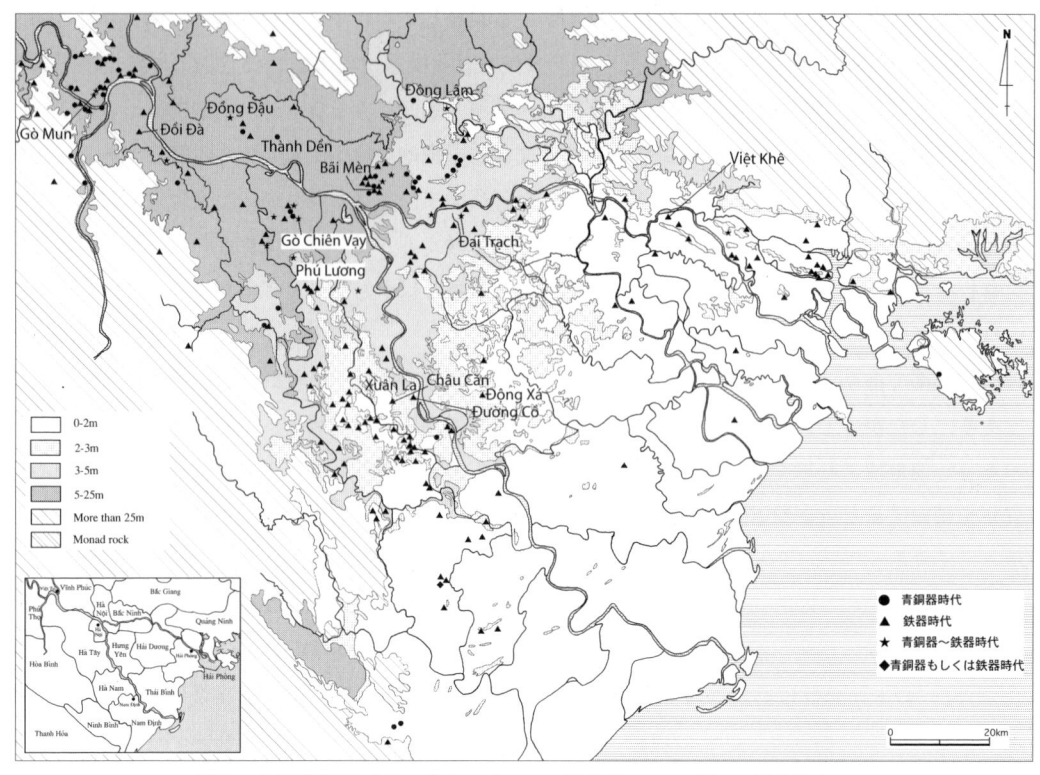

図65 金属器時代（ドンダウ・ゴームン期とドンソン期）の遺跡分布

河平野に北接するタイグエン省やバックザン省、南接するホアビン省やタインホア省の山間部にしか存在しない。したがって、青銅器製作にあたって素材を紅河平野の外域から移入せねばならないことは明らかである。

　これに比べ、前段階の新石器時代には、フート省で若干の石器製作遺跡も確認されているし、軟玉等の石材調達地が、残丘の石灰岩に接触形成された場所であろうと考えられている石器製作遺跡も、紅河平野域内のハイフォン市チャンケン、バックニン省バイトゥ遺跡などで確認されている（Nguyễn K.D. 1996）。したがって、利器等が石器から青銅器に置き換わり始めるフングエン段階からドンダウ段階にかけての移行期には、素材供給の条件面で大きな変化があったと考えられる。そして、金属器素材入手条件は前時代の石器のそれほど容易ではなく、金属器への置換を一度に押し進めるというようなものではなかった。石斧などは大型品を中心に依然として使用され続けている。そして、この入手条件は集落の位置選定にも影響したはずである。つまり金属素材流通のネットワークからはずれるところは放棄された可能性が考えうる。

　後期新石器段階（フングエン期）から青銅器時代（ドンダウ期）にかけて連続して居住されている遺跡がいくつか存在している。標識遺跡のドンダウ遺跡が位置するヴィンフック省南域、ハノイ市ドンアイン県、バクニン省Từ Sơn県などにそうした遺跡が集中する傾向がある。しかも、それらはホアンザン（Hoàng Giang）川、グーフエンケー（Ngũ Huyện Khê）川などの川岸に立地している。水上交通が主要運搬手段であったと考えられる当時において、河川近くに遺跡が立地している

ことは理解しやすいところだが、おそらく石材・金属器素材両方が入手しやすい条件が新石器時代から金属器時代にまたがって居住を存続させたものと考えられる。このような現象は当地域に限ったことではなく、ベトナム南部の新石器時代から金属時代にかけても看取できることから（Nishimura 2002a）、地域を問わない、かなり普遍的な現象であったと考えられる。

青銅器時代（ドンダウ期・ゴームン期）から鉄器時代（ドンソン期）になると前時代に比べ、低地への進出が明らかとなる。特に旧ハタイ省南部からハナム省、ナムディン省にかけての低湿地帯（氾濫原）での遺跡数が爆発的に増加している。この増加は汽水にあらわれるような低湿地が完全に陸化し、居住可能面積拡大による遺跡の自然増加と結論できるような増加数ではない。後期新石器時代、青銅器時代、そして鉄器時代にかけての遺跡分布範囲とその数の変化を見れば、鉄器時代の居住範囲が爆発的に増加し、面積的にも極端な広がりを見せていることから納得できる。ではその爆発的な低地・低湿地への居住域拡大はどんな理由にもとづくものであろうか。

桜井（1979・1987b）は、紅河平野域の水稲耕作史を考察するにあたって、稲の作付け選択が水経注などの古い文献に記載されていることに注目した。そして先史時代の遺跡分布状況からドンソン期において夏期は高みを除いて水没してしまう低湿地帯の居住を可能としたのは、冬期栽培が可能な冬春稲が存在したからであろうと推測し、ドンソン期に作付け選択が行われた可能性を指摘している。けだし卓見である。そうすると、青銅器時代から鉄器時代にかけて、作付け選択が稲作技術に加わり、低湿地居住を可能にした可能性が高い。

この時代において海岸の居住域はハイフォン市、タイビン省、ナムディン省を結ぶ地帯に到達している。しかしフンイェン省やハイズオン省の南半部などは未居住地帯が多い。これはデルタ形成にあたってこの時代はまだ陸化した部分の少ない、居住不可能なほどの大低湿地帯であったのではないだろうか。

また、鉄器時代以降の遺跡は墓葬遺跡での確認が主となってくる。これは金属器などを含む副葬品のまとまった発見の多いことが主理由と考えられるが、現在の集落下に、この時代以降の居住を含む遺跡文化層がしばしば眠っており、その後の連綿と続く居住文化層、特に近世以降の盛り土等による居住域拡大（Nishimura & Nishino 2002）のため、遺跡形成初期の文化層がなかなか確認されにくいこともひとつの原因と考えられる。

第3節　ダイチャック遺跡の研究

（1）遺跡概況

2001年11月に考古学院のファン・ミン・フエン副教授らとともに、バックニン省Thuận Thành県（トゥアンタイン）Đình Tô社（ディントー）のダイチャック（Đại Trạch）遺跡の発掘を行った（Phạm M.H. & Nishimura 2004）。ドンダウ文化期と若干のゴームン文化期を中心とする居住文化層とドンソン文化期の墓層が主たる遺跡内容であるが、先史居住遺跡の遺構を具体的に紹介した研究はベトナム考古学においてきわめて少ない。発掘を通じて明らかになった遺構などを紹介し、当遺跡研究がもたらした新しい成果を紹介する。

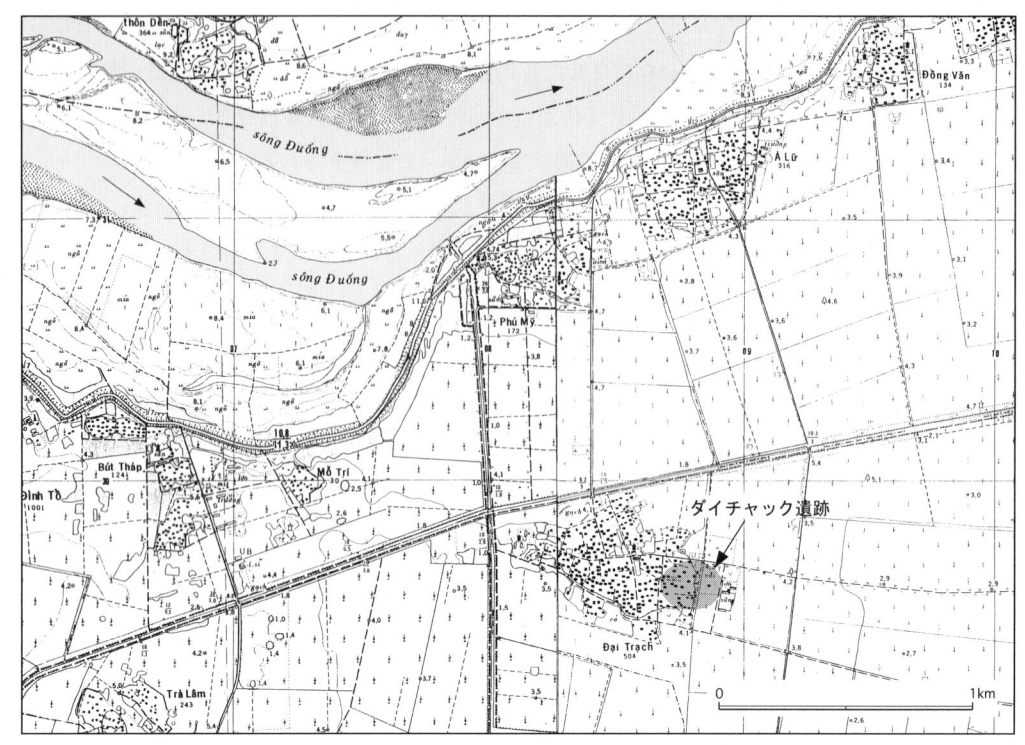

図66　ダイチャック遺跡周囲地形

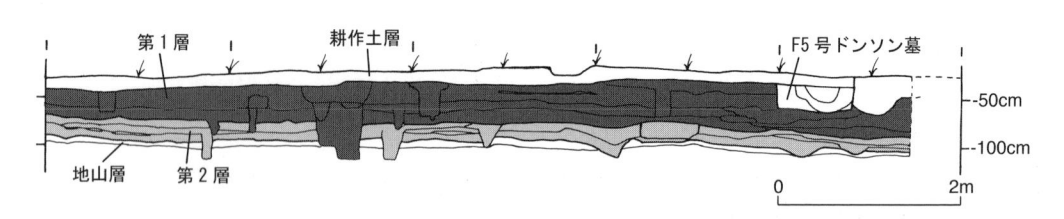

図67　ダイチャック遺跡文化層北断面図

　遺跡はバックニン省の中央を貫通するドゥオン川の南岸に位置し（図66）、南東約3kmには有名な北属時代期前半の郡治、ルンケー城（第8章参照）がある。現ダイチャック村集落の東外れの畑地に10×6mの発掘坑を設け、約4週間の発掘を行った。文化層厚（図67）は約80cmあるが、表土の耕作土層を除けば70cm弱となる、土色などの違いから、上層部を1層（暗褐色粘質土が中心）、下層部（明褐色や灰褐色の班状土が混じる暗褐色や褐灰色粘質土が中心）を2層とし、そのなかで、深度に応じてそれぞれ6レベル（L1-1～L1-6）と4レベル（L2-1～L2-4が面的にひろく確認され、一部はL2-6まで）に細分して発掘を進めた。北にわずか1kmのところにドゥオン（Đuống）川を控えた当遺跡は、地山が川砂を多く含む黄色シルト土壌であり、周囲環境に湿地性の植物を含んでいたと考えられる（Nguyễn T.M.H. 2002）。

　上層部で確認された遺構は、ドンソン期の墓葬（F5やF8など：コラム7参照）で、墓葬外からの遺物としては若干量の初期歴史時代やドンソン期やゴームン期の遺物が上層部L1-3前後まで若

干量出土する程度で、それより下層部はドンダウ期の文化層のみであった。文化層の大半はドンダウ期の居住により形成されたと考えてよい。発掘当初は雨天が連続したことや、発掘者が土色に不慣れなこともあり、遺構認識を正確に行えなかったが、L1-4レベルから、ほぼ正確な遺構認識が行えたと考えてよい。

（2） 柱穴と住居址

発掘開始当初、黄色や赤褐色の土塊が発掘面の随所で確認され、この解釈に悩んでいた。晴天が続くようになり、平面での土色認識が明確に行えるようになると、これらが柱穴遺構に所属するものであることが明らかとなった。

柱穴遺構（図68）は、基本的に円柱状土坑を掘り、その中に黄色や赤褐色の土塊を埋めて、その中央に柱を立て周りも土塊で固めているというパターンが多い（Nishimura 2003b）。これは、文化層の土壌が粘質で軟らかい土のため、文化層下の沖積土壌よりさらに下層の風化土壌層の堅い土を掘り出し埋めて、柱材を置くための基礎とし、軟弱地盤による住居沈下対策を図ったものと考えられる。おそらく自然石がないために生じた環境適応的工法であろう。また、住居廃棄時や建て直し時に、柱材を倒して抜き取るために、埋土の一部を掘り出すことによって生じる、柱穴内の環状埋土の一部欠失が観察される場合もあった。この調査後、コーロア城郊外のディンチャン（Đinh Tràng）遺跡でも確認したので、低平な地域での共通した工法の可能性がある。

確認柱穴遺構は各レベルとも多量にのぼった。しかし、柱穴群から建物のプランを復元可能なものは、L1-4レベル（L1-4-A遺構と仮称）での1群だけであった（図69）。L2-2レベルでも、規則的配列をもう1群（L2-2-A遺構）確認したが、現在では建物のプランになる可能性は低いと見ている。

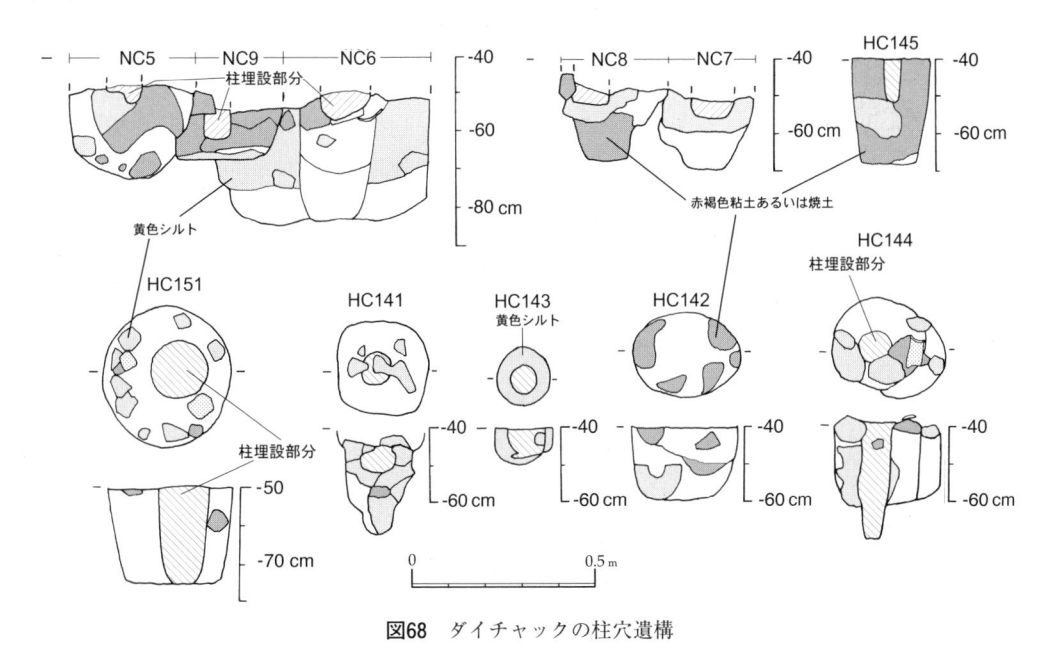

図68 ダイチャックの柱穴遺構

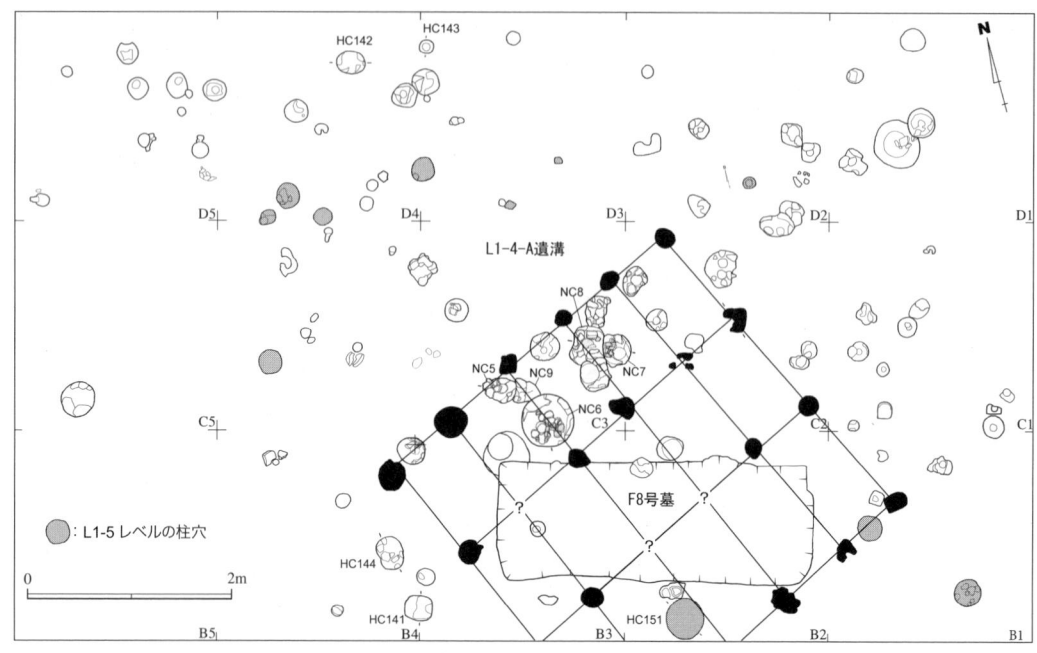

図69 L1-4並びにL1-5レベルでの検出遺溝

図70 ドンソン系大型銅鼓ゴックリュ（Ngọc Lũ）I 鼓に抽出された2種類の高床式家屋。家屋像の違いは機能差を表すのだろうか。

　L1-4-A遺構は、北西－南東方向に4列、北東－南西方向に6列の柱穴をひとつの建物の柱穴群として判断した。柱穴の規模は直径40-60cm前後で、柱穴は北西－南東方向に約140～150cm間隔、北東－南西方向に220cm間隔で並ぶ。

　F8に重なっている範囲での柱穴は確認されていないが、これは、F8の掘り込みにより消失したものと思われる。柱の配置が総柱式であることや、柱穴確認面のみならず、全確認面で特に生活関連遺構（炉跡など）らしき焼土面や床面らしきものが確認できなかったことから、平地式住居ではなく、高床式住居と判断される。規模的には一般的な居住家屋規模と考えていいのではないだろうか。

　北部ベトナムでは、現在までのところドンソン系銅鼓に抽出された家屋像（図70：具体的研究は浅川 1993参照）以外、先史時代の高床住居の存在を語る資料はなく、ただ柱穴がランダムに確認されるのみで、ドンソン期以前の具体的物証に欠いていた。本資料がその嚆矢となる。

（3）　青銅器鋳造遺構
　L2-1レベルのF16遺構とL2-3のF19遺構は、鋳造関係の遺構と思われるが、こうした遺構は、ベトナムの先史時代遺跡で、これまできちんと確認された類例がなく、今後の類例増加でより、詳細な機能推定などを判断していく必要があろう。

第5章 金属器時代 97

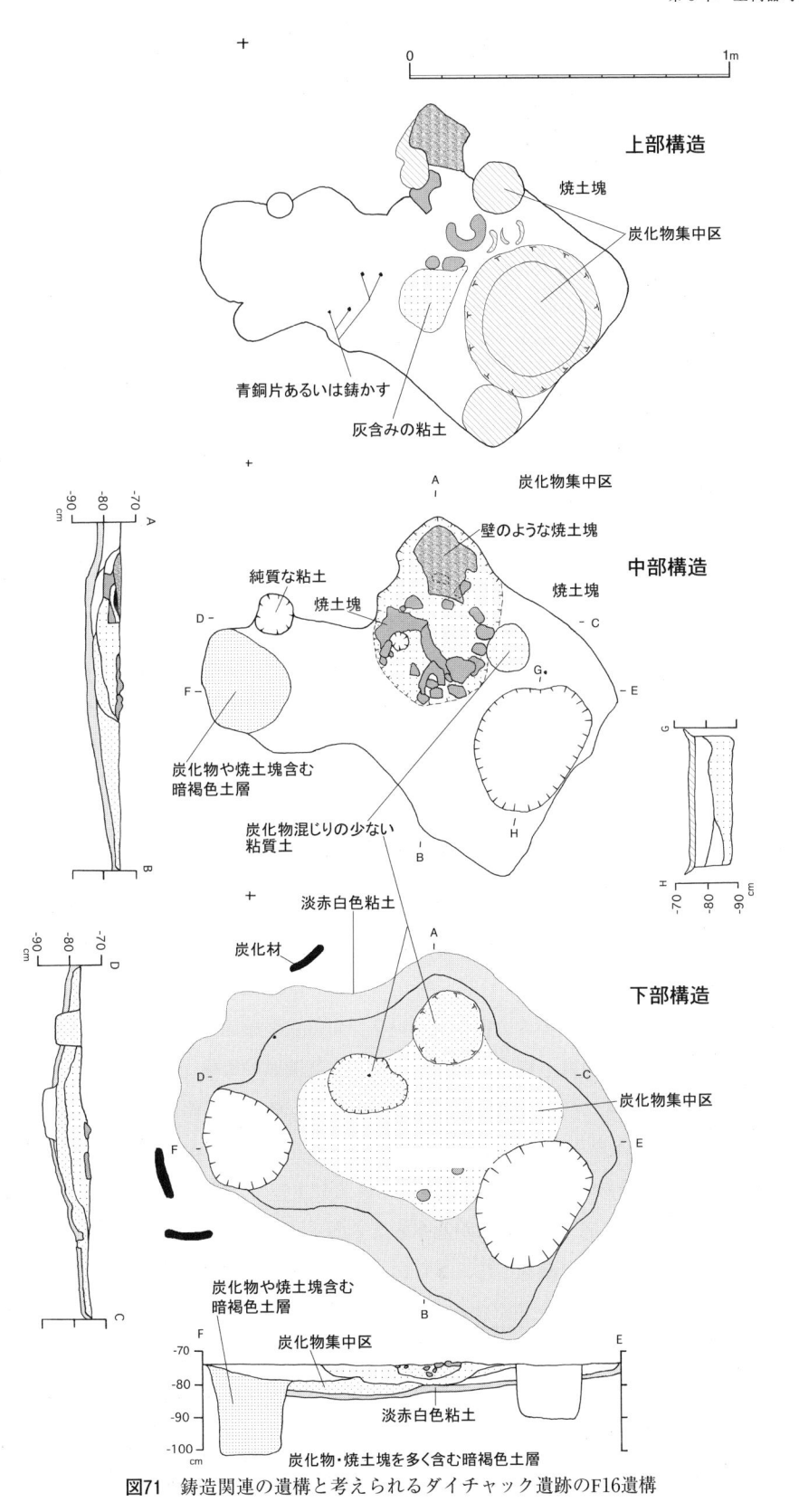

上部構造

焼土塊
炭化物集中区
青銅片あるいは鋳かす
灰含みの粘土

炭化物集中区
壁のような焼土塊
中部構造
純質な粘土
焼土塊
焼土塊
炭化物や焼土塊含む
暗褐色土層
炭化物混じりの少ない
粘質土

淡赤白色粘土
炭化材
下部構造
炭化物集中区

炭化物や焼土塊含む
暗褐色土層
炭化物集中区
淡赤白色粘土
炭化物・焼土塊を多く含む暗褐色土層

図71　鋳造関連の遺構と考えられるダイチャック遺跡のF16遺構

F16遺構：L2-1レベルの発掘区（B4区：南西に位置し、1区は2×2m）を中心に確認された。遺構の分布範囲としては、南北1m、東西に1.4m程度の広がりである。断面観察と層位的剥ぎ取りを組み合わせて、上部と下部の構造を明らかにすることを狙って発掘を進めた。図71は、遺構の上部、中部、下部のそれぞれ構造と各断面図を表している。発掘の所見では、最初に不定型な浅い掘り込みをつくり、そこに白色粘土を貼り、炭化物や灰などを多く含む層を上に載せて下部構造としている。そして上層や中層部では、遺構中央北側で、炭化物集中域や灰含みの粘土、細々とした焼土塊などが集中して確認された。これらはF16遺構の下部構造の上で行われた激しく火を使った作業の結果とみられる。上部でC字状の焼土塊、そして下部で焼土塊の集中が確認され、その周りで若干の青銅鋳かすが確認された。筆者は、C字状の焼土塊をふいごの羽口の設置部残片、焼土塊集中を鋳造炉の破壊された跡ではないかと睨んでいる。また、この鋳造炉本体と考えられる部分の周り、あるいはその直下でいくつかの穴が確認され、その埋土は炭化物が多量に堆積している場合が多かった。機能は不明だが鋳造作業関連の遺構と思われる。

F19遺構（図72）：L2-3レベルで発掘区のB4区とC4区にまたがって確認された。こちらは、より小さい規模の炉址のようなものの集まりであった。基本的には径50cm前後の不整な形で、深さ50cm前後に掘り込み、その埋土は灰起源の灰色粘質土が主体で、その上部で、掘り込み周囲を黄色シルト土塊や焼成土塊で固めているのが基本構造である。そして、上部では薄い炭化物層や焼土層などが浅い掘り込みの直上で確認され、さらに、その上部では細かな焼土塊片が集中して確認された。当然周囲には炭化物や灰を多く含む土の集中区がみられた。F16同様、下部構造を掘り込んで作っている。不可解なのは、最上層部で確認された焼土塊の中に、30cm前後の広がりをもち、いくつもの穴が開いているものが、掘り込みの穴の脇などで確認されたことである。炉の上部構造を覆うために使ったものとしては説明がつかず、炉中の何らかの構造物なのであろうか。また、こうした遺構は一度に形成されたものではなく、繰り返しの作業により形成されたことが、切り合い

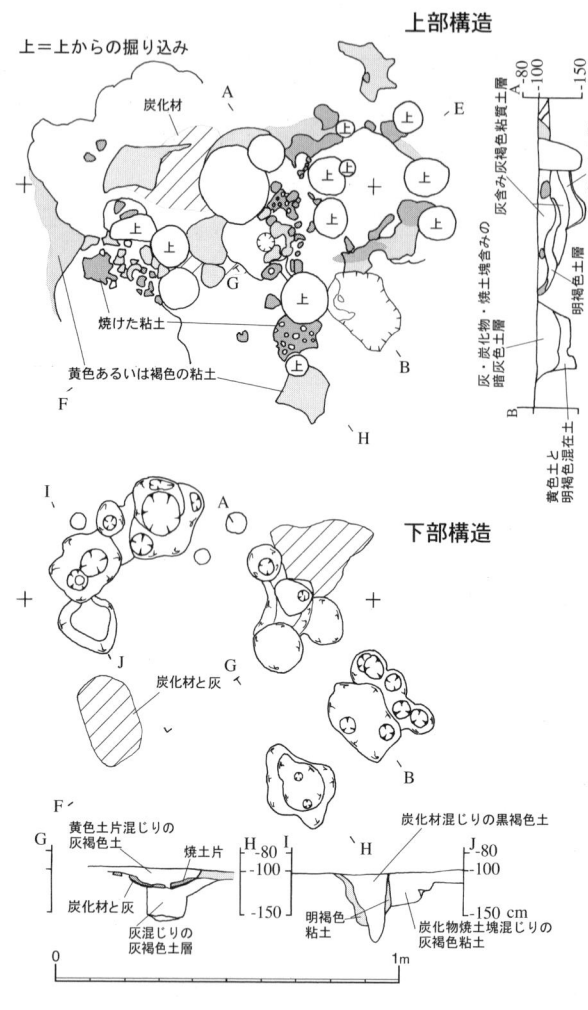

図72 鋳造炉と考えられるダイチャック遺跡のF19遺構

関係などから明白となった。

　L1-5レベルからL2-6レベルでは、5点ほどの坩堝らしき土器片（砂粒含みの胎土で、内面に砂を多く含む貼り付け層をもち、青銅の鋳かすが付着する）が出土し、L2-2やL2-3レベルを中心に砂岩製鋳型片も確認され、その中には具体的位置は不明だがF19遺構から確認された鋳型片もある。したがって、F16遺構周辺で確認された鋳かす片などとも併せて、両遺構が鋳造作業に関連する炉と考えることは問題ないであろう。推論を重ねるなら、F19遺構は鋳型を用いて製品を鋳造する際の青銅地金を再溶解するための炉であったと考えている。鋳造作業の度に、小穴を掘り、炉を作っていたのなら、多くの遺構が重なり合うことも説明可能と考える。また、両遺構でみられた基盤層を掘り込んで、その上に炉体を作る構造は、下部構造を掘り込んだ作った際に、灰起源の覆土が主体となって確認されることから、鋳造時の湿気などへの対策と考える。

　また、両遺構の周辺では、柱穴も確認されており、鋳造遺構上に覆い屋根があったかどうかという問題がある。プランとしては確認できなかったが、周囲と比べ特に柱穴数が少ないというわけではないので、覆い屋根があった可能性は十分あろう。

（4）ドンダウ期の石器と青銅器

　当遺跡はドンダウ期を主体とする遺跡で、青銅器時代開始期の遺跡として重要であるため、他遺跡の比較のを目指して、石器と青銅器に関しての詳しい紹介を行う。

a　石器（図73と図74）

〈石斧〉

　2点のみで、ともに主面、断面が方形の方角斧である（L1-5-94：図73-1, L2-1-141：Fig. 図73-2）。両方とも擦り切り技法で製作されている。青みのある灰白色の軟玉質石材を利用している。

〈管玉〉

　L2-1-148（図73-7）は黄色系の軟玉質の石材を利用したもので、片側側面に擦り切り痕をとどめている。

〈石環〉

　L2-2-166（図73-5）は横断面が縦長長方形のものである。白黄色の軟玉質石材を利用している。L2-2-177（図73-9）は横断面が二等辺三角形に近い形をしている。硬質で緻密な石材を利用している。

〈石環刳り抜き残芯〉

　片面から管鑽法を施したもの（L2-1-138：図73-3）、両面から管鑽法を施したもの両方がある。両例とも黄色系の軟玉石材である。

〈垂飾〉

　L2-2-156（図73-6）は水滴を逆位にしたような形をしており、上端に穿孔がされていた。黄色系軟玉質石材を利用している。小土坑から出土したもので、意図的な埋納の可能性もある。L1-4-76（図73-8）は、白灰色の軟玉質石材を使った長方形の板状のもので、3カ所両面から穿孔されている。

〈軟玉素材〉

　F13-250（図73-4）は、長方形をしており、両長軸側縁に擦り切り痕をとどめている。F16-251（図73-10）は両主面が磨面であるが、それ以外はすべて打撃による剥離面である。側面を中心に周辺部が被熱により黄色化している。両例とも、もともと白色系軟玉系石材だが、良質な軟玉石材として利用できる部分はきわめて少なく、石材としては利用し尽くした感が強い。

〈砥石〉

　　A類：溝砥石。厚手の石片に磨面を作出し、そこに断面の丸い溝を作出している（L1-6-104：図73-11）。

　　B類：薄片状砥石。薄くて小さいもの。両面が磨面として使える（L2-3-258：図73-12）。下層部のみでの出土。当類はチャンケンなどの、軟玉製石器製作址でも確認される小型砥石と類似している。

　　C類：盤状砥石。大半がこの種類に属すが、磨面を平坦面に作出したものである。

　　　大きさなどにもばらつきがあり、大型品はL1-3-51（図73-14）、L2-1-142（図73-17）、L1-4-69（図73-15）のようなものから、L1-3-60（図73-13）のように、小型で軟質な石材を利用しているものまである。図73-12や図73-13例は鋭い刃物を研いだ跡が残っている。金属器利器に使用したのであろう。ただしこうした明瞭な刃物を研いだ跡は、上層部（L1-4以上）で多く確認された。下層部では同様な石材はあるものの、研ぎ跡がそれほど明瞭に残っていない。さらに、堆積岩利用の砥石は、使い込まれて磨面が凹んだものものが多く、また上層部での出土例が多い。ドンダウ期以降の砥石の混在も考えておくべきである。

　　　このような差が生じる可能性として、遺跡（場）の機能差がある。下層部ではF19、F16などの青銅器鋳造関係の遺構が確認されているが、上層では居住痕跡しか確認されていない。遺跡内の活動差を反映している可能性があるだろう。

　　D類：L1-3-255（図73-16）は、円盤状の砥石あるいは磨き石であろう。両面共に非常に平滑で、側縁には縦方向の磨り跡が観察できる。

　石材に関しても5種類の差異を認めることができた。比較的目が細かく灰色系の石材（硬度5と6の間）が砥石B類に使われている。褐色の石材で現代の砥石にも使えそうな比較的目の細かい石材（硬度5）は砥石A類とC類に使われている。明らかに堆積岩とわかる暗灰色軟質石材はC類（硬度3と4の間）に利用されている。また最も多い硬質な白色系の石材（硬度5と7の間）も砥石C類に利用されている。砥石D類はえんじ色の非常に硬質な石材（硬度7）である。

〈磨き石〉

　L2-3-192（図74-1）やL2-2-C3（図74-2）は円礫の下端部に磨り跡を明瞭に残している。L2-3-212（図74-3）は不均衡な方形を呈し、下端部が使用のためか光沢を帯びるほど平滑になっている。灰色の軟質石材を利用しているが、主面辺縁に擦り切りによる切断痕が残っており、石戈のようなものの破片を再利用している可能性が高い。マンバック出土例のように磨き石として使われた可能性も否定できない。

第 5 章　金属器時代　101

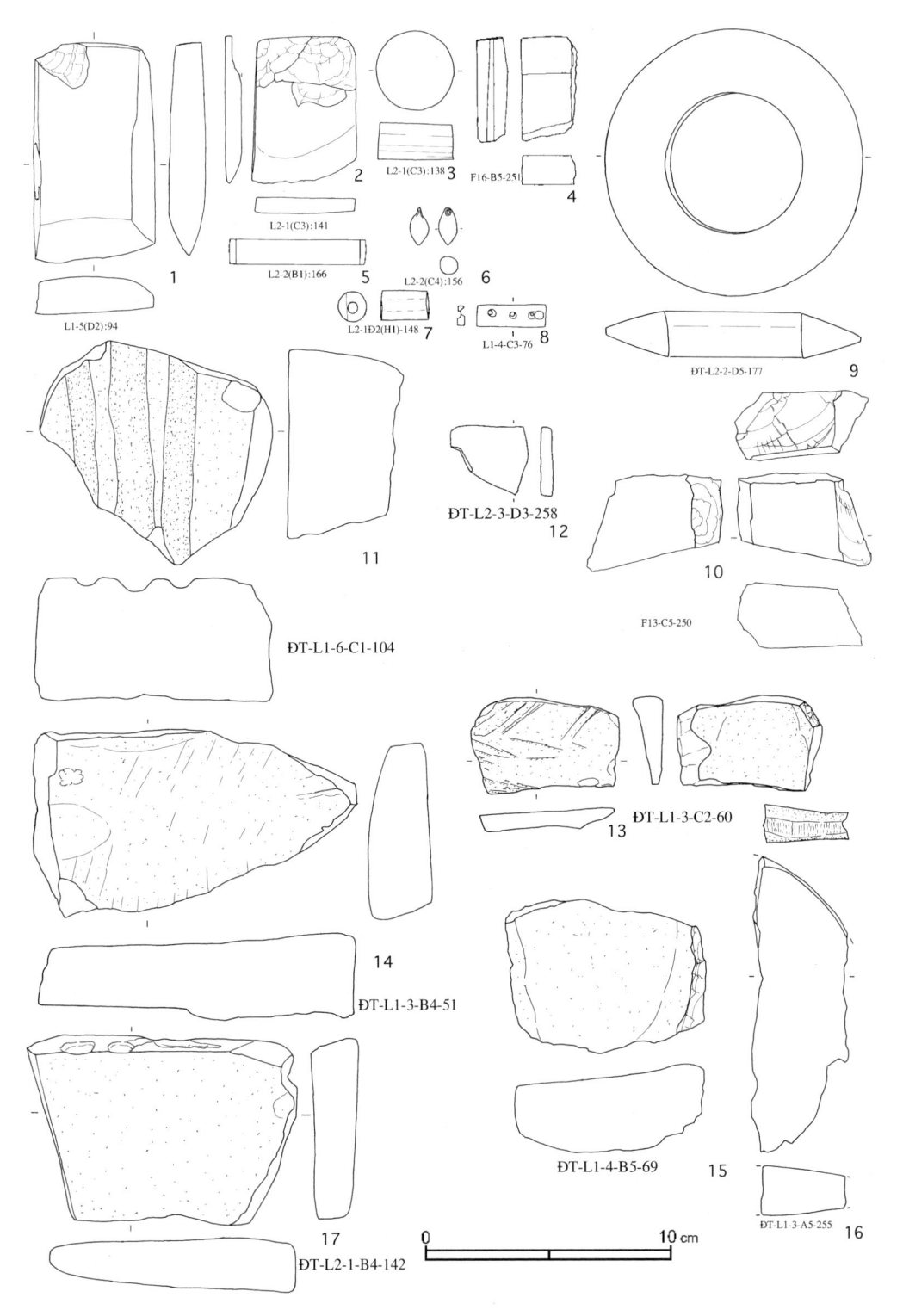

図73 ダイチャック遺跡出土の石器（1）

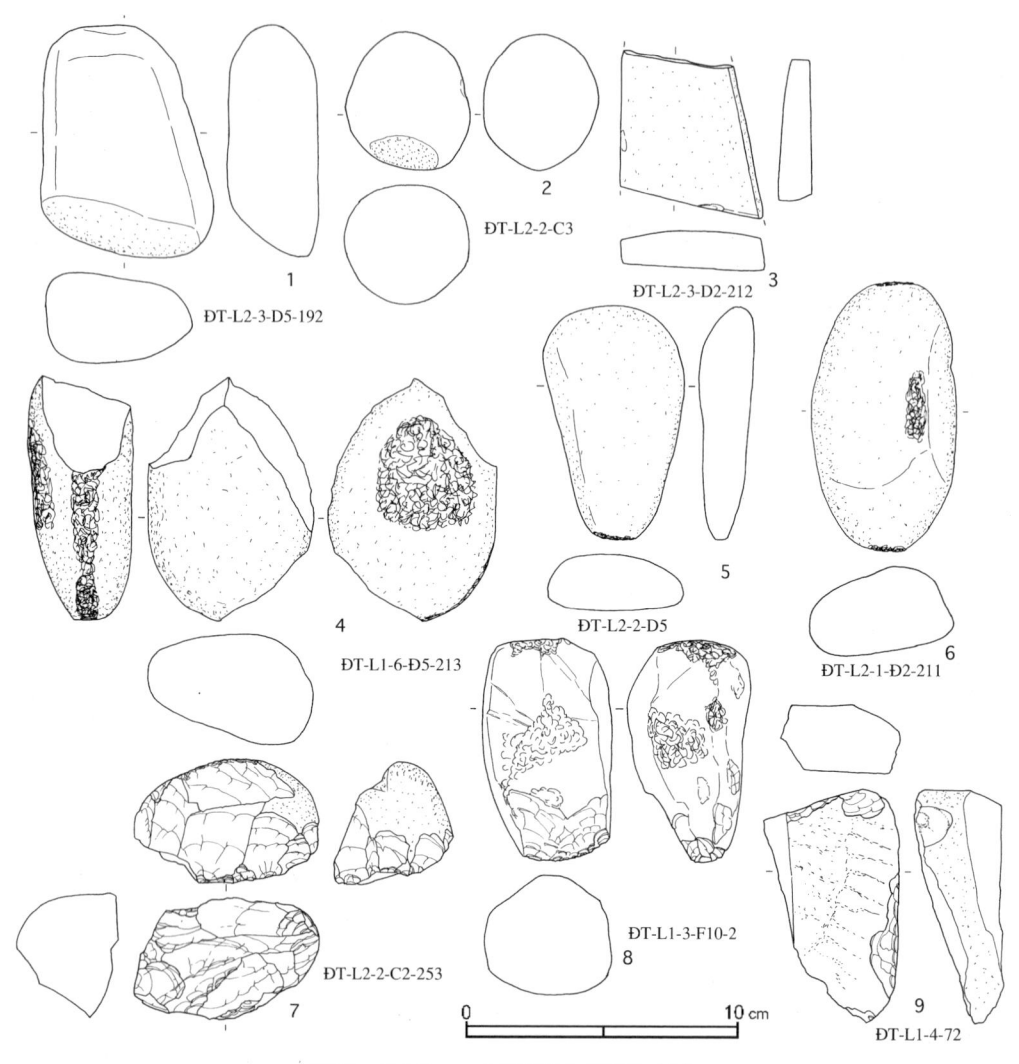

図74　ダイチャック遺跡出土の石器（2）

〈叩き石〉

　河川礫の端部や央部に潰れを有すもの。叩き石として使われたと考えられるが、硬度は5から7の間に納まる硬質のものと、硬度が2から3の間に納まる軟質なものがある。F10-2（図74-8）は、硬度2から3の間に納まる軟質なもので、礫央部と上端部に細かい潰れを有し、下端部に打撃に伴う剥離痕と潰れがある。また央部には金属刃器を研いだような研磨痕も残されている。叩き石、台石、刃部研ぎ出しの3つの機能を果たしたと考えられる。L2-1-211（F図74-6）は両端に叩きによる潰れ、主面中央に台石利用から生じる潰れが観察される。叩き石は下層部での出土が多く、石器のみならず、青銅器鋳造関連の作業にも使われている可能性がある。

〈剥離痕・打撃痕を有する石〉

　　A類：L2-2-253（図74-7）は長い珪岩質河川礫の長側縁に打撃剥離を加えたものである。硬度は7である。一見、旧石器・ホアビニアン時代のサイドチョッパーに見えるが、鋭い刃部形

成には至っていない。辺縁を中心に打撃による潰れが目立つが、叩き石に頻出する細かい潰れではなく、それほど頻繁な打撃を受けたわけではなかろう。火打ち石として使用したのではないかと考える。

B類：L1-4-72（図74-9）は河川礫を裁断し、やや厚みのある扁平な礫片を作出している。片方の主面は使用による磨れのためか剥離面が摩滅している。そして、その後、打撃剥離が辺縁に加えられている。この器種に関しては打撃を加えるものか、あるいは加えられる対象であったか、両方の見地から検討する必要がある。

b 青銅器、鋳型、るつぼ（図75）

青銅器には以下のようなものが確認された。

〈釣り針〉

L1-4-84（図75-1）は、やや大きめのかえりを持つもので、横断面は扁平な方形である。L1-3-58（図75-2）は基部が一回転しており、先端にかえりを作って鈎部としている。横断面は隅丸方形。L1-3-53（図75-3）は、曲がりの弱い小さい鈎部をもつ。横断面は円形である。

〈袋状鎚頭〉

この器種には2つの下位分類が可能である。

A類：L1-2-33（図75-4）は、横断面が楕円形の袋状の形をしており、下端部は他部より厚みを持つように作られ、叩かれて潰れている。L1-2-158（図75-5）も袋状を呈しているが、横断面が隅丸方形に近い楕円形で、下部が上部に比べややすぼまっている。片面の上端部はやや厚みを持つように作られ、帯状に段をなしている。下端部は厚みを持つように作られているが、叩きによる潰れはない。L1-2-2（図75-6）も上部がやや膨らみを持つように作られている。叩きのためか下端部が少し膨れている。

B類：L2-1-140（図75-7）は、A類に比べ長めのもので、下端部がより細長く、その厚みも器体長の半分ほどを占めている。

〈扁平筒状製品〉

L1-2-22（図75-8）は、袋状鎚頭と形態的に類似しているが、中空で下端部が閉じていない。また下端部両面に小さいえぐりがある。

〈針状製品〉

L1-4-90（図75-9）は、上端部が1回転するように曲げられ、先端が尖り出している。断面は正方形である。L1-3-62（図75-10）は、一長側面に細く溝が走るようになっており、横断面が凹字状になっている。

〈鋸歯状刺突具〉

L1-5-98（図75-11）は、基部破損のため全体形はわからないが、先端部は横断面が扁平円形で、両側縁が鋸歯状になっている。

〈輪状製品〉

L2-1-139（図75-12）は横断面が縦長の方形で、隅丸方形になるように折り曲げてある。

〈矢鏃〉

L1-3-63（図75-13）は鏃部にかえりがあるもので、茎部がの断面が円形に近いものである。L1-4-85（図75-14）は、鏃部の中央に稜線が走り、断面が菱形に近いレンズ状である。茎部は折れている。

〈錐状製品〉

L1-2-9（図75-15）は、上端部の端が中空になっており、先端が釘の先端のように尖り出しているものである。横断面は円形。L1-5-260（図75-16）とL2-2-161（図75-17）は、ともに横断面が正方形だが、図75-17は、器体が曲がっており両端が欠損しているため、別器種である可能性もある。

〈ヤス状刺突具〉

L1-3-44（図75-18）は、基部が中空になっており、先端部は実芯である。固定具装着のための方形坑が対照になるように基部に位置している。横断面は円形で、先端は尖りだしていたと考えられる。中空部に木質遺存体が若干残っていたので、柄付けをしていたことは確実である。L2-2-175（図75-19）も、L1-3-44（図75-18）と同様の形状をしているが、より小型で、装着のための穴もひとつしかない。

〈方形刃器〉

L1-6-114（図75-20）は、平面形が縦長方形で、横断面が扁平な台形をしている。下端部と両側縁部は尖り出しており、刃器として機能したのであろう。

L1-4-71（図75-21）、同じく平面形が細長だが、片方の長側縁にしか刃部が作出されていない。刃部作出側が若干内湾している。

〈長靴形刃器〉

L1-4-73（図75-22）は、L1-6-114（図75-20）に近い形態・機能を有すと考えられるものであるが、下端部が裾拡がりで、平面形が長靴に近い形をしている。上面下端部には5条の浮文が三角をなすように施されている。

〈くちばし形刃器〉

L2-1-195（図75-24）は、縦断面形が半月形で、平面形が鳥の嘴のような形をしている。湾曲度の大きい下側縁のほうが、鋭利に尖りだしている。L1-3-218（図75-23）は、この器種の先端部片と考えられる。

〈形態不明製品〉

L1-3-11（図75-25）やL2-2-219（図75-26）は、細長い板状の形をしているが、欠損部もあり、形態、機能が不明なものである。L1-2-37（図75-27）は横断面が半月状だが、表面側は3面で構成されるため角張っている。平面形は長方形に近かったと考えられる。特に刃部が作出されているわけではない。

〈石製鋳型〉

石材は目の細かい砂岩で、分割式の鋳型である。鋳造面は鋳銅との接触で変色している。下層部に集中して出土しているのが特徴である。L2-3-256（図75-30）は、袋状鎚頭の鋳型である。

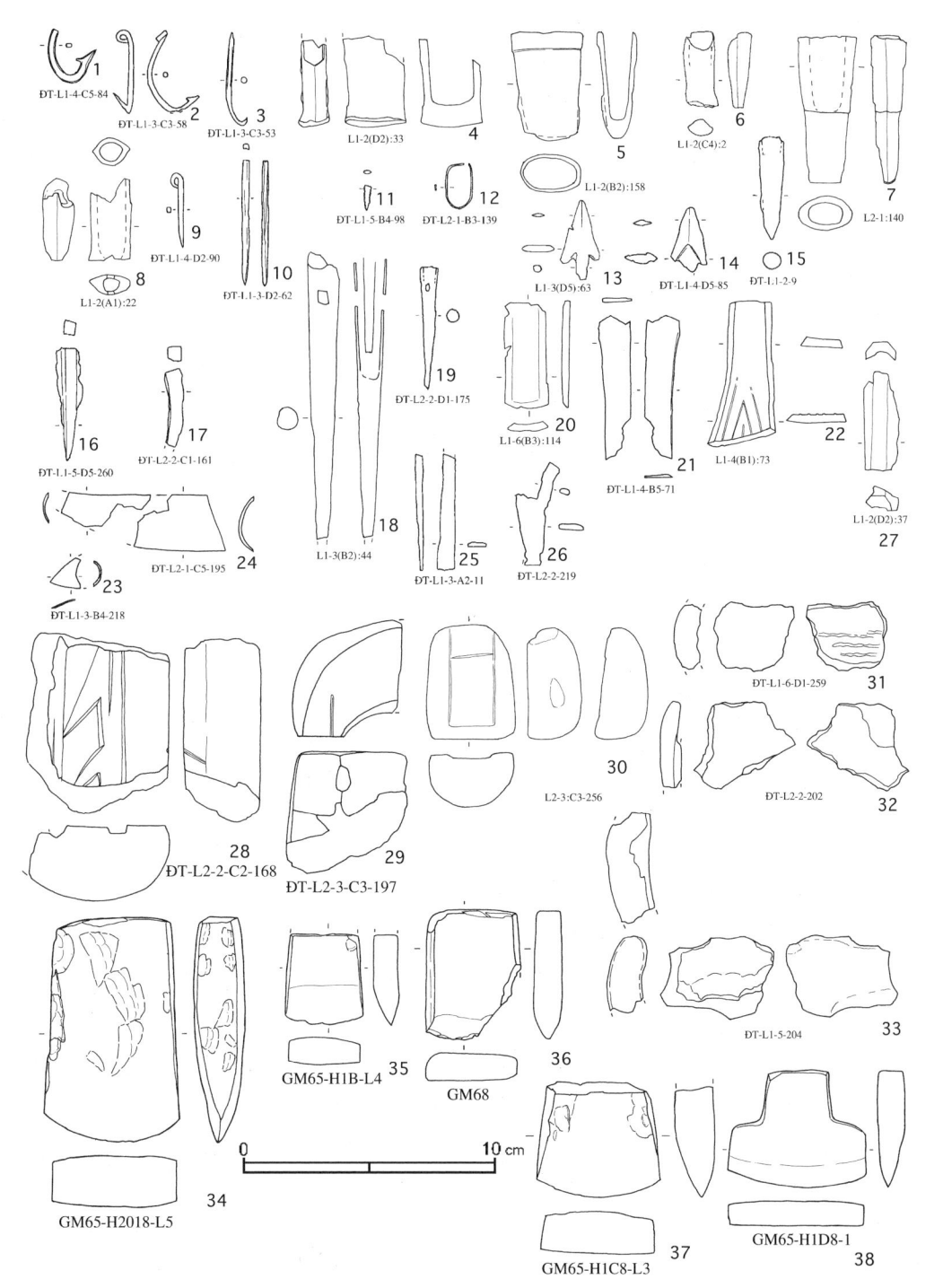

図75 ダイチャック遺跡出土の青銅器（1-27）、鋳型（28-30）、坩堝（31-33）、ゴームン遺跡出土の石斧（34-38）

L2-2-168（図75-28）は、返しの付いた銛頭の鋳型である。L2-3-197（図75-29）の凹面は、湯口の部分であろうか、かなり黒色化している。L2-2-168（図75-28）とL2-3-197（図75-29）は、側面に合范のための印となる溝が残されている。

また、L1-2層で土製の鋳型片らしきものが1点出土しているが、現在まで、ドンダウ期の土製鋳型は報告されておらず、墓葬に並行するドンソン段階のものの可能性があることから、本論では論述しなかった。

〈るつぼ片〉

L1-5-204（図75-33）は、半球状のるつぼの口縁部と考えられる。内面に溶銅などに伴うカラミなどが付着し硬化面になっている。胎土は泥質で、最外面が砂含みの層になっている。L2-2-202（図75-32）は、砂粒含みの胎土で、部位は不明であるが、内面に細かい砂質土を3ミリ程度塗布した層が残っている。L1-6-259（図75-31）は、内面に青銅のカラミのようなものが付着している。外面は激しい被熱で硬化・変色している。

（5）ダイチャック遺跡の石器と青銅器利用について

まず、石器に関しては軟玉系石材の石器を磨製石器・石製品として多用していることである。白色系の軟玉石材を遺跡に持ち込んで加工していることは、それを利用した石器製作活動があった可能性を示している。製作技術については、打撃法以外に、擦り切り技法や管鑽法も存在している。また、こうした軟玉石材石器が下層部で多く出土しており、DT-251例（図73-10）などは鋳造関連遺構F16の中から出土している。鋳造関連遺構の対象は青銅器のみと、今まで思い込んでいたが、軟玉石材は明瞭に火を受けた跡が残されており、軟玉石材の被熱加工もこうした遺構で行われた作業として、想定すべきなのかもしれない。今後課題として、青銅器製作（鋳造その他）に用いられる石器、石器製作に用いられる石器を明らかにする必要がある。

青銅器については、最下層部で青銅器や鋳型、るつぼ片、さらには鋳造関連の遺構と考えられるものが出土しており、石器製作や利用と並行して青銅器製作やその利用が行われていたことが理解できる。また、こうした出土遺構や遺物から判断すると、ドンダウ期の青銅器鋳造技術は既にある程度の完成されたものであることが理解でき、青銅器鋳造初現段階と呼べるようなものではないと判断される。したがって、その鋳造技術は導入・移転を起源とする可能性が高い。

（6）遺跡間比較

ダイチャック遺跡の場合、発掘総面積60m^{2}に対して、ドンダウ期に限定できる、合計13点の石製鋳型と60点の青銅器が出土し、石斧は方角斧がわずかに2点の出土である。ここで石斧出土量などとともに出土傾向の遺跡比較をしてみる（表3参照）。

ドンダウ文化の指標遺跡となったヴィンフック省のドンダウ遺跡はフングエン期からゴーモン期までの居住層と若干のドンソン期の遺跡利用が確認されている。出土遺物量が把握可能な1965年、1968年（Lê X.D. & Hoàng X.C. 1983）と1999年（Ngô T.P. & Nguyễn M.T. 2002）の調査を併せて、計571m^{2}の面積に対して、鋳型8点、青銅器251点の出土である。上・中・下の層位ユニット

表3　石斧や鋳型の遺跡間比較（出土点数）

	石斧	鋳型	青銅器	坩堝片	発掘面積
ダイチャック	2	13	60	5	60m^2
タインゼン	33	50	88	不明	146m^2
ドンダウ	405	8	251	不明	571m^2
ドンラム	6	1	44	12	61m^2

として3段階に分けられており、1965年と1968年の調査による青銅器は、フングエン期を中心とする下層部での出土は200点中数点の出土量のようで、それらはフングエン期遺構の掘り込んだより後の遺構に所属している可能性が高いと考えられる。また、355点の方角斧や小型斧が出土しているが下層部から中層部に移行すると出土数が半数程度に減少している。1999年調査では、青銅器は下層部では確認されていない。また、計50点の方角斧、小型石斧が出土しており、相対的に下層での出土数が多いようだ。

同じくヴィンフック省のタインゼン（Hà V.T.et al. 1985、Bùi V.L. & Phạm Q.Q. 1991、Hà V.P. 1998）遺跡の場合、フングエン期からゴームン期を中心にしている。発掘面積146m^2（1983年、1984年、1996年の総計）において、鋳型50点、青銅器88点の出土で、北部ベトナムにおいて最も石製鋳型の出土量の多い当遺跡である。最下層がフングエン期の文化層があり、その時期の石斧は比較から差し引かねばならないが、深度単位の発掘のため、フングエン期とそれ以降の区別を簡単に行うことができない。タインゼンの1996年発掘地点（1-11レベル）では、鋳型は第10レベルから第2レベルにかけて4例出土し、青銅器は第11レベルから、1点出土しているが、残り23点はすべて第7レベル以上からである。石斧は33点のうち、第11から8レベルまでで、21例出土し、残り9例が第7レベル以上である。特に、下層部では方角斧が多く出土していることと、鑿とされる小型の片刃石斧が下層部に集中していることが認識できる。84年発掘地点では、鋳型8例、青銅器19例が出土しているが、青銅器が確実に出土した第4レベル以上において、石斧は8例出土しているが、第5、6レベルにおいては14例出土しており、後期新石器のフングエン段階からドンダウ以降の金属器時代にかけて、石斧利用において明らかな減少があったことが推定される。そのなかで、方角石斧は下層部（第5、6レベル）に集中していることが理解できるし、鑿とされる小型石斧も第3レヴェルで1点しか出土していない。83年発掘地点では鋳型38片、青銅器30例に対して、総数13例の石斧が出土している。フングエン期と後続時期の区別ができる情報はない。

バックザン省のドンラム（Đông Lâm）遺跡（Trịnh S. 2006）は、ドンダウ期からドンソン期の遺跡利用が確認されているが、ここでは100m^{2}の発掘に対して、6点の石斧、1点の鋳型、44点の青銅器が出土している。石斧には鑿とされるような小型石斧は含まれていないが、発掘の精度も影響していよう。鋳型の出土数は多くないが、坩堝とされる厚手の土器が2点、ふいごの羽口らしき土製品が12点出土しており、青銅器鋳造を行っていた可能性がある。

（7）まとめ

ダイチャック遺跡は、ドンダウ期の居住を中心に、若干のゴームン期・ドンソン期の居住・利用

により形成された遺跡である。その形成期間は1000年近くにわたると思われるが、せいぜい70cm厚程度の文化層しか形成されていない。これは、第11章第4節で明らかにするように、盛り土を除いた1000年程度の歴史時代の居住文化層の層厚とさほど違いがないと思われる。したがって、同時期の居住層が存在するドンダウなどは、盛り土がなければ5mを越えるような文化層が形成されないことが理解できる。そして、ドンダウ期を中心とする多量の柱穴が示すような連続居住があったと推定される。我々の発掘では10面にも満たない生活遺構確認面であるが、実際はこれより、はるかに多い生活面が形成されているはずだ。たとえ、より発掘深度レベルを細かくしたとしても、断面や平面の精査レベルを細かくしたとしても、盛り土や洪水時の被り土層、生活面での特別な活動痕跡（炉址など）などがなければ、生活面を正確に同定しることは不可能に近い。発掘能力の限界を示しているようで情けないが、逆に考えれば連続する定住居住活動が、個々の生活面認識を困難にする層を形成したとも考えられる。もし、居住が間欠的なら、間層の同定などもありえよう。先史時代の定住遺跡の文化層構造に対する発掘による認識として捉えてもらえれば幸いである。

　ところで、第4章第1節で行った後期新石器時代のマンバック遺跡やマードン遺跡との比較も念頭に置きながら、議論を進める。筆者はドンダウ期ではじめて、石器から青銅器への置換が始まったと理解する。この置換は、石斧類の数量減少やマンバックなどで確認される小型の薄手の石斧類（E類）が、ドンダウ期以降ほとんど見られなくなることに要約されると思う。ちなみにゴームン遺跡（図75-34〜37：ゴームン期とドンソン期の複合遺跡）にもこのタイプは見られない。つまり、ドンダウ期初頭で、小型薄手石斧類が金属器出現で消えたと結論したい。また、石斧や青銅器を維持管理する砥石にも若干の違いが存在する。まず、マンバックB類相当の砥石は、ダイチャックには存在せず、マンバックA類も大型品に溝を作出しているものはあるが、小型品は存在しない。逆に、鋭い金属刃器を研いだような跡を持つ砥石が確認できるのもダイチャックの特徴である。

　さて、ドンダウ段階が青銅器時代の始まりとするなら、他地域との比較で興味深い問題が生じる。前述したようにドンダウ段階では中・大型石斧に代わる青銅斧は存在しない。しかし、現在までの資料を拠り所とするならなら、メコン河流域の南部ベトナム（Nishimura 2005a）、タイ（Higham 1996a）、さらに雲南西部は青銅器時代初期から青銅斧が存在する可能性が高い。一方、北東隣の広西では南寧市元龍坡（広西文物工作隊他 1988）でも、青銅器と石斧（軟玉の鑿型石斧）の共存が確認でき、北部ベトナム同様な状況があったと考えられる。

　この原因は何であろうか。ひとつには、北部ベトナムには後期新石器時代以降、初期鉄器時代のドンソン期まで連綿と、軟玉質の硬質な石材を擦り切り技法、あるいは管鑽法などで石器や石環、管玉類を製作する伝統が存在している。石器製作技術においては、ダイチャックの軟玉石器は擦り切り技法や管鑽法であり、マンバックなどの後期新石器時代の技術を継承している。非軟玉石材においても、フート省の諸生産遺跡のように、石斧と石環などを同一遺跡、同一石材で製作している例がある。こうした石材利用システムがあればこそ、石斧も青銅器時代以降も、一定期間存続できたのであろう。

　南部ベトナムにはこうした硬質な石材を、擦り切り技法あるいは管鑽法で石斧・石環・管玉などに利用する体系は存在しない。ドンダウ期の青銅器鋳造技術は、やや大型とはいえ、分割式鋳型で

斧を作るには十分な能力を備えている。青銅斧を製作できなかったと考えるよりは、石斧を青銅斧に優先させる考え、あるいは文化が存在したと考えた方がよい。それが、石斧入手が青銅斧入手に比べコストが高いからそうさせたのか、玉質石材などへのこだわりがそうさせたのかは、今後の追求すべき問題だが、筆者は両方の可能性が高いと考える。ベトナムの場合、こうした軟玉質石材の擦り切り技法、あるいは管鑽法による製作・利用システムは、北部ベトナムと中部ベトナムの北域一部（Phạm T.N. 2000）に限られるようだ。また、発掘面積で考えると、ダイチャックやタインゼン、ドンラムのように、石斧数が相対的に少ない遺跡で、鋳型を含む青銅器鋳造の状況証拠が豊富であり、発掘面積あたりの鋳型や青銅器の出土量では、ダイチャックもタインゼンに匹敵するような遺跡であることが理解できる。

ドンダウのような石斧の出土数の多い遺跡では、相対的に青銅器鋳造の状況証拠が少ない傾向がある。これは青銅器の生産と流通経路と石斧の生産とその流通経路が異なり、ダイチャックやドンラムなどは、石斧入手などにおいて流通経路の辺縁に位置していたからだと推察される。ドンダウとタインゼンはともに、フンゲン期から金属器時代にわたって居住が継続する遺跡である。第2節では、青銅器や青銅素材の入手に関して流通経路の中心に近かった遺跡と考え、この条件が金属器時代以降の遺跡利用延命化を可能にした理由と推測したが、石斧出土量から考えるなら、ドンダウは石斧入手に関しても流通経路の中心近くに位置していた遺跡の可能性もある。紅河平野最大級の大型マウンドの遺跡であることを考えれば、逆に、ダイチャックやドンラムは、石材・石器の入手可能性が乏しい故に青銅器鋳造を活発にさせたのかもしれない。紅河平野域のなかでも居住域の辺縁近くに位置していることを考え合わせると、資源入手可能性に応じた適応形態とみることも可能である。手工業の専業化に関して、集落単位での違いを顕在化させていた可能性があり、今後注意すべき問題である。

第4節　北部ベトナム銅鼓の分布とその意味

（1）　はじめに

北部ベトナム、雲南、広西にまたがる地域は、銅鼓がその出現初期から現在まで連綿と使われ続けてきた地域である。現民族文化における儀器としての重要性やその個性的形象ゆえに、東南アジア文化を代表する器物として扱われ、現代の民族文化あるいは国家のシンボル的モチーフや表象として頻用されている。

銅鼓の研究は、ヘーガー（Heger 1902）の分類学的研究（ヘーガーⅠ式からⅣ式：以下文中ヘーガーは省略）を嚆矢に、先史時代に遡るⅠ式銅鼓などを中心に、考古学研究が型式分類や編年の詳細を築き上げてきた。しかし、その文字資料の言及例、豊富な民族例の存在から、早くから考古学者のみならず、歴史学・民族学・美術史の研究者らも積極的な研究発言を行ってきており、東南アジアの代表的な物質文化として、学際的研究が行われてきた。また、日本での研究史も厚く（Yoshikai 2004）、初期稲作社会の弥生文化で用いられ、類似した性質をもつ銅鐸との対照・比較研究も行われてきた（鳥居 1923、森 1981、森他 1994、寺沢 1992a,b、Imamura 1996）。文化的

脈絡での比較は重要であるが、銅鼓は先史時代末期から現在まで使われ続けているのに対して、銅鐸は、ほぼ弥生時代のみに使われた違いに注意しなくてはならない。その違いの説明として提出されたのが、「銅鼓（伝統）の柔軟性」（吉開 1998a：215）である。

また、その特徴的器形かつシンボリックな性質をもつ銅鼓が、国境をまたいで分布するにもかかわらず、その解釈において、一国史あるいは一地域史的な枠組みに囚われ、民族的・地域的主観を反映させやすいことにも留意しなくてはならない（今村 1996参照）。ベトナムのNgọc Lũ I 鼓（図79）などのA1類を最古の銅鼓に位置づけ、先Ⅰ式をより後の時代に位置づける考え（Phạm M.H. et al. 1987、Phạm H.T. et al. 1990b）やベトナムのⅡ式銅鼓（吉開分類の類Ⅱ式）とⅠ式銅鼓に年代的重なりを期待する考え（Trịnh S. 2003）、広西の北流型銅鼓を銅鼓初現期に位置づける編年案（洪 1974）などがこれに相当するといえよう。つまり、国境間をまたいで客観的に銅鼓を評価する視点が必要で、近年の日本の銅鼓研究例（今村 1992、俵 1995、吉開 1995・1998・1999・2000）は、その模範例といえよう。当然銅鼓を利用する社会やその歴史研究においても、国境にこだわらない視点が必要である（例：吉開 2002）。

北部ベトナムでは、銅鼓はフランス植民地時代に本格的収集・研究（Parmentier 1918・1932）が開始され、ドンソン遺跡で墓葬に共伴することが発掘で確認され、先史時代以来の器物としての認識が確定した（Goloubew 1929、Janse 1947）。また、ムオン族の銅鼓利用習俗からドンソン文化とのつながりを探る試みもこのときにすでに始まっている（Goloubew 1937）。独立後も、ベトナム考古学は、遺跡でのⅠ式やⅡ式銅鼓（後述の類Ⅱ式鼓）の共伴例を明らかにし、さらには各民族の利用例なども報告するようになる。そのなかで民族学的研究や歴史資料などを併用して進める研究がDiệp Đình Hoa（2003）らを中心に、早くから進められていた。特に最も発見例の多いベトナムのⅡ式銅鼓（後述の類Ⅱ式鼓）に関しては、ムオン族（オーストロアジア語族）、ひいてはキン族（現ベトナムの主要民族）とムオン族の分化といった歴史民族学的関心から論じられてきた（Nguyễn T.T. 1985、Phạm Q.Q. 1985）。

そして、1987年に出版された『Trống Đông Sơn』（Phạm M.H. et al. 1987）は、Ⅰ式銅鼓をベトナム例のみならず、東南アジア・南中国例も対象にして型式・編年学的に集大成をした意欲作で、型式学的に問題はあるものの、東南アジア全体での脈絡で銅鼓を集大成し、研究史的沿革などを明らかにし、さらに用途や機能などに論議を広げたことにおいて評価されるべき大きな業績である。

また、近年はⅠ式や類Ⅱ式銅鼓を中心に各省でのデータ集成や新しい分類研究も試みられている（Nguyễn A.T. 2001、Trịnh S. & Nguyễn A.T. 2001、Trịnh S. & Quách V.A. 2002、Quách V.A. 2003、Đỗ N.C. 2003、Phạm M.H. 2005、Phạm Đ.M. 2005）。

これまでの研究を俯瞰して指摘できることは、分類・編年研究の進展により時間軸上に、各銅鼓型式を正確に位置づけられるようになり、空間軸上の分布変化も理解しやすくなった。たとえば、吉開（1998a）の広西での研究成果は、その典型である。その反面、正確な時間軸を反映させて、銅鼓の生産、使用、流通の様々な文化・歴史的側面を明らかにする研究がまだ不十分である。また中国では進みつつある、文献資料や伝承資料に登場する銅鼓と実際の銅鼓資料をどのように重ね合わせて理解するかという問題も残されている（市原 1989、蒋 1999など参照）。さらには、そうし

第5章 金属器時代　111

Thượng Nông鼓
プレ・ヘーガーⅠ式　1

Lao Cai Ⅰ鼓
ヘーガーⅠ式石塞山系　2

Co Loa Ⅰ鼓
ヘーガーⅠ式ドンソン系前期　3

Thon Mong 鼓
ヘーガーⅠ式ドンソン系中期　4

Làng Vạc鼓
ヘーガーⅠ式ドンソン系後期　5

Mèo Vạc Ⅳ鼓
ヘーガーⅠ-Ⅳ式　6

宮川2000より
ヘーガーⅢ式　7

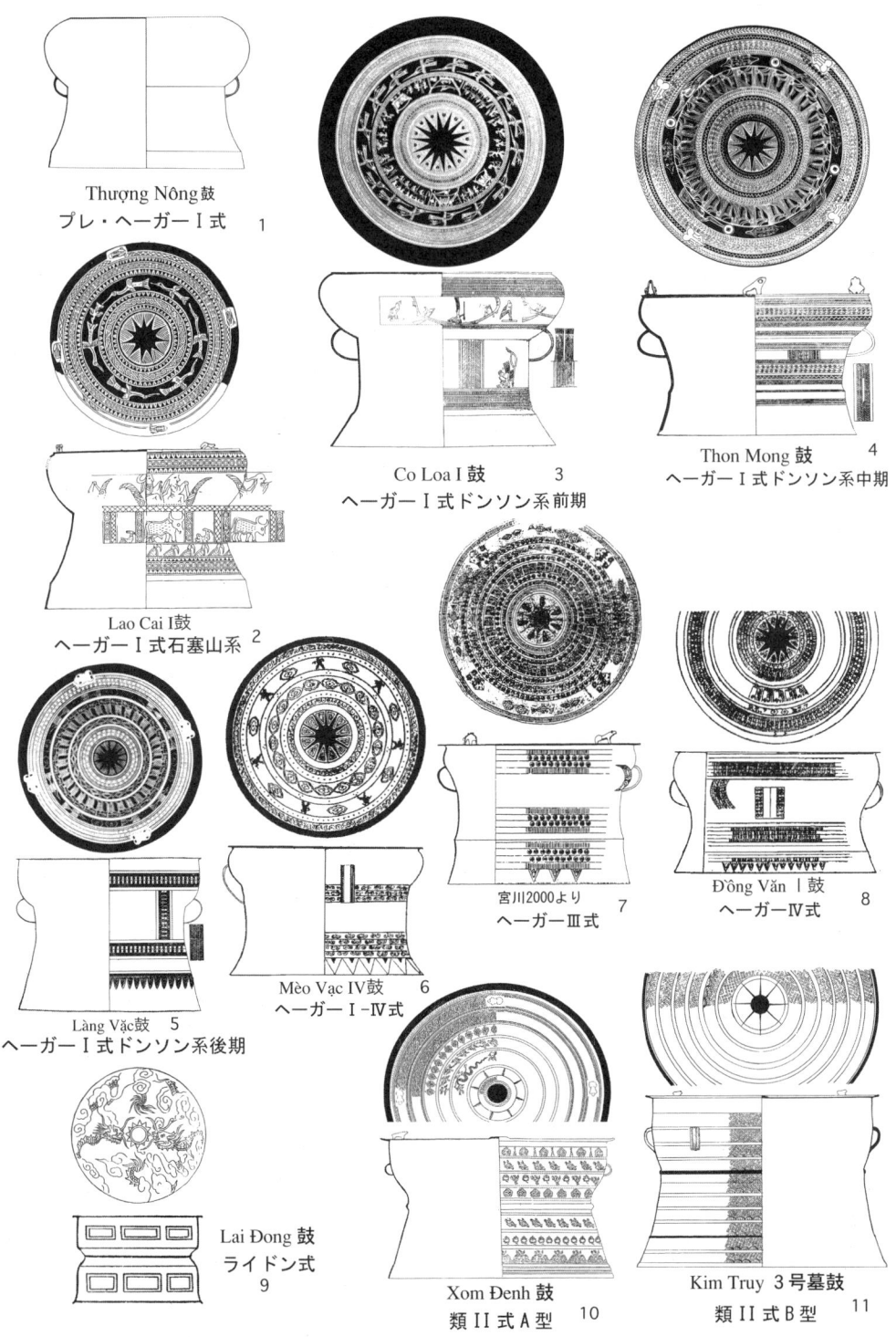

Đồng Văn Ⅰ鼓
ヘーガーⅣ式　8

Lai Đong 鼓
ライドン式　9

Xom Đenh 鼓
類Ⅱ式A型　10

Kim Truy 3号墓鼓
類Ⅱ式B型　11

図版出典 No.1：VBTLSVN 1975, No.2：Pham,M.H.1997, No.3：Pham,H.T.et al.1990,
No.4,5：Pham,M.H.et al.1987, No.6,8：Nguyen,K.S.et al. 2000, No.7：宮川2000,
No.9：Trinh,S.&Nguyen,A.T. 2001, No.10：Quach,V.A.2003, No.11：Pham,Q.Q.1993

図76　ベトナムの各銅鼓型式（縮尺不同）

表4　ヴェトナム、中国、日本研究者分類対照

ヘーガー分類	I式					II式		III式		IV式	
吉開分類			I式前期	I式中期	I式後期	II式	類II式				
今村分類	先I式	I式石塞山系	I式ドンソン系1a-2a期	I式ドンソン系2b-3a期	I式ドンソン系3b期						
中国分類	万家覇型	石塞山型	石塞山型	石塞山型	石塞山型	北流型霊山型		西盟型	遵義型	麻江型	
ベトナム分類	I式D型	I式A-IV、B-III型	I式A-I,II,III B-I,II C-I,II型	I式C-I,II,IV	I式Đ型	II式	II式	III式	I-IV式	IV式	ライドン式
年代幅	BC5-BC4世紀	BC3-2世紀	BC3/2-AD1世紀	AD2世紀	3世紀以降	3/4-9世紀	11-15/16世紀	9/10-20世紀	10-13世紀	14-17世紀	19世紀

注：今村分類の石塞山系、ドンソン系と、中国考古学の石塞山型、ベトナム考古学のドンソン銅鼓は、分類概念が違うので注意が必要。

た研究にもとづいて地域史や民族形成史において銅鼓が果たした役割を明らかにしていく必要があろう。

　本節さらには、第7章第5節、第9章第4節、第11章第2節において、東南アジアにおける銅鼓分布の一大中心地である北部ベトナムを対象に、2005年までに北部ベトナムで出土確認された銅鼓について、作成したデータベース（西村・西野 n.d.）にもとづく考察である。そして、個々の時代において、時期別の空間的分布から考察できる生産地や使用者をめぐる文化的脈絡や文献資料との対照を論じ、最終的に民族形成史上の問題に言及する（第13章第2節）。

　なお本考察では、ヘーガー分類（I式〜IV式）を基本として、銅鼓の発生から現在までを、進化系統論的に論じてきた編年研究（今村 1973・1992、吉開 1998a）を時間軸画定の主軸に据え、一部、補完が必要なときに限って、編年議論を局地的に行う。なお、本論でふれる主な銅鼓形式代表例とその年代は図76と表4にまとめてある。

（2）　先I式とI式石塞山系

　ヘーガーI式に先行する先I式（あるいはプレI式：今村 1973）とそれに後続するI式石塞山系銅鼓は、紀元前5-3世紀頃の出現期のものである。北部ベトナム平野部では、地域的限定性をあまり見せずに疎らに出土している（図77）。ただし、雲南省に接するラオカイ省ラオカイ市で近年大量に出土した銅鼓の中（Phạm M.H. 1997）に、今村（1992：115-116）の論じる石塞山系からドンソン系へ移行する中間的なものを含む当該期の銅鼓が多く存在する（コラム6参照）。ラオカイ省やより西の雲南側には銅鉱山が存在し、北部ベトナムへの銅資源供給源になっている可能性もあり、ラオカイでの大量な銅鼓出土も理解されやすい。また、ベトナム最北のハザン省から国境を雲南側に越えた文山壮族苗族自治州でも、先I式やI式石塞山系が大量に出土しており（王 2005、陳 2005）、東南アジア大陸部全体を俯瞰した場合での分布中心も、広西、雲南、ベトナムの

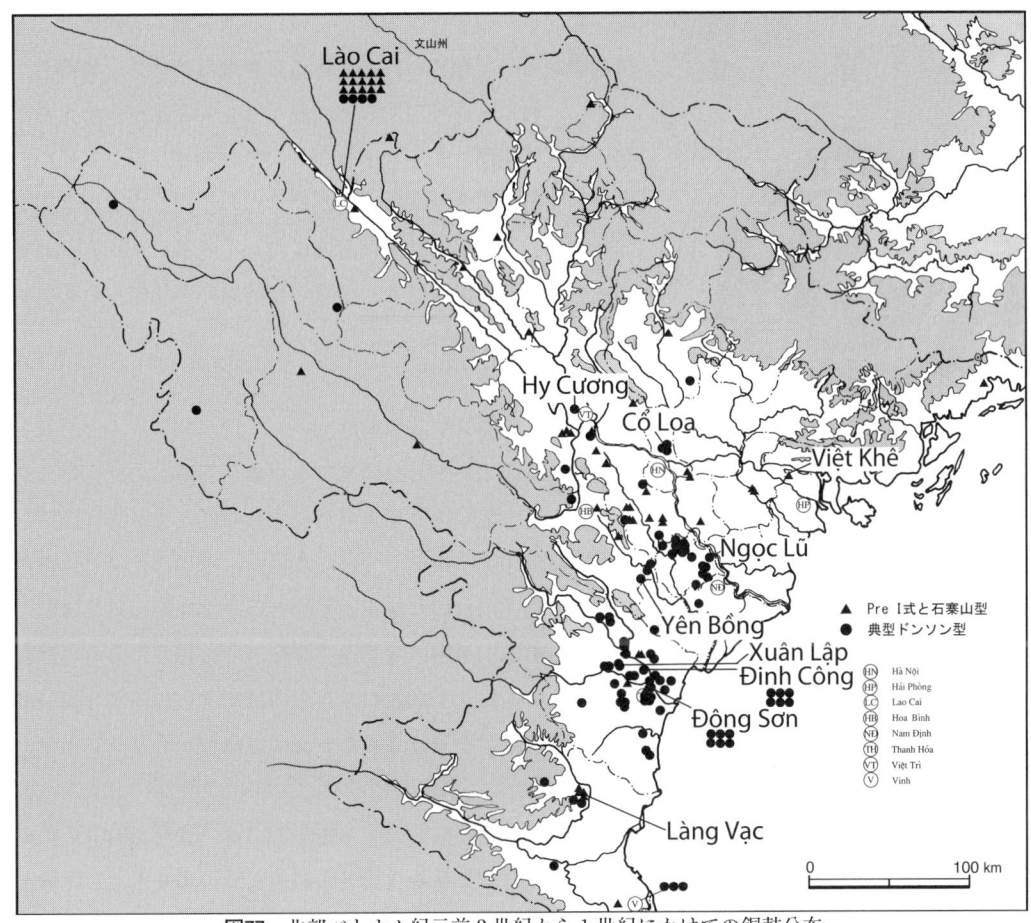

図77 北部ベトナム紀元前3世紀から1世紀にかけての銅鼓分布

国境隣接地域周辺に収束しつつあり、当該期の銅鼓一大生産地を表していると考えられる。今後、紅河平野やタイホンア省低地のドンソン文化とどのような文化的親和関係や時間的序列に位置づけられるかを詳細に検討する必要がある。

ハイフォン市のヴェトケー（Việt Khê墓葬例：VBTLSVN 1968）では、豊富な副葬品とともに銅鼓が出土し、ラオカイ市出土例も墓葬の副葬品と考えられることから、すでに銅鼓が富裕者の副葬品として重要であったことが理解できる。

（3） 貴県羅泊湾出土銅鼓が意味するもの

石塞山系銅鼓は、雲南と北部ベトナムに最も多く出土するが、その分布の最西端の広西壮族自治区貴県羅泊湾鼓は（広西壮族自治区博物館 1988）、紀元前2世紀前半の漢系墓葬の副葬品を埋葬する器物坑から出土している。出土遺物や出土文字資料から、被葬者は南越王国の高級官吏クラスの王族と推定されている。銅鼓にはその重量が刻文されているが、これは中原から伝わった風習である。また、銅鼓の鼓面部を切断して、案（脚つきの盆：図78）に改造したものやドンソン系桶形青銅器も出土している。ともに、非漢系のドンソン系文化領域の青銅器に、漢系物質文化（重量記載、

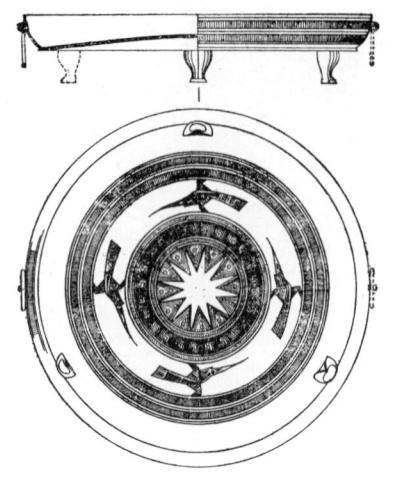

図78 貴県羅泊湾漢墓出土の銅鼓を再加工した案

案への改造）の脈絡が加わった後に、他の漢系青銅器とともに副葬品として埋められていることが理解できる。被葬者が生前に、何らかの理由で貢納品などとして北部ベトナムあたり（異民族集団）から入手したものであろう。同じく前期の広西の貴県高中8号漢墓（前漢期）から出土した貴港高中鼓（黄 1956）も、ドンソン系前期に属し、北部ベトナム製と考えられるが、羅泊湾鼓と同様な文化的脈絡を想定する必要がある。

（4） I式ドンソン系前期

今村分類の1期から2a期までを対象とするもので、紀元前3世紀から1世紀頃と考えられ、分布が偏りを示す（図77）。紅河本流で北部と南部で分割した場合、そのほとんどは南部の平野部から中遊域に集中している、コーロア出土例（第6章参照）などわずかな例以外、ほとんどが紅河本流より南に分布している。前時期の石塞山系銅鼓が紅河平野全域で確認されるのとは対照的である。また、同時期に盛んに製作されるミニチュア銅鼓の分布も同様である。同類の銅鼓の大半は、文様などの共通性から、ドンソン文化青銅器が製作された紅河平野南域からタインホアの平野部で製作されたことは間違いあるまい。そして、同類の銅鼓は、さらに中南部ベトナム（西村・ファン 2008）、島嶼部も含めた他の東南アジア諸国にも広く分布している（今村 2010）。この現象は北部ベトナム南域から銅鼓が大量に、東南アジア在地社会へ交換・交易によりもたらされたことを示しており、当時何らかのかたちで、海上交易・交換ルートが東南アジアに確立されていたことを示している（西村 2010a）。

ドンソン（Đông Sơn）遺跡（タインホア省タインホア市：Janse 1947）やランヴァック遺跡（Làng Vạc：ゲアン省Nghĩa Đàn県_{ギアダン}：Phạm M.H. 1982）では大型集団墓地が確認され、銅鼓が複数例、墓の副葬品として出土している。また、墓葬間の副葬品の内容や数量等に優劣が生じており、階層化社会が形成されていたことが理解できる。同じく、イェンボン（Yên Bồng：ホアビン省）やタインホア省のディンコン（Định Công）やスアンラップ（Xuân Lập）のように、ほぼ同時期のものが複数出土している地点がある。イェンボンIII鼓の場合、今村編年の2a期（紀元前1世紀頃）に比定できるが、紀元2世紀の印紋陶と共伴して発見されており（ホアビン省博物館筆者確認資料）、墓葬からの出土と推定される。この場合、ドンソン文化集団が、銅鼓を一定期間使用・伝世した後に墓葬に埋めたことを考えなくてはならない。紀元2世紀という社会状況から判断するなら、埋納には平野部からの漢化の圧力が主理由であろう。いずれにしても、このような銅鼓複数出土地点は、山間部と平野部の移行地域に多く立地しており、漢王朝による侵略以前の初期国家形成期にあったドンソン文化社会の各地域中心と考えたい。文献資料では『水経注』引用の『交州外域記』が記す「雒王、雒侯、雒将」、『史記索隠』引用の『広州記』が記す「駱王、駱侯、駱将」が、当時の社会の支配層に相当するであろう。

ところで、当該期の銅鼓には画文帯を有す巨大銅鼓（図79：ゴックリュI［Ngọc Lũ I］鼓をはじめ、コーロアI［図90：Cổ Loa I］鼓、ホアンハー［Hoàng Hạ］鼓、ダー［Đà］川鼓など）があり、紅河本流沿いに出土している。画文帯には、船人文や家屋文が描かれており、そのなかには銅鼓を並べて楽器的に使っている儀礼風景が描写されており、彼らの社会の中で銅鼓の位置がよく理解できる。ゴクリュI鼓（図80-1）（VBTLSVN 1975：171）の場合、側面上部に同様な鳥人と船の文様があり、武器を抱えていることから戦に行く風景と考えられるが、船体中央部あるいは後方に位置する船楼のなかには銅鼓が置かれている。

対照をなす例が、中国広州市の南越国第2代王趙眛を葬った南越王墓（紀元前122年頃）から出土した9点の桶型青銅器出土例である。そのなかに、鳥人と船を文様（図80-2）に持つものがあり、各文様がドンソン銅鼓と共通し、北部ベトナム北域あるいは嶺南地域西部で製作されたと考えられている（吉開 1996：140-141、西村 2002b：378-380）。この船人文を報告者（麦ほか 1996：124-126）は、戦士たちが戦争に行き、勝利による戦穫を得て、凱旋して帰る光景を描写していると

図79 ゴックリュ鼓（Phạm H.T. et al 1990bより）

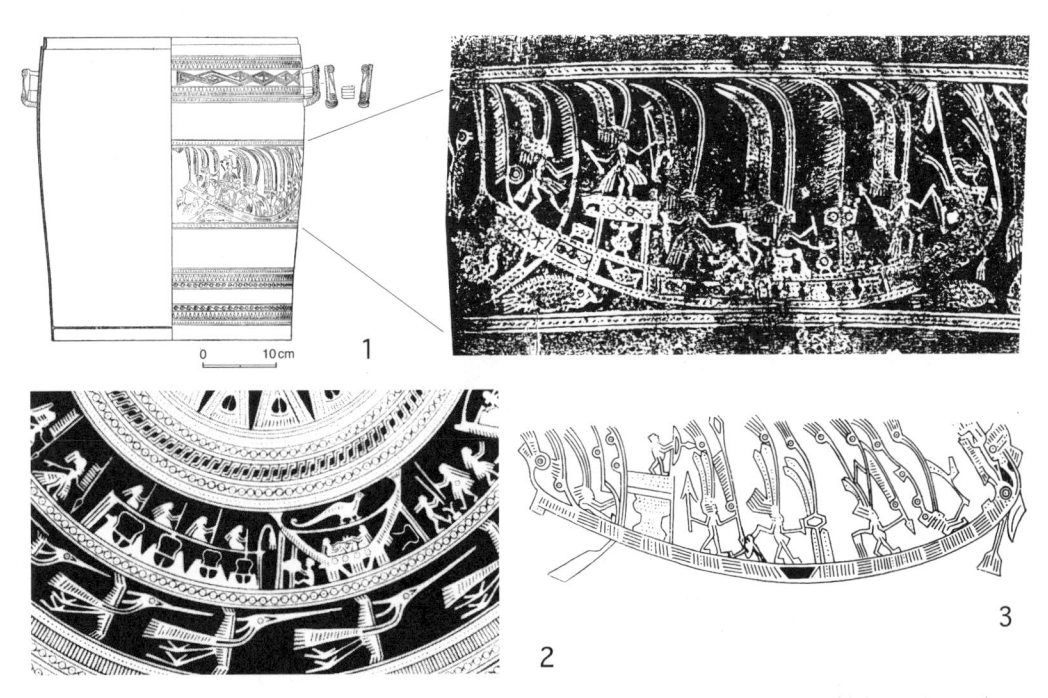

図80 1.南越国第2代皇帝であった趙眛の墓から出土した桶型青銅器に描写された船（麦他 1996より） 2.ゴックリュ鼓の鼓面に描写された儀礼風景 3.ゴックリュ鼓頭部側面に描写された船（2，3 VBTLSVN 1975より）

考えている。凱旋する船の上には、首級や捕虜とともに、戦士が銅鼓の上に腰掛けている姿がある。そして、戦士が銅鼓に腰掛けていることに注目し、これは勝利者側が使う祭礼具ではなく、戦利品であると推測している。銅鼓は船楼外か船倉に置かれ、船楼内には脚付きの壺（銅壺ではないか）が置かれており、銅鼓に対する扱いの違いが際だっている。

両図像の違いから、ドンソン文化系の青銅器を製作した集団の中にも、銅鼓が戦利品や威信財的対象でしかなかった集団（南越王墓埋納の桶形銅器製作集団）と祭器の中心として利用する集団（Ngọc Lũ I鼓やCổ Loa I鼓を製作した集団）といった違いが理解でき、それは前者が紅河からドゥオン川にかけてより北域、後者が紅河本流域かあるいは南域といった空間領域の違いになっている可能性が高い（西村 2002b・2006c・2008a, b）。現在、ベトナム考古学では、漫然と北部ベトナム全体をドンソン文化の領域として捉えているが、銅鼓の分布域と銅鼓利用に対する差異を考慮するなら、ドンソン文化の領域は、再考しなくてはならない。ここではヘーガー I式ドンソン系前期の場合、銅鼓を頂点とする青銅器体系を有する考古学的遺物群を典型的なドンソン文化とし、その分布域は紅河本流以南からゲアン省までの範囲に相当し、過去に議論されてきた空間（例：Hà, V.T. ed. 1994：260-273）より狭めて定義しておきたい。その意味で、後述のコーロア城出土銅鼓（第6章参照）は非常に興味深い例である。

ところで、馬援は徴姉妹の起義（紀元40-43年）を鎮圧した後に、在地社会で使われていた銅鼓を集めて、鋳つぶして「馬式」を鋳造しており（『後漢書』馬援伝、詳細は吉開 2010）、この事件は当該期銅鼓生産期の後半に起きていることになる。銅鼓の在地社会での重要な役割を理解した上で、それを文化・象徴的に抹殺しようとした例であろう。

また、管見では広西側でも石塞山型の銅鼓は若干例分布するが、後続するドンソン系前期（I式前期銅鼓群）銅鼓は、西林普駄銅鼓古墓例（広西壮族自治区文物工作隊 1978b）と漢墓から出土した貴県貴港高中鼓（鼓土 1011）（黄 1956）のみで、その分布偏在状況については、今村（1992）や吉開（1998a）が指摘している。また、近年の鉛同位体分析研究で、貴県貴港高中鼓は見事にベトナムのドンソン系銅鼓群のなかに納まっている（万ほか 2003）。そして、西林普駄銅鼓古墓が雲南省境に近い広西西北部の出土であることを考慮すると、広西の中心部では I式前期銅鼓群並行期には銅鼓を生産して使う在地の民族がほとんどいなかったことになり、紅河以北のベトナム最北域の現象と連動していることがわかる。[2]

註
(1) ドイダーでは、より後代と考えられる長胡式戈も出土している。ベトナム出土の戈の議論は小林（2006）参照。
(2) この紅河以北から広西にかけての銅鼓分布空白に関しては、秦や南越の侵略や支配浸透により銅鼓が利用されなくなったという仮説も可能ではある。しかし、南越王墓や南越の高級官吏の墓である貴県羅泊湾墓の典型的南越型青銅器を伴出する青銅器組成（黄 1993）とは異なり、ドンソン文化の青銅器に近い在地的な青銅器を伴出する遺跡もある（広西壮族自治区文物工作隊 1978a）。また、ヴェトナム側でも南越式の青銅器と判断できる青銅器の出土はきわめて限られていることから、BC3世紀末から2世紀後半にかけて、北部ヴェトナム北域や広西などに銅鼓を含まない在地の青銅器群を有する文化が存在したことを想定するのは可能と判断する。

● コラム5

ドンソン遺跡とフィールドスクール

　1924年から始まったフランス極東学院による、タインホア省マー川右岸のドンソン村（図81）での発掘調査は、銅鼓や青銅剣などの独特な青銅器群を明らかにし、ベトナム先史考古学研究の重要な起点となった。1930年代、極東学院はスウェーデンの考古学者ヤンセを招聘し、本格的学術調査に着手、周囲の漢代の磚室墓や窯址も併せて大部な報告書として第2次世界大戦後に出版されている。そして、フランスから独立を達成したベトナムは、折からの坑米戦争（日本やアメリカではベトナム戦争）による全民族的団結をはかる必要から、ドンソン遺跡やドンソン文化をベトナム民族の歴史深度を強調する格好の素材として利用し、研究の進展をはかる。北部からマー川を渡ってタインホア市に入るための重要なハムゾン橋が遺跡の南側に位置していたため、周辺域は北爆史上最大級の被弾地ともなったにもかかわらず、発掘調査は猛然と進められ、日本の弥生時代と並行する初期国家形成期の重要な居住・墓葬遺跡を明らかにした。これまでの調査で、石寨山系とドンソン系銅鼓が計6個出土しており、出土遺物の質や遺跡面積からもドンソン文化時代の主邑と考えるにふさわしい遺跡である。マー川の河川交通を握り、経済的に有利な条件を備えていたのがその背景であろうか。

　ベトナム考古学院の金属器研究室室長などを務められた故Chử Văn Tần（チュー・ヴァン・タン）（1973）教授が、ドンソン文化遺跡の墓葬副葬品の多寡より、社会の階層化を描き出したのが1970年の『第3回雄王建国に関する会議』であった。1990-1991年に日越考古学合同調査が組織され、ゲアン省のランヴァック遺跡が調査されるが、これもドンソン文化の大墓葬・生産遺跡である。100年程の考古学史を残すベトナムであるが、学問としての基礎体力は問題も多い。

　そこで、2007年12月より、筆者と考古学院副院長Nguyễn Giang Hải（グェン・ザン・ハイ）氏

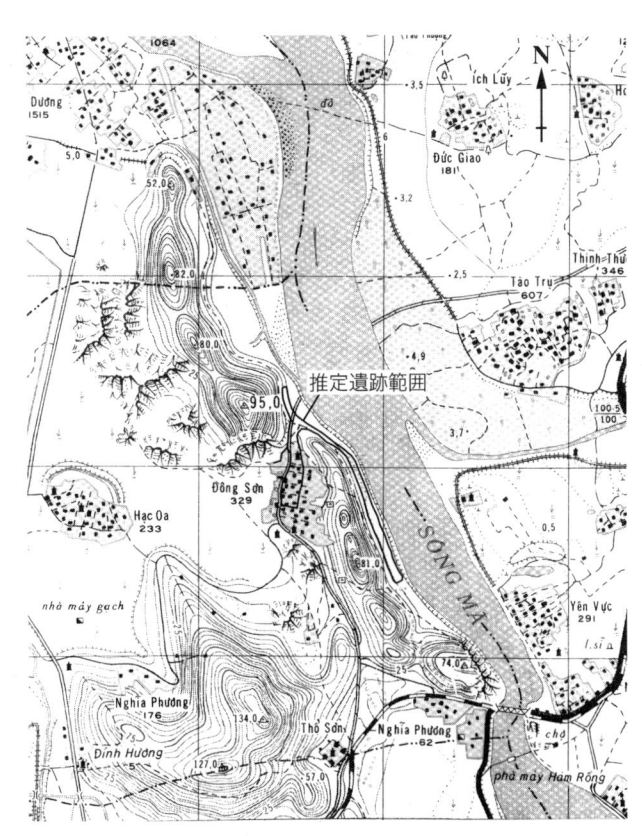

図81　ドンソン遺跡周辺地形　南東隅の橋が北爆にさらされたハムゾン橋。北西隅の集落が、漢代並行の墓葬で有名なティウズオン。

図82 フィールドスクール風景 現場で見つけた問題をその場で講義して議論する方式をとった。

図83 手前が紀元4-5世紀頃の生活面で、奥が紀元9-10世紀頃の廃寺（草庵的なものか？）遺構と考えられる。

との共同でドンソン遺跡での考古学実習プログラムを発動させた。トヨタ財団の「アジア隣人ネットワーク・プログラム」助成を得て、考古学院の若手研究者、ハノイやホーチミンの大学院生、タインホア省の博物館や文化財行政関係者、さらにタイの大学院生も招いての発掘実習を始めた。3カ国の人間と様々な組織からの参加者を含むため、当初は意思疎通ができるかどうか心配をしたが、40年近くベトナム考古学の最前線に立ち続けてきたベトナム最初の女性考古学者Pham Minh Huyen氏（ファン・ミン・フェン）の尽力を得て、団結力が高まった。英語、ベトナム語、日本語、タイ語が飛びかう現場も"考古学"という共通の言葉のもと会話が十分成り立つに到った（図82）。

調査は、ドンソン文化時代前後の遺構や遺物を明らかにし、ドンソン期以後になっても、遺跡周辺が重要な拠点であり続け、その歴史は10世紀の独立王朝初期の時代まで続いたことを明らかにした（図83）。すでにドンソン遺跡では、その居住がドンソン時代以前の青銅器時代から開始されていることが明らかとなっているが、おそらく1500年以上の居住期間を持つ、息の非常に長い大遺跡である。若い世代の研究参加を得て、今その全容解明の途についたばかりであるが、なによりも、国境を越えた国際的組織による多面的研究が可能になった21世紀的研究環境を大事に育てたいと思う。

●コラム6

ラオカイ青銅器群

　ラオカイ省の省庁所在地ラオカイ市中において、市街地開発の活発化に伴い、1990年代半ばから青銅器がまとまって発見されるようになった（Phạm M.H. 1997）。ラオカイ市は、雲南省河口と国境を接し、紅河を遡れば昆明や石寨山遺跡がある滇池に南接する峨山彝族自治県に達する。

　市の平野部は、紅河に並行して走る山脈に囲まれた盆地となっている。発見された青銅器群（図84）には大量のヘーガーⅠ式銅鼓が含まれていたので、そこに関心が集中したが、じつは羊角扁鐘、桶形容器（Đồi Nội Trú例）、弩、斧、三足樽、三足盃、洗、壺、双耳釜、博山炉などがあり、その他に鉄剣、ガラス碗、滑石製容器など様々な遺物が含まれていた。遺構自体は確認されていないが、こうした収集品が墓葬に伴うものであることは間違いなかろう。

　19点にも及ぶ先史時代の銅鼓のほとんどは先Ⅰ式（図85）から石寨山系、ドンソン系の第1期に所属する早い時期のもので、明らかに紅河平野やタインホアなどで大量に銅鼓が出土する時期に先行している。出土品には漢系青銅器が多いことから、出土品の所有者を在地の文化伝統を体現した人物と考えるには無理があるかもしれない。ただし近隣に、ドンソン文化に近いがやや異なる青銅器文化を担う人たちがいたと推測することに問題はない。

　ところで、コーロアで出土する青銅製鍬（図94-5）に類似する雲南側の資料として、滇池周辺の晋寧県石寨山遺跡、江川県李家山、楚雄万家覇遺跡、呈貢県天子廟遺跡、安寧県太極山、祥雲県大波那遺跡などの出土例があった。しかし、両者間に型式学的距離はまだ隔たったもので、同時期・同類とは言えないものであった。ところが、近年、ベトナムと国境を接する紅河州や文山

図84 ラオカイ青銅群の代表例（1.羊角扁鐘　2.戈　3.4.5.壺　6.ドンソン型桶形容器　7.釜　8.把手付鉢）

図85 4つの円形突起を周囲に配した珍しい紋様をもつプレI式銅鼓鼓面

州で、コーロア例に類似する例が多く知られるようになった（文山州の馬関県仁和郷阿娥新寨遺跡、広南県、紅河州の金平県、個旧市、個旧市黒瑪井遺跡、弥勒県、紅河県など：楊帆他 2010）。文山州はプレI式や石塞山系のI式銅鼓も一定量出土しており、ラオカイ地域の青銅器群と併せて、ドンソン文化に直接繋がる青銅器文化として検討する必要が生じている。

● コラム7

紅河平野の木棺墓遺跡とドンソン文化南域の石蓋墓葬

　紅河平野の低湿地域では、中心に丸木を半裁してくり抜いた割竹形木棺墓（図86）がよく出土している。越式鼎やヘーガーⅠ式銅鼓が副葬されていたヴェトケー（第5章第1節）などは、舟形木棺墓とも呼ばれ、木棺の中に青銅器などの各種副葬品が埋葬されている（Bùi V.L. 2005）。この種の墓葬はドンソン文化の中心となる紀元前2世紀から紀元前までは確実に存在する。紀元前2世紀と考えられる遺跡ダイチャック（第5章第3節参照）遺跡のF8号墓では、木棺は炭化していたが、盗掘されたものも含めて副葬品の配置状況が確認された（図87）。

　イェンバック（Yên Bắc）遺跡では、組み板式の船を再利用して木棺葬としている例が確認された（Bellwood et al. 2007）。先述のダイチャック遺跡では、墓坑の断面確認より、木棺を墓坑に埋納した墓葬であることが明らかになった。これまで低湿地地域特有の墓葬として語られてきた舟形木棺葬であるが、標高のより高い地域で

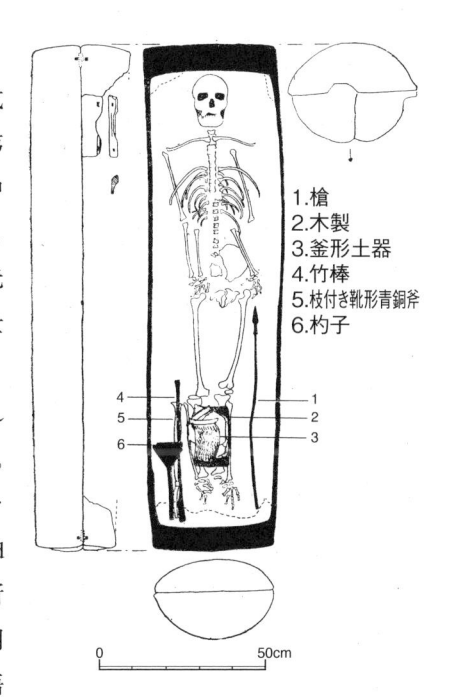

1. 槍
2. 木製
3. 釜形土器
4. 竹棒
5. 枝付き靴形青銅斧
6. 杓子

図86 チャウカン遺跡の割竹形丸木木棺葬（Lưu T.T. & Trịnh C. 1977）

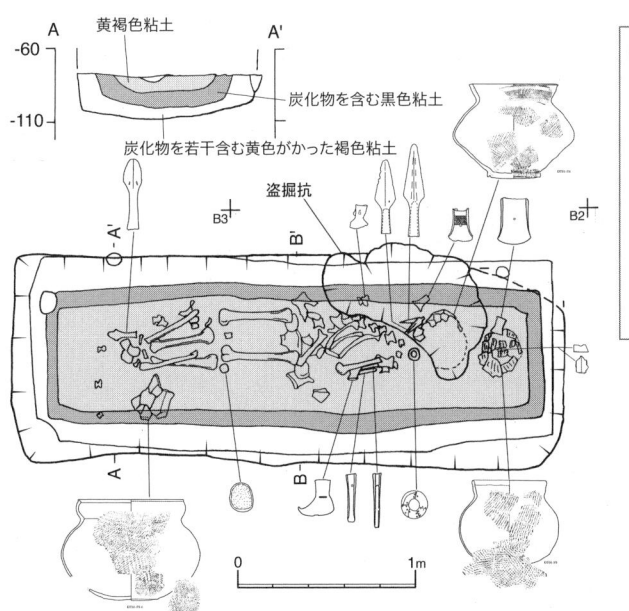

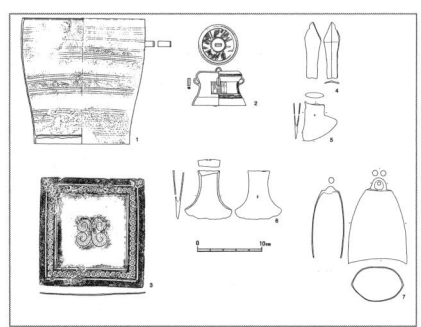

上出枠内の遺物は、F8墓坑の盗掘部分から出土した遺物。この他にコーロア型鏃先が共伴したと言われる。銅桶、ミニチュア銅鼓などを含む副葬群自体は、ドンソン文化期の墓葬では富裕者あるいは社会階層上位クラスのものとなろう。

図87 ダイチャック遺跡の割竹形丸木木棺葬（F8）

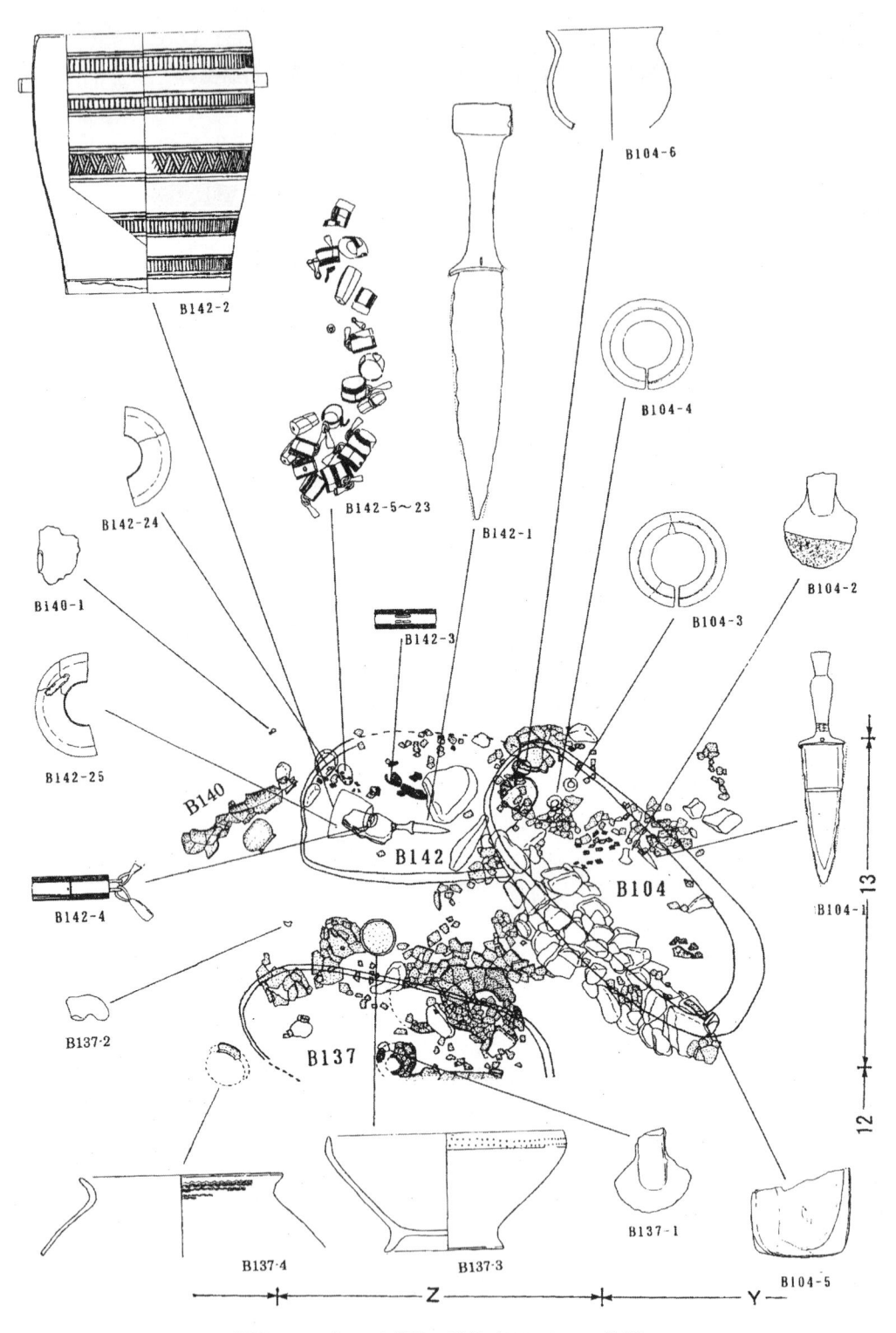

図88 ランヴァック遺跡の墓葬（104, 137, 142号墓）

も用いられている可能性が高い。

　こうした木棺墓層では、漆器、木製品、繊維などの豊かな有機質遺物が共伴することが多い。たとえば、2005年調査のドンサー（Động Xá：フンイェン省Kim Động県）遺跡では、木棺のなかの被葬者が服を着、何重にも布で巻かれていたことが確認されている（Nguyễn V. 私信）。

　また、ドンソン文化の南域に相当するタインホア省やゲアン省では、葬法の異なる墓葬が確認されている。その構造が明確にされたのは、ゲアン省ギアダン県のランヴァック遺跡である（詳細はImamura & Chử V.T. ed 2004）。紀元前2世紀を中心と考えられる墓葬遺跡で、上部構造に自然石の配石あるいは大型土器などを集中して配し、下部構造に土坑墓を含む埋葬主体部を配する方法である（図88）。ただし、配石の主軸と墓葬主体部の主軸の方向が若干ずれる、あるいは同方向だが重ならないという現象があり、ひょっとすると下部構造と上部構造を作った時期が違う可能性（被葬者の埋葬とその後の造墓儀礼の時期差など）があるのではないかと筆者は考えている。類似した配石墓葬は、タインホア省のドンソン遺跡やヌイナップ（Núi Nấp）遺跡でも確認されており、地域的特徴を表しているようだ。そして、これよりさらに南に分布するのがサーフィン文化の甕棺墓葬となる。

　また、上部構造に土器などの遺物が多く確認される現象は、南部ベトナムの金属器時代のゾックチュア（Dốc Chùa：Đào L.C. & Nguyễn D.T. 1993）や新石器時代のダカイ（Đa Kai：Nishimura et al. 2009）の墓葬で確認されているし、さらには現ベトナム山岳各民族にみられる歴史時代以降の家屋墓葬（第9章第4節参照）において、上部構造で陶磁器類が多量に出土する現象も、同様な現象と捉えられる。時代や地域を越えた墓葬の共通性として追求する必要がある。

第6章　コーロア城の研究
―― ベトナム史上最初の大型城郭遺跡の魅力 ――

　コーロア（Cổ Loa）城（図89）はハノイ市北北郊のドンアイン（Đông Anh）県コーロア社に位置しており、ハノイ中心部を流れる紅河の北岸に位置していることになる（図77）。当城郭の造営者とされる安陽王は、中国側のかなり古い時期の歴史資料（『史記索隠』引用の『広州記』や『水経注』巻37引用の『交州外域記』）にも登場する伝説の王である。ベトナム正史では、現在の紅河平野域を支配中心地とする伝説の"雄王"を倒して王位に就く人物で、その後、南越の趙佗に滅ぼさ

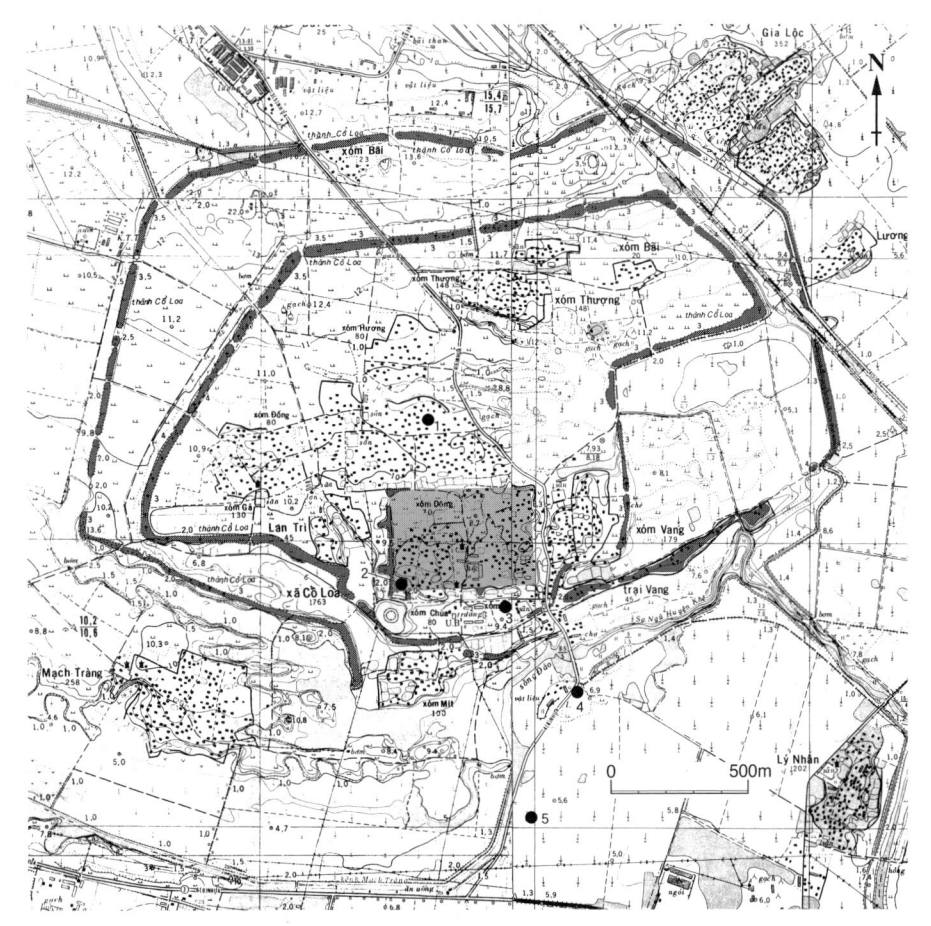

図89　コーロア城平面プラン（濃いスクリーントーンが土塁、淡いスクリーントーンがおおよその内塁範囲。1.ソムニョイ　2.デントゥオン　3.マーチェー　4.バイメン　5.カウヴック）

れたことになっている（『大越史略』ならびに『大越史記全書』）。また、城郭は後漢代の交趾郡封谿縣の比定根拠にもなっている（Đào D. A. 1964、桜井 1979）。当城郭遺跡の建設や利用は、中国の秦漢時代、あるいは南越時代、ベトナムのドンソン文化時代から初期歴史時代（北属時代）にかけてのことと考えられ、考古、文献両資料をまたぎながらの議論が続けられており（参照：藤原1967、Trần Q.V. 1969、Hoàng V.K. 2002、Nguyễn Q.N. & Vũ V.Q. 2007：27）、北部ベトナムにおける初期国家形成史理解の鍵を握る遺跡でもある。

城郭は、紅河平野北縁から続く残丘・河岸段丘地帯の最南端の舌状台地上に位置している（図2）。ホアンザン（Hoàng Giang）川の北岸湾曲部に沿うように城塁を築いており、河川との密接な繋がりを感じさせる。地質研究（Nguyễn Q.N. & Vu V.Q. 前出）によれば、ホアンザン川の北岸域は、南岸域より標高が若干高く、北岸域は上部更新世の段丘が主を占めている。これに対して南岸域は完新世に形成された氾濫源が主である。したがって、地勢や川との位置関係から、築城が南からの防禦を意識して行われたことが推測される。

三重の城塁は非常に大規模で、外塁は周囲長7780m、城壁高は通常3-4m、最大8mにもなり、南部が最高部となっている。城塁幅は脚長が20mにもなる。外塁は地上に現存するベトナムの城郭土塁としては最大規模である。また、外塁上部で2世紀後半から3世紀初頭に比定できる磚室墓が見つかっており、城郭建設年代下限のひとつの根拠となっている（Tran Q.V. 前出）。

中塁は、周囲長6310m、城壁高は6-12mで、東北部が最高部となっている。城塁幅は脚長が20mにも及ぶ。外塁と中塁は不均整な形をしているが、部分的には、直線状に造塁されているところが多い。また、土塁の盛り土中に石や瓦片を意図的に集中的に挟み入れる現象が確認されており、土塁の盛り土の安定や水抜きを図ったと理解される。

内塁は、周囲長1730mとされ（Nguyen Q.N. & Vu V.Q. 前出：450）、内周囲との比高差が5mほどある。後述のデン・トゥオン（Đền Thượng）の発掘では、版築のように薄い土層を数十に重ねて、叩きしめて造塁したことが判明している。内塁は均整のとれた長方形（図89の淡いスクリーントーン部）で、長軸が東西方向、短軸が南北方向を軸としている。内塁の外面には馬面と呼ぶべき突出した土塁が、東塁、西塁に2カ所ずつ、南塁、北塁に7カ所ずつ、計18カ所設けられている。

各土塁には、現在でも池あるいは雨期に水没するところが、土塁を廻るように現存しており、土塁造成時に外周を濠状に掘り、土塁の盛り土としたと判断される。濠は10-30m幅とされるが、より幅広な地点もあるようだ。

城域は外塁より内側の区域に限定されるものではない。外塁外でも盛り土をして、瓦類が集中して出土する土塁状丘陵があり、後述のバイメン（Bãi Mèn）地点では、構築物や造成を行った地点があることが確認されている。

それぞれの土塁には盛り土が途切れた地点があり、それらは地元で"門（Cửa）"と呼ばれている。内塁は、残存状況が悪いところが多いものの、南塁の中央に唯一の門があったと考えられている。中塁は、南門、東門、北門、西北門、西南門、外塁は、南門、東門、西南門があったと言い伝えられている。中塁と外塁の南門は、ホアンザン川にまっすぐに出られるように設置さている可能性があり、川を渡った南岸域が後述のバイメン地点にあたる。これらの門は過去からの伝承地名であり、

コーロア城造営時代にまで遡る確証がないことはいうまでもない。ただし、ある時代の城郭利用の様子を表している可能性はあろう。

城郭東側（Xóm Thượngの南域）では、中塁内の北域で北や西から集まった水が東方向に流れ出て滞水し、外塁の"東門"を経てさらには外塁外へ流れ、ホアンザン川へ出るようになっている。

第1節　マーチェー地点の銅鼓等青銅器資料について

コーロア城の理解における最も興味深い事象は、他のドンソン文化時代の遺跡にはみられない中国系の瓦や城郭を有する遺跡でありながら、ドンソン文化の最も重要な祭器であったと考えられる銅鼓が出土していることである。本論では、銅鼓出土地点であるマーチェー（Mả Tre）地点とソムニョイ（Xóm Nhồi）地点の銅鼓と共伴青銅器（ハノイ市博物館所蔵）をやや詳しく紹介し、その意味するところを考えてみたい。

マーチェー地点は、南西の内塁と中塁の間に位置し、現コーロア遺跡管理事務所が位置しているところから西へ50m程度のところに位置した畑である。1982年に畑地の地表下30cmで、銅鼓が逆置の状態で発見され、周りにはコーロア式瓦がたくさんあったことも報告されている（Nguyen Đ.B. 1983）。また、2003年の道路拡張工事中に、コーロアⅠ号鼓の出土地点周囲で、筆者はコーロア式瓦が大量に出土することも実際に確認した。

コーロアⅠ号鼓（図76-3）は、ドンソン系の複画紋帯を持つ大型鼓（鼓面径73.8cm、重量72kg）で、鼓面の絵画紋には、高床式住居や銅鼓を集団で叩く儀礼風景（図90）などが描写されている。今村（1992）は、ドンソン系鼓の第1b期に分類し、ドンソン系1期（a、bに細分可）を紀元前3-2世紀の生産と判断している。

当銅鼓で注目すべきことは、鋳造後に行われた線刻である。図91が示すように、銅鼓胴部に合范線とは90度ずれるように鼓面脇から脚部までの線刻が入り、それぞれの把手のまわりを囲むような線が刻み入れられている。刻み入れ方も、おそらく鋭利な工具で複数回行われており、残された刻み面やその色から、明らかに鋳造後のものであることが理解できる。こうした刻線を施した完形銅鼓は、これまでの筆者の実見例では当例のみである。後出のソムニョイ鼓片に残された刻線痕（図92）を参考にするなら、銅鼓を分割切断するための準備とも解釈できる。後出する共伴銅鼓片や把手部はこうした分割切断による可能性を秘めている。

また、脚部裏面に、隷書で刻文された銘文（図93）が確認できる。この銘文は、その釈読案（例 Nguyễn D.H.1996、Nguyễn V. 2007b、Trịnh S. 2007）が複数提出されているが、確実なことは、漢字であり鋳造後に刻文したということである（量・今村 1990）。筆者の観察では銘文は、13あるいは14文字からなる。量（前出）は銘文後半部が「両千百八十二」、あるいは「両千百八十斤」であり、重量表記である可能性を指摘している。筆者の拓影に関して、秦漢史研究の工藤元男氏から、非常に困難ながらも、最初の字が「重」の字である可能性、さらに量氏の釈読に可能性があるご教示を頂いた。さらに秦漢史研究の馬彪氏は、筆者が提供した拓影や写真資料にもとづき、後半文字列を"重兩千（个）百八十一斤"と釈読し、それが銅鼓の重量72kgにほぼ重なる251斤（1斤は

図90 コーロアⅠ号鼓の鼓面

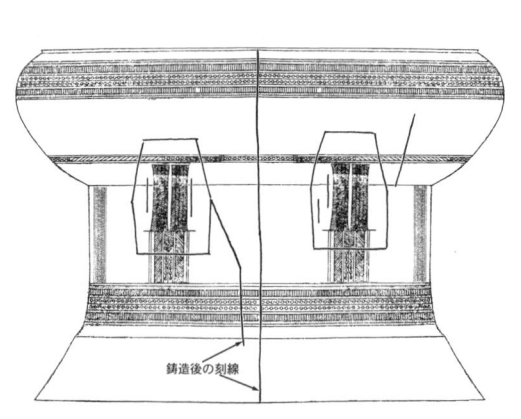

図91 コーロアⅠ号鼓の側面に見られる刻線痕

図92 ソムニョイ鼓片に残された刻線痕

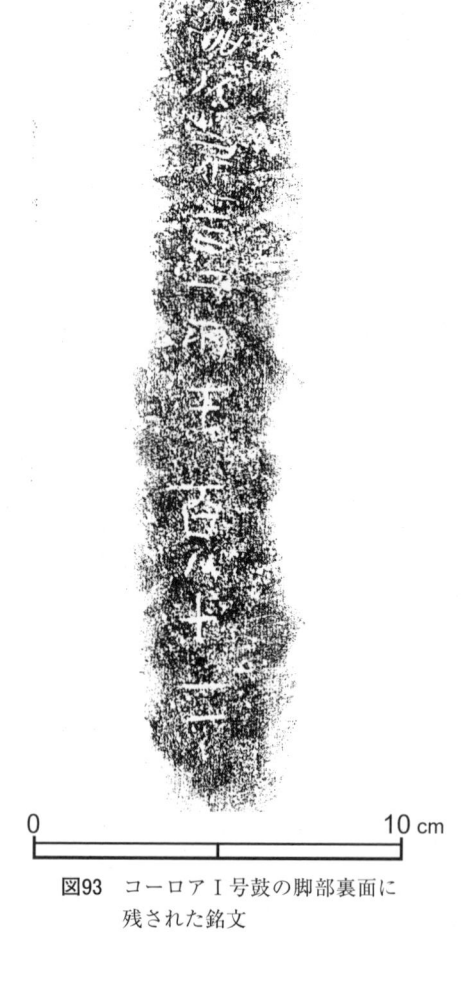

図93 コーロアⅠ号鼓の脚部裏面に
　　　残された銘文

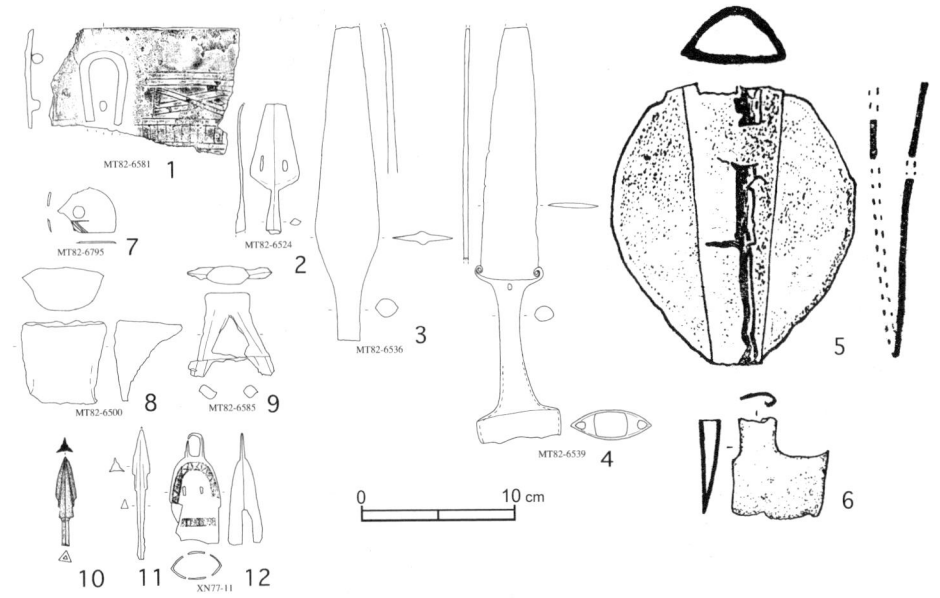

図94 コーロアⅠ号鼓に共伴した青銅器群

256.25g）を表していると解釈している。

　銘文が重量を表すのであれば、少なくとも、文字を記した者はドンソン社会の人間ではなく、漢字を常用する中国漢人社会か、そこに近い人間ということになろう。前出（第5章第4節）の重量銘文をもつ石寨山系銅鼓が出土した貴県羅泊湾墓（広西壮族自治区博物館 1988）の場合、墓主は中原出身で南越国の高級官吏と考えられている。以上の事柄より、銅鼓製作者と最後の所有者の文化的背景（この場合は民族と言い換えてもよい）がまったく異なっていたことが理解できる。

　次に銅鼓のなかに埋納されていた破片や鋳つぶされたような青銅塊を含む青銅器（総数で200個前後）について述べる。

　共伴した青銅器群中（図94）、数量的に最も多い鍬先（図94-5）は、銅の鋳まわりが悪く鋳造に失敗したものや、いばりをとっていないものが多く含まれている。型式的にも均一性が高く、鋳造から埋納までの時間差、空間差を感じさせない資料である。

　三翼鏃（図94-10, 11：ただし図94-11はコーロア城域他地点出土の比較資料）は、コーロア城の外塁外のカウヴック（Cầu Vực）地点で大量に埋納されているのが発見されており、そのうちの4分の3は鋳造時のいばりなどがついたままの未整形品であることから、当城域での製作が想定されていた。そして後述する内塁西北角のデン・トゥオン地点の発掘で、実際に鋳造遺跡が確認されている。鍬先と三翼鏃はともに、コーロア城以外での出土例は非常に少ない。

　半両銭は写真（SVHTTHN 1983）から判断すれば、直径が2.5cm前後のもので、孔幅が9mm強である。紀元前175年から120年に鋳造された四銖半両の可能性もあるが、統一秦頃に鋳造された半両銭の可能性もあり（高漢銘 1988、関 1995）、具体的な年代幅は紀元前3世紀末から2世紀後半に鋳造したものとしか限定できない。ランヴァックで四銖半両と八銖半両がまとまって1990年の114b墓より出土しているし（Imamura & Chử V. T. ed. 2004）、2001年発掘のコーロア城バイメン地

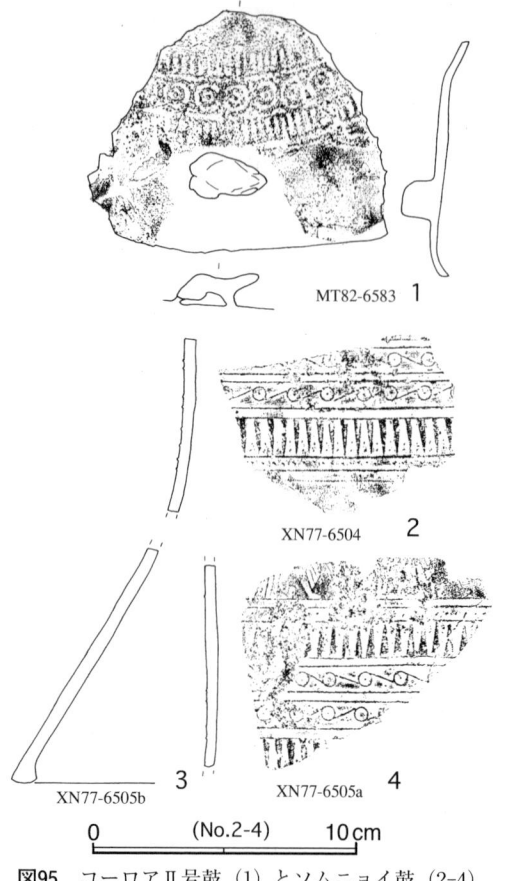

図95　コーロアⅡ号鼓（1）とソムニョイ鼓（2-4）

点でも、土塁等の建設時期と同時期と考えられる大型すり鉢状遺構の埋土中から半両銭が確認されている。

銅鼓片（Cổ Loa Ⅱ号鼓：図95-1）は、鼓面径が44cm前後で、蛙を載せたものである。3重の重圏文が櫛歯文帯に挟まれたもので、文様構成はカムトゥイ（Cẩm Thủy）鼓（タインホア省カムトゥイ県：Phạm H.T. et al. 1990b）に類似している。蛙の形態はラオカイ出土例（Phạm M.H. 1996）に類似している。この蛙の形態は今村銅鼓編年（1992）の第2期以降に出現する蛙とはまったく異なっており、より早い時期を考えなくてはいけない。ラオカイ出土銅鼓群は、石塞山系からドンソン系への移行段階のものを多く含んでいるが、石塞山系ならびにドンソン系両方に蛙が載っている。当例も今村編年のⅠ期には確実に遡るものと考えられる。また、銅鼓の把手片があることも報告されており、これは今村（1989）が観察を記している。

青銅斧には非対称形をした靴形斧と対称形をした方角斧や有肩斧がある。靴形斧（図94-6）は、柄の断面が六角形であるのが特徴で、なかには刃部が方形に近いものがあるが、これはフート省のランカー（Làng Cả）出土例に類似している（Phạm M.H. 1996）。

穂摘み具（図94-7）は、バックニン省のダイチャック（Phạm M.H.& Nishimura 2004）、コーロア城外南郊のディンチャン（Đình Tràng：Hoang V.K.ed. 2002）、ゴアイドー（Ngoài Đỗ）に類似例がある。開口小型容器に関しては、ドンソン文化に典型的な文様の入ったものがランヴァック（ゲアン省）、ティウズオン（Thiệu Dương：タインホア省）、ヴェトケー（ハイフォン省）で出土しているが、同型式のものと判断できるものではない。

桶形青銅器（MT82-558、図94-1）は、南越王墓出土例（吉開 1996）や貴県羅泊湾漢墓一号墓出土例（広西壮族自治区博物館）と同じような文様構成を見ることができる。ただし、耳の形態は類似しているがまったく同じとは言えない。

矛（図94-3）は、紅河平野の諸遺跡（ランカー、ヴェトケー、ダイチャック）やドンソン遺跡で出土しているものに類似している。特に、刀身中央に稜が形成されているものはドンソン遺跡の矛のひとつの特徴でもある。

短剣（図94-4）は、同型式のものが、ランヴァック142号墓（Imamura & Chu V.T. 2004）で出土している。また、同じ型式のものはドンソンでも出土している（Phạm M.H. 1996）。

この他に、吉開（1996）が嶺南・北部ベトナム地域の比較資料として指摘したように、南越王墓、貴県羅泊湾漢墓、ランカーに類似した突帯文を有する三足盤片などがある。また、機能不明な青銅器として、流水紋的文様を凹部で表現した板状製品（バックル？）や横断面が半円に近い非対称楔形製品（図94-8）や二股状製品（図94-9）などもある。
　資料を俯瞰すると、鍬先や三翼鏃といったコーロアで生産されたと考えられるものや中国製である半両銭以外の青銅器群に共通した特徴は、原形をとどめているものが極めて少ないということである。その多くが破損、折れ曲げ、潰しなどによりもともとの青銅器としての機能を果たせないものがほとんどである。また、20kgに近い青銅塊片のなかにも、各種類の青銅器の破片、さらには青銅器を意図的に方形に切った破片、さらには鋳造時のいばりや湯口部の端片なども混ざっていたと報告されている（Nguyen Đ.B. 1983）。筆者実見資料のMT82-6585（図94-9）も、鋳造時の湯口部片である可能性が高い。したがって、こうした共伴青銅器群は、再鋳造に備えた原料的性格であったと判断される。
　ところで、それぞれの青銅器の叙述で比較例を指摘したように、生産地が推定可能な鍬先、三翼鏃、半両銭以外の青銅器は、北部ベトナムの各地のドンソン文化遺跡で類似型式のものを見ることができる。これらの青銅器群の成分分析（Phạm M. H. 1983）によれば、鍬先や三翼鏃などは鉄を多く含有し、微量元素のコバルトやアンチモンを含み、ビスマスを含んでいない傾向が読みとれる。典型的なドンソン型の青銅器は鉄の含有量が非常に低く、コバルトを含有せず、ビスマスを含有する傾向がみられる。したがって、コーロア城で多く出土する青銅器とそうではない青銅器間に、青銅原料採取地あるいは素材生産過程の違いがあったと考えられる。問題はコーロアⅠ号鼓とコーロアⅡ号鼓片である。鉄の含有分が非常に低く、コバルトやアンチモンを含まない点では典型的なドンソン型の青銅器と同じであるが、ビスマスは含まれていない。安易な判断は危険だが、コーロア城域で鋳造された鍬先などとは、鋳造の脈絡が違う可能性が高い。筆者は、おそらくコーロア城域で銅鼓は鋳造されておらず、他所から搬入された可能性が高いと考える。また、コーロア城外の南郊に位置したディンチャン遺跡などで出土するタイプの矛などは、この埋納青銅器群には含まれていないことも、筆者の推察を補強している。

第2節　ソムニョイ地点出土の銅鼓等青銅器資料

　ソムニョイ地点は内塁北側と中塁の間に位置するソムニョイズオイ（Xóm Nhồi Dưới）に位置し、内塁の中央からは、東北方向に位置する。1976年地表下1mのところで53点の青銅器がまとまって出土し、その構成器種はマーチェー地点と類似している（Hoàng V.K. 2002）。破片や鋳造失敗品のようなものが多く、桶形青銅器片や鼓面を含む5つの銅鼓片（図95-2～4）が混じっていたことが確認されている（Trần Q.V. et al 1978、Hoàng V.K. 2002）。銅鼓に関しては、同一個体が破損して5片になったと考えられるが、脚部の破片から、直径は脚部直径が60cmを越す相当大きな銅鼓であったと推定される。胴部の2片（6505a例、6504例）は文様帯の部分である。円の中心点に小さい点を配した接円線文を2本対称的に配し、細めの櫛歯文を凸部で表現し、凹部には2点の点

を凸部で表現している文様帯2本で、接円線文を挟んでいる。さらに、その外側には列点文の文様帯を配している。そして、6505例の場合は、その上に、鼓面の太陽紋の光芒間に見られるような凹部の三角形の空間を凸部斜線で充填している文様帯が断続的に配されている。接円線文、鋸歯縁文、列点文の組み合わせは、ホアンハ鼓（Hoàng Hạ：旧ハタイ省Phú Xuyên県）、コーロアⅠ号鼓、ヴービ鼓（Vũ Bị：ハナム省Bình Lục県）の文様とほぼ同じものである。ただしその上に斜線充填三角文を配したものは、管見では見られない。また胴部の傾きから考えて、この銅鼓は石塞山系ではなくドンソン系と判断できる。よって、完全同一例はないが、この銅鼓は今村編年のⅠ期に位置づけてよいと思われる。これらの銅鼓片の一部（図92）の割れ目には、金属器（鉄か？）で刻み入れたような面が残されており、故意に破損行為を行ったと考えられる。

また銅鼓片以外の定型的な青銅器には、鍬先、青銅斧、三翼鏃、矛、短剣、桶形青銅器片、小型銅鈴（図94-12：XN-11例）などが確認されている。小型銅鈴はランバック出土例に形態的に類似しているが、当例のような文様を施した例は未見である。

第3節　両地点の青銅器群の位置づけ

このようにマーチェー地点とソムニョイ地点の埋納青銅器群を概観した場合、当城郭で生産された三翼鏃と生産された可能性の高い鍬先以外に関しては、その多くがもともとの機能を果たせないように意図的に潰したり、破壊したり、切断した場合が非常に多い。これは、過去の研究が示すように、青銅器再鋳造のための原料としての意味があると考えられる。問題は、青銅素材としてドンソン文化の青銅器を集めた意味である。すでに指摘したように、これらの青銅器にはコーロア城の近隣のみでなく、遠くはゲアン省やタインホア省の製品が入っている可能性がある。また、両埋納銅器群ともに、ドンソン青銅器群の頂点をなす銅鼓が破片として存在する事実である。ドンソン文化の担い手が、自らの集団の中心的儀器存在である銅鼓を、故意に破損させて埋納するだろうか。現在まで、銅鼓の破片を埋葬させていた例は、ランヴァック（1981年調査：Ngô S.H. 1983）で確認されているが、複数を埋納していた例はまだ確認されていない。

前出（コラム7参照）のダイチャック遺跡の発掘では、木棺墓葬（F13）の副葬品にドンソン型青銅器群が副葬されていたが、副葬土器内にドンソン型桶形青銅器を意図的に切断した破片数点が副葬されていた。他に完形品としての青銅器埋葬もあったわけだから、これは青銅鋳造原料としての利用・流通を考えた方が適当だろう。

鋳造に失敗した鍬先あるいは鋳放しの鍬先や三翼鏃も青銅素材としての財的価値の脈絡で考えてよいであろう。先述したように、コーロア城築城より約200年後、馬援が徴姉妹の起義を平定した際、在地の人が使っていた銅鼓を集めて鋳つぶして"馬式"にしたことを『後漢書』馬援伝は伝えている。時期の違いはあるにしろ、似たようなことがあったとしても不思議ではない。

ここで、問題にしなければならないのが、第5章第4節で述べた紅河を挟んで現れる銅鼓の偏在的分布である。筆者は紅河を挟んだ南北の銅鼓分布の違いは、銅鼓を儀器として社会内部に組み込んでいた集団とそうでない集団の文化差が現れたと考える。極論すれば、銅鼓を伝説に組み込んだ

雄王伝説などを頂点とするベト－ムオン（Việt-Mường）系の民族集団と安陽王伝説などを頂点とするタイ（Tày）族系の民族集団の差と考える（第11章第2節参照）。おそらく、両集団間には社会組織の進化に伴って、集団間紛争などもあったと思われる。コーロア城の位置を北の勢力が南に向かって、威圧するように張り出した地点であると同時に、南との交流の一拠点になるところと考えれば、銅鼓の出土意味においてドンソン文化遺跡からの一般的出土例とは異なることも理解されやすかろう。

第4節　バイメン地点の調査

2002年と2003年に、コーロア城の外塁"南門"からホアンザン川を渡った対岸の微高地、バイメン（Bãi Mèn）地点で緊急発掘が行われた。2002年の発掘区は、微高地の北側、つまりホアンザン川右岸縁で、2003年の調査はバイメン微高地を北東－南西方向に横断するコーロア城への道に沿った細長い発掘抗が設定された。両発掘の詳細については、現在最終報告を準備中である。

微高地は河岸段丘の残存部で、最初に新石器時代（フングエン期）から青銅器時代（ドンダウ期）にかけて居住域や墓域としての利用が行われ、コーロア城築城時に微高地全域が平坦になるように削平され、建築や種々の遺構形成面として利用されていることが判明した。

2002年発掘地点では、楕円形の若干盛り上がった遺構、小型の建物基礎（ND3）、子供の墓、川側の斜面地で長方形の建築の基礎的遺構（？）などが確認された。

楕円形遺構（図96と図97）は、北側上面に竈状遺構が敷設されていた。また、プランの外縁には方形張り出し的土壙が設けられている。遺構形成過程としては、1.5m深程度のすり鉢状の大きな掘り込み（最小でも12×12mはあろう）を行い、80cm形径程度の円柱状土壙を定間隔で掘り込み、木質遺物を挟むようにして、土壙を再び埋めている。そして2-3種類の土を交互に変えるようにして、薄い層状に叩き締めながら、埋めている。埋土は大きく2段階に分けられるが、時間差自体はほとんどない。その第2段階の埋土のなかで半両銭（呂后五分半両や文帝

図96　バイメン遺跡（2002年調査地点）の楕円形遺構の上面

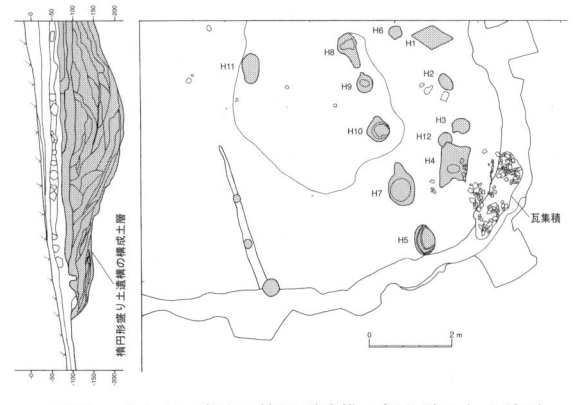

図97　バイメン遺跡の楕円形遺構の掘り込みと土坑列

四鉄半両以前のものと推定）が出土している。

小型の建物基礎（ND3）下で、子供の墓が2基（図98）出土しているが、うち1基は乳幼児で、軟玉製の石戈、管玉、腕輪などを埋葬していた。

こうした結果から、コーロア式瓦と土器の共伴、さらには半両銭の共伴などからコーロア城の建設年代が紀元前2-3世紀に遡ることが確実となった（Phạm M.H.et al. 2004、西村 2008a）。

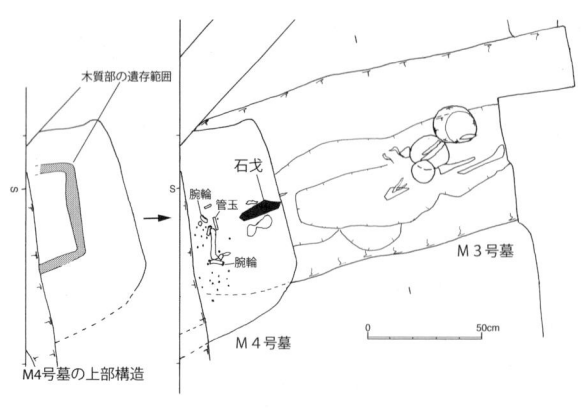

図98 バイメン遺跡（2002年調査地点）のM4号墓

また、2003年の調査は、丘陵地を横断するような細長い発掘区（図59）となり、コーロア城建設時に、後期新石器時代から青銅器時代の居住層を削平して整地していることが判明した。さらに円筒状掘り込み鋳造炉（F38）、柱立てのための瓦地業、子供の土壙墓（2次葬）等が主たる出土遺構である。2002年度の楕円形遺構の構成層と同じような層構造を有す溝状遺構も確認されている。

第5節　デン・トゥオン地点の調査

Phạm Minh Huyềnらによる2005年の調査、Lại Văn Tớiらによる2006-2007年の調査で、安陽王の神社（Đền）である内塁南西隅デン・トゥオン（Đền Thượng）の境内直下に、三翼鏃の鋳造工廠が眠ることが明らかになった（Lại V.T.2009、ファム 2010）。2006年の調査には筆者も発掘指導で参加し、2005年発見の第1鋳造炉に一部重なるようにほぼ同型の第2鋳造炉が造成され、さらに第3鋳造炉が、第2鋳造炉に一部重なるように造成されていることを明らかにした（図99と図100）。3基の時間差はおそらく、考古学資料（例：遺物編年）に反映するような長い時間スパンとは考えにくく、おそらく所定量の鋳造を終える度に炉を作り直した計画的大量鋳造生産の結果であろう。三翼鏃は、三分割式の石製鎔范で（図101：ファム同上）、3個の接范中心軸に鏃が鋳造されるようにした特異なものであり、ドンソン文化あるいはそれ以前の二分割鎔范と明らかに異なり、利用石材も違う。

また、工廠以外に同時期の遺構などは存在するものの、複数の時期を認定できるほど、厚い文化層になっていないことは、バイメン地点と共通している。コーロア時代の文化層の次に確認できる文化層は陳朝期（1225-1400年）の建築遺構であった。[3]

第6節　瓦類について

城塁基底部からは瓦が多量に出土しているが、瓦当、軒丸瓦、平瓦共に前漢末から後漢前半のものと考えられていた（Trường H.C. 1969）。

第 6 章　コーロア城の研究　135

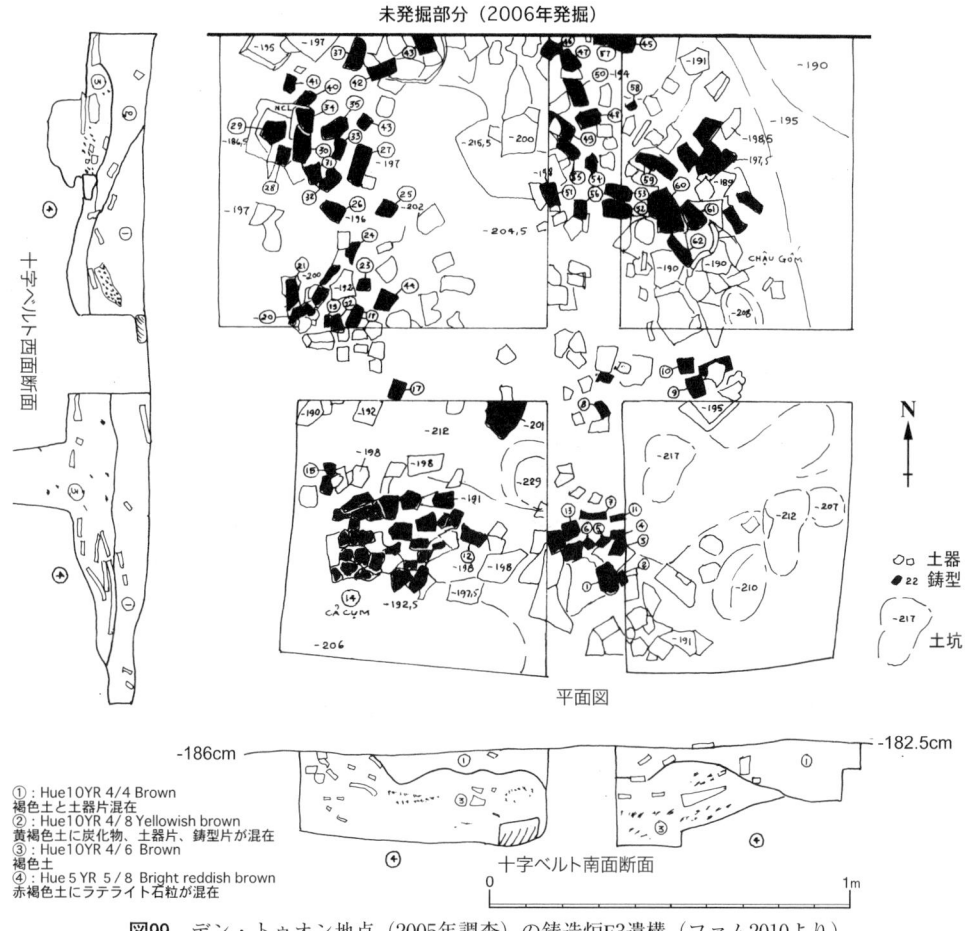

図99　デン・トゥオン地点（2005年調査）の鋳造炉F3遺構（ファム2010より）

平瓦、丸瓦（図102）ともに両面共縄席文を残すものが主で、成型法は円筒状に輪積み後、縄席文の叩き板とあて具で整形し、条線を施文後、半裁するというものである（Nishimura & Trần T.K.Q. 2006）。瓦当文様は円を4分割して、分割線上にC字紋をはめこむ雲紋型（図102-1）が主を占める。布目を裏面に残す模骨法による成形が中心の2世紀以降と考えられるルンケー城の瓦（交趾郡郡治龍編城に比定：西村 2007b）とは全く異なる。管見ではコーロア城と近似する瓦は、遼寧省安杖子古城（遼寧省文物考古研究所 1996）や山東省の斉故城臨淄

図100　2005年に確認された鋳造炉F3遺構を翌年拡張し、炉の全域を明らかにしたところ。3つの炉が重なり合って確認されている。

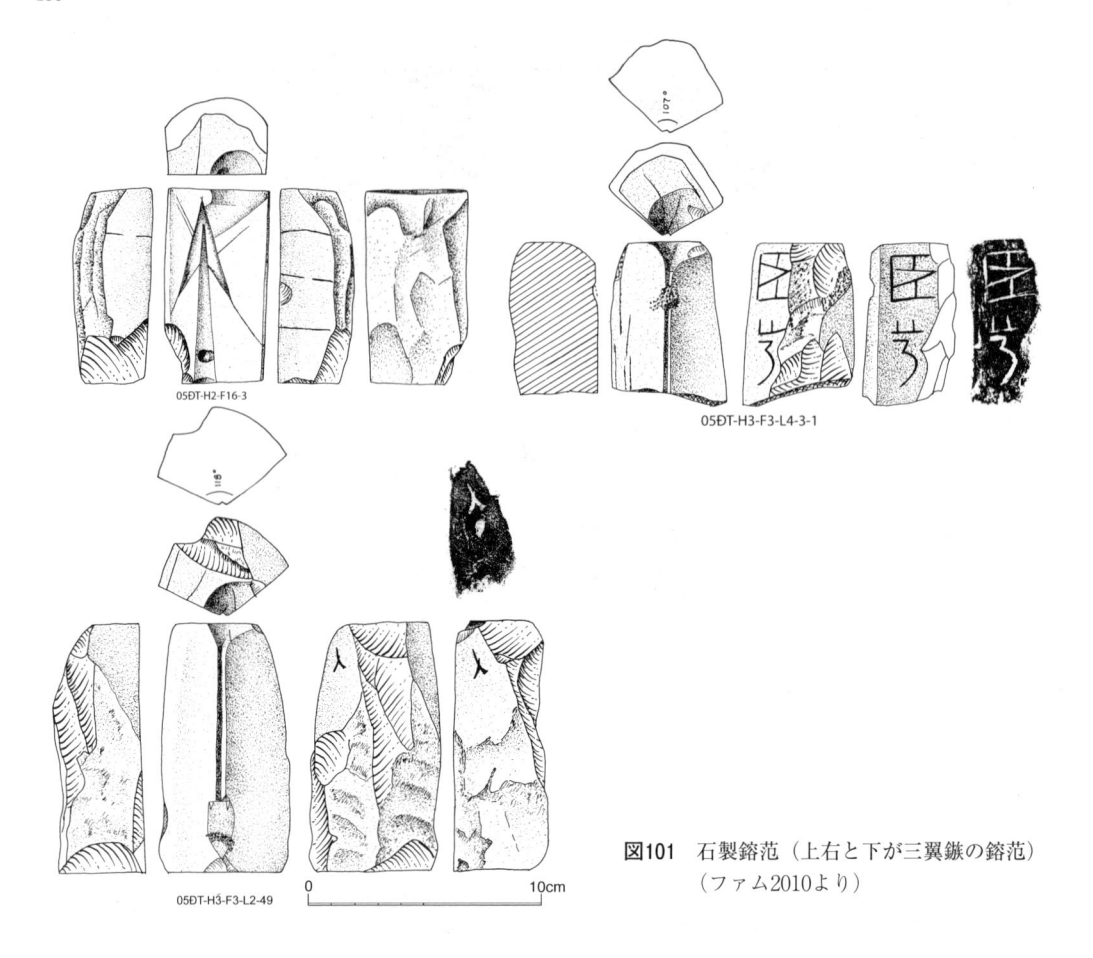

図101 石製鎔范（上右と下が三翼鏃の鎔范）
（ファム2010より）

桓公台遺跡などで出土している（劉 1994）。これらの報告では、前漢期あるいは秦漢期と報告されているのみで、時期比定の具体的根拠が詳論されてはいない。また、これらの城郭が戦国時代以降漢代まで確実に継続利用されているものであり、層位的根拠が不明であることを踏まえるなら、時期比定を鵜呑みにするわけにはいかない。また、広東省の南越時代の建築遺跡とされる広州南越官署遺跡や五華獅雄山遺跡出土の瓦（広東省文物考古研究所他 1991、南越王宮博物館籌建処他 2008）とは、平瓦や丸瓦の製作技法においては共通するものの、瓦当紋様はまったく同類ではなく、むしろコーロア例（ファム 2010）が先行するのではないかと考える。したがって、現段階では、瓦類は紀元前3世紀末から前2世紀初頭の間に納まると判断しておく。

また、瓦当の数が平瓦に比べ圧倒的に少ないことや端部に段差を作出した分厚い板瓦などもコーロア城瓦類の特徴である。

第7節　文献資料との対比

コーロア城伝説の安陽王に関しては、『水経注』37巻（6世紀初頭成立）引用の『交州外域記』の記述に以下のように紹介されている。

第6章 コーロア城の研究 *137*

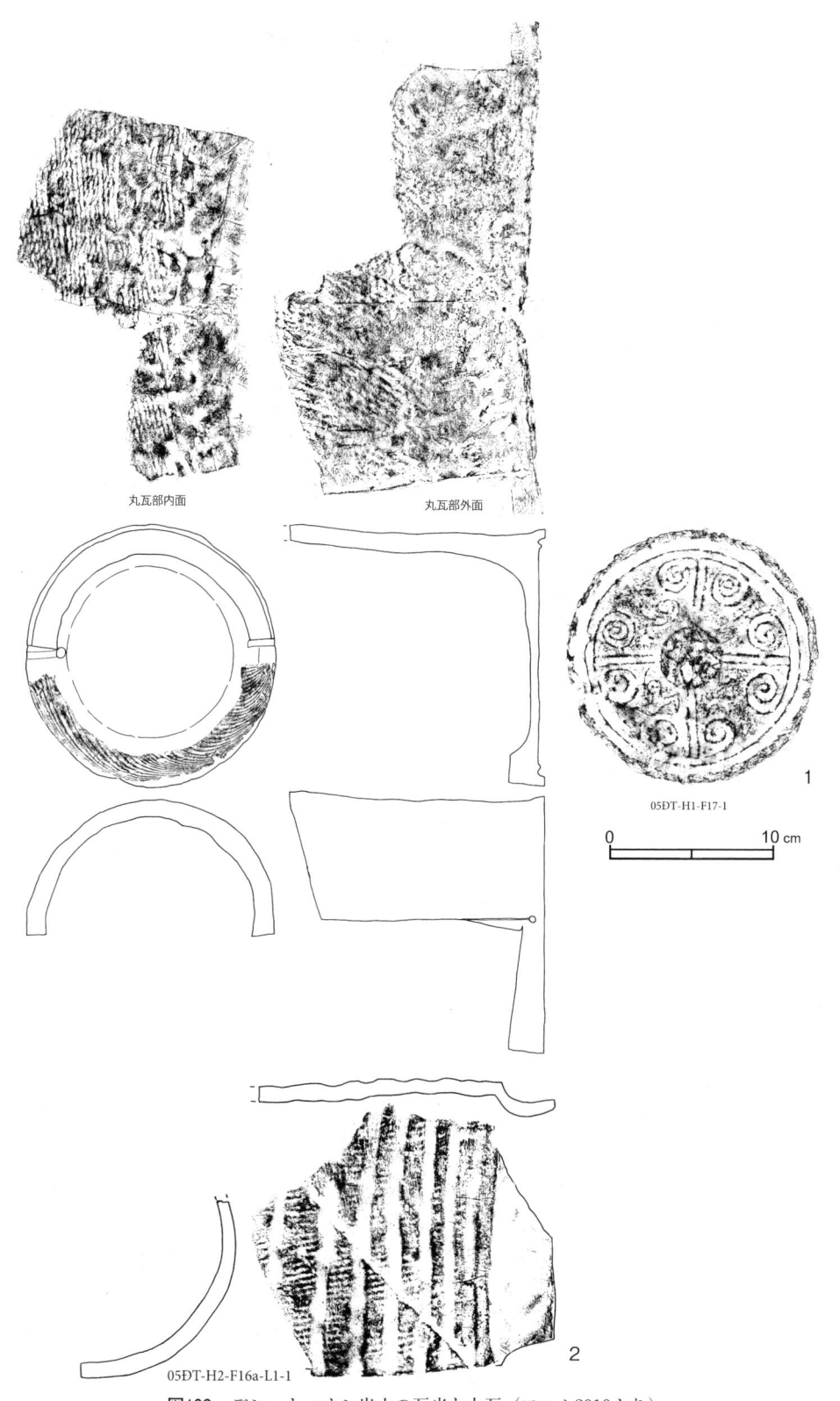

丸瓦部内面　　　　　　　丸瓦部外面

05ĐT-H1-F17-1

05ĐT-H2-F16a-L1-1

図102　デン・トゥオン出土の瓦当と丸瓦（ファム2010より）

交州外域記曰、交趾昔未有郡県之時、…銅印青綬。後蜀王子将兵三万来討雒王、雒侯、服諸雒将、蜀王子因称為安陽王。後南越王尉佗挙衆攻安陽王、安陽王有神人名皐通、下補佐、為安陽王治神弩一張、一発殺三百人、南越王知不可戦、却軍住武寧県。按晋太康記、県属交趾。越遣太子名始、降伏安陽王、称臣事之。安陽王不知通神人、遇之無道、通便去、語王曰、能持此弩王天下、不能持此弩者亡天下。通去、安陽王有女名曰媚珠、見始端正、珠興始交通、始問珠、令取父弩視之、始見弩、便盗以鋸截弩訖、便逃帰報南越王。南越進兵攻之、安陽王発弩、弩折遂敗。安陽王下船逕出于海、今平道県後後王宮城見故処。

また、『史記索隠』も『広州記』（晋代には存在）を引用して、安陽王を簡述している。

索隠桃氏案広州記云、交趾有駱田…銅印青綬、即今之令、後蜀王子将兵討駱侯、自称為安陽王、治封渓県、後南越王尉佗攻破安陽王令、二使典主交趾九真二郡、即甌駱也。

こうした初期の文献資料には、安陽王が蜀の王子で、在地の"王"あるいは"首領"と考えられる雒王、雒侯、雒将らを服属させたこと、神弩を秘密兵器として、南越国の趙佗と戦い、最終的には安陽王の娘媚珠と結婚した趙佗の王子趙始に神弩の秘密を奪われ、滅ぼされることなど、神話の基本骨子がすでに語られている。神話との対比で興味深いのが三翼鏃である。弩の矢鏃と考えられる三翼鏃は先述の内塁内の工廠での生産やカウヴック地点での埋納が確認されており、当城郭の特徴的生産品と考えられることである。弩自体は、引き金部が青銅器としてドンソン文化の遺跡（たとえばランヴァック遺跡）でも出土している。

また、安陽王とベトナム在地勢力や趙佗との戦いについては、秦漢代の他文献資料記述も参考にしなくてはならない。

統一秦は嶺南侵略（BC214年）の際、現在の北部ベトナムあたりで、西甌と戦い、その首領である西甌君訳吁宋を殺している（『准南子』巻18・人間訓）。漢の再統一後のBC203年、南海郡の龍川縣令であった趙佗は秦滅亡後に桂林・象2郡を併合し、番禺（現広州）を都として南越国を建国する。そして、呂后崩御（BC180年）後に閩越、西甌、駱など周辺勢力を、財を送ることにより支配下においている（『史記』巻113・南越王尉佗列伝）。詳細な時期は不明であるが、南越の政治支配体制が現在の北部ベトナムに及んだことは、南中国やベトナムでの出土印章研究から立証されている（吉開 1998b）。またBC179年には陸賈が漢朝の使者として南越を訪れ、南越帝趙佗は臣下の礼をとっているが、このときに南越国の西に西甌というクニがあり、王がいたことが記されている（『漢書』巻95・西南夷両粤朝鮮伝）。また、「太史公曰…甌駱相攻、南越動揺。」（『史記』巻113・南越尉佗列伝）とあり、甌と駱が互いに戦っていた勢力と理解できる。

そして、BC112年に武帝の南越侵略戦が開始され、BC111年に南越国は滅び、さらに、BC110年には北部ベトナムに相当する交趾（紅河平野）、九真（タインホアを中心）、日南（ゲアンからクアンナムあたり）を含む南海9郡が設置されるに到る。伝統的ベトナム史観では、この時を北属時代の始まりとするのが普通である。そして南海地域の攻略戦の論功行賞として、BC110年に甌駱左将黄同が西于王を斬った功により、下鄜侯に任じられている（『史記』巻20・建元以来侯者年表8）、（『漢書』巻17・景武昭宣元成功臣表）。西于は交趾郡の中心県で、現在のハノイ周辺と理解されている（桜井 1979、西村 2003b）。こうした記述から、紀元前2世紀から1世紀頃において"甌"と

"駱"に代表されるような2つの勢力が、北部ベトナムを中心として相争っていたのではないかと推察される。この問題は、前述のように考古学的に銅鼓の分布域や銅鼓や桶形銅器の画紋の違いなどから、紅河を中心線として南北の山裾(ホアビン山塊やバックソン山塊)部や平野部の文化領域差あるいは民族分布差(北側がタイ系民族、南側がベト・ムオン系民族)として認識できるとした仮説を提示している(西村 2008a,b)。文献資料との対比で言えば、北側勢力が"甌"で、南側が"駱"であろうか。当然、南側勢力はドンソン文化の担い手であり、北側はコーロア城を建設した勢力や時期的に前後する勢力であることを想定しなくてはならない。

また、Đào Dùy Anh(1964)やĐỗ Văn Ninh(1983)は、前漢の馬援が徴姉妹の起義を平定後に築いた城郭(『後漢書』馬援伝)を、安陽王によるコーロア城の再築城あるいは増築とする説を出してきた。しかし、この説は1世紀に比定できる築城や大規模城郭利用の考古学的痕跡が確認できないことから、否定すべきである。

第8節　終わりに

従来、コーロアⅠ号鼓と城郭の年代に関しては、その重なりを認めない考えも存在していた(Hà V.T. 1983、今村 1998、西村 2001)。しかし、銅鼓、各種青銅器類、出土瓦などから、当城郭の建設年代やその後の利用期間を、紀元前3世紀(おそらく末期)から2世紀前半のなかに納めておくことが妥当と考えられる。また、多くの踏査にもかかわらず、紀元1世紀以降の大規模城郭利用を示す痕跡は確認されていない。筆者は、コーロア城は築城から数十年後には現存する3重の城郭を全面的に利用するほどの利用はなくなったと推察する。

したがって、当城郭の建設者(安陽王)に関して、以下の作業仮説をたてて、今後の研究を行う必要がある。

1. 統一秦の嶺南侵略時に伴う築城
2. 統一秦の嶺南侵略に前後する時期(南越侵略以前)のドンソン文化に対峙する別文化勢力による築城
3. 趙佗に代表される南越国自体による築城

現在までの出土遺物の年代を参照にするなら、1と2の可能性が高いことはいうまでもなく、3の可能性は否定したい。コーロア城がドンソン文化の所産である意見も否定しておく。ただし、どの場合においても、紅河以南のドンソン文化は、北の文化にいろいろ影響を被りながらもそれなりの独自性を維持していたことも理解できる。今後の研究進展には、南中国の秦漢代の城郭遺跡との比較研究が急務であることはいうまでもない。

また、コーロア城の南、つまり紅河以北、以南で分かれる考古学的領域は、先述のように文献が記す"甌"と"駱"、さらには民族的分布差(ベト-ムオン系とタイ系)に違いが対応してくるのではないかと推察している(西村 2008b参照)。秦漢の南への侵略政策にともない、在地勢力に民族や国家に関する意識が研ぎ澄まされていったことは想像に難くない。

〈謝辞〉

コーロア鼓の銘文拓本にコメントをくださった工藤元男氏（早稲田大学）、釈読案を下さった馬彪（山口大学）氏に、お礼を申し上げる。

註
(1) 当銅鼓を観察研究した吉開将人氏は、銘紋刻字後にそれを摺消すような痕跡を認めている（吉開私信）。筆者の観察でもこの痕跡は、刻字方向に直交するように走るこの痕跡は金属器による削り痕と判断される。この銅鼓は発見されてから発見者の手から、博物館に収蔵されるまでにかなり時間があったことから、その間に残された痕跡である可能性も否定できないし、また刻字から埋納以前に残された痕跡とも理解できる。後者なら、刻字者と埋納者あるいは刻字を消そうとした者が異なる可能性も考えなくてはならない。
(2) 馬彪氏のコーロア鼓の盟文に関する研究は、現在"古代文化"誌上に投稿中である。
(3) この発掘は、コーロア城の廃城後の再利用について、非常に興味深い示唆を与えている。つまり文献資料、『隋書』巻53・列伝が記す583年の李佛子による交州での起義の際の拠点、"越王故城"をコーロア城と比定する考えが提出されており、また『大越史記全書』は、939年呉権の建国にともなう"古螺"（コーロアの漢字名）への定都を記している。筆者は、両事象を否定はしないが、考古学的痕跡が確認しにくいほど、非常に短期間で小規模であったと推定する。
(4) 安陽王伝説の異伝が、紅河平野より北の山岳地帯のカオバンや、国境を南東にまたいだ広西側の龍州のタイ系民族間（Tày族、壮族）にみられる（西村 2008b）。Trần Quốc Vượng（1983）は城塁の形、古地名などから、コーロア城がタイ系民族の築造と考えている。
(5) 馬援の築いた城に関しては、『大越史略』に「援又築為繭城、其圓如繭」とある。また、『安南志原』には「璽城、望海城、俱在安朗縣…、以西平道縣分置封渓望海二縣、築此二城、故址猶在」という記述がある。
(6) 広西壮族自治区合浦市北方13kmの南流江支流東岸に位置する大浪古城は比較研究が急務な一例である。発掘が土塁で行われているが、前漢期の遺物が僅かに出ただけだという（広西壮族博物館私信）。筆者は2003年に短時間の踏査をしたが、断面観察や表採でも遺物はほとんどなく、利用時期が非常に短い城郭と推定された。内塁と外塁があり、内塁は長方形プランだが、外塁は不整形である。内塁の内側に濠があり、その内側に周囲より高い造成面がある。土塁の隅部は他所より高くなっているところもある。また、桂林市北郊の興安県秦城遺跡は霊渠と大溶江が交わるところに位置し、秦代と漢代の2時期の異なる城郭（土塁）が存在する。漢代のものは、ルンケー城（第8章参照）との比較で重要であるが、秦代とされる規模の大きい土塁はコーロアとの比較が必要である。

第7章　初期歴史時代前期（紀元1世紀半ばから3世紀初頭）
——在地化する中国的伝統と周縁化した在地伝統——

第1節　紀元1000年紀の編年枠設定のための基礎的課題

　ベトナム史学では、漢の呂后が崩御したときに、南越（趙佗）が、西甌（北部ベトナムに比定）を支配下においた（紀元前179年）という『史記』の記述をもとに、現在の北部ベトナムが中国王朝の支配下におかれた時代の始まりとしている場合がある（例：Trần.Q.V & HàV.T. 1960、Hà V.T.ed. 2002）。この考えに従えば、ゲアン省の典型的ドンソン文化の遺跡であるランヴァック（Imamura ed. 2004）も、一部は北属時代の遺跡となってしまうし、そのような扱いをしなければならないドンソン文化の遺跡は多い。また、考古資料では紀元前2-1世紀はドンソン文化の物質文化が優位性を保っている地域が多く、中国の実質的な支配下におかれたと考える根拠は少ない。ただし、南越時代の官印がタインホア省で出土しており（吉開 1998b）、ドンソン文化の首長達が、南越の支配下に形式的に属した可能性はあろう。しかし、土着文化を根こそぎ変えるようなものではなかったと考える。日本の弥生時代のこととなる、『後漢書』の記述にある"倭奴國王の朝貢と拝印"（紀元57年）でもって、初期歴史時代の始まりと考えると矛盾が生じるのと同じである。

　北属時代の終わりは、938年の呉権による中国からの独立を境とするのが一般的である。ただし、時代区分としては問題も多い（桃木 1994）。ベトナムのベトナム史研究では、北属期間に徴姉妹の起義や544年李賁（リーボン）が一時的に建国した"万春国"などを正式な独立王朝として独自に扱っている。"北属時代"としてひとつに括るには複雑すぎる。以上の理由から、本書では中国系の物質文化がかなり圧倒的となる紀元後1世紀半ば以降から938年の呉権による独立達成までを"初期歴史時代"とする。そして、紀元1世紀半ば以降から3世紀初頭を初期歴史時代前期、3世紀半ばから7世紀初頭を初期歴史時代中期、残りを初期歴史時代後期と分期する。こうした分期は、文献資料が記す、馬援による徴姉妹の起義鎮圧（43年）、士燮政権の滅亡と交州の交州と広州への分割（226年）、昇龍（タンロン）（後のハノイ）都城の祖形的存在となる丘和による子城建設（618年）、あるいは交州大総管府設置（622年）が、画期として対応してくると考えられるが、決して考古資料と文献資料の編年的重なりが確認されているわけではない。また前期・中期を中心都城であった龍編（ルンケー城）時代、後期を安南都護府あるいは先タンロン時代と呼称することも可能ではあるが、602年の李佛子による越王故城（コーロアか？）占拠や交州大総管府から安南都護府への改称（679年）、さらには交州大総管府設置以前のことが不明瞭なことなどの問題もあり、今回は見送った。今後、考古資料の編年

精度の底上げ、それに伴う各資料の見直しで、仕切り直しも当然あり得よう。

ところで、初期歴史時代以降のベトナム考古学資料には、ある限界が存在する。それは、筆者などの調査を除いて、居住遺跡の調査が非常にわずかしかなされておらず、この時期の資料のほとんどは墓葬（木槨墓や磚室墓）、城郭遺跡、窯址、宗教建築遺跡などが中心をなすことである。したがって、ドンソン期以前の資料と性格的にやや異なっており、単純な比較には注意を要する。

第2節　紀元後1世紀から3世紀について：磚室墓資料を中心に

前漢期から中国側で盛行する木槨墓は、紅河平野域とタインホア省のMã（マー）川下流域で調査・確認されている（本章で言及する主な遺跡位置は図103参照）。出土遺物から判断するなら紀元1世紀後半の資料が中心となろう。ゴックラック（Ngọc Lặc：ハイズオン省Tứ Kỳ県）の木槨墓（図104）の遺物群（図105と図106）は陶器・青銅器ともに紀元1世紀に位置づけられるものである（Lê.X.D. 1966、著者実見資料）。Thiệu Dương（ティウズオン：タインホア省Đông Sơn県）の木槨墓（Lê.T. 1966）では、前漢期に遡る例が多く確認される。木槨墓の発見例が集中するハイフォンやハイズオン各省は紅河平野の北半部に位置し、より中国からの影響を時期的に早く受けやすかった可能性があり、ティウズオン同様、前漢期並行の木槨墓が今後確認される可能性もある。そ

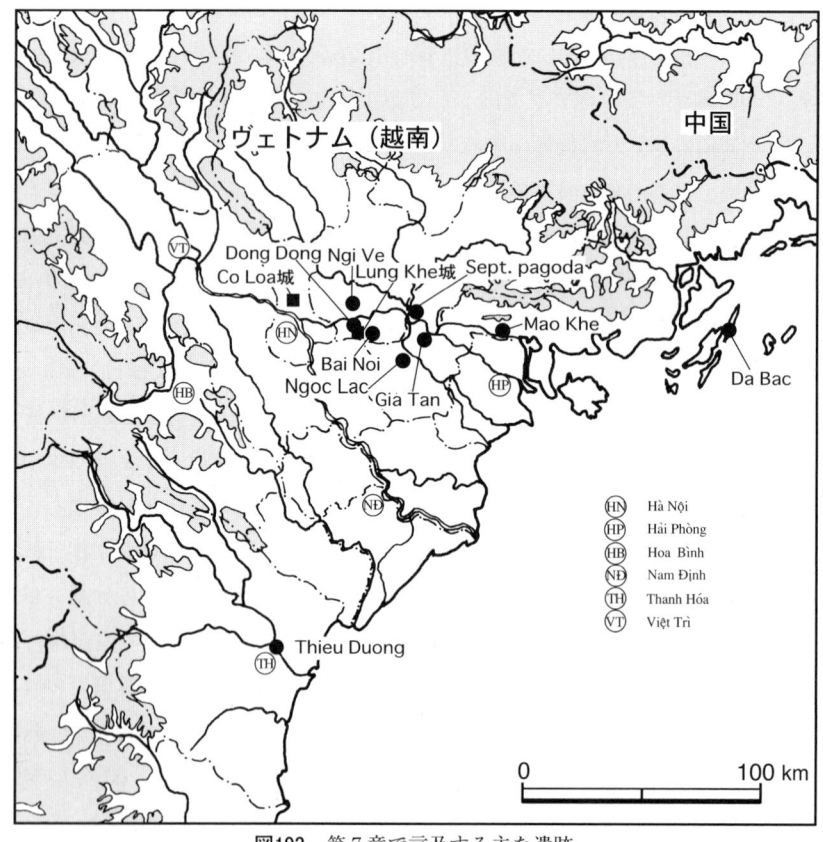

図103　第7章で言及する主な遺跡

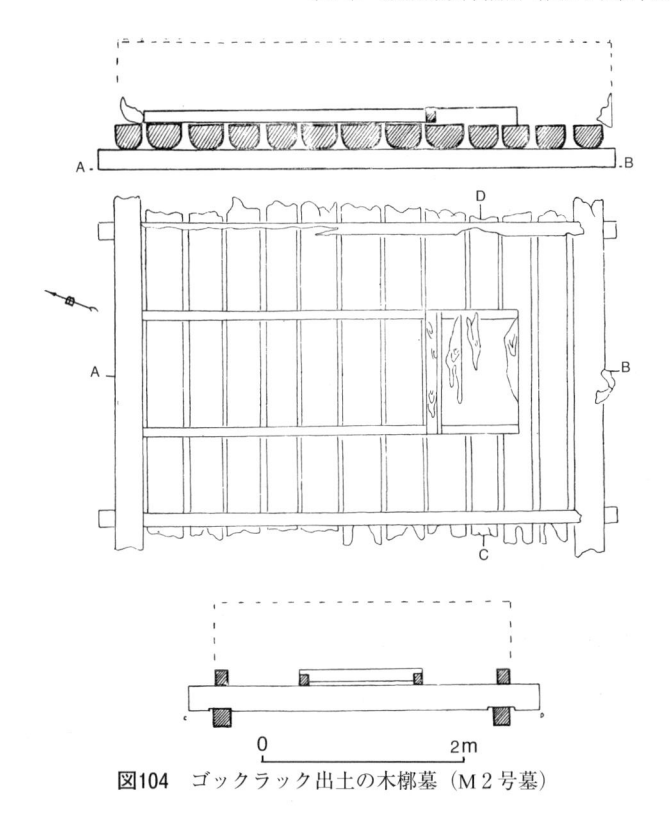

図104 ゴックラック出土の木槨墓（M2号墓）

の場合、ドンソン文化と漢系の木槨墓を作る文化とが紅河平野内で同時存在していたことになり、文化的に興味深い問題を孕んでいる。

　ベトナムにおける磚室墓の初現も編年の指標となろう。まとまった漢墓資料が発掘されている広州では木槨墓から磚室墓への変化を1世紀後半に位置づけている（広州市文物管理委員会他 1981）。コーロア城郭外で発掘されたマックチャン（Mạch Trang）磚室墓（Trần.Q.V. 1975）では紀元後99年から111年までの紀年磚が見つかっており、現在までのところ確実なベトナム最古の磚室墓である。しかし、陶器類の型式学から見ると広州漢墓編年の後漢前期に近いものを有す磚室墓もあるため、マックチャン墓より遡る磚室墓もあると考え、紀元1世紀末を磚室墓出現期と考えておく。

　さて、2世紀の磚室墓の資料は非常に多く、広州漢墓などとの比較から、年代的理解も得やすい。最近ではJanse（1947・1951）が調査したタインホアの磚室墓発掘資料の再研究から、磚室墓ならびに陶器の編年案も提出されている（宮本・俵 2002）。紅河平野の2-3世紀の具体的資料としては、マオケー（Mạo Khê：クアンニン省）、Thuận Thành県（バックニン省）のルンケー（Lũng Khê）城の前期資料（Nishimura & Phạm.M.H. 1998、Nishimura 2005b、西村・グエン 2005）などが参考になる。

　こうした資料にもとづき、1世紀後半から3世紀初頭に関して、紅河平野域の陶器編年を提出した（図107：西村 2007）。その結果、重圏菱形文などの大柄な幾何学印文で、器面の上位から中位にかけて施文する陶器は、ゴックラック2号墓の破片（NL-M2-98）やマオケー5号墓の鉢（MK-M5-22）が示すように、1世紀の末までには出現し、2世紀に入るとかなり普遍化する。さ

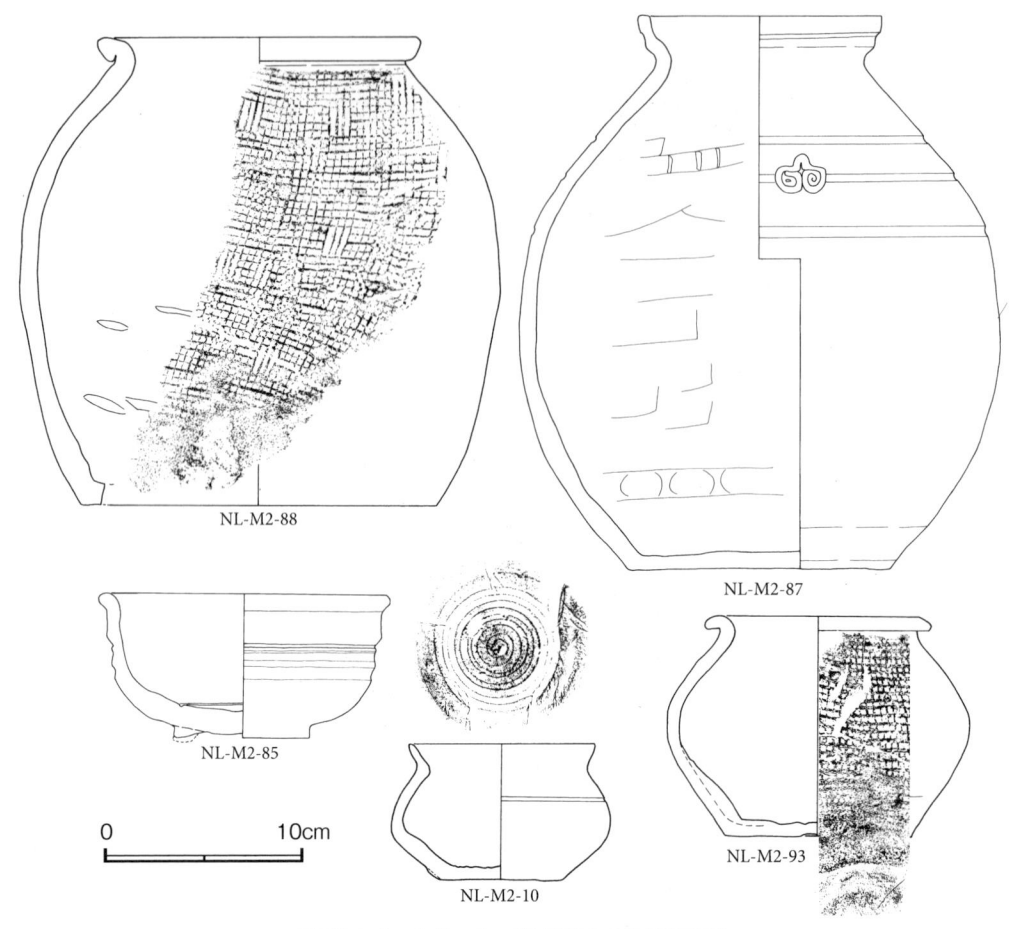

図105 ゴックラックM2号墓出土の陶器代表例

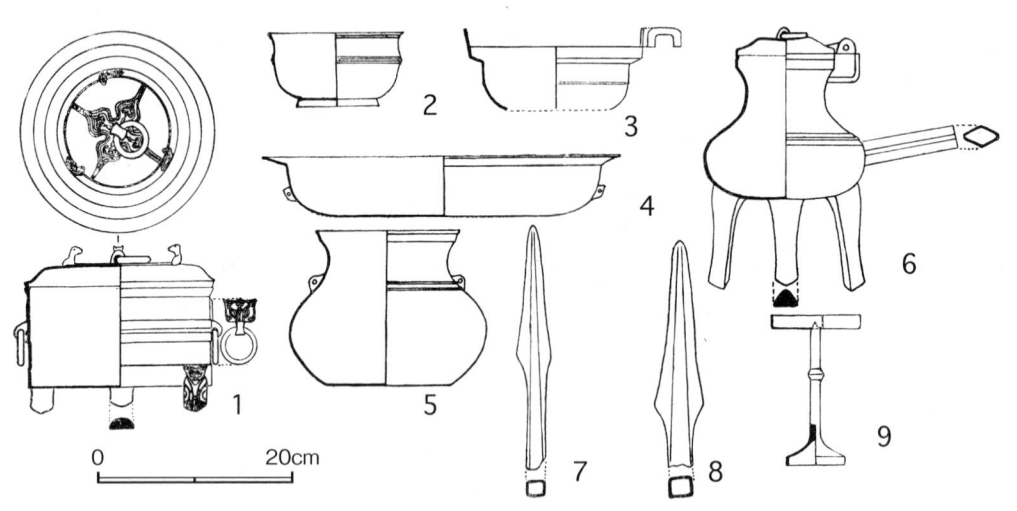

図106 ゴックラックM1号墓の青銅器

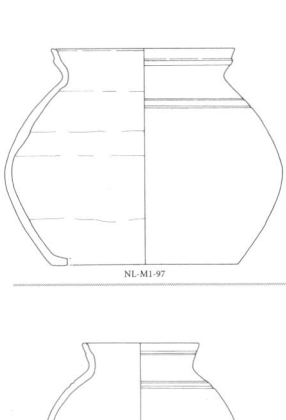

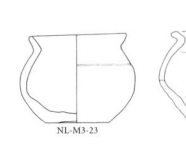

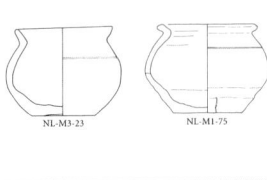

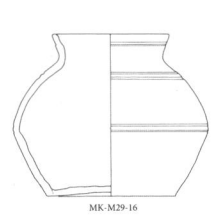

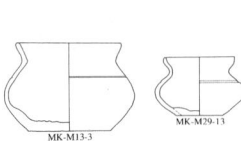

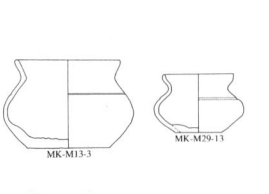

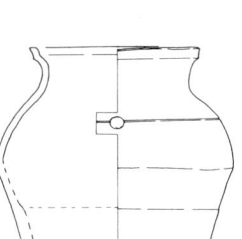

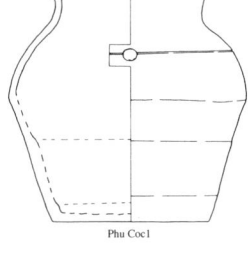

第 7 章 初期歴史時代前期（紀元 1 世紀半ばから 3 世紀初頭） 145

第 1 期

第 2 期

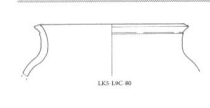

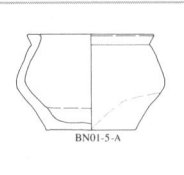

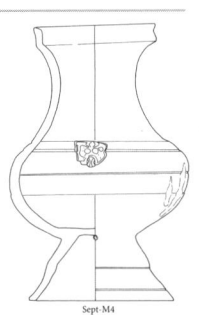

第 3 期

第 4-5 期

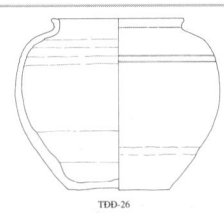

第 6 期

図107 紀元 1 世末（第 1 期）から 3 世紀初頭（第 6 期）にかけての陶器編年

NB-MB-1

図108 ギベの磚室墓（MB号墓）から出土した水注型長頸壺

らにこうした文様は、ハイズオン省やクアンニン省などの広西・広東に近い地域では、タインホア省などに比べ、当初あまり普遍化しなかったことが理解できる。また、この種の施文は同時期の広西や広東には見あたらず、北部から中部ベトナム（山形 1997）にかけての特徴的施文と理解できる。

また、口縁形態も精質陶器の壺や粗質陶器の印文壺の一部（口縁が尖出したタイプ：MK-M11-3など）などは、広西・広東と比較可能だが、精質陶器の一部（筒型壺や象の頭を象った水注型長頸壺など：図108）や印文壺の大半は、当地域の独自の発展系統のなかで理解する必要がある。

第3節　1世紀から3世紀の居住パターン

墓地遺跡を中心とした紀元後1世紀以降の資料と、居住地と墓地両方を併せた先史時代の資料を単純に比較することは慎まねばならないが、居住範囲の比較のための一判断材料とはなり得よう。また、集落遺跡がほとんど確認されていないのは前節で述べたように、当該期の文化層が現在の集落下にある場合が多いためであろう。このことは、当地域で初期歴史時代から現在まで、居住活動が同じ場所で連綿と継続している可能性を示している。

この時期の遺跡分布（図109）は、かなりの広範囲にわたっている。特に、前時代に比べ紅河平野の下流域（ハイズオン、ハイフォン、タイビン、ナムディン各省）での分布拡大が目立つ。これは当時代の社会経済的状況を考えれば理解がしやすい。漢代以降活発化した中国と南海諸国、あるいは西方諸国との交流・交易は、沿岸航路を中心としたもので、各地に中継地を必要としている。特に、広州から南海へ向かうには雷州半島の徐聞や合浦、そして交趾郡や九真郡などの中継地を経ていく必要があり、交趾郡はそのひとつの核地域として重要であったようだ。対応する具体的歴史現象としては、2世紀末から3世紀初頭に交趾郡太守として独立国的勢力を振るった士燮の存在や、ほぼ同時期と考えられる仏教伝来などを挙げることができる（後藤 1975、西村 2001）。物質文化の上でもこうした域外交流を反映するものが確認されている（第8章参照、西村同上）。漢系の墓葬はこうした交易・交流を担った人々が残したものと考えれば、低湿地の川岸近くなど、水上交通の便がよい所に多くが立地していることに納得がいく。この現象は紅河平野に限ったことではなく、中国側と通じる古来からの水上交通ルートであるハロン湾（Đỗ V.N. 1972）や南接するタインホア省（例　Lạch Trường：Janse 1947）やメコン・ドンナイ川平野（Malleret 1959・1963）、合浦などでも看取できる当該期沿岸部の普遍的現象である。また紅河平野域のへそとも呼ぶべきバックニン省を中心に多くの遺跡が集中している。これは紀元後2世紀以降、交趾郡郡治であった龍編

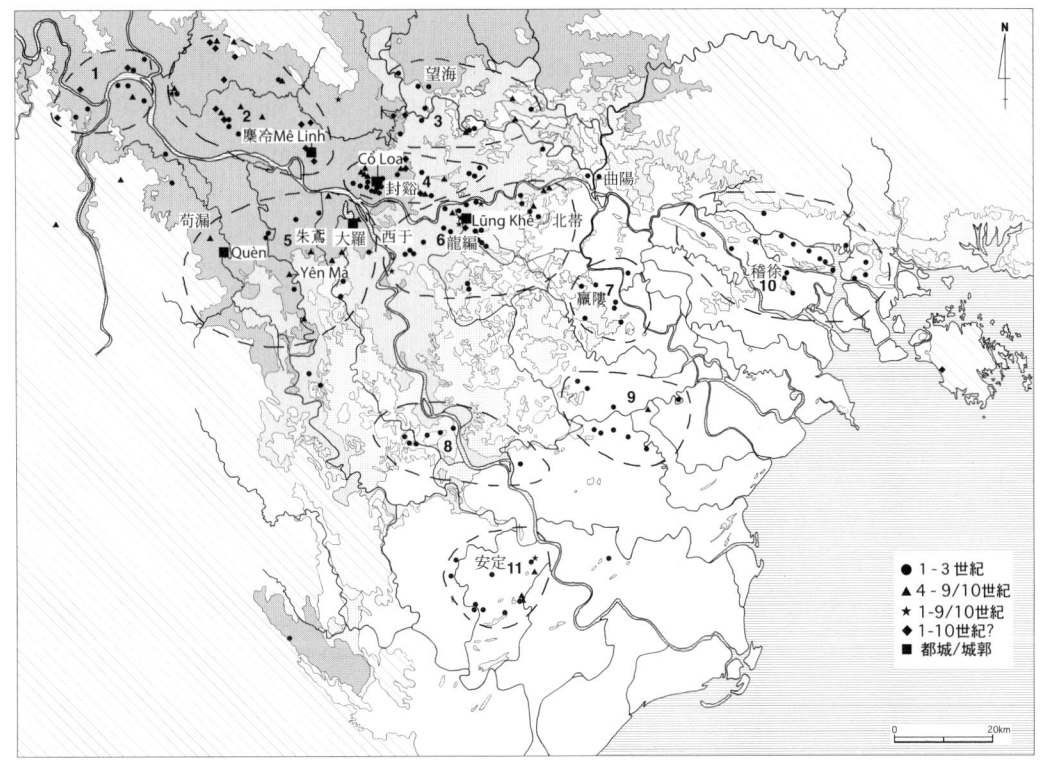

図109 紀元1-10世紀の磚室墓を中心とした遺跡分布と漢代の旧県比定

(Long Biên：ロンビエン) が、ルンケー城 (バックニン省トゥアンタイン県：通称Luy Lâu城ルイロウ) に位置していたことを考えれば理解しやすい (西村 2001、Nishimura 2001)。

逆に前時期に比べ、遺跡数が減少しているところもある。前述したように旧ハタイ省南部からハナム省にかけての低湿地帯はドンソン期の遺跡が多く分布しているが、後1-3世紀の墓葬や居住遺跡の確認例は非常に少ない。このことは当地域が後1世紀以降、居住地として利用されることが減少したことを意味するのではない。確認されている墓葬はすべて磚室墓と考えられ、もし、それらが漢系文化を担う人々が残したものと仮定すると、漢系の人々はこうした低湿地に住み着くことは少なかったと考えられる。一歩想像を進めるなら非漢系文化、つまりは在地の文化を担う集団がまだ漢化せずに居住していた可能性さえあろう。

第4節　漢代の郡県制の空間について

前漢代のBC110年に交趾郡10縣が設置され、羸陸、安定、苟漏、麊冷、曲陽、北帯、稽徐、西于、龍編、朱䳒の縣名が列挙されている (『漢書』巻28下・地理志)。そして、後漢代には、『後漢書』巻23・郡国志によれば、龍編、羸陸、安定、苟漏、麊冷、曲陽、北帯、稽徐、西于、朱䳒、封谿、望海となり、西于より分割設置された封谿と望海の2県が増えて (AD 43年)、計12縣となっている。縣の位置比定においては『水経注』巻37・葉榆水条が主たる文献資料であり、これに『元和郡

縣図志』と『太平寰宇記』が地理的情報を与えているに過ぎない（桜井 1979）。そして、各縣の位置比定に関して、文献史学、歴史地理学より、様々な意見（Maspero 1910・1918、Madrolle 1937、Trần Q. V. 1959・2001、Đào D.A. 1964、Đinh V.N. 1973a, b・1977、桜井 1979）が提出されているが、縣比定において、完全に一致を見るのはコーロア城が位置した封谿縣だけである。筆者は文献資料を詳しく扱う立場にないので、ここでは考古学資料とそこから導かれる仮説にもとづいて、空間的限定を行いつつ、位置比定のための予備的議論を行う。また、桜井（同上）が行った各縣比定の議論はそれまでの説を再検討しつつ、地理的知見を十分に検討した解釈なので、本議論でも再検討の基礎とする。

　紅河平野全体を俯瞰したときに、磚室墓を中心とする1-3世紀の遺跡分布（図109）は、いくつかの分布のまとまりが存在することに気づく。

　上流から下流にかけて、順に挙げると、①フート省南部、②ヴィンフック省南部、③バックザン省南東部、④コーロア城周辺からティエンソン（Tiên Sơn）県にかけてのホアンザン（Hoàng Giang）川沿い、⑤ハノイからハードン市周辺域、⑥バックニン省ドゥオン（Đuống）川南岸ルンケー城周辺、⑦ハイズオン市周辺、⑧ハナム省北部、⑨タイビン川（旧Bamboo運河）沿いのハイズオン省南部とタイビン北部、⑩ハイフォン市北部からクアンニン省南部にかけてのKinh Thầy（キンタイ）川下流、⑪ナムディン川右岸のナムディン省東南部などが、分布の大きなまとまりとして認識できる。

　既稿（西村 2001）で論じたように、ルンケー城は後漢以降の交趾郡の郡治、龍編城（Long Biên）に同定可能であう（詳細は第8章参照）。この城址周辺の磚室墓群は、郡治である龍編に関係した人たちの墓であろうから、他の墓群や城址も交趾郡の各県の中心に対応する可能性が高く、各縣の比定はこうした考古学データの分布論を根拠のひとつにする必要があろう。

　ところで、当該期に比定できる城址は、後漢代以前に建設され、後代に再利用された可能性を残すコーロア城を除いて、メーリン（Mê Linh：Phan Đ.D. 1973）、クエン（Quèn：Đỗ V.N. 1970）の2城がある。メーリン城はヴィンフック省Yên Lãng県Mê Linh社のHạ Lôi村に位置しており、南には紅河本流が流れている（Phan Đ.D. 1973）。徵姉妹を祀った神社（đền）があり、当城址は紀元後40年に徵姉妹が義挙した際に、最初に攻め落とした麊泠縣の城であると考えられている。クエン城は旧ハタイ省のQuốc Oai県Liệp Tuyết社Đại Phù村に位置し、西側には、下流でダイ川に合流するティック（Tích）川が流れている。これらの2城（第8章第8節参照）は、いずれも漢代並行期にまで遡ることは確実であるから、ルンケー城やコーロア城同様に、縣城の候補になりうる存在である。特に前者を麊泠縣城と考えることに位置的には異論はないのではないか。

　また近年の磚室墓公表資料（旧ハタイ省Hoài Đức県Yên Mả遺跡：Bùi V.L. & Trịnh C. 1993）のなかに、義熙七年（411年）の紀年磚共伴が報告されている。その銘文内容によれば、被葬者は411年の盧循反乱の鎮圧に関係した交阯朱鳶縣の人で、杜氏の姓を有した人の可能性が高い[1]。盧循の反乱を鎮圧した交州刺史の杜慧度は朱鳶縣の出身で、父の代から交阯太守を務めており、杜慧度の子、杜弘文も交州刺史を務めており、交州の土豪的勢力を持っていたことがうかがえる。したがって、被葬者が杜慧度にまつわる人なら、イェンマー磚室墓の造営地が朱鳶縣であることも納得できる。

当遺跡はハードン市から西に5kmのところに位置し、磚室墓の分布グループとしては5のグループに属する。桜井（1979）は、朱鳶縣はハドン市周辺に位置比定しており、当縣の比定については、確実性が非常に高いと考えてよい。この遺跡よりさらに西北西約10kmには先述したクエン城がある。当城址はダイ川に注ぐ支流沿いに位置しており、桜井らが比定する帯江水（Đáy川）が流れる苟漏縣の縣城の候補になりうる位置である。

望海縣に関して桜井（同上）は、「北二水左水、東北迳望海縣南……又東迳龍淵縣北、又東合南水」という『水経注』の記述と、当縣が封谿縣とともに、西于縣より分割して設置されたこと、交趾郡北界に位置した扶厳究という未支配地の記述などから、カウ（Cầu）川上流域、つまりバックザン省南西域あたりに比定している。バックザン省南東域は磚室墓の比較的密な分布域であるため、この理解は妥当かもしれない。この場合、龍淵縣北部はカウ川とドゥオン川を含む現バックニン市からQuế Võ県あたりとなり、龍淵（龍編）縣南部がルンケー城の位置するトゥアンタイン県となり、龍編縣は現在のバックニン省とかなり重なりをもつことになる。

ここまで、位置比定問題を振り返ると、桜井説は紅河平野上流域においてはかなりの卓見を披露していたことが理解できよう。問題は下流域である。

ルンケー城が羸陵城でないとすると、羸陵縣はどこかが問題となる。羸陵から龍編に郡治が遷るのは、後漢の交趾郡太守、周敞の時（142-144年頃）と『太平寰宇記』に記されている。ルンケー城の発掘では、城郭建設は紀元後2世紀半ば前後と考えられる（Nishimura 2002）。したがって、前漢代から後漢のある時期までに郡治として機能した羸陵を支えた実体が考古学的に確認できる場所を探さねばならず、具体的には前漢から後漢前半並行期の遺跡が多く確認される場所である必要がある。紅河平野域において、前漢並行の漢系遺物群は実はさほど多く確認されているわけではない。これは、前漢代の漢系遺物に対する認識不足とドンソン文化に対する優先感情がひとつの原因と考えられるが、後の時代と相対的に規模的にも小さい墓葬など、複数の条件が認識を弱めていると考えられ、今後の資料の増加を待ちたい。

ところで、Trần Quốc Vượng（1959）は『漢書』地理志の"羸陵有羞官"という記述に注目し、羞官は南越代からの官制の残りではないかと考え、羸陵が南越時代から継続した中心だったのではないかという鋭い推測を述べている。推測の是非はともかく、近年、吉開（1998b）が論証するように、南越の官制や地域呼称が北部ベトナム平地部に及び、それが前漢の郡県制に連続している例があるのだから、郡治になるような所はそれ以前から、何らかの政治・経済的中心的な場所でなくてはなるまい。

この仮定の下で遺跡分布やその内容を再び眺めると、前述の⑦ハイズオン市周辺や⑪ハイフォン市北部からクアンニン省南部にかけてのキンタイ（Kinh Thầy）川下流などで、紀元前後1世紀頃の漢系木槨墓や、それ以前の漢系遺物を伴った木棺墓なども多く発見されている事実に気づく。こうした、中国側に陸接する紅河平野北東域が、前漢並行期に他地域より早く漢系遺物を多く受け入れていたことは、地理的観点から不思議ではない。また、キンタイ川沿岸のヴェトケー木棺墓遺跡（VBTLSVN 1965）では100点を超える青銅器が埋葬されたドンソン文化期最大の副葬品量を持つ墓も発見されている。その中には、石塞山系銅鼓、ドンソン型青銅提筒、越式鼎といった普遍的に

は出土しない青銅器が多く含まれており、被葬者が当該期の社会において相当有力な位置を占めていたことを想像させる。当墓葬は紀元前3世紀頃に位置づけられ、ドンソン期からすでに階層がかなり分化した社会が成立していたことを理解させてくれる。こうした考古学的現象より、当地域に前漢並行期から郡治レベルの中心があったことは十分に考えられ、羸陵縣はハイズォン省からハイフォン市あたりにかけて位置したと推測する。

再び『水経注』の解釈の問題に戻る。

「水自麓冷縣東、逕封谿縣北……又東逕浪泊……又東逕龍淵（編）縣故城南、又東左合北水……其水逕曲易縣東流注于浪鬱」の一文から、龍編縣を抜けた川が曲易縣を抜け浪鬱（海）に注いでいると桜井は解釈している。ルンケー城を基準にするなら、バックニン省東端の六頭江（現在、トゥオン川、カウ川、ドゥオン川が合流するファーライ［Phả Lại］周辺）を抜けて、キンタイ川からハロン湾に注ぐルートがそれに相当するのだろうか。そうすると曲易縣はハイズオン省北部あるいはバックニン省東端からクアンニン省北部あたりとなる。

次に「其次一水、東逕封谿縣南、又西南逕西于縣南、又東逕羸陵縣北、又東逕北帯縣南、又東逕稽徐縣、逕水注之。水出龍編縣高山、東南流入稽徐縣、注于中水。中水又東逕羸陵縣南」の解釈が問題となる。桜井（1979）は封谿縣をハノイ市ドンアイン県コーロア城址周辺、バックニン省トゥーソン県周辺を西于縣、トゥアンタイン県を羸陵縣、クエヴォー県周辺を北帯縣、六頭江と呼ばれたファーライ周辺（バックニンとハイズオンの省境）を稽徐縣と解釈しているが、当然、羸陵縣以下、大きなずれが生じることになる。封谿縣南をコーロア城周辺とし、遺跡分布図を参考にすると、西于縣南を現ハノイ市中心域やGia Lâm県（ザラム）からフンイェン省北部に、羸陵縣北をハイズオン市周辺、北帯縣南から稽徐縣をハイズオン省西部からハイフォン市あたりに比定するのが適切なのかもしれない。当記述の後半は、バックニン省の残丘群から派生した水流が稽徐縣に流入し、中水に流れ込み、羸陵縣の南にも流れていると理解すれば、稽徐縣は龍編縣と接するようにハイズオン省西側にまで張り出していたと考えなくてはいけない。また中水を現タイビン川と考え、羸陵縣の南を現Luộc（ルオック）（仏名バンブー運河）川流域という解釈も成立しうるのではないか。さらに「其水自縣東逕安定縣北帯長江」の解釈に関して、ルオック川が紅河に接続することを考えれば、帯長江を紅河本流としてもいいのではないか。そうすると安定縣は遺跡分布図の8や9のグループが位置するハナムからナムディンあたりとなるのだろうか。

麓冷縣に関しては封谿縣の西に位置するという解釈で動かないであろうが、その縣域空間に関しては、分布図が語るようにフート省南部までを含めた紅河本流沿いのかなり大きく長細い空間を想定する必要がある。これは紅河本流の交通路としての支配が強く意識されているようだ。後に麓冷縣は、呉代に新昌郡として交趾郡から独立し、晋代には新昌郡は6縣に分割され、その中に麓冷縣は名をとどめている。隋代には、新昌郡は嘉寧と新昌の2縣に分割され、唐代の元和年間には峯州のもとに5縣となる（桜井 1979）。この過程は、漢代に郡県制の空間として辺境に位置した比較的大きな空間としての麓冷縣が、より細かい区分を受けるまでに行政空間として充実化したことを示しているのであろう。現ヴィンフック省南部には、隋唐期並行と考えられる窯址などが分布しており、当地域に一定量の人口が居住していたことを語っている。

また、各縣の分布を紅河平野全体で見渡した場合、ハノイ市周辺域からドゥオン川、さらには、クアンニン省南部やハイフォン市にかけての一帯に集中していることがわかる。また、古城址の分布はハノイ市周辺に集中している。こうした分布様相は紅河平野の中原つまり、政治・経済的中心とその地理的偏りを表していると理解できる。

第5節　Ⅰ式ドンソン系中期銅鼓：銅鼓伝統の大変容期

今村編年の2b期と3a期、吉開編年のⅠ式中期に相当する（具体年代については以下参照）。分布は紅河平野域内ではなく辺縁部が中心となる（図110）。

当該期の銅鼓において、非常にユニークかつ注目すべき資料は、タインホア省マー川中流域のCẩm Thủy県で出土しているカムトゥイ（Cẩm Thủy）鼓（図111）とトゥイソン（Thúy Sơn）鼓は、鋳造技術上いくつかの点においてそれまでのものとの大きな違いを見せている（西村 2010a）。それは、鼓面外縁の無紋帯に湯口を設ける方法から、側面の合范線上部に設ける方法に変化すること。スタンプ技法による連続施文を行うこと。脚部接地部が内側で肥厚せず、平坦であることなどである。両例は紋様比較などから今村編年の2b期に並行するものと考え、実年代としては2世紀前半を想定している。その頃、北部ベトナムの平野部は漢系物質文化に圧倒されている感があるが、ドンソン系洗（吉開 1995）など、若干のドンソン文化の系譜を残すものもあり、こうした器物がどこで製作されたのかが問題となる。前出の2例の銅鼓に関しては、同じスタンプの利用から、同一工人あるいは同一工房での生産を想定しており、両者が同じ県内で出土していることから、カムトゥイ県での生産可能性は大であろう。当県は、中遊域をやや山側に入った地域であり、直接漢文化の支配を被ってない可能性もある。この銅鼓出現期後の今村編年3期から、銅鼓は広西側で活発に製作されるようになるが、こうしたタインホア省の山間部での製作伝統が広西に移動した可能性も検討されるべきであろう。

先述のように、バックニン省ドゥオン川南岸のルンケー城址（通称）は、およそ紀元2世紀から5～6世紀にわたって交趾郡（紅河平野域）の中心地（郡治所在地）として機能した龍編（Long Biên）城と同定される巨大な城址である（西村 2001、Nishimura 2005b）。1998年11月に城郭内でレンガ工場の土採掘抗の排土よりⅠ式銅鼓の鋳型片が発見され、さらに2001年の4-5月の発掘調査でも、城壁の盛り土からまったく同類の鋳型小片が出土した（西村 2001）。1998年発見例の残存する鋳造面には、弧の中心から外側に向かって、複段の櫛歯文、複段の接線二重円文、櫛歯文、米粒のような点文、さらに圏線が順に、スタンプ技法を中心に凹文で施文されており、鼓面外縁部の鋳造面であることがわかる。外側の圏線をもとに直径を算出すると50-55cm程で、Ⅰ式としては中型の部類である。問題はこの鋳型と類似した銅鼓である。まったく同じ文様配置の出土例はないが、文様構成を重視すればフーフオンⅠ（Phú Phương Ⅰ）鼓（旧ハタイ省Ba Vi県）に類似している。スタンプ技法と接線円文を重視すれば、ダックラオ（Đắc Glao）鼓（中部高原コンツム省）に類似している。明確なスタンプの多用ということを基準とすれば、ダックラオ鼓により類似している。フーフオンⅠ鼓は今村（1992）編年の2b期、吉開分類のⅠ式中期西群、ダックラオは今村編年の3a

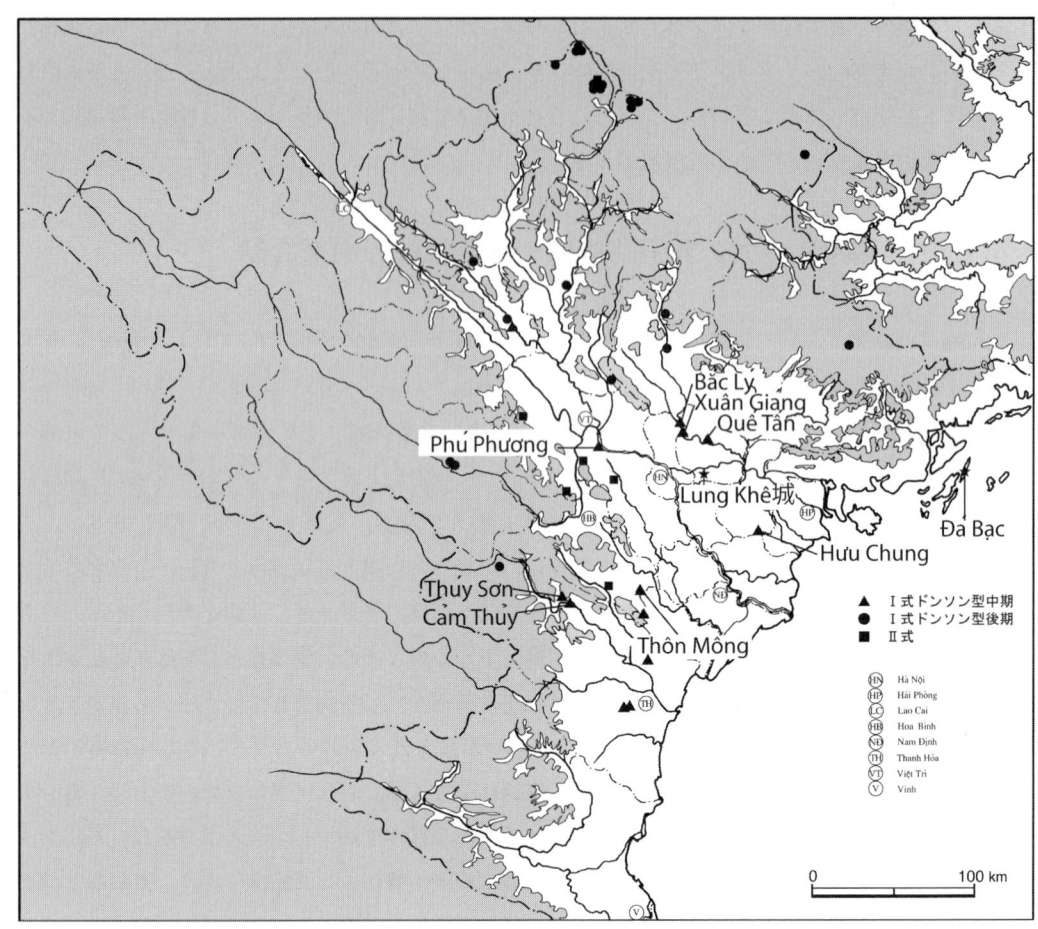

図110　I 式中期・後期と II 式銅鼓の分布

期、吉開分類の I 式中期東群となる。城壁形成層での鋳型片は、考古学的出土状況と土器の編年研究から、年代の下限が紀元紀元 2 世紀半ばか後半に納まると判断される（西村 2007b）。したがって、I 式ドンソン系中期の具体的年代幅は 2 世紀を中心と考えるのが妥当であろう。

　当該期の銅鼓の分布は決して紅河平野の中心部には存在せず、むしろその外縁に位置することである（図110）。今村編年2b期に分類されるクエタン（Quế Tấn）、バックリー（Bắc Lý）、ヒューチュン（Huu Chung）、スアンザン（Xuân Giang）鼓のみが紅河平野の比較的中心部での出土である。しかし、このうち唯一出土地点の情報が存在するバックリー鼓（Phạm M.H. et al. 1987：100）に関しては、磚室墓が確認されている丘からの出土であり、ドンソン文化系遺跡からの出土ではない可能性が高い。また、漢系銅洗とドンソン銅鼓文様が合わさって成立したドンソン系洗（図112）の最初期に位置づけられ、上記銅鼓に時期的にも近接する例が、磚室墓（クアンニン省ハロン湾のダーバック［Đá Bạc］墓）から出土している（吉開 1995：64-94、西村 2007a）。当該期例の銅鼓の場合、在地ドンソン系文化の脈絡での出土と平野部に入植しつつあった漢系文化の脈絡での出土の可能性両方を考える必要がある。

　また、今村編年3a期例は、さらに周縁からの出土となる。トンモン（Thôn Mống）鼓（ニンビン

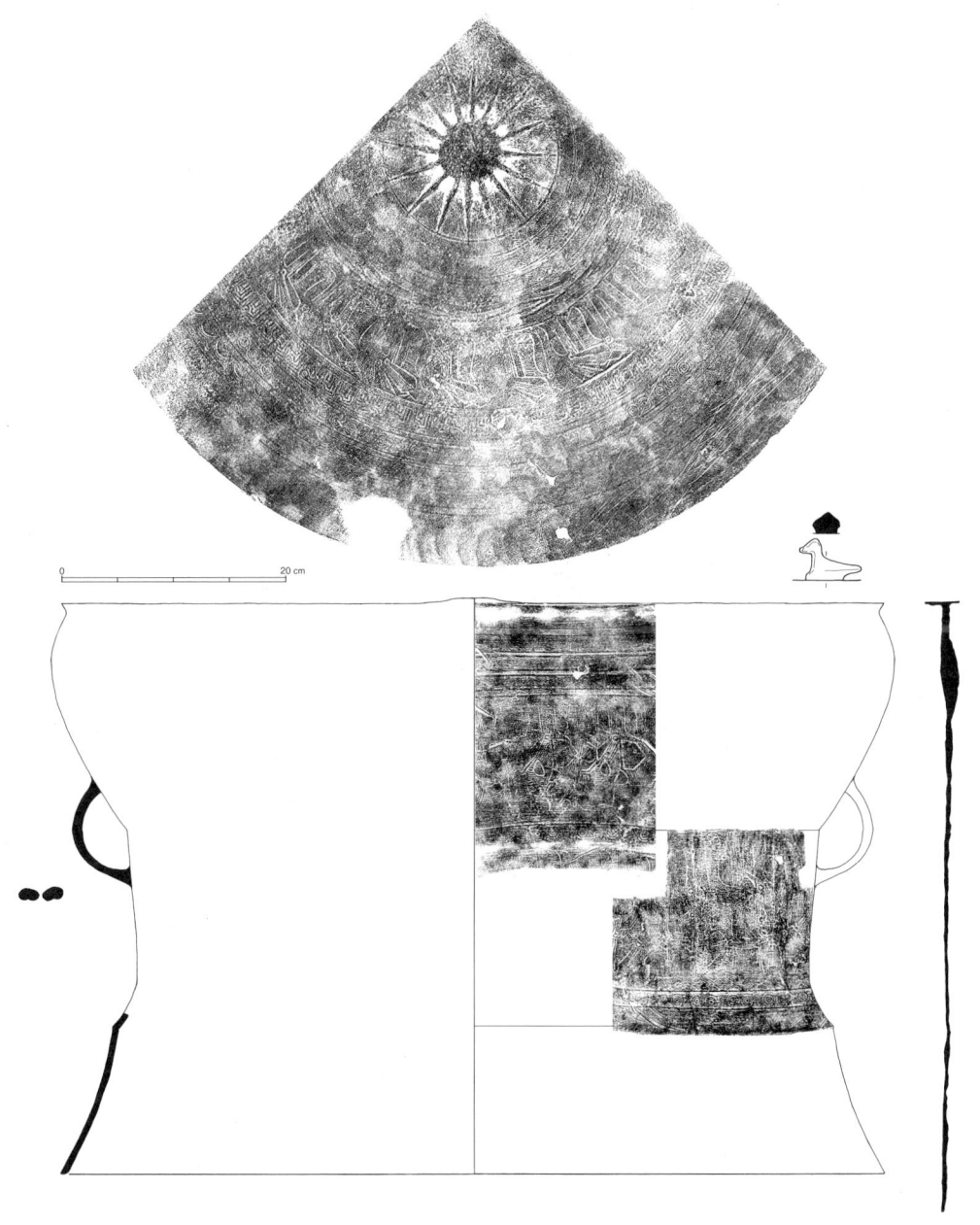

第 7 章　初期歴史時代前期（紀元 1 世紀半ばから 3 世紀初頭）　153

図111　タインホア省のカムトゥイ鼓

省）、ダッグラオ（Đắc Glao）鼓（中部高原のコンツム省）、アンチュン（An Trung）鼓（ビンディ
ン省：西村・ファン 2008）などが挙げられる。また、ラオス南部のチャンパサック域出土例やメ
コン河本流域のタイ側のウボンラチャターニー県出土例（新田 2000）、ビンディン省のゴーゾム
（Gò Rộng）鼓などは、当該期の銅鼓をモデルにして、地元で失蠟法により鋳造した例と判断され
る（西村・ファン 2008、西村 2010a）。
　これらの分布は、以前のドンソン文化の銅鼓が、紅河平野西域・南域からゲアン省の山間部から

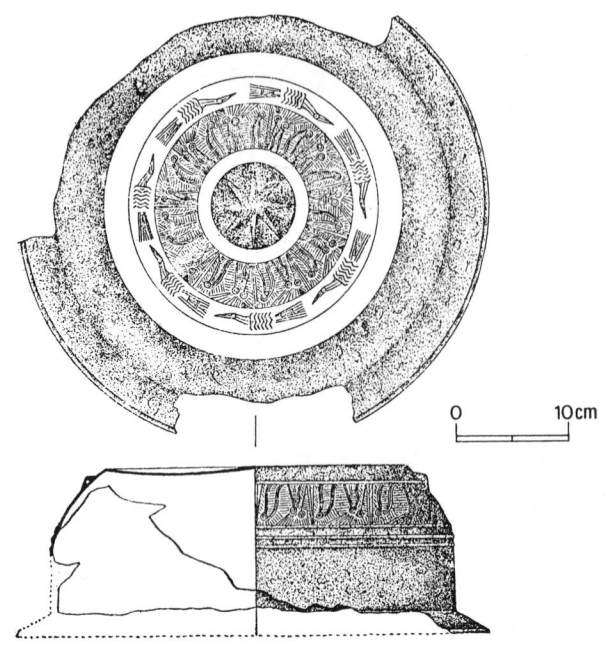

図112　ドンソン系洗（Lê V. L. et al.1963より－タインホア収集例）

平野部にかけて密に分布しているのとはきわめて対照的である。ルンケー城銅鼓鋳型例は、士燮などの時の権力者が居住した交趾郡太守の居城内で、銅鼓鋳造が行われていたことを示している。中国系、あるいは紅河平野在地の集団のいずれが、銅鼓を造っていたかという問題は別にして、ルンケー城政権が銅鼓を青銅器工房の一角で生産し、それらが紅河平野域の外域あるいはさらなる遠隔地の異質（おそらく異民族的）な集団にもたらされるようなシステムがあったことになる（西村2001・2008b）。この時期、銅鼓使用者と製作者は完全に異なっていたと考えられ、紀元1世紀頃まで、ドンソン文化の在地的脈絡で製作された銅鼓とは性質的に異なると考えてよい。羽人文などの銅鼓と共通する文様を有するドンソン系洗（吉開 1995）とともに、その果たした役割は当時の漢系集団と紅河平野やその周縁の在地系集団との相互関係で理解しなければならないものであろう。

註
(1) Hà V.T.（2002）は問題の文字塼に"晋末爵忠訊討賊盧循有功"や"交阯朱者貴民杜"と読めるものがあることから、墓の造営を南斉代（420年以降）と考え、盧循反乱鎮圧に功のあった杜慧度の一族（名は杜貴民）の墓ではないかと考えている。しかし、大西和彦氏（ベトナム宗教史研究）に"朱者"ではなく"朱鳶"と読めることをご教示いただいた。記して感謝する次第である。

第8章　ルンケー城の研究
──初期歴史時代前・中期の中心城郭"龍編"の実態──

　ルンケー（Lũng Khê）城址は紅河平野（図103）のほぼ空間的中心にあたるバックニン省、Thuận Thành県（トゥアンタイン）のThanh Khương社（タインクオン）のルンケー村を中心に旧Dâu（ザウ）川の緩やかな自然堤防上に位置する城郭遺跡である（図113）[(1)]。当城址は歴史的に"Luy Lâu（ルイロウ：羸陵）古城"と呼ばれている。河川の流路を利用して、水濠が巡るように城塁を水濠の内側に盛り上げた城郭である（図114）。城塁規模は北側680m、南側520m、東側320m、西側328mとされ、城塁基部の最大幅は20mを越え、その比高差5m前後に及んでいる（Tống T.T. & Lê Đ.P. 1987）。

　当城址は、前漢の武帝が紀元前111年に設置した交趾郡の九縣のなかで筆頭に記録され、前漢代の交趾郡郡治の所在地とされる羸陵縣の中心と考えられてきた（Maspero 1910、Madrolle 1937、桜井 1979、Trần Q.V. 2001）。一般に後漢代のある時期に羸陵から龍編に郡治が遷ったと考えられているが、羸陵縣自体は南朝中期頃までは確実に存在していたようだ[(2)]。また、後漢代末から三国

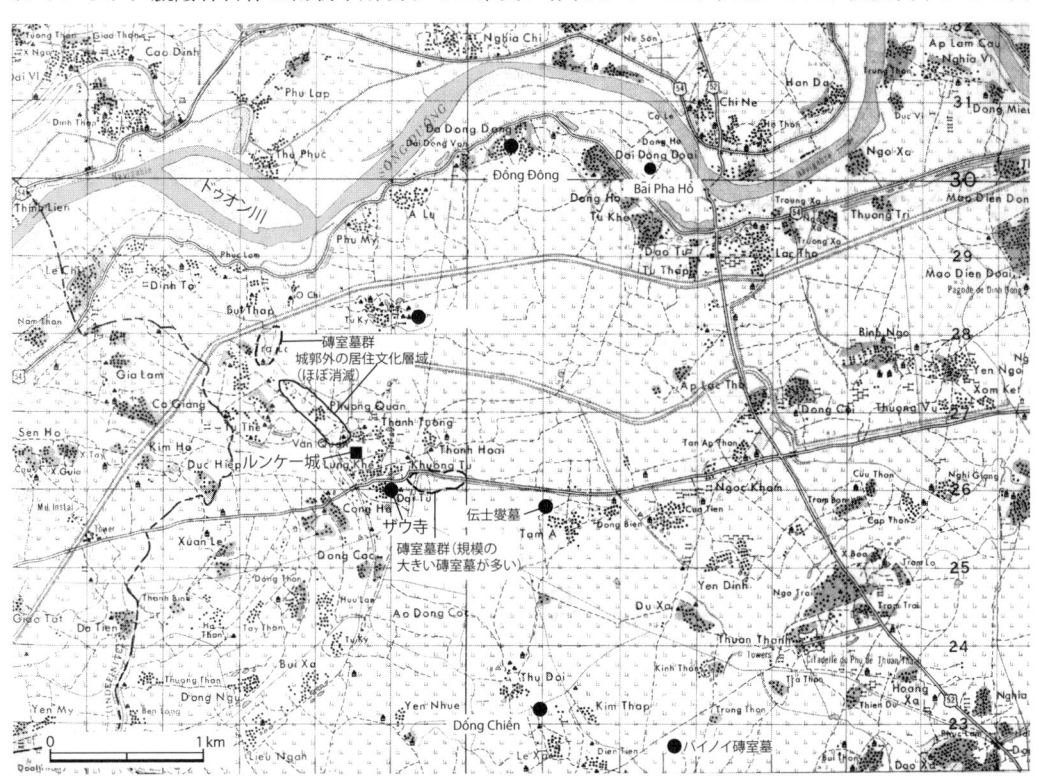

図113　ルンケー城（バックニン省ThuậnThành県）と周囲

図114　ルンケー城平面プラン

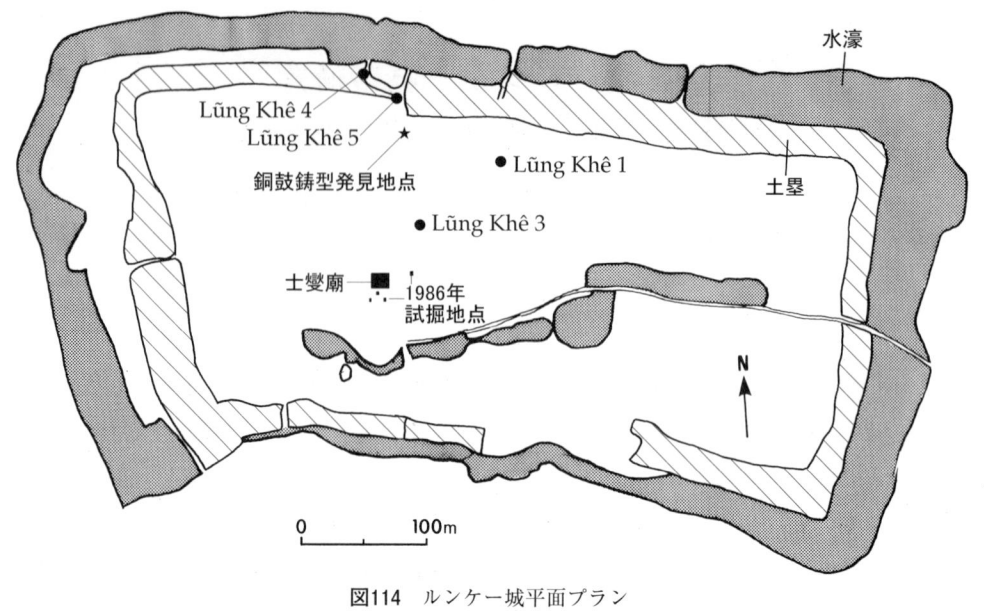

時代初頭にかけて、一族とともに交州全域で勢威をふるった交趾郡太守、士燮の居城を当ルンケー城址とし、文献上の羸陵縣あるいは羸陵城址と重ねて考えられている。なるほど、城郭内中央には士燮の廟と士燮関連の碑文が残され、城郭周辺には士燮に関連する仏教初伝伝説や士燮の墓とされる廟があり、士燮との繋がりを濃密に感じさせる。また、北東5.5kmのドゥオン川右岸には大型港集落（紀元後2世紀以降）であるファーホー（Phà Hô）遺跡もあった（現在、ほぼ消滅）。そして、羸陵縣＝現トゥアンタイン県周辺域、羸陵城＝ルンケー城址という考えをひとつの根拠として、先学は『水経注』の葉楡水37条に登場する河川や縣の位置比定を行ってきた（例：桜井 1979）。

　羸陵縣やルイロウ（ルンケー）城址は、ベトナム"北属時代"前期の重要な歴史舞台のひとつである。しかし、北属時代という長い時代に対するベトナムでの歴史解釈は、中国の侵略と支配、抵抗するベトナム民族という単純な図式しか浮かび上がっていない。考古学的にはドンソン文化が紀元後1世紀頃に終結し、中国系文化が支配的となる時代であるが、考古学調査例も少なく、データの公表も進んでいない。筆者は紅河平野域を研究地域としていることから、北属時代の考古学に一定の関心をもち、また、破壊に瀕したルンケー城や磚室墓の保護や緊急発掘にも関係してきた（Nishimura & Phạm M.H. 1998、Nishimura 1998a・2001・2002、西村 2001・2003a・2007b）。こうした研究経験をふまえて、本稿ではルンケー城址に関する近年の考古学資料からの研究と文献資料からの検証を交え、様々な解釈を提出し、今後の研究の活性化を行いたい。ルンケー城と羸陵縣を巡る問題に関しては、主に文献史学と考古学の2つの異なる方法論からの研究が存在する。以下にこれまでの研究の概要をまとめてみたい。

第1節　文献史学からの理解

　フランス植民地時代から、現在まで羸陞城あるいは羸陞縣に関しては数多くの研究が存在する（Maspero 1910・1918、Madrolle 1937、Trần Q. V. 1959・1999、Đào D.A. 1964、桜井 1979、Taylor 1983）。これらの研究を振り返ると、主に2つの大きな問題が存在することが理解できる。ひとつは縣あるいはその中心である城の位置比定であり、もうひとつは羸陞から龍編へ、いつ郡治が遷ったかという問題である。前者は特に水経注の記述を基本に交趾郡の各縣の具体的位置比定が議論の中心である。後者は『漢書』、『後漢書』、『三国志』、『水経注』、『太平寰宇記』などの史料からの解釈が中心である。

　これらの研究を通じて理解できることは、以下のことである。
1．交趾郡郡治は前漢代に羸陞にあった。
2．後漢代に羸陞から龍編へ遷ったが、その時期は交趾郡刺史周敞の時（142-144年頃）とする考えがある。
3．士燮の時期に羸陞に郡治が再遷し、その後再び龍編へ戻ったという解釈が根強い。士燮関連の伝承や廟がルンケー城とその周辺に集中することなどを理由に、『越史通鑑綱目』や『大南一統志』以来の、士燮の治所である羸陞とルンケー城を同一視する考えをMaspero以外が採用している。しかし、士燮時代の郡治在所に関しての意見は混乱している。また、桜井（1979）は士燮が羸陞に治した積極的根拠が古い時期の文献に見出せないことも認めている。
4．龍編の位置に関しては、すべてがバックニン市や隣接するYên Phong（イエンフォン）県周辺に比定している。しかし、その根拠は『水経注』の解釈を中心にしており、具体的物証との対応はまったくない。

第2節　これまでの考古学研究からの理解

　ルンケー城址はベトナム独立後、早い時期に国家級の「歴史文化遺跡」に指定されてはいたものの、発掘を含めた学術調査は諸々の事情により、さほど活発には行われていない。1969-70年に考古学院が城郭外の南域での発掘と、西側城塁の切断発掘を行っている（Trần Đ. L. 1970、Trần Q.V. et al. 1981）。西側城塁の切断発掘では、盛り土を2期（李・陳期と六朝－隋唐期）に分期し、後漢期の五銖銭出土を根拠にその盛り土層の下の文化層を後漢後期に比定しているが、城郭外の南域での発掘では、遺物研究にもとづいた具体的年代観を提出するには至ってない。

　1986年には考古学院と現ハノイ社会科学人文大学の考古学研究室が、城郭内の中央近くに位置する士燮廟周辺と城郭外のザウ（Dâu）川脇のバイドンザウ（Bãi Đồng Dâu）地点で小規模発掘を行い、同時に城塁の規模をはじめて数値化している（Tống T.T. & Lê Đ.P. 1987）。城塁の存続時期に関しては、その発掘より、城塁の盛り土層を3層に分層し、最上層が李・陳朝以降、中層は六朝から隋唐期に、最下層はそれ以前と判断している。士燮廟周辺の4地点の発掘地点から出土した小

型磚のサイズが隋唐期の磚室墓や磚窯のものに近いことと、大型磚のサイズが後漢後期から六朝にかけての磚室墓のサイズに近いことから、それぞれ、城郭の利用最終期を7-10世紀、城郭利用開始期を後漢後期に求めている(3)。また、東側城郭域（現集落内）で多くの墓が発見され、それらのレンガサイズや遺物が六朝期や隋唐期初頭のものに比定できることから、六朝期以降、東端域は城郭域としては放棄されたのではないかと考えている(4)。

ルンケー城址の発掘調査者で、なおかつ文献史料を扱うことのできるĐỗ Văn Ninh（1989）は『大越史記全書』の龍編と羸陵が同じとする考えを継承し、士燮の時代は龍編と羸陵であるとしているが、龍編縣と羸陵縣が別々に史書に記載されていることへの説明を行っていない。同じく、ルンケー城址の発掘調査者の一人であるTrần Đình Luyện（1999）は、城域で2世紀から7-8世紀にかけてとされる厚い居住痕跡が確認されていることと、龍編と羸陵を同一とする大越史記全書の記述などから、Đỗ Văn Ninh（ibid.）とほぼ同じ考えで、士燮時代に羸陵から龍編に呼称が変わったにすぎないと考えている。

第3節　ルンケー城に関する近年の考古学的研究概況

筆者は1996年よりルンケー城に興味を持ち、断続的ではあるが、城郭や周辺域の分布調査を行い（Phạm M.H. & Nishimura 1998、Nishimura & Phạm M.H. 1998）、1999年の5-6月には、筆者は城郭内の青銅器鋳造工房の一角（Lũng Khê1地点：以下LK1地点と略称）をハノイ社会科学人文大学の考古学研究室や考古学院の研究者との共同発掘調査（ĐNCKQTCLL 2000）を行い、上半分を掘り終え、2001年の継続調査で完掘した（図114）。さらに北側城壁の残存部の露頭部を利用して城壁断面を観察するために、城壁を横断する形で、細長い試掘坑をLK4地点とLK5地点に設定した（図115）。また、1999年と2000年の12月にはハノイ社会科学人文大学の考古学研究室が、学生実習で発

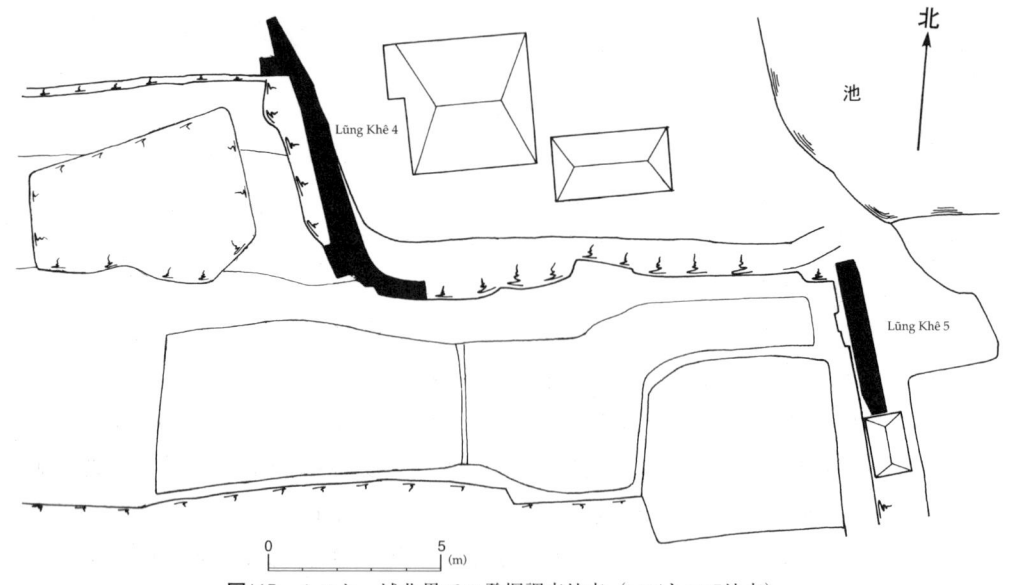

図115　ルンケー城北塁での発掘調査地点（LK4とLK5地点）

掘（LK3地点）を行い、その1999年の遺物整理は筆者が行った。LK3地点は、LK5地点に近い、城郭中央部に位置している。こうした調査を通じて、城塁構造や城郭利用前期に関する編体系を提出した（西村 2007b）。

また、近年の土地開発や骨董ブームは破壊、盗掘に拍車をかけ、城郭や周辺域もその被害を多々被っている。1990年代半ば以降の城郭内レンガ工場の操業による破壊は1999年初頭まで続き、破壊により確認された資料もある。本論では発掘調査や新発見資料にもとづいて考古学的見解を以下にまとめてみたい。

第4節　城塁の構造

城塁は水濠の内側に盛り土で土塁を造成している。前出の城塁規模の数値を、近年利用可能になった衛星写真で計測すると北塁約600m、南塁約510m、東塁約310m、西塁約310mで、全周が約1730mと算出された。この数値は、前出のベトナム側の計測値よりやや小さくなっている。ベトナム側の城郭平面図は衛星写真と比べると明らかに不正確な所があり、精度的にあまり保証できないようだ。ただし、この数値は直線的計測であり、実際の土塁は決して単純な直線状ではないので、もう少し数値が大きくなると見込まれる。また内塁が中心域で推定範囲として報告されているが、これは1999年から2000年のハノイ大学の調査LK3地点の発掘で確認された、土燮信仰活発化に伴う陳朝期以降の建築時の地盤造成などによる地面高レベル化を誤認したものと考えられる。

また、現南側土塁のさらに外側に南側土塁と平行して走る土塁があった可能性がある。南側城塁では、土塁中に磚が意図的かつ部分的に壁の芯部をなすように積まれている部分が確認されている。前述の1986年の北塁で調査地点は、土塁構成土中より、後漢代の土塁構成土上で、土塁の長軸に沿う形で長い磚壁が出土し、南朝期と理解されている。2001年のLK4地点でも上層部（L4層）から上で、灰色磚を用いた磚壁の一部らしきものが確認されている。これらの磚積み構造は、3-4世紀以降のものと考えられる。

また、城塁の西側では方形の張り出し部（鶏、馬面）らしきものも確認できる。西北、西南隅は周囲より高くなっている。特に西北部は方形の張り出し部が確認できる。

LK4地点LK5地点の発掘から、北側城壁の中央部での横断面が復元できた（図116）。

発掘の所見から当城壁は以下のような過程で造営されたことが理解できる。

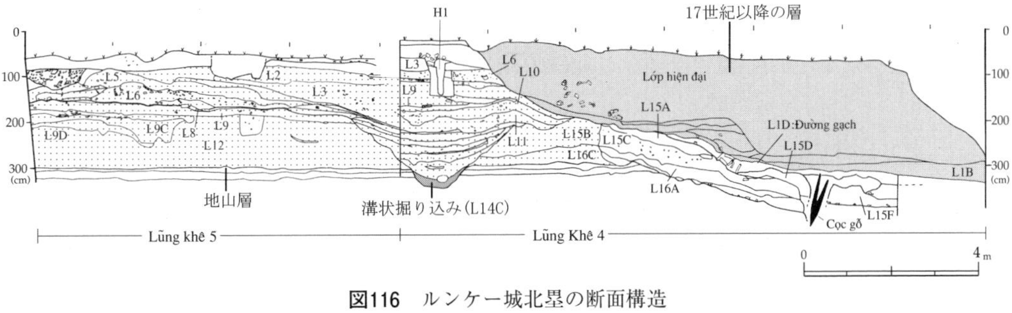

図116　ルンケー城北塁の断面構造

第1工程：最初に粘土の基盤層まで地山層を削平し、造営せんとする城塁の長軸に沿って細い溝（図116のL14C層）を作る。これは設計の基本線のようなものであろう。その溝の両側に粘土を中心とした盛り土を1m以上盛り上げ、前述の溝を基底としてV字状の大きな溝（幅4m、深さ1.5m）を形作る。さらに南側の城郭内側の盛り土層の上には、五銖銭を中心とした銅銭混じりの土層や瓦片を敷き詰めた土層を重ねている。そしてその上で、火を集中的に焚くような行為を行い薄い焼土層を作っている。

第2工程：前述のV字状溝に、炭化物や遺物混じりの層が純質な粘土に挟まるように間層として入れている。このV字状遺構の埋土の中には五銖銭が意図的に混入されている。また、この埋土の上層に相当するLK5地点のL8C層（図126）で銅鼓の鋳型小片が確認された。さらに城壁の内域からV字溝を横断するように盛り土が重ねられている。最終的にV字溝の真上では、盛り土は2m以上にも及び、城壁の主体部となっている。土盛りにはレンガや瓦片を混ぜた土を間層として幾層も挟み込んでおり、コーロア城の城壁建設でも用いられている工法であり、版築法とはやや異なっている。

第3工程：城壁上部ではいくつかの大きな柱を埋めるための穴を規則正しい間隔で掘り、レンガ片等を意図的に隙間埋めに利用している。遺物の違いから城壁造営後の時期的に新しい工程と理解できる。木柵等の柱穴と考えられる。また若干の盛り土と磚積遺構構築も新たに行われている。

現在までの遺物研究では第1工程と第2工程の間にはほとんど時間差がないと見られ、2世紀半ば頃に収まるものと考えたい。第3工程はLK1地点の中層、つまり3世紀あるいは4世紀に納まるようだ。

LK4地点における城塁中央の最下層の溝と同じように、LK1の最下層でも、南北に軸を合わせた溝が地山削平後に掘られていることが確認された。これらは都城建設時の土塁や建築の造営のための地割りや設計を確定するためのものと考える。

土塁と土塁内の居住域の比高差は建設時と後代では違うようだ。

図116のLK5地点L12層が示すように、城郭建設時に、すでに1m程度の盛り土で周囲より高い地盤を築いている。しかし、LK1地点では、初期の文化層は2m以上深く、城郭建設当初、中心域とさらなる外縁では、大きい高度差が存在した可能性がある。ただし、その後の生産活動、盛り土などで、LK3地点と中心域の高低差は縮小したようだ。

第5節　城郭内遺構の性格と城域の範囲

LK1地点の発掘では、鋳型、炉などを伴う青銅器の製作工房が確認され、その周囲に同様な痕跡が確認できることから、城郭内中央北域にかなり大規模な青銅器工房があることが理解された（ĐNCKQTCLL 2000）。これは青銅器製作が城郭内居住者により管理されていることを示しており、城郭外での生産が行われている陶磁器類（例：Đại Lai：ダイライ遺跡）とは違った、より特別な政治・社会的意義が推測される。今後城郭内の生産工房に注目する必要がある。城塁の外側にも遺物

分布範囲は確認できる。すでに1986年の城郭の西脇のザウ川脇のバイドンザウ（Bãi Đồng Dâu）地点の発掘では河川脇での厚い文化層が確認されているが、かつては城郭が位置する旧ザウ川左岸の自然堤防帯ほぼ全域にわたってその厚い居住文化層が確認できた（図113）。城郭外南域にはベトナム仏教初伝の地とされるザウ（Dâu：延応寺）寺が位置しているが、その周辺一帯も当時の居住文化層が確認できる。ザウ寺の位置が昔から変わっていないと仮定すれば、城郭に連続する居住域の中にザウ寺が位置していたことになる。城郭外に隣接する同時期の居住文化層を有する地域を"城域"として捉えるべきであろう。また、城郭外の東域と北西の水田地帯は磚室墓の墳丘が分布する墓域となっている。
(5)

第6節　城郭の存続時期について

　1999年のLK1,3地点の発掘では下層部からわずかながらも、先史時代（ドンソン文化以前）に相当する土器、石器等が出土している。また、ルンケー城の北2kmに位置するダイチャック（第5章）や東2kmに位置するタムアー（Tam Á）でも青銅器時代に相当するドンダウ（Đồng Đậu）期からドンソン期にいたる遺跡が調査、確認されている（Phạm M.H. & Nishimura 1998・2004、Phạm M.H. 1999、Nishimura 2002）。それらはルンケー城が位置するドゥオン川南岸域が青銅器時代にはすでに居住域になっていたことを示し、そうした居住の上に、ポスト・ドンソンとも呼ぶべき中国系文化色が色濃い人々の居住・土地利用があったことになる。ただし、ドンソン文化から、ポスト・ドンソン段階へ連続する形で文化層が確認された遺跡はルンケー城や周辺域にはない。

　城郭域の存続期間を考える場合、まず城壁内発掘地点の文化層の時期比定が重要な根拠となる。特に層位的発掘を最も細かく行ったLK1地点の資料が最も信頼性が高い。そしてLK4と5地点の資料の比較を行えば、ほぼ城郭の建設から放棄に至る時期に関するある程度正確な見通しが立てられよう。また、LK3地点に関しては、1999年度の調査資料を見る限りにおいて、LK1地点とまったく同時期の遺物と考えてよい。

　紀元1世紀末から3世紀初頭の陶器に関する筆者の編年案（西村 2007b）では、LK1地点とLK4、LK5地点の資料は、2世紀を4分したなかでの第3段階（後述のバイノイ磚室墓と同時期）に位置づけられる。したがって、2世紀半ば、あるいは後半期初頭と考えればよい。

　この場合、ルンケー城造営時期を2世紀半ばと考えると、『太平寰宇記』170巻にある、後漢の周廠が交趾郡太守の時に郡治を龍編に移したという記述を142-143年頃とするMadrolle（1937）の解釈が現実性を帯びてくる。

第7節　利用最終期について

　LK1地点で第1層、第2層からの出土遺物（図117の8〜12）が判断材料となる。LK3地点では第3レベルまでの上層部約30cm厚の文化層からの出土遺物や壺と鉢を合わせ口にした墓の共伴遺物が判断材料となる。

LK1-L4-1E-34 1

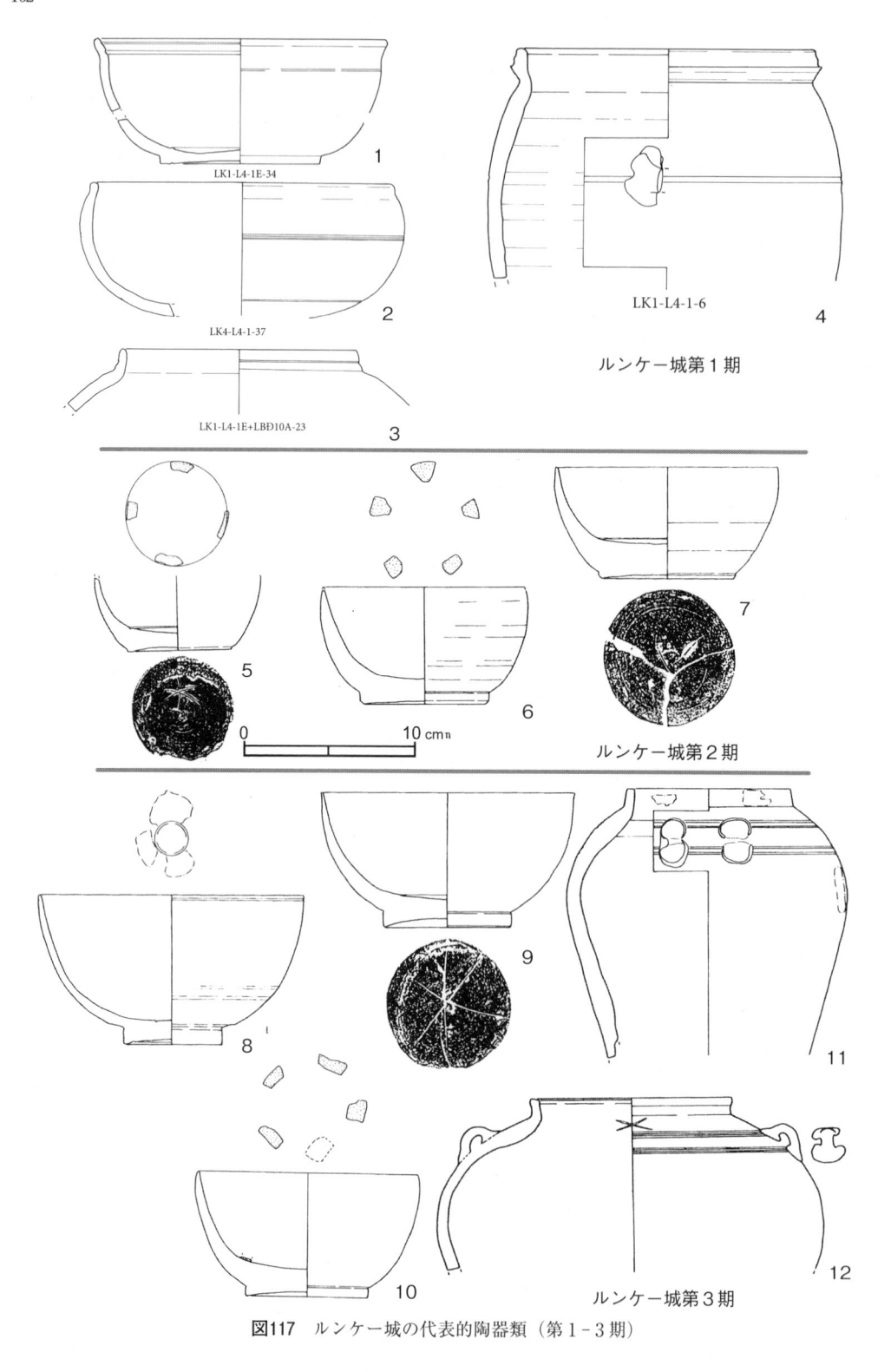

LK4-L4-1-37 2

LK1-L4-1E+LBĐ10A-23 3

LK1-L4-1-6 4

ルンケー城第1期

0   10 cm

5   6   7

ルンケー城第2期

8   9   10   11   12

ルンケー城第3期

図117 ルンケー城の代表的陶器類（第1-3期）

ここでは南中国（広西、広東、福建など）の紀年磚を有する磚室墓資料との比較を行うため、施釉陶器の特に碗に注目する。理由は施釉陶器の出土量は全体の遺物量において少量しか占めないが、ほとんどが在地の生産品と考えられる無釉陶器や土器などに比べ、北部ベトナム域内に搬入品としてもたらされた可能性が最も高いもので、南中国との直接の比較が可能と考えるからである。[6]

　図117-8はLK1,3地点の上層部出土施釉碗である。口縁直下の沈線、膨らみを有する体部、削り出されたの実芯の高台、高台部近くまで施された灰緑色青磁釉などが特徴である。在地製品と考えられる、ほぼ同型の実芯高台をもつ碗は、五足の筒型トチンによる重ね焼きを行っているが、上述例は個体焼成あるいは器面内央の施釉部をわずかに掻き取り、土塊を挟む重ね焼きを基本としており、焼成技術の異なりを見せている。

　中国陶磁の変遷史においては明らかな高台を有した碗が出現するのは南朝期（420-589年）とされる。また、器形的には、器幅に対して器高が徐々に高くなっていく傾向が認められる（中国珪酸塩学会編 1982）。この傾向はLK1,3両地点の遺物整理でも同様に確認でき、当遺跡の陶磁類の一部は、明らかに中国内地の変化過程に対応していることが理解できた。ここでは、資料も豊富で時期的特徴を出版資料からも判別しやすい施釉碗について、紀年磚室墓の資料が多い広東省の事例と比較する。紀年磚をもつ磚室墓資料（谷 1999）は、副葬遺物の絶対年代の下限を押さえることができる。

　広東韶関市曲江区南華寺の元嘉十八年墓（441年：広東省博物館 1983）から出土している碗は、器幅に対し器高がまだ低いタイプでLK1,3地点と完全に同タイプとは言い難い。掲陽県赤嶺口北坡墓群（3基）ではLK1,3地点と器形、高台部の整形法とも酷似した碗が出土している（広東省文物管理委員会他 1984）。3基中、2号墓は大明四年（460年）の年号磚が出土し、他の2基からの出土品は2号墓と差はないとされ、ほぼ同時期と考えられる。広東英徳県石墩嶺の永元元年墓（499年：広東省文物管理委員会他 1961）や同墓近くの各16,31号墓（徐 1963）、韶関市西河工地地点の南朝墓群（楊 1983）で出土しているものはLK1,3地点の上層部資料と器形、施釉範囲等がほぼ同じである。洺洸鎮各16、31号墓は永元元年墓と、墓構造も遺物も同型であることが報告されている（徐同上）。

　広東始興県南朝墓群の赤東11号墓（6世紀後半に比定：広東省博物館 1982）の青磁碗になると、[7]器幅に対する器高がより高くなり、LK1,3地点のものとは異なってくる。隋朝期（581-618年）になると、さらに器幅に対する器高がより高くなり、施釉範囲も高台部までに及ばなくなり、また口縁部の器体厚も厚みを増してくる（例：広東韶関市西河11号墓：林 1986）。同様の資料は、南朝末期から隋唐初期の広東英徳県石墩嶺墓群のなかでも早い時期のもと考えられる墓からすでに確認されている（徐恒淋同上）。

　以上の磚室墓資料よりLK1,3地点の上層部資料はほぼ5世紀後半から6世紀初めに当てはまる可能性が最も高く、遅くても6世紀前半に納まるものと考える。

　また、城郭内の最上層部では唐代並行期から現代までの様々な時期の陶磁器が出土しているが、これらを捉えて、城郭の利用時期の下限とする考えに筆者は与さない。確実な城郭遺構の最終末のものを捉え、城郭利用時期の下限とすべきである。[8]

第8節　他城郭、土塁遺跡との比較

　ベトナム中部や南中国、さらには紅河平野域内における前後する時期あるいは同時期の城郭との比較を行う。
　中部ベトナムのクアンナム省トゥーボン（Thu Bồn）川中流南岸に位置するチャーキウ城（図118）は、中部ベトナムの初期国家、林邑の都、典冲に比定されている。城塁は東西に長い長方形を呈し、東西幅約1500m、南北幅約550mの規模がある。城郭内では建築基壇を含んだ厚い居住文化層、盛り土層が確認されている。年代は紀元後2世紀から3世紀にさかのぼると考察されている（山形 1999）。また、城郭自体の切断発掘（Nguyễn C.et al. 1991）により、南塁の土塁幅は33m、周囲高3.1mある。土塁中央部下層で、土塁長軸に沿って3.3m間幅で土盛りをし、その両側に磚壁を1.3-4m幅に積む構造をもつ。城塁外側の磚壁自体、内外両面を磚壁で築き、中込めにレンガ片を詰めている。外側磚壁は現在の水田面より0.5m深いところから積まれている。磚壁の基礎は10-15cm径の川原石で構成され、外側の磚壁は基礎も入れて2.86mの高さがある。断面図（図119）からは磚壁下部が土塁の芯的基礎として機能し、その周りに土盛りにより基礎を保護し、磚壁自体

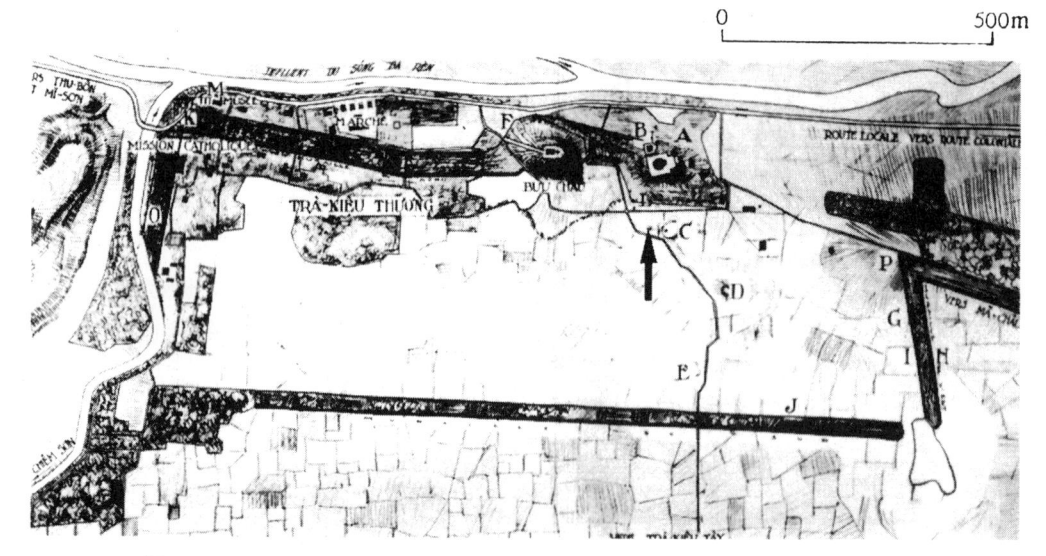

図118　チャーキウ城の平面プラン（矢印はホアンチャウ発掘地点：山形1999より）

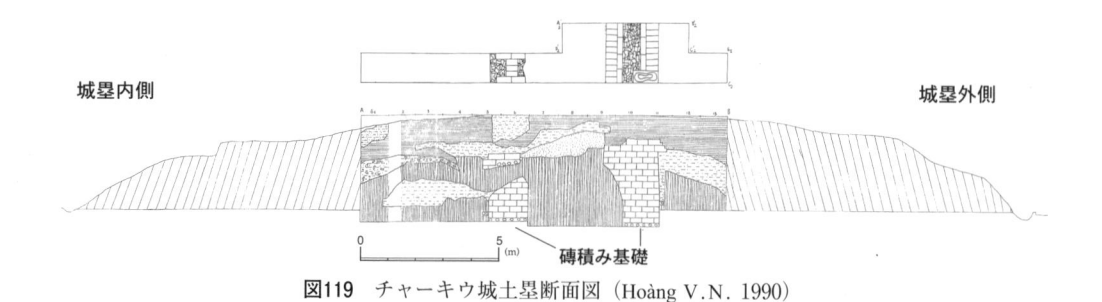

図119　チャーキウ城土塁断面図（Hoàng V.N. 1990）

第8章 ルンケー城の研究 165

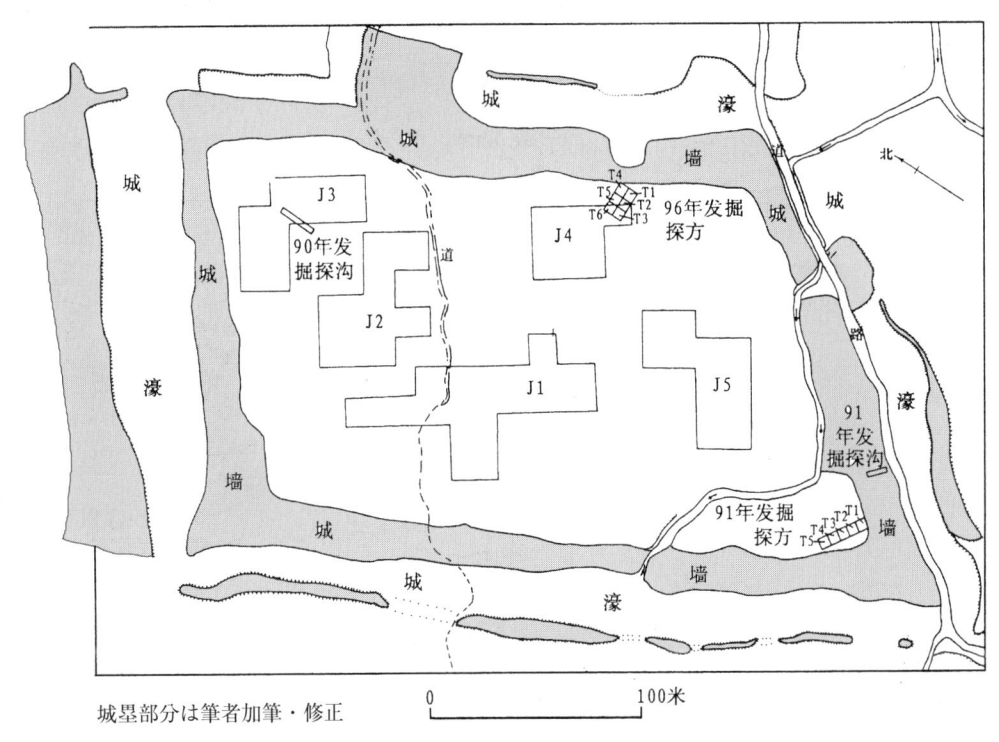

図120 広西壮族自治区桂林北郊の秦城平面プラン（広西壮族自治区文物工作隊他1998を筆者改変）

はさらに地上に高く詰まれていたという理解も可能である。磚の積み上げ法などはルンケー城と類似している。

　四川省雒城（沈他 1984）の土塁にも磚を積んだ構造が確認されている。磚壁は横断面が矩形で、最大幅8.9mで内外両側に積んでいる。断続的に確認されており、連続しているわけではない。この現象はルンケー城南土塁で確認された現象に通じる。

　広西壮族自治区興安県秦城遺跡（第6章の注参照）は霊渠と大溶江が交わる三角州上に位置し、秦代と漢代の都城や土塁跡がそれぞれ残っている。漢代とされるより規模の小さい土塁（図120）は、周囲長が1070m程のややゆがんだ長方形を呈している（広西壮族自治区文物工作隊他 1998）。報告では、土塁は一重という認識だが、筆者の踏査では、10m幅ほどの内塁の外側には濠が巡らされ、さらに外側にもう一回り土塁（外塁）が廻らされていることが確認された。北西側外塁は最大幅40m近い巨大なものであるが、南西側は3-4m幅程度で、3m高程度しか残存していない所もある。北東側の内塁東よりに凹みが設けられ、城門と理解され、北寄りには幅28m程度の大きな張り出しも確認できる。また南東側内塁の東よりに幅20m程度の張り出し部が設けられている。また、土塁の四隅には突出した角楼が築かれており、城外周囲面も最も高く、比高差も5mに及ぶものもある。当城址は、出土遺物から前漢中期の造営で、後漢期に増築したと考えられている。土塁の四隅には突出した角楼が築かれており、コーロア城の内塁の甕城的突出部とやや類似している。また、土塁の基底部では川原石がかなり意図的に混ぜられており、これもコーロア城やルンケー城で磚や瓦の破片を混ぜて、盛り土の安定を図っている方法と同じ発想であろう。当城址は出土遺物から前

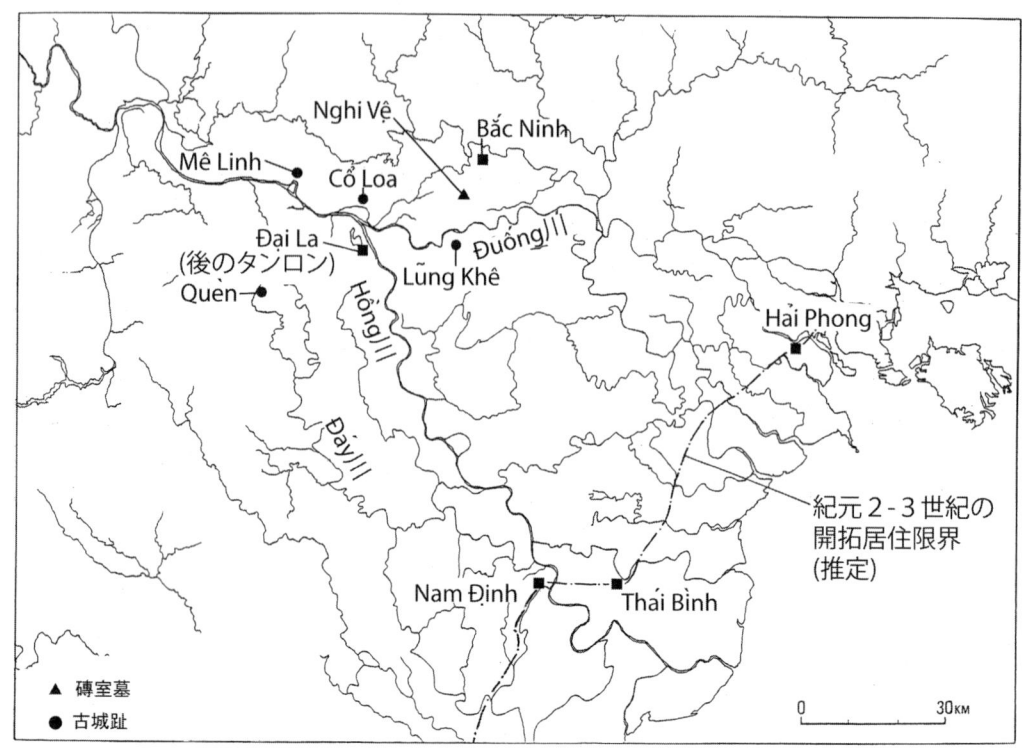

図121 独立初期王朝以前の主な城郭と関連遺跡

漢中期の造営で、後漢期に増築したと考えられている。また内城内は、城塁外の周囲面より高く、おそらく盛り土による地盤造成を行っている。ルンケー城より造営時期は時間的に先行するが、プランや城郭造営技術共に共通性を感じさせる。

紅河平野ではルンケー城以外にも、第6章で論じたコーロア、麓冷（Mê Linh）、クエン（Quèn）城、羅城（La Thành）あるい大羅城（Đại La Thành：後のタンロン中心部か：第10章参照）などの古代の城郭が具体的遺跡として確認されている（図121）。このうち考古学的調査が城域で行われているのは、コーロアと後代タンロンとなる羅城あるいは大羅城中心域のみで、あとは簡単な踏査等が行われているに過ぎない。

メーリン城は、ヴィンフック省Yên Lãng県Mê Linh社のHà Lôi村に位置しており、南には紅河本流が流れている（Phan Đ. D. 1973）。徴姉妹を祀ったđền（神社）があり、当城址は紀元後40年に徴姉妹が義挙した際に、最初に攻め落とした麓冷縣の城であると考えられている。城壁は二重であったようで、外壁は壁高1.8m、壁のすそ幅4.6m程度のもので、内壁との間はわずかに2.65m程度しか離れていなかったとされる。城郭の規模は破壊が進んでいたため、詳細は不明だが、正方形に近く、面積が36000㎡あったとされており、一辺の長さが190m前後となる。土塁からコーロア城やルンケー城で見つかるものと同類の瓦が見つかっているから、少なくとも後漢並行期にまで遡ることは間違いない。

クエン城は旧ハタイ省クオックオアイ県Liệp Tuyết社Đại Phù村に位置し、西側にはTích（ティッ

ク）川（下流でダイ川に合流）が流れている（Đỗ V.N. 1970b）。残存の程度はよくないが、一辺170m、高さ1.5-2mの土塁が隅丸方形をなしていたようだ。十二使君時代（10世紀後半）の杜景碩（ド・カイン・タック）の根城とされているが、土塁からコーロア城やルンケー城と同類の瓦類や土器片が確認されており、城郭建設が漢代にまで遡るのは確実である。

現ハノイに位置していたと考えられる唐代あるいはそれ以前の城郭に関しては、第10章で論じているが、文献から最も早くて6世紀半ばからの城郭建設活動が認められる。したがって、ルンケー城の利用終末期と重なる可能性がある。

この他にタインヴオン（Thành Vuôn）やタインゼン（Thành Dền：Phạm Đ. D. 1973）など、徴姉妹や馬援関連の城塞として報告されたものもあるが、それぞれ陳朝期の小規模土塁（西村 1999年1月踏査）と先史時代の居住遺跡（Hà V.P. 1998）の誤認である。

以上より、紅河平野の唐代以前の城郭遺跡においてコーロア城の規模が突出して大きく、周囲長1800m近くのルンケー城は、その次に大きいことがわかる。しかし、コーロア城は秦～前漢初頭並行期の建設である。後漢並行期には大規模な面積での城塞利用はなかったと考えられ、ルンケー城は、2世紀から6世紀までにおいて規模、様態として政治中心的城郭としてふさわしい。したがって、その建設時以降、紅河平野最大の城郭であり、交趾郡太守クラスの人物が居した城郭と判断してよい。また、それらよりずっと小規模なメーリン城やクエン城は、各縣治クラスの城郭であろう。クエン城は水経注の記載を頼りにするなら句漏縣（本章第4節参照）の縣城ということになろうか。現在までのところ、縣治単位で比定できる城郭遺跡が非常に少ないことがわかる。中国南部では縣治所在地が城壁を持たなかった例は、宋代以降でも少なくなかったようで（伊原 1993）、城郭が後世の諸活動で消えただけでなく、もともと城壁がなく県城として確認できない場合が多いと考えねばなるまい。土塁の土盛り法としてルンケー城は、コーロア城や中国南部の城郭やチャーキウ城と共通点を有し、磚積み上げによる土塁の安定化に関しても、チャーキウ城や中国南部の城郭と共通点を有している。ただ、磚を土塁中に積み上げる点において、より早い時期に建てられたコーロア城や興安県秦城などとの相違点も存在する。また、これらの城の立地として興味深いのは、すべて河川の脇に位置し、水上交通の利を考慮していることである。

第9節　中国遠隔域や東南アジア大陸部各地との関係を示す遺物

城郭域で出土する物は陶器、磚、瓦がほとんどを占める。それらの生産地は前述の施釉陶器を除いて、ほぼ在地製品と考えられるが、器種、技術の起源は、嶺南地域あるいはさらに中国内地方向に求めうる。しかし、量的に多くはないが非中国的な遺物が出土・発見されているし、また中国の遠隔域殿との関係を考えなくてはならないものもある。それらは当城郭を拠点としたであろう政権（集団）の性格を推察する上で非常に興味深い。以下にその幾例かを挙げて、その背景を論じてみたい。

瓦当、平瓦、丸瓦などが最下層より上層まで出土している。ここでは、瓦当の下層資料について紹介する。胎土はキメの細かい粘土に砂を混ぜたもので、赤褐色や灰色を呈しているものが多い。

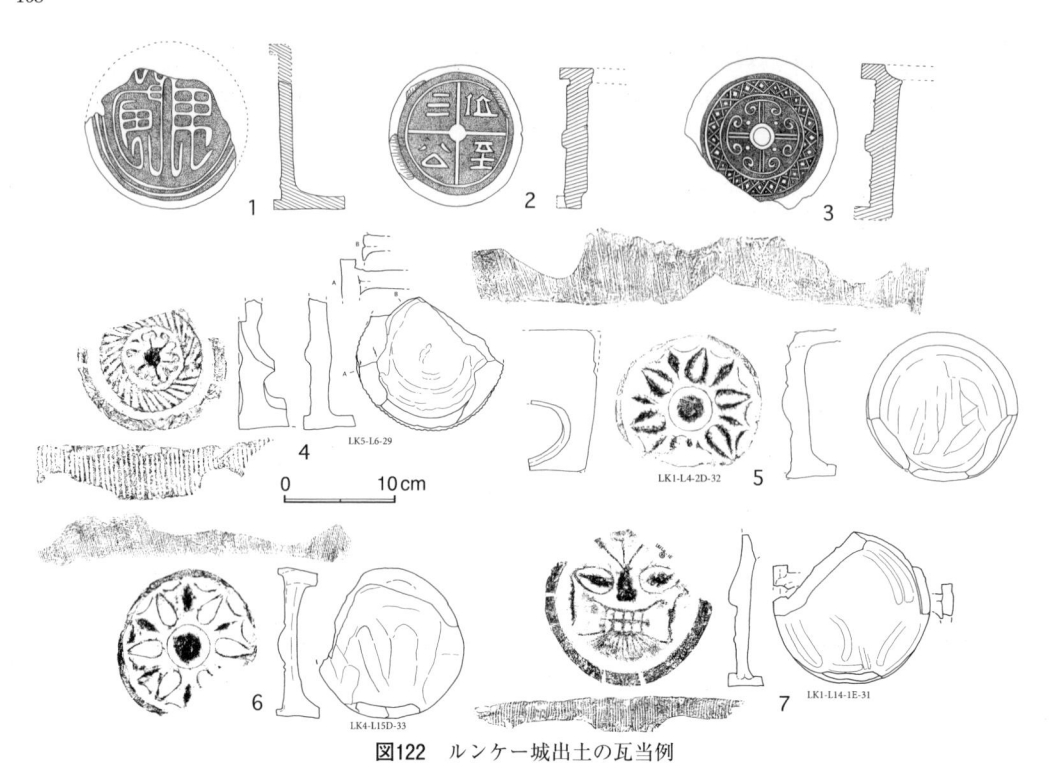

図122　ルンケー城出土の瓦当例

　製作法は文様を彫った型に粘土を押しつけ、瓦当文様面の周りに丸瓦となる粘土を貼りつけ、さらに瓦当文様面の器壁を厚くするために、裏面に粘土を貼りつけ丸瓦部分になでつけていると考えられる。丸瓦部は裏面に布目圧痕が残り、模骨法で作られていると考えられるものも存在する。

　図122-1から図122-3は、城郭中心部に相当する士燮廟周囲で行われた1986年発掘地点での出土品である（Tống T.T. & Lê Đ.P. 1987）。「万歳」や「位至三公」などの銘文をもつものは、典型的な漢－三国時代の瓦当である。これらの瓦は、城郭中心部居住者が漢人系支配者であることをよく表している。

　LK5-L6-29（図122-4）は珍しい類で、中央の円から6つの直線が伸び、C字文が配され、さらに外周に斜線の圏文が廻らされている。丸瓦部表面は縄蓆文である。中国に多い、いわゆる雲文瓦当が変化してきたものであろう。素弁式で、凸線で大きく表した蓮弁と、盛り上がりで表した葉6枚を交互に配している。LK1-L4-2D-32例（図122-5）も最下層で出土した蓮華文例である。

　LK4-L15D-33（図122-6）も蓮華文瓦である。

　LK1-L4-1E-31（図122-7）は人面文瓦当で、同類は城壁形成層からも出ており、蓮華文瓦当と共存している。図122-2～4例のすべての丸瓦部表面は、木目が残されており、丸瓦部を接着した後に板状木製工具でなで上げた可能性がある。人面瓦当類似例は、タインホア省のタムト（Tam Thọ）窯（Janse 1947・1951）やコンチャンティエン（Cồn Chân Tiên）、クアンナム省のチャーキウ（Trà Kiệu）城（図123-4,5：山形 1997・2007）やチャンパの歴代宗教的中心遺跡であるミーソン（Mỹ Sơn）遺跡、ビンディン省のチャンパ都城アンタイン（An Thành）遺跡、南京の都城（図

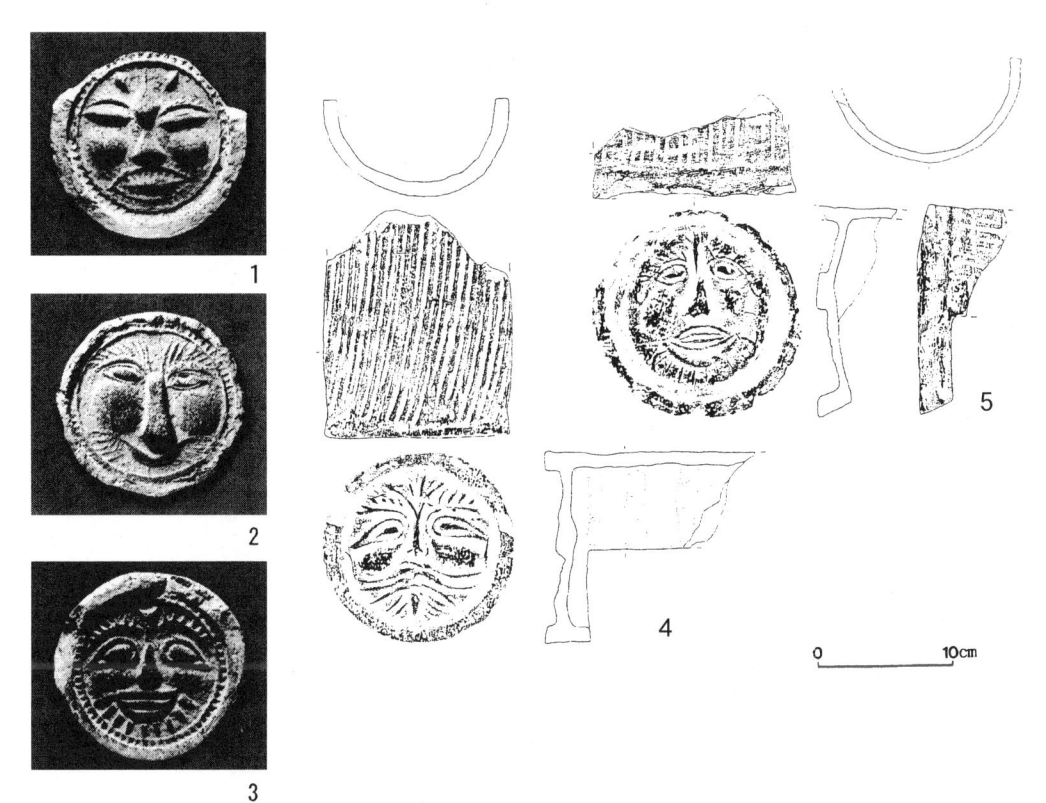

図123　南京（1-3）とチャーキウの人面瓦当（4-5）（山形2007より）

123-1〜3例：賀 2003）などで出土している。南京（建業）の東呉期（229-280年）あるいは建業遷都以前の都、鄂州で出土している。山形は、チャーキウ城のホアンチャウ地点を最下層・下層・上層に分期し、上層から出土する人面紋瓦当を、南京の建業都城からモチーフが伝播したものとして理解し、その年代観より3世紀に比定している（山形2007、Yamagata 2010）。しかし、この山形の中国からの伝播論は、まだ結論早急である。まず、ルンケー城例は最下層から1層直上のL4-1層から出土し、それは当方の編年で2世紀第4期を中心とする年代に位置づけられる（西村 2007b）。したがって、人面瓦当の最古例は現段階ではルンケー城例であり、場合によっては、北部ベトナムからチャーキウや建業へという場合も想定する必要がある。南京出土例には、ルンケー城例にモチーフが酷似する例などなく、まだまだ型式学的距離が存在しそうだ。また、チャキウ城出土例とルンケー城例では、南京例とルンケー城例ほどではないが、一定の型式学的距離も存在する。また、南京などでは、共伴遺物など層位的根拠にもとづく編年観は示されておらず、年代比定にやや甘さを残している。また、賀（前出）が挙げる戦国時代の人面文瓦当も、年代に隔たりがありすぎ、結びつける気にはなれない。

　ところで、LK1地点の紀元2-3世紀の瓦当は、こうした蓮華文や人面文瓦当が中心を占め、さらに4世紀以降の瓦当は蓮華文がほとんどを占める。蓮華文瓦当については、正視型の蓮華文が中国秦代には出現しているが（上原 1997）、その後の発展をたどれる資料がない。ルンケー城では、

共伴陶器から2世紀半ばまで遡る資料になり、現状では南中国、ベトナム中北部での最古段階の資料となりそうである[9]。筆者は、この蓮華文盛行の理由がこの地域での仏教盛行にあると考えている。すでに士燮政権は、南海交易などの利により富を得、士燮が往来する時には胡人が並び、香を焚いていたことなどを『三国志』士燮伝は伝えている。また、ルンケー城の城郭外の南域に位置するザウ（Dâu）寺は、ベトナム仏教初伝の地でもあり、士燮の時にインド人僧が住み仏教が伝わったという伝説が『古珠録』（14世紀半ばまでに編纂：Nguyễn Q.H. 1996）にも書き残されている（西村 2001）。

　士燮政権後も、南北朝時代の交趾は仏教の中心地として栄えるが、当時の交趾郡で仏教が栄えていたことが文献研究（例：Lê M.T. 1999）からも裏付けられ、その首府（龍編）であるルンケー城で主を占める瓦当は、蓮華文であることに変わりはない。したがって、蓮華紋瓦当と仏教の密接なつながりが交趾郡でも確認できることを強調したい。

　また、この仮説が正しいならば、3世紀のチャーキウ城は人面瓦当が主体で、蓮華文瓦当が見あたらない現象を、仏教以外の宗教（ヒンドゥー教？）と結びつけるか（西村 2007b）[10]、あるいはヒンドゥー教と仏教の両方の要素をもつ宗教指向と結びつけて理解できると考えている。この人面紋をインド起源のマカラとする意見（Trần Q.V. & Hoàng V.K. 1986）を吟味する必要があろう。この違いは蓮華紋と仏教の関係を前提とするなら、その時期チャーキウ城では、仏教がルンケー城周辺ほどには浸透しなかったのかもしれない。もちろん瓦当のみで、宗教の性質を断じようとは思わないが、そのような視点が当時の活発な国際交流状況の理解に必要と考える。

　図124-1は漁網錘である。同型式の漁網錘はタムト（Janse 1947）、チャーキウ、オッケオ（Óc Eo：西村 1997b）の各遺跡で出土している。形態的には中国起源のものであるが、日常の生業で使用する道具で共通性が見られることは興味深い。おそらく水上交通の発達がもたらした結果であろう。図124-2は、Kendi（クンディ）と呼ばれるインドに器形起源を持つ水注で、城域内操業のレンガ工場の土の採掘で発見されたものである。同様例はバックニン省内の磚室墓資料と考えられるコレクション（当時Hà Bắc省博物館所蔵資料：図125）にも存在し、こちらは底部に漢字銘文が、焼成前に刻まれており、在地での生産であることがうかがえる。図124-2例は型式的にはチャーキウで発見されている例（山形 1999）に近いが、この種の遺物は、オッケオ文化（Lê X.D. et al 1995）のみならず、タイ、マレー半島など東南アジアの広範域にみられる遺物で、形態的共通性も高い。地域間比較による伝播方向（例：山形 1997：174）を抜き出すのではなく、全体の変化の流れから地域性を抽出する必要がある。クンディと関連して、北部ベトナムで留意しなければならない遺物に、象頭をかたどった注口付きの壺（図108）がある。水注部は明らかにクンディからの影響であろう。器種的に中国内地に起源を求められる物でないことは明らかである（三上 1984：10）。当例に限れば、接円線文が施されており、この文様は磚や後述の銅鼓に施される在地的な文様である。当例は中国、在地（北部ベトナム）、他の東南アジア大陸部の3つの要素を備えた、きわめて珍しい遺物である。ルンケー城址からドゥオン川を挟んで北約10kmのところに位置していたギーヴェ（Nghi Vệ）のMB磚室墓での出土で、当墓の資料は紀元2世紀後半から3世紀初頭に納まると考えられる（西村 2007）。タインホア省海岸部のラックチュオン（Lạch Trường：Janse 1947）にも

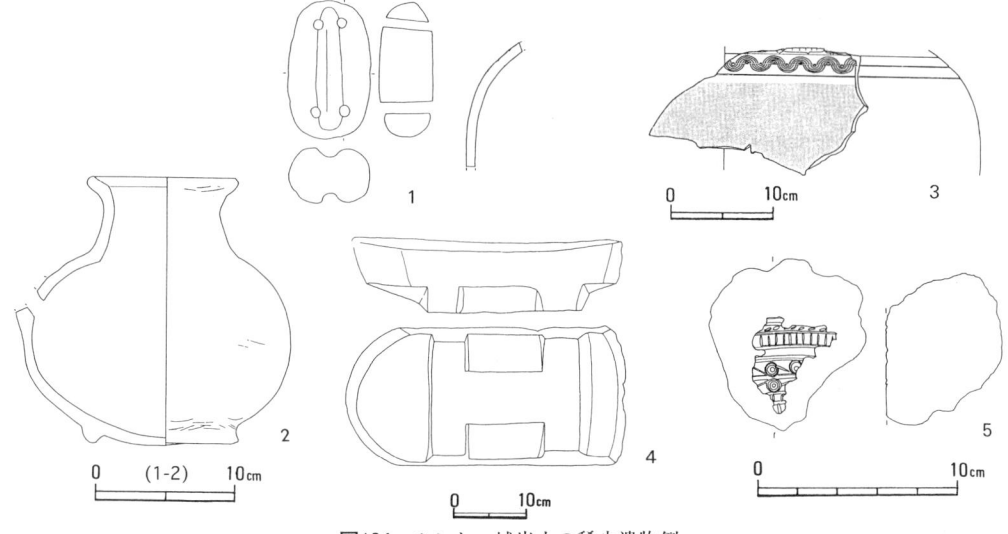

図124　ルンケー城出土の稀少遺物例

類例があり、その年代は紀元後2世紀に遡る。また、ベトナム南部のオッケオ文化で頻出する注口土器（Kendi）を宗教儀礼と密接に関連したインド起源の土器と見なすなら、チャキウ城は人面紋瓦当と注口土器を頻用するインド系の信仰・宗教が当時盛行していたと考えられ、それはルンケーとは違った仏教あるいは宗教であった可能性がある。政権と宗教の結びつきを考えるうえで重要な問題となろう。

図124-3は連続半円文をコンパス状工具で書いた土器の胴部破片である。胎土はクリーム色の軟質、かつきめの細かいもので、他の土器・陶器とは異質である。同様な施文方式は現在までのところオッケオ文化の土器文様（Malleret 1960）にしか確認できない。LK3地点の最下層近くの出土であることから、紀元後2世紀頃まで遡るものと考えたい。

図124-4は脚台付き石皿で、城郭内操業のレンガ工場の土の採掘で発見されたものである。柱状の乳棒とともに、東南アジア大陸部から、マレー半島、インドネシアで発見されるインド起源の遺物で、北部ベトナム域では

図125　バクニン省出土のクンディ

図126 ルンケー城北塁構成層（LK5地点の第8c層）から出土した銅鼓鋳型片

他に発見例はない。同型式の脚台付き石皿はベトナムでは、チャーキウ城やメコン河下流域のオッケオ遺跡（Malleret 1960）で出土、発見されている。型式的にはこれらベトナム中南部で発見されている物と同じで、おそらくそうした地域からの搬入品であろう。インド系文化を持つ人間が直接に使ったと考えうる遺物である。後代になると脚が高くなるようで、当遺跡例はかなり早い時期の例と考えられる。紀元後4-5世紀頃と考えられるカントー省のニョンタイン（Nhơn Thành）遺跡（Nguyễn D. T. & Nguyễn P. A. 1995、Nishimura et al. 2008）の出土例より型式的にかなり古いと考えられることから、紀元後2-3世紀頃のものと考えたい。

図124-5は土製銅鼓鋳型片である（第7章第5節参照）。1998年11月に城郭内のLK2地点付近でレンガ工場の土採掘抗の排土より発見されたものである（Nishimura 1998a）。また、第2例目（図126）がLK5地点の第8c層から出土しており、これも第1例目と同じ接線二重円文を持つもので、同時期と考えられる。第8層は城壁形成層の第2工程の上層部に属している。先述したように城壁築造の第1と2工程は2世紀半ば頃に限定できる。鋳型片も同時期と考えられる。問題はこの鋳型と型式的に類似した銅鼓は何かということである。この鋳型と同時期の問題については、本章第5節で詳述しているが、漢側の支配政権中心部で在地文化が大切にする銅鼓を鋳造していることは、政権側が、在地文化的脈絡での銅鼓の持つ意味を理解し、それらを模造生産したことになろう。

第10節　ルンケー城は羸陵城ではなく龍編城

本章ではこれまでに述べてきた考古学的データに沿って、文献資料の再照射を行ってみたい。特にルンケー城の年代と文献資料との比較は、当時の歴史理解の重要な鍵を握っており、考古資料の発言の意味は大きいと考えるからである。

前述したようにルンケー城は現在確認されているハノイの羅城以前の城郭遺跡において、コーロア城に次ぐ第2の規模を持ち、その利用期間から交趾郡の中心的存在であることを前節で述べたが、このことは考古学的資料（大規模な青銅器工房、大規模な磚室墓群）からも裏付けられ、ルンケー城は交趾郡の中心城郭と考えてよい。では、当城址は文献に登場するどの県に位置していたかが問題となり、ここで文献資料の見直しを行う。

紅河平野地域で最も早く登場する確実な城郭の記述は『後漢書』24巻・馬援伝である。「明年正月（43年）……援所過輒為郡縣治城郭、穿渠灌漑」とあり、馬援が徴側・徴貳の起義を討ち、西干

県分割後、城郭を築いたと考えられる。その次に出現する記述は『水経注』37巻・葉楡水条に「水自麓冷縣東、逕封渓縣北……又東逕浪泊……又東逕龍淵縣故城南、又東左合北水」とあり、龍淵（編）縣の故城の存在が記録されている。しかし、「羸陵縣」に関しては「中水又東逕羸陵縣南」と記述するのみで、『交州外域記』を引用して「縣、本交趾郡治也」と伝えている。これは前漢代の郡治のことを指しているのであろう。他の事績や城郭などについては何も記されていない。このあと龍編や羸陵の城郭に関する具体的記述が登場するのは、9世紀初頭成立の『元和郡縣図志』を待たなければない。『元和郡縣図志』38巻・嶺南道五には龍編縣の記述部分に「交州故城在縣東十四里、呉時刺史陶璜所築」として、3世紀末の交州刺史陶璜が築いた故城の存在を伝えている。現城址から考えるなら、位置的に最も近いのはルンケー城である。羸陵については宋平縣の記述部分に「羸陵故城在縣西七十五里、本漢縣属交州郡有羞官、後漢交趾刺史理於此、後徙龍編」として、龍編以前の刺史が治した故城の存在を伝えている。さらに「南定縣..東北至府60里、本漢羸陵縣地」として、羸陵縣が唐代の南定縣に位置していたことを伝えている。『元和郡縣図志』の距離や方向についての信憑性は先学が疑問を呈しているが、たとえばコーロア城と同定できる"安陽王故城"については宋平縣の縣城から31里東北としており、先述の陶璜の故城が龍編と考える場合同様、距離や方向に大きなずれはないと思われる。羸陵縣が昔位置していた南定縣は府より南西へ60里、羸陵故城は西へ75里とされている。検証を行う必要があろう。以上より、羸陵縣が龍編以前の郡治存在地であることはわかるが、その具体的故城の位置に関しては現ルンケー城と比定できる記述はない。

次は士燮に関する見直しを行う。羸陵城を士燮が治した故城としての認識は14世紀成立とされる『越甸幽霊集』の「王治羸陵及広信二城」という記述にまでしか遡らない（桜井 1979：19）。また、ルンケー城を士燮の故城かつ羸陵城として認識した確実な物証も、城内の士燮廟の碑林にある永寿六年（1661）記の羸陵城重興聖廟碑までである（Nguyễn T. N. 1999）。唯一縣名に関係する記述は龍編侯に封じられているということのみである。この封爵名である龍編侯が交趾郡郡治の龍編と重なるならば、士燮関連の遺跡伝説が集中するルンケー城は龍編城であったことを想定する必要がある。

『三国志』49巻・士燮伝が伝えるところでは、交趾郡太守の士燮は2度の封爵を受けている。最初は建安五年（205年）頃に交趾郡の太守を漢朝に安堵された後、「是時天下喪乱、道路断絶、而燮不廃貢職、特復下詔拝安遠将軍、封龍度亭侯」として、龍度亭侯に封じられている。2度目は呉の孫権からの封爵で、「建安末年（220年）……権益嘉之、迁衛将軍、封龍編侯」と記すように、士燮は益州の土豪を寝返らせた功により、龍編侯に封じられている。士燮と同時に、士燮の弟で合浦太守の士壱は偏将軍、都郷侯の封爵を受けている。士燮が後漢政権から受けた龍度亭侯の亭侯は、後漢代の爵級では郷侯とならんで卿や亭などの集落の戸を食む爵級のひとつと考えられており、士壱の都郷侯も都亭侯などと並んで、後漢代より続いた、縣や郷などの城郭があるような集落を封地とする爵級と考えられている（守屋 1968：218-219）。守屋は都郷侯や都亭侯に地名が冠せられてないのは、都郷・都亭が縣城や卿城に密接したものであるから、固有地名を冠す必要がないとしている。[11]両封爵名が封地を有す爵級であること、後漢や魏の爵制においては縣侯には地名のみを冠している場合が一般的であることより、龍編侯も治所と爵名が一致する龍編縣侯と考えるが、念のた

め他資料にもあたっておく。

　同じく『三国志』52巻・歩隲伝では「隲因承制遣使宣恩撫納、由是加拜平戎将軍，封広信侯」とあり、交州刺史であった歩隲が広信侯に封じられている。『宋書』38巻・州郡志によれば、建安8年（203年）に交州刺史は蒼梧郡広信縣を治所とする記述があり、交州刺史治所と封爵地名の重なりがここでも確認される。

　また、士燮の死後に広州刺史となった呂岱は、士徽配下の甘醴や桓治の反抗軍を撃破した功により、番禺侯に封じられている（『三国志』巻60・呂岱伝）。番禺は広州の郡治所在地である。

　『宋書』92巻・杜慧度伝には「義熙七年（411年）杜慧度龍編縣侯、食邑千戸」とあり、交州刺史の杜慧度が、廬循の龍編への侵攻軍を撃破した功により、龍編縣侯に封じられ、食邑を得たことを示している。そして、『南史』70巻・杜慧度伝では、子の杜弘文は父を継ぎ、交州刺史となり、龍編侯の爵位も承襲している。両者の場合、龍編が交州郡治である時代に、交州刺史かつ龍編（縣）侯であったことになる。注目すべき事実は、交州、広州の太守、刺史となった人物が改めて、賞される形で郡治や刺史治所の所在県の侯に封爵されていることである。刺史や太守クラスより下の官吏にこうした封爵が与えられた例はみうけられない。たとえば三国時代末に交趾郡の吏であった呂興は、『三国志』4巻・陳留王紀で、魏が呂興を魏側に着かせるため、陳留王が呂興を上督交州諸軍事、大将軍、定安縣侯に封じる命を出している。これは交趾郡の一官吏（少なくとも太守クラスではない）を交趾郡の非郡治在縣の一縣侯に封じている例である。以上の根拠より、士燮が封じられた龍編侯も、治所名と爵位名が一致している縣侯であったと判断する。

　交趾郡郡治として龍編が機能していたのは後漢代のある時期から、南朝あるいは隋代までと考えられ、その存続期間はルンケー城の存続期間にかなり対応する。したがって、筆者は上述の各理由によりルンケー城は羸陵城ではなく龍編城と考える。

　ではルンケー城が龍編城であると考えた場合に、どのような問題が新たに生じるであろうか。今後の文献史学と考古学の協力という意味をこめて以下に綴っておきたい。

　1：文献が記す羸陵縣はどこにあったのか。つまり、龍編以前の郡治はどこであったのか。

　　吉開（1998b）が、伝タインホア出土の古璽「胥浦候印」の研究で、前漢九真郡の郡治であろう胥浦が南越の官印制度の中に存在したことを論証したように、南越時代に武帝以後の郡県制に連続する地域呼称や官制が存在していた可能性が高くなっている。『漢書』、さらには『交州外域記』などが伝えるように、龍編以前の郡治が"羸陵縣"にあったと理解できる。しかし、その当時、羸陵に大きな城郭などがあったと想像するのは早計であり、ルンケー城より、遙かに小規模の土塁や集落を想定しておく必要もある。交趾郡の縣比定を含めた地名の位置問題については7章で詳述した通りである。

　2：『水経注』にある「龍淵縣故城」や『元和郡縣図志』にある陶璜が築いた城はどこの城に相当するのか。

　　仮にこの故城がルンケー城であった場合、故城の南を流れる川（北水南水）はザウ川という可能性が出てくる。しかし、この場合、龍編城は水経注記載の時点ですでに放棄されていたことになる。より別の可能性としては龍編に郡治が遷る以前の龍編縣の城という可能性がある。

『水経注』では龍淵縣を龍編縣に改名した理由を故事に併せて記載している。龍淵縣故城であるから龍編縣改名以前のかなり古い時期のものである可能性も高い。

　陶璜に関しては、ルンケー城の利用期間が紀元3世紀を確実に含んでおり、陶璜を祀るđền（神社）や伝承を記す碑文がルンケー城周辺にあることから（Trần Đ.L. 1999、Trần Q.V. 1999）、陶璜がルンケー城を修築・改築した可能性も考えるべきであろう。城郭西側は現在、住民居住区となっているが、そうした現象につながるような城郭域の縮小などもあったのかもしれない。

3：龍編から宋平（現ハノイ）に郡治が移るのは7世紀初頭とされているが、ルンケー城は5世紀末から6世紀前半が終末と考えられ、それ以後の利用痕跡が非常に微弱である。したがって、50-100年程度の空白期間があった可能性が高い。その間、交州の政治中心的機能を果たした場所は他所にあったのであろうか。6世紀から7世紀初頭は李賁の起義・即位、李佛子の起義、ベトナム側の所伝『大越史記全書』による趙越王の即位など、在地勢力の伸長が推察されている（後藤 1975）。中国側所伝には具体地名を記していないが、李賁（リー・ボン）の即位（544年）は、龍編で行われたことが『大越史略』には記してある。また、『隋書』35巻・列伝18では、李佛子が起義（602年）を起こした際に、李佛子（リー・ファット・トゥ）は"越王故城"に、兄大權は龍編に拠っている。この越王故城は、他資料でも言及されるように、コーロアのことと考えられている（第6章参照）。6世紀半ば以降において、コーロア城や龍編城の再利用・継続利用があった可能性があるが、それらを示すような考古資料には出会えていないのが現実である。今後、注目すべき問題としておきたい。

第11節　交流の時代"2世紀−3世紀初頭"を体現するルンケー城

　ルンケー（龍編）城とその周辺域は、人面紋瓦、インド系脚台付き石皿、クンディ、オッケオ文化起源の可能性がある土器など、ベトナム中部・南部などと直接系譜関係を論じる必要のある遺物が存在し、それらのかなりは2世紀から3世紀初頭に比定できそうである。また、その後の連続発展的系譜をもつ蓮華文瓦当の初現タイプやザウ寺の仏教初伝伝説などとも併せて、当地が2世紀には仏教（この場合、南伝仏教）の中心地であった可能性を強調しておきたい。さらに銅鼓の鋳造など、その目的は政治的意図（たとえば在地文化継承者の抱き込みなど）をもったものとはいえ、在地文化の継承も確認でき、非常に文化的にクレオールな状況であったことが予想される。『三国志』士燮伝にみられる当時の記述も、それに符合していよう。2世紀から3世紀初頭の交趾郡は、その地政的位置（O´Harrow 2001）や当時の国際状況と中国内地の混乱した状況が結びつき、非常にユニークな文化交流が行われた場所であったようだ。

　当然、こうした文化・宗教的先進性が、三国時代以降"呉"の南進政策や対南方政策などを引きつけた可能性は十分あろう。さらには建業等での人面紋や蓮華文瓦当にみられるような中国での仏教盛行に結びついたとする私自身の遠大な仮説は、ここでは頭出しに留めるが、中国への初期仏教伝播の研究はこうした視点から行う必要があろう。

註

(1) 本稿では文献の羸陵故城と現Luy Lâu（ルイロウ）城址を同一視する考えに疑義を呈するため、現ルイロウ城を文献上の羸陵（縣あるいは故城）とは区別して、城郭内の村名よりルンケー城址と仮称しておく。ただ、研究史上必要な場合に限り、"ルイロウ城"という呼称を採用する。羸陵の"羸"に関しては、異字の議論（Madrolle 1937）が存在するが本稿の内容とは関係がないため"羸"に統一する。

(2) 羸陵が交趾郡の縣名として最後の正史に登場するのは『南斉書』14巻・州郡志である。

(3) この年代根拠はきわめて怪しい。ルンケー城址の条磚はサイズ上、大まかに、5種類に判別可能。最小型類のサイズは、唐代と考えられる磚室墓（例Triều Khúc出土例：Trần, Q.V. & Phan T.B. 1973）やルンケー城外のバイディン（Bãi Đính：Đỗ, V.N. 1970a）などの磚窯の磚サイズとは正確には一致しない。また、北部ヴェトナムの唐代の磚室墓は無文磚がほとんどを占めるのに対し、ルンケー城は有文類が圧倒的に多い。磚のサイズは同時期にいくつかのサイズが存在しており、一時期一サイズではない。その中で、最大サイズによる時期指標化は可能だが、小型品に関しては、文様や胎土などから時期判別を慎重に行う必要がある。さらには1986年発掘の報告での磚サイズ記載には明らかなミスが見られ、全面的に信用するわけにはいかない。

(4) 城塁や城郭域の変遷を考える上で興味深い考察である。現ルンケー集落は城郭域内の東端に位置し、士燮廟を中心とする城郭西域は東域よりやや高度が高い。城郭内域東側が後代に狭小化し、その部分は一般の集落になり、西側が廟や寺の聖域として残っていたのであろう。桜井（1979）は士燮死後の早い時期の神格化を推察しており、そうした現象を反映しているのではないかと考えられる。

(5) 北西域の墓域はそのほとんどが1990年代のレンガ工場の採土により消滅した。

(6) ヴェトナム人研究者はこの時期の陶器研究において、自然釉のかかった陶器と施釉陶器の判別を行っていない。LK1,3両地点ともに、ダイライ（Đại Lai：バックニン省）窯あるいはバイディン（Bãi Đính：ルンケー城址外域）などの製品が多く出土しているが、筆者の分析でこうした窯址の製品は碗外面を中心として、薄い自然釉しか観察できず、碗内面に厚いガラス質の釉がかかっているものは、全て重ね焼き時に最上部におかれたものと判断できた。

(7) 報告者は（南朝期420-589年）を前・後期に分けて報告しているが、この赤東M11号墓に関しては、遺物が隋唐墓に近い物が多いことから南朝晩期に比定しているため、6世紀後半としておく。

(8) 後藤（1968）は、蓮華紋瓦当がベトナムでは比較的早くから出現することを指摘している。ただ、中国南部に関しては三国から5世紀中頃までの資料が乏しく、ベトナム同様、より早く用いられている可能性はある（谷 1992）。

(9) 唐代後半期あるいは10世紀以降の遺物が各地点で出土しているが、量的にも城郭利用最終時期の遺物量と比べ、圧倒的に少ない。こうした遺物と筆者が論じる城郭最終期の遺物群とには明らかな時間的隔たりが存在する。したがって、城郭利用の終末期からその後の城郭内域の再利用開始までには、ある程度の時間幅（約300年以上）が存在したと考えられる。もちろん再利用開始後の城郭内土地利用は現在の集落のように、まったく違ったものと考えられる。先述した士燮神格化による城郭内西域の聖域化の反映であろう。特に陳朝期の遺物が最も多く、遺構としての確認も行われている現象は城郭としての再利用ではなく、城郭廃棄後にできたであろう士燮廟の盛行を反映していると考える。

(10) チャーキウの遺物に関してはNguyễn Trường Thắng神父（Trà Kiệu 教会）のコレクションが各時期にわたる遺物を含んでおり、瓦当のバリエーションも多い

(11) 守屋の考えにもとづくなら龍度亭候の龍度は集落名である。龍編（龍淵）と関係する地名なのではないだろうか。

(12) 龍編をバックニン市やYên Phong（イェンフォン）県に求める議論は、現在までのところ候補となるような城塁さえ見つかってはいない。郡治であった城郭が小規模な土塁とは考えられず、跡形さえ確認できていないことに疑問を感じる。

(13) Trần Quốc Vượng（1959：35）は羸陵を南越時代の交趾郡域の治所と考えており、注目に値する。

●コラム8

バイノイ塼室墓

　バイノイ古墳は、バックニン省Thuận Thành県の南端中部のNguyệt Đức社の南端にあるĐào Viên村の水田に位置している。ルンケー城から東に約1km長ほどの塼室墓集中地帯が続くが、その集中地帯東端よりさらに南東に位置しており、ルンケー城とは3.5km離れたところになる。

　当塼室墓（図127）は1996年末の我々の遺跡踏査では、墳丘自身は土取りなどで破壊されていたが塼室はほとんど露頭していなかった。ところが、盗掘屋が省博物館幹部を名乗って掘り返して、その中の遺物を収蔵と称して持ち去り、その後破壊が進行したようだ。緊急発掘では、墓室の平面構造、塼積み方法、墳丘の造成法、塼のバリエーション理解などに焦点を絞った（詳細な報告は、西村・グエン　2005参照）。

　塼室（図128）は3基あり、羨門から見て右端の塼室（右室）をA墓、真ん中（中室）をB墓、左端（左室）をC墓と呼称した。またA墓とB墓の後室が、小型のかまぼこ状券頂（甬道）で接続されている。A墓の外側にはまだ墳丘の下半部程度が残存していた。

　A墓の外法は、封門塼と最後部の舌状張り出しを入れずに、長さが9.8m、幅が前方部で2.3m、後方部で1.8m、B墓やC墓も同程度の大きさである。塼室内に間仕切を作り出し、前室・主室・後室の3室に分室されていた。

　A墓の南北断面図の右側塼壁が示すように、通常の塼壁は14段ほど長方塼が平積みされ、それから楔形塼が厚みのある長側縁を内側と外側に交互に積み上げている。さらに上方に残っていた前方部側のアーチ状部の観察で、最下層から26段目より上方ではこの楔形塼の厚みのある長側縁を外側に揃えて、アーチを構成していた。内羨門の場合もほぼ同様な積み上げと考えられるが、15段ほど長方塼を積み上げ、それから楔形塼に移行していた。また塼壁部の積み上げは、床面に比べてはるかに過重がかかるため、床面の塼敷き層に比べ、沈み込んでいるのがよくわかる。また塼壁の塼間では、灰白色の漆喰と土が混じったようなものが薄く層状に入っているのが確認された。これは塼の結着に使われた可能性が高い。

　塼の文様面の配置もある程度パターン化されていることが観察される。A墓の東側塼室壁では、最下部から13段目までは、同一段において、文様面と正反対の無文面を3対1程度の割合で交互に配置している場合が多い。また、それから14段目から24段目に関しては、1段ごとに文様面と無文面を交互に繰り返すように配置するのが主となっている。また内羨門では、長側面の文様が1段おきに交互に、露頭するようになっている場合が多い。A、B、Cの塼室ともに長軸が磁北に対してややずれる1.5°−181.5°の軸にのるよう並行に建設されており、羨門から入ると北面するようになっている。この現磁北に対する若干のずれは、当時の磁北と現磁北のずれではないかと推定する。当時すでに方位磁石があったことの証左のひとつになろう。

　地形測量から、墳丘形はほぼ円形に近く、直径は35m前後と推測された。また塼室の東西セク

磚室を構成する磚
封門磚
番号　遺物

墳丘構成土層残存部

硬い褐色砂質シルト

褐色砂質シルトに黄褐色土片が混じる

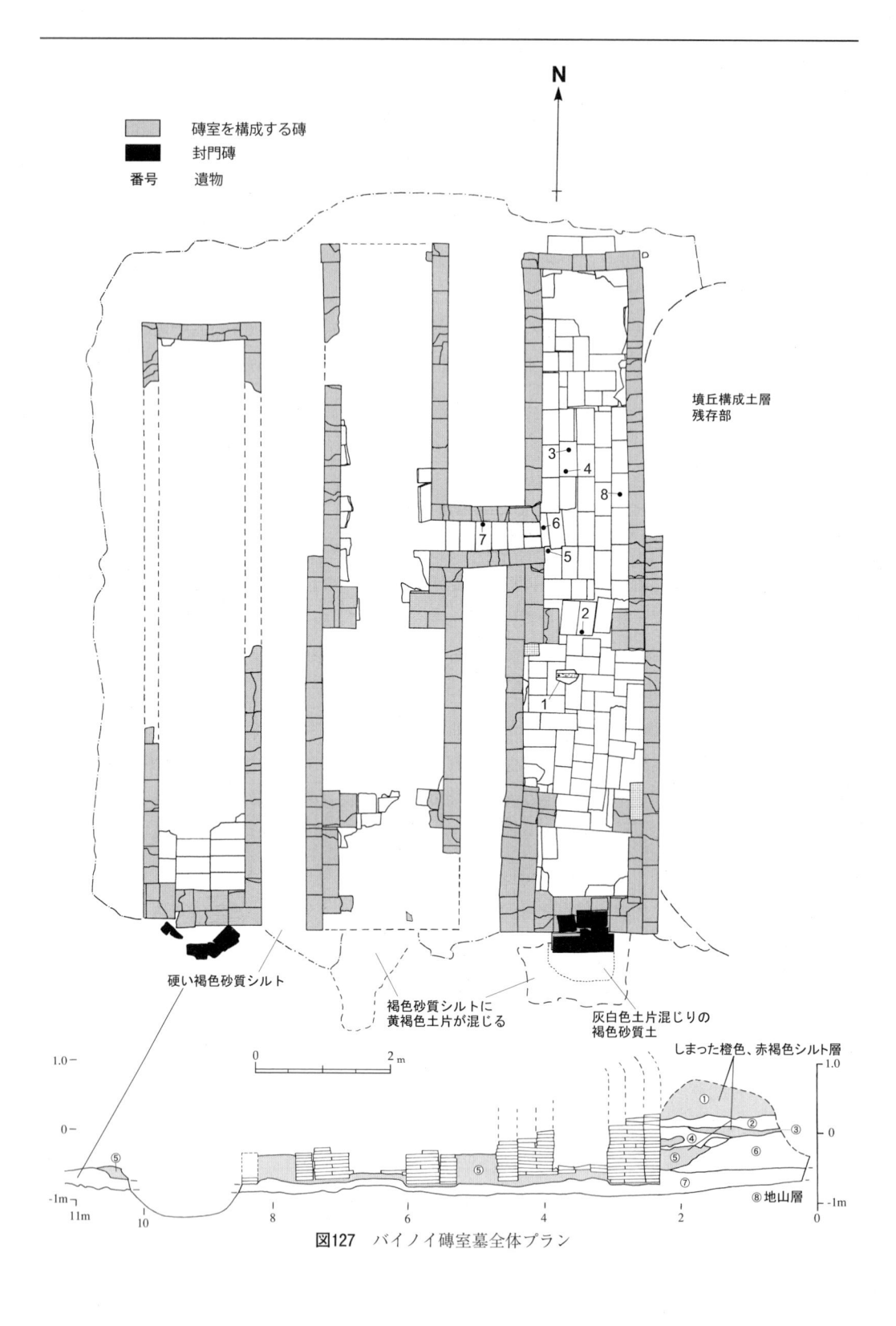

灰白色土片混じりの褐色砂質土

しまった橙色、赤褐色シルト層

⑧ 地山層

図127　バイノイ磚室墓全体プラン

水田

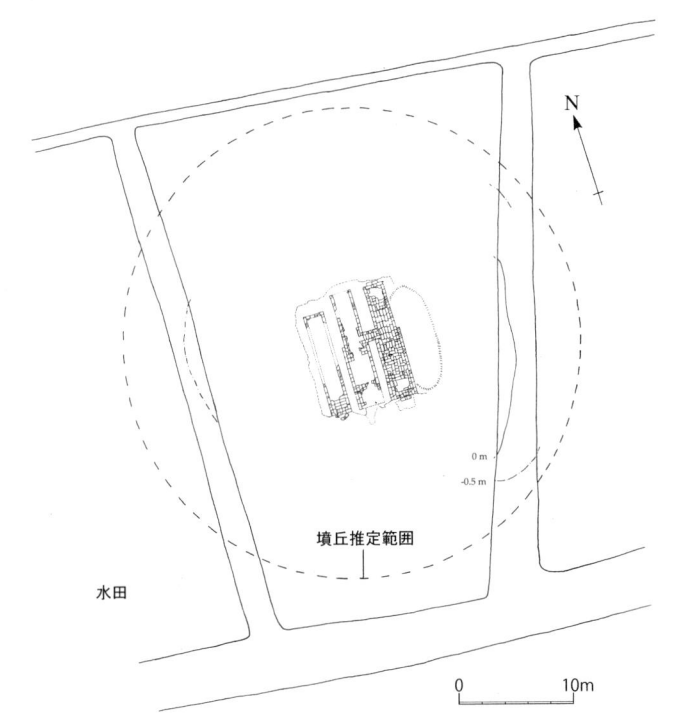

図128 バイノイ磚室墓の構造と墳丘構成層

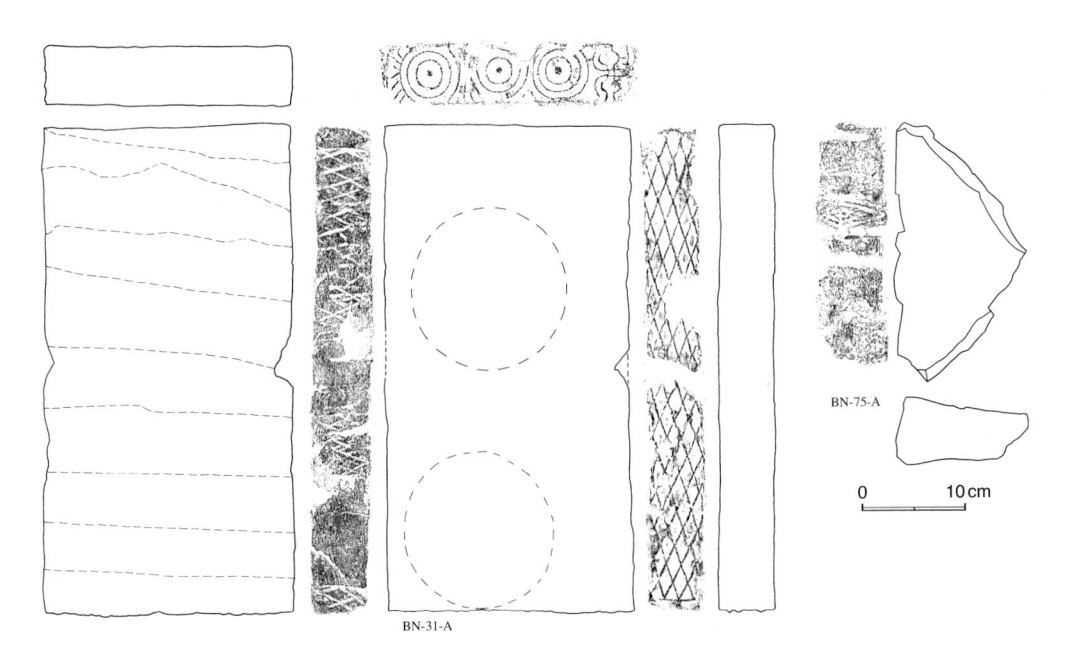

BN-31-A

BN-75-A

図129 バイノイ磚室墓出土の磚の一部例

ション（図127）より、以下のように行ったと考えられる。

　最初に、磚室墓3基分よりやや広めの方形の範囲で、地面を削平して大きな窪みを造成する。そして、そのくぼみに、基盤層の橙色シルト土層を10cm程度の厚さで敷き詰める。それから磚による磚室墓の造成を行う。それから磚室墓間や周囲を盛り土により、埋めていき墳丘を造成するわけだが、東西セクション図（図127）に示されるように、盛り土層（上述の1層から6層）は橙色シルト質土層と褐色砂質シルト層を交互に盛っている。

　磚は長側面の文様分類別に、短側面の文様のあり方を俯瞰すると、長側面の文様に対応するように短側面の文様あるいは記号が変化している場合が多い。複数種類の長側縁文様にわたって出現する短側縁の文様は、接線円文と長側面に使われている文様パターン（例、菱形格子文など）以外にほとんど存在しない。

　長幅高で磚のサイズ統計を行っているが、長さにおいて最大53cm、最短46cmという大きなばらつきが生じている。ただし、上記の文様分類単位で見た場合、サイズのばらつきはかなり縮まり、3cm前後あるいはそれ以下という場合が多い。これは幅や高さにも共通した現象である。

　以上の観察事実から導き出される推察は、磚類は長側面の文様別に、製作する単位（工人・工人集団）が違っている可能性が高いということである。

　さらに、窯詰めなどの具体的焼成方法を考える上で、興味深い資料が、図129の磚資料である。図129の左は、陶器を2つ重ね置いた跡が表面に、裏面に5つの磚が重ねられた跡が残っている。図129の右は、長側面の非文様面に、磚を重ね焼いた時に残された別磚の長側面文様が観察される。こうした資料は、磚と容器類の両方を同一窯内で焼成していることを示している。

　バイノイ磚室墓の副葬品は、クアンイェン（Quảng Yên）墓、ビムソン（Bim Sơn）7号墓が、時期的に最も近い可能性が高く、その時期は2世紀を4分した第4期と考える（西村 2007）。

　バイノイ墓は3基の墓が並行して並ぶ特異な構造となっている。同じくバックニン省のドゥオン川の北岸に位置しいるギーヴェ（Nghi Vệ墓：現Tiên Du県）やヴィンフックPhúc Yên近くのラックイー（Lạc Ý：Parmentier 1917、Clayes 1934、梅原 1951）等では複雑な連結構造をもつ磚室墓が報告されているが、2つの券頂が重なり合うのみの磚室が2基並行連結し、さらに単室構造の磚室が独立して並行する構造は、まだ報告されていないようである。副葬品も含めて、紅河平野あるいは北部ベトナムにしか確認できない特徴でもある。

　バイノイ程度の規模の円形墳丘をもった磚室墓は、ルンケー城の周囲に多く存在する。これらは時期的に考えてルンケー城（龍編）政権に参画した人物が残したものと考えられる。そして、この墓の構造が、もし当地域に限定される特徴的なものなら、ルンケー城の政権参画者の性質を考える上で興味深いものとなる。

第9章　初期歴史時代中期・後期素描
── 根付いていく仏教と中国文化 ──

　本書の記述において、最も考古資料の少ない時期である。ベトナム史のブラックボックスとも言える時代だが、あえて記述を独立させ、時代区分としての主張を行うことにした。第10章の昇龍（タンロン）の前史問題と併せて読んでいただきたい。

第1節　3世紀半ばから10世紀初頭までの編年基礎資料

　3世紀半ばから4世紀にかけての磚室墓資料は非常に少ない。この時期の資料としてはルンケー城の発掘調査資料が相対年代を最も把握しやすい。現在までのところ大きく、前・中・後の3時期に分期することが可能である（図117：Nishimura 2005b）。そして、前期（図117-1～4）は、2世紀が始まりで、3世紀を下限とし、中期（図117-5～7）は4世紀を中心とし、最上層資料（後期：図117-8～12）は中国の磚室墓資料との比較にもとづき、5世紀後半から6世紀初頭と考えている（西村 2001）。これらの資料と比較するとダイライ（Đại Lai：バックニン省）の窯址（Trần A.D. & Đặng K.N. 1985）はルンケー城址の中期を中心とした生産であったことがわかる。

　現在までのところ、6-7世紀頃の考古資料が最も不明瞭である。層位的資料やまとまった資料で公表されているものが少ないため、ここではルンケー城の終末期から10世紀の基準資料となるドゥオンサー（Dương Xá：コラム9参照）窯址遺跡の間に納めることの可能な資料をいくつか指摘しておく。当該期のまとまった資料は現ハノイ市内に位置した宋平城（後の大羅城、そして昇竜城）の遺跡群に眠っているはずなのだが、都市化などのため、まとまった考古資料として確認できていない。ただ、現在調査が行われているタンロン皇城遺跡の下層部での正確な発掘研究が進めば、8-9世紀の問題はかなり解決されるだろう（第10章参考）。

　ルンホア窯址遺跡は、1999年のベトナム歴史博物館とヴィンフック省博物館によるルンホア先史遺跡調査時に発見されたもので、筆者も2002年に考古学院のスタッフと踏査を行った。地下式の窯址群で表採した資料には無釉陶器壺、灰釉碗が含まれている。当遺跡に近いタインラン（Thanh Lãng）窯址群もほぼ同じ時期のものと考えられる。この窯址群と同時期かと考えられる陶器群が最近発見のハノイ市Đông Anh（ドンアイン）県ティエンホイ（Tiên Hội）磚室墓の副葬品（図130-1～3：2002年筆者ら調査資料）に見られる。出土灰釉碗は内面に重ね焼き用の餅状土塊を付着させるための3カ所の釉剥ぎを持つもので、高台も碗形に比べ小さいものである。広西・灌陽県では、大業7（611）年の銘を持つ磚を使った磚室墓が報告されており（広西壮族自治区文物工作隊他 2006）、ここで出

1-3: ティエンホイ
4-9: キムラン・バイハムゾン

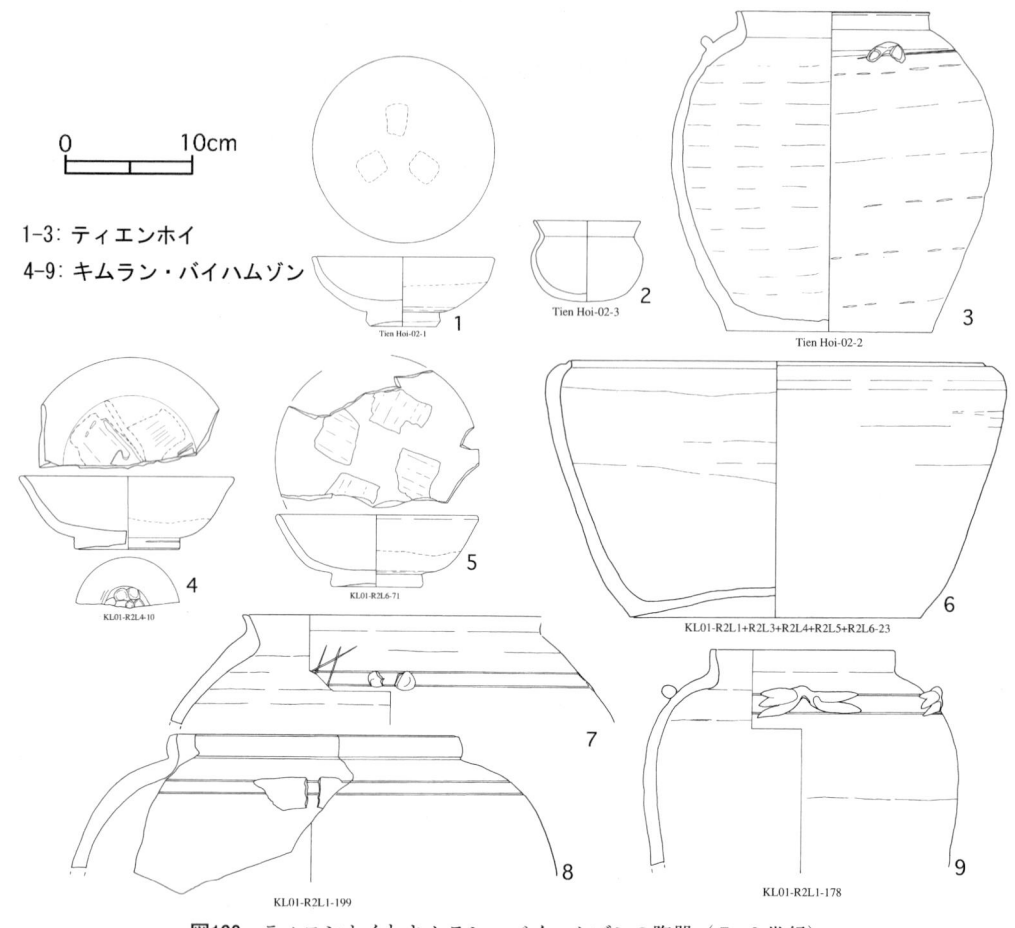

図130　ティエンホイとキムラン・バイハムゾンの陶器（7-9世紀）

土する青磁碗とティエンホイの青磁（灰釉）碗は形態的にかなり近く、ティエンホイ資料を7世紀前半に位置づけておく。ルオン（Lương）磚室墓（バックニン省Tiên Du県）も破壊された磚室墓の資料であるが、破壊直後に筆者とバックニン省博物館スタッフにより遺物の採集が行われ、同時期のものと考えられる。四耳壺と灰釉深皿が、唐代並行期の磚とともに採集された。また、コーロア城郊外のズックトゥー（Dục Tú）出土の磚室墓（図131）では、鉄釉のかかった四耳壺（図132）と灰釉碗が共伴している（Lại V.T. et al. 2008）。灰釉碗は内面に5カ所の餅状土塊付着痕をもち、ティエンホイ例に比べ、高台が碗径に比して、幅広になっている。明らかに、ティエンホイ例より後代のものである。また、鉄銹や鉄（褐）釉を施した四耳壺や碗は紀元1000年紀後半に散見されており（西村 2002a）、11世紀以降の本格的なベトナム施釉陶磁における褐釉陶器と具体的系譜関係の有無を追求する必要がある。

ハノイ郊外キムラン（Kim Lan）のバイハムゾン（Bãi Hàm Rồng）遺跡のR2溝状遺構（2001年調査）は、ドゥオンサー（バックニン省、コラム9参照）と同時期あるいは、やや遅れる時期の遺物が中心を占めているが、それら以外は、さらに時期的に先行する遺物と考えられる（Nishimura & Nishino 2004、西村・西野 2005）。遺構Rãnh 2には無釉の四耳壺や4カ所、十字状に方形釉剥ぎを

配した灰釉碗などが含まれている（図130-4～9）。この4カ所に方形釉剥ぎ痕を持つ碗（図130-4～5）は、やがて5カ所に増え、高台部も碗の体部最下部を削りだして作るようなものとなり、最終的には、わずかな削り出しでいいわけ程度の高台部を作るようなものに変化し、10世紀を迎える。ここでは、ズックトゥー出土の灰釉碗やキムランなどで出土する4カ所に釉剥ぎを持つタイプを7世紀後半から8世紀にかけての碗皿と理解しておく。

1998年のニンビン省華閭（Hoa Lư）城域の調査で、建築遺構より越州窯系の青磁、広東－ベトナム系の灰釉碗、さらにドゥオンサー・タイプの自然釉碗などが出土した（Tống T.T.et al. 1999）。こうした遺物群の大半はホアルーが都であった968年から1009年のものと考えられている。そして、ドゥオンサー窯址の発掘で前後2期を主とする基準資料が確定され、共伴施釉陶器から後期は10世紀を中心とし、前期は10世紀初頭あるいは一部9世紀に遡るのではないかと判断している（コラム9参照：Nishimura & Bùi M.T. 2004）。キムランの資料でも同時期の資料が前述の溝状遺構（Rãnh 1）で確認されている（Nishimura et al. 2002）。

図131 ハノイ市コーロア城近郊のズックトゥー磚室墓出土状況（Lại Văn Tối氏の調査による）

図132 ズックトゥー磚室墓の鉄釉のかかった四耳壺

第2節　4世紀から9世紀の遺跡分布パターン

この時期の遺跡分布は前時期（1～3世紀）に比べ激減する（図109）。その最大の理由は該当する磚室墓資料が激減するからである。このことは何を意味するのであろう。沖積平野において、居住可能域が物理的に縮小するということは海進による平野部減少や局地的な海岸浸食（春山 2002）以外には考えにくい。当該期の分布を観察すると前時期に比べ、減少が明らかなのはクアンニン、ハイフォン、フート、ハナムなど、紅河平野域のなかでも辺縁域である。ただ、タイビンからナム

ディンにかけては、数的減少をみせるものの、海岸へ向かった開拓限界が後退するという現象には至ってないようだ。

　したがって、この遺跡数の減少を環境変化による単純な物理的居住域縮小に求めることは難しく、磚室墓が減少する文化・社会的理由を考えた方がよい。当該期の前半である4-6世紀を、後藤（1975）は在地勢力の伸長期として描き、最後には李賁の一時的独立（万春国）に至ったと考えている。筆者も基本的には同じ考えであるが、その背景には単に紅河平野あるいは北部ベトナムでの在地勢力あるいは支配者側（中国六朝）に対抗する勢力の成長を看取するだけではなく、その成長を可能にした条件を読みとることが必要である。

　前節の後1世紀から3世紀の叙述において、水上交通の活発化は低湿地の川岸や川口近くの活発な利用をもたらしたと述べたが、今度はその逆の傾向を想定する必要がある（西村 2001）。つまり、三国時代以降、雷州半島の徐聞や合浦が振るわなくなる（楊 1985）のと同様、紅河平野域が前時代に比べ磚室墓の大幅な減少が起きるのは、中継貿易地としての役割や魅力が減じられたからであろう。たとえば三国・六朝以降も中国の南海貿易の中心であった広州とその周辺では該期の磚室墓は依然として多く発見・調査され続けている。

　これは楊（1985）が論じたように船足の短い大陸沿岸航路から、より長距離に航海する沖合のルートが可能になったことに起因する商業ルートの変化を意味していると思われる。文献からの補強資料としては、5世紀初頭に広州とマラッカ海峡を商船で直接航海した中国僧法顕の例（Wang G. 1958）などが挙げられる。具体的航路としては海南島を中継地として、紅河平野沖を経ないで九真郡やさらに南の沿岸部へのルートへ移行したと考えられる。呉による海南島朱崖郡復活や広州刺史呂岱の南海宣化使節もこの脈絡で考えるべきであろう。3世紀から5世紀にかけて、ベトナム中部の北域に位置した日南郡をめぐる中国側と林邑の熾烈な抗争も交易ルート掌握のためと考えるべきであろう（山形・桃木 2001）。

　こうした結果、紅河平野域の交易中継地としての重要性は薄れ、逆にそのことが中国側政権の関心低下、在地勢力の伸長を促したのではないだろうか。4～9世紀の磚室墓がバックニン、ハノイ域に集中していることは、それらを残した人々が、六朝・隋唐政権中心地である龍編や宋平（後の羅城）の政権にまとわりついていた人々であったことが理解できる。推測をさらに重ねるなら、龍編や宋平といった中心を離れるとその政権からは、かなり縁遠かった集団（在地系住民）が多く居住していたことになる。

　ところで、古螺・羸陵・龍編・宋平（後の大羅、現ハノイ）と紀元前2世紀頃から、紀元7世紀にかけて北部ベトナムあるいは交趾郡（後の交州）の中心は、少なくとも4地点を変遷している。このことは何を意味するのだろうか。10世紀以降の紅河平野について桜井（1980・1981）が分析したように、少なくとも李陳朝までの紅河平野の各王朝政権は平野域全体を支配下におくことには成功していない。つまり、それぞれの自勢力基盤が紅河平野のどこかにあり、そこを中心に他勢力を懐柔したということである。上述の郡治・州治の変遷もそのことを意味しているのだろう。紅河平野域の北域に位置していた古螺・羸陵からドゥオン川と紅河に挟まれた紅河平野のへそとも呼べる位置にある龍編、そして紅河の南岸に位置するハノイと、徐々にその位置を南へ遷している。

第3節　北部ベトナムと扶南あるいはメコン河下流域との交流

　北の中国との関係ばかりではなく、南との視点も重要である。この時期の遺跡調査例が少ないため、どうしても遺物研究から推察を加えなくてはならないのだが、近年若干の資料が明らかになってきた。たとえば、ナムディン省ナムディン市ベンクイ（Bến Củi）で発見された石製阿弥陀如来像（図133-1）は、様式的に5-6世紀のものと考えられており、チャーヴィン（TràVinh）省の

図133　1.ナムディン省ベンクイ出土阿弥陀仏（ナムディン省博物館蔵）　2.チャーヴィン省 Trapan Ven 寺院出土阿弥陀仏（Lê Thi Lien氏撮影）　3.チャーヴィン省出土阿弥陀仏（ホーチミン市美術館蔵）

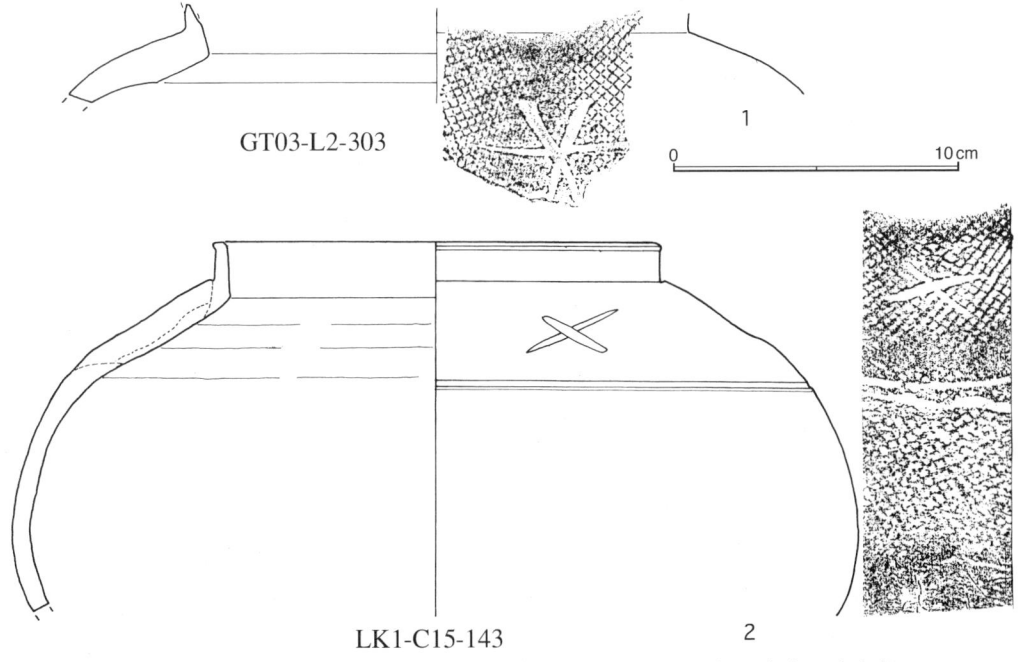

図134　ドンタップ省ゴータップ遺跡（1）とルンケー城上層出土（2）の印文壺

図135 ニョンタイン遺跡出土の無釉鉄彩陶壺片

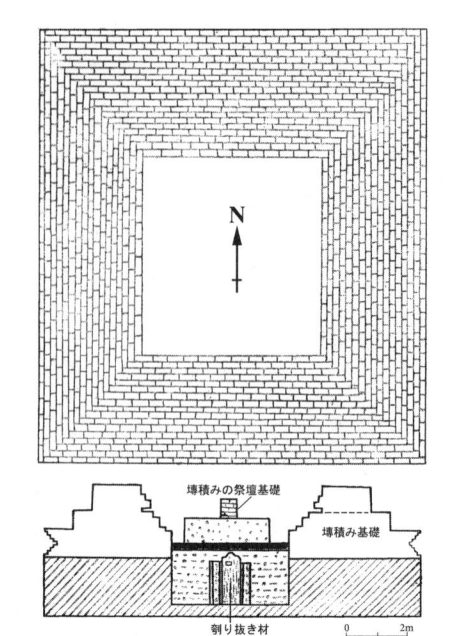

図136 ニャン塔の平面プランと断面　基礎中心部に埋められた刳り抜き材の中から舎利箱が出土（Trần A.D. & Nguyễn M.C. 1987より）

図137 ニャン塔出土の紋様磚（1.3体の仏像入り、2.象）

Trapan Ven寺院（図133-2）やSơn Tho寺院にあった阿弥陀如来像と蓮華文の台座などと併せて様式的に酷似することが指摘されている（Lê T.L. 2003）。また類似した阿弥陀如来像はホーチミン市美術館所蔵チャーヴィン省出土例（図133-3）やアンザン省Thoại Sơn県Vọng Thê社オッケオ（Óc Eo：日本ではオケオと呼ばれる）遺跡出土例（アンザン省博所蔵：Lê T.L. 2006）なども挙げられる。つまり、ナムディン市の出土石像には、いわゆるメコン河下流域の"オッケオ"文化（一般には"古代国家扶南"の物質文化とされる）からの影響がみてとれるわけである。逆に、メコン川下流域のドンタップ（Đồng Tháp）省ゴータップ（Gò Tháp）遺跡（Tháp Mười県Tân Kiều社）のゴーミンスー（Gò Minh Sư）地点、カントー（Cần Thơ）省ニョンタイン遺跡（Châu Thành A県Thạnh Xuân社）などでは、北部ベトナムで生産されたと考えられる印紋陶壺（図134-1：Nishimura 2004）や無釉鉄彩陶壺片（図135：Nishimura et al. 2008）が、少量ながらも確認されている。両遺跡資料とも4-5世紀のものと考えられる。図134-1に近似する例として、先述のルンケー城LK1地点の上層部出土例（図134-2）などを挙げることができる。どちらも陶工がつけたマークがあり、非常に特徴的である。また、無釉鉄彩陶壺は、この時期の北部ベトナムで稀に確認されるものである。また、ゲアン省のラム（Lâm）川左岸のニャン（Nhạn）塔遺跡（Nam Đàn県Hồng Long社）では、隋唐時代初期の磚塔（図136）が出土している（Trần A.D. & Nguyễn M.C. 1987）。そのプラ

ンや使用磚などから長安の大雁塔などとの比較もされている本遺跡は、装飾磚において、蓮座の上で瞑想する仏陀像を三体印文したもの（図137-1）、象（図137-2）や獅子のような動物などをあしらったものがあり、それらにインド・グプタ朝期美術の影響が指摘されている（Lê T.L. 2003）。また、ベンクイ地点とともに、遺跡の立地は川岸であり、水上交通の便の良いところを選定していることも特徴的である。ニャン塔遺跡の場合、上流に少し遡れば、唐代の驩州城と比定されるヴァンアン（Vân An）城があり、さらには722年に唐朝に対して起義を起こし、安南都護府を一時的に占領した通称"梅 黒 帝（Mai Hắc Đế）"、正式名梅 叔 鸞（Mai Thúc Loan）の生地が、このナムダン県とされ、その主廟はヴァンアン城と同じくVân Diên社にある。こうした考古・歴史資料は、当時の中国政権側の支配者、それに対抗する在地の土豪が、ある意味でもともとは近い関係にあり、彼らの世界には当時国際的に流行していた仏教も入り込んでいた可能性もうかがわせる。これはルンケー城とザウ（Dâu）寺との関係でも確認できることである。そして前述のように、その仏教に扶南との関係が認められるなら、それは単に仏教自身の問題にとどまらず、当時の政治・経済関係にも、そのような関係を加味して考えざるを得ない気がする。南接するチャンパとは、中部北域で熾烈な抗争を行っている時代である。遠交近攻ということも念頭に置く必要があろう。

第4節　紀元3世紀から9世紀頃の銅鼓

この時期の北部ベトナムの銅鼓出土量は少ない。しかし、中国化の圧力が強い状況下において、北部ベトナムの一部地域では確実に銅鼓が利用されており、それが紀元2000年紀前半の銅鼓の盛行につながったと推定される。

(1)　Ⅰ式後期

吉開分類のⅠ式後期銅鼓（前半部は今村編年の3b期に対応）は、Ⅰ式鼓のなかで唯一紅河平野より北域を主に分布し（図110）、その分布中心は国境を北に越えた広西・邕江流域にある。3世紀から9世紀位までの年代幅が想定されている。

ヴィンフック省のダオチュー（Đao Trù鼓：Hoàng X.C. 2000）などは、鉄やスズなどの鉱物資源分布域のなかで出土しており、金属資源開発者と銅鼓製作者や使用者の関係を見逃してはなるまい。

三国の呉において万震が編纂した『南州異物志』（『太平御覧』引用の逸文）には、「交廣之界、民曰烏滸、烏滸地名。東界在廣州之南、交州之北、…懸死人中、當四面向坐、擊銅鼓、歌舞飲酒、稍就割食之、…以祭田神也。」という記述があり、ベトナムと広西の国境域周辺における、この時代の銅鼓使用状況を語っていると思われる。

(2)　Ⅱ式

フート省、旧ハタイ省、ホアビン省などの山間地域あるいは山間地域と平野地域の中間地帯で出土しているが、非常に数は少ない（図110）（吉開 1998a、西村・西野 2003）。これらは3〜9世紀

に広西で製作されたものと考えられており（吉開 1998a）、当時、紅河平野域などを支配していた歴代中国政権が、広西産銅鼓移入の仲介になったのか、あるいは海か山間部を介した非漢民族ルートによる入手であったかが問題となる。Ⅱ式は、海南島でも出土していることから、海経由のルートも十分可能性があり、海や山を介しての非漢民族ルートでの移入を考えた方がいいのではないだろうか。文献資料では、5世紀頃に成立した『林邑記』を引用する形で、『水経注』36巻に銅鼓を冠した地名が、紅河平野の南あるいはタインホアの平野部にあることが言及されており、銅鼓自体はベトナムでのⅠ式盛行期終了後も認識されていたと考えられる。

第10章　タンロン城前史初探
――複雑な安南都護府時代あるいはその前身――

第1節　ホアンジウ通り18番地点D4-D6区からの問題認識

　2010年8月1日、李朝期（1010年）から阮朝初期（1833年）までの都、あるいは副都であり続けた昇龍城（Thăng Long：阮朝初期は昇隆）が、ユネスコの世界遺産委員会により世界文化遺産への登録が決定された。かつて、日越タンロン遺跡合同委員会に参加したものとして、心から喜ぶべき慶事で、登録事業に奔走された関係者各位の努力を賞賛したい。

　ただし、登録決定されたからといってタンロン城の研究が進捗したと単純に考えるべきではない。タンロン城研究は考古学を中心に、いくつものクリアすべき研究課題が控えている。喫近の課題解決を訴えるために、その問題のひとつを筆者が関わった調査作業経験の一部から的を絞って論じておきたい。

　2002年年末から始まったタンロン城の緊急発掘は、後黎朝期に皇城域の中心部に相当する敬天殿や端門がある区域から南北に走る、Hoàng Diệu通りを挟んだ西側の48000㎡のなかから、適宜発掘区を設定して行われていた（図138）。遺跡は通称ホアンジウ通り18番地点と呼ばれている。2004年11月から半年ほど考古学院院長のTống Trung Tín氏に要請されて、遺跡区の西側に位置する発掘区D4-6区（旧発掘区名：約2000㎡）において、若手研究者や博物関係者の陶磁器整理や分類の指導を行った。レベル掘りのため、層位や遺構単位での資料識別は不可能であったが、D4区を中心に地山層まで掘り下げられた区域を含む出土資料は当地域が人類の居住対象となってから、19-20世紀に至るまでの長い歴史的経過を体現する資料であった。時間的な位置づけも不明確な資料も多少あったため、将来の時期確定に備えるべく、碗皿の高台資料を中心に、技術・形態的分類を徹底的に行った（Ngô T.L. & Nishimura 2006）。その分類結果は、10-20世紀の碗皿の技術形態学的分類と編年研究につなげることができた（西村・西野 2005）。一般にタンロン城は、7世紀から10世紀までの"大羅時代あるいは前タンロン時代"、そして首都となった1010年以降を"タンロン時代"と呼び、7世紀から20世紀までの歴史を体現する遺跡とされている（Phan H.L. 2006、また、歴史的沿革については桜井1976、白石1983参照）。しかし、整理した出土資料群には、3時期ほど気になる時期、つまり、相当時期の資料が非常に少ない現象があった。一時期は16世紀半ばから末くらいの時期の資料で、残り二時期は、本論で言及する1010年のタンロン城遷都以前のタンロン前史（前タンロン時代と仮称）の時代である。D4-6区における最初期の資料について言及し、文献資料を

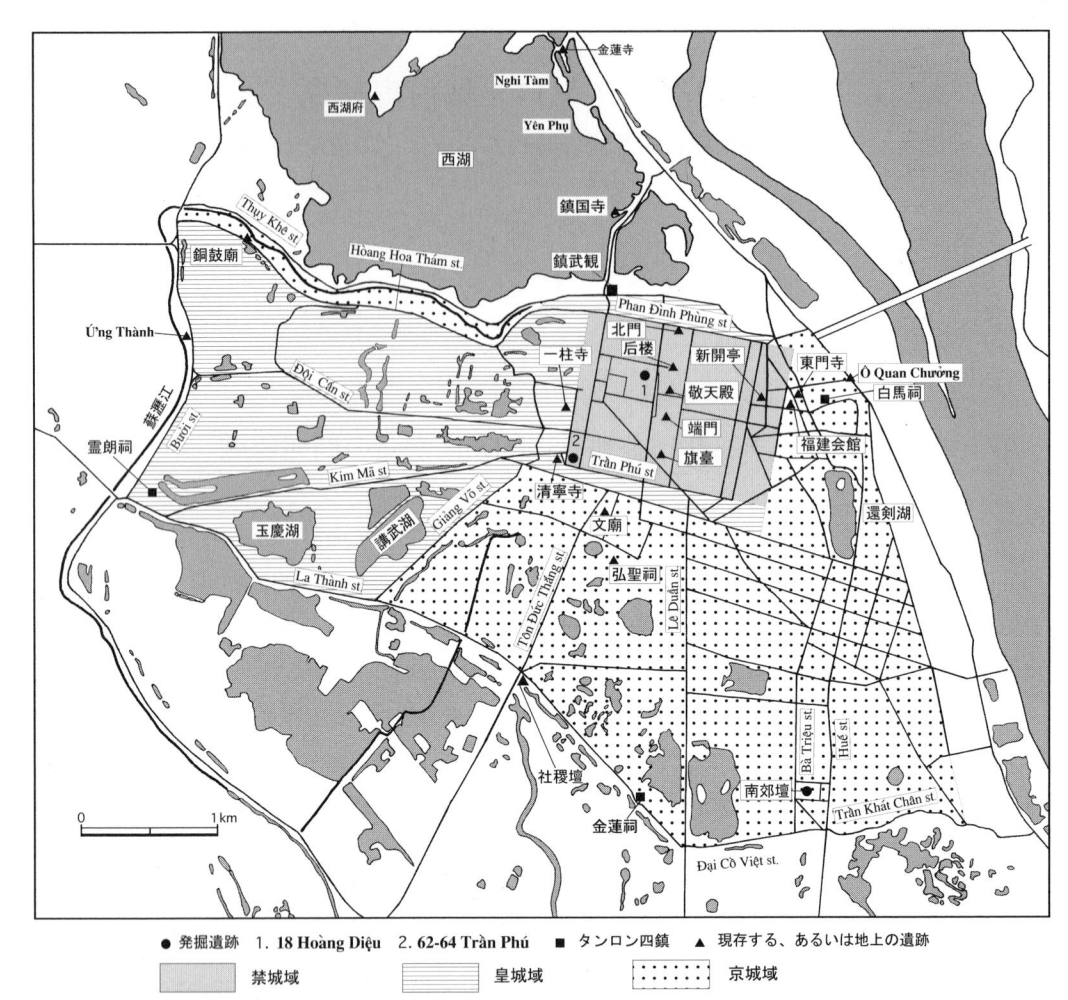

図138 タンロン都城関係図　禁城域、皇城域、京城域の範囲推定は、Phan Huy Lê（2006）の研究によるもので、黎朝期あるいはそれ以前に遡ると考えられている。

再読して考察したことを中心に述べておきたい。

第2節　前タンロン時代に相当する陶磁器資料群

D4-D6区で出土した10世紀以前の施釉陶器の碗皿資料には、以下のようなものがあった（Nishimura 2006b）。

越州窯系陶磁器

10世紀、あるいはそれ以前の輸入陶磁としては、最大量を占めている。いわゆる玉壁高台の青磁碗を始めとして、さらには太宰府・博多などでも出土する各種越州窯系青磁碗がある（図139-1,2）。太宰府分類の越州窯系青磁碗Ⅰ、Ⅱ類（9世紀から10世紀第3四半期位まで：山本 2000）が、これに相当する。このなかには、日本の長岡京（784-794年：長岡京史編纂委員会 1993）で出土するタイプ（図139-2）なども含まれており、時期的確証性も高い。

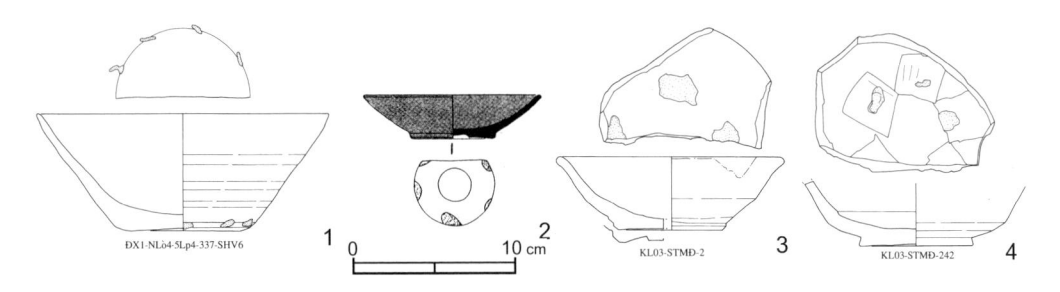

図139　D4地点で出土している10世紀以前の主な陶磁器の同類例

ただし、太宰府分類の越州窯系青磁碗Ⅲ類（10世紀第4四半期くらいから11世紀初頭）に相当するものは、ドゥオンサー窯（Nishimura & Bùi M.T. 2004）やキムラン・バイハムゾン遺跡では確認されたものの、D4-6区ではほとんど確認できなかった。

白磁

太宰府編年の白磁Ⅰ類が確認されているが、越州窯系青磁ほど量は多くない。

長沙銅官窯系陶磁器

数量的にそれほど多くないが、越州窯系に比べ、胎質が灰白色で磁気化しておらず、釉色は黄味がかったものが多い。玉壁状の高台とやや幅広の輪高台が中心であり、高台中心の凹部は施釉されている場合が多い。また、貿易陶磁として有名な黄釉褐彩貼花文水注もある。

広東・ベトナム系灰釉陶器資料

広東から北部ベトナムにかけて生産された釉剥ぎ痕を見込みに持つ灰釉碗である。タンロン出土のものは、ほとんど北部ベトナムで生産されたものと思われる。当地点で出土したものはすべて、内面に5カ所の方形釉剥ぎ、あるいは重ね焼きの餅状土塊付着による釉剥げ痕を持つタイプである（図132-3,4）。また、先述のティエンホイやキムラン出土例のような、方形釉剥ぎを4カ所持つタイプや餅型塊状土を3カ所重ねるタイプ（図130-1,4,5）で、高台が碗形に比して小さい7世紀から8世紀に比定可能な碗資料は、1例可能性のある破片を除き全く存在しなかった。

ドゥオンサー系自然釉碗資料

コラム9で紹介する、バックニン省ドゥオンサー窯などで確認された越州窯を模倣した自然釉碗は、華閭都城でも出土しているが、D4-6区では、非常にわずかな出土量しかない。当類の資料はキムラン・バイハムゾン（Nishimura & Nishino 2004）でも一定量出土しており、それに比して当遺跡での出土量はきわめて少量といわざるをえない。

以上をまとめると、7世紀から8世紀前半に位置づけられる広東－ベトナム系点状釉剥ぎ碗や塊状土を重ねる灰釉碗、10世紀後半と考えられるドゥオンサー系自然釉碗や越州窯系碗の一部などがD4-6区資料に存在しない、あるいは非常に少ないことがわかった。これは、とりもなおさず、その相当時期の遺跡利用活動がない、あるいは非常に乏しかったことを意味しよう。したがって、タンロン前史に関して、都城の位置変遷などを含めて検討してみる必要がある。

現在、ハノイの西、南西をめぐる蘇歴江沿いの道（Hoàng Hoa Thám通り、La Thành通り、Bưởi

通りなど）が、かつての城塁（羅城）の一部と考えられている。残念ながら、こうした地点や通りを、造営時期等に関して考古学的に確認することは、現在の交通事情や道が堤防としての機能をもっていることからほぼ無理であろう。2009年に筆者は、Hoàng Hoa Thám通りの工事現場で、北属期後半から15-16世紀にかけての陶磁器資料を道路直下の城壁構成層で確認した。しかし、これとて当時の土木事業による盛り土などに混入していたものの可能性もあり、議論応用は難しい。また、現況では遺跡と市街域との重複性から、タンロン初期あるいはそれ以前の都城の規模や存続時期を考古学的に確認するのは、計画的な試掘なしでは無理である。

第3節　文献資料の再検討

　ここでは、『大越史記全書』（以下『全書』）や『蠻書』など、前タンロン史を考察する上で重要な史料を検討する。現ハノイ中心域の城郭としての文献資料初出は、蘇歴江の河口脇に李賁（リー・ビー）が梁軍を阻むため城柵を立てたという『陳書』高祖紀の記述「李賁聚数万、干蘇歴江口、立城柵、以拒官軍」である（Trần Q.V. 1960）。そして、交州太守丘和による618年の子城建設、「（交州太守丘）和乃築子城、城内小城也。周回九百歩、以禦之。」（『全書』）が、これに続く。子城城郭の周囲長は約1600m程度であるから、ルンケー城より小さいものである。城内の小城という注釈は、後代の認識であり、その当時、すでに子城を囲むような羅城があったかは不明である。そして、安南都護、張伯儀による767年の羅城築城、「（張）伯儀、更築羅城」（『全書』）が続く。

　803年には、都督裴泰劍の都城建設も言及されている。「去城中溝也、城合為一城。溝也一作溝池」（『全書』）とあり、都城内に溝などを建設し、また複数の城を併せてひとつの城としている。これは、先述の子城など、複数の城塁があったことを示している。

　そして、交州都護、張舟が809年に増築を行っている。「安南羅城、先是経略使伯夷築。当時百姓猶甚陸梁、才高数尺、又甚湫隘。自張舟任、因農隙之後、奏請新築、今城高二丈二尺、都開三門、各有楼、其東西門各三間、其南門五間、更置鼓角、城内造左右随身十宮。前経略使裴泰時、驩、愛城池被環王、昆侖焼毀並尽。自張舟到任後、前年築驩州城、去年築愛州城。……干大庁左右起甲仗楼四十間収貯……」『唐会要』、808年「張舟……増築大羅城……又築驩、愛二城……」（『全書』）。

　記述からは、本格的都城としての建設内容がうかがえ、しかもチャンパ（環王）の侵攻に伴い破壊された地方城郭（驩州城、愛州城）も修築が行われている。

第4節　安南都護李元嘉の問題

　824年安南都護、李元嘉の記述に、「以城門有逆水、恐州人多生反叛、困移今城焉。時、元嘉移撫治於蘇歴江、方築小城有相者曰「君力不足築大城、五十年後必有姓高者、於比定都建府」、至咸通中、高駢増築羅城、果如其言。又按前此都護府城、今在東關、外城謂之羅城。後高駢築今城、外城亦謂之羅城。」（『全書』）とある。

　また、「以城門有逆水、恐州人多出反叛、困卜今城、時方築小城」『大越史略』とあり、李元嘉が、

城門の浸水問題により、新しい府城（今城）を造営し、都護府を遷したことが理解できる。『安南志略』の安南都護李原善（元嘉）の記述には「寶歷初（825年）、奉移府于北岸」とある。こうした記事から、李元嘉建設の都護府城は、李元嘉（原善）以前の都護府城と後の高駢が修築した都護府城などと、位置が異なると考えてよい。また、『安南志略』の"北岸"を、蘇歷江の北岸と理解した場合、ハノイで紅河から西へ分流する蘇歷江の北岸で、都城建設が可能な比較的平坦な場所は、現在のハノイ旧市街区の北方がその有力候補となる。

第5節　南詔侵攻時に多出する都護府の城郭記述

858年には、交州経略都護史、王式の記述で、「樹芳木為柵、深塹其外、泄城中水、塹外植刺竹、寇不能冒。」（『全書』）とある。そして、雲南の新興国、南詔に安南都護府が攻撃・占拠されたときに、城郭に関する記述がいくつか出現する。862年に「河蠻、在蘇歷舊城、置營……」（『蠻書』）とあり、南詔側が蘇歷舊城を占拠している。これは、李元嘉が造営した城郭を指している可能性がある。

863年には、南詔側は府城への攻撃を本格化させ、占拠するに至っている。

「南詔陷府城……。荊南、江西、鄂、岳、襄等州将士四百餘人、走至城東水際……遂還向城、入東羅門。安南羅城東門也。蠻人不為備……蠻将楊思縉、始自子城、城内小城也。出救、……」（『全書』）。

「正月三日、陣面上、生擒得撲子蠻、拷問之並不語、截其腕亦不声。安南子城虞候梁軻云、是撲子蠻」（『蠻書』）。

「荊南、江西、鄂岳、襄州将健約四百餘人、攜陌刀騎馬突、到城東水際。荊南都虞候元惟徳管都頭譚可言、江西軍判官傳門謂将士。〈中略〉遂相率入東羅城門、擁門裏……従城外水次、騎馬入門」（『蠻書』）。

「咸通三年十二月二十一日、亦有此芒蠻、於安南蘇歷江岸、聚二三千人隊。」

「咸通三年二十一日、僅五六千人、安南城西角下營。蠻賊楊思縉、委羅伏州扶邪縣令麻光高、部領之。」（『蠻書』）。

以上の記述から、南詔側が最初に蘇歷江岸にあった舊城を占拠し、さらに府城を陥落させ、子城などを根城にしたこと、また子城は羅城内にあったことなどが理解できる。また、唐軍と南詔軍が都城域の東西にそれぞれ拠点を持ち抗争していたと推察される。こうした理解から、改めて交州太守丘和が618年に築いた子城の実態が問題となろう。子城という城郭呼称は、中国の同時期資料から、羅城などの外郭城域があって初めて成立すると考えられる。したがって、丘和の子城建設は、当時は子城と呼ばれていなかったが、後世にその呼称が当てはめられたか、あるいは丘和の時に羅城の建設も行われたと考えなくてはならない。記述から判断するなら、前者の可能性が高い。

第6節　高駢の大修築とその後

866年に、静海軍節度使高駢が南詔を撃退後、羅城の大修築を行っている。ベトナム側の記述で

は、都城建設内容がかなり詳しく記述されている。

「駢據我府稱王、築羅城、周回一千九百八十二丈零五尺（約5830m）、城身高二丈六尺、脚闊二丈五尺、四面女墻高五丈五寸、望敵樓五十五カ所、甕門六所、水渠三所、踏道三十四所。又築提子、周回一千百二十五丈八尺（3310m）、高一丈五尺、脚闊二丈、及造屋四十餘萬間。」（『全書』）。

「駢修築羅城、周回一千九百八十丈零五尺、高二丈六尺、脚廣二丈六尺、四面女墻、高五丈五寸、敵樓五十五カ所、門樓五所、甕門六所、水渠三所、踏道三十四所。又築提、周回二千百二十五丈八尺（6250m）、高一丈五尺、脚闊三丈、及造屋五千餘間。」（『大越史略』）。

まず、高駢が（都護）府を拠り所として王を自称しており、王府にふさわしい都城実態の記述を意図していることが理解できる。女墻、望敵樓、甕門など城壘付属施設を設置しており、また、羅城とは別に堤防を築いている。全体として、その規模は前段階に比べ格段に大きく、防御機能強化を狙っていたことが理解できる。

これに対し、『資治通鑑』では「駢築安南城、周三千歩（約4700m）、造屋四十餘萬間」とあるのみで、記述情報量に大きな格差が存在する。

さらに、880年には再び反乱がおき、子城が占拠され、さらに府城全体が占拠された可能性がある。「安南子城爲叛卒所拠、節度使之攻未下」（『資治通鑑』）、「我府軍乱、節度使曽衮出城走」（『全書』）。南詔軍も子城を根拠地にしていることから、子城は軍事的にも重要な機能あるいは立地を有していたことが想像される。

第7節 "江西軍"磚の問題

『蠻書』の記述には、中国・江西の軍が頻出している。タンロン都城では"江西軍"の刻印入りの灰色硬質磚（図140-1）が多く出土し、それらが李朝期以前の生産に遡ることが、遺構からも確かめられている。ただし、D4-D6区では、この磚は遺構最初期に出土しているわけではない。洛陽の調査に長く携わってきた中国考古研究所陳良偉教授によれば、"江西軍"の字体は9世紀のものであるという。

こうしたことから、敢えて年代観を提出するなら、高駢の南詔軍鎮圧にあたって主力のひとつとなった江西の軍が、羅城修築時に

図140 "江西軍"の印字を持つ磚と "大越國軍城磚"の印字を持つホアルー都城出土の磚

製作した塼として考えていいのではないだろうか。後に華閭都城で"大越國軍城塼"（図140-2）と銘文が刻印された塼が用いられている。この銘文を"大越国軍の城塼"と解釈することも可能と思う。軍組織が、工兵部隊などとして都城建設などに積極的に参加していた証左であろう。

第8節　『大越史略』、『大越史記全書』の北属時代末期に独自の記述？

　ところで、以上述べてきたように『大越史記全書』には、安南都護府時代の都城に関して、中国側にない記述が多くある。一般的にベトナム独立達成以前の『全書』の記述は、中国側資料（『資治通鑑』など）を底本とするものであり、オリジナルな記述がないという考えが、日本を中心とする漢籍資料に詳しいベトナム研究者の暗黙の了解としてあるようだ。しかし、筆者はこれに異を唱えたい。9世紀に関する記述においては、『大越史略』、『大越史記全書』ともに、城郭の記述などにおいて独自の記述あるいは別個の資料を扱っている可能性が高い。たとえば、ベトナム側所伝において比較的記述の豊かな高駢は、中国内地に帰任後も黄巣の反乱軍鎮圧に功を挙げる。しかし、後に唐朝の政変にからんで、部下が謀叛を起こし殺されてしまう。『新唐書』や『旧唐書』では、高駢は叛臣としての扱いを受けていることから、中国側の記述にむしろ、削除や改変といった不正確なところもある可能性があろう。

　上述のベトナム側独自の記述は、938年の独立まで、古くて100年強、新しくて100年にも及ばない。歴史の記述にあたって、後世の言い伝え・記憶からの復元とて可能な範囲であったろうし、あるいは在地での記録などを後の資料が吸収した可能性とてあるはずだ。

第9節　結　論

　プレ・タンロン期とされる隋・唐代のハノイ（安南都護府所在地：ベトナムでは大羅時代と呼称）の城郭は、唐の城郭建設思想にのっとって、本格的城郭としての道を歩んだと考えられる。仮に、それ以前の李賁の城柵が、子城や羅城のさらなる前身であったなら、その規模はさらに小さかったであろう。また、羅城と子城の2重構造がいつから始まったかは確定できないが、子城（最初期から子城と呼ばれていたかは疑問）が中心城郭で、軍の拠点にもなっていたところと考えられる。

　出土陶器資料より、ホアンジウ通り18番地点のD4-6区では、8世紀後半あるいは末以降の居住を認めることはできるが、それ以前はまだ具体的な資料がわずかしか出ておらず、都城規模の建築・居住活動があったとは断定できない。ホアンジウ通り18番が、7世紀以降連続して交州、あるいは安南都護府の城郭として機能した可能性は低いと思う。具体的には、767年張伯儀が建設した羅城以降あたりからの遺跡がホアンジウ18地点最下層にあると考えた方がいいのではないだろうか。この考えは、10世紀から11世紀初頭の華閭都城期や16世紀半ばから末（おそらく莫氏政権期間［1527-1592年］に相当）にかけての陶磁資料が非常に少なく、該期のタンロンの機能縮小によると判断されることが、ひとつの傍証的根拠として挙げられよう。また、李元嘉の建設した城郭がどこ

なのかという問題も追求されねばならない。

　以上のような認識が正しいとすれば、世界遺産に指定されたタンロン遺跡が緊急に行うべき課題は、遺跡範囲確認のための計画的かつ広範な試掘調査であろう。同定された中心域を除けば、李・陳朝期の都城、特に皇城域の範囲、あるいは李朝以前の都城の範囲、さらには一部時期においては都城の位置についてさえ、おおよそでも的確なことを言える状況ではない。日本の支援で正確な測量体系ができたのであるなら、それを活用して遺跡の構造把握に向かうよう勧めるのが、都城研究においては先輩格にある日本の使命だと思う。

註

(1) Maspero（1910）、Trần Quốc Vượng（1959）ともに子城建設を621年としているが、『全書』では武徳元年（618年）である。

(2) 1尺を29.5-29.8cm、1歩を6尺とした場合の計算である。後述の大羅城の規模は1歩を5尺で計算している。

(3) 『全書』の記述では、堤防長は一千百二十五丈八尺（3310m）だが、『大越史略』では、二千百二十五丈八尺（6250m）とある。もし、編纂の早い後者の記述を正しいとするなら、羅城より少し大きい規模となり、羅城（中塁）のすぐ外を囲むさらなる外塁としての機能を持っていた可能性が出てくる。後の昇龍城の羅城が直下にあったと推定できる現在のBưởi通りやHoàng Hoa Thám通り（図138）は、『洪徳版図』（図246参照）などで、二重の羅城として表現されているところがある。上述のような中塁と外塁のような機能も想定してみる必要があろう。

(4) こうした考えは、山本達郎（1950）や陳荊和（1987）などによる『全書』と『大越史略』の比較にもとづくベトナムの初期正史史料の考察に起源するようだが、決して、中国側史料との綿密な比較が行われているわけではない。

(5) 高駢観の見直しについては、静永健2008「新羅文人崔致遠と唐末節度使高駢の前半生」『文學研究』105：p57-82。

(6) 唐代の揚州城では、子城と羅城が隣り合わせに位置している。小規模な子城は以前より存在したもので、その南隣に、より大規模な羅城を増築したと理解されている（紀1979）。この理解は、ハノイの羅城にも当てはまるかもしれない。子城という呼称は、羅城があって成立するものであろうから、以下、2つの可能性が想定される。ひとつは618年に子城のみならず、羅城も建設されていた可能性、もうひとつは、767年以降の羅城建設（増築）により、以前からの城域が子城と呼ばれるようになり、結果的に『全書』が、618年建設の旧城郭を子城として記録した可能性である。この丘和の子城建設に関する『全書』の記述は、独自の記述を含んでいる可能性が高い。

●コラム9

ドゥオンサー窯址遺跡：北属期から独立王朝時代をまたぐ遺跡

　ドゥオンサー遺跡は1999年11月に2軒のレンガ工場の採土とそれに伴う骨董の盗掘を通じて発見された遺跡である。発見当初は、土取りによる破壊が行われていたが（図141）、地元のVạn An社（ヴァンアン）人民委員会の適切な処置のおかげで、遺跡破壊を阻止することができた幸運なケースとなった。
　遺跡は、バックニン省Yên Phong県（イエンフォン）Vạn An社（ヴァンアン）に属するĐương Xá村（ドゥオンサー）の残丘と眼前を流れるNgũ Huyện Khê（グーフエンケー）（五県渓）という川の間の斜面地（約180×50m）に位置し（図243参照）、遺跡の東隣はQuả Cầm村（クアカム）で、ここには、李朝皇女（Bà Chúa Sành）（バーチュアサイン）が住み着いて無釉陶器の製造を教えたという伝説があり、その村の直下は、13世紀から17世紀にかけての無釉陶器生産を示す窯址や窯着品が眠っている。またドゥオンサー村やクアカム村の北西側にはカウ（Cầu）川が流れており、この川の湾曲部の内側には古式の亭（Đình）（ディン）建築を残すThổ Hà村（トーハ）がある（第12章第2節）。この村は最近、焼酎生産と豚飼養で有名だが（テレビ番組ウルルン滞在記にも登場）、1983年までは大甕・瓶や棺桶などの無釉陶器の生産を行っていた窯業村で、我々はこの五県渓川沿いに、他にいくつもの無釉陶器を生産した窯址を確認している。
　遺跡破壊組織後、私とBùi Minh Trí氏（ブイ・ミン・チー）は1999年からから翌年にかけて、緊急発掘を組織した。すでに一部破壊されていた窯址（1号窯）を中心に、約100㎡の発掘区（ĐX1地点）を設定し発掘を行った（発掘や遺物研究の詳細は、Nishimura & Bui M.T. 2004参照）。さらに2地点（ĐX2,3）で試掘を行った。
　ĐX1地点では計6基、ĐX2地点では2基の窯址、ĐX3地点では1基の窯址が確認された。窯址はすべて斜面地を掘り込んで窯体を築いた地下式の穴窯で、窯体は前方に、レンガをアーチ状に積んで築いた半円形の焚き口を持ち、焚き口はすべて、川の方に面している（図142）。燃焼室と焼成室の間は25cm前後の昇炎壁で区切られており、焼成室は8度前後の傾斜を有す。1号窯では窯体全体で長さ485cm（内法）あり、窯体全体を俯瞰すると卵形に近い形で、昇炎壁前後が最もふくらんでおり、その幅は1号窯で260cmあった。窯体最後尾部では、煙道（通常2基）が崩落しているのが確認された。2号窯の窯壁断面からは土を繰り返し塗りつけて、窯壁を修理したことが判明した。また、第1号窯では焼成室の昇炎壁際のところで四耳壺や縄蓆紋釜が列をなして積み上げられているのが確認された。これは、昇炎壁と同じように燃焼室の炎・熱気を直接焼成室に流入する

図141　ドゥオンサー窯址遺跡の緊急発掘風景　周囲で煉瓦工場が操業している。

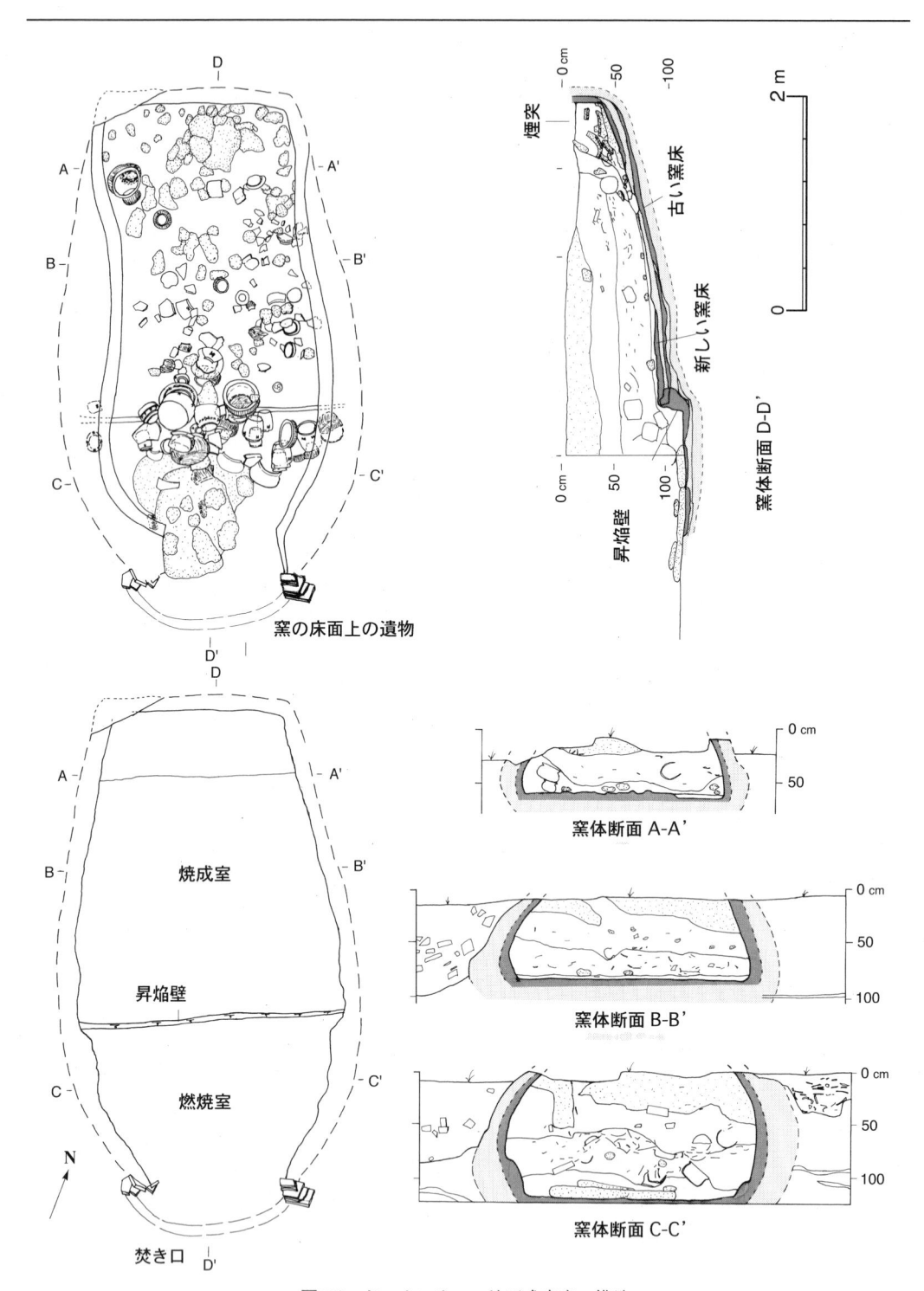

図142　ドゥオンサーの地下式窖窯の構造

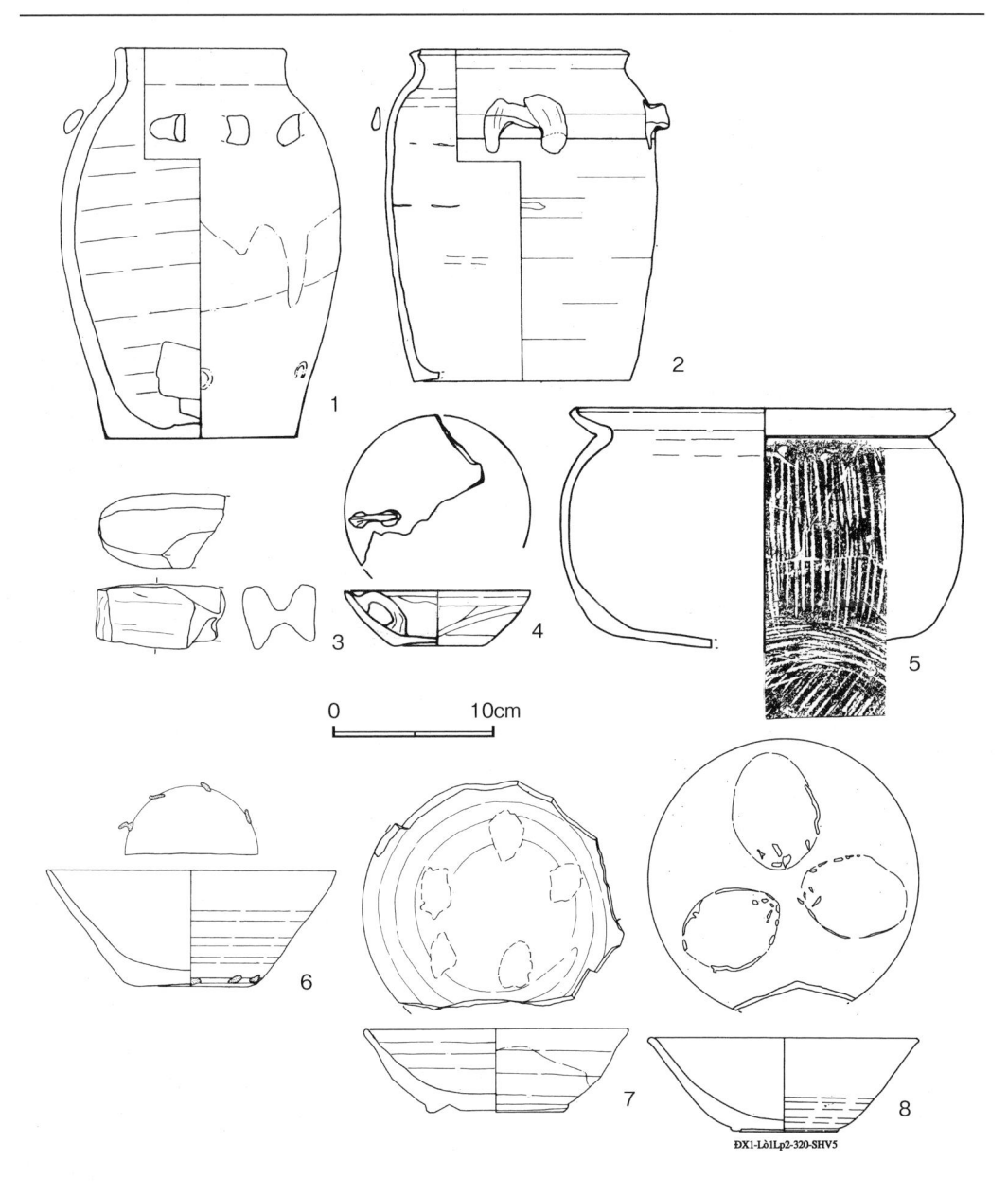

図143 ドゥオンサー窯址の主要生産器種（2-5,8）と広東系ベトナム産灰釉四耳壺と碗（1,7）と越州窯系青磁（6）

のを防ぎ、炎・熱気を跳ね返すことにより上方に環流させ、焼成室のなかに熱気を落とすよう意図したと理解される。2号窯の調査では窯壁の下方と上方で窯体構築時に天井を支えるための支え棒の跡が確認された。

出土遺物の99％以上は無釉陶器類で、四耳壺、六耳壺、釜、深鉢、薬研、碗、蓋類などがある（図143）。最も生産量の多いものが四耳壺で、その次が縄蓆紋釜である。漢方薬や茶葉などを粉にする薬研や灯明皿も確認され、福建省の越州窯系の窯址から出土しているのとほぼ同形である。ま

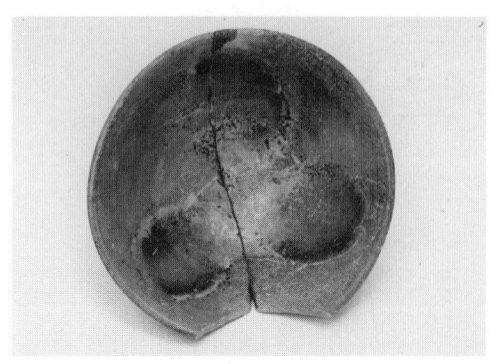

図144 ドゥオンサー窯産の自然釉碗の内面．貝殻を配置して重ね焼いた跡が非常にはっきりしている．

た無地の壺や鉢の類は粘土ひもを輪積みし成形後、回転台を回転させて器面を丁寧になでて、器表をなだらかにしていることが確認できた。

灰釉四耳壺（図143-1）が出土・発見されており、ĐX1地点出土の四耳壺のなかで、早い時期のものは、この灰釉四耳壺同様、器高に対して器幅が小さく（図143-2）、後の段階になると器高に対して器幅が大きめになり、胴部がずんぐりしていくことが判明した。初期の製品は灰釉四耳壺を模倣したものと考えてよい。施釉碗は、主に3種類に分けられる。第一類が中国・福建や浙江省産の越州窯系青磁である（図143-6）。第二類が、前述した灰釉四耳壺と同じ胎質で、器面央部に5カ所の釉剥ぎ部をもち、白色土の餅型支焼具（西村・西野2005）で重ね焼きをするものである（図143-7、図144）。この器形や技法は広東省に多く見られるが、本例はベトナムで生産されている。第三類は、灰色の胎土で、釉が半透明な自然釉のものである（図143-8）。器面内部に、淡水域の二枚貝を重ね焼き道具とした跡が残っている。貝殻が含む塩分と植物灰が化合して自然釉となり、貝殻を置いた範囲より外側の部分に付着している。焼成失敗品が一定量出土しており、当遺跡の製品と判断できる。器形的には越州窯系の碗をモデルとしている。器種には、碗皿以外に中国で托盤とよばれるものもあり、薬研（茶碾）などと同様に茶飲に用いられた可能性を示唆している。越州窯系の製品が東アジア諸国への流通は、同時に茶飲文化拡がりを伴っていたことが理解できる資料である（西村印刷中）。この自然釉の製品は、昇炎壁として利用された無釉陶器列やその近くの製品列の最も上に置き、灰被りの効果を狙ったと想像される。

ドゥオンサー窯と同型式のものは、968年から1009年まで、丁部領の丁朝、黎桓の前黎朝が都としたニンビン省のホアルー（Hoa Lư）遺跡でĐX1地点の後期段階のものが出土し、ハノイ市の南に位置するキムラン（Kim Lan：第12章第1節参照）村のバイハムゾン遺跡でも、同類の無釉陶器、施釉陶器が出土しており、ドゥオンサー出土の越州窯系青磁碗より若干後の時期に位置づけられる10世紀前後を中心とする越州窯系の碗も共伴している。ドゥオンサーで出土している越州窯系青磁碗のほとんどは9-10世紀のものと考えられ、したがってĐX1地点と、ĐX1地点の後期段階と同じ製品を生産しているĐX2地点は10世紀を中心とした年代で、一部9世紀のものがあると考えるのが妥当であろう。また、ĐX3地点は、12世紀後半から13世紀前半に納まるのものと考えられる（西村2006c）。この他に未調査の窯址もあるので、ドゥオンサー遺跡は10世紀を中心として、9世紀から12～13世紀まで操業した窯址群と結論できる。

10世紀のベトナムにおいて、広東系の技術で輪状の釉掻きをもつ灰釉碗を作っていたところに越州窯系の製品をモデルとする自然釉碗を作る新しい伝統が現れたことになる。当遺跡の製品は施釉陶器・無釉陶器両方とも回転板が右回転の製作であるが、広東系の星形釉掻き碗はロクロ回転板が

左回転の製作で、技術伝統が異なることが理解できる。10世紀という時期は、漢代以降の中国へ隷属した北属時代に終止符が打たれた非常に重要な時期である。しかし、この時期の歴史資料は決して多くはなく、10世紀のベトナム陶磁生産の具体像が一部明らかになったことは、社会経済史上、非常に意味がある。また、ドゥオンサーに始まり20世紀末まで続いたトーハー村に至るまでの1000年以上に亘って陶器生産が綿々と継承された地域は、ベトナムはおろかアジア全域で見渡しても非常に珍しいといえよう。

　この調査は、遺跡の保護を機に始まったのだが、最終的には「東南アジア埋蔵文化財保護基金」を設立して、有志からの寄付を募り、地元人民委員会の積極的な支援のもと小さな博物館（図146）を建設して、窯址の移設展示をすることができた思い出深いものとなった。窯址の切断・移設はすべて手作業でやったが、工兵や大工の経験豊富な村人の知恵と技術で、思いのほか短期間で行うことができた（図145）。移設・建設総工費は20000ドル強であったが、これも現在のベトナムの物価を考えると信じられない額である。

図145　窯址移設風景　人海戦術で竹と縄のみを使って、切断した窯体片を運んだ。

図146　遺跡の裏手に建てられた窯址博物館　日越の有志のご寄付とご助力で実現できた。

第11章　独立初期王朝時代から李・陳朝期
―― ベトナムの基本が作られた10-14世紀 ――

　ベトナムは、呉権(ゴー・クエン)が938年に南漢から独立を果たす。以後、属明期とフランス植民地時代を除けば、独立国家としてのベトナムが維持され、南進を果たした後に、現在のような南北に長い国家を形成する。この間の政権・朝廷と都に関する関係は図147にまとめてある。また、本章で言及する主な遺跡の位置は図148に表してある。

　本章ではベトナムが独立してからの前半期である10-15世紀の考古学的研究を中心に論述を進める。また、昇龍遷都（1010年）以前に関しては、呉権の古螺(コーロア)での即位（939年）、群雄割拠の十二使君時代（966-967年）、丁朝（968-979年）と前黎朝（980-1009年）による華閭(ホアルー)都城時代といった時代細分は行わずに、独立初期王朝時代として括っておく。

　論述根拠とする編年はベトナム施釉陶器の碗皿資料の分類・編年研究（西村・西野 2005）と瓶、壺、鉢などのベトナム無釉陶器資料の分類編年研究（西村 2006cの第5章）である。それぞれ10世紀から20世紀にかけてのできる限り詳細な編年を提出している。ただし、それらをここに紹介すると膨大な紙数を割かねばならないので、個別の研究を参照されたい。

　李朝（1009-1225年）と陳朝（1225-1400年）にわたる長い期間は、20世紀半ばまで続く封建王朝時代の基礎を形成したと考えられている。それは、東アジア的伝統（中国冊封体制に入りつつも独自の王朝を目指す点や父系原理の長期王朝など）を積極的に導入し、上からの改革を進めたものと考えられている（桃木 2001b）。

　以下、集落の形成や銅鼓の問題、都城や建築、陶磁器の問題などを各節やコラムで扱うが、基本的には、権力（者）との関係が、様々な変化の要因となっていることが多いようだ。ベトナム前近代史を理解する鍵として、記憶に留めておく必要がある。

　それから、第11章第4節と第12章第1節でベトナム伝統集落の形成史に関する議論を行う。これらの議論はその集落の初現期（紀1000年紀）から20世紀までを扱う非常に時間帯の長いもの

年代	王朝名あるいは時代呼称	都
907-938	曲氏・楊廷藝らの独立政権	
939-965	呉朝	古螺（コーロア）
966-967	十二使君	
968-980	丁朝	華閭（ホアルー）
980-1009	前黎朝	華閭（ホアルー）
1010-1225	李朝	昇龍（タンロン）
1225-1400	陳朝	昇龍（タンロン）
1400-1407	胡朝	胡朝城
1407-1427	属明	
1427-1789	（後）黎朝	昇龍（タンロン）
1527-1592	（莫氏政権）	
1592-1789	（鄭氏政権）	
1787-1802	西山朝	富春（フエ）
1802-1945	阮朝	フエ

図147　歴代王朝存続期間と都

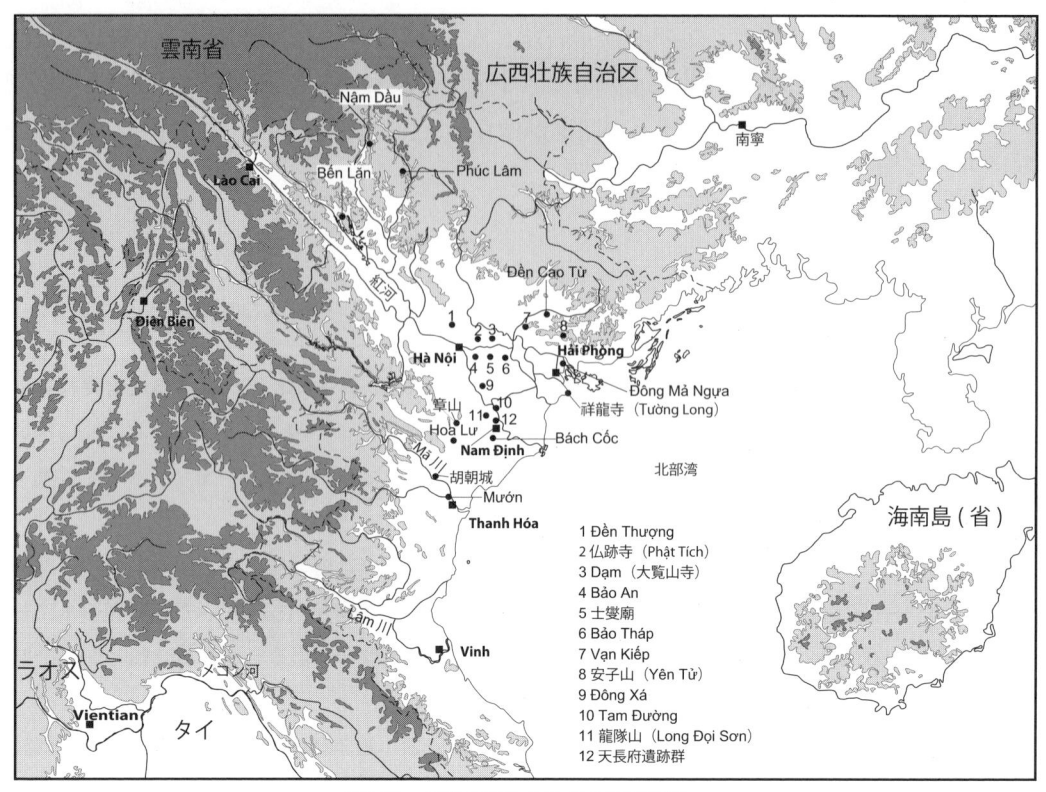

図148 本章で言及する主な遺跡位置

で、なおかつ、そうした議論から歴史認識を抽出することが各論の特徴であるため、15世紀を境に単純に分割できるものではない。前論のバッコック研究は陳朝期から15世紀にかけて興味深い考古学現象があるので、第11章に配置した。後論のキムラン研究は陳朝期のみならず、15世紀以降の歴史や現在のベトナムの産業理解にもつながるものなので、第12章に配置した。読者にはややこしいかもしれないが、適宜両論の比較をされながら読むことをお願いしたい。また、議論や資料の性質上、第11章と第12章の他各論も15世紀で明確に分期することも、難しいこともつけ加えておく。

第1節　11-15世紀の新開拓地

　李朝期の集落形成史については桜井氏による紅河平野における先駆的研究（桜井 1980）以上に、歴史地理学的研究の進歩を見ない状況である。桜井（前掲）は、陳朝期の紅河平野において、采邑や田庄などの個人的土地所有のもと開発居住が積極的に行われたことを議論している（桜井 1989・1995b、桃木 2001b）。

　この時期の居住パターンについて紅河平野全域での論述は無理であるが、著者がサーベイや発掘調査を行ってきたナムディン省や隣接するタイビン省の傾向を簡単に述べておく。図149（西村 2006c）はナムディン省やタイビン省の李・陳朝期の各遺跡分布である。この中には考古学的遺跡のみならず王室の采邑や公主（皇帝の娘）が寓居した伝承地も含まれている。その分布範囲を初期

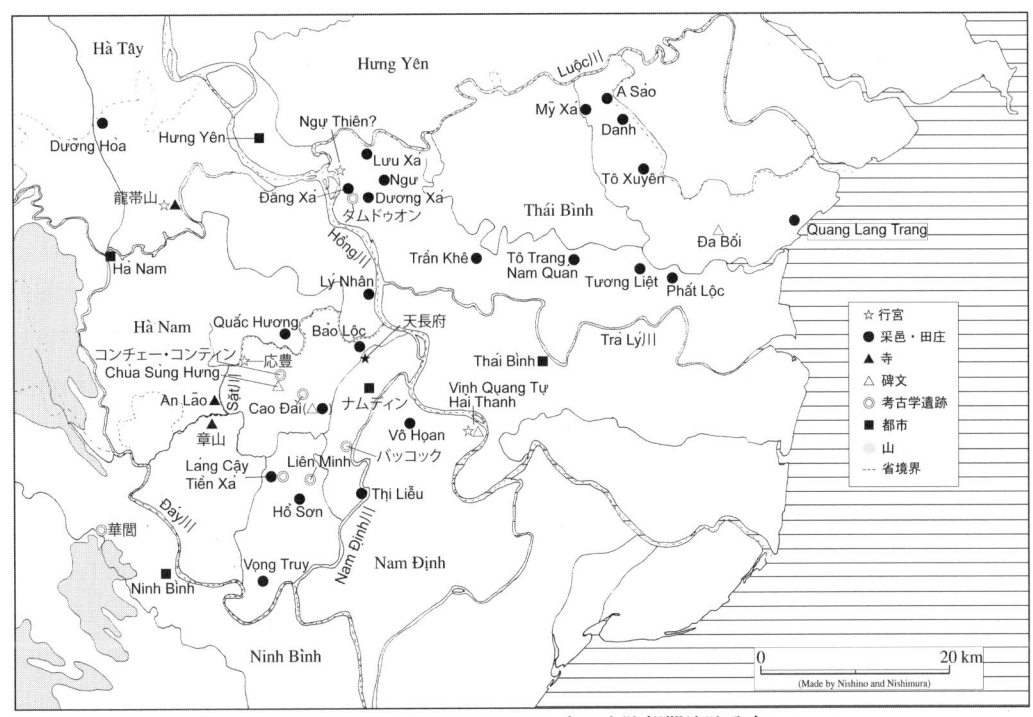

図149　タイビン、ナムディン省の李陳朝期遺跡分布

歴史時代（10世紀まで）の遺跡の分布範囲（図109）と比べてみると海岸側へ若干（10km弱）前進しているのがわかる。単純に考えればこの距離が初10世紀頃から陳朝期にかけてのびた開拓限界なのである。これはデルタ先端部形成とも絡む問題で、その開拓限界伸長の理由を、新たに形成された洲土をこれまで通りの農業技術で順次開拓していった結果なのか、あるいは桜井（1989・1995b）が論じるように堤防建設による干拓といった工学的手法で開拓した結果なのかを判断することは難しい。おそらく、その両方なのであろう。しかし、焦点を遺跡の分布密度に変えてみるとその違いが歴然としてくる（Nishimura & Nishino 2002）。比較的サーヴェイ密度の高いナムディン省のナムディン市、Mỹ Lộc県（ミーロック）、Vụ Bản県（ヴバン）を対象に俯瞰すると、李朝期の居住痕跡はさして多くないが、陳朝期の居住痕跡は至る所で確認できる（西村 2006c）。このことはヴバン県のバッコック（Bách Cốc）村と周辺域の試掘・分布調査でも確認されていることである（西村他 2000、Nishimura&Nishino ibid.、西村 2007c）。この陳朝期の居住域拡大現象は、氾濫原や沿岸砂礫列のような低地において確認できるから、そこには人為的環境改変により居住を可能とする理由を当てはめるしかない。桜井（前掲）が議論した陳朝期の堤防建設による開拓がまさにその理由に相応しい。堤防建設は可耕地の拡大のみならず集落の増加・凋密化も引き起こしている。当地域を陳朝が重視した背景のひとつであろう。

　また、フンイェン省の南半部、ハイズオン省東部は一部の大河川沿いを除いて、10世紀までの遺跡がほとんど確認できない。たとえば、ドンソン期の木棺墓層が出土したドンサー（Đông Xá）遺跡はドンソン期の墓葬兼居住遺跡であるが、墓葬の埋土上に陳朝期の遺物を含む水田面が確認でき

図150　紅河平野東部海岸地域：ハナム島とその周辺（八尾2009を改変）

図151　ドンマーグア地点出土の杭

た（2005年筆者確認資料）。当地域は低湿地が優越する環境で、桜井（1980）の10世紀の歴史地理的研究においても、紅河本流やLuộc（ルオック）川沿いの河川交通の重要地点と考えられる細江、籙州、扶帯を除くと、当地域のかなり北端に近い洪州（現ハイズオン省西北端部）以外でしか、大きな地方勢力は確認されていない。これは当地域が未開拓であったといわないまでも、ひとつの大きな地方勢力を形成できるほどの人口、集落がなかったことを意味しよう。おそらく当地域は陳朝以降の開拓が主となるのであろう。

日本同様に元の侵攻を受けたベトナムには、元寇時の遺跡が残っている。白藤江の杭群といわれるのがそれである（図150）。海岸に近い感潮帯の川縁に鉄木などの杭を多数打ち込み、1288年、元の水軍を引き込み、干潮時に軍船が杭に座礁したところを攻撃し、第3次元寇の完全撃退に成功したとされている（図151）。938年の呉権の南漢戦や981年の黎桓の北宋戦でも同じ戦法で撃退したとされているが、考古学的に年代が確認されている資料は元寇時のものが多いようだ。2010年5月にクアンニン省Yên Hưng県Nam Hòa社のHưng Học村で、ベトナム考古学院とテキサスA&M大学船舶考古学研究所、フリンダース大学海事考古学プログラムが共同発掘している調査地点ドンマーグア（Đông Mả Ngựa：Sasaki&Kimura 2010）を見学する機会があった。抗元戦の杭打ち時の包含層より上層から出ている資料は14-15世紀以降の陶磁器ばかりであり、発掘地点は現集落の縁辺部にもあたることから、当地域での集落形成開始が14世紀以降であったことが理解できる。近くには、イェンフン県Trung Bản社があり、ここは紹平年間（1432-1440年間）に、タンロン都城の京域拡張建設に伴い、開拓移住を余儀なくされた集落とされる（八尾 1995）。そして、白藤江河口部近くにあった洲土を潮汐と戦いながら、数十年かけて干拓したことが、家譜資料に記されている（八尾前掲）。したがって、考古資料と併せて考えるなら、すでに15世紀前半において、下流域海岸部近くにおいてさえ安易に開墾できる適地などなく、洲土などの開拓居住の困難なところしか残されておらず、紅河平野はすでに、かなり稠密な集落形成やそれに伴う水田開発が完成していたことが理解できる。

第 2 節　紀元2000年紀前半の銅鼓とその分布

（1）　類Ⅱ式

　この時代の銅鼓の中心をなすのは類Ⅱ式鼓（筆者はⅤ式と呼ぶことを提唱：西村 2008b）であり、非常に限られた分布を示す。つまりホアビン省、フート省西側、ニンビン省、タインホア省やゲアン省の山間部、ソンラー省南部、旧ハタイ省西部など、ホアビン山塊を中心とした山岳域である。それ以外に若干数、飛び地的にハザン省、雲南のベトナム国境隣接域、ベトナム中部とラオスに分布しているのみである（図152）。類Ⅱ式鼓の分布中心域はムオン族の分布域（図153）と重なり、ムオン族の首領の家などに伝承されていたことが各調査で明らかにされている（Cuisinier 1946、Quách V.A. 2003）。筆者も実際、類Ⅱ式鼓がムオン族の族長の家で保管・使用され続けている例（ホアビン省Lạc Sơn県Tân Lập社）を実見した（図154）。

（2）　類Ⅱ式の細分と年代、ならびに生産地問題について

　ベトナムの銅鼓群において最大のグループをなす類Ⅱ式銅鼓は、広西を中心に出土するⅡ式銅鼓

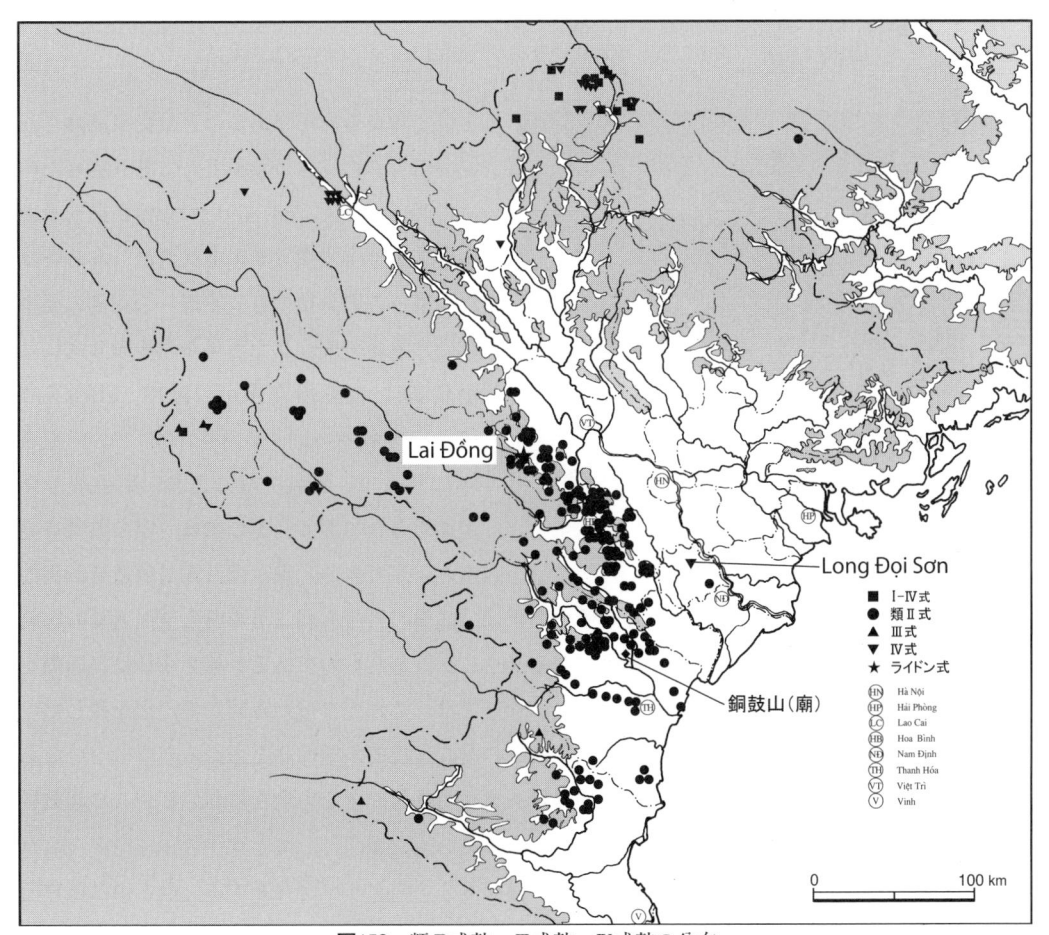

図152　類Ⅱ式鼓・Ⅲ式鼓・Ⅳ式鼓の分布

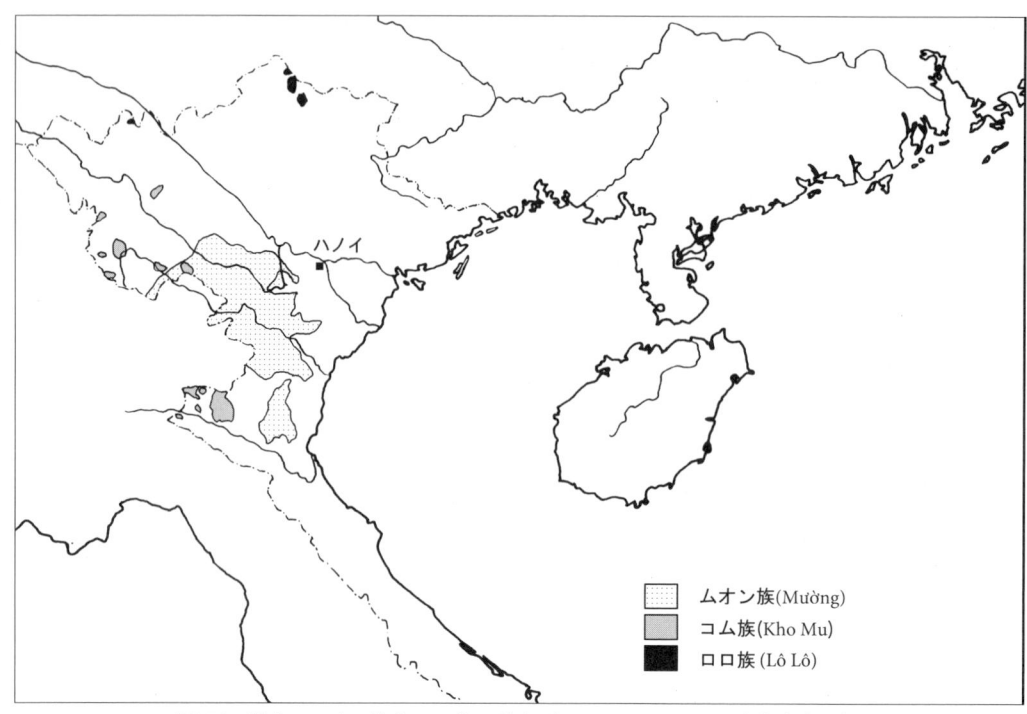

図153　現在のムオン族とロロ族の分布（Schrock et al. 1966などを参照）

図154　現在も使われる類Ⅱ式銅鼓A型

と似て非なるものであることは従来認識されていたものの、新分類枠として独立させたのは吉開（1998a：208-209）の分類が最初である。霊山型（吉開分類のⅡ式西群）あるいは北流型（吉開分類のⅡ式東群）の銅鼓の要素を受け継いで成立したと見られる類Ⅱ式には、年代論上の不備が多い。近年、Trịnh Sinh（Trịnh S.& Quách V.A. 2002、Trịnh S.& Nguyễn A.T. 2001）らにより、系統的分類が進められており、そこには一定の成果を見ることができる。彼らは、銅鼓鋳造時の湯口の位置に2系統あることを指摘している。第1系統は、鼓面の外縁裏面に2カ所と鼓面近くの合範線上にもう1カ所を、二等辺三角形の関係になるように配置したものである。第2系統は、間隔を置いて合範線上に3カ所を配置したものである。管見では、これとまったく同じ湯口痕を残したⅠ式やⅡ式銅鼓はないようなので、Ⅰ式やⅡ式銅鼓との間に直接的系譜関係を考える必要はないであろう。また、筆者はⅡ式との具体的な系統関係があまり明瞭化できない現在において、この銅鼓群をⅤ式として、独立させて呼んだ方がよいと考えている。

　ところで、この類Ⅱ式銅鼓には形態的にかなり異なる2つのタイプが存在する。ひとつは鼓体の真ん中前後で、くびれるように鼓体上半と下半が分割されるものである（図76-10）。鼓面上の蛙は

3体か4体で、鼓面中央の太陽紋の光芒数は4芒、7芒、8芒が普通であるが、まれに平野部の封建王朝で使用された、礎石などの周圏文様に用いる蓮弁文を光芒として用いている場合がある。このタイプはホアビン、フート、タインホア、ゲアン、ソンラー各省などで出土している。

もうひとつは、鼓体の真ん中より上位で、頭部と胴部が分割するくびれが存在する（図76-11）。頭部はやや膨らみを持つ一方、胴部は曲線状の裾広がりである。鼓面上の蛙は4体が普遍的で、鼓面中央の太陽紋の光芒数は8芒である。このタイプの銅鼓も旧ハタイ、ニンビン、ハナム各省などの紅河平野の南縁域からフート、ホアビン、ゲアン、タインホア、ソンラー各省山岳域に拡がっている。分布域としては前者の分布域とかなり重複するが、より広範な分布である。

本論では前者を類Ⅱ式A型、後者を類Ⅱ式B型と便宜的に仮称しておく。

さて、これらの類Ⅱ式の年代はかなり幅の広い年代枠が与えられており、始まりはⅠ式との併存を考えるほど古い年代を想定している研究もあるが、それを支持する考古学的脈絡を伴う発見例はない。こうした状況下、吉開（1998a）が、広西のⅡ式銅鼓の研究から、Ⅱ式東群（典型北流型）との類似点を捉え、Ⅱ式の終末年代から、類Ⅱ式銅鼓の年代上限が10世紀を越えないとした仮説を提出したことは画期的であった。

ここでは考古学的出土状況がはっきりしているものや、他種の青銅器や陶磁器、さらには彫刻類との比較で、ある程度の年代枠を抽出してみたい。

まずは類Ⅱ式A型銅鼓の年代比定を、筆者が調査を行っているホアビン省の資料を中心に簡論する。Nguyễn Thành Trai（1985）は、類Ⅱ式銅鼓に李・陳朝さらには後黎朝期の彫刻などと文様が類似することを指摘しているが、類Ⅱ式鼓のなかには確実にその年代が李・陳朝期と考えられるものがある。それはホアビン省内

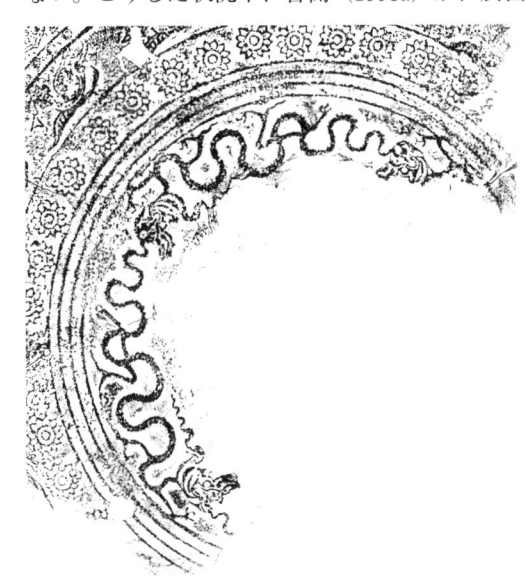

図155 ソムザム鼓鼓面中央部
鼓面中央が欠け落ちている。

図156 銅鼓と同じ紋様を持つ器物　1はバックニン省仏跡寺例

Kỳ Sơn県Thông Nhất社出土のソムザムⅠ（Xóm RậmⅠ）鼓（Hoàng V. et al. 1978）で、鼓面径
50.2cm脚径45.9cmを計り、類Ⅱ式A型に分類される。鼓面央部は、打楽器として使用したためか
抜け落ちているが、その欠損部に隣接する文様は4体の龍文である（図155）。その龍文は李・陳朝
期の碑文や仏像等の礎石（図156-1）などに施される龍文そのものであり、報告者は11-12世紀の年
代を考えている。鼓面縁辺に浮紋として付された馨形雲文（図157）は、Tống Trung Tín（1997）
が石像彫刻にみられる同類文様を、13～14世紀のものと考えている。またこの馨形雲文は青銅製水
注（図156-2）、青磁水柱（Bùi M.T. n.d.）にも、浮紋として付されており、陶磁器形態から13世
紀に比定可能である。したがって、ソムザムⅠ鼓には、12～13世紀の年代を想定しておくのが適当
であろう（西村 2002b）。さらにホアビン省には、類Ⅱ式A型で龍文が入ったソムデイン（Xóm
Đênh）鼓（図76-10、図158）がある。当鼓は、龍文が李朝期よりも陳朝期のものに類似し、花文
や蓮花文が14世紀の印花碗に出現するものによく似ていることなどから14世紀頃と想定したい。Ⅱ
式A型銅鼓には李・陳朝期の龍文を鼓面に持つものが多く、器形的特徴も他の銅鼓群と一線を画し
ており、後述するように、その生産脈絡に特別な背景があることを示唆している。

　また、類Ⅱ式B型鼓に関しては以下の年代的情報を掲げる。
　ホアビン省Kim Bôi県のKim Truy古墓群（Phạm Q.Q. 1993）の2号墓では類Ⅱ式B型鼓（図159）
と陳朝期の鉄彩淡色釉長胴壺（図160）が伴っている例があり、大量に共伴した無釉陶器も陳朝期
のものと考えられる。この類Ⅱ式B型鼓の年代下限は14世紀ということになるが、鉄彩淡色釉長胴
壺の蓮花文は13世紀にまでに遡る可能性もある。当銅鼓にはハート形菩提樹葉文や蓮弁文、さらに
は二重方角文がスタンプによりほぼ全面に施されたもので、類Ⅱ式B型鼓のなかで、かなり普遍的
に見られる形態・文様を有している。バオラー（Bao La）鼓（Quách V.A. 2003）は写実的な鳥文
や菩提樹葉文などは比較可能な資料がなく、年代比定に困難を伴うが、亀甲文、牡丹文などが
14～15世紀に比較可能である。また鳥文に伴う雲文は15世紀頃の陶磁器文様に比較可能なものがあ
り、陳朝期のものとは様式的に離れている。また、上述のキムチュイ古墓群の3号墓では3つの類
Ⅱ式B型（図76-11）の共伴が、1号墓では2つの類Ⅱ式B型の共伴が確認されている（Phạm Q.Q.
1993）。これらは形態的に上記2つの銅鼓にかなり近く、これらの銅鼓の文様には15世紀の青花陶
器に使用される菩提樹葉文や圏文に類似のものが存在する。したがって、これらの銅鼓も年代の下
限は15世紀であろう。

　さらに、こうしたホアビン、タインホア、フート各省などの紅河平野南接山岳域に分布する類Ⅱ
式とはやや異なる類Ⅱ式が、ハザン省やカオバン省、国境を越えた雲南省の文山県（夏 2005）、ラ
オカイ省に北接する河口県（尹 1995）でも発見されている。ハザン省発見のBTHG.KL/D18鼓
（Phạm M.H. 2001）や雲南省文山董馬鼓（夏 2005：268-269）は形態的に類Ⅱ式B型同様、頭部と
胴部間を大きく分ける突帯が存在し、頭部が膨らみを持ち、胴部はまっすぐにやや裾広がりのもの
で、類Ⅱ式B型のバオラー鼓などに近い形態である。文山董馬鼓は光芒や2重圏線による文様配置
法も同じである。しかし、BTHG.KL/D18鼓の場合、耳が頭部と胴部をまたいで鋳接されており、
鋤等を引く農作業風景が浮紋で鋳出されている。文山董馬鼓には、字文や動物文なども鋳出されて
いる。これらは、Ⅳ式との類似性も窺わせるが、逆にⅣ式に特徴的な光芒間の鳥頭文や退化羽人文

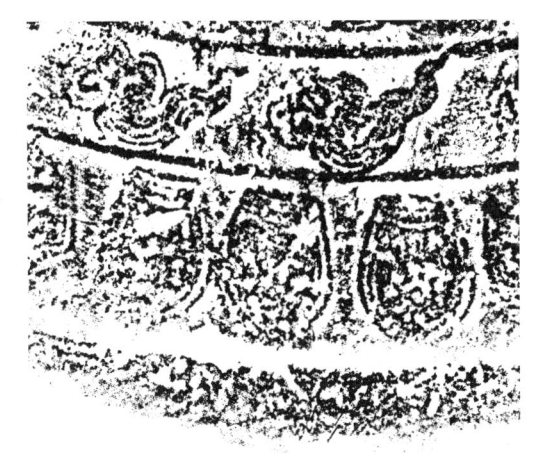

第11章　独立初期王朝時代から李・陳朝期　211

図157　ソムザム鼓鼓面周縁部紋様

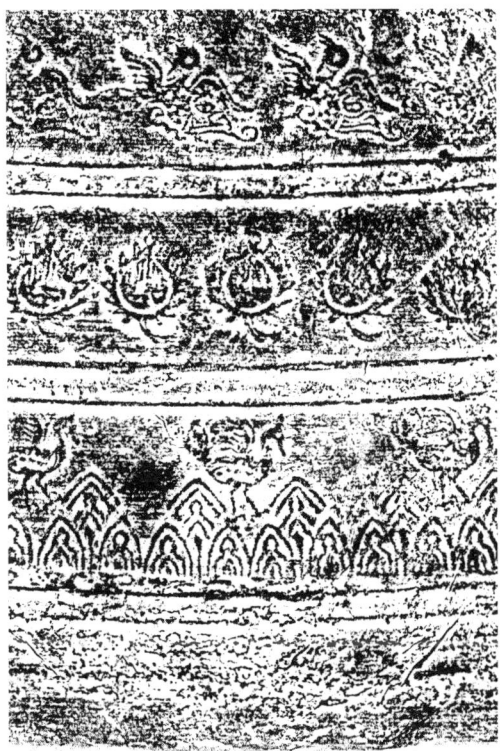

図158　ソムデイン鼓脚部紋様

図159　キムチュイ2号墓銅鼓鼓面紋様

図160　キムチュイ2号墓共伴鉄彩淡色釉壺

などがなく、あくまでも類Ⅱ式B型のなかでの変異と考えられる。BTHG.KL/D18鼓は四重の蓮弁紋が特徴的で、類似例が14〜15世紀のベトナム青花陶器の蓮弁に存在し、この銅鼓もその年代に納まると考えられている（Phạm M.H. 2001）。筆者も同意見だが、この蓮弁文は正確には15世紀のものに最も対照可能である。

　以上、陶磁器や他の青銅器との文様比較では、16世紀以降の時期を想定できそうな例はホアビン省出土例のみならず、他省例にも見受けられない。したがって、16世紀頃にはこの型式の銅鼓生産は終息していた可能性が高いと推定する。後述の阮朝期生産と考えられる龍文を鼓面に有する特殊な形態・文様をもつライドン（Lai Đồng）式鼓（図76-9：フート省）がまったく異なった形態・文様を示し、形式的連続性・系譜的親和性を想定するのは無理があることからも、この判断は支持される。

　以上から類Ⅱ式A型、類Ⅱ式B型両方が陳朝を前後する年代に納まる傾向を理解できる。具体的な時期変遷としては、類Ⅱ式A型の中には李朝期に遡るものが存在するが、逆に後黎朝期に下るものはなく、類Ⅱ式B型のものには陳朝を年代の中心として、後黎朝初期（15世紀）にまたがる年代幅を想定しておく。

　したがって、吉開の論じるⅡ式の生産終末年代と類Ⅱ式の製作開始年代間に、空隙が生じている可能性もある。そのことが、類Ⅱ式をⅡ式とは似て非なるものへ導いた可能性がある。

　ここで、この類Ⅱ式鼓の生産の問題に立ち入るが、前述のように龍文は李・陳朝期には王宮、仏教寺院など限られた建築や石像物に用いられたもので、当時の社会において決して一般的なモチーフではない。大西（2001：38-41）が具体例を挙げているが、龍は李・陳朝王権と密接に結びついている。李・陳朝期に製作された鉄彩長胴無頸壺に描かれた兵士の足に龍文を入れ墨したものがあり（三上 1984）、また陳朝王族自身や軍兵にも龍文が施されていたことが記録されている（『大越史記全書』1299年8月の条）。後の後黎朝期には龍文を王室や朝廷に限って使用する定めも出されている。

　また、類Ⅱ式鼓のモチーフには龍文以外に蓮弁などの仏教的モチーフも多用されており、仏教寺院やその石碑、石彫などと同じ文化的脈絡で製作されていることが理解できる。李・陳朝期の仏教も王室の保護下に発達したものである。

　さらに、龍文を有す銅鼓は類Ⅱ式の中でもわずかな存在であることから、製作量がその他の類Ⅱ式銅鼓に比べ圧倒的に少なかったと結論できる。李・陳朝廷が製作を管理して、山間民族への贈品等に利用した可能性を考えるべきであろう。したがって、類Ⅱ式銅鼓の製作地をキン族の居住域、つまり紅河平野などの平野部に求めるPhạm Quốc Quân（ファム・クオック・クアン）（1985）の意見は的を射ている。

（3）Ⅰ-Ⅳ式中間型

　Ⅰ式後期からⅣ式への移行型で、南中国では遵義型と呼ばれている。吉開分類では、貴州での墓葬出土例をもとに、10〜13世紀頃に位置づけられている。ベトナムでは、ハザン省とカオバン省の北域の一部に集中して分布し、Ⅰ式後期やⅣ式の分布とも重なりをみせる（図152）。

（4） 分割鋳型鋳造のⅢ式銅鼓

　ベトナムでは、Ⅰ式からⅣ式の中で、発見数の最も少ない銅鼓であるが、その最初期のものの確認数は非常に少ない。広西の広西省博物館31号銅鼓は、分割鋳型による鋳造で、最初期に位置づけられるもので、後代の失蠟法鋳造のⅢ式とは紋様構成、器形において、かなり異なり、その年代は9-10世紀以降とされている（吉開 1998a）。近年東北タイのナコーンパノム（Klam Riverbank鼓）やムクダハン（Ban Dong Yang鼓）など、分割鋳型式の鋳造であるかどうかは不明であるが、器形や紋様構成的にも広西省博物館31号銅鼓に類似した銅鼓が確認されている（Jirawattana 2003）。広西では、こうした古いⅢ式はベトナムのカオバン省と国境を接する地域で確認されているようで、将来、広西と東北タイの間に位置する北部ベトナム山岳部やラオスで確認されると期待される。

（5） 文献に登場する銅鼓例

　文献で確認できる例としては、李太宗の占城（チャンパ）遠征（1020年）時に、タインホア省Vĩnh Lộc県（ヴィンロック）Đang Nê社（ダンネー）にある銅鼓山（図152）で祀られていた銅鼓を昇龍に招来し、護国神として京域右伴に祀った例（後述）がある（『大越史記全書』）。この銅鼓は時代を鑑みるなら、先Ⅰ式からⅡ式にかけての各型式が候補となるが、もともと祀られていた銅鼓山の位置と周辺で発見される銅鼓を条件に加えると、Ⅰ式であった可能性が最も高い。また、『嶺外代答』の記述では、「広西土中銅鼓、耕者得之。……交阯嘗私買以帰復埋於山、未知其何義」とあり、銅鼓が地中から掘り出され、広西から交阯へ運ばれ、おそらく信仰材として再利用されていたことが理解できる。

　銅鼓山は前黎朝の黎大行による占城遠征（989年）出発地と想定されている（Nguyên Đ. T. 1985）。『大越史記全書』や『越甸幽霊集』（14世紀成立）によると、銅鼓神（Đền Đồng cổ sơn thân）は李朝の李太宗が太子の時に行った占城遠征を助け、祀られていた銅鼓とともに昇龍（現ハノイ）に招来され、護国神として都城内の仏教寺院聖寿寺の後方の銅鼓祠（現在のThùy Khuê通り（トゥイクエ）：図138）に、改めて祀られている。1028年には銅鼓神は封爵を受け、この銅鼓祠（Đền Đồng cổ）は、皇帝が諸侯との会盟儀式を行う場となっている。これは、銅鼓が都城内の宗教施設で用いられていた歴史的実例となる。さらに銅鼓神は、第一次元寇を撃退した1285年に霊応大王として陳朝より勅封され、1288年には昭感の字が加封され、1315年には保祐の字が加封されて国家守護神としての扱いを受けている（『越甸幽霊集』）。前出の陳聖宗は1278年から1290年にかけて上皇として執政を行っている。

　ホアビン省のフランス植民地時代の地誌（Grossin 1926：21）に記載されたムオン族の伝承では、李聖宗のタイ族征討時に、李朝側に協力したムオン族の首領（土郎）が征討後、加位（経略使）・加封を受けたこと、陳聖宗がダー（Đà）川のChợ Bờ（チョボ）に進軍した際、周辺のムオン首領達がその支配権等を保証され、陳聖宗が鋳造させた銅鼓が各首領に贈られたことなどが記されている。李陳朝時の西北部征討は正史や他の資料からもある程度検証可能なため、それなりの信頼すべき情報を含んでいるのであろう。桃木（1992）は李・陳朝期に起きたタイ系諸民族の西北部からチュオンソン山脈での活動活発化とそれに伴う抗争激化を「西」からのベトナム王朝への脅威として捉えている。

　上述2例より、銅鼓が李陳朝期に国家守護神的扱いを受けたこと、その時期に都城を中心に平野

部で生産された類Ⅱ式鼓がムオン族居住域に広く流通したことは無関係ではない。銅鼓の贈与や交易などを通じて、キン族政権側がムオン族を慰撫・利用しようとしたことにつながっているはずである。そして、都城内の銅鼓祠での会盟も、そうした中央政権とムオンなどの銅鼓利用民族の関係維持を象徴していると考えてよい。当然、銅鼓生産の主体はキン族側にあり、使用の主体はムオン族側にあったのが類Ⅱ式鼓の実態であろう。

第3節　10-14世紀の大型遺跡と建築文化：仏教とチャンパとの濃密な関係

独立国家としての威容を整えるべく、ベトナムは都として968年の華閭（ホアルー）、さらには1010年の昇龍（以下、タンロン）と、大型都城建設・整備を進める。タンロンに関しては、ここ数年で調査が本格化し、日本からの専門家の派遣や測量調査支援などもあったため、独立初期王朝時代から李・陳朝期にかけての研究レベルが急速に向上している。ただし、発掘調査報告などの原資料報告が進まないまま、いきなり解釈が加わったかたちでの建築基礎プランの公表に進む場合があり、第3者的立場での評価が難しい。本論では、タンロン遺跡の発掘調査情報は敢えて主題とせず、独立初期王朝から李・陳朝期の大型複合遺跡や建築部材の紹介を行い、10-14世紀のその文化的性質や交流について考えてみたい。

（1）　李朝期の寺院遺跡

973年華閭で経文石柱（Hà V.T. 1965）が、丁朝初代皇帝丁部領の皇子丁蓮により建てられたことにみられるように、王朝は仏教の庇護者であったようだ。その傾向は李朝にも引き継がれ、皇帝や皇族の寺院造営や行幸が数多く記録されている。

北部の低地には、李朝期の建築遺跡が丘陵や山の頂や中腹に位置することが多く、文献『大越史略』『大越史記全書』や碑文からも建設年代が言及されている場合が多い。

有名なところでは祥龍寺（Tường Long：ハイフォン特別市Đồ Sơn郡Ngọc Xuyên坊）と仏跡寺（Phật Tích：バックニン省Tiên Du県Phật Tích社　1057年）は、古名がそれぞれ天寿寺と万福寺で、双方1057年造営である。また、章山（Chương Sơn：ナムディン省Ý Yên県Yên Lợi社）は1108-1117年の造営、龍隊山（Long Đội Sơn：ハナム省Duy Tiên県Đọi Sơn社）は1122年造営、ザム寺（Dạm，：バックニン省Quế Võ県Nam Sơn社）は、古名が大覧山寺で、1094年造営終了と同定されている。祥龍寺と仏跡寺では、1057年製造の銘印「李家第三帝龍瑞太平四年造」（図161）をもつ磚が確認されている。この磚はタンロンの中心域でも数多く出土しており、タンロンで生産され、各地に運ばれ建設に利用された可能性がある。また、章山では、1108年製造の銘印「李家第四帝龍符元化五年造」をもつ磚も確認されている（Cao X.P. 1970）。これらは、李朝政権による寺院造営を如実に示す物的証拠であろう。

仏跡寺の場合、現在も本堂で祀られる石製仏像（図162）は、美術様式的に唐代に遡るとみられ、初期歴史時代のベトナムでの盛んな仏教信仰をうかがわせる。ここでは寺院の前方に10体の石製動

第11章　独立初期王朝時代から李・陳朝期　215

図161　仏跡寺出土の1057年紀年印磚

図162　仏跡寺の石製仏像

図163　仏跡寺、本堂前の動物像群

図164　仏跡寺本堂裏手の池状遺構。龍文をあしらってあり、山手から水が流れ込んでいたものと思われる。

図165　仏跡寺裏手山頂上の石室。粗く加工した板石で石室を作っており、祠として利用したのであろうか？

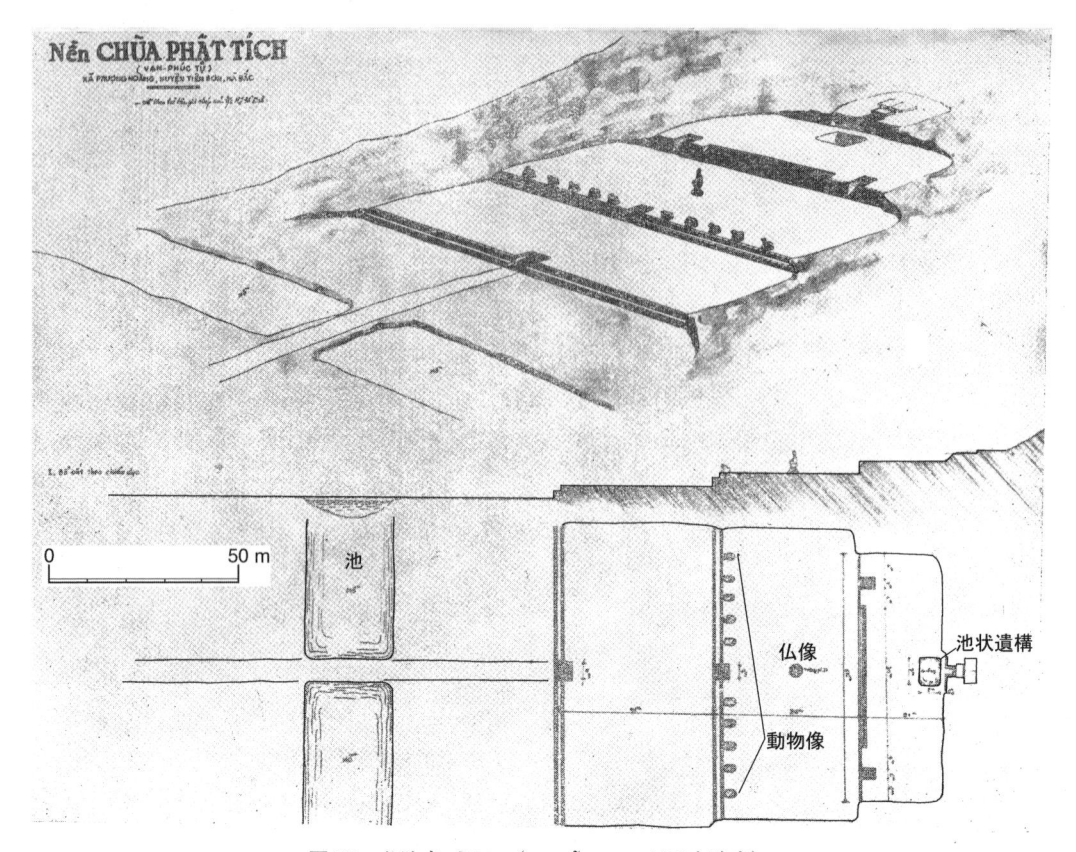

図166　仏跡寺プラン（Nguyễn Đ.N.1973を改変）

物像（象、馬、犀など：図163）を並べ、後方の山裾に龍文をあしらった池のような遺構を造り（図164、166）、さらに山頂には巨石で石室のような祠（図165）を作っている。これらはほぼ一直線上に並ぶようで、同時期に造成された建築群である可能性が高い（図166）。建築装飾の部材として石製のキンナリ像（図167）が出土しているし、プランが正方形に近い塼積みの塔建築基礎が出土している。同様の塔建築基礎はハイフォン市の祥龍寺(トゥオンロン)でも確認されている。章山の塔建築は、階段状基壇を造成後に塼積みの塔建築を築いたものである（図168）。塔の基礎には小石と赤土の互層で搗き固めており、李朝期の礎石建ち建物の地業などに典型的にみられる工法である。

また、山の中腹に向かうアプローチに階段状基壇を伴うザム寺には、龍柱（図169）とよばれる石製装飾柱が建てられている。類似したものはタンロン都城中心部に近い植物園（Hoàng Hoa Thám通り東端：現国家主席官邸西側後方）でも、フランス植民地時代の造成工事で出土している。

また、バックニン省Gia Binh(ザービン)県Đông Cứu(ドンキュー)社にある、ベトナム史上最初の科挙合格者（1075年）とされる黎文盛(レー・ヴァン・ティン)（Lê Văn Thịnh）の墓に近接するBảo Tháp(バオタップ)寺では、近くから出土した龍と思われる石製動物像（図170）が保管されている。美術様式的に見て李朝のものと見て間違いなく、その写実的表現も非常にユニークである。龍を中心とする石像彫刻類はタンロンでも出土しており（Tống T.T. & Bùi M.T. 2010）、木造建築のための礎石とともに、砂岩で製作されており、後代のものと石材が異なる。しかも、同時期のチャンパでも同様の石材を用いており、何らかの繋がりが

図167 仏跡寺の石製キンナリ像

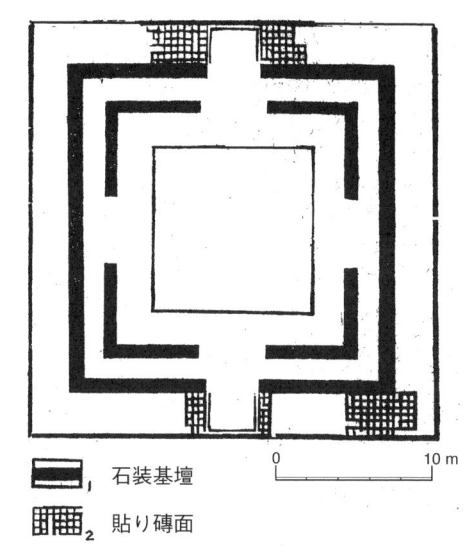

図168 章山の塔基壇平面図 Cao X. P.（1970）より

1 石装基壇
2 貼り磚面

図170 黎文盛の墓近くから出土した石製の龍像

図169 ザム寺の石製龍柱（写真下は龍頭部）

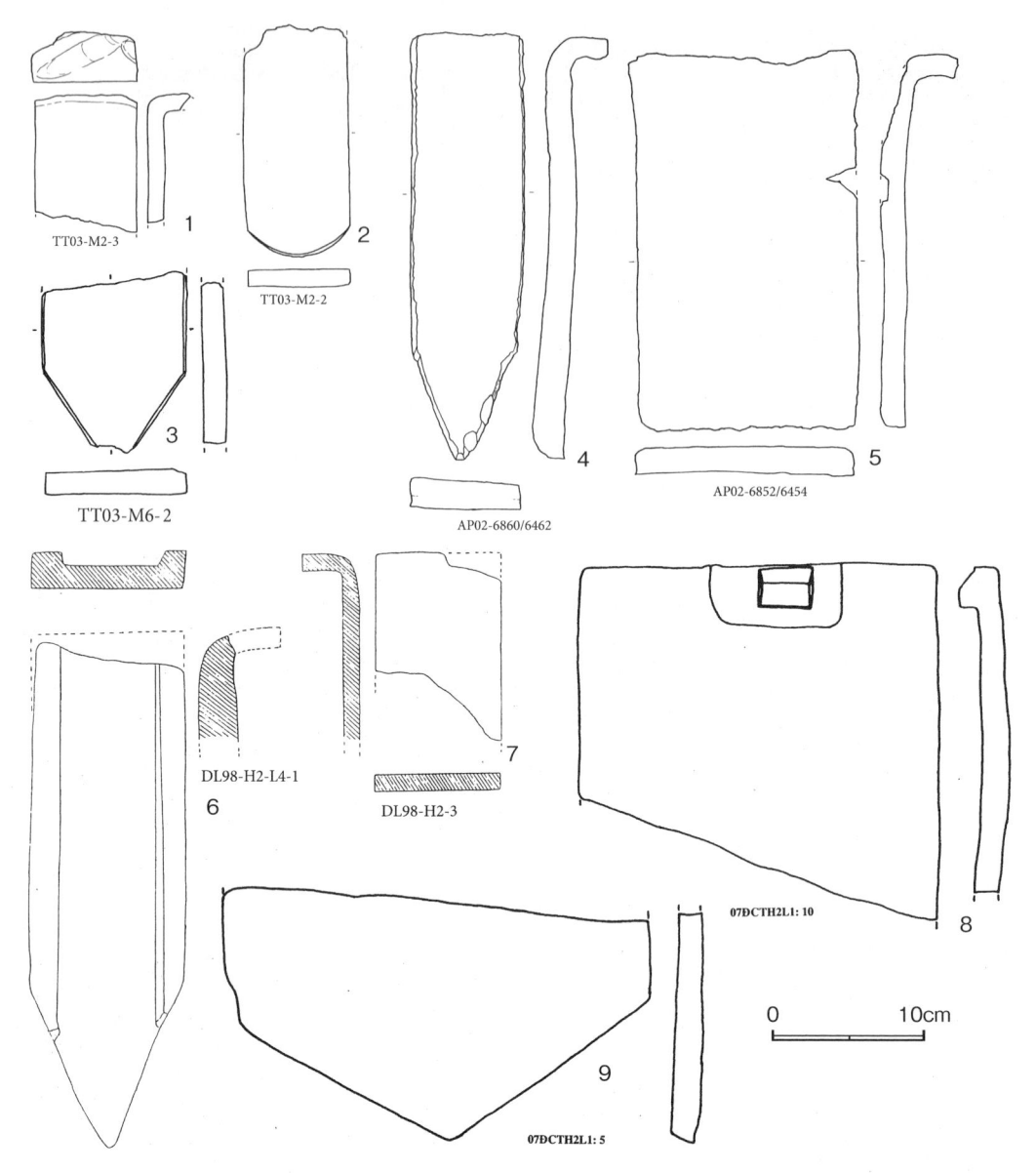

図171 平形尖状瓦（1-3.マレー半島Tung Tuk遺跡、4,5.中部ベトナム・クアンナム省アンフー［An Phú］遺跡、6,7.ホアルー都城、8,9.デン・カオトゥー遺跡）

想像される。

（2） インド・マレー半島・チャンパ・北部ベトナムをつなぐ瓦

　瓦から理解できる文化交流の実態についても論じておきたい。968年以降に造営されたと考えられる華閭(ホアルー)都城では、平形尖状瓦（図171）が出現する。当遺跡では、唐末五代のものに類似する花紋磚等も出ており、引き続き中国からの文化受容もあったと見られるが、このタイプの瓦は中国起源に求められず、遠くインド起源でマレー半島、そしてチャンパを経て伝わったと考えられる

図172　タンロン出土の装飾付き軒丸瓦

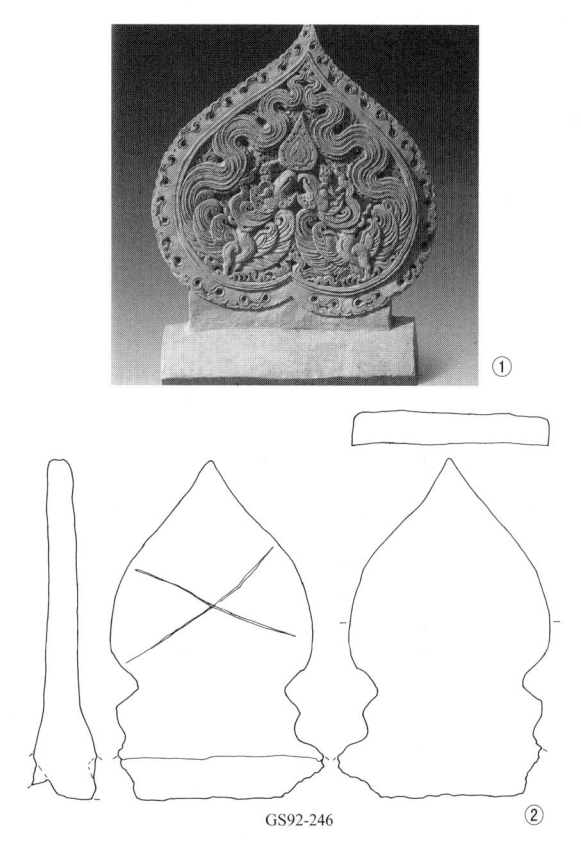

図173　1.タンロン出土の装飾熨斗瓦（Tống T.T. & Bùi M.T. 2010）　2.中部ベトナム・ビンディン省ゴーサイン遺跡出土の類似品（Nishimura 2010より）

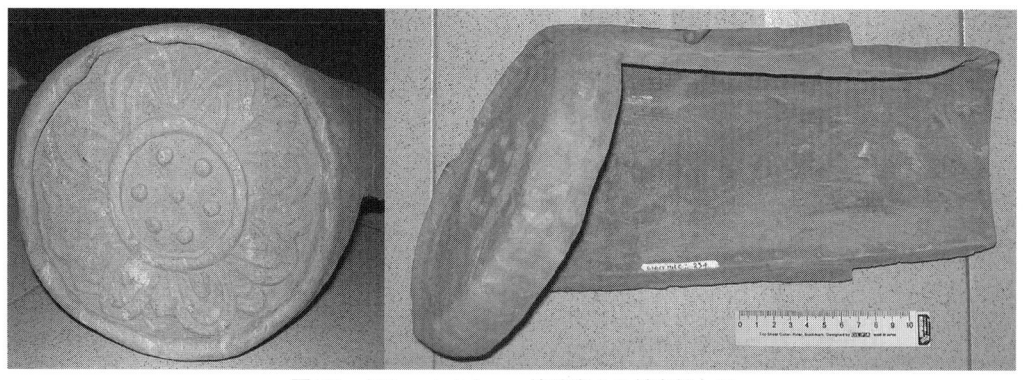

図174　デン・カオトゥー遺跡出土の斜交軒丸瓦

（Nishimura 2010）。その後、この平形尖状瓦は李朝期により幅広のタイプに変化し、型式変化を繰り返し現在まで使われ続けている。

　また、各大型建築遺跡で出土する菩提樹葉形の装飾を先端につけた軒丸瓦（図172）も独特の瓦様式である。この他に、棟木の中央に葺いたと想像される装飾熨斗瓦（図173-1）が出土しているが、独立初期王朝時代には、すでにこのタイプの瓦が存在した可能性があり（Tống T.T. & Bùi

M.T. 2010)、これもビンディン省のゴーサイン（Gò Sành）遺跡などのチャンパの瓦に類似品（図173-2）を認めることができる。チャンパ建築遺跡のなかでの、この種の建築部材の変遷が不明な今、伝播の方向性を議論することはできないが、板型尖状瓦以外に、両地域間の建築文化の明らかな交流を認めることができよう。

さらに近年、在地土豪の居館址である可能性が高いデン・カオトゥー（Đền Cao Từ：バックザン省Lục Ngân県Phượng Sơn：Trịnh H.H. 2009）の調査で、瓦当面が丸瓦の長軸に対して直交せずに斜交するという非常に珍しい蓮華文軒丸瓦当（図174）が出土している。同類はベトナムの他遺跡でまだ確認されていないが、先年カンボジアのプノンペン国立博物館の展示に瓦当面が斜行する軒丸瓦を確認した。タンロンではチャム文字が焼成以前に刻まれた磚も出土している（Tống T.T. 2006）。前黎朝時代から李・陳朝期にかけて、大越はチャンパとの抗争を繰り返し、抗争に勝利したときにはチャム人を大量に連行している場合がある（Maspero 1928）。彼らが定住した集落は、現在でも北部の平野部に残っており、伝説等を言い伝えている。

以上より、タンロン遺跡などは、中国との比較や関連との研究必要性を説く向きも多いが、李・陳朝期の遺跡はチャンパなど当時南接していた周辺域との比較研究も急務である。建設方法や建築材にこれだけのチャンパとの類似が見られるということは、単に建築のみならず、それらを使った建築群や都城にも文化的影響が及んでいると推察する。

史書は大越とチャンパの抗争、さらにはチャム人の連行などといったことを多く記すが、大越とチャンパには、正史が語る以外の豊かな交流があったのではないかと想像している。

（3） ナムディンとタイビンの陳朝遺跡群（天長府遺跡群とタムドゥオン遺跡群）

a ナムディン・天長府遺跡群

陳氏が陳朝（1225-1400年）を創始する前に居住していたところが、ナムディン省トゥックマック（Túc Mạc）周辺（現ナムディン市Lộc Vượng社所属）である（図175）。陳朝創始後、当地域は"天長府（ティエンチュオンフー）"と呼ばれ、上皇の居住地となり、副都あるいは実質的な政治中心地として機能した時代もある。この天長府遺跡群ともよぶべき地域には、歴代陳朝皇帝を祀るデン・チャン（デンは神社）、普明寺（図176）など地上の遺跡が鎮座し、周囲に考古学的遺跡が分布している。近年の調査で、デンチャンでは13世紀の建築遺構群（図177）が、現宗教建築直下に確認され始めている。

天長府中心部と見られるデンチャンから、わずか北にいったところに普明寺があり、境内にある塼積みの塔建築（19.5m高）には、興隆13年（1305年）の紀年銘をもつ磚が使われている。天長府遺跡群の南にあるバイハラン遺跡は、旧ヴィンザン（Vĩnh Giang）川脇に位置し、天長府付帯の船着き場と考えられ、多量の陶磁器が出土している。ここの陶磁器の年代組成（Nishino 2002）が、天長府としての存続期間に対応すると思われる。

デンチャンでは、"天長府製"（図178：Nishino 2002）と高台部裏に鉄銹で書かれた銘をもつ青磁碗類が出土しており、そのなかには窯着品も含まれ、バイハラン（Bãi Hạ Lan）でも碗皿類の窯着資料が確認されていることから、付近に陶磁器生産工廠（官窯）があったことは間違いない。

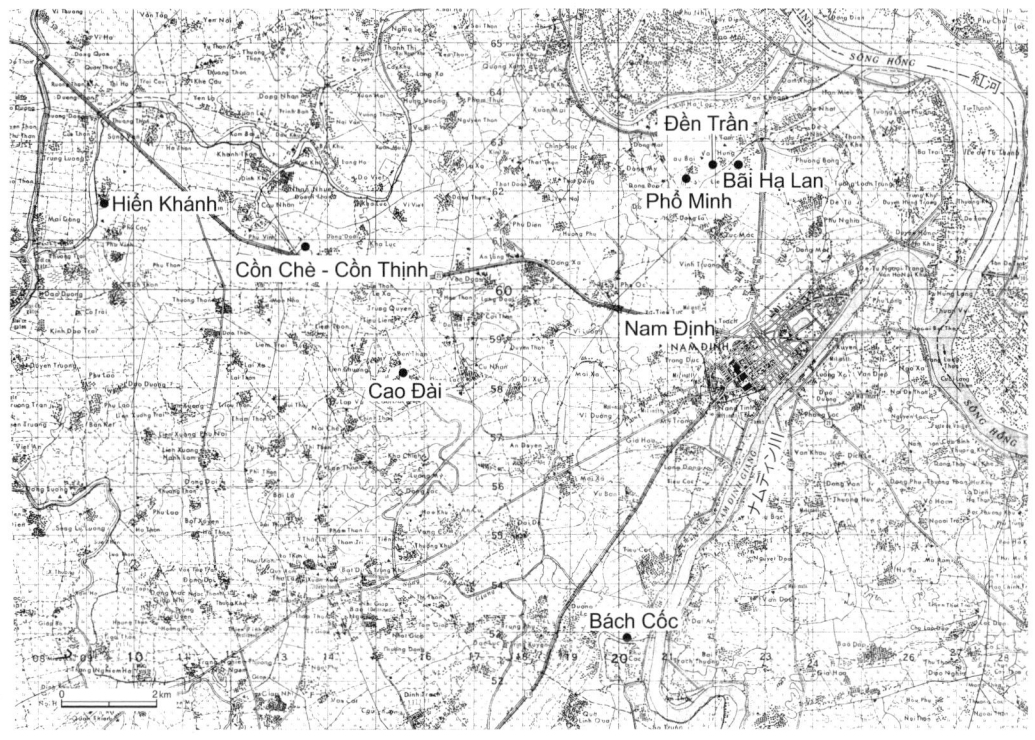

図175　ナムディン周辺地図

図176　普明寺仏塔

図177　デンチャン発掘地点（2009年4月）

図178 高台裏面に"天長府製"と鉄銹による銘をもつ碗類（西野範子撮影）

図179 タイビン省タンレー出土の陳朝期の家型模型

図180 コンチェー出土の見込みに印字を持つ碗（左：西野・西村2008）とデンチャン出土の類似品の窯着品（右）

　天長府遺跡群自体は周囲にいくつもの建築遺跡を持つようだが、少なくとも現況から判断すると、規格的な条坊や大規模な土塁をもった都城的遺跡であったとは想像しがたい。多数の建築群がデンチャン地区（天長府）を中心に、水田地帯も混じえながら衛星的に集まるような構造であったのではないだろうか。これは、土塁や池などの大規模な造成を行っている黎朝の西京遺跡である藍京（ラムキン）（タインホア省Thọ Xuân県（トスアン））とも異なっている。副都としての役割に反して、非常に牧歌的なイメージの強い遺跡群である。

　b　タイビン・タムドゥオン遺跡群
　紅河本流を挟んでタイビン省側Hưng Hà県（フンハ）Tiến Đức社（テェインドゥック）のタムドゥオン（Tam Đường）遺跡は陳氏がナムディンに居住する以前の居住地とされ、祖廟や陵墓の一部があったと考えられている（Nguyễn N.P. & Vũ Đ.T. 1999）。近くのタンレー（Tân Lễ）の墓から出土した土製家型模型（図179）は、墓の副葬品と見られるが、陳朝期の屋敷の様子をよく表している。

（4）采邑遺跡
　抗元戦の武将陳光啓（チャン・クアン・カイ）（Trần Quang Khải）の采邑であったカオダイ（Cao Đài：ナムディン省Mỹ Lộc県（ミーロック）Mỹ Thành社（ミータイン）：Nguyễn Q.H. 1994）では、その屋敷跡なども発掘されている。また、コンチェー・コンティン（Cồn Chè, Cồn Tịnh）遺跡は陳朝期前半を中心とする窯址遺跡であるが、陳光

啓の采邑中心地とも、さほど離れておらず、采邑と陶磁器生産窯との関係が注目される（西野・西村 2008）。13世紀頃とみられる青磁碗の見込みには特殊な印字をしたもの（図180）もあり、類似品窯着品がデンチャン地点（前出）でも出土していることから、コンチェー・コンティンの生産窯が官窯的特別な存在であったことが理解できる。

同じく、抗元戦の英雄陳興道（陳国俊）の采邑であったヴァンキエップ（Vạn Kiếp：ハイズオン省Chí Linh県）では、周囲で造船工廠の伝承地や陶磁器の生産地（ソム・ホン：Xóm Hồng）が確認されている（Hà V.C. 1999、Nguyễn T.P.C. 2002）。

こうした采邑などの陳朝皇族の居住拠点には、陶磁器生産などの生産工廠が備わっていたことが推測されている（Nishino & Nishimura 2001、Nguyễn T.P.C. 2002）。

興味深いことに、カオダイでは、屋敷地などから出土する陶磁器の時期幅が限られており、采邑としての存続期間が非常に短かった可能性がある。これは、皇族らに与えられた采邑が、受領者の死後返却された可能性、あるいはその居宅などは一代限りの利用で、その後遺跡化し、地元の信仰対象となった可能性がある。貴族や富裕者が開拓して土地を私有した可能性が高い田庄とは異なる性格のものであった可能性を示している。また、同地域の顕慶（Hiển Khánh）は李朝期の行宮所在地とされ、実際に李朝期の遺物が確認されているが、陳朝期も継続利用されていたようだ。陳朝期の屋敷模型（おそらく墓の明器であろう）が出土している。

(5) 陳朝期の宗教関係遺跡

陳朝の山岳寺院といえば、陳朝第3代皇帝陳仁宗（1257-1308年：元寇時の皇帝として有名）が上皇退位後、出家して禅宗竹林派を開いたクアンニン省とバックザン省の境に位置する安子山（1068m）の寺院群（図181）が有名であるが、その他にもいくつもの興味深い仏教関係の遺跡がある。

ドンソン遺跡の北西にムオン（Mướn）山という標高100m程度の石灰岩山があり、風光明媚な光景を山から眺めることができる（図182）。その中腹に、開口部は狭いが全長で200m以上はあろう洞窟（図183）がある。洞窟最奥部には貝殻や陶磁器の散布する地点が複数確認されている。2009年に踏査したときには、大型の無釉陶器瓶が洞窟内の岩塊の囲まれたところに原形に近い形で残っていた。状況から判断して埋葬に使ったものと思われる。近くには炊事に使ったと見られる無釉陶器釜の破片が炭化層などと共に見られた。また別地点では淡水産巻き貝と炉址の炭化物が集中する岩陰地点もあった。採集された施釉陶器とともに、すべての陶器資料は14世紀のものだけである。洞穴開口部近くには1353年の碑文も確認され、それから仏教活動が当地で盛んであったことが理解できる。おそらく、踏査した遺構は仏僧が洞窟内で修行した跡だと思われる。陳朝期の活発な仏教活動を見ることができる。

また、近年の調査で、陳朝期には紅河平野などの北部平野部に限らず、山岳部にも仏教寺院が建設されてきたことが明らかになってきた。イェンバイ省Lục Yên県Tân Linh社のベンラン（Bến Lăn）遺跡（Nguyễn V.Q. 2008）は、10-14基の寺塔や6-9棟の建物があったと考えられている大寺院遺跡である（図184）。共伴陶磁器から13世紀の建築と考えられる。瓦あるいは陶磁器を焼成し

図181　安子山の寺院境内にある陳仁宗の墓

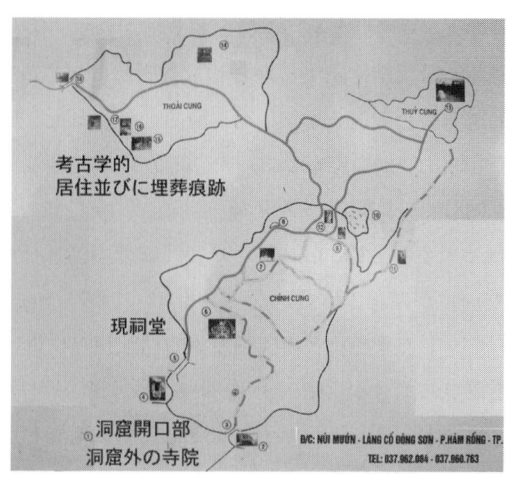

図183　ムオン山中腹の洞窟内平面図（最奥に陳朝期の痕跡が残されていた）

図182　ムオン山中腹からの眺め

図184　イェンバイ省ベンラン遺跡出土の仏塔基礎

た可能性のある窯も出土しているので、平野部から相当数の人間が来て建築に携わった可能性が高い。また、トゥエンクアン省のNa Hang県Thượng Lâm社フックラム（Phúc Lâm）廃寺遺跡（Nguyễn H.T.&Trần T.T.H. 2008）やハザン省のVị Xuyên県Ngọc Linh社ナムザウ（Nậm Dầu）寺遺跡（Trần A.D. 2010）でも、同じく陳朝期の寺院・仏教信仰を証明する遺跡などが確認され始めている。寺院が建設されたところは、現在もタイ系民族などが多く居住する少数民族地帯である。

　そうした地に仏教寺院を建てることは、単に世俗を避けるためという理由だけでは成り立たない気がする。特にベンランのような大規模寺院の場合は、権力者側の積極的な関わりが必要であったはずだ。陳朝は元寇撃退後、中部にも南進を開始している。本格的な領域国家をめざして、山岳部

では寺院建設を進出根拠にした可能性もてあろう。

平野部では、陳朝期に創建が同定可能なバオアン（Bào An：ハノイ市Gia Lâm県）寺の発掘調査などがある。陳・朝期の建築の場合、李朝期特有の砂利地業がなくなり、破砕した瓦や磚で地業を作るようになる。また、現存する建築や碑文などによる建築史の研究（大山 2004）から、16世紀以降の仏教寺院の伽藍変遷が明らかになりつつある。しかし、陳朝期の場合、本尊をまつる上殿しか残っておらず、現存建築から伽藍構成を探るのは無理のようである。考古資料が重要なのであるが、建築群をプランとして復元している例はほとんどなく、今後、建築考古学を発展させる必要がある。

ルンケー（龍編）城の士燮廟（2000年ハノイ大学歴史学部考古学科調査）、コーロア城のデン・トゥオン（安陽王を祀る神社：2005年Phạm Minh Huyền調査）地点では、現在の宗教建築直下あるいはその脇で、陳朝期の建築遺構が確認されている。両遺跡ともに、独立初期王朝から李朝期の痕跡はないので、陳朝期に信仰建築として確立された、あるいは整備された可能性が高い。『越甸幽霊集』（13世紀末成立）では、士燮と安陽王は国家守護神の扱いを受けており、国家レベルでの祭祀や信仰施設整備が行われた可能性を考えなくてはいけないだろう。

また、陳朝は南進による領土拡張を本格化させている。中部ベトナム北域のフエ市北郊のタムザン潟湖沿岸には、『大越史記全書』などが記すところの化州（Hoa Châu）城がある。外塁が周囲5kmにも及ぶ巨大なチャンパ時代に建設された城郭であるが、ここにベトナム式建築が本格出現するのは陳朝期のことであることが、近年の調査で判明してきた（例：Nishimura et al. 2010b）。当然これは、元寇撃退後の1306年のチャンパによる陳朝への烏・里２州割譲に結びつけられて説明されることが多い。

13-14世紀は、ベトナムが山間部や中部海岸部への領土拡張を意図した様々な行動を起こした時代で、その活動が考古学資料に反映されているのであろう。

（6）まとめ

以上、初期独立王朝から李・陳朝期の大型（建築）遺跡やその出土建築部材などの紹介をいくつか行ってきたが、李・陳朝期政権の性質を考える上で重要な遺跡資料が不足している。それは、各地方行政単位の支配根拠となった官衙や城郭遺跡が、ほとんど未確認なことである。李朝では府・州・県と州（桃木 1988）、陳朝では路・府・州・鎮（桃木 1982・1983）などの上級行政単位が議論されているが、それらの中心官衙に対応すると考えられる遺跡は、ほとんど未確認である。わずかに、陳朝期の天長府（前出）が遺跡群として確認され、李陳朝期の長安府（華閭が位置した）が、華閭都城の上層で建築・居住址が確認されることをもって、府時代の遺跡であろうと推定できる程度でしかない。現在の都市や集落下に未発見のまま埋もれている可能性も高く、今後の考古学調査の進展に併せて、各地方官衙を同定していくしかない。

ところで、上述の建築・宗教築遺跡の紹介から、いくつかのことを指摘しておきたい。まず、李朝期の場合、国家主導で寺院建設が活発に行われており、そこにはチャンパ系の建築文化なども取り入れ、建築・美術的にもかなりユニークなものが作られたことが理解できる（Chu Q.T. 2001）。

これは、中国から独立して国家建設を進める上で、中国文化のみならず、仏教文化やチャンパ文化が重要なアイデンティティー形成に用いられたことを示していよう。そして、陳朝期になると、山岳域で行われる寺院建設、英雄神信仰のための信仰施設建設などは、陳朝政権の積極的関与をほのめかしている。これは抗元戦時のナショナリズムの高揚、さらには領土拡張政策と表裏一体のものであろう。仏教をかなり前面に押し出したかに見える李朝と、仏教のみならず英雄神信仰の国家的利用を図った陳朝に、その政権性質の違いを読み取ることも可能かもしれない。このことは、紅河平野域でさえ全域を完全な支配下に置くことのできなかった李朝（桜井 1980）と各地で采邑経営を皇族などに積極的に行わせ、在地支配を進行させた陳朝との支配構造の違いにも表れているようだ。ただ、その場合、まだ国家領域支配を安定させられなかった李朝が造営した都城や大型遺跡にみる投下エネルギーと、天長府などにみられるやや牧歌的な遺跡群光景にギャップを感じずにはいられない。領域支配や支配構造などとは違った視点から、遺跡や時代の性質差を読み取っていく必要があろう。

第4節　ベトナム集落の形成：ナムディン省バッコック集落と周辺域の考古学調査から

　村落や集落を対象にした諸研究が盛んな現在の東南アジア研究であるが、そのなかでも時間軸を基礎に据えた歴史的研究は集落や村落の形成、さらにはそのなかで起きる様々な社会現象を考察する基礎を提供してくれる。しかし、その集落やそれらを含む空間を起源に遡って歴史的に研究した例は皆無に近い。理由はそうした分析に耐えうる資料の欠如である。これに対して私が専攻する考古学は先史時代において、その研究対象の多くは集落であることが多い。集落遺跡を調査することは発掘の面積内において、人々がいつからいつまでどのように居住したかを物質的に考察することになる。では、考古学で現在の集落を研究したらどうなるであろうか。文献史学は、文献資料などの文字で記された資料を、暦年代上の前後関係で、細かく区切って歴史事象の議論を行う。しかし、考古学は遺跡・遺物の研究から歴史事象を認識する学問で、時間的認識は遺物編年による相対的年代であり、方法論的に歴史学と相容れない部分が存在する。しかし、遺物編年の精度を高めれば、暦年代上での大まかな時間枠幅設定（例：25年、50年、100年単位）で、文献史学が提出する歴史議論との比較、あるいは相互補完が可能となってくる。また考古学は、ある事象（例：集落）の始まりから終わりまでを、客観的な資料（遺構、遺物）にもとづいて議論することを得意としている。東南アジア考古学のなかでベトナムは、紀元2000年紀を中心に遺物による編年研究（例：Nishino 2002、西村・西野 2005、西村 2006a）が最も進展しているところであり、歴史学的議論という共通目標下、文献史学と考古学間の相互議論深化に最適な状況下にある。

　ところで、ベトナム北部の紅河平野域の下流域にある、ナムディン省Vụ Bản県のバッコック（Bách Cốc）村とその周辺域では、学際野外調査研究は1993年より組織・着手され、筆者は考古学担当として1996年より2002年まで参加し、考古学調査や各種物質文化調査を行ってきた。各研究班の調査成果は『百穀通信』（現在まで17号をベトナム村落研究会が発行）に基礎報告がなされ続け

ている。また当調査を企画実行した桜井由躬雄氏（2006）によるバッコック研究の総括・総覧的モノグラフも公表された。さらに、バッコック研究を踏まえた上で、ベトナム村落研究に関するシンポジウム（ベトナム村落研究会主催於東京大学2007年5月6日）も行われ、ポスト・バッコック研究としての集落研究のあり方を探る動きも始まっている。

そこで、本論はバッコックの考古学調査にもとづく集落形成史論述を行い、考古学的認識を文献史学や他関連分野の研究結果と対照させ、集落の歴史的変化を学際的に研究する際の方法論やその問題を考える機会としたい（なお、バッコック集落の概要については、桜井2000を参照）。

（1） バッコック村とその周囲の地理的環境

紅河の大支流にあたるナムディン川は紅河平野下流域の亜中心的都市ナムディン市で西側へ分流し、ホアビン山塊に沿って流れていた紅河の別支流であるダイ（Đáy）川の下流で合流している（図142参照）。そのナムディン川に北接しているのがヴバン県で、ほぼ県の南央にバッコック村が位置している。バッコック村はナムディン川から西へ逆「コ」の字状に分流していたコック（Cốc）川の西側に発達した自然堤防上に立地している集落である。集落は「S」の字をやや崩したような形状を呈しており、S字の頭に位置する北端の小集落がソム（Xóm）A、集落を南北に切断

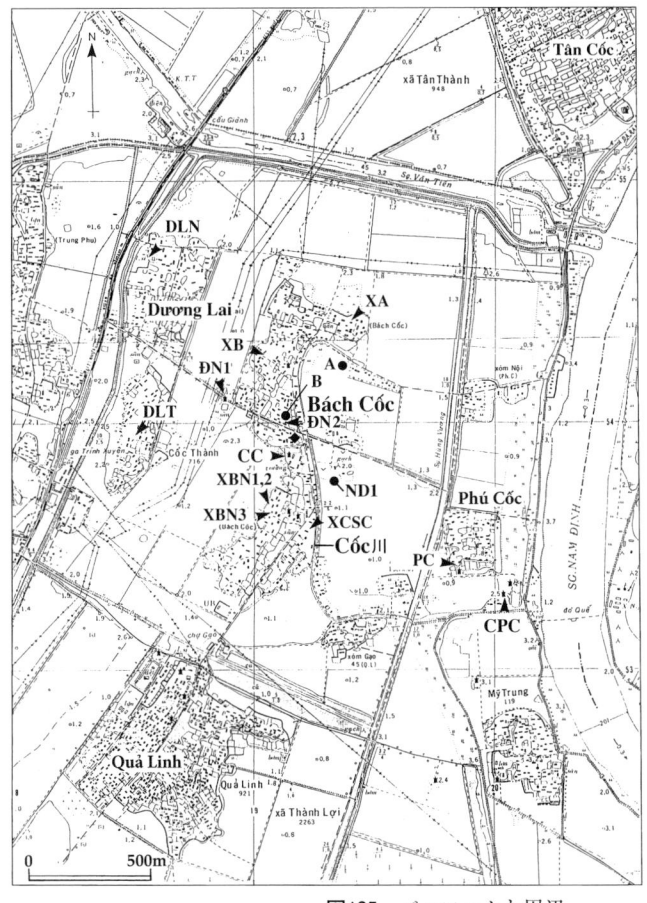

図185 バッコックと周辺

する形で村の中央部を東西に走る道路を挟んで北側がソムB、南側がソムCとなり（図185）、これらの集落のなかに屋敷地と池が、かなり密に分布している。また、地形的には独立した枝村集落であるアップフー（Áp Phú）とチャイノイ（Trại Nội）が、集落の南北東端延長上に位置するが、これらに関しては成立が新しく（チャイノイは1930年代成立）、古くからある集落はソムA、B、Cである。

　人口規模は1992年時点で、フーコック（Phú Cốc）とズオンライ（Dương Lai）とバッコックを含んだコックタイン（Cốc Thành）合作社で、戸数は1000戸強、人口は4000人強である。合作社の管理面積は約3.85Km^{2}であるから、人口密度は1000人/Km^{2}を越えている（桜井 1999）。

　バッコック調査隊資料では、旧バッコック社の北半分に相当するソムAとソムBのみで約290戸、ソムCで約210戸、ソムBのみで約500人が居住している（桜井 1996、菊池 1997）。ソムA、B、C全体、つまり旧バッコック社では2000人前後の人口がいると推定される

　バッコック村においては、村の構造を考察する上で大切な伝統的宗教施設は、独立戦争や直後の社会混乱で残存状況が良くないが、デン（Đền：日本の神社に近い）、ディン（亭：Đình）、寺（Chùa）はすべて現村落の中心部、つまりソムBとソムCが接するあたりに位置していた。ちなみに現在の村の小学校や農業合作社（超村落レベルの生産・生活サーヴィス機関）は、寺、文址、ディンが位置した跡地を利用している。

　周囲の集落としては約500m離れた西の南北に長い微高地上に発達したズオンライ、同じく約500m離れた東に方形を呈する集落フーコック、バッコック村に北接するように発達したクアリン（Quả Linh）やその西に位置したミーチュン（Mỹ Trung）などがある。これらはすべて同一行政単位タインロイ社に属している。またバッコック村の北には大型村落タンコック（Tân Cốc）が位置している。整然と区画に応じた家々の配置、方形に近い集落のプランなど前述のフーコックによく類似するが、人口規模の上では圧倒的にフーコックより大きい。

　バッコック村は、阮朝期からフランス植民地時代にかけては百穀村として独立した行政村で、北接するタンコック（旧名：小穀村〔ティウコック〕）とともに百穀社を構成していたが、独立後、村落の再編で、バッコックはより大きな範囲で成立したタインロイ（Thành Lợi）社の一部となり、タンコックはタンタイン（Tân Thành）社の所属となっている。以後、フランス植民地時代以前のバッコック集落を指す時は漢字名で、独立以降はカタカナ名で使い分けることにする。

（2）　地質研究より

　春山のボーリングを含めた地質調査や地形分析により、バッコック集落の自然堤防や周辺地形に関して、かなり詳しい地形形成史が理解されている（春山 1999、春山他 2000）。

　まず航空写真と地形図分析より、バッコック集落が位置する微高地は、現ナムディン川の古い流路であるコック川の形成した自然堤防であることが理解できる。また、フーコック集落も、コック川の流れに応じた小さな自然堤防上に位置しており、その周囲は長期にわたり低湿地であったと理解されている。このことはフーコックの周辺がバッコック周辺に比べ高度が低いことからも納得がいく（図186）。またコック川がバッコック自然堤防を形成し始める湾曲部から旧河道がいくつか分

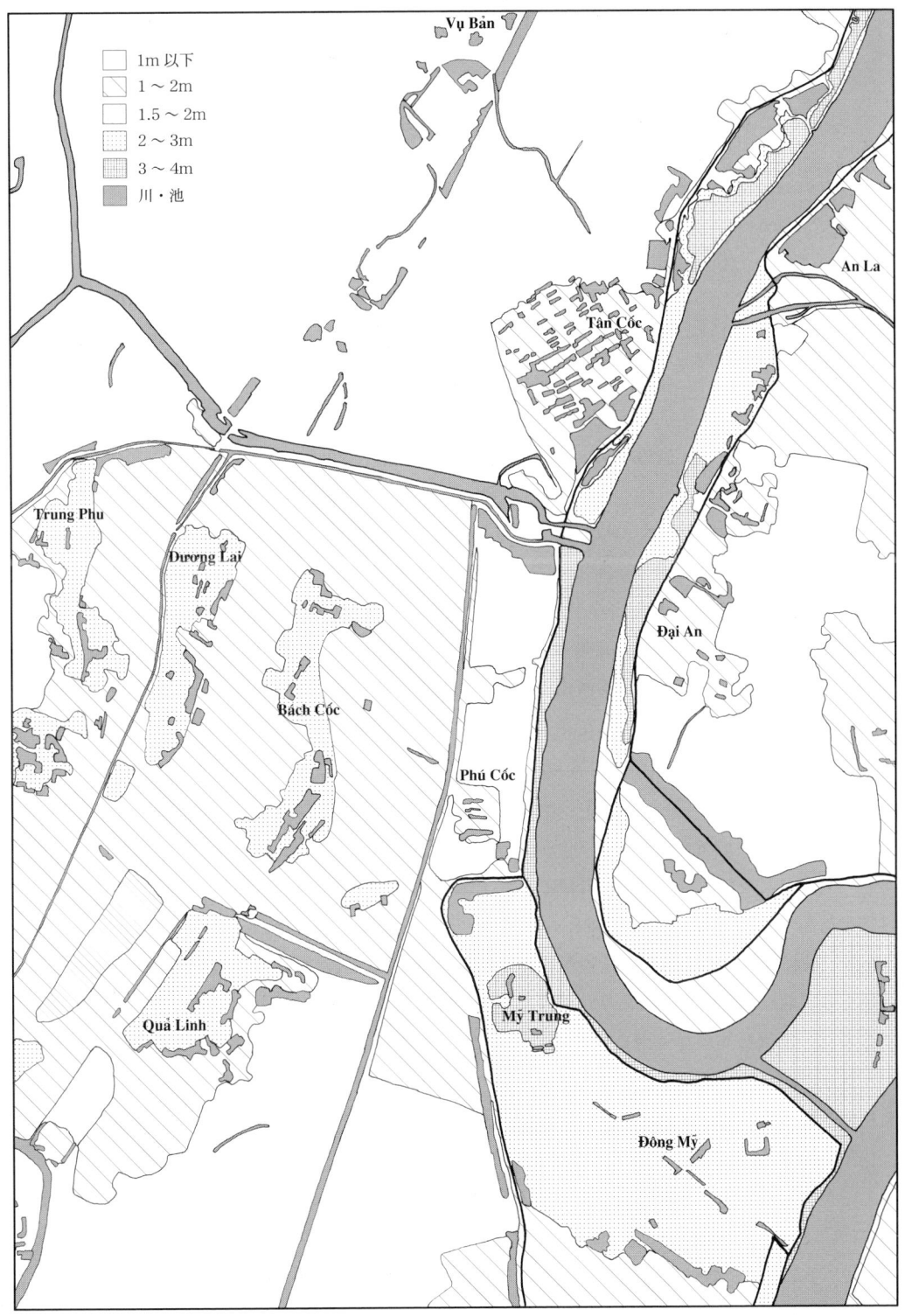

図186　バッコック集落周辺の標高分布

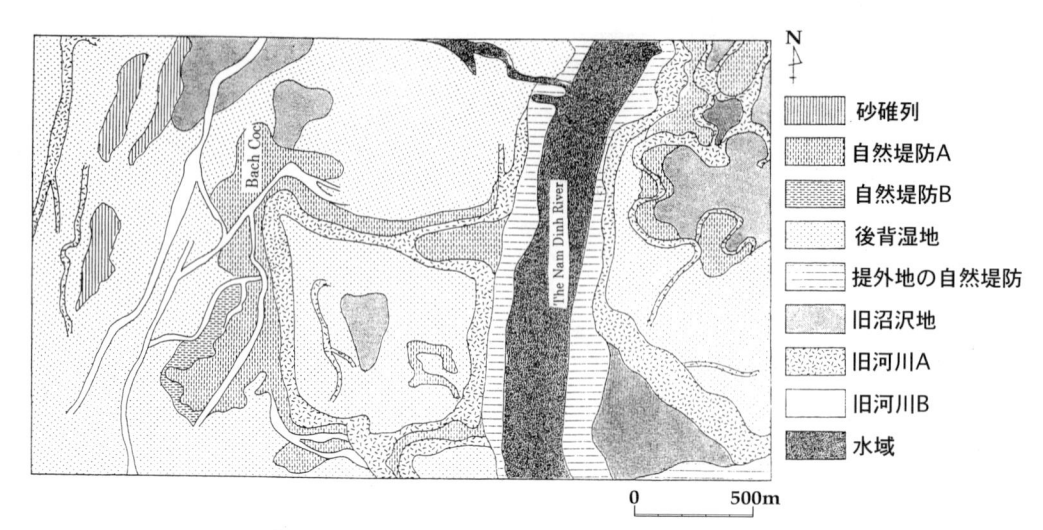

図187　バッコック集落周辺の旧地形（春山2000より）

かれて走っているのが見える。菊池編（1997）の『百穀社版圖』でも、旧バッコック村を構成するソムA、B、Cの地形をみると、最も北端のソムAからソムBを経て、ソムCに至るまで、各々のソムの中でも若干の地形的落ち込みや池を挟みながら、周囲との相対標高が50-100cm高位の微高地が連続して連なっている様子が理解できる（バッコックの人達はDải đấtと呼ぶ）。そして、微高地間の池を俯瞰すると、それらが旧河川の位置を表していること認識でき、バッコック自然堤防自体が、いくつかの自然堤防（natural levee）が複合した結果と理解できる。

　ボーリング調査は、8.5m深度の簡易ボーリングがA-E地点で、70m深度のものがND1地点で行われている。このなかで、ソムBの中心B地点のボーリングで、は、現自然堤防を構成する砂層より下で、多くの破砕貝層が確認されている。その中でクチベニ貝（Anis corbule）の貝層（6.6m深）からの貝サンプルが、^{14}C年代で4780BPの年代値が測定されている。この貝は遠浅の内湾の砂浜や砂底を好むもので、当時の旧汀線を示すものと考えられている。また、ND1地点では、54.5m〜70m深で最終氷期時代の河成堆積物が確認され、海面上昇し汽水域化する過程が、最大海進、海退の始まり、河成堆積作用の始まり、河成堆積物形成の順で確認されている（春山他 2000）。

　さらに、電気探査の地下構造研究では、現ナムディン川は比較的新しい河道で、フーコックとバッコック間に旧河道の大きな堆積層があり、チャイノイが位置する自然堤防は現ナムディン川の自然堤防堆積物が表層部に堆積した新しい洪水堆積地と理解されている。こうした調査にもとづき、図187のような地形分布図が復元されている。

　したがって、バッコックでは、最大海進後に海退現象に伴う河成堆積作用が4000BPから5000BP前後に始まり、その後バッコック微高地の陸化が始まり、さらにはコック川の河成堆積で自然堤防が形成されたことが理解できる。コック川も最初ハナムディン川の本流であったが、河道を東に移し、最終的には現河道が本流となり、コック川自体は支流化、最後には旧河川化したものと考えられる。また、ズオンライが位置する微高地は、バッコックの微高地形成期に、河口に注ぎ込む紅河の流砂による形成された砂堆列（sand ridge）であり、バッコックとは起源が違うものである。つ

（3） 各地点の地形と考古学研究調査経過

　考古学調査は、1996年7‐8月、バッコック村とズオンライ村のサーヴェイを皮切りに、1997年から2002年にかけて、バッコック村内で計5区域6地点（ソムAのXA地点、ソムCのXBN1,2地点、XBN3地点、XCSC地点、ソムBのXB地点）、フーコック村で1地点（PC地点）、ズオンライ村（ズオンライゴアイのDLN地点、ズオンライチョンのDLT地点）の計8区域9地点の試掘（面積：4.25～16.5m²）を行ったことになる（図185）。この他、Xom Cの第1村デン（Đền Nhật Thôn、フーコック寺、タンコック、クアリン、クアリンに南接するリエンミン社（Liên Minh）などで、遺物表採調査を行っている。こうした調査の基本報告については、日本語（西村 1997・2006、西村他 1998、西村他 2000、西野 2006）、ベトナム語（Nishimura et al. 1998・1999・2000、Nishino et al. 2001、Nishimura & Nishino 2006）で報告済みである。

　発掘地点の選定は、集落の中心的位置にあることや、相対的に文化層厚が厚いと見こまれる区域などを選定して行った。

　XBN1,2（Xóm Bến Ngự 1と2）地点（16.5m²）は、バッコック集落が立地する微高地列の西端に位置し、眼前の水田をはさんでズオンライの集落列をよく見渡せる（図188）。現在は屋敷地内の畑地である。文化層は1.2m前後であった（西村他 2000）。

　XBN1,2両地点はバックコック村が位置する微高地列中の西列の西端に位置しているため、微高地列の中央部の過去の姿を知ることができない。当微高地中心部での考古資料補完のため、XBN1,2両地点とは約50m離れた、微高地央部で現在野菜畑として利用されて

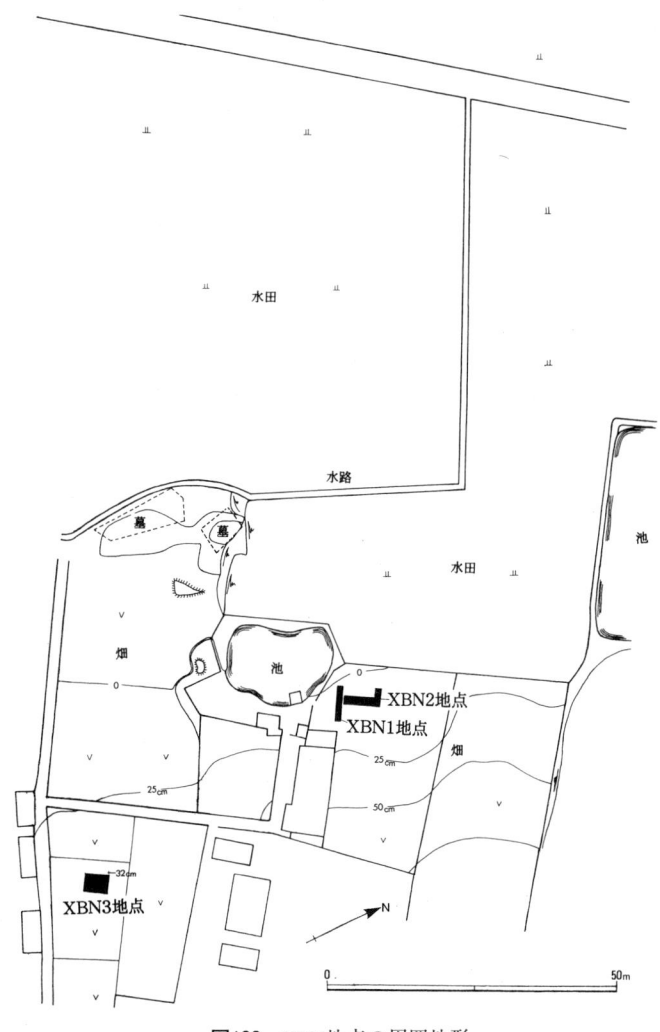

図188　XBN地点の周囲地形

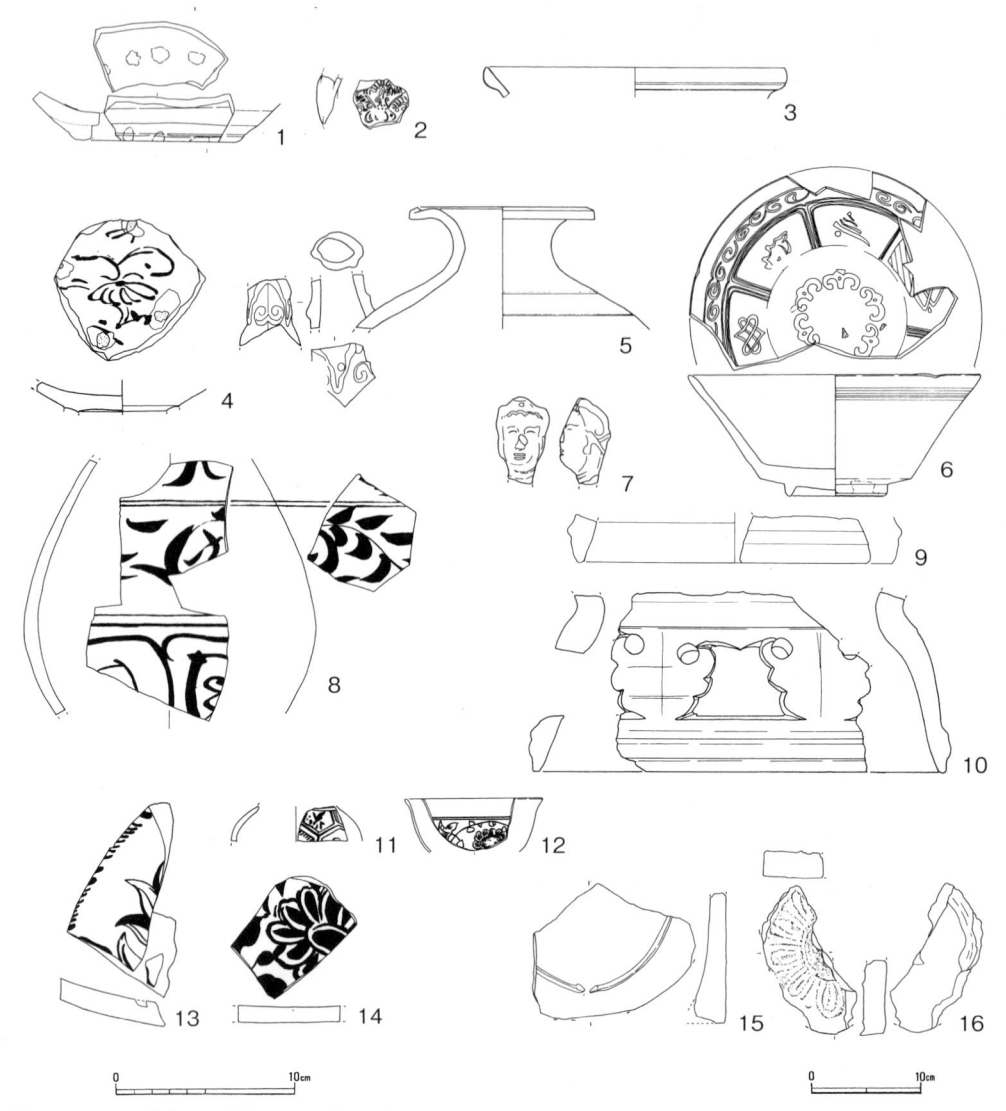

図189 XBN地点出土の特徴的な遺物群（15世紀以前）。10は9と同類の天長府外港バイハランでの出土例。

いるところをXBN3地点とした（図187）。聞き取りでは、1947年以前は地主クラスの人の家があり、1947年から1954年にかけて、差し掛け小屋のようなものが存在し、その後、畑地としての利用が続いている。文化層は総じて水平に堆積しており、文化層厚はXBN1, 2両地点に比べ薄く、約60cm前後しかなかった（西村他 2000）。ちなみに、このソムベングという地名は、Xómの西側微高地を中心とする地域を指していたようだが、もともとはXóm Bến Nhự（ソムベンニュ）と呼ばれていたという情報もある（Bùi Văn Tâm私信）。この地名が船着き場的な歴史に起源することは論を待たないが、王室が利用した船着き場（例：Bến Ngự（ベング）としてナムディン市に実在）と早合点しない方がいい。結果的には、このXBN地点での出土品が質量ともに最も注目される遺物群（図189）となった。

XA（Xóm A）地点（9m²発掘）は、ソムAが位置する微高地のほぼ中央に位置する民家敷地内

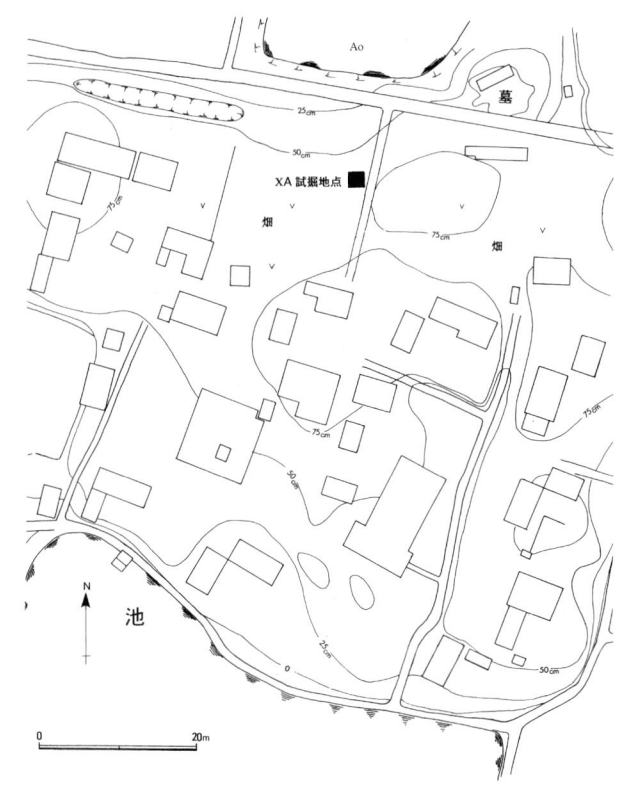

第11章　独立初期王朝時代から李・陳朝期　233

図190　XA地点の周囲地形

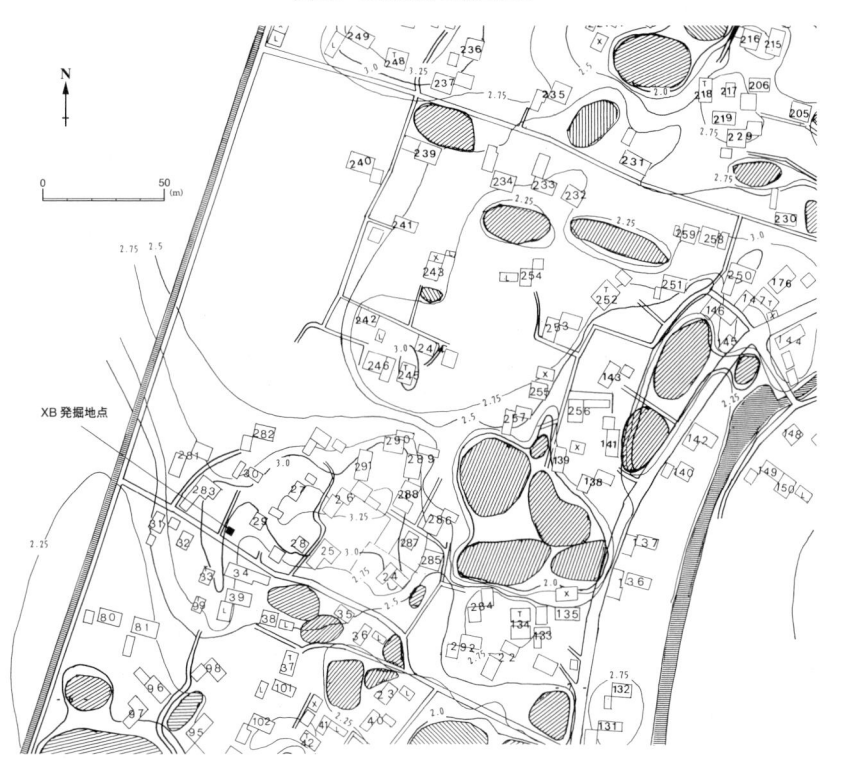

図191　XB地点周辺地形　家屋が密集する所が相対的に高くなっているのがわかる。

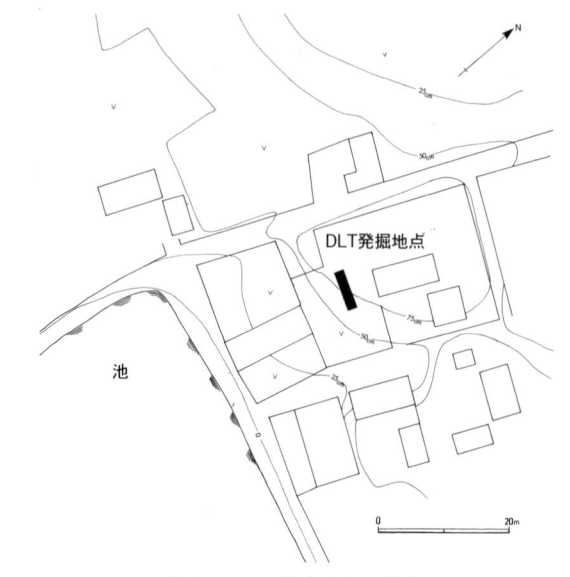

図192　DLT地点の周囲地形

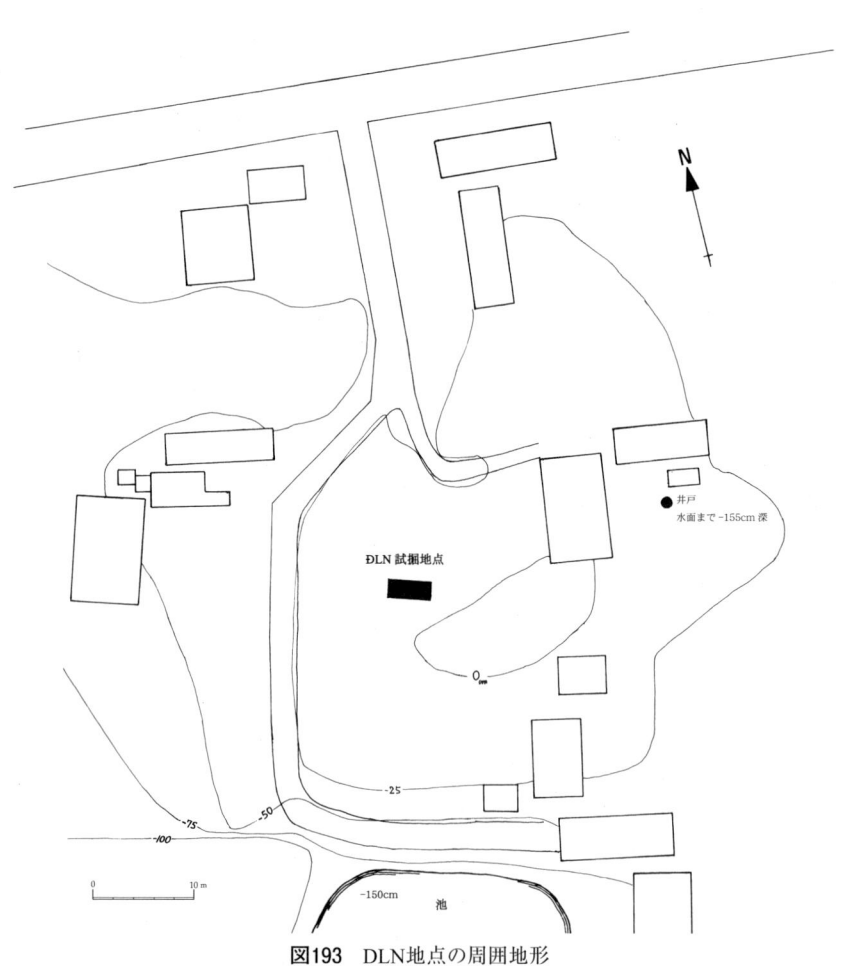

図193　DLN地点の周囲地形
ズオンライ、バッコック集落共に50－100cm程度の起伏差しかない。

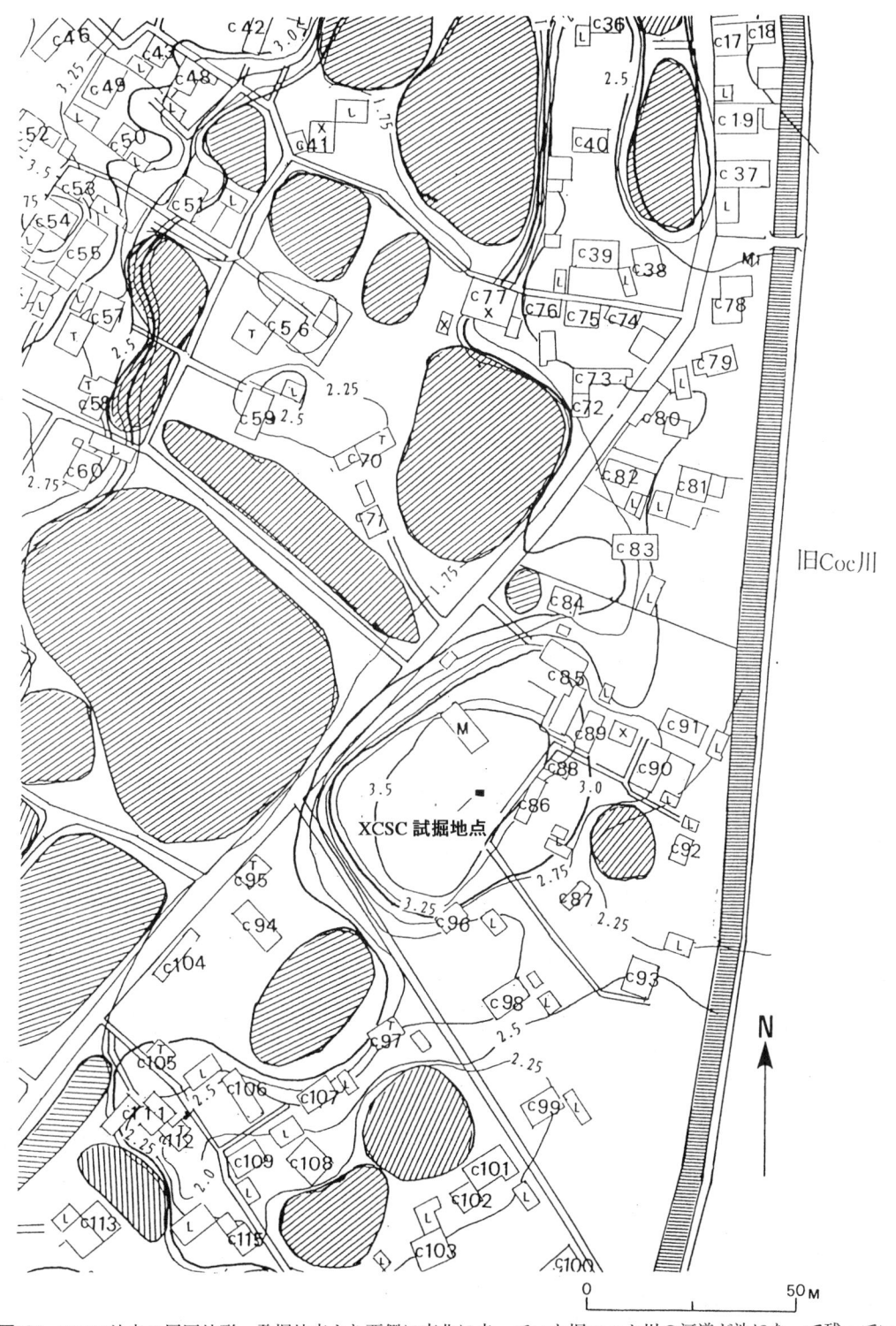

第11章 独立初期王朝時代から李・陳朝期 *235*

図194 XCSC地点の周囲地形　発掘地点より西側に南北に走っていた旧コック川の河道が池になって残っているのがわかる。

の野菜畑に位置する（図190）。当地点はMả Tan（マータン）などと墓域名で呼ばれており、発掘地点からさらに北側の微高地は墓地として現在も利用されている。文化層は非常に薄く、0.3m前後しかない（西村他 2000）。

　XB（Xóm B）地点（9 m²発掘）は、ソムBの西側集落微高地列の東端の畑地に位置する（図191）。現在は畑として使用されているが、1959年までは阮廷一族で黎朝後期に出仕したNguyễn Đình Phương（グエン・ディン・フオン）（阮廷芳？）を祀る祠堂があったが、崩壊し別の場所に移動したという。文化層厚は1.5m前後あった（西野他 2006、Nishino et al. 2001）。

　DLT（Dương Lai Trong）（ズオンライチョン）地点（9 m²発掘）は、ズオンライ（Dương Lai）村集落の南半の中央域の屋敷地内の畑地に位置している（図192）。周辺域に比べ若干標高が高いところに位置し、南約23mのところには大きな池がある。聞き取りによると1954年以前は中農クラスの家があったという。文化層厚は1.3m前後あった（西村他 2000）。

　DLN（Dương Lai Ngoài）（ズオンライゴアイ）地点（6 m²発掘）は、現在バナナ園で、DLN集落の中でも相対的に高いところと認識されている（図193）。革命以前は、地主クラスの人の家（Bùi Sĩ Huệ氏）が建っていたが、第二次世界大戦時までに家は何らかの理由で破壊されてしまったという。抗仏戦期には戦場にもなったという。文化層厚は1.4m前後あった（西村他 1998）。

　XCSC（Xóm C Sân Cao）（ソム・サンカオ）地点（4.25m²発掘）は、ソムCにおいて最も標高の高い高台に位置し、バッコック微高地の中でも最東端列にあたる（図194）。西隣りの村の南北を走る道路と比べ1.4-1.5mほど高くなっている。東にはコック川が流れている。また西側には大きな池が南北に並んでおり、さらに東の微高地列とは形成過程の違いを暗示している。発掘地点周辺は過去にソムヴァン（Xóm Vạn：漁村の意）と呼ばれ、川を利用した漁師が多く住んだところであるようだ。発掘地が位置する高台は現在籾や藁などの乾燥場として利用されるが、1945年頃までハナム省の巡撫官をしていたVũ Thiện Đê（ヴー・ティエン・デ）（武善悌）氏の家があり、その後、一家は村を出て、1953年頃に家屋敷は焼き払われ、53年以降はこの高台に誰も住んでいないという。文化層厚は3.8m前後あり、当考古学調査において最大厚となった（西村他 1998）。

　PC（Phú Cốc）地点（5 m²発掘）は、集落の南西端にある屋敷地内の小丘上で行った（図195）。集落の南西隅には、村井戸（Giếng Làng）とされる池が位置する。屋敷地自体、集落の道路面に比べて1m以上高くなっている。聞き取りでは当屋敷地は昔、1945年以前、富穀社の里長（Lý Thức（リー・トゥック）と呼ばれていた）を務めた人物が住んでいた。また、里長が存命していた頃（民主共和国成立以前）は、試掘坑が位置するところは里長の家と西隣の家の間に位置しており、溝をなすように低くなっていたという。文化層厚は約2.1mで、当考古学調査において二番目に厚い文化層となった（西村他 2006e）。

（4）　居住に関連する考古学的現象

　当地域における居住活動を理解するための基礎的考古学現象を種類別にまとめておく。

　a　生活廃棄物の集中廃棄

　PC地点では上層部で数次にわたる陶磁器を中心とする生活廃棄物の集中廃棄が確認された。こ

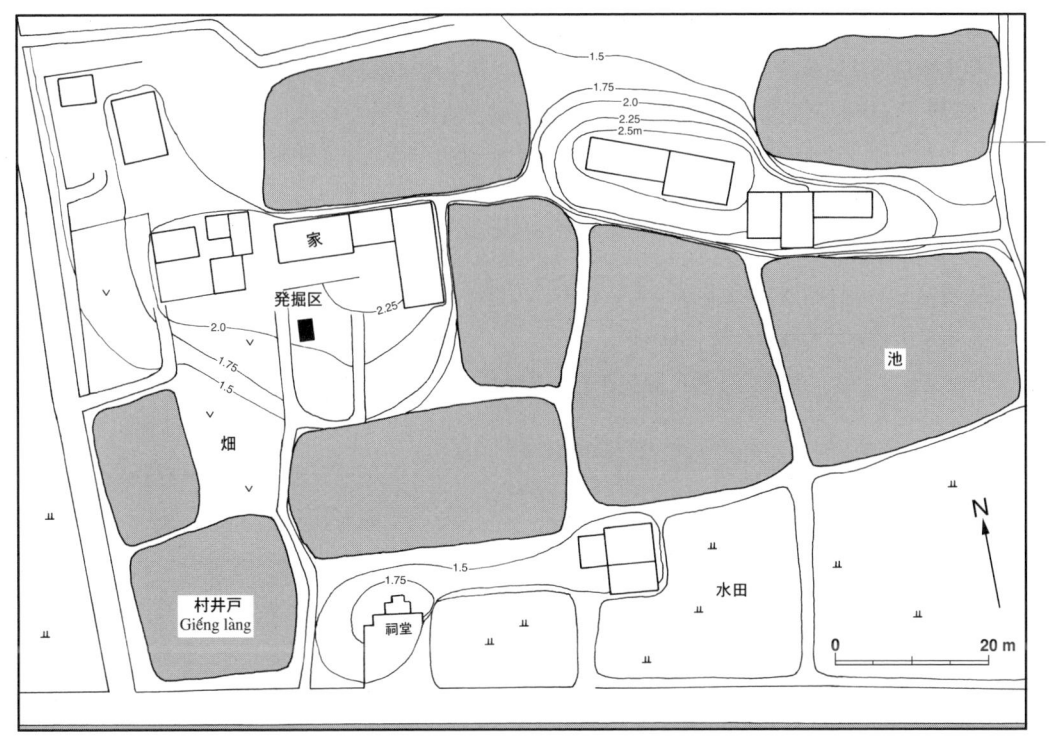

図195 PC地点の周囲地形　盛り土のために掘った所が池になっている。

れらは19世紀から20世紀前半を主たる年代とするもので、発掘坑のそばにあった里長の住居からの廃棄物が主と考えられる。大量のベトナム陶磁のみならず、ワイン瓶やホーロー碗、西洋製陶磁器、中国製陶磁も混在し、質量ともに注目すべき存在となった。

DLN地点では、上層で確認された住居の基礎（おそらく20世紀前半に建設）のなかから大量の陶磁器類が出土した。これは石のかわりに陶磁器片を用いて地業としたと考えられ、もともとは家の周囲に廃棄されていたものを集めて入れたものなのであろう。年代の下限はPC地点同様、20世紀前半と考えられる。

b　住居址・炉址

柱穴や床面を伴う遺構あるいは炉址を伴う遺構を住居址として判断した。

DLN地点の上層部で確認された家の基礎は、20世紀前半に比定可能である。また、第8層で炉穴らしきものも確認されている。DLT地点では住居建設時に地鎮のために、住居の床面下に行う埋め甕が第2層中で出土した。埋め甕自体（図196）は18世紀のものと判断される。この第2層硬化面では釜形陶器や炉址が出土しており、厨房としての役割があったようだ。第3層のベルト状張り土をもつ遺構は、厠や家畜小屋に付属する可能性がある。また第4層でも、炉址と認定できる以降が確認されている。第6層の柱穴列（14世紀以前）も建築に伴うものである可能性がある。

XBN3地点では1B層で副屋の可能性がある炉址や柱の基礎が確認されており、2Aや2B層でも、柱の基礎を伴う住居面が確認されている。また、3層で竹を柱として使ったと考えられる炉址を伴う住居址（3m四方位）が検出された。出土遺物より、この住居の年代下限は14世紀と判断される

(図197)。PC地点では、18-19世紀と判断されるL4-1層で住居等の柱の基礎と考えられる方形の赤褐色粘土塊が列状に確認されている。XB地点では、第1層で祠堂の建築基礎、第2-1層で柱穴列、第2-2層では炉址が確認されている。またL4-3層でも木と竹を利用した柱の柱穴群と土製支脚を利用した炉址（18世紀）が確認されている。XCSC地点では第1レベル上面で、20世紀半ば頃の火災のあとが確認された。

　c　盛り土

海抜標高が2m前後の低平な地域であるため、土盛り等で居住面を高レベル化したり、拡大したりする現象が頻繁に確認された（図198）。

XBN1,2地点では、溝状の遺構に陶磁器片を集中廃棄している遺構が複数確認された（XBN1のR1,R2 XBN2-L4層など：図198-1のスクリーントーン部）。集落地形の長側縁に沿う形で隅丸長方形の溝穴（幅7-80cm程度、深さ3-40cm程度）が設けられ、そこに砂利代わりに陶磁器・瓦片を集中廃棄している。単に遺物を集中的に廃棄したものとしては、規格的でありすぎる。また、XBN2のTS坑で明らかになったように、土坑周囲の文化層も、形成時間幅としては100-200年程度なのに、1m以上の厚みがあり、単に居住活動による形成ではなく、意図的な土盛りによるものと考えられること、水域に近く位置し、土坑の長軸が、集落が立地する帯状微高地の長軸方向に並行することなどを考慮するなら、盛り土による居住面高レベル化が当該期に行われ、その中で地崩れなどを防ぐための土留め的機能を果たした可能性がある。遺構の造成時期としては前半が14世紀と後半が15世紀と判断される。XCSC（図198-2）の第3から7レベル（第1盛り土層：19-20世紀）、第8から13レベル（第2盛り土層：19-20世紀）、第15から19レベル（第3盛り土層：18世紀）、XB（図198-3）の第3層（18世紀）や第5層（17世紀）、PC（図198-4）の第3層（19世紀）、第5層（17世紀）のように、17世紀以降の居住面形成のための盛り

図196　DLT地点の住居址下の埋め甕（YB2）

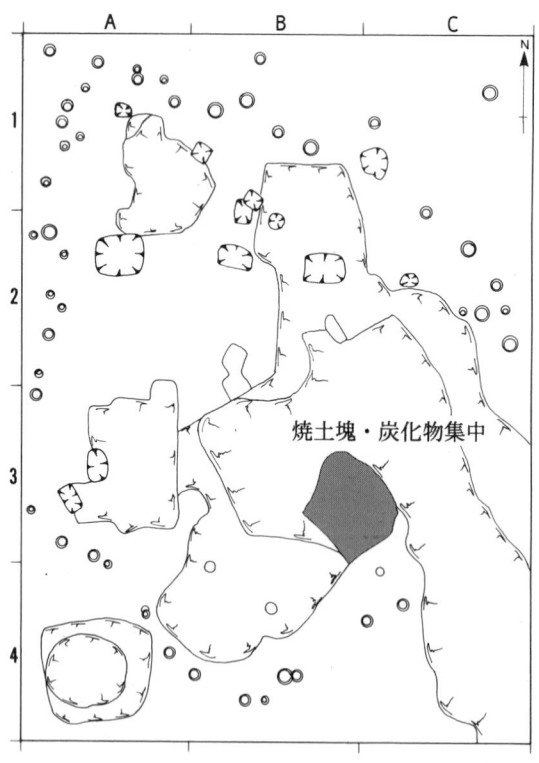

図197　XBN3地点の陳朝期の住居址　複数種の柱穴があるので、住居も単時期のみのものではないだろう。

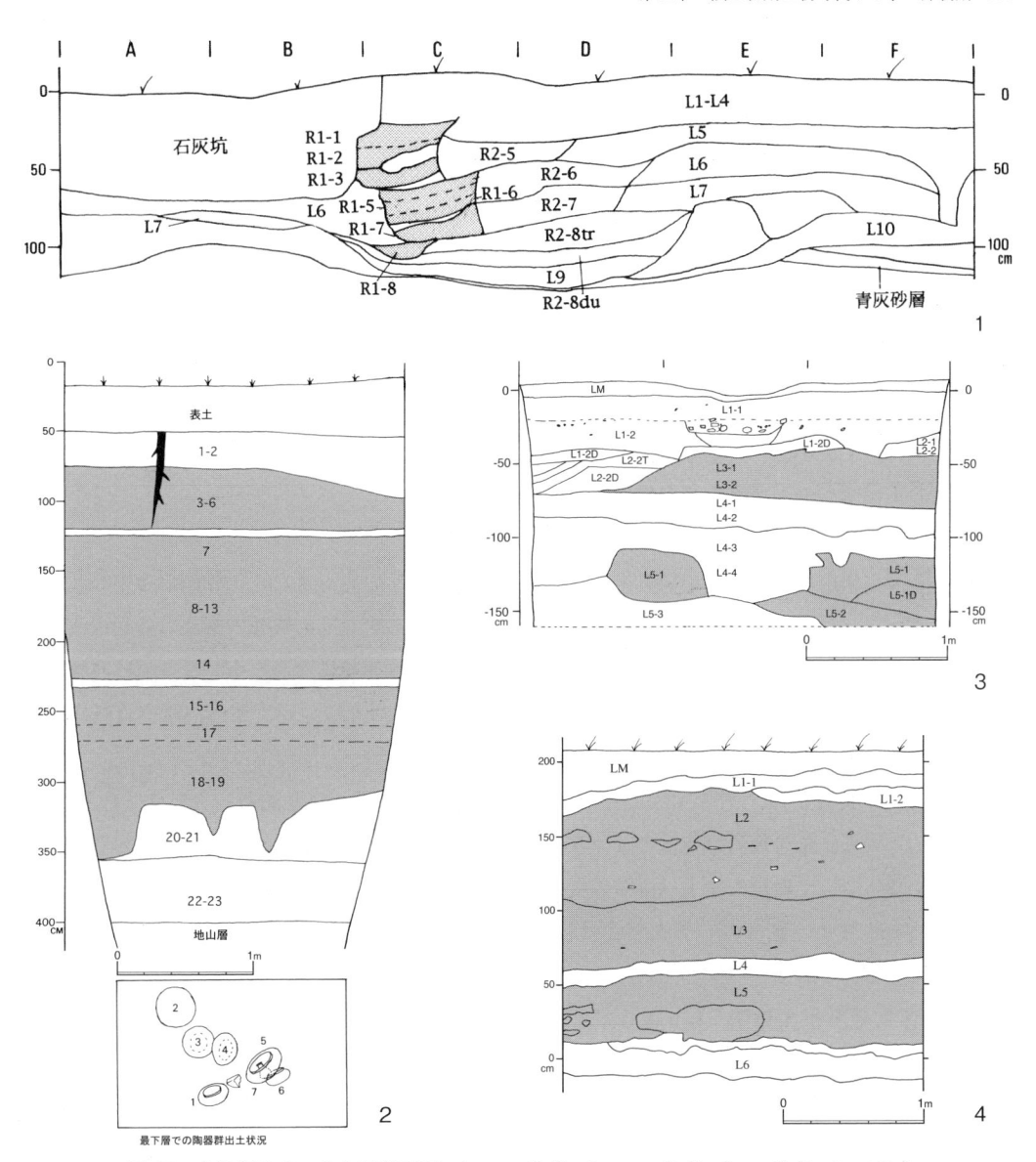

図198 各発掘地点の文化層断面図　1. XBN地点　2. XCSC地点　3. XB地点　4. PC地点
（2、3、4のスクリーントーンは盛り土層）

土層が明瞭に確認できた。これらの盛り土は純質の粘土で、包含されている遺物がかなり少なく、堆積が平坦であることなどが共通した特徴である。DLT地点の第3層（17-18世紀）なども盛り土層として解釈していいのかもしれない。

　XCSCやPC地点の場合、基盤層が泥炭のような土層で、旧河川あるいは湿地帯のような所を埋め立て、居住地を新造成したことがわかる。また、DLN、DLT、XA、XBN3地点などの相対的に高度の高いところでは、まとまった単位での盛り土層は確認されなかった。これは、盛り土が低域での居住面高レベル化のためだとする推察を裏付けている。

d 墓葬

XA地点で第1層より、3つの方形土坑が19-20世紀の木棺による二次葬と判断され、さらに下層で長方形の土坑6が17世紀初頭を下限とする一次墓葬と判断された（第12章第4節参照）。したがって、XA地点では19-20世紀において墓地から居住域への転換が起きていることになる。

e 遺物集積遺構

DLT地点の第5層の下層部レベル（L5-5）で瓦を意図的に環状に集積配置した遺構（図199：土坑11）を確認した。まとまって出土した陶磁器類は、16世紀末から17世紀初頭の遺構と判断でき、意図的に置かれていた脚台付き碗の使用痕や限られた遺構で出土する性格などから祭祀的遺構である可能性が高い。

XCSC地点の最下層出土遺物群（釜や桶など）も完形あるいは完形に近い陶器がまとまっており、何らかの目的でまとめて遺棄された可能性が高い。

f 陶磁器の利用の民族考古学

ベトナムでは生活の諸活動において陶磁器が多く利用されている。また、無釉陶器を中心として形態的に考古学資料のなかにその祖形を見いだしやすい。したがって、現在の陶磁器の利用法を理解することにより、過去の利用を推測することもあながち不可能ではなくなる。ここではバッコック村とその周辺での、いくつかの特徴的な陶磁器の利用にされ方について述べ、考古資料に振り返って考察してみたい。

無釉陶器の寸胴桶をVại（ヴァイ）と呼んでいるが、この器形は陳朝期以降、無釉陶器の主要機種を占めて、現在に至っている。この種の容器はバッコックでは塩入れ、漬け物樽、各種の食物保管容器として使われている。厚くて緻密な胎土は湿気の侵入や水漏れを防ぐのに適している。遺跡からの出土例も非常に多い。また、壺（Vò）を大型品は籾入れ、小型でやや頸部がすぼまったものを酒壺として利用している場合も多い（図200）。

香炉は各家庭の祖先祭壇（Bàn thờ：バントー）、各氏族の氏族祠堂（Nhà thờ：ニャートー：図201）、そして、デン、ディン、寺などで使われている。いずれも信仰生活において重要な場所である。また、タインロイ社に南接するLiên Minh（リェンミン）社のホーソン（Hồ Sơn）寺では17世紀の香炉（図202）が、ソムCの裴輝族の祠堂では17世紀の香炉の現役で利用されていることが確認された。また、ビンロウの実をかむために使う石灰壺は、バッコック現存唯一の村落信仰建築、第1村神社（デン）内で、石灰がつまって役目を終えたものがいくつか池の周りに置かれており、その中には16世紀のものもあった（図203）。これは紅河平野の伝統的集落でよく観察される習慣である。香炉、石灰壺ともに、信仰の場や施設に関係の深い陶磁器である。また、蓋付きの壺（chõe（チョエ）、chính（チン））に、祭礼時に川・池などから汲んだ聖水を入れて、信仰施設内で保管している。

時として儀礼を行う場ともなる上述の宗教施設では、共食のための食器（碗皿）が多量に保管されていることが多い。たとえば、ソムAのある裴輝第2支族の祠堂では200個以上の陶磁器が安置・保管されており、それは祠堂建築の規模や所有族の経済的豊かさを反映していると判断される。その陶磁器群のなかには碗・皿以外に花瓶、香炉、硯などもあり、古いものでは19世紀に遡るものもあるし、中国製の皿、花瓶や酒瓶や阮朝期にベトナムが中国に注文生産させた陶磁器（内府の銘あ

図199　X地点　DLT地点H11抗：瓦と高坏が意図的に配されていた

図200　バッコック集落内に民家で使われている短頚壺（左は籾殻が入っている）

図201　ソムA地点の裴族祠堂

図202　ホーソン（Hồ Sơn）寺本堂で使われている16世紀の青花製香炉

図203　バッコック第1村神社（デン）境内に供献されていた石灰壺（左は17世紀例）

り：Trần Đ.A.S. 2008）も含まれていた。皿、香炉、酒瓶は、当時ベトナム陶磁にも存在しているが、盛時（14-16世紀）のものと比べ質的にかなり劣っており、中国陶磁とベトナム陶磁は、品質的にも経済価値的にも階層分化していたと考えられる（西村 2006c）。碗皿は経済的に余裕のある家庭では共食用にある程度の数で保管されているが、こうした信仰建築内のものは、概して個人家屋のものより古い時期の陶磁器が多い。これは使用頻度や保管のあり方に関係するのだろう。また、

香炉や石灰壺など特殊な陶器が残される頻度も高いといえる。発掘調査の方では、祠堂建築が存在したXB地点の上層部で香炉片が、第1村デン地点で、石灰壺片が複数確認されている。これらは当時の信仰建築の存在を傍証していよう。

（5） 陶磁器の組成から考える居住頻度と遺跡機能

a 施釉陶器碗皿資料の年代分布

ベトナムの歴史時代において時期変化に最も敏感な遺物は施釉陶器であり、先行する中国陶磁研究の研究法や年代（山本 2002・2003）を参照しつつ、主要器種である碗皿の編年整備を精力的に我々は進めてきた（Nishino 2002、Nishimura & Nishino 2003、西村・西野 2005など）。当研究では、出土した碗皿資料の高台資料全てに関して分類を行ったうえで、具体的時期比定を行った（西野・西村 n.d.）。その結果が図204に表されている。この頻度数は居住などの遺跡利用頻度を素直に表していると考えてよい。概観すると、XBN1-3地点で10世紀以前に遡る居住が確認され、DLNやXBN1-3、DLN、XB地点では13-14世紀に居住の開始や頻度強化がみられること、XBN1,2以外、全地点で17世紀が前時期と比べ居住頻度が極端に増強される現象（新たな居住開始を含む）が確認できる。この他、碗皿以外の古い時期の居住を表す遺物として、XBN3地点の後期新石器時代土器片、DLT地点の2世紀の印紋陶片、DLN地点の3-6世紀の磚などがある。

また前述したように表採調査による追加調査で、いくつかの地点に関する居住時期傾向の把握も行った。それによれば、第1村デン地点では12世紀以降の各時期の陶磁器が確認され、タンコック集落（旧小穀村）では当集落内での最古の陶磁器片は17世紀まであった。クアリン集落（旧果霊社）も、バッコックと同じ微高地帯の南に位置し、西側のバッコックと同じ微高地上の集落内では13-14世紀のものが採集され、池を挟んだ西側の区域では17世紀までしか遡らなかった。

b 無釉陶器と施釉陶器の比率

施釉陶器と無釉陶器による全体の出土量を遺跡単位で比較した（図205）。遺跡間比較より明らかなことは、XBN1,2地点が他を圧倒して、遺物出土量が多いことである。また、施釉陶器と無釉陶器の比較においても無釉陶器の量が圧倒的に多いことが理解できる。特に年代分布としては、ほぼ重なるXBN3地点と比較した場合に、その量的、比率違いは明らかである。このXBN1,2地点の特殊性は遺跡の機能を考慮しないと説明ができない。まず、その大量の陶磁器の出土量は、居住機能が主であったと考えられるXBN3地点と比較から、居住活動を直接行った場ではなく、モノを集中的に廃棄した場所と考えられる。また、そのモノ自体も、純粋な居住活動起源ではないと判断される。無釉陶器の大半をしめるのは桶、壺などの容器の類であり、その大量利用は、そのモノ自体の利用が目的ではなく、モノを容器として物資運搬を行うことが目的であったと考えられる。この推察は、当地点が水域に近く立地すること、地名に船着き場の名前が残っていること。船着き場的遺跡であるバイハラン（Bãi Hạ Lan：ナムディン市：Nguyễn Q.H. et al. 1996）、トイサイン（Thoi Sành：クアンニン省：Nishimura 1998b）などでも大量の無釉陶器が出土・確認できることなどからも頷けるものである。

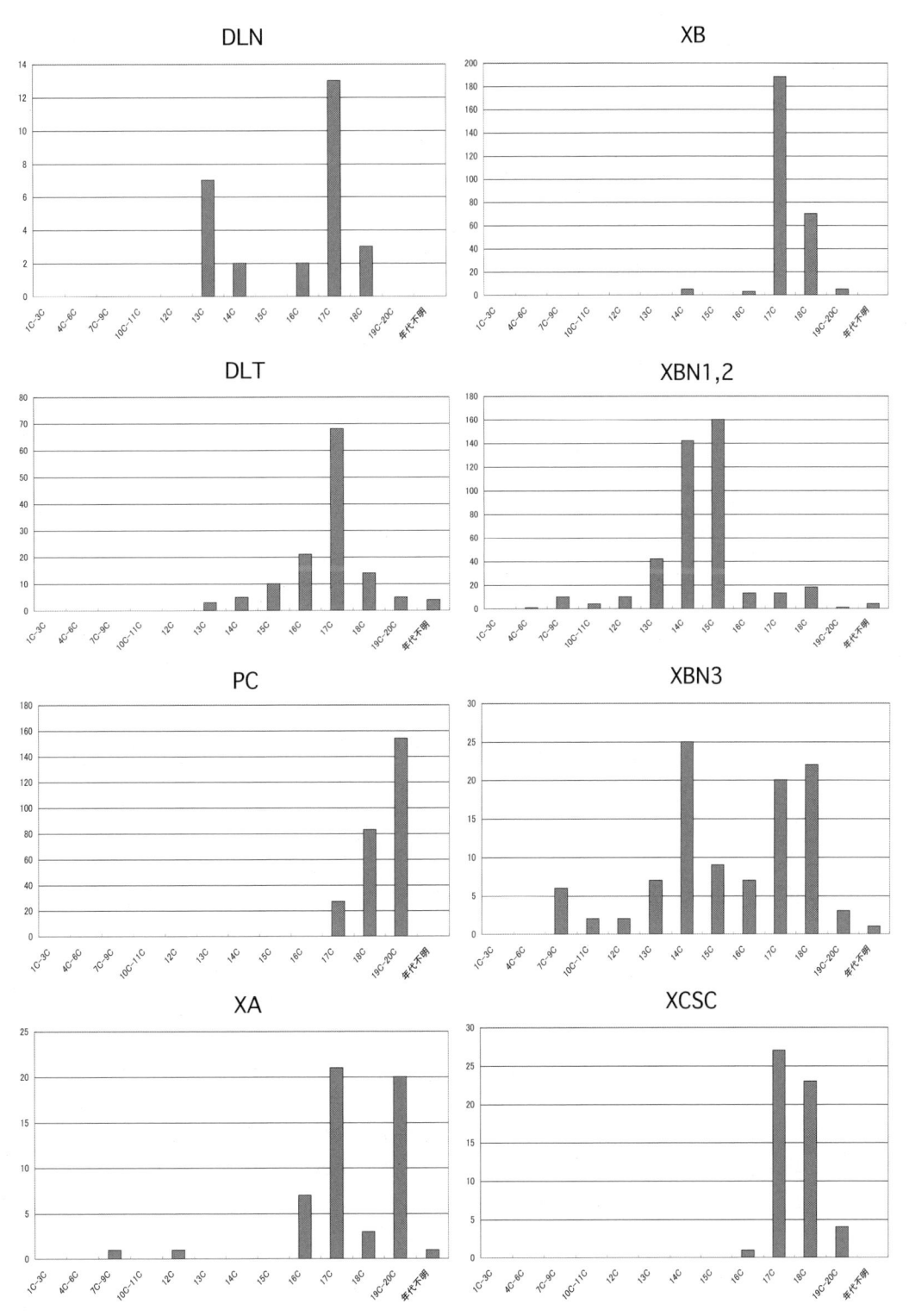

第11章　独立初期王朝時代から李・陳朝期　243

図204　各発掘地点の施釉陶磁器の時期別出土頻度

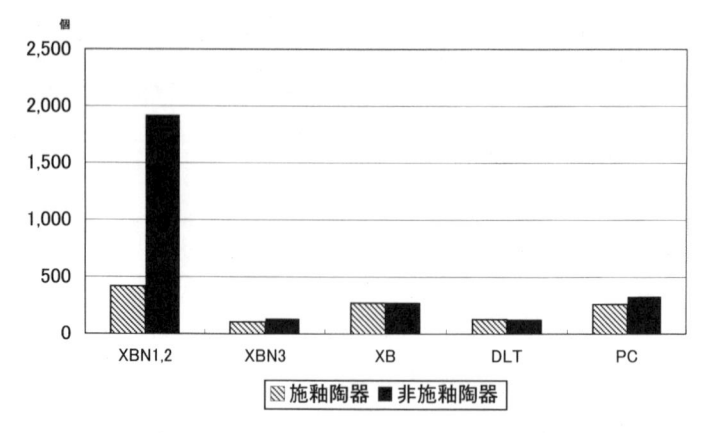

図205　各発掘地点の施釉陶磁器と非施釉陶磁器の出土比率

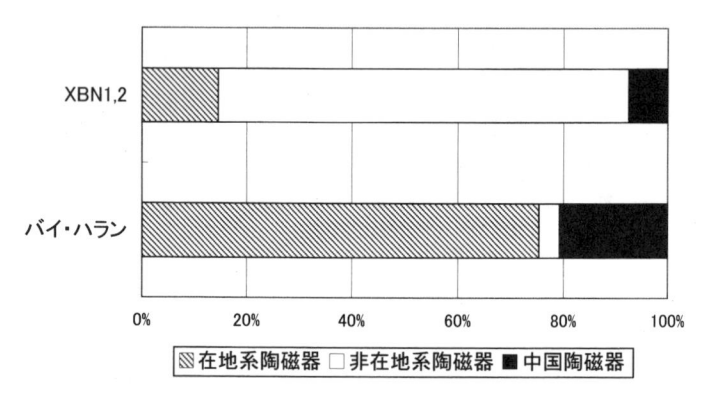

図206　在地系統時期、非在地系陶磁器、中国陶磁器の出土比率

(6)　陶磁器の生産地から

　西野・西村（n.d.）の分析では、陳朝の第2首府であった天長府の船着き場遺跡であるバイハラン（BHL）とXBN1,2の陶磁器組成（陳朝期に限定）に比較から、遺跡の性格的違いを読みとることができる（図206）。ひとつには年代分布で、BHLの場合、14世紀前半までの資料が中心で14世紀後半は完全に欠落している。これは天長府が機能した期間に遺物群が対応しているものと考えられる。これに対しXBN1,2は14世紀後半からさらに15世紀を通じて存在している。このことはXBN1,2が、天長府のように、陳朝王権の盛衰とは直接関係しない遺跡であった可能性が高い。また、出土陶磁器の起源においても、BHLは80％近くが天長府周辺で製作されたもので、それ以外のベトナム陶磁は非常に少ない。また、輸入品である中国陶磁が20％近くを占めるのも特徴的である。これに対し、XBN1,2ハナムディン省域内で製作されたと推定される地元産の陶磁器は20％にも及ばず、大半のベトナム陶磁器が他地域産と考えられることである。また中国産の陶磁器も比率的に少ない。これも天長府のような王朝権力と直接関係するところと、そうでないところの違いと考えていいのであろう。つまり、王朝権力の中心的場所では、ベトナム陶磁に関しては自前のものが比率的に高いこと、輸入陶磁の比率も高くなることが指摘できよう。

XBNで出土した14-15世紀の高級ベトナム陶磁（図189-4-14：おそらくタンロンや天長府さらにはハイズオンでの生産が中心）は、他地点との同時期の陶磁器との違いを引き立たせており、そこに経済や権力的求心性があったと判断される。

　また、陳朝期以外の中国陶磁にも注意する必要がある。XBN1-3地点では9-11世紀の中国陶磁（越州窯、長沙同官窯、白磁などの典型的貿易陶磁：図189-1～3）が小数だが存在しており、小規模ながらも陳朝期に先行して当地点が船着き場的性格を有していた傍証となる。

　さらには、XBN2地点では、貝を多量に含むL2-2Aレンズ状堆積が確認されている。L2-2A層ではシジミ（*Corbicuridae*）、L2-2B層ではハイガイ（*Anadara granosa*）、さらに下層のL2-5層ではタイワンハマグリ（*Meretrix meretrix*）が主をなしている。ハイガイやタイワンハマグリは、海岸に近いところが生息環境であるが、レンズ状堆積は15世紀のもので、すでに海岸線はバッコックよりかなり現海岸よりだったと考えられ、バッコック周辺環境にタイワンハマグリやハイガイが含まれていたとは考えにくい。まとめて廃棄されていることから、海岸近くからそうした貝を食料として持ってきたと考えられる。これもXBN地点の物資集散的機能を暗示する傍証である。

　また、17-18世紀に関しては、XB地点で中国陶磁がある程度まとまって出土していることも注目される。無釉陶器はさほどの出土量がないことから、物資運搬などと結びつけるより、富裕者の存在などと結びつけて考えた方がいいだろう。先述した黎朝後期の官僚と伝えられるグエン・ディン・フオンと関係するのではないか。また、PCやDLN地点でも19-20世紀の中国陶磁がまとまって出土してり、権力者や富裕者の存在と結びつけて解釈できるものである。

（7）　考古学的集落形成過程と文献・伝承資料との対比

　以上、発掘での認識、出土陶磁器の時期別頻度を居住頻度と対応させることによる居住史復元、また出土陶磁の性格などをまとめると、以下のようなバッコックと周辺を巡る居住史の認識が成立する。

　1：バッコック微高地の中央部では新石器時代に小規模な居住が存在した。これは海退に伴う紅河デルタ域の最先端部形成時の居住である。また、ズオンライ、バッコックともに1-10世紀の散発的な居住痕跡を残す。特に8-9世紀以降になるとバッコックのXBN地点での居住痕跡がより明瞭となり、逆にズオンライはほとんど居住がみられない。また、11-12世紀になるとズオンライでの居住が再び明瞭化するが、バッコックのXBN地点はすでにある程度安定した居住が存在したようだ。おそらく、海や河川を活発に利用した生業が中心と推察され、XBNの9-11世紀の各種中国陶磁（図189-1～3）はその証左であろう。百穀、陽来、富穀、小穀はいずれも10-11世紀の皇子や功臣を守護神として祀っている（後述：嶋尾 2000：248）。当地域は丁、前黎朝の都華閭からさほど距離があるわけではなく、華閭王権に関係する歴史事象があってまったく不思議ではない。ただし、実際の伝承を裏付ける性格の資料はまったくない。

　2：13世紀にXBN地点での居住規模・頻度が拡大化し（図204）、14-15世紀にその最盛期を迎えている。これには14-15世紀の新たな居住面造成活動も含まれている。したがって、13世紀に本格的な農業開拓集落としての歴史がはじまり、14-15世紀には、人口増加や集落としての繁栄が集落

規模拡大へつながったと考える。先述した14-15世紀の高級陶磁器群を含む施釉陶器の質量、さらには高級な建築の存在を暗示する蓮華紋瓦当（図189-16）や尖頭平瓦（図189-15）、観音菩薩（？）の頭部（図189-7）、香炉などに使うような特殊な陶磁器（図189-9）などから、水運を利用した交易などに伴う、14-15世紀のXBN地点の経済的繁栄ぶりが裏付けられる。

家譜資料や伝承では、バックコックは現フート省のヴェトチ（Việt Trì）近くのバックハック（Bách Hạc）から12族による入植が村の始まりと伝え、裴允（Bùi Doãn）家の家譜では、陳朝（14世紀）に裴允原（Bùi Doãn Nguyên）（ブィ・ゾァン・グェン）が本貫の北寧省玉潤社（ゴックニュアン）より百穀社に学問を教えに来た人物である。彼の長兄である裴慕（Bùi Mô）（ブィ・モ）は傍眼に合格し、その子の裴光家（Bùi Quang Gia）は郷貢に1373年に合格している。陳朝期に本格的な開拓居住が行われたと考えてよいだろう。『大越史記全書』本紀7にある1371年2月の載脚の法などにある私有地開拓に関する制限法は、13世紀以降活発化した平野部下流域での采邑や開拓居住による田庄の出現に対応した上からの動きであろう。

そして、裴允原から3代目の裴於台（Bùi U Đài）（ブィー・ウー・ダイ）は、黎利に従って属明期（1407-1427年）の独立戦争に参加し、後に功績を史書に書き伝えられている。進士合格者との確証はないが、第一村デン（神社）に祀られ、開国功臣の神号が与えられている（嶋尾 2000、桜井 1998・2006）。

考古資料が語るXBNの経済的繁栄は、おそらく裴允族の中央進出や抗明戦参加の背景になっていたに違いなく、その基盤は水運であろう。バックコックと同じ自然堤防列で約2km南東のLương Kiệt社（ルオンキエット）から裴備（Bùi Bị）（ブィ・ビ）も抗明戦争に参加しているが、彼も水軍指揮に能力を発揮したようである。またバックコック集落とクアリン集落の間に位置する市場（Chợ Gạo）では陳王朝期に米を輸送した歌謡が伝えられている（Bùi V.T. 1998）。

3：16世紀以降はXBN地点での居住頻度は前段階に比べ衰退するものの、20世紀まで連綿と居住は続く。XBN地点以外の各地点では17世紀以降の居住頻度が増加をし、フーコックやタンコックのようにまったく新しい居住域も出現する。フーコックやタンコックはバックコックより低地にあり、XCSC地点ももとは川と考えられるから、17世紀のある時期（ベトナム陶磁の年代から17世紀前半である）にバックコックとその周辺域は新村設立と居住域の拡大（図207）を、盛り土などによる居住面の高レベル化で実現していることになる（図239参照）。これは日本の近世の集落の輪中堤防化過程にもしばしばみられることである。また、この現象は紅河平野全域での現象のようだ。筆者はこの集落の高レベル化が、堤防の完全輪中化（馬蹄形型輪中から閉鎖型輪中）などの堤防体系の進化を意味しており、現在に通じる集落景観がこの時期にできあがったと考える（詳細は次節を参照）。

ところで、ソムCの北端に位置していた興寿寺（通称Cốc寺：現小学校敷地内）の1573年（崇庚8年）碑文では、百穀社と富穀社、さらには周囲集落のいくつかの存在が明記されている。また、北隣のタンコック（旧小穀）は、百穀からの分村伝承（1396年：Bùi V. T. 1998）を伝え、村の開拓氏族もかなりが百穀と重なり、つい最近の過去までソムAなどと通婚関係を持っていた。これは、考古学が示すフーコックやタンコックの居住開始期と矛盾するようだが、筆者は富穀や小穀は17世紀に新たに設立されたのではなく、ナムディン川の流路変更を伴うような破堤や大洪水がおき、よ

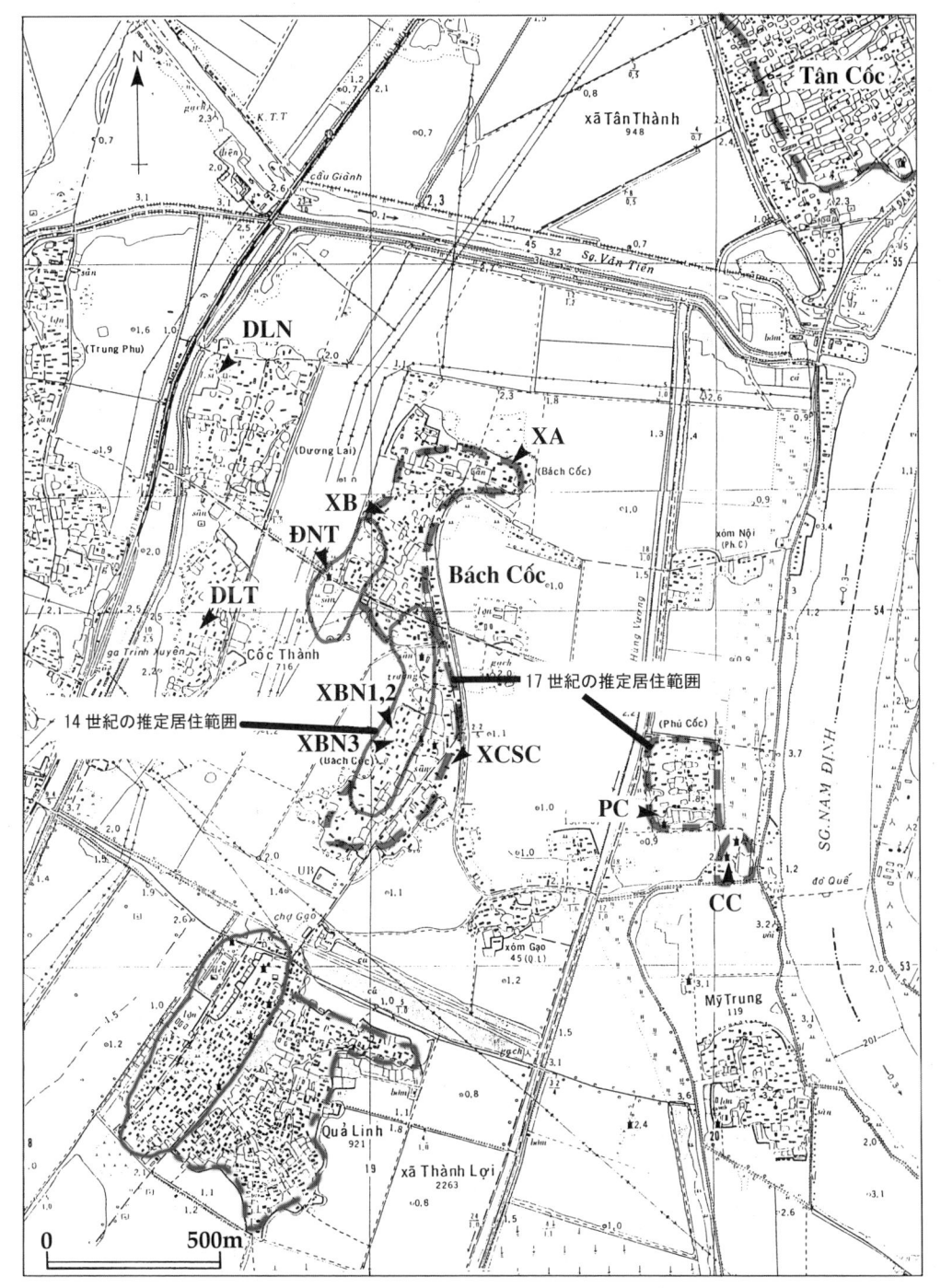

図207　バッコック集落と周辺の居住域拡大現象

り東側に位置していた富穀や小穀が、避難するように現位置に再立村したと判断している。

　そのように考えれば、フーコックやタンコックが整然とした集落形態を呈していることも理解がしやすい。ハットモン（Hat Mon）型とGourou（1936）が呼ぶ整然としたこれらの集落は、村が自然に居住人口を増す形でできた姿ではなく、村としての共同体が強力なコントロールを効かせる形で移住などを行って、初めて形成できるものである。つまり、17世紀前半に再立村したときには、村としての共同体あるいは村組織が、かなり確立していたことを暗示している。

　もうひとつ、考古学の興味深い結果として、17世紀以降（あるいは16世紀後半からか）から20世紀までの連綿とした居住を確認できるXB地点の最上層で祠堂が立っていたことである。このことは、それなりに歴史的深度を持ったところが信仰の場として選ばれていることを示しており、おそらく伝承の阮廷族の有力者の居住と関係してくるのであろう。阮廷族の祠堂は当地点近くにあと2カ所のみであり（嶋尾同上）、居住集団として空間的に非常にまとまりがよい族のようだ。

　4：19世紀以降の遺構、文化層を確認できたのはDLT、DLN、XA、XB、PCの各地点にのぼる。その中でPC、DLNの地点では、それぞれ家のごみ廃棄溝や基礎が確認され、多量の遺物には高級な商品であったろう陶磁器やワイン瓶が含まれていた。遺物群からそれぞれ19世紀後半あるいは20世紀前半と考えられる。その一方でXBやDLTのように、ごく普通の建築遺構にあまり目立たない遺物群を伴出する遺跡も確認された。この状況は14-15世紀前半のXBNの突出した遺物の出土状況と平凡な他地点との差異にも似ている。

　PC地点の遺物堆積時期に相当する居住者、Ly Thúc と呼ばれた富穀社の里長Phạm Văn Thức（20世紀前半の人物）は、遺物内容から判断するなら相当経済力のあった人のようである。当社所属の耕作地はすべて公田であるため、原則的には耕作地の定期的割換えにより、その所有地の量的優劣は生じ得ない。この場合、里長職にあったことを考慮した方が良さそうだ。明命帝期（1820-1839年）に設けられた里長制において、その選出は、従来の社長選出より条件をゆるめ、村内の有力者から選出することを追認する意味を持ったとされる（桜井 1987a：441）。その限りにおいてはPC地点の遺物群は、村内有力者の経済蓄積を表していると言えよう。ただし、その背景が、公田分給による農業以外の何であったかは今後の調査をまつしかない。DLN地点については、革命以前の所有者は地主クラスの人であったという。その人の屋敷の基礎が、発掘坑で確認された家の基礎とすれば、そこから出土した豊かな遺物群の性格も理解できる。

　XCSCの遺物群には、量的な豊かさは認められない。ただし、上層部で少量ではあるが中国製などの高級陶磁も出土しており、量的多寡は出土した遺構や発掘した位置に影響されていると考えた方がよい。当地点は先述の武善悌氏は、1892年に中央での科挙合格を果たし、ハナム省の巡撫官を努め、1947年頃まで住んでいたという。嶋尾（2000）は武族の祠堂建設（1910年）や家譜編纂なども、武善悌の科挙合格後の成功を機にしていると推測しており、XCSC地点での盛り土による屋敷地造成もその頃であろう。

　つまり文献や近過去の記憶を加味すると、貧富差が急激に拡大した時代は19世紀後半よりはむしろ20世紀になってからの可能性が高い。その背景にあるのは土地の大所有や官職である。この豊かさが、当時の農村社会おいて、どの程度の富裕さに位置づけられるのかは定かではない。ただし、

村落内の富裕者の物質文化を表していることは間違いないし、それ以前の貧富の差は大したものではなかったという類推も可能である。

（8）集落形成史や社会経済史をめぐる学際的考察

前章で叙述したバッコックと周辺域の集落形成史における陳朝期、17世紀、そして族と居住域の関連性に関して、社会経済史的側面から踏み込んだ議論、さらには今後の研究方法案を提出して締めくくりとしたい。

ナムディン省には陳朝期の陳朝王族らの采邑や王族の娘（公主）が隠棲したとされる場所が多く確認あるいは伝承されている。Mỹ Lộc県（ミーロック）のカオダイ（Cao Đài：バッコックより北西約9km）では、陳光啓（13世紀）の采邑としての伝承が残されており、彼を主神とするデンも存在する。屋敷地、生産工房（窯業、鍛冶）、墓などの考古学上の遺跡（Nguyễn Q.H. 1996、Nishino & Nishimura 2001）も確認でき、その存在は疑い得ない（本章第3節を参照）。同様な事例は、各地の采邑伝承地で確認されている（Nguyễn T.P.C. 2002）。

この采邑遺跡と比較すると、百穀村は、陳朝王族・皇族が開発・開墾した集落を基礎にしているとは考えられず、裴允家の陳朝官僚らがリーダーとして開発を始めたことが13世紀以降の集落形成基礎になったと考えた方がよい。これは14世紀から15世紀にかけてXBNでの居住が連続し、采邑遺跡やバイハランなど政治情勢を反映しやすい遺跡とは、陶磁器組成や時期頻度が異なっていることからも納得がいく。[(4)]

ところで、比較的サーヴェイ密度の高いナムディン省のナムディン市、ミーロック県、ヴバン県を対象に俯瞰すると李朝期の居住痕跡はさして多くないのに、陳朝期の居住痕跡は至る所で確認できる（図149：西村 2003b）。このことはバッコックと周辺域の試掘・分布調査でも確認されていることである（西村他 2000、Nishimura & Nishino 2002）。

采邑や開拓居住を行う場合、以前から人が多く居住しているところでは、土地の所有問題などで解決しにくいことがあるはずで、基本的には居住が疎らな地帯が選ばれたと考えた方が合理的である（本章第1節参照）。陳朝期の采邑遺跡が、タイビン（Thái Bình）、ナムディン、ハナム（Hà Nam）省などの低地域に集中するのは、この理由のためであろう。

17世紀のバッコックと周辺域の集落の変動は、ベトナム社会経済史を考える上でもきわめて重要である。桜井（1987a・2006）は16世紀末から18世紀にかけて、社数ではなく村数が増加したことや18世紀の社の公田分給実態の分析から現在の村（社など）の共同体につながる組織結合が進んだと考えているが、その背景や理由についてはほとんど説明していない。

百穀村と周辺村落の守護神は、百穀村（丁部領の皇后 楊 文 娥（ズオン・ヴァン・ガー））、小穀村（李朝皇子霊郎大王（リンラン））、富穀社（丁朝功臣 阮 蜀（グエン・バック））、陽来社（十二使君 范 百 虎（ファン・バック・ホー））といったように10-11世紀の歴史上人物で、川や水上交通の神として祀られているという奇妙な符合をみせる（嶋尾 1996）。百穀では第一村デンで裴於台から楊文娥に主神が移行しているが、聞き取りと阮琅氏の家譜分析から、それは黎朝中興後（1593年以降）で1675年以前と推定されている（嶋尾 2000、桜井 2006：195）。そして、20世紀初めに編纂された阮功氏家譜では、阮公朝（Nguyễn Công Triều 1647-1702年）が内鑑として、

黎朝に仕え輔国上将軍参督芳郡公の官爵を授けられたと記されている。古老の伝承では、阮公朝は百穀の後神として祀られることを願ったが反対に逢い、村を割って、第二村を建設したという。現ソム Cに位置する阮功氏祠堂碑文（1686年）には百穀社堰村が出現している。聞き取りでは堰村は第二村でソムCに対応するものらしい（桜井 1998）。堰村は現代ベトナム語ではソムチョ（Xóm Chợ）に対応するもので、市場が立つ村と考えてよい。ソムベング（あるいはソムベンニュ）という船着き場地名も残っていることから、コック川の河川運搬を利用した経済活動が現ソムCを中心に行われていたと考えてよいだろう。

　ところで筆者は、17世紀前半の輪中型堤防建設により小穀と富穀が新集落として再生し、百穀自体も集落域の大拡大が起き、また集落周辺の低地域での大公田地帯成立が可能となったと推定している（図237と第12章第2節参照：Nishimura 2002、西村 2006a, b・2007a, c）。この変化は百穀と周辺域の歴史において1大画期であったはずだ。この画期に、前述の村落信仰の変化や分村現象を重ねたり、関係づけることは十分可能と考える。つまり、想定するシナリオは以下のようなものである。

　17世紀前半に洪水や破堤により、富穀と小穀集落が壊滅的打撃を受ける。そして、近隣の数集落（おそらく百穀集落主導のもと）が、共同して輪中型堤防建設にあたり、新小穀集落と新富穀集落が造成された。同時に百穀や果霊集落でも、居住地が特に東側で拡大している。このときに百穀のデンの主神変更が、他集落の祭祀に併せて起きたのではないだろうか？　集落周囲の新田となった低地は、小穀集落の北域や富穀集落周辺を中心に公田として分給される。(5) このとき堤防建設などへの出資程度や集落間の力関係で配分量が調整されたのではないかと想像する。1645年の裴允家家譜嘱書には、百穀村が出現しているから、これ以前に新集落建設による百穀と小穀の完全分離が起きた可能性がある。(6) その後、百穀は村としての大規模化に伴い、裴輝家、阮才家などが中心となって新居住地を大きく占拠し、やがて17世紀後半の分村（1村と2村）現象に至った。

　この17世紀の大変化の問題は、より広い脈絡で考察を重ねる必要がある。輪中型堤防建設自体は17世紀の紅河平野においてあちこちに確認できる現象である（西村 2007a：第12章第2節参照）。また、バックニン省の碑文分析（Phạm T.T.V. 2003）が示すように17世紀後半はデン、ディン、寺の建設、修築活動が急激に増える時代でもある。当然、こうした建設活動には経済活発化が背景にあることは、ドイモイ後のベトナム経済活性化が現信仰建築の再建、重修の起爆剤になっていることからも明らかであろう。そして、経済活動の活発化自体、16世紀末以降あるいは17世紀の北部ベトナムでの国際交易（Ủy ban nhân dân tỉnh Hải Hưng他 1994、桃木・蓮田 2007）が、少なくともその一因となっていることも論を俟たない。問題は、筆者の想定する輪中堤防建設や公田化事業を伴う新田開発がどのような組織で行われていたか、あるいは経済にどのような影響を及ぼしたかということである。百穀の場合（西村 2007a）、複数の社が協同して組織母体になっていることを想定しているが、その上にどのような行政機関や権力があったかを追求する必要がある。

　単純な線引きは難しいが、17世紀を通じて現在のベトナム集落の基礎が形成された時代とし、今後の研究深化を必要とすることを強調しておく。上述のような理解にもとづけば、桜井（2006：192-193）が提出する仮説、つまりナムディンや周辺域に公田卓越帯があることから、黎朝による

15世紀の公田化政策推進時に当地域に大量居住が起き、現バッコックの居住始祖をそれに求めるような解釈は、まったく成立の余地がないことを言明する（注4参照）。

19世紀初頭から20世紀前半にかけて、各族（dòng họ）で、家譜の編纂、祠堂の建設などが進められ、族の結合強化が図られている（嶋尾 2000）。最後に、祠堂や氏族研究と考古学の複合研究の可能性に言及しておきたい。

バッコック集落内に40カ所ある祠堂だが、最大数（12）を占める裴輝族の祠堂の半数が、居住の歴史がその初期から存続していると考えられるソムCの西域に集中している。裴輝族の家戸分布が把握できないので明言は無理だが、集落形成史の古い地域に居住していることが事実とすれば、当集落にかなり以前から居住している族ということになろう。ただし、裴輝族正祠堂はソムAにあり、裴輝族家譜の編纂（1841年）自体が裴輝族第2支派であり、その祠堂もソムAにあること、ソムA域自体の安定居住が17世紀までにしか遡らないことなどを考慮すれば、裴輝族にとって相対的に新しい居住域に裴輝族第2支派の主導のもと正祠堂が建設されたことになり、裴輝族史の中でも第2支派勢力の勃興が大きな意味を持ち、それは最古でも17世紀までしか遡らないという推察が浮上する。さすれば、裴輝族は道良公を始祖とする裴族3支派の会同（1799年）という裴輝族正祠堂の記述自体が分派勢力によるものであったのかもしれないという八尾（1998）や嶋尾（前出）らの推測の裏付けとなろう。また次に祠堂数の多い阮才族（7カ所）も、うち4－5カ所はソムAやXCSC地点が位置した居住の新しいソムC東側に位置しており、当族も17世紀以降大きく勢力を伸ばしたと推測できる。

以上、文献資料や聞き取り調査からの研究、地質学さらには地理学と考古学を組み合わせて、バッコックと周辺の集落形成史とその背景にあるものについて考察を及ぼせてみた。前近代史における考古学研究の重要性とその応用可能性については理解していただけたと思う。今後、他地域・多分野からの積極的な検証・発言を願って本節を終わりとする。[7]

〈付記〉
　バッコック調査に考古学参入を導き出した桜井由躬雄氏の研究思想に心からの敬意を表する。1997、1998年度の発掘費用と遺物整理費用の一部の一部はトヨタ財団の研究助成金（1996-7年度助成研究A：研究代表：西村昌也）を利用している。また、1999・2000年度の発掘費用と遺物整理費用の一部は文部省科学研究費（研究代表者：西村昌也）で行った。2002年度以降の遺物整理並びにデータ整理は文部省科学研究費（研究代表者：西野範子）で行った。

註
(1)　ベトナム研究において、無定義で村落という用語を使いすぎている。たとえば紅河平野のいくつかの集落（Bát Tràng、Thổ Hàなど）は村落ではなく、マチ的集落と考えられる（西村 2006a）。一般表現としては集落を用いるべきである。
(2)　原資料での確認は行っていないが、ナムディン周辺の歴史に詳しいBùi Văn Tâm（1998）によれば、裴允元自身も1304年に科挙に合格しているということである。
(3)　やや平面形態は異なるが、同様な整列した集落形態をもつものとして、バッグザン省トーハ（Thổ Hà）、ナムディン省ハインティエン（Hành Thiện）などがあり、前者は17世紀頃の対岸集落からの移住伝承、後者は17世紀初頭の洪水、寺の移設伝承などを残す（筆者調査資料）。

⑷　桜井（2006）は第一村デンの裴於台信仰範囲を第一村（ソムA,B）に限定し、筆者が裴允家と14-15世紀のXBN地点の考古資料を結びつけることに懐疑的なようだ。しかし、現在の裴於台信仰は、第一村と第二村が分かれた時に再編されており、それ以前は村全体であった可能性もある。同様に裴允家の長支は18世紀初頭に移住しており、過去の裴允家分布を知るには現在の祠堂や過家戸分布は一定の参考にしかならず、また裴允家の居住分布は、現在よりもっと広かった可能性もある。また、第一村デン周辺は発掘されていないことにも留意しなければならない。ちなみに裴允家祠堂（嶋尾 2000：217）は、XBN地点と同じ微高地上に位置し、14世紀の安定居住域内に納まっていると推定される。また、桜井（2006：192）は、族の中心祠堂が、ソムA,Bにあり、13-14世紀の陶磁器が多量出土したXBN1,2地点と遠いことを理由に、筆者が12族らによる開拓が陳朝期に遡りうるという指摘を否定し、15世紀とそれ以前に居住の断絶を求めている。これは、筆者や嶋尾のデータや解釈を曲解している。つまり、祠堂建設自体は13-15世紀にまで遡る物証がないこと、14世紀時点での安定居住範囲はXomBの一部も含まれること、先述したようにたとえば裴輝族の場合、第2支派の勃興がソムAでの祠堂建設に結びついており、ソムAの安定居住が17世紀にしか遡らないことなどを考え合わせれば、ソムAでの祠堂あるいはその祖形となるような場は遡っても17世紀となり、17世紀の集落拡大・再編に大きく左右されていることになる。ただし、祠堂はXB地点でみたように、古くから居住しているところに建てられる傾向が強いと考えられ、陳朝期以降の安定居住地域に全祠堂40棟のうち20が集中していることは、各族が陳朝期以降安定居住を行っていた証左となろう。

⑸　この仮説にもとづけば紅河平野低地域の公田集中帯の歴史は15世紀まで遡らない可能性が高くなる（西村 2007a参照）。

⑹　1805年編纂の地簿では、百穀社の中に百穀村と小穀村があることが記されている。

⑺　『歴史地域学の試み　バッコック』（桜井 2006）において、バッコック調査の面白さを読者に伝わりにくくしている原因を挙げておく。まずは地図資料の不利用である。『百穀版図』（菊池編 1997）や1万分の1の地形図、あるいは合作社が管理する地図が利用可能であるにもかかわらず、それらを用いず、簡易な略図で村の地理や構造を示しても、地理環境と研究データの相関性を理解することはほぼ無理である。また、引用の誤用や漢字変換の誤りが多すぎることもある。次に、学際的な資料引用・利用にはなっているが、学際的研究になっているかは疑問ということである。たとえば前近代史の行論は、従来の著者の研究をもとに、他の研究を引用しているが、それは他研究の考えをそのまま引用するか、自説にすりあわせているにとどまり、他研究が出している理解・仮説への考察あるいはそれにもとづく自説の検証、あるいはさらなる研究深化への学際的方法論的仮説や研究法模索に及んでいない場合が多い。自戒を込めて記せば、学際的研究という試合のかけ声は簡単だが、実際の異種格闘技試合は簡単ではないという一例である。

● コラム10

大越の外港遺跡・雲屯（ヴァンドン）について

　『大越史記全書』は、李朝の1183年に、暹羅（シャム）、三仏斉（シュリービジャヤ）などの諸国商人が雲屯（Vân Đồn）に進貢してきたことを記している（暹羅は現在のタイをさすが、この時代まだ暹羅は出現しておらず、後世の誤記あるいは加筆とされている）。この雲屯は、山本達郎（1939）氏の踏査により、クアンニン省のハロン湾の外洋に近い島嶼部域（図208）であろうという説が出されて以来、Đỗ Văn Ninh（1972）氏や青柳洋治氏らの日本の陶磁器調査団（青柳・小川1993）、さらには考古学院（Phạm N. H. et al. 2004）や菊池誠一・阿部百合子両氏らとハノイ人文社会大学歴史学部の共同調査（阿部 2003、Nguyễn V.K. 2006）などが行われ、現在では船着き場としての遺跡がクアンラン島やコンタイ島などの複数の地点にまたがることが明らかにされてきた。考古学的に重要な知見としては、インドネシア・ジャワ島のマジャパイト王国の都トロウランなどで出土する、非常に珍しいベトナム陶磁である青花製タイルがコンタイ島で確認され、島嶼部東南アジア交易の結節点がひとつ判明したことがある（阿部 2003）。また、近年では中国側文献資料からの歴史地理や帆船交易の研究も提出されている（松浦 2010）。

　遺跡が位置するハロン湾（図209）は世界自然遺産としても有名だが、それは海の桂林と比喩されるごとく、石灰岩崖島が林立する奇観でもある。湾内は内海だから、波も穏やかであり、船溜まりにはよい。ちなみに筆者は1996年に地元の小型船を雇って、遺跡の踏査を行ったときに、エンジンの故障で日没後に船が町へ帰港する羽目になってしまった。船は照明設備をもたず、懐中電灯で岩崖を探り当てながらの帰路となった。暗闇から浮かび上がる岩崖は想像を絶するほどの迫力があ

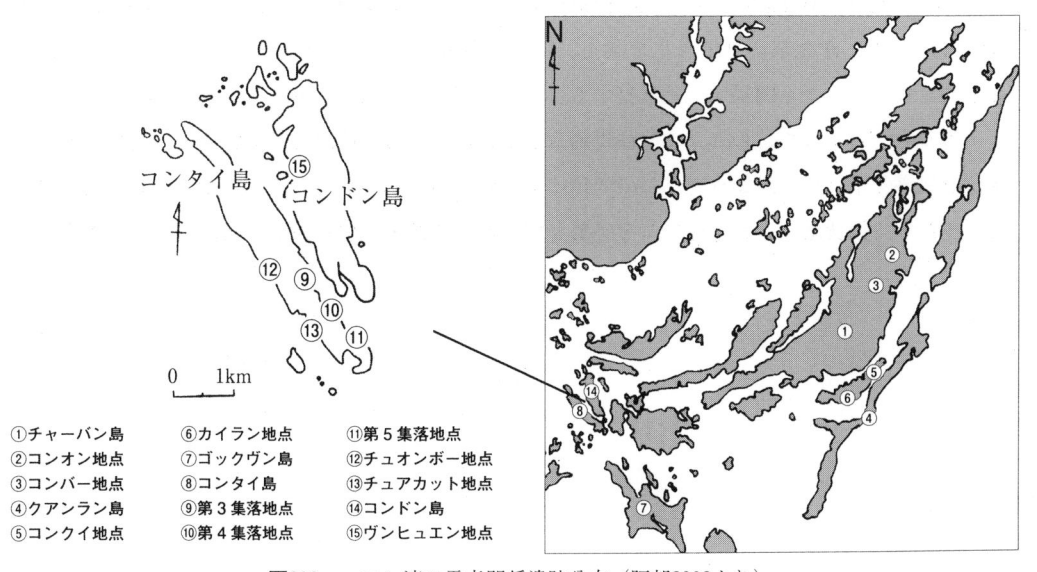

①チャーバン島　⑥カイラン地点　⑪第5集落地点
②コンオン地点　⑦ゴックヴン島　⑫チュオンボー地点
③コンバー地点　⑧コンタイ島　⑬チュアカット地点
④クアンラン島　⑨第3集落地点　⑭コンドン島
⑤コンクイ地点　⑩第4集落地点　⑮ヴンヒュエン地点

図208　ハロン湾の雲屯関係遺跡分布（阿部2003より）

図209　ハロン湾風景　石灰岩崖が海面から突き出ており、その平面地形は非常に複雑である。

り、ここを海賊などが好んで根拠地とする理由がわかる気がした。

　ところで興味深いのは出土陶磁器資料の産地や年代構成で、コンタイ島沖のカイラン（Cái Làng）地点は14世紀後半から15世紀のベトナム陶器が中心に出土し、コンタイ（Còn Tây）地点は14世紀の中国陶磁が中心となっている。クアンラン島カイランでの発掘資料は15-16世紀のベトナム陶磁と16世紀の中国陶磁を中心とし、17世紀のベトナム陶磁がわずかにあるという構成である。陳朝期末期から莫氏政権時代にかけて、当地域が外港として機能したことは間違いない。莫氏政権は現ハイフォン市郊外が出身地であり、クアンニン省沿岸部やカットバー島（ハロン湾南端の大島だが、行政的にはハイフォン市に所属）に、城塞も築いており、海上支配や交易に積極的に関わろうとしたことは理解しやすい。ただし、その前後の時期はきわめて疑問である。少なくとも、壱岐・対馬や博多で出土するベトナム陶磁の最初期のもの（西野陳朝編年の第4期：Nishino 2002）は確認できない。これは、日本に輸入される最初期のベトナム陶磁器が、国家管理外の港からの出荷である可能性を示しており、台湾海峡の澎湖諸島で、同時期のベトナム陶磁が出土すること（盧 2006）も考え併せると、博多・壱岐・対馬・澎湖・北ベトナムを結んだのは、当時の倭寇などの海上勢力ではないかと考える。ただし、雲屯自体がその時期港湾として機能していた可能性は否定しない。また17世紀以降の資料が少ないということに関しては、遺跡が分布する周囲の内海域は海底が浅く、大型船に航行支障が生じやすいという理由も考えられようが、現在のHưng Yên市の一部地域となるフォーヒエン（Phố Hiên：憲庯：UBNDTHH & HKHLSVN 1994）が北部の外港として栄え、中部の港市ホイアンなども北部との交易に乗り出してくることなどに大きく関係すると推察する。すでに17世紀には、ベトナム各地での華人をはじめ、ポルトガル人や日本人などの外人の居住規制令が出されている（藤原 1986）。雲屯は交易港としての地位を大きく下げていたようだ。この変化には、商取引に携わる人たちが、産物の売り買いにおいて、生産地や消費地により近い場所を必要とする近代的商業への転換が背景にあったと考えている。

● コラム11

胡朝城：ベトナムが達成した技術力の粋を表す都城

　タインホア省Vĩnh Lộc県(ヴィンロック)のマー川左岸に位置する胡朝城(Thanh Nhà Hồ(タインニャーホー)、文献では西都とも呼ばれる：図210)は、胡季犛(ホー・クイ・リー)が陳朝から皇位を簒奪して立朝し、明の侵略で潰えた胡朝(1400-1407年)の都である。この都城は皇城に相当すると思われるほぼ正方形の城郭(図211：東西877m×南北880m：菊池 2005)が現存している。城郭の外面(図212)や内面基部は方形の切石できれいに外装されており、東西南北のそれぞれ門が設置され、南門(図213)と北門を結ぶ中心道は南門からさらに南東方向に伸び、大きな板石が敷かれていたことが確認されている。その主道の延長線上には南郊壇を南麓にもつ山があり、南郊壇自身は現在発掘調査が進められている。この都城の南北

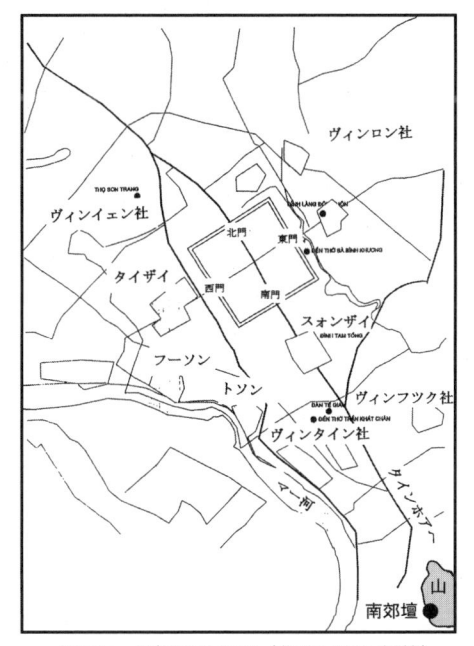

図210 胡朝城周辺図（菊池2005に加筆） 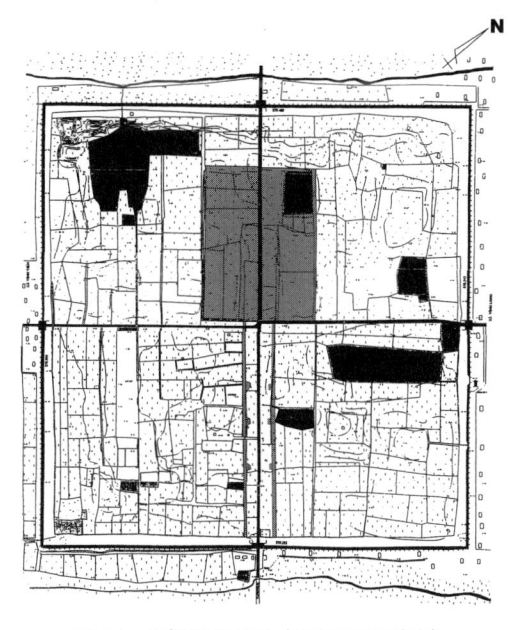　　　**図211** 胡朝城平面図（菊池2005を改変）

図212 胡朝城正門 　　　**図213** 胡朝城城壁

図214　タンロン城の禁城域の南門に相当する端門

図215　タンロン城端門域主道直下の発掘で確認された陳朝期の磚道

図216　タンロン禁城域中心部の敬天殿基壇

軸線は45度真北から大きく西側にずれており、5-7度程度しかずれない昇龍都城(タンロン)との違いを見せている。この真北からの大きなずれは、後の順化地域での広南阮氏政権や阮朝の都城の軸線でも観察される。都城自体は1397年に築城が開始されているが、その時に多くの建築資材をタンロンから運んだとされている(『全書』)。タンロン都城の禁城域に入る3門構造になった端門(図214：後黎朝初期の建築)の正門を抜ける主道(皇帝が出入りに使ったと考えられる)直下の発掘で、李・陳朝期の磚道(図215)が確認されている。その最上面は、陳朝期最後の時期に相当すると思われるが、敷き詰められた磚が轍のように剥がれていることが確認されることである。皇帝が当時使う道に、このような轍が残ることは一般的な利用では考えられず、胡朝城建設に伴う資材運び出しに使った車の轍ではないかとみている。

　また、構造上注意すべきは、皇城の中央北部におそらく禁城域と考えられる周囲より一段高い区域(図170のスクリーントーン方形部)が残っていることである。これは東西南北の各門を十字状につなぐ皇城内主道と併せて、胡朝城の特徴となっている。禁城域から南門にかけての主道には、主道をおそらく仕切るための門の基礎が複数残っている。この構造を念頭に昇龍の皇城域を歩くと面白いことが見えてくる。端門から北門に挟まれた区域の中には敬天殿も残り、昇龍都城の中心部と考えられているが、まさにその区域は周囲より数十cm標高が高い区域となっており、過去の禁城域に対応するのではないかと推察する。現存する敬天殿基壇(図216)が15世紀のものとすれば、この禁城域の高まりも15世紀を始まりとする可能性があろう。さすれば、構造的に胡朝城と後黎朝初期昇龍都城は皇城の構造において類似していた可能性が浮上する。

　さらに、城郭(皇城)の周囲(京域)は衛星画像で見ると、城郭や城郭内を十字状に走る道路と並行した地割が残存していることが確認される。これは、城郭の外域も京域として整備していた証

左であろう。しかし、その地割の残存の仕方は東西南北で均整のとれた分布を見せるわけではなく、不整である。おそらく1407年の明の侵略まで、京域の整備は続いていたのではないだろうか。

　胡朝城で出土する遺物は、15世紀初頭の遺物を主としている。陳朝期末から黎朝期初頭にかけての編年をつなぐ重要な資料である（Nishimura & Nishino 2003、西村・西野 2005）。技術・形態学的な陶磁器研究では、この胡朝期は、以前の時期に比べ製作技術の革新が明らかに認識される時代である。また、当時期から滴水瓦の利用（菊池 2005）が始まるなど、建築面でも革新が訪れた可能性が高い。

　胡朝城のような堅牢な切石積みの城壁は、陳朝にはなかった可能性もあろう。現状での推論でしかないが、副都とされていた天長府での建築遺構や現在の遺跡状況をみると、胡朝のような強固な城壁を造営するとは想像しにくい。したがって、手工業技術と土木技術両方において、革新が訪れた時代と言えそうだ。当然、そうした革新を引き起こすだけの、陳朝から胡朝への王朝政権の性質変化が背景にあったと考えなくてはならない。明は胡朝を滅ぼした後、7700人という大量の技術者（匠工：陶磁器、建築や武器などの職人が含まれている）を拉致して、北京に連行し、北京の都城造営や火器製造などに利用している（張 1992、大西 2005）。胡朝が保有していた技術力というものは、あの永楽帝を惹きつけるほど相当に優秀であったようだ。

註
(1) 黎朝期に西都（タイドー）、西京（タイキン）という呼称が『大越史記全書』が出現し、山本達郎（1944）は両者を共に胡朝城に比定するが、西都は胡朝城のことで、西京は黎氏出身地で陵墓域でもあった藍京（ラムキン）のこと（Thọ Xuân県）であろう。

第12章　胡朝・黎朝初期（15世紀）以降
―現代ベトナムに直結する景観や文化が形成される時代―

　八尾（2009）が論じるように、15世紀の朱子学革命や均田制の確立など、15世紀は、その後の社会の指向を決定づける"上"からの変革がいくつかあったようだ。考古学からは、先述の胡朝城の造営が、後続する黎朝期タンロン都城のひとつのモデルになっている可能性があり、対応現象があることを指摘しておく。ただし、以下の各論は、集落や墓制といったより一般社会を構成する人々の文化・経済活動、作り出された景観を論じるものであり、15世紀を素直に画期とするわけにはいかないようだ。ただし、15世紀以降、諸々に生起する社会・文化現象が現代まで、柔軟に生き続けていることは言っていいのではないかと思う。なお、本章で言及される主な遺跡は、図231を参考にしていただきたい。

第1節　ベトナム集落の形成：キムラン、川べり手工業専業集落の考古学・歴史地理学からの理解

　キムラン社（Xã Kim Lan：旧名は金蘭、金關）はハノイ市郊外のGia Lâm県（ザーラム）南端、紅河左岸の提外地に位置した集落で、現在およそ5000人強の人口を抱えている（図217）。土地改革（1954年以降）以前の地簿関係資料によれば、20世紀半ばの人口は2000-2500人程度であったと推定される。また、同じく堤外地でバックフンハイ（Bắc Hưng Hải）運河を挟んで北隣には、現在も生産が続く伝統窯業集落バッチャン（Bát Tràng）社が位置している。当社は現在、北隣のバッチャン社同様、施釉陶器生産を行う手工業集落となっている。[1]

　2000年より筆者は当社において、キムラン郷土史研究会の方々の要請を受けて、小規模な考古学の分布調査や発掘調査を行ってきた（Nishimura & Nishino 2003・2004、西村・西野 2004）。その過程で、考古資料のみではなく隣接分野の研究も含めて検討すると、当集落の歴史地理的諸事象は、ベトナムの集落形成史や手工業史研究に大きく寄与できることに気づき始めた。現在、筆者は、キムラン郷土史研究会の方達とともに、当社の歴史地理的沿革を中心とし、資料の収集や聞き取り調査などを行っている。[2] 本稿ではキムラン社の地理的概要、文献史資料と考古学調査が明らかにしてきた諸問題を合わせる形で、歴史地理的概要とそこから派生する諸問題をまとめる。また本研究の特色のひとつは、北接するバッチャンとの比較である。比較は、単に地理的近接性から生じる影響関係のみではなく、両社がその形成過程において付帯していたものの違いを感じさせてくれる。できるだけ、キムラン社のみの研究にとどまらず、比較対象としてのバッチャンを意識しながら研究

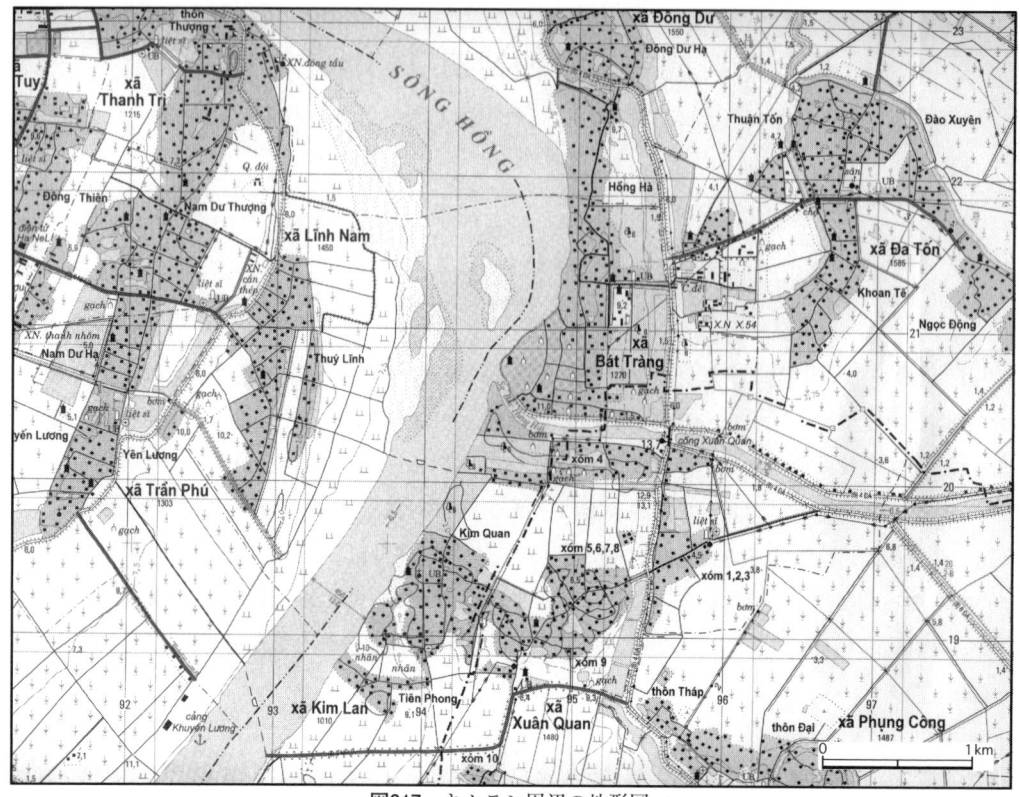

図217　キムラン周辺の地形図

を進めてみたい。

（1）地理的概要

　キムラン社ならびにバッチャン社は紅河本流左岸に位置している。ハノイからは直線距離で10kmにも満たず、紅河平野域内での大市場への近接性は保証されている。北東から流れてきた紅河が、流路を90度近く南西に変える所（攻撃面）が、現バッチャン社の北域である（図217）。紅河はその流路を網流的に変化させている地域があるが、当地域もその例にあてはまるようで、キムランやバッチャンの対岸にあたるLĩnh Nam社やThanh Trì社のあたり、つまり、紅河本流の右岸堤防を挟んだ東西両域で旧河川の蛇行流路が残した三日月湖などが多く観察される。キムランとバッチャンの間には、両社の地理的境界でもあるバックフンハイ運河が、両社の東側を南北に走る堤防を貫通して、東西に流れている。この運河はバックニン省、フンイェン省そしてハイズオン省の3省をまたいで、輪中堤防内の排水を行うために、1958年に掘削されたものである。ちなみに紅河本流において、当地域は潮汐の影響をうける感潮限界域に位置するようで、雨期の始まる直前の河水面が最も低い時期（4月頃）には、Cá Mòiという朔河種の魚が獲れる。キムラン社は、このバックフンハイ運河と紅河本流をそれぞれ社の北縁と西縁とし、北東－南西を長軸（2km強）として、短軸幅が500mから900m位の面積を占めている（図218）。東隣にはスアンクアン（Xuân Quan）社がキムランに並行する形で提外地に位置しているが、スアンクワン社は現在フンイェン省に属して

いる。さて、キムラン社は現在5000人強の人口を抱えているが、人口の大半は人民委員会など社の中心機能が分布する社の地理的中心部に居住し、8つのソム（1-8）のうち、7つがここに位置している。そして、バッチャンと境界を接する北端部にはダイバン（Đại Bàng）と呼ばれたソム1があり、もともと、それほどの人口は多く住んでいなかったが、71年以降、紅河の洪水で村の居住地が流失し、新たな居住地を求めて移住した人が増えている。キムランには現在、寺（霊応寺：Linh Ứng Tự）、亭（Đình）、廟（Miếu）がそれぞれひとつずつ存在する。土地の古老によれば、少なくとも神社（Đền）があったという記憶はない。また、寺は過去4カ所、廟は4カ所あったことが記憶されているが、洪水による集落縮小、運河掘削などにより、かなりが消失している。また、霊応寺以外の寺は、村境にあるもので、19世紀末から20世紀初頭の村の境界争いを機に建てられたもののようで、村の古い時期の歴史問題には絡まないであろう。

（2） 歴史的沿革

a 文字資料や口伝資料について

キムランに関しては、キムラン郷土史研究会の方々が収集したいくつかの文字資料・口伝資料が集落形成史の上での検討を要する。なにがしかの資料批判を経た上で、これらの資料はキムラン史の資料として公表することにしているが、ここでは参考のため、こうした資料に登場する人物を簡単に紹介しておく。

高駢（Cao Biền）：唐朝末期（9世紀後半）の交州で総管経略使を努め、南詔軍を撃破、静海軍節度使を努め、羅城を大修築している（第10章参照）。当社のミウカー（Miếu Cả）の主神の位置を占め、ベトナムの風水成立に重要な役割を果たしたと考えられている。高駢が伝えたとされる風水の概説書には、キムラン自身も風水の重要地点として登場する（例：桃木 1998）。『北寧省嘉林県金關社神跡』（漢喃院所蔵資料 4Ea7/12）では高駢がここを通過した際、桑の栽培を教えたことになっている。

阮石越（Nguyễn Thạch Việt）：現広西壮族自治区に位置する蒼梧郡広信県の出身。妻陳氏とともにキムランに居住し、仏道に入る。李高宗（1175-1210年）の時に三教試に合格し、李朝に仕える（『北寧省嘉林県金關社神跡』より）。現在の人民委員会の西隣にあるミウバン（Miếu Bản）の主神。

黎可朗（Lê Khả Lãng）：黎朝開国功臣で、バッチャンとキムラン両方に、陳氏の公主を嫁にして、当集落に居住し、土地を所有していたとの言い伝えをもつ。ソム2には彼の墓と伝えられるものが過去にあり、そのあたりはVườn Quốc Công（国公の庭あるいは畑）と現在でも呼ばれ、その子孫が村に現在も居住している。

武覽（Vũ Lãm）：出身はフンイェン省Kim Động県、Bảo Khê社だが、キムランに居住し、黎聖宗（1460-1497年）の時に進士になった人物（Ngô Đ. T. et al. ed. 1993）である。

丁元亨（Đình Nguyên Hạnh）：当社、あるいは同じGia Lâm県に位置し、当社からの分村であるKim Quan Thượng（金關上：現Việt Hưng社）の出身（図219）。1715年に進士合格。同じくザラム県ドゥオン川沿いのKim Quan Đông（金關東：Đuống川を北に越えた、Gia Lâm県Yên Viên社）

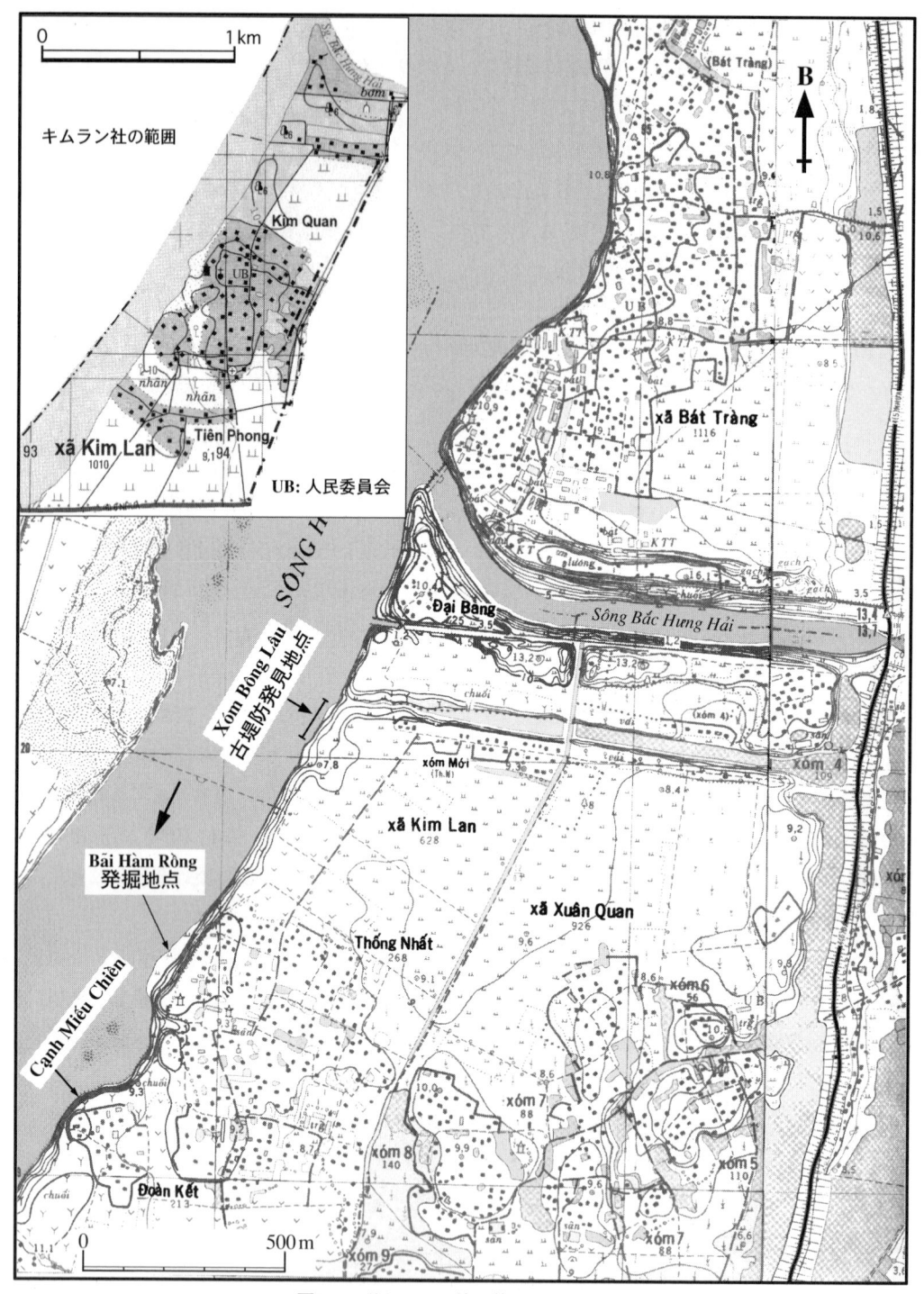

図218 現キムラン社の範囲と調査地点

を立村したといわれる（Ngô Đ. T. et al. ed. 1993)。

b 屯田所問題

キムランの集落史において避けて通れない歴史研究上の問題が、屯田所問題である。

黎朝聖宗期の1471年に発足したとされる屯田所は紅河平野に30ヵ所を数え、八尾（2002）がその位置比定を地図上で行っており、その中に"金關所"が含まれている。そして、金關所の比定候補地に、本論で論じるキムラン（金蘭）以外に、

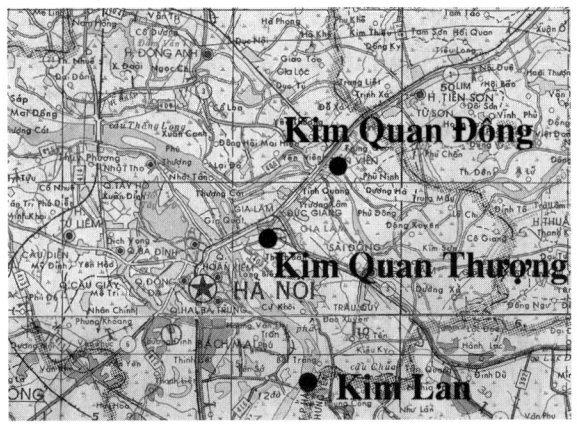

図219 金蘭（Kim Lan）、金関上（Kim Quan Thượng）、金関東（Kim Quan Đông）の位置

キムクアントゥオン（金關上：前出）、キムクアンドン（金關東）の3つが挙げられている（図219参照）。この問題はベトナム村落の土地所有制度史とも密接に絡んだ問題で、もともと筆者が議論できる性質のものではない。ただし、キムランの歴史地理的問題も絡むので、この問題に関する認識を書いておきたい。

Nguyễn Việt Hồng氏（グエン・ヴィエト・ホン）が入手したキムクアントゥオン（金關所上村）の神跡では、金關所がもともと白土村にあった屯田所で、そこは金關社に接しており、金關所といわれていたとされる。洪水がひどいため、黎憲宗（レー・ヒエン・トン）の景統年間（1498-1503年）に、キムクアントゥオンに移り住んだと記されている。そして、この白土村（バックトー）自体は現キムクアントゥオンでも言及されている。このキムランの分村あるいは移村は、黎憲宗の陵墓（タインホア省藍京）に設置された追悼碑文にある、帝が景統年間に堤防修築などを行い勧農に努めたという記述に連動する現象かもしれない。

ところで、バッチャンのĐềnには白土村という扁額がかけられており、その古地名の存在を示している。また、この金關所の土地とされるものが、現中心集落とソムダイバンの間、つまり堤防跡発見地（ソムボンロウ地点）あたりにあったことが古老達に記憶されており、キムランの仏領期の地図にも、キムクアントゥオン（金關所上村）の土地として記録されている。上記事項を事実として理解するなら、キムランは15世紀末に金關という社名で、現バッチャンとの間に白土村という村があり、そこに屯田所が置かれていたことになる。この解釈は、Nguyễn Việt Hồng氏（グエン・ヴィエト・ホン）の解釈とかなり重なっているが、氏は白土村自体が金關に所属していたと考えている。この点については、筆者はバッチャンとの集落の歴史地理関係を見極めて結論すべきと考えている。バッチャンとキムランの間で過去、領域の変動が起きている可能性があるからである。八尾（同上）は屯田所が、村落を意味するものではなく、特定の社に付された出先機関で、そこに小面積の土地を所属させていた程度の可能性を指摘している。上述の分布状況から判断するなら、大いに可能性のある指摘である。もちろんなぜその社に出先機関を置いたのかが問題となる。

c 革命以前の土地利用について

キムランの古老の記憶やフランス時代の地図資料をもとにすると、革命以前のキムランは16のソ

ム（xóm）があり、その大半は現中心集落に集中しているが、地形が現在200mほど紅河側へ張り出していた事が理解でき、この張り出し部は徐々に水流に呑み込まれ、最終的に1969年から1971年の洪水で消滅したようだ。土地所有においては、私田に対して公田比率がかなり高い集落例であったことが記憶されている。そして、28の甲が租税徴収や田土均給を行っていた。公田分布域は現中心集落から南側、現在トウモロコシなどを栽培している畑地が中心だったようだ。ただし、現在の土地利用が過去に遡るわけではない。革命以前は低域で水稲（モチ米）、中域で陸稲やトウモロコシ、高域で桑の木が栽培されていたようだ。もちろん提外地の川砂の頻繁な堆積が起きるところであるから、水稲栽培ができるような低所は非常に少なかったようだ。

ただし、これはキムランが提外地に位置している場合の農業形態であり、後述のように堤内地に位置していれば、まったく異なったことが予想される。

『京北風土記演国事』（1807年以前成立）には、金蘭は桑の栽培地として登場している。前出の高駢がここを通過した際、桑の栽培を教えたという伝承は後世の附会の可能性も考えておかねばなるまい。

d 窯業集落へ

1960年代に進んだ合作社化は農業を主としたもので、手工業面の変化を引き起こしてないようである。そして、1970年代末から1980年代初頭にかけて、徐々にバッチャンからの技術移転により、箱形窯による陶磁器生産が始まったようだが、少なくとも窯業生産開始の背景に合作社や社政権の積極的関与があったという話はまだ聞けていない。現在までのところ、こうした技術移転の主体を担った人たちはバッチャンの陶磁器生産合作社や個人経営の窯場に働きにいっていた人たちが主体となったと理解している。現在、窯業は全村域で行われており、主に量販品（hàng chợ）の碗（bát）、線香立て（bát lư hương）、建築部材などを主に生産しているが、バッチャンのように観光客向けの商品生産や美術的賞翫価値の高い製品の生産には至っていない。

（3）考古資料が描くキムラン

①バイハムゾン地点について

遺跡地点は、当社の紅河河畔の旧集落のあったところに位置している。現在ソム２（旧 Xóm Chùa〈ソムチュア〉）には、過去紅河に張り出した川岸部分があり、1970-71年頃までに水流で流されてしまっているが、その下層部分のみわずかに残っているのが遺跡地点である。当然、この旧集落地点の居住層の露頭地は乾期しか現れず、雨期は水面下である。この居住確認面（発掘調査面）と現在のキムランの居住面は５-６m以上高度差があり、居住面が廃棄されて現在までに５-６m以上の川砂の堆積があったことが理解できるが、ほとんどは20世紀に入っての堆積であろう。

バイハムゾン地点で、2001年３月中旬に１週間、2003年４月末から５月上旬にかけて８日間、２度の小規模な緊急調査を行った。また、ベトナム歴史博物館が2003年の３月に中規模の調査を行っている。2001年の調査は雨天が連続する悪条件下の調査で、遺構の面的、構造的理解において正確な調査を実現できなかった部分があるが、2003年の我々の調査では、遺跡の面的理解や遺構の構造的理解において、様々な新認識をもたらすことが可能となった（Nishimura et al. 2002、Nishimura

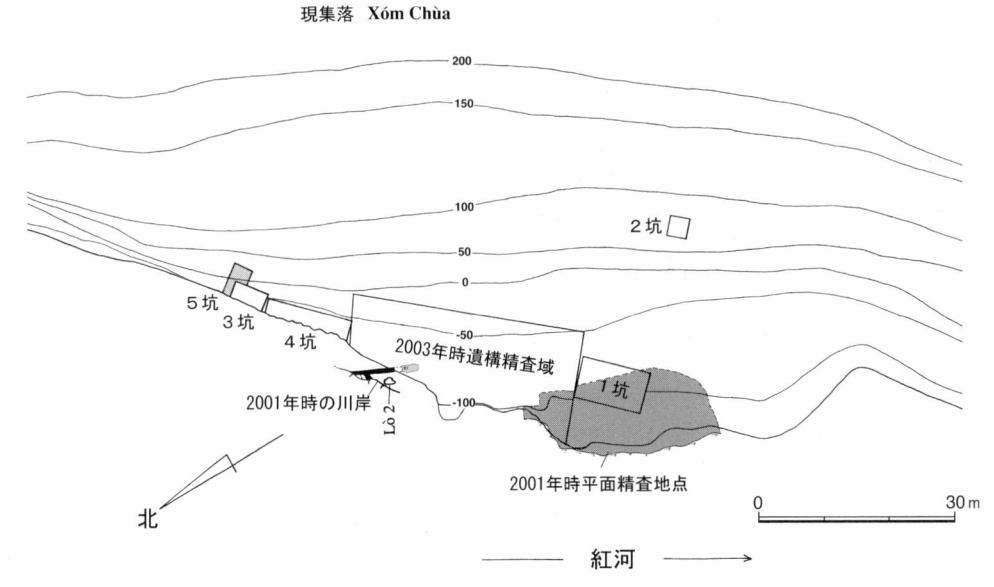

第12章 胡朝・黎朝初期（15世紀）以降 *265*

図220 バイハムゾン地点の発掘坑位置関係

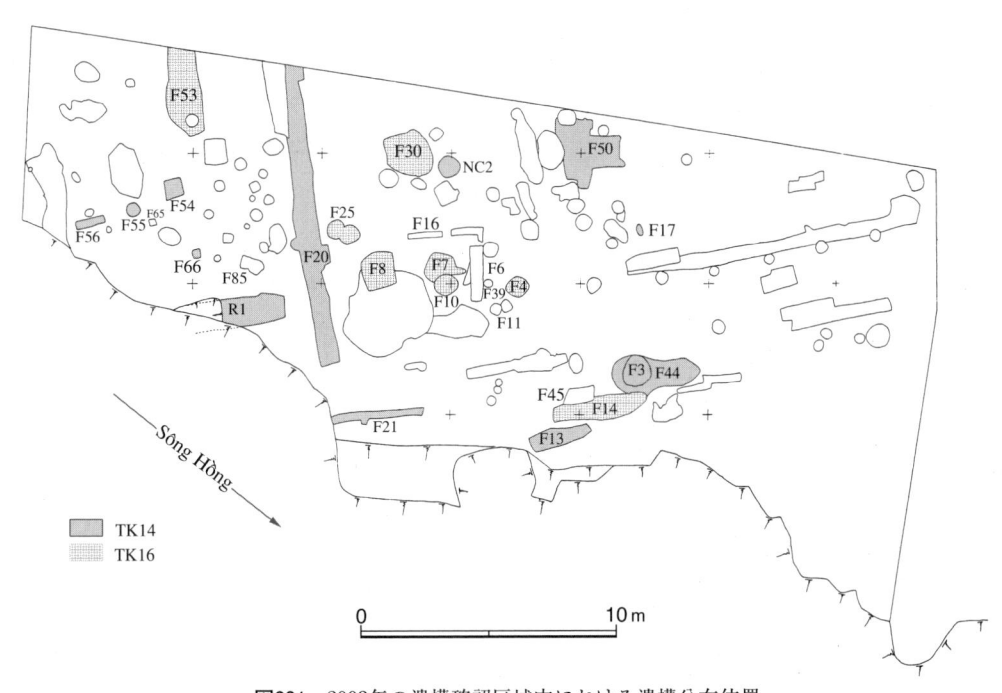

図221 2003年の遺構確認区域内における遺構分布位置

& Nishino 2004)。これらの調査で遺構を確認した面積は500m²以上にのぼり、旧集落地点の略史を描くための一定量の資料に達していると考えられる。図220はそれぞれの発掘地点、確認区域の位置関係を表し、図221は、2003年の遺構確認区域内における遺構分布関係である。以下、確認された遺構の簡単な紹介を行う。

〈a　鋳造関係炉址〉

266

F7遺構の平面プラン（上部）

灰・炭化物・焼土片を多く含む層

北

赤化した粘土層

断面（A-A'）

断面（B-B'）

L2,L3,L5,L8は、赤褐色粘土層

断面（E-E'）

0　　　　　　1m

F7遺構の平面プラン（下部）

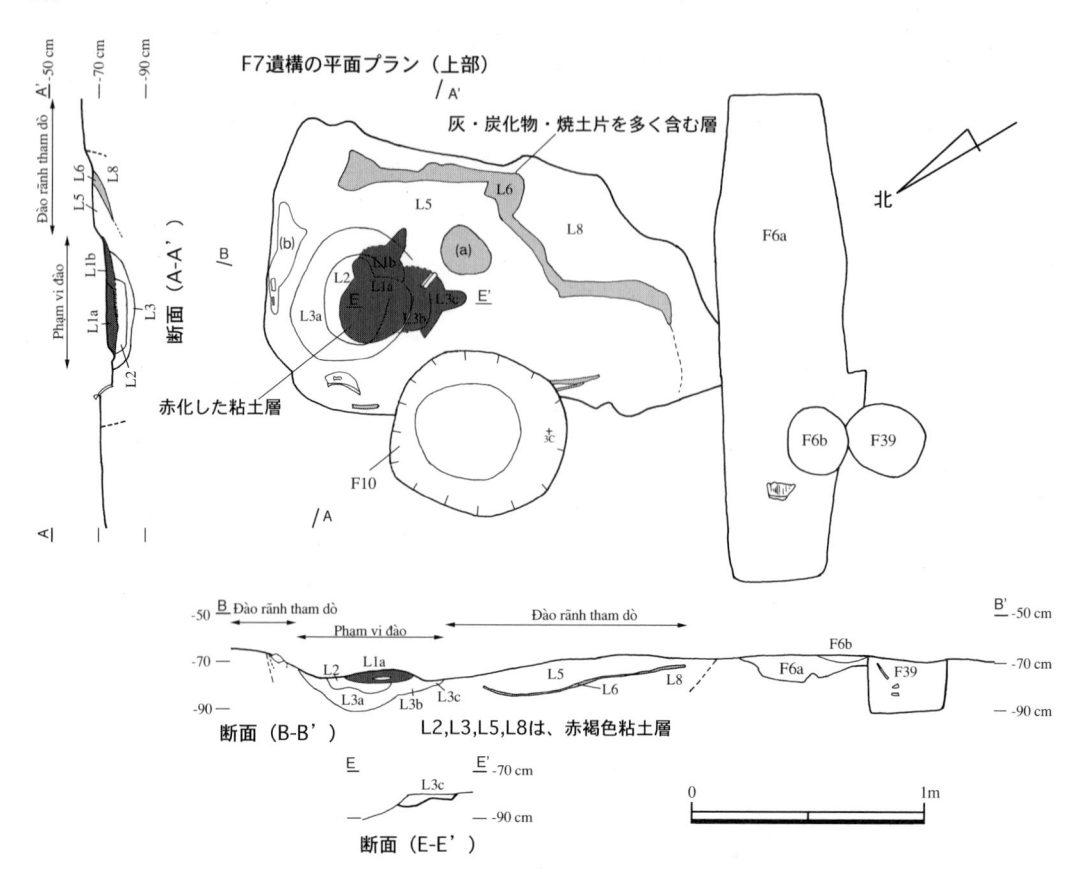

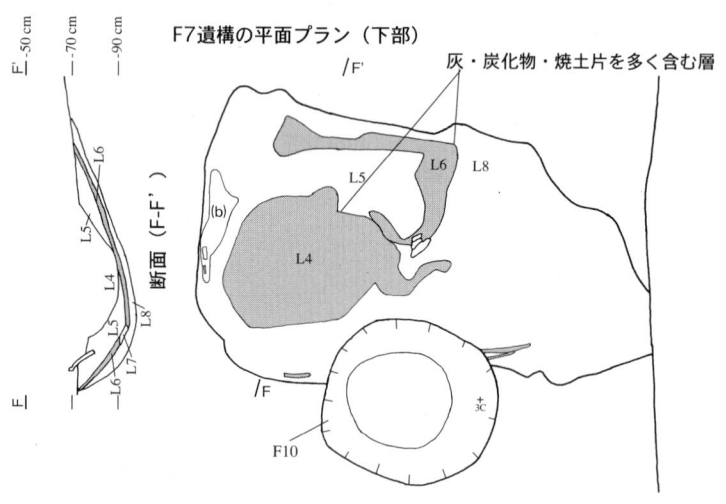

灰・炭化物・焼土片を多く含む層

断面（F-F'）

図222　鋳造炉F7遺構

この種の遺構は16-17世紀に限定される。平面プランは円形、楕円形で、焼土層、灰層、炭化物層が交互に薄い層をなしながら幾重にも重なっている。F7のようにふいごの羽口を置き、そこの周辺が熱により硬化した範囲が何層にもわたって確認された例もある。具体的確認例はF7（図222）、F8、F10、F30、Lo1などである。

　各遺構からは、若干の青銅の鋳かすや青銅器片も出土しており、これらの炉遺構が青銅（器）の鋳造に関係していたと考えられる。

〈b　銅銭を伴う土坑〉

　F11などの金属鋳造関係の炉のまわりにある土坑では、円形土坑の埋土から多くの銅銭が出土する例が確認された（図223）。

〈c　礎石（柱）設置のための地業〉

　NC2（図224）、F3などは円形土坑に瓦片、陶磁器片を砂利がわりに埋めて地盤強化を図ったものである。礎石あるいは直接柱を設置するための地業であったと考える。出土遺物から14世紀のものと判断される。

〈d　柱穴〉

　F25など掘っ立て柱のための柱穴が確認されている。出土遺物から14世紀のものと判断される。小型の柱穴痕などは数限りなくあった。

〈e　炉址〉

　2001年のLo2、2003年のF54（図225）、F85は、煮炊き等の調理関係の炉址と判断される。F54、F85は方形で、Lo2は不整な楕円形の平面プランをもつ。すべて、年代下限の遺物としては、12-13世紀の陶磁器類が共伴している。

〈f　建物の基礎〉

　この種の遺構は11世紀初頭のR2遺構を除き、他はほとんどが14世紀のもののようだ。断面逆台形の溝を掘り込み、基底部で竹や木杭などを打ち込んで地盤強化を行い、そして、瓦や陶磁器片を砂利代わりにして土層と混ぜて埋めたものである。F13、F14、F44のように比較的短いもの、F20やR1のように長いものなどがある。当然、この基礎（地業）の上に建築の上部構造があったことを想定しないといけないのだが、上部構造を示唆する遺構は何もない。ただ、礎石柱あるいは掘っ建て柱の建築が主であったなら、家を巡る壁の基礎であることは考えにくく、むしろ築地塀や門のような建築の基礎であると想定したほうがよかろう。具体的時期が確認できたものは、10世紀末あるいは11世紀初頭のR2、14世紀末のR1（図226）、F13、F14、F44、F20である。

〈g　H5坑〉

　H5坑（図227）は、ベトナム歴史博物館が発掘したH4坑のそばに設けられたもので、文化層の性質確認のために、4m²程度の小規模発掘を行った。文化層自体は陶磁器片や瓦片を多く含む粘質土層である。包含遺物の年代下限は14世紀末で、各層に時間差がみられないことから、短期間に陶磁器片を混ぜながら埋土を行ったと判断される。5層以下は砂質土で自然堆積によるものかと考えていたが、11世紀初頭頃の碗が1点確認され、堆積の様子が自然堆積でないことから、居住地造成のための盛り土である可能性を考えている。したがって、11世紀初頭頃にはバイハムゾン遺跡の北東

図223 銅銭を伴う円形土坑
（F11遺構）

NC2の平面プラン

断面 A-A' ①,②,③は瓦片を含まない褐色砂質土層

図224 礎石（柱）設置のための地業
NC2遺構

R1遺構平面図

① 瓦や陶磁器を多く含む粘質土層
② 炭化物を少し含む粘質土層
③ 砂含み粘質土層
④ 砂質土層

断面図

平面プラン（上部）
焼成土塊

平面プラン（下部）
鉄器

断面（A-A'）
焼成土塊

図225 炉址（F54遺構）

◀図226 建物基礎（R1遺構）

北面　南面

14世紀の盛り土

10世紀末あるいは11世紀初頭の盛り土
10世紀末あるいは11世紀初頭の碗

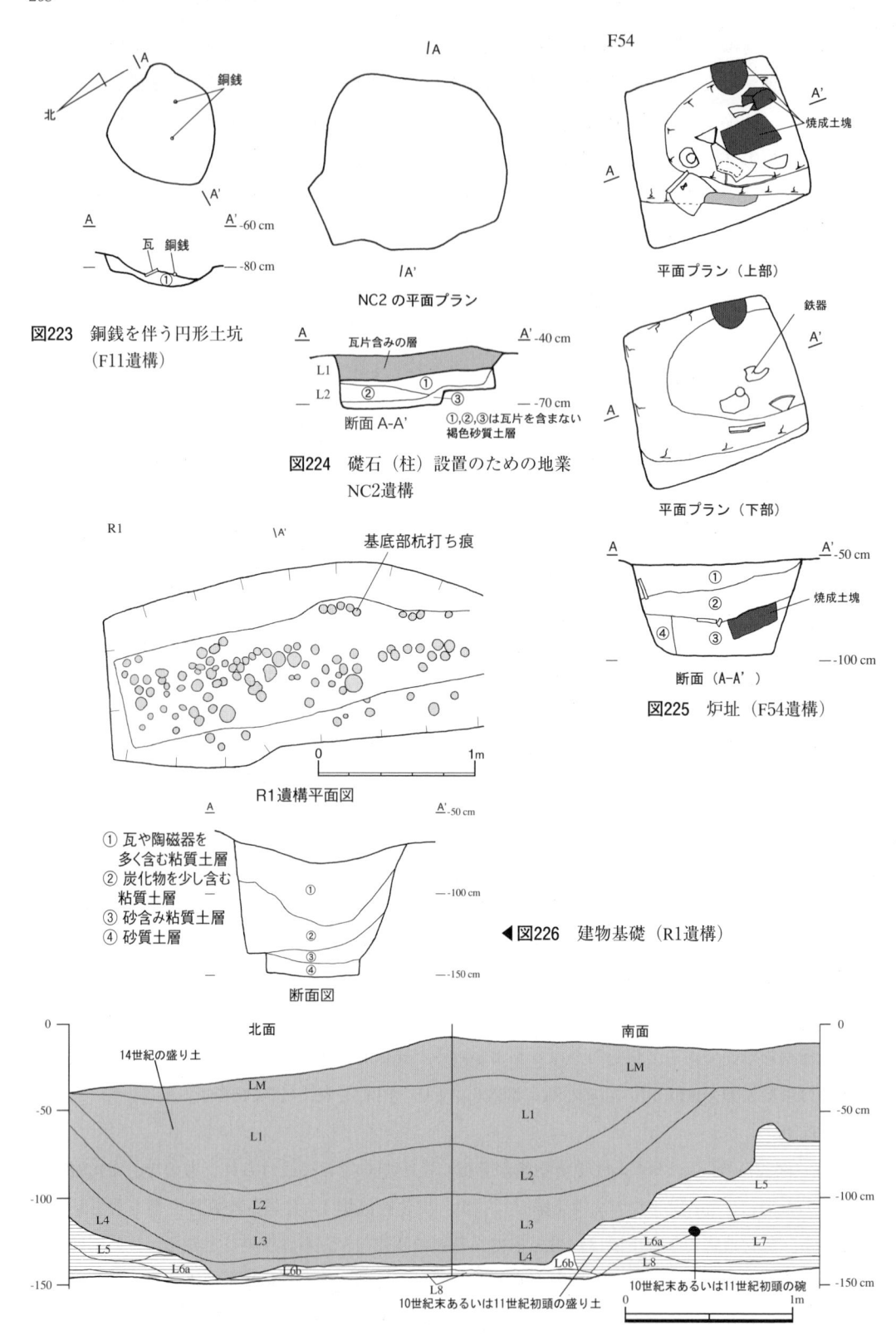

図227 H5抗土層断面図

側範囲がH5坑まであたりで、盛り土による造成が行われ、さらに14世紀末に盛り土による大きな造成（拡張）があったと理解される。

〈h　H2坑〉

ベトナム歴史博物館による発掘地点（図220）で、主調査区域の南東端に位置する。地山まで掘り込んでいるが、文化層は確認されず、若干の木（流木？）が確認されたにとどまっている。これにより、バイハムゾン遺跡の南東側範囲がH2坑に及ばないことが理解できる。

〈i　遺構形成面〉

上述の遺構群は時期の区別なくほぼ同じ面で確認されており、川の氾濫、堤防の決壊等による大水による、堆積上層部の流出も多少起きているが、時期の遅い遺構にも、構造上、上部を大きく失ったものと考えられるものがさほどないため、もともとの遺構形成レベル面において、遅い時期（16-17世紀）と早い時期（10-14世紀）の遺構間のレベル差が大きくなかったと判断される。また、発掘地点より少し北側の遺構が露頭していない所で、筆者は14世紀の堆積層と16-17世紀の堆積層間に30-40cm程度のレベル差しかないことを確認している。つまり、遺跡利用期間において、堆積、盛り土による遺跡形成面の上昇がさほどなかったことを意味している。このことは後に触れる輪中型堤防の建設に伴う高レベル化現象とは対照的な現象である（Nishimura & Nishino 2004、西村・西野 2004）

②ソム・ボンロウ地点の堤防址

さらに興味深いことは、古堤防がバックフンハイ運河と発掘地点の中間のXóm Bông Lau（ソム・ボンロウ）で確認できたことである（2004年3月調査資料）。この地点に関しては、次節で詳論するが、調査から17世紀から18世紀を中心に建設された堤防址と結論づけた。そして、この堤防が決壊して使われなくなってから、キムランは提外地としての地理環境を現在まで維持していると考えられる（詳細は12章2節参照）。

③カインミエウチエン地点

高駢配下の部将とされる濯霊（Trạc Linh）を祀る廟、ミウチエン（Miếu Chiền）は、現キムラン社の中でも最も標高の高い区域のひとつに位置している（図217）。ミウチエン（1960年代初頭破壊）の建築基礎が現在の畑面に残り、地形図では標高が10mを越えている。聞き取りでは昔、当区域は現河水面の方へ大きく張り出していたが、バイハムゾン地点同様、紅河の水流が大きく削り取ってしまった。現在は、ミウチエンから川縁の断崖（カインミエウチエン地点）まで約100mを残すのみだが、1948-49年以前は原河水面方向へ200-250mを張り出していたという。過去には高駢を祀る廟、ミウカー（Miếu Cà）があったが、移動してより下流の200m離れた所に位置していた。しかし、ともに現在は位置確認不可能である。また、高駢配下のもう1人の部将、褚越（Chu Việt）を祀るミウトゥオン（Miếu Thượng）は、ミウチエンから上流100mの所に位置していたが、同じく河に流され、現在は位置が確認できない。

ところで、カインミウチエン地点の断崖面状に残った文化層（図228）は、露頭観察では少なくとも、8m以上の厚さで確認できる。包含遺物は李・陳朝期から16-17世紀のものまでが多く確認され、特に陳朝期のものが最も多い。また、文化層中には2-4cm径の玉砂利を用いた整地層あるい

図228　キムラン・カインミウチエン地点の文化層露出部

は盛り土層、さらには方形地業が規則正しく分布しているのが観察される。玉砂利を用いた方形地業（80×80cm）は李朝期建築の特徴で、同時期の瓦片も多く観察される。地業の芯間距離は5mあるいはそれを越えるものもあり、大型建築の可能性がある。包含遺物から筆者は、この建築遺構は李朝期に遡る可能性大と判断している。この整地層あるいは盛り土層間には、大量の瓦を包含した層もあり、大規模な建築で、李朝以降複数時期にわたっていると推定している。

　また、キムラン郷土史研究会の踏査時には、陳朝期の外鞘を再利用して造った井戸が河水面下で、発見されている。

　このようなカインミウチエン地点で確認できる大規模建築の遺構は、最近まで残っていたキムラン社の宗教施設ミウカー、ミウチエンと系譜的に何らかの形で繋がっている可能性があると筆者は考えている。

④陶磁器と遺構の年代分布

　最も年代決定の行いやすい施釉陶器の碗類を基準にして、年代頻度を調べると、8-9世紀から17世紀後半にかけて、15世紀以外はほぼ連続した居住史が確認されている（Nishimura & Nishino 2004）。遺構としては11世紀から17世紀の建築のための基礎が多く確認されている。特に14世紀に大型建築を含む建築基礎や地盤造成を行っていることが明らかになってきた。陶磁器生産に関しても、13-14世紀の間において、発掘地点周囲で施釉陶器を生産していたことが肯定できる。ただし、15世紀の前半のある時点で、居住痕跡が非常に微弱となる。そして、16世紀の後半で再び居住が活発化するが、陶磁器産業自身は20世紀末に至るまで復活することはなかったと考えられる。ところで、16世紀以降確認できる遺構群は、銅銭を含む土坑と炉址である。炉址は現在までのところ16-17世紀のものしか確認されていない。そして17世紀末頃には、発掘を行った旧集落地点は放棄されている。

⑤陶磁器生産具と生産失敗品、同一型式多量出土品

　バイハムゾン地点では、外鞘、トチン、ハマなどの窯道具が出土している（図230-1～7）。また、溶着品も破片ながら出土している。さらには出土遺物の中で13-14世紀の施釉陶器はかなりの割合で、焼成不良で釉薬がガラス化していない例や、焼成温度・時間が適正でなかったために器形が湾曲した不良品（図229-1）が確認される。この中には底部に穴をあけ、引っかかりの場所を作って、窯から引き出すことを可能にした釉薬の色見具と判断される碗も含まれている（図230-3）。また、西野（2006）の分析にあるように、13-14世紀の出土碗皿類に技法的共通性や型式学的共通性が高いのも、当遺跡の生産品が含まれているという仮説の大きな根拠である。

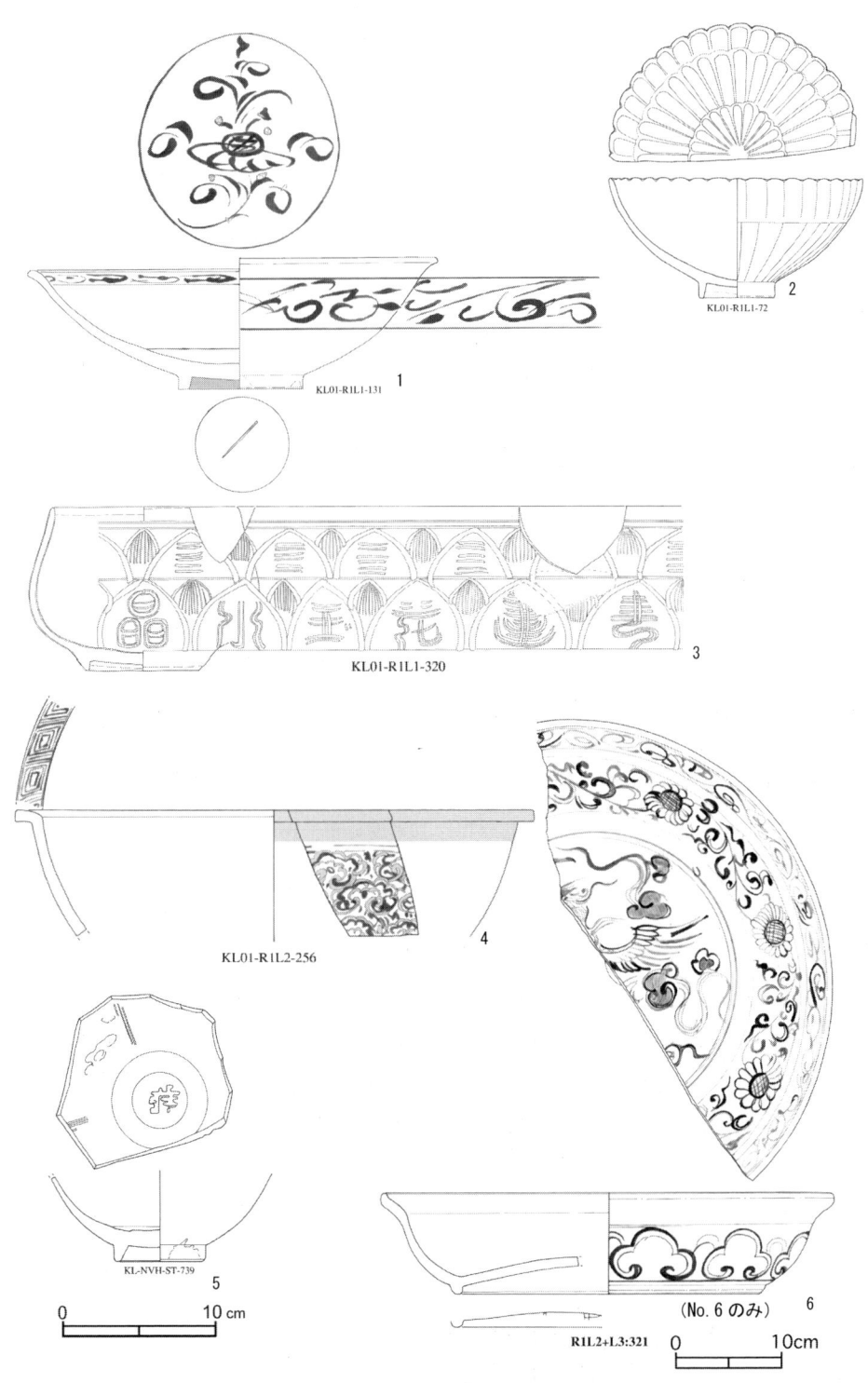

第12章　胡朝・黎朝初期（15世紀）以降　*271*

図229　バイハムゾン遺跡出土高級陶磁
（1は鉄絵、2、3は青磁、4は青花鉄絵、5は白磁、6は青花）

また、生産遺跡の場合、同一型式で、量的に多く出土するという現象がしばしば確認されるが、これも、上述の13-14世紀資料に多く見られる。さらに、16世紀末と考えられる白磁印花（西村・西野 2005）も多く出土しており、型式的均質性が高い。当型式生産に用いられた三足トチンも1点出土している。ただし、窯着品や焼成不良例はなく、筆者らは北隣のバッチャンで生産されたものが持ち込まれた可能性が高いと考えている。

　さらに、前出例ほどの数は多く出土していないが、輪状釉剥ぎ白磁碗（15世紀前半：西村・西野 2005）の内面中央に"窯官"らしきものを印字したものが、複数確認されている（図229-5）。これは通常の居住集落では出土することが非常に稀な官窯製品と考えられる。現在までタンロン王城、西京（第2の都）とされたタインホア省の藍京遺跡などや、ハイズオン省のNgói（ゴイ）、Chu Đậu（チューダウ）などの陶磁器生産遺跡（次節参照）でしか確認されていない（西村・西野 2005）。時期的には、黎可朗の生存時期とも重なることから、黎可朗の食田あるいは私邑的存在、あるいは、バッチャンと並び官制生産集落としての管理をうけるような存在であったのかという疑問が浮上する。

⑥搬入陶器

　中国陶磁8-10世紀の越州窯系、10-11世紀の白磁、14世紀の龍泉窯系青磁を挙げることができる。また17世紀の中部ベトナム産の無釉高火度焼成陶の長胴瓶（図230-8）も出土している。当然これらの陶磁器類は、当遺跡での交易活動によりもたらされたものであろう。

⑦銅銭などの青銅製品

　銅銭の大半は開元通寳であったが、それら以外にも宋銭、ベトナム銭が若干例確認された。14世紀以前の遺構では、銅銭は非常にわずかしか出土しておらず、16-17世紀の遺構に多くともなっている。特に、鋳造関係炉址遺構のまわりの土坑から多く出土している（図223）。出土遺物では明確に確認できていないが、同地点でのNguyễn Việt Hồng氏収集資料のなかには、溶解しかけた青銅片、あるいは折り曲げられた鉛銭、溶解時の青銅かすなどが確認される。

　したがって、筆者は青銅鋳造のための原料ではなかったかと考えている。特に、銅銭も含め、出土・採取された青銅器はほとんどが小破片で、銅銭以外は器種的なまとまりも少ない（図230-9〜12）。くず銅として集められた可能性が高いと考える。くず銅を集め再溶解して、青銅の地金を作っていたのではないだろうか。鋳型が全く出土していないことが、当仮説に対する反証かもしれないが、伝統的青銅器鋳造・鍛造村であるバックニン省Đại Bãi村（ダイバイ）では、砂地に木型をはめ込んで定型抗をつくり、溶解銅を流し込んで地金を生産している例があり、決定的反証とはならないと考えている。

（4）考古資料と関連資料から復元するキムラン史

　出土資料で最古の時期のものは後漢期の陶器や磚である。そして、Nguyễn Việt Hồng氏のコレクションには南北朝並行期の資料もわずかではあるが存在する。ただし、この時期までの遺物量は微々たるもので、本格的居住は行われていなかった可能性が高い。出土例数が比率的に増加するのが8-9世紀以降であろう。実質的な当集落の安定居住開始の時期と見てよい。ただ、これに高騈

の伝説を重ね合わせるのは強引すぎるが、注意を要するのはザラム県や西隣のバックニン省トゥアンタイン県は、高駢関係の伝承や関係遺跡が多く残されている。また、実際に高駢が、トゥアンタイン県のルンケー城（文献史の龍編城）近くと考えられる士燮陵墓（ルンケー城東郊）まで行っている記述が『越甸幽霊集』（13世紀末成立）に残されていることから、キムランを含む当地域が、高駢の時代に開発が進んだ可能性は大いにある。これは唐朝の支配中心、安南都護府がハノイにあり、その周囲を囲む地域として重要度が高かったということも関係していよう。キムランも当時の政経中心地（安南都護府）の衛星集落的存在だったのかもしれない。

　R2（年代観は第9章1節参照）やH5の形成年代を参考にすれば、11世紀初頭（李朝期初頭か？）に、バイハムゾンの遺跡の大造成が行われている可能性がある。また、カインミウチエン地点の建築遺構の最初期のものが李朝期とすれば、李朝期になって、集落の大造成あるいは新建築ブームがあったと考えてよい。Nguyễn Việt Hồng氏収集資料には李朝期の観音菩薩像があるし、阮　石　越（グエン・タック・ヴェト）が当地で仏道に入っていることなどを考え合わせれば、その中には仏教寺院なども含まれていたと考えるべきである。そして、13-14世紀には当地で陶磁器生産が活発化している。これは1980年代以降のように、隣接地のバッチャンの陶磁器生産が活発化し、キムランでも始められた可能性がある。陳朝期にはしばしば、副都や采邑など政治権力者と陶磁器生産が結びついている例（第1章第3節参照：Nishino & Nishimura 2001・2003、Nguyễn T.P.C. 2004、西野 2002a）が多い。キムランではどうだったのであろうか。最近、ドゥオン川と紅河が分流するところの北岸に位置したダウヴェー（Đâu Vè：図219：Hán V.K. & Đặng H.S. 2009、Lâm M.D. et al. 2009）などの居住遺跡群（ハノイ市Đông Anh県（ドンアイン）Đông Hội社（ドンホイ））が調査されており、立地的にはキムラン同様、川縁の集落である。ここは黎朝期の屯田所華林所（ホアラムソー）（八尾 2009）が存在したところであり、キムランと類似した高級品を含む李陳朝期の陶磁器アセンブリッジが確認されている。しかも、当地域は『全書』が1232年に記すところの華林と同定されている。両集落の歴史的沿革と李陳朝期の出土陶磁器内容を鑑みると、15世紀末の屯田所設立以前に、李陳朝期にすでに国家権力との関わりを持っていた場所であったという推論が浮上する。キムランでは陳朝期の伝承資料は、黎可朗が陳氏の公主を嫁にしたというのみであるが、バッチャンとキムランはともに、李陳朝期に政治権力と関わる采邑あるいは官立の工廠のような場所であったと考えていいのかもしれない。

　ただ、高級陶磁器や輸出仕様の青花や鉄絵の碗皿（図229-1～4,6）の出土は、かなり商業指向の強かったことが推察可能である。そして、14世紀末に再び集落の大造成を行っている。このときにはバイハムゾン地点に各種の建築を建てたようだ。

　15世紀の前半のある時期までは、まだバイハムゾン地点に居住が行われていたようだが、それ以降、16世紀前半頃までは、ほとんど人が居住していない可能性が高い。15世紀前半の官窯製と考えられる陶器資料は、当地あるいはバッチャンが、黎可朗（レー・カー・ラン）（Lê Khả Lãng）などの黎朝政権有力者と関わっていたことを示しているのかもしれない。14世紀に活発であったキムラン・バッチャンの陶磁器生産を鑑み、当地を経済的根拠にしようとしたことも十分考えられよう。屯田所を置いた理由もここに求められるかもしれない。また、この疎住期間は、前述の金関所の分村に対応し、その立村当時、金関、華林の両方からの氏族が立村に参加したことをKim Quan Thượng（キムクアントゥオン）で聞いた。川縁

274

生産関連遺物

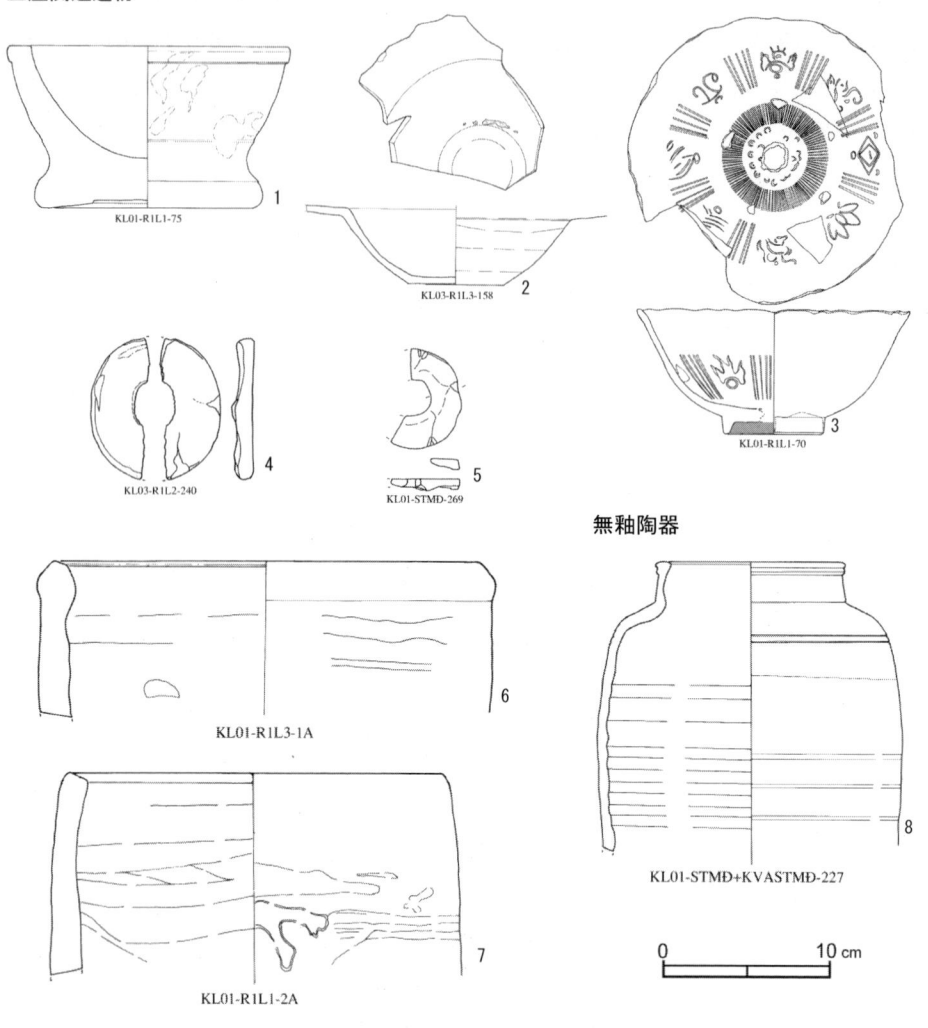

1 KL01-R1L1-75
2 KL03-R1L3-158
3 KL01-R1L1-70
4 KL03-R1L2-240
5 KL01-STMĐ-269

無釉陶器

6 KL01-R1L3-1A
7 KL01-R1L1-2A
8 KL01-STMĐ+KVASTMĐ-227

0　　　　10 cm

青銅器

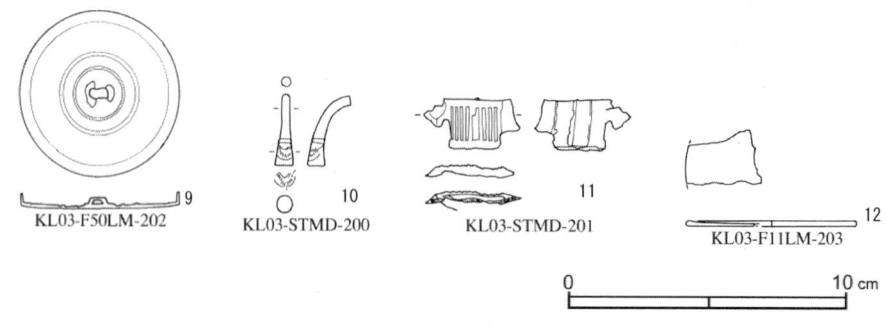

9 KL03-F50LM-202
10 KL03-STMD-200
11 KL03-STMD-201
12 KL03-F11LM-203

0　　　　10 cm

図230　バイハムゾン遺跡出土遺物

に位置するという共通性から15世紀末の洪水による村の分村も、キムラン（金関所）とドンホイ（華林所）で同時に起きた可能性が高い。その時に、洪水等の影響で、生業も含め集落の性質が変わった可能性がある。

16-17世紀末までは、くず銅などを集めて、青銅の地金作りが、集落の生業のひとつであったと考えられ、陶磁器生産の可能性は非常に少ない。そして、17世紀末あるいはそれ以降、集落を巡っていた堤防が破堤し、提外地化することにより、桑の栽培と養蚕が集落の主生業化したものと思われる。この状況は20世紀半ばまで続き、そして、1980年代から、バッチャンの影響のもと、再び陶磁器生産が始まっている。このように、キムランの生業変化を見ていくと、陶磁器生産（13-14世紀）、金属器類の生産（16-17世紀）、提外地に適した桑の栽培・養蚕（18以降-20世紀前半）、農業（合作社時代）、陶磁器生産（1980年代以降）と、生業が二転三転する姿がここでは描き出せるわけだが、これもベトナム集落の典型的生業パターンのひとつと思われる。

（5） ベトナム窯業集落の中での位置づけ

北部ベトナムでは、窯業集落は川べりの提外地に立地していることが多い。バッチャン、バックニン省カウ（Cầu）川沿いのトーハー（Thổ Hà）やフーラン（Phù Lãng：西野 1997）など、現在あるいは20世紀末まで生産が存続した集落ばかりでなく、ハイズオン省のタイビン（Thái Bình）川沿いのチューダウ（Chu Đậu：Bùi M.T. et al. 2002）やミーサー（Mỹ Xá）、サット（Sắt）川沿いのホップレー（Hợp Lễ：Bùi.M.T. 2001）、バックニン省のグーフエンケー（Ngũ Huyện Khê）川沿いのドゥオンサー（Đương Xá：コラム 9 参照、Nishimura & Bùi M.T. 2004）などの過去の遺跡と化した生産地の場合もしかりである。

こうした窯業生産集落に共通した地理的特徴は、しばしば輪中型堤防の提外地に立地することが多いことである。具体的には、提外地は洪水時などの水位上昇に対応するため家を築く基礎を高くしたり（水屋）、あるいは地盤を盛り土などにより高くすること、提外地では川面に接していることから、運送業が発達しやすいこと、提外地の沖積土壌帯は土壌や日光条件の点で、水田耕作ではなく桑の栽培などに適していることなどを列挙することができる。

キムランとバッチャンの理解も、堤防との関係が鍵を握っている。前述のようにキムランは17世紀末から19世紀の間のある一定期間、堤内地に立地していたと考えられる。しかし、バッチャンでは、筆者のサーベイで17世紀以降の大規模な盛り土層が確認できるため、提外地における水位上昇に対応したことが理解できる（西村 2007a）。したがって、17世紀以降のある期間、両集落は堤内地と提外地というまったく異なる地理環境にあったこととなる。

以下、バッチャンとキムランの比較を簡単にしてみたい。

バッチャン社は陳朝期には確実に史料に登場し、以後各史料や伝承に名をとどめ現在にいたっている（Phan H.L. ibid.）。陶磁器生産の直接証拠は、現存する紀年銘陶磁器資料では16世紀後半までしか遡らないが、鉢という社名は陳朝まで遡ることが確実であるから、陶磁器生産の歴史はかなり古いものと見てよい。一貫して提外地に立地していたバッチャンは、その陶磁器生産を連続して行ってきた可能性がきわめて高い。しかし、キムランのように常に生業を変える必要がなかったの

は、その産業の高度な専門性のみではない。提外地としての立地を利用した商業拠点としての性格がその背景にはある。17世紀前半、日本との朱印船貿易時代にバッチャンの商家阮家（阮官甲：Nguyễn Quan Giáp）に、黎朝朝廷とオランダ、日本の仲介として活躍した貿易商和田理左右衛門の娘が嫁している（永積 2001、ファン 2002、西野 2004）。Nguyễn Quan氏一族はバッチャンのなかでは歴代官僚を輩出した有力な家である。また、バッチャンは歴代9人の科挙合格者を輩出しており、これもベトナムの村落にあっては突出した多さであり、0名ないし1名のキムラン、あるいはまったくいないフーランなどとは際だった対照である。ところで、現在のバッチャンで、各窯元の出店を巡り歩いてしばしば出くわすのが、バッチャンの製品のみならず、他地域、特に南部のより品質の高いデザインの変わった陶磁器を混ぜ売りしていることである。これはバッチャンが陶磁器の市場としての機能を果たしていることも意味している。バッチャンの古老は、彼らの生業が施釉陶器やレンガといった焼き物の生産だけでなく、魚醤やビンロウ樹の実を集荷して売りさばいていたことを記憶している。クアンニン省、タインホア省やゲアン省の船が商品を運び込み、キムラン社とバッチャン社の境界付近（バックフンハイ運河付近）に船を乗り付け、かわりに陶磁器を船に卸していたようだ。このことはGourou（1936）も書きとめており、集落の女性がおおがかりに商売活動を行っていたようだ。バッチャンの革命以前の生活では、女性が生産や商売の前面に立ち、男は学問をしていればよいという風潮が高かったという。陶磁器生産も周囲村から人を雇って、生産管理をするのがバッチャンの人間には多いようだ。その中にはキムランからの出稼ぎも多くいたようで、後に1980年代前半、キムラン等のバッチャン周囲の集落で窯業が興隆す

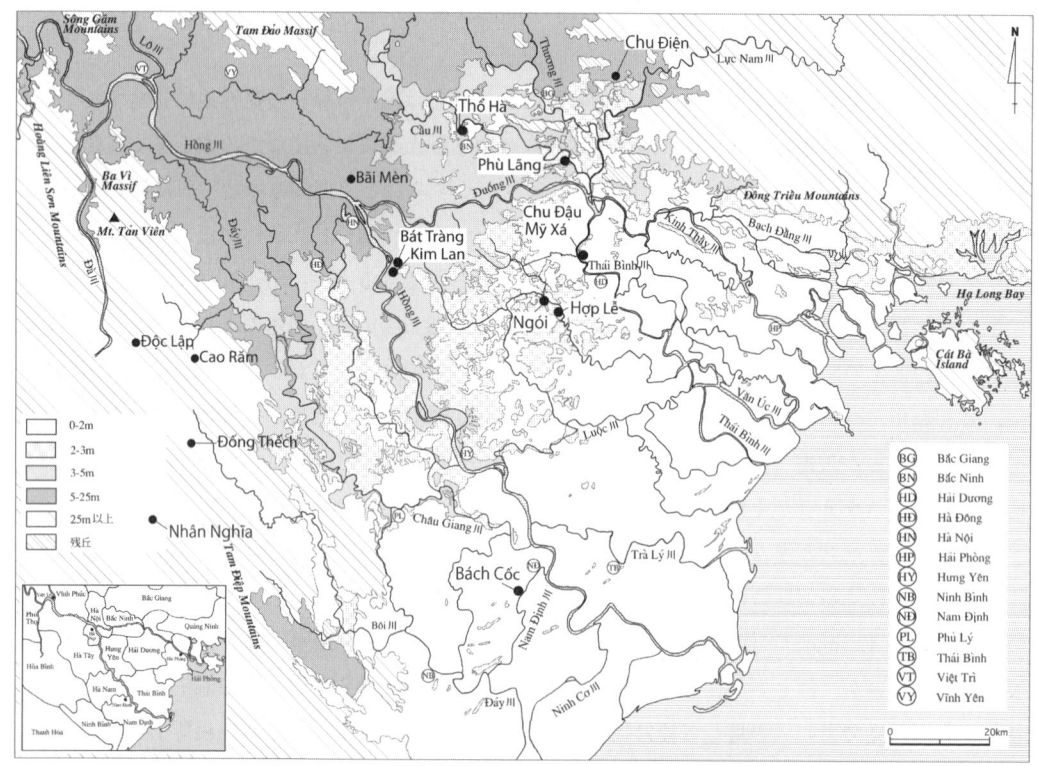

図231 紅河平原等高分布図と第12章で言及遺跡の位置

る背景になっている。

　こうした生産・経済活動の条件下、バッチャンは陶磁器生産と流通を時代の要請に応じて、巧みに操ることができたのであろう。これは窯業集落、ひいては手工業集落の生産活動の存続・廃業を理解するひとつの鍵である。特に、そこには女性の経済活動の役割が大きく関係していそうだ。伝統的に土器・陶磁生産業では、女性の労働が具体的生産活動のかなりを担っている場合が多い。もし、女性労働力が他村からの雇用などにより直接生産活動から解放された場合、その労働力が他の経済活動に向くことは、ベトナムでは想像にたやすい。ネットワークと女性労働のあり方が、集落の生存戦略を規定しているとも見受けられる。こうした流通が与える生産への影響は、西野(2004)がフーランの20世紀史において詳しく研究されている。ところで、流通が与える影響は他にも見受けられる。バッチャンやキムランでは現在、陶土をヴィンフック省のドゥックバック(Đức Bắc)社などから移入しているが、この陶土を運ぶドゥックバック社の人々は陶土輸送で得た人間関係をもとに、バッチャンやキムランの陶磁器製品を全国に売りさばく卸し・流通業も行っており、その販売網は遠くラオスまでのびている。そして、キムランではバッチャンでの陶器製造業での雇用経験を通じて、1980年代前半から陶磁器生産が始まっている。最近では中国陶磁の流通業者を通じて、中国人技術者を招聘して、陶磁器の素地の改善に取り組むものも出現している。これらは生産と流通が絡み合って、生業変化を引き起こしている傍証であろう。バッチャンとキムランも対照的な存在だが、同じ提外地に立地したフーランも、さらに異なる性格を見せている。西野(1997・2002・2005)の調査ではフーランは少なくとも陳朝期以降、窯業を連続して行っており、窯業が断続した可能性は少ない。しかし、バッチャンのように流通業や商業が独自に発展していた様子は見られない。このあたり、窯業あるいは手工業に対するこだわりが、三者三様に異なるようで、集落の性質の違いを表している。こうした違いは歴史的形成過程をもう少し明らかにしないと理解できそうにない。今後の研究課題である。

第2節　北部ベトナム紅河平野における輪中型堤防形成に関する試論

　北部ベトナムの平野部（典型例は紅河平野：図231）を歩くと、河川脇でしばしば堤防（図232）に出会うし、紅河平野を空から見渡すと堤防が網の目状にめぐらされた地域となっていることがよくわかる。なかでも紅河本流やダイ川下流域の旧ハタイ省南部、ハナム省、ナムディン省、タイビン省などは輪中型堤防（懸廻提）がひしめき合っている（Gourou 2003：Fig.12）。日本の濃尾平野などの輪中地帯と比べ、範囲規模の大きい輪中（図233）がひしめき、輪中型堤防形成に至る

図232　ハノイ郊外の紅河の堤防と提外地（左）。堤防の上面は道路となっていることが多い。

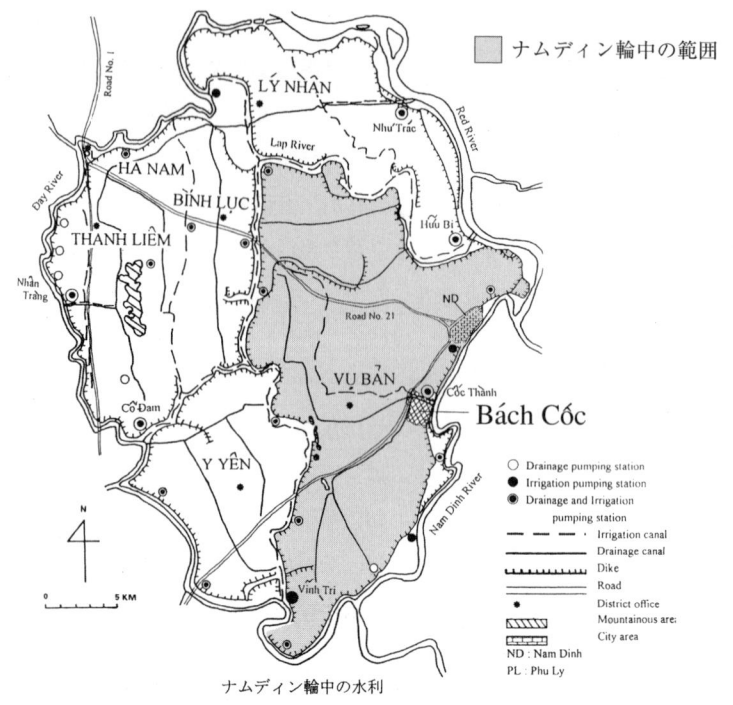

ナムディン輪中の水利
ナムディン輪域（河野・柳沢 1996）

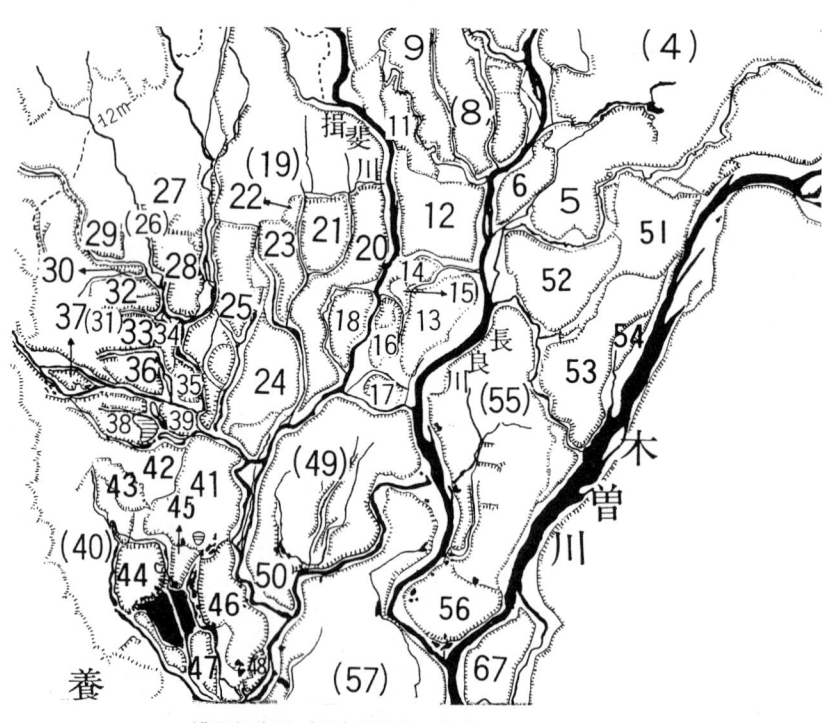

濃尾輪中域（国島秀雄作 安藤 1975 より）

図233 ナムディン輪中域（上）と濃尾輪中域（下）
同縮尺での比較。上図スクリーントーン部は
『同慶地輿誌』の務本縣対応域。

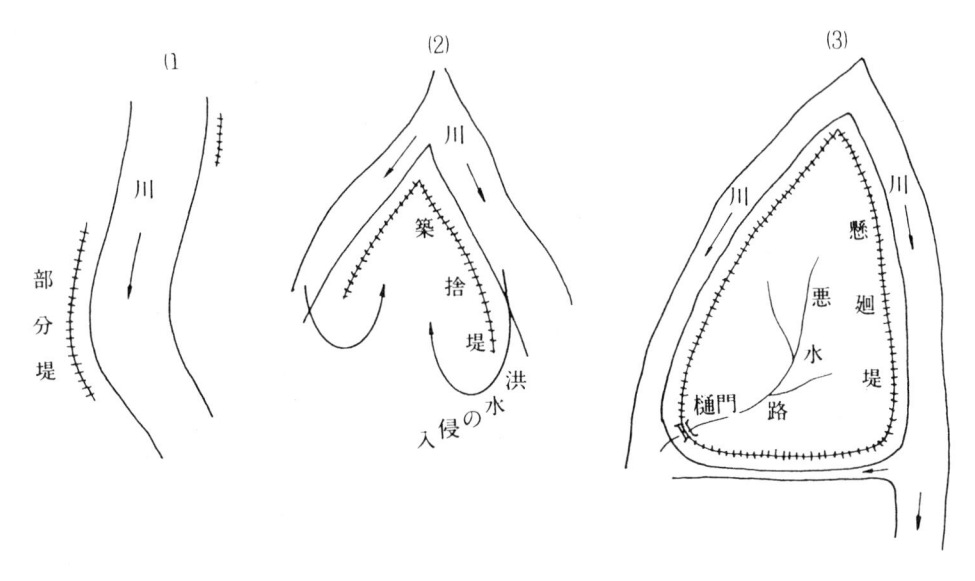

図234 輪中の進化モデル（安藤1988）

深い前史を想像させる。北部ベトナムの紅河平野は、低平な自然堤防と後背湿地の複合体やデルタが地形の大部分を占める。したがって、夏の雨期にしばしば冠水を被る地域であり、豊富な水源を利用して先史時代より水稲耕作地帯として発達を遂げてきた。洪水防止と水稲耕作のための水防・水利は、古来より国家から家族レベルにいたるまでの関心事であった。

当平野の堤防形成については、これまで地理学と歴史学からの研究が中心であった。

フランス植民地期に紅河平野で人文地理研究を行ったグルー（ibid.: 75-84）は水文環境のなかで、当地域の輪中型堤防の特徴を捉えると同時に、文献史料を使ってその前史を探ろうと試みている。桜井（1980・1987a,b・1989）は、『大越史記全書』『安南志原』『大越史略』などの史料の歴史地理的研究において、都城の土塁建築に近い性格のものを除いた場合、如月江（バックニン省とバックザン省の省境となるカウ［Cầu］川に比定）での堤防建設（1077年）やタンロン都城の北東に接する機舎での堤防建設（1108年）が、ベトナム史での堤防建設の初出とするが、それらは都城の防水や戦時の防衛機能が主であると理解している。そして、陳朝期（1225-1400年）に、水稲地帯の保護・拡大のため大規模な堤防（鼎耳）の建設が始まり、後黎朝期（1427-1789年）には、堤防網はほぼ完成したと判断し、さらに、阮朝期（1802-1945年）にタイビン輪中などの巨大輪中が成立したと考えている。同氏以外に、いまのところ北部ベトナムの堤防形成過程を体系的に論じたものはない。桜井の議論では、陳朝期に建設された堤防は、宋代の江南デルタに出現した大型堤防と同様な非締め切り型の馬蹄形堤防と考えられており、阮朝期の紅河平野下流域に造られた完全締め切り型巨大輪中との間には、堤防進化史上のギャップが存在する。日本の輪中型堤防の発展史（e.g. 安藤 1975・1988）にみられるような非締め切り型堤防から締め切り型（輪中型）堤防への進化段階（図234）を見出さなくてはならない。

ところで、考古学的には堤防（提体）が発掘で確認された遺跡というものは、これまでほとんどない。その理由は簡単で、現堤防下に過去の堤防が眠ることが多く、現在の堤防保護の観点から、

その発掘は容易ではないことにつきる。

ただし、私自身の調査経験では、盛り土などによる集落の高レベル化や面的拡大という現象を先史時代から確認してきた。特に歴史時代の遺跡での確認は日常茶飯事といってよい（第11章第4節、本章第1節参照）。こうした現象を俯瞰すると、時期的に集中する現象に気づき始めた。

本論考では、筆者が近年調査してきた輪中地帯における集落形成に関する考古学的研究から発展させ、輪中堤防形成年代や集落成立との連関性などについての試論を提示したい。

（1）バッコック集落とその周辺

第11章第4節でその形成史を論じた紅河平野下流域のナムディン省のバッコック（Bách Cốc：旧百穀村）集落と周辺域の輪中型堤防形成について、加論しておく。

バッコックの北や西隣のタンコックやフーコック集落は周辺地域に比べ、最も低平な地域（海抜標高1m以下）に囲まれて立地している。そして、タンコックとフーコックの中間にはヴァンティエン（Vạn Tiến）川という、排水と灌漑の両機能を備えた水路が走っている。ところで、19世紀末に編纂された地理誌『同慶地輿誌』の務本縣圖（図235）では、各縣単位で社などの行政単と道路や川との位置関係が描かれている。そして、バッコックが所属する務本縣は、大安縣の一部、美禄縣、上元縣などとともにひとつの地理範囲として認識され、その範囲の内縁を道が囲っている。これは、ひとつの輪中型堤防単位とその上を走る堤防道を示していると考えられる。この地図上の各社名を現地図で対応させると、現在のナムディン輪中のほぼ東半分（図233上）、つまり現行政区分のナムディン市、Vụ Bản県、Mỹ Lộc県に相当することが理解される。つまり、19世紀末にはかなり広大な面積での輪中が成立していたのである。また、務本縣圖では、百穀社（百穀社に所属した小穀村の位置を表していると判断される）と富穀社（現フーコック集落）の間に渭川（現ナムディン川）に注ぐ河川が描かれており、現ヴァンティエン水路の祖形が19世紀にはすでに存在した

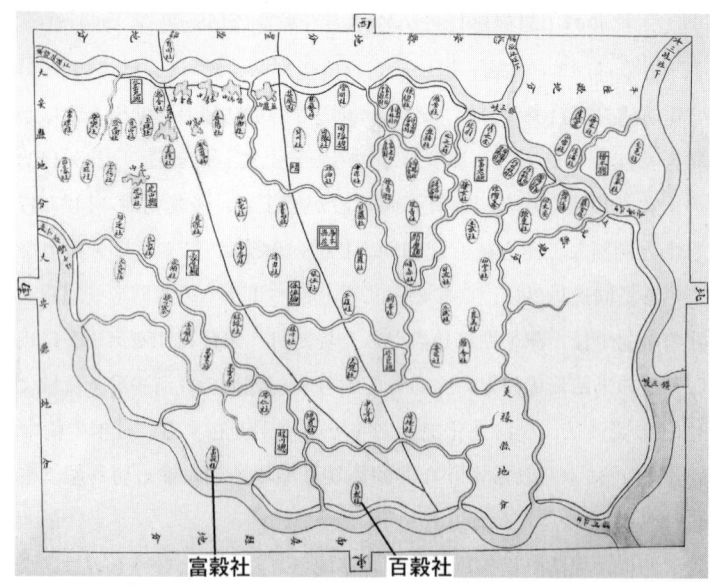

図235　地理誌『同慶地輿誌』の務本縣圖（Ngo D.T. et al. 2004. A.537/12, f46）

図236 バッコック、タンコック、フーコックの田地名比定図（中沢 1997）

と理解できる。

　ところで、このバッコック集落（旧百穀村）、フーコック集落（旧富穀社）、タンコック集落（小穀村）が位置する地域は19世紀に残された地籍簿分析（桜井 1987a：第六章）と、そこに記載された田地名の比定研究（図236：中沢 1997）で、水田を中心とした耕作地や宅地などの非農業地の利用形態の具体的復元が可能である。

　耕作地に関しては、社会主義革命以前のベトナムにおいて、水田耕作地には主として公田と私田の区別が存在した。公田は国家所有のもと村落が割り振り分配を行うもので、私田は個人に所有権

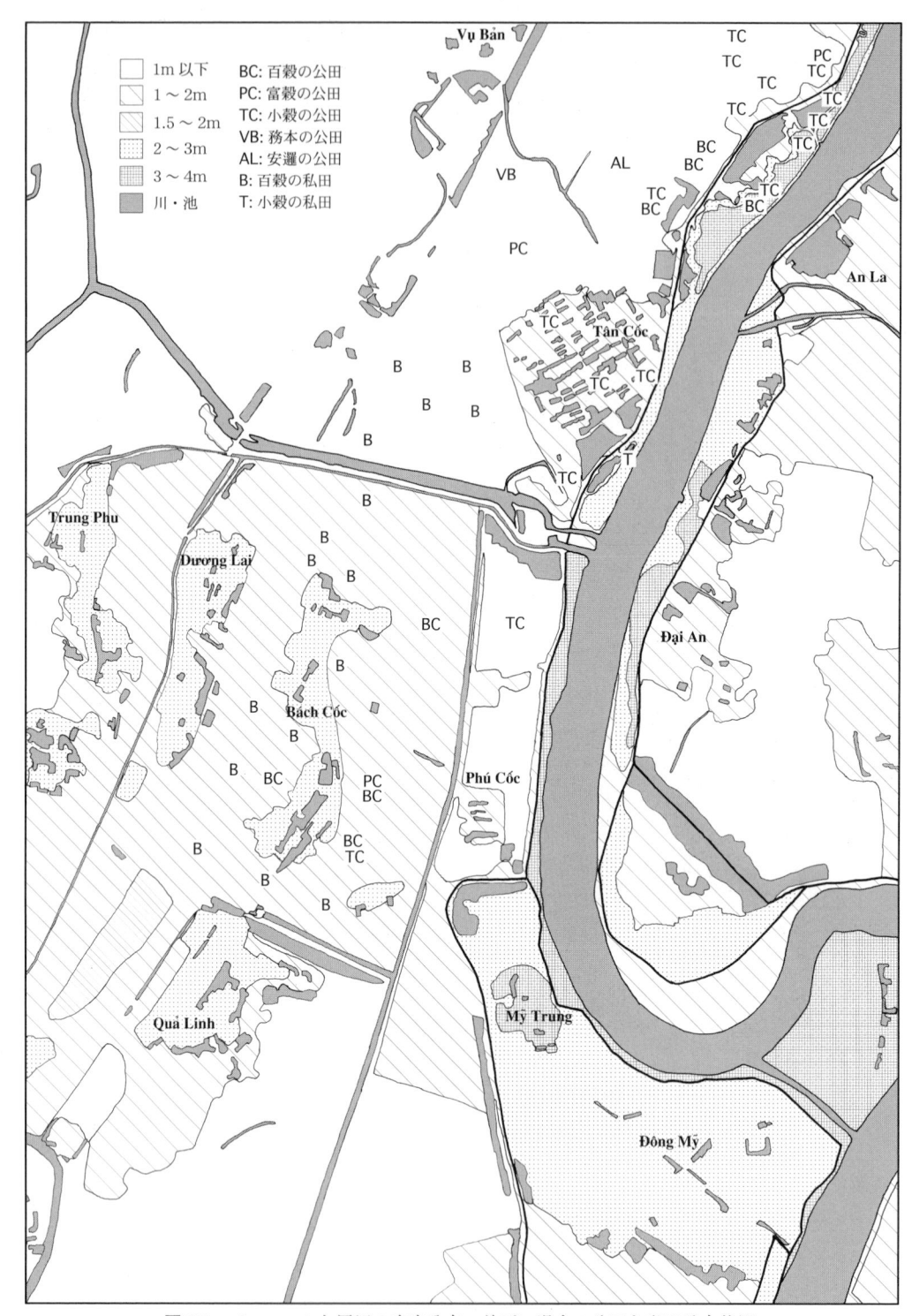

図237 バッコックと周辺の高度分布、並びに過去の公田と私田分布状況

が帰するものである。したがって、村落によって、公田比率が高い村と私田比率が高い村といった違いが生じている。富穀社と小穀村の場合はほとんどが公田で、百穀村では逆に、公田比率が40％を越えない。しかし、この地域を俯瞰すると、上述3村の公田比率が突出していることが理解できる（桜井 1987a：302）。そして、中沢（1997）の田地比定によれば、これら3集落の公田は、バッコック集落から東側のナムディン川までの一帯、タンコック集落とその北側、現堤外地を含む一帯の低位地域にほとんどが集中していることが理解できる。また、タンコック北側の公田地域には百穀、小穀、富穀以外にも、務本社と安邏社（イェンラー）の公田も分布している（図237）。

　そして、考古学による集落形成史を重ねると、集落形成史の長いバッコックは公田比率が相対的に低く、集落形成史の浅いフーコックとタンコックは公田比率が高かったことが理解できる。

　紅河平野の伝統的稲作の場合、陽暦の6-7月に収穫する五月稲（夏田）と11-12月に収穫する十月稲（秋田）の作付け選択が行われていた。そして、各地簿（1805-89年の間に編纂）によると19世紀段階の富穀社、小穀村、百穀村すべてにおいて、公田（低位地域）は秋田、つまり十月稲が栽培されていたことがわかる（桜井 1987a：264）。

　しかし、バッコック集落やフーコック集落の古老（Sakurai 2002：90-91）、ならびに省、県、合作社の水利担当者からの聞き取り調査（河野・柳澤 1996：18）では、1960年代のヴァンティエン水路のポンプ場稼働以前、つまり20世紀半ばにおいて、当地域は雨期の高水位が原因で、五月稲（夏田）のみの一期作であったことが明らかである。したがって20世紀前半頃に、低位部で十月稲（秋田）から五月稲（夏田）への作付け転換が起きていることになる。この転換を引き起こした理由は1920-30年代の大型堤防の建設と考えられている（Sakurai 2002：91）。しかし、これは以下の理由から説明として適切ではない。

　『同慶地輿誌』の務本縣の記述では、夏田は少なく秋田が多いことを伝え、南定（ナムディン）省の全体記述でも、同様の作付け傾向を記し、その原因が秋から冬にかけての潮水進入にあることを伝えている。つまり、冬季は乾期の水位低下により、感潮時に堤防外からの潮水進入が容易になり、低地では乾期に塩害のため水稲耕作ができないことを意味している。低地の秋田を夏田にするには、密閉可能な水門と排水・灌漑設備を整え、潮水進入を遮断して冬春期の灌漑を行わなくてはならない。堤防の巨大化は水防上の堅牢さを保証しこそすれ灌漑・排水の性格を変えるものではない。

　Dumont（1935・1995：232）が下流域の感潮域で報告する1920-30年代の伝統稲作法などを参照して当地域の19世紀末以前の稲作を類推すると、乾期の五月稲の場合には、低位部で水門を開け潮汐利用の灌漑を行っていたのではないか。そして、雨期には堤防を締め切り、高位部で苗代育成を長期で行い、稲の背丈を高くしてから低位部へ移植するか（ibid.）、禾の高い品種を利用するなどして、高水位に対応していたのではないかと考える。また、河水面自体もさほど高度化しておらず、洪水期以外は排水も比較的容易であったのではないだろうか。

　ところが、阮朝期から仏領期を通じて行われた堤防強化政策は、堤外地の沖積を活発化し、天井川化などの弊害を引き起こし、河水面が圧倒的に水田面より高くなったと考えられる（e.g. Đỗ Đ.H. 1997：278）。そのため、ある程度行えた雨期の輪中内排水も不可能となり、乾期の五月稲

(夏田)へ転換せざるを得なかったというのが筆者の類推するシナリオである。

　ところで、19世紀末から20世紀初頭以前における当地域の公田地帯は、雨期の高水位に対応した稲作であり、夏期増水時の浸水危険にさらされていたことになる。しかし、桜井（1987a：251-297）は、1422年から1786年までの史書記載の災害分析から、夏期の洪水発生率が高いにもかかわらず、干ばつの危険をもつ五月稲（夏田）より、十月稲（秋田）の生産の方が圧倒的に安定していることを述べている。この議論に関しては、農業被害の記録回数比較にもとづく桃木（1991）の反証的批判も行われており、その是非判断は難しい。いずれにしても低地の十月稲栽培の場合、堤防建設による河川氾濫からの水田防御は必須のことであり、低地域を保護するには馬蹄形輪中のような非締め切り型堤防では対応できない。完全締め切り型の輪中型堤防が必要とされる理由がここに見えてくる。フーコック、タンコックの現集落の成立が輪中成立を機とした17世紀とすれば、周囲の低地域の開発（あるいは大公田地帯の成立）も、その時期が上限と考えるのが妥当であろう。

　ただし、留意すべきことはフーコックならびにタンコックともに、現在の集落が旧集落から移動した可能性が高いことである（第11章第4節参照）。両者とも、ナムディン川の川べりに位置しており、その河川流路変更に伴い集落の位置が変更されるのは十分に想像できる。春山他（2000：11-12）の地形・地質分析では、現在のナムディン川はかなり新しい河道で、バッコック集落とフーコック集落の間に旧河道を見出している。したがって、考古学的知見を考え合わせると、17世紀の盛り土による現タンコックとフーコック（図239）の造成はナムディン川の河道変化に伴うもので、おそらく現集落より、さらに東側に位置していたタンコックやフーコックの旧集落が放棄され、西側に再立村された可能性が高い。さすれば、富穀村にまったく私田がなかったこと、また小穀村には集落最南端の堤外地にしか私田がなかったことなどは、河道変化による旧集落域の喪失が旧来からの私田としての土地所有を不可能にしたか、あるいは減少させた結果と解釈できる。そして富穀・小穀・百穀を主とした各村・社協力により行った堤防建設により、ナムディン川沿いの堤内地低域を田地化し、公田分給を行ったのではないだろうか。さらには、既存の集落に付随する耕作地が多かったバッコックの場合、従来の耕作地が私田であったため、タンコックやフーコックに比べ、相対的に公田比率が低くなったと理解すべきであろう。公田地帯の成立自体、フーコック、タンコックの現集落成立や輪中型堤防建設と密に絡んでいるのである[11]。

（2）　チューダウとミーサー

　ハイズオン省Nam Sách（ナムサック）県タイビン川左岸のThái Tân（タイタン）社チューダウ（Chu Đậu）村とMinh Tân（ミンタン）社ミーサー（Mỹ Xá）村は、現在、堤防を挟んで、堤内地と堤外地の関係にある。堤内地のチューダウは海抜標高1.25m以上のところに立地し、堤外地のミーサーは2.5m以上のところに立地している（図238）。

　両集落ともに、15-16世紀の陶磁器生産を行った窯業集落であったことが考古学調査で確認されている（Tăng B.H、2000、Bùi M.T. & Nguyễn L.K.2001）。チューダウ村の場合、現集落の直下に窯址が確認されているが、窯址本体は現集落の表土面（居住面）とさほど変わらない高さに位置し、窯が操業していた時の居住面はより低いレベルにあったこと、17世紀の分厚い盛り土が、居住面の

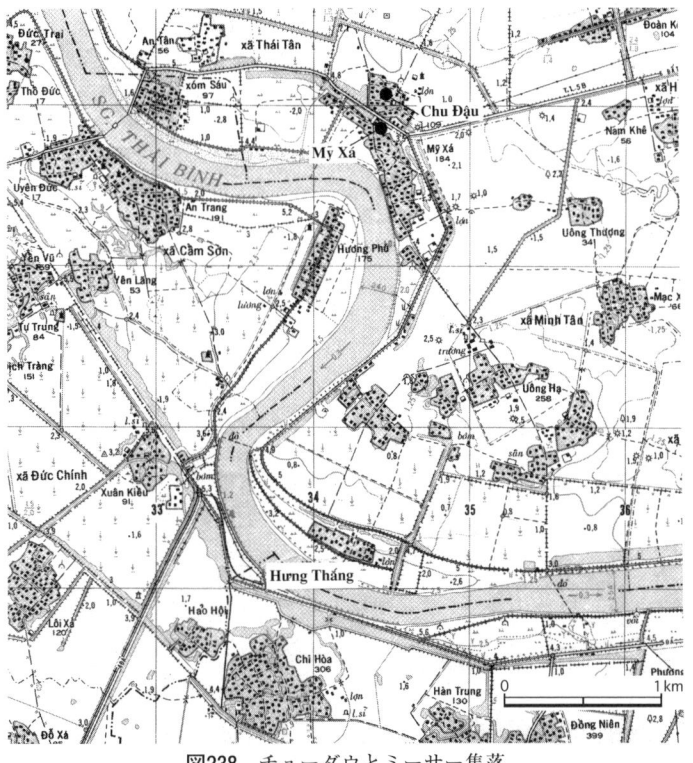

図238　チューダウとミーサー集落

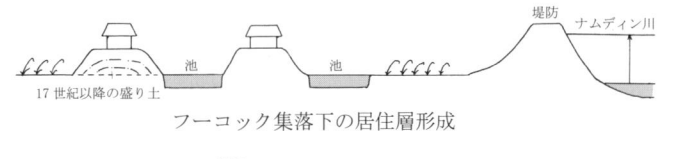

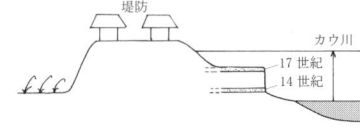

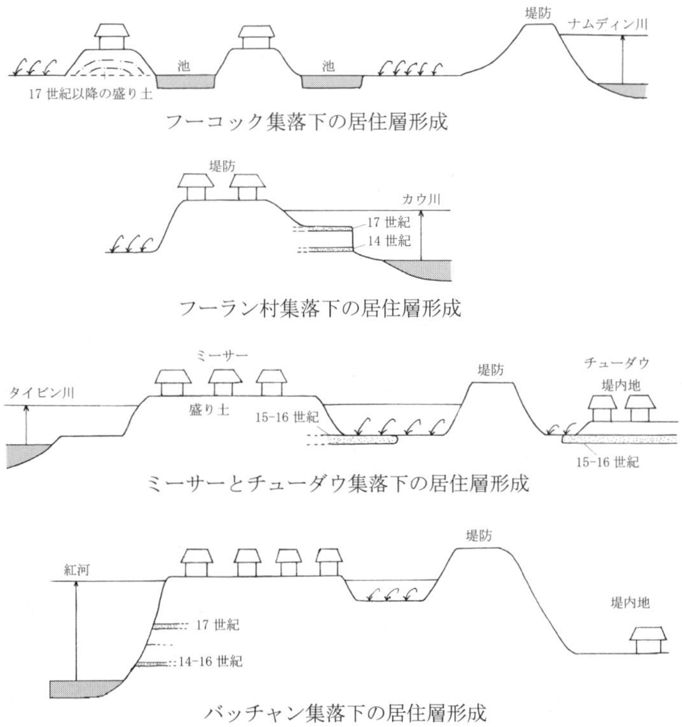

17世紀以降の盛り土
フーコック集落下の居住層形成

フーラン村集落下の居住層形成

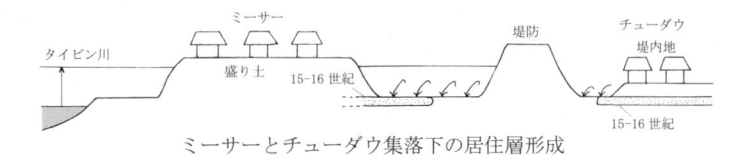

ミーサーとチューダウ集落下の居住層形成

バッチャン集落下の居住層形成

図239　各遺跡・集落での居住文化層・盛り土層形成モデル

高レベル化と面的拡大をもたらしたことが確認されている（Bùi M.T. et al. 2003：筆者踏査資料）。

ミーサーでは現集落から外れた堤防側の水田面で、窯址やその灰原が確認されている。そして、こうした窯業操業時に形成された文化層の上に、現集落が依拠する盛り土による高みが形成されている。文化層に含まれる遺物は15-16世紀の陶磁器生産時のものと、17世紀の居住活動により残された陶磁器である。前述の高みは集落下の水田面と比べ、2.5-3mほどの比高差があり、チューダウの現居住面よりかなり高くなっていることがわかる。したがって、15-16世紀の窯業生産が終焉をとげ、17世紀初頭以降に、チューダウとミーサーの間に堤防が形成され、ミーサーが堤外地化したことにより、雨期の高水位に対応して、集落居住面を盛り土により高くしたと理解できる（図239）。

地元住民の言い伝えでは、過去、チューダウとミーサーの北縁に旧ケーダー川が流れており、水路として残存し、堤防と交わるところでは水門があったが、近年、水路、水門ともに埋められたという。現在、チューダウ側の旧ケーダー川脇では15-16世紀の陶磁器が大量に採集できるし、Xóm Bến（ソムベン）という船着き場としての旧地名も残っている。したがって、15-16世紀段階においてこの旧河川は、船が行き来するほどの規模を保っていたと考えてよい。おそらく、その後の堤防建設に伴い、河川が堤防内の水路と化し、水量の低下による規模縮小化へと徐々に向かったと考えられる。

以上の事象より導けるチューダウとミーサーの景観変化は以下のようなものであろう（図239）。15世紀、ケーダー川とタイビン川が交差する南側微高地（自然堤防）を利用し、陶磁器生産がはじまった。当時はまだ本格的堤防建設は始まっておらず、両集落ともに居住地面の比高差は生じていない。16世紀末あるいは17世紀初頭には両集落とも陶磁器生産が終焉を遂げるが、盛り土による集落の高レベル化と面的拡大が顕著となる。特に、ミーサーの高レベル化は堤外地適応のそれであり、ミーサーとチューダウ間に堤防が建設されなければ、起きなかった現象である。そして、この堤防建設が集落居住面の盛り土時期と重なると考えてよい。

（3） ビンザン窯址群

ハイズオン省Binh Giang県（ビンザン）のサット（Sặt）川、ドーダイ（Đò Đáy）川沿いには、15世紀から20世紀にかけての窯址が集中して分布している。ホップレー（Hợp Lễ）、バートゥイ（Ba Thuỷ）、カイ（Cây）、ゴイ（Ngói）、ラオ（Láo）、ヴァンド（Vân Độ）の各集落で窯址が確認されており、ヴァンド以外はすべて、右岸に位置している（図240）。注目すべきは、ホップレー、バートゥイ、カイ、ゴイ、ラオは、現堤防外に位置していることである。

ここでは、考古学調査にもとづき、窯業生産の時期的分布を確認する。

ホップレーは15世紀から17世紀末か18世紀初頭にかけての窯業生産が行われていたことが大規模な発掘で確認されている（Bùi M.T. 2001：32-60）。1989年の発掘では約1.85m厚の遺物包含層が確認され、そのうち、表面から1.1m深前後（発掘深度1-11レベル）まで、17世紀後半の遺物が確認されている。そして、1.1-1.6m深前後で16世紀の製品が出現し（発掘深度12-17レベル）、15世紀のものは1.6mから1.85m（発掘深度18-23レベル）で確認されている。したがって、17世紀以降の製品が確認できる層が非常に厚いことがわかる。調査者は、盛り土のように遺物を少量しか含ま

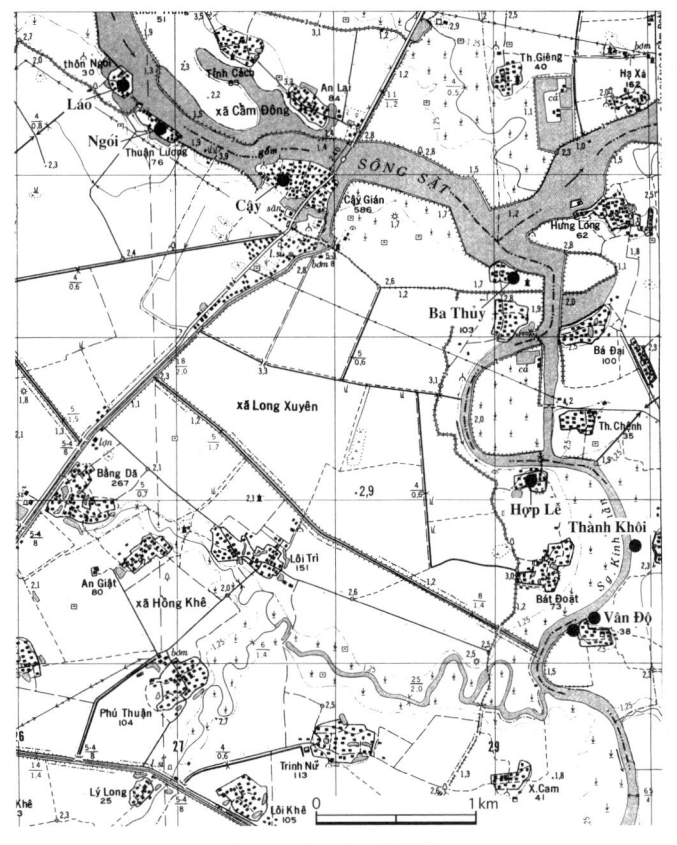

図240　ビンザン窯址群

ない層が厚く確認できたことを認識しており（Bùi M.T. 私信）、17世紀に盛り土によるレベル上昇があったことが考えられる。

　バートゥイは15世紀から16世紀末あるいは17世紀初頭までの生産が確認できるが、それ以後の時期に関しては確実な資料は発見されていない。カイは15世紀から20世紀までの連続した生産が確認されている。さらに上流のラオでは、16世紀から17世紀末か18世紀初頭の生産が確認されており、その始まりは15世紀にまで遡ると考えられている（Tăng B.H. 2000）。筆者のサーベイでも、ラオで14-15世紀の遺物を確認している。

　ゴイはカイ、ラオの間に位置した、堤防上の集落である。当集落では1999年の小規模発掘（Bui M.T. & Nishimura n.d.）で、堤防と集落形成との関係がかなりはっきりした。現堤防道を挟んで3カ所の地点で試掘を行ったが、すべての地点において、最下層から出土するものは15世紀のものであり、その上に16世紀の遺物包含層が確認されている。また、そのなかの1地点では15世紀初頭の遺物を含む提体と思われる盛り土層も確認できた。したがって15世紀に現堤防道下に、より小規模の堤防があったことが確実視される。そして、別地点では16世紀包含層の上で、堤防建設のための堅くしまった粘土の盛り土層（約80cm厚）が確認された。発掘面積が狭いため、この層中の遺物量は非常に少なく、堤防建設の年代を判断することは難しい。しかし、盛り土層直上の最上層部で1980年代の瓦を焼成した時の文化層を確認しており、17世紀から1980年の間に盛られたものであ

ると限定できる。地元住民によれば、1980年代の瓦窯操業以前は人が住んでいなかったという。したがって、当遺跡は17世紀には無人化し、堤防形成の盛り土層が17世紀から1980年の間に形成されたことになる。

これと同様な現象を確認できた地点に、左岸のタインコイ村のはずれで発見された陶磁器集中分布地点がある。当地点は窯業生産地ではなく居住遺跡と考えられるが、陶磁器の年代分布は14世紀から17世紀初頭に限られている。乾期の川水面より1.3mほど高い地点で包含層が確認され、その層は現堤防の盛り土層下に入り込んでいることが確認された。17世紀半ばか後半以降の陶磁器がまったくないことを重視すれば、17世紀半ばか後半以降に無人化し、その時に堤防建設が行われたと考えられる。

こうした、観察事実をまとめると以下のようなことが推察可能となる。

16世紀末あるいは17世紀初頭になって、現在の大集落間を結ぶゴイやタインコイなどの地点的小規模集落は廃棄されている。そして、窯業生産は17世紀半ばか後半以降、カイ、ホップレー、ラオの3集落のみ、盛り土による居住面の高レベル化を経て行われるようになった。そして、このような変化を引き起こしたものが輪中型堤防建設、あるいは、それに伴う河水面の上昇と考えたい。

(4) フーラン

フーラン（Phù Lãng：旧扶朗社）集落はバックニン省Quế Võ県（クエヴォー）のフーラン社に位置している。当集落も伝統的窯業集落で、現在、棺桶、甕や壺などの日常生活雑器を焼成している（西野 2006）。集落はカウ川右岸の自然堤防上に発達しているため、細長い形状を呈している（図241）。現在集落の西側に残丘間をつなぐように建設された堤防が走っており、この堤防の起源は定かではないが1930年代、1960年代、そして2003年の3度にわたって改修が行われ、大規模化されている（西野私信）。したがって、現在のフーラン集落は堤外地に位置し、雨期には窯業が不可能になるほど居住面が浸水したようである。

このフーラン集落の直下に過去の陶磁器生産を示す遺物包含層が確認されている（Nishino 2003）。遺物分析では生産が13世紀まで遡り、その後、現在まで連綿とした生産が続いていることが確認された。乾期の露頭面の調査で以下のことが明らかになっている。チュン村（Thôn Trung）地点では、乾期の河水面からわずか40-50cm高いところで13世紀から15世紀にかけての窯址、遺物包含層が確認できた。また、水面より約2m高いところで19-20世紀の包含層が確認され、さらにその上に2m近い盛り土層が現集落下に確認された。それから、ハ村（Thôn Hạ）地点では13-14世紀の包含層の上に、約2m厚の盛り土層があり、さらに、その上層で17世紀の遺物包含層が確認できた（図239）。したがって、13-15世紀においては、乾期水面から50cm前後しか高くない面で操業し、その後17世紀のある時点で、盛り土による居住面の高レベル化を行っている。高レベル化は、その後も現在に続くまで行われているようで、これは堤外地の居住面が堤防の高レベル化に適応したものであろう。

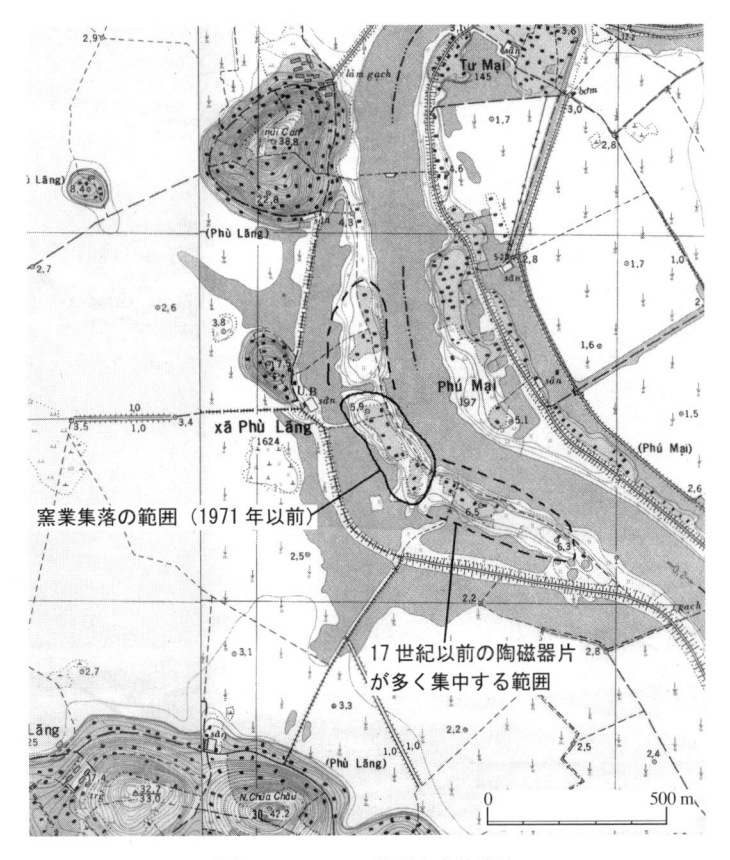

図241　フーラン集落と窯址遺跡

（5）バッチャンとキムラン

　両集落は紅河本流の左岸の堤外地に南北隣り合って位置し、行政上はハノイ市Gia Lâm県(ザラム)に所属している（図217：本章第1節参照）。現在、両集落の間にはバックフンハイという水門付き運河があり、バックニン省、フンイェン省、ハイズオン省、そしてハノイ市のザラム県の排水・灌漑を行っている。

　バッチャン（Bát Tràng）社は伝統的窯業集落であるが、その歴史的遡源については考古学からの本格的な調査はいまだなく、文献・伝承史料から、その起源は李朝期にまで遡るという仮説が提出されている（Phan H.L. 1995：13-17）。

　バッチャンは紅河の攻撃斜面に位置しているため、1999年の乾期に集落下の堆積状況を観察することができた。堆積状況は以下のようであった。現集落面と基盤の褐色粘土層の間に約8m厚の堆積を観察できるが、最下部約50cm厚は灰色粘土層で、15世紀あるいはそれ以前の遺物が包含されている。その上2.5m厚は明褐色粘土、黄色粘土、灰色粘土が斑状に混じるもので遺物をほとんど含んでいない。この層の直上で17世紀後半以降の遺物を含む薄い層が確認された。そして、さらに上層（約5m厚）では主に20世紀の遺物を主とした包含層と無遺物層が確認された（図239）。

　キムラン（Kim Lan：旧名金關）社は現在、バッチャンの窯業技術を導入し、陶磁器生産を行っ

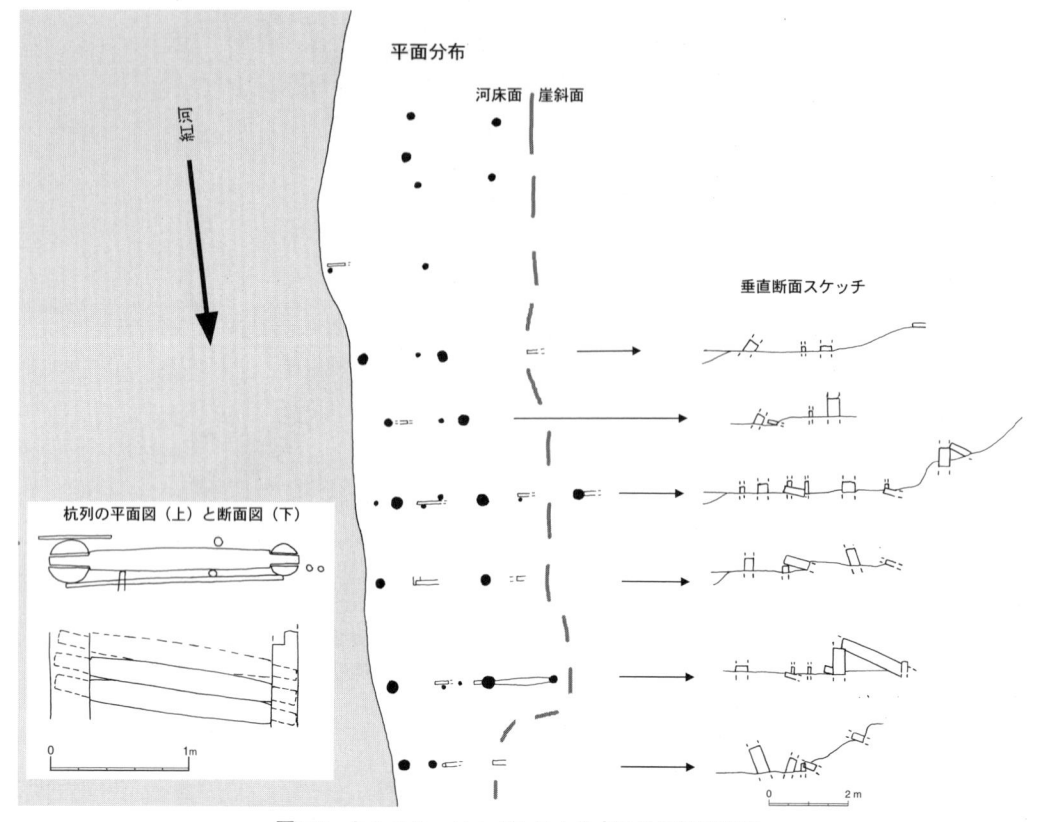

図242 キムラン・ソムボンロウ地点の堤防杭列痕跡

ているが、19世紀以降は養蚕が盛んな集落であった（本章1節参照）。現集落の生活面は17世紀以前の旧集落生活面に比べ約4-5m高くなっており、旧集落生活面は当然雨期の間は水面下にあり、乾期のみ地上に出現し、水面との比高差は最大2mほどにまで拡がる。また現集落面さえ、夏期にはほぼ水に浸かるほど紅河が増水する。

　さらに興味深いのは、古堤防の痕跡がバックフンハイ運河と発掘地点の中間で確認できることである（2004年3月調査資料）。2004年初頭の乾期はまれにみる小雨気候となり、河水面が大幅に低下した。そしてキムランとバッチャンの現集落のほぼ真ん中に位置する紅河左岸で、乾期水面とほぼ同レベルの河床露頭面から木杭列のようなものが発見された。筆者とキムラン歴史研究会の踏査で、この杭列は図242のような配列、構造を持っていることが明らかとなった。具体的には、木杭と板を組み合わせた柵状のものが水流方向に直交するように土中に連続的に埋められていた。日本の古堤防発掘においても、愛知県名古屋市込高新田堤防や東海市浅山新田堤防（北村 1998：451-456）では、堤防基底部に板柵をつくり、さらには横木を交え、土嚢などを積んで、堤体基部の決壊防御工事を行っているが、キムランでの確認例も、堤体の中央かあるいは川面側かという問題はあれ、堤体基部を決壊から防護し、堤防土の安定を図った基礎工事の一部と見て間違いあるまい。

　この堤防痕跡は現河川流路に沿って100m以上の長さで確認され、その方向から推測するなら、キムランの旧集落（バイハムゾン遺跡）範囲を紅河と分け隔て、バッチャン集落の東側へ向かって

第12章　胡朝・黎朝初期（15世紀）以降　*291*

延びていた可能性が高い。共伴する陶磁器（17世紀末－19世紀）で判断すると、この堤防の存在期間は17世紀末から19世紀の間と考えられ、キムランが遅くとも17世紀末からある期間堤内地に立地し、バッチャンは堤外地に立地していたことが理解できる。ただし、錯綜する堤防基礎杭列や共伴する陶磁器の年代から、建設時期は複数回あった可能性も考慮しておく必要があろう。また、バッチャン集落東側の水田地帯（現在は沖積土壌の堆積で畑地化）は、過去においてはキムランの土地で、バックフンハイ運河の建設でバッチャン側に帰属している。また17世紀から18世紀においてバッチャンの陶磁器生産域は、紅河沿いに現在のキムラン集落北部（旧ソム Đại Bàng の川沿い北域）に浸食する形で拡大していることが、モノハラの分布などから確認できる。この現象は堤防建設によるキムランの堤内地化と並行したもので、堤外地化した紅河沿いに窯を建設したものであろう。また17世紀から18世紀においてバッチャンの陶磁器生産域は面的に川沿いに現在のキムランこの現象は堤防建設によるキムランの堤内地化現象と表裏一体の現象であるようだ。これらの事実は、紅河本流が形成する自然堤防において、キムランはもともとバッチャンよりさらに東側の自然堤防列に位置していたことが理解できる。したがって、17世紀末か18世紀からある期間、キムランは堤内地、バッチャンは堤外地に立地していたことにも符合する。ただし、この堤防は最終的には、18世紀から19世紀のある時点で、破堤をして放棄され、キムランは堤外地に立地することを余儀なくされたと考えられる。その結果、堤外地に適した桑の栽培がさかんになったのではないかというのが筆者の推測である。『同慶地輿誌』の嘉林縣図（Ngô Đ.T. et al. 2004：A.537/1, f67）では、キムランの東隣のスアンクアン（春關社）が堤防の内側、バッチャン（鉢場社）が堤外地に描かれている。『京北風土記演国事』(1807年以前成立：Trần V.G. 1971：21) には、キムランは桑の栽培地として登場する。以上の事実から、キムラン、バッチャンともに17世紀の半ばか終わりに、ようやく堤防建設やそれに伴う居住面を高レベル化する現象が確認され、それらは河水面上昇に対応したもので、高レベル化自体はその後も継続している。したがって、17世紀の半ばか終わりに、現在の紅河両岸の堤防が閉鎖型堤防に変質し、河水面が高くなったと推測する。

　土地所有においては、キムランは私田に対して公田比率がかなり高い集落であったことが記憶されている（西村 2006a：86、本章第1節参照）。堤防建設は小規模の社会集団が行えるものではない。社などの集落組織単位、あるいは、それ以上の大きな集団・組織を動員することによって可能となるものであろうから、その建設が公田造成とつながっていることは十分納得できる。公田分布域は、先述したように現中心集落から南側の区域が中心だったようだ。前述した17世紀末か18世紀の堤防建設が輪中型堤防とすれば、もともと排水域としてしか機能しなかった低域が堤内地化し、そこが農地（水田）として活用できるようになったことを意味しており、そのような可耕地は公田地帯となった可能性がすこぶる高い。筆者は、考古学調査と過去の土地所有形態から、17世紀におけるバッコック、フーコック、タンコックでの輪中型堤防建設に伴う公田地帯の成立と同様な解釈が、キムランにも当てはまると推測する。

（6）クアカムとトーハー

　クアカム（Quả Cảm）村は、バックニン省 Hòa Long 社のカウ川とグーフエンケー（Ngũ Huyện

Khê）川の合流地点に位置し、トーハー（Thổ Hà）集落（図243）は、バックザン省のVân Hà社カ
ウ（Cầu）川蛇行部内側の堤外地（ポイントバー）に位置している集落である（図244）。両集落は
カウ川を挟んで向かい合った関係になっている。クアカム集落下には13世紀から16世紀末あるいは
17世紀初頭にかけての無釉陶器生産時に分厚い包含層が堆積している。現在、集落内には無釉陶器
製造法を伝えた李朝代（1010-1225年）の皇女を祀った廟がある。

　トーハーはつい最近まで、無釉陶器の大壺や棺桶を生産する集落として有名であったが、現在は
北西隣のヴァン（Vân）村同様、酒造りが主に行われている。この村の陶器生産の考古学的痕跡は、
現在の集落が堤外地全面をほぼ覆っているため、正確には把握しえないが、17-18世紀にまで遡る
のは確実である。興味深いのは、集落内で最も古式の建築を残している亭（Đình：図245）、寺など
の碑文が共に17世紀末の建設を伝え（Thanh H. & Phương A. 1977）、亭や寺を中心に、家々が両翼
に広がるように整然と並び、集落を構成するソム（Xóm）も、その両翼に均分区画されるように並
んでおり、意図的な集落設計が読みとれることである。こうした集落形態は、長期間にわたって形
成された集落ではなく、形成史の新しい集落の特徴と思われる（本章第1節のフーコックの議論参
照）。

　ところで、両集落の周辺では河川沿いに、9-17世紀の窯址遺跡が多く確認されている（図244）
（Nishimura & Bui M. T. 2004）。そのうち、クアカムを含め7地点が16世紀末から17世紀を生産の
最終年代とするもので、それ以上新しい時期の窯址は確認できない。つまり、17世紀のある時期に
こうした川沿いの各窯業生産地は生産をやめ、トーハーでの生産に収斂した可能性が高い。実際に、
クアカムからトーハーに住民が移住した伝承が残っており、現在でも、トーハーのある氏族の一支
派は、クアカム側に年に一度、氏族祭礼に赴くという。さて、この変化を引き起こしたのは何かが
問題となる。

　前述の各窯址遺跡はすべて、現堤防の堤外地側で確認できるものであるが、その高度は乾期の河
水面から50cmから1mほどの高さで確認できる。これは当時の河水面が現在に比べ、低かったこと
を意味している。ところでトーハーはカウ川の堤外地に位置しているため、周囲の非残丘部と比べ
相対的に標高が高く、最高位部で約8mに達している。集落中央の亭も標高5mのところに立地し
ており、17世紀末の亭建設時に5mの標高が集落の居住面として確保されていたことがわかる。ち
なみに、この亭の建設地面と川を挟んだ東向かいのクアカム側の窯址地点の表面高度は、ほぼ同じ
であった。そして、現在のトーハーの集落高度が示すように、盛り土や沖積土、さらには陶器焼成
窯の連続した破壊と建設で、次第にその高度が高くなり、建設時から基壇を変えていない集落中央
の亭が、結果的に周囲より低くなったと考えられる。したがって、以前から居住自体は存在してい
ただろうが、17世紀末がトーハーにとって集落形成史上の大きな画期である可能性が高い。

　トーハーの集落自体はカウ川の蛇行部の内側に位置しており、周辺の窯址は対岸の河川攻撃面に
位置しているところが多い。攻撃面側の地点では浸食が大きく、堤外地での安定した居住は望めな
いが、逆にトーハーの側では堆積作用が大きいことを気にしさえしなければ、広大な安定居住面を
望める。堤防建設が先か、窯業集落の再編が先かは、考古学的な調査が進まない限り判断はできな
いであろうが、筆者は互いに時間的に近接し、相互影響を及ぼしていたと考える。トーハーとその

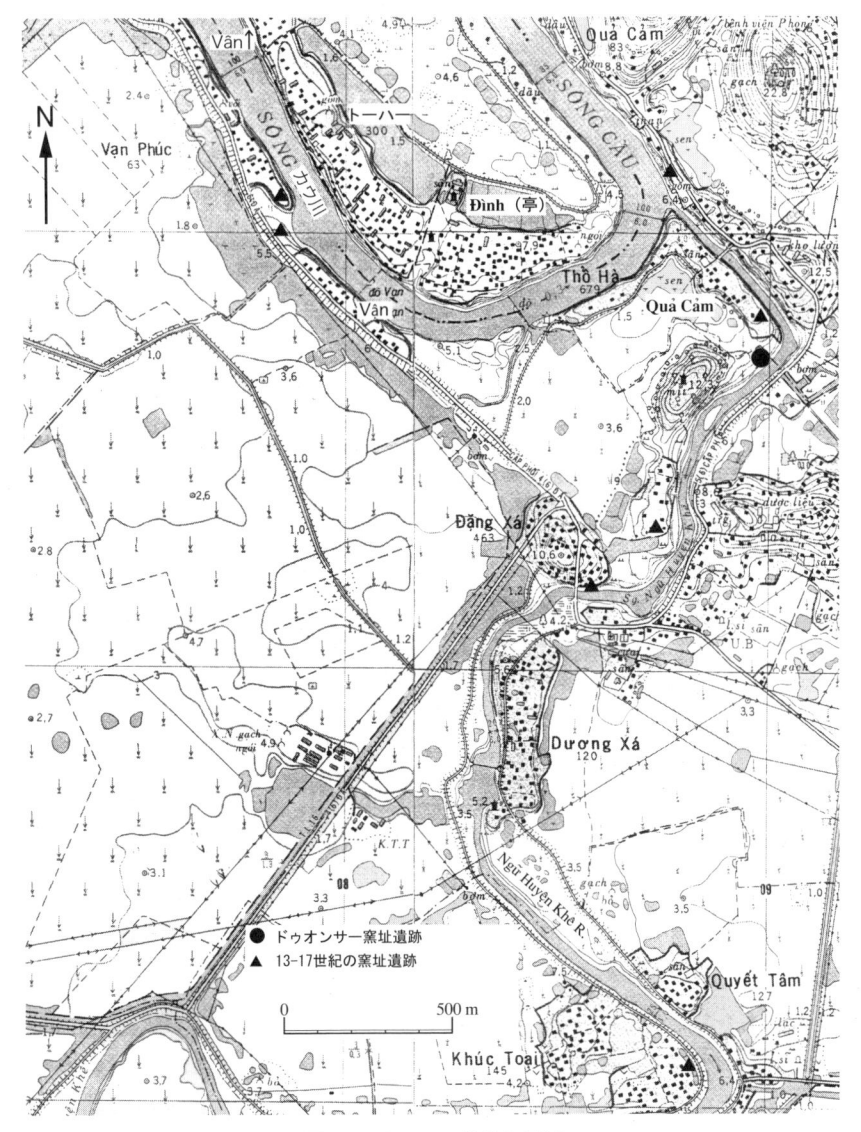

第12章　胡朝・黎朝初期（15世紀）以降　*293*

図243　トーハー集落と周辺

● ドゥオンサー窯址遺跡
▲ 13-17世紀の窯址遺跡

図244　トーハーの遠景

図245　トーハーの亭

対岸域（Vạn）は、水上交通の要所でもあり、今日、対岸のヴァンでは造船業が行われ、クアカムの方では水上生活者や水上運搬業を営む人たちが多くいたといわれている。堤外地は、立地が手工業生産とその運搬に適していることはいうまでもない。

　よって、筆者は堤防建設による高水面化と堤外地の水上交通の利便性が結びついて、窯業生産地の再編が起きたと考えたい。

（7）ハノイ市チャンティエン通り（旧百貨店）地点

　レロイ（黎利：黎朝創始者）が湖に剣を投げ入れた伝説を持つホアンキエム（環剣）湖はハノイ市のシンボル的景観である。『洪徳版図』の昇龍城と周辺図（図246）ではこの湖からは南東に川がのび、紅河本流に合流している。ところが、19世紀末のハノイを表したとされる地図『HANOI 1873』（1916年印刷：図247）では、この河川は残り紅河本流とは切断され、環剣湖、水軍湖などの痕跡として残り、旧河川域は城塁（兼堤防であろう）と堤防が構成する一種の輪中空間内に位置していることがわかる。つまり、この河川域は19世紀末までに埋められたことになる。また七畝湖がハノイ輪中内の悪水を蘇瀝江に排水する機能を備えていることも理解できる。2000年にこの旧河川上に位置する、チャンティエン通りとハンバイ通りが交差する旧百貨店地点（図247）の緊急発掘調査が行われた（Bui M.T. et al. 2001：294-296）。発掘坑は旧河川を埋め立てた厚い埋土（褐色粘土層）を明らかにした。埋土の下は旧河川がまだ機能していた時の黒色あるいは黒褐色泥炭粘土層である。

　出土遺物は17世紀半ばを中心とした貿易陶磁（中国・日本産）が数多く出土しており、当地点が17世紀段階で船着き場のような性格を有した可能性がある。おそらく、この時点で周囲の居住域の拡張や川の縮小化がはじまっていたと思われる。そして、この上の盛り土層は18世紀を下限とし、18世紀には川としての機能がなくなっていたことが推定される。17世紀末から18世紀にかけて、居住面の拡大、高レベル化が行われた一例であろう。また、近年のタンロン皇城遺跡ホアンジウ通り18番地点での発掘の結果などと併せて考えると、17世紀から18世紀にかけて、タンロン皇城と周辺は、地盤造成（高レベル化）を大々的に行っている可能性が出てきた。

（8）結　論

　紅河平野の複数の地点・地域において、集落と居住面形成、そして堤防との関係について述べてきた。研究方法論的には、日本の輪中型堤防卓越地帯の研究が非常に参考となる。[15]

　全体を概観して明らかなのは17世紀に突如活発化する集落の居住面高レベル化、面的拡大である。そして、これらの現象は輪中型堤防形成を前提にしないと説明できないというのが筆者の結論である。

　ただし、その形成時期については、地域あるいは輪中単位での時間差がありそうだ。バッコックやチューダウの例は17世紀の初頭、トーハー、キムラン、ハノイの例では17世紀末の可能性が高く、紅河平野下流域が早く、中流域が遅いという傾向があるのかもしれない。濃尾平野の輪中形成史でも、古くから集落が成立していた自然堤防地帯において、築捨提から輪中型堤防（懸廻提）への移

行が、低位部から高位部にかけて拡大する現象が指摘されている（安藤 1988：320-325）。ただし、筆者は17世紀を通じて輪中型堤防建設現象があり、場合によっては16世紀の末にまで遡るところもあるかもしれないし、18世紀以降も堤防建設は盛んであったと考えている。前後との差を重視するなら17世紀であり、この時期が、まさに現在我々が目にするような稠密な紅河平野の集落風景が形成され始めた画期と考える。

　ちなみに文献史料では、1619年から1705年の間の詔令を集めた『国朝詔令善政』7巻に河政関係の詔令が集められており、陳荊和（1988：252-253）の議論では、1660年から1673年にかけて7度の堤防修築令が含まれている。これは、17世紀後半において破堤がしばしば起き、政権がその修築に対応する必要があったことを意味している。そして、陽徳二年（1673年）秋七月の申明培築堤路に、堤防修理の勅令がある。このなかに「水関」「水竇」が登場する。水竇は後に、阮朝の『大南会典事例』で、堤防存廃の議論を行った際に触れられており（陳同上）、堤防の左右に水路を伴って設置されたもので、水田への入水機能や、入水遮断機能を持っていたことが理解できる。『同慶地輿誌』の河内省図（Ngô Đ.T. et al. 2004：A.537/5, f5）などでは、「竇口」が輪中型堤防の排水

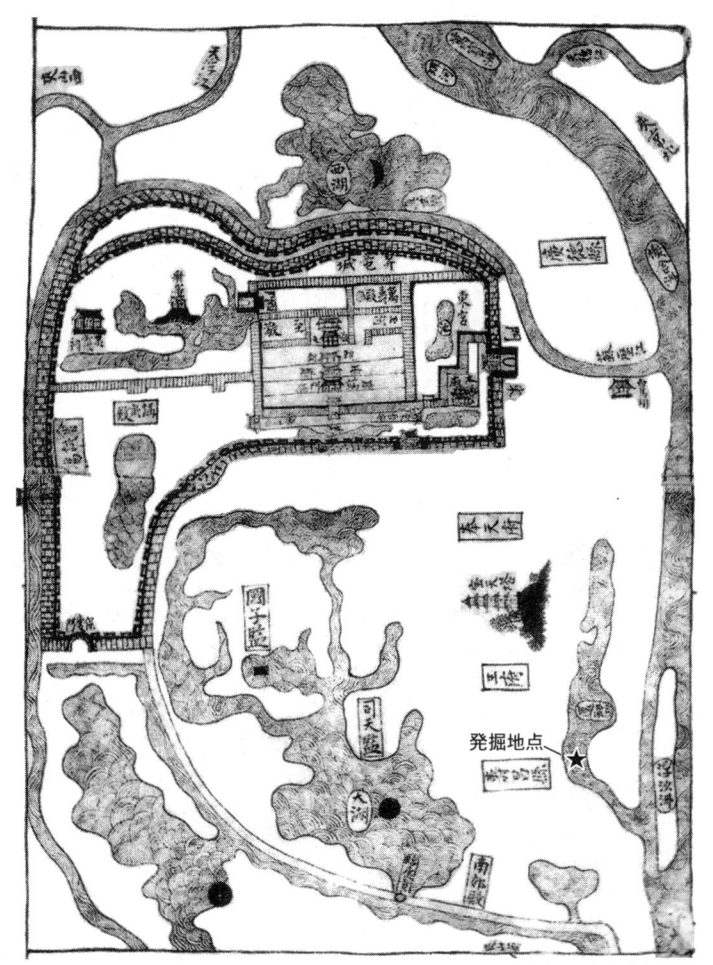

図246　洪徳版図によるハノイと周辺（Tong T. T. 2006：漢喃院所蔵番号A2499）

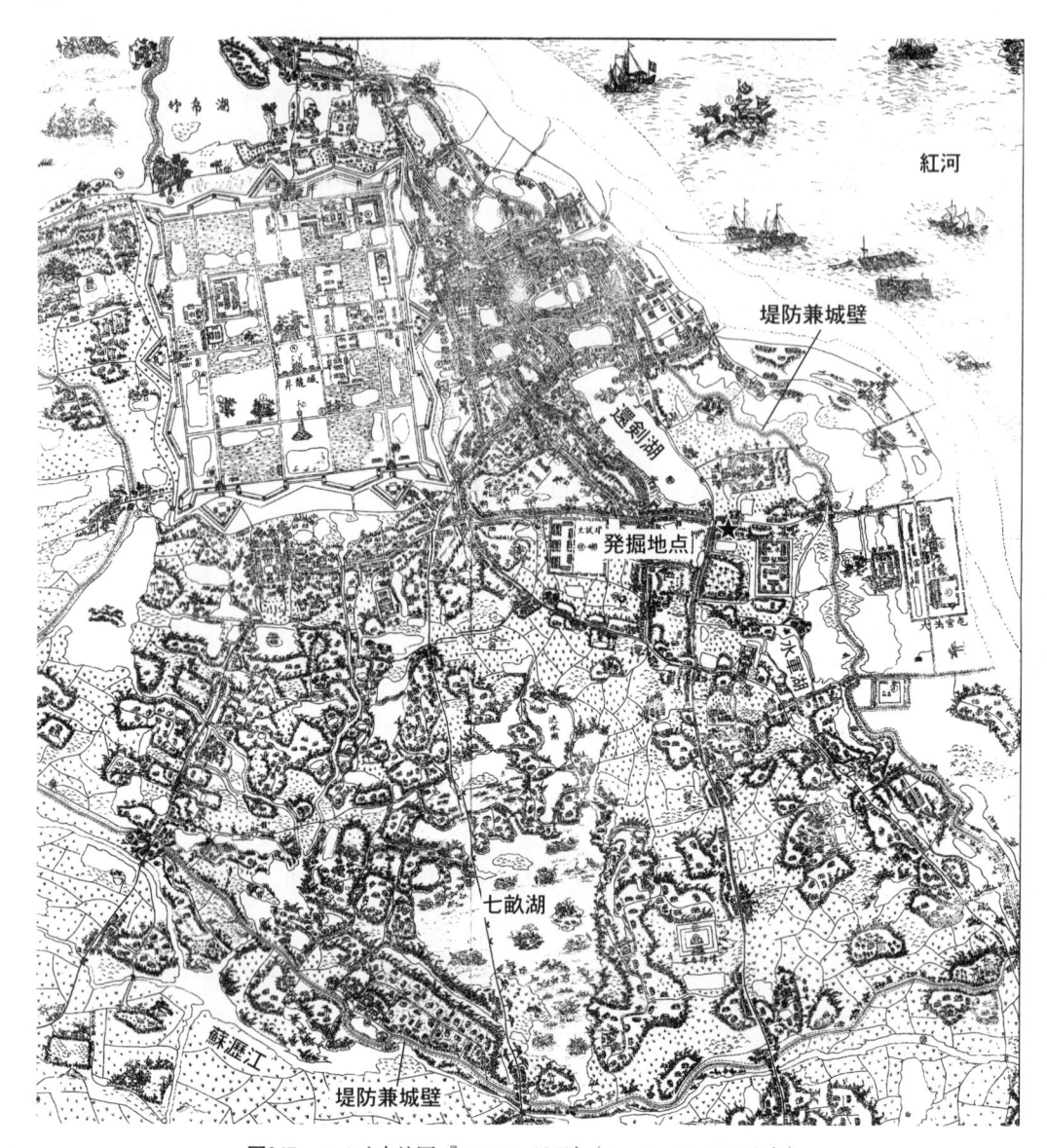

図247　ハノイ古地図『HANOI 1873』(Ngo T. H. 2000より)

口として機能していることが絵図より認識できる。「水関」「水竇」ともに水門の類と考えられ、排水、入水が可能な閉鎖型つまり輪中型堤防の存在根拠となる。ちなみに、明代の珠江下流域でも「竇」を輪中型堤防の水門として使っている（王 2002：177）。前出の1673年詔令記事が、水関や水竇が付された最初の堤防記述であるなら、輪中型堤防出現時期のひとつの傍証となり、筆者の推定する輪中型堤防出現期と齟齬をきたさない。(16)

　バッコックやキムランでは、堤防形成と集落史と土地利用の相関性から、輪中型堤防形成により、堤内低地が新田化された時に公田化され、結果として公田高比率地帯が成立している可能性が高い。沿岸部の防潮堤建設による土地の囲い込みによる新田開発でも、国家側が主体的に堤防建設を行っている場合は、公田が多く形成されているようだ（嶋尾 2003：173-174）。また、17世紀後半から

18世紀にかけて、堤防修築の際に付近の社を動員したり、税負担を決める勅令が出されている（Phan K. 1981：43-47、Đỗ Đ. H. 1997：68）。さすれば、バッコックやキムランでも、鄭氏政権主導のもと各社を動員して堤防建設を進めたと想定するべきなのであろうか。堤防形成と集落形成史を絡めて、土地利用を理解する視点は、従来のベトナム土地制度史研究ではなかったもので、今後、堤防建設の計画・管理・実行者なども含めて、各具体事例での検討が必要である。

　また、桜井（1987a：141-180）は『洪徳版図』『国朝官制典例』などの史料分析から、紅河平野域の集落数が15世紀から18世紀にかけて、社（xã）数はさほど変化しないのに村（thôn）数が大きく増加していることを指摘し、そこに社からの分村の可能性を推測している。筆者はこの村数増加を起こした主因のひとつが、輪中型堤防により、堤防内の低湿地が新たな居住地、耕地として利用可能となったからだと考える。その結果、堤防内の既存社から分村して、新集落が成立することは非常に蓋然性が高い。

　さらには、堤内地と堤外地では居住面形成法において、差があることが明らかとなった。堤内地では、日本の水屋建築のように、各家単位で盛り土をして高位面を形成して、高水位に対応すればよい。しかし、堤外地の場合、日本のように石垣を使って、堅牢な水屋建築（佐藤他 1987）を築けるような条件や伝統がない場合、集落全体で高位居住面を維持して、高水位に対応しなくてはならない。また、堤外地の場合、河川の堆積作用も直接に被るわけであるから、盛り土をせずとも自然堆積で高レベル化することが考えられる。河川蛇行部の滑走斜面側のトーハーなどはその典型例だろう。したがって、堤外地は河川の堆積作用と盛り土両方により高レベル化したと考えた方がよい。

　また、堤外地にしばしば窯業集落が立地しているのも興味深い。原料（陶土や薪）の搬入、製品の伴出などは、つい最近まで水運が中心であり（e.g. 西野 2006）、堤外地というのは窯業集落の絶好な立地なのであろう。そして、窯業集落だけでなく、伝統的手工業集落にはそうした堤外地に好んで立地している場合が他にもある。その一つがキムランなどに見られた養蚕業である。これは養蚕業に必要な桑の栽培に堤外地が適していること（安藤 1975：243-248）が関係している。こうした産業は堤外地の有利性を利用しており、輪中型堤防形成がこうした手工業集落の立地を限定したり、あるいはその専業度を強めさせた可能性とてあろう。輪中型堤防形成により本格化する堤内地と堤外地の地形的格差はそこに立地する集落の性格も変えていったと考えられる（西村 2006a：88）。この推測は、最近鉢場（バッチャン）社と北隣東舎（Đông Dư）（ドンズー）社の地簿分析などから、ドンズーが堤内地化後、桑畑を失っていったという考察（上田 2010）からも裏付けられる。今後のベトナム史や集落研究で注意すべき課題である。

第3節　紀元2000年紀後半の銅鼓

（1）　失蠟法鋳造のⅢ式鼓

　失蠟法鋳造のⅢ式鼓は現在まで、ライチャウ、ソンラー、ゲアン、ダックラック省などラオスと国境を接する北部・中部の西域各省でしか発見されていない（図152）。宮川（2000）が日本でのコ

レクションにもとづき分類編年をしており、その始まりを紀元2000年紀の真ん中頃に想定しており、ここでもそれに従っておく。ところで、このⅢ式鼓はクム（Kho Mu, Khum：オーストロアジア語族）族の民族使用例が報告されている（Diệp D.H. & Đậu X.M. 1976）。彼らは正月や家の新築などの祭礼時に使っている。また、銅鼓の入手に関しても村人から金を集めて銅鼓を買いに行った話やラオスから僧を招いて銅鼓を鋳造させた話（Diệp Đ.H. 私信）が収集されている。ラオスでも、クム族の銅鼓使用例が多く報告されている（川島 2006）。また、タイ・ビルマの北方山岳域ではシャン族が製作したⅢ式銅鼓をカレン族が使用している（Cooler 1995）。雲南では、西盟県を中心に多く発見され、西盟県などの佤族（モンクメール語族）、西双版納泰族自治州の克木人（ベトナムのクム族に相応するようだ）、文山壮族苗族自治州の倮人（彝族の支族、ベトナムのロロ族に対応）、西双版納自治州や徳宏自治州などの泰族などに現在の利用例が報告されている（呉 2005）。

（2） Ⅳ式鼓

ベトナムでの分布中心は、ハザン、カオバン、ラオカイ、ライチャウ、ソンラー省などの北部山岳部の中国国境域に集中し、ハザン省での出土例が最も多い（図152）。ただし、平野部でもハナム省のLong Đợi Sơn（ロンドイソン）（ベトナム歴史博物館所蔵資料）での孤立例が存在する。中国では、広西北西域・雲南東域、貴州を中心に出土例、民族例が分布する。宮川（2001）は、その編年研究で3期に大別し、その初現を暫定的に13世紀後半とし、終末は19世紀前半まで確実に製作されたとしている。紀元2000年紀前半に納められるウィーン1号鼓と同型式のものは、ハザン省などに確実に存在するが、図や写真が公表された資料が少なく、意味ある分布を提示できそうにない。したがって、ここでは、その分期は行わない。ちなみに、Ⅳ式鼓には、漢族や広州の客家人が鋳造したことを示す銘文を持つものがある（蒋 1982）。おそらくⅣ式鼓の大半は漢人系社会の間で鋳造され、各民族社会に流通されたものであろう。

Ⅳ式鼓の場合は、広西と雲南に国境を接するハザン省に多く居住するチベット・ビルマ語族のLô Lô（ロロ）族（Quang V.C. et al. 1974、Lò G.P. 1996）、タイ語族系のザイ（Giay）族（Trần H.S. 1993）やカダイ語族系のプーペオ（Pu Peo）族（Nông T. 1977）の使用例などが報告されている。

ロロ族の場合、一族の族長が銅鼓を管理し、普段は地中に埋納し、葬礼時のみ掘り出して利用する。一族のなかで死者が出た場合、地中の銅鼓を掘り出し、葬礼を行う家の前でつるす。そして、祭壇の前で、死者のために祖霊の出迎えをお願いするときに、叩く。また、広場の下の仮屋で銅鼓をつるし、水牛か牛を供犠するときに、男女で輪舞するが、その時に、2つの銅鼓の鼓面を向き合わせてつるした銅鼓を叩く。さらには死者の霊が現世を離れあの世に行くための儀礼時にも、銅鼓を叩き踊る。この時には2-3対の銅鼓を使うこともある。その後、死者を墓に埋めた後、9晩続けて銅鼓を叩き、踊り死者をしのぶ（Lò G.P. 1996）。

また、銅鼓には、雄鼓と雌鼓の区別があるが、それは世界が洪水に見舞われたとき、2人の姉弟のうち、姉が大きい銅鼓に、弟が小さい銅鼓に体を結びつけ助かり、そこから民族が、再び復活したという伝説にもとづいている。同様に、ロロ族の銅鼓は鼓面部に2つの小穴が開けられているが、

これも2人の姉弟が魔物を退治した伝説にもとづいて説明されている（Lò G.P. 1996）。属明期の(1407-27年)ことが詳しく記録されている『安南志原』(17世紀末成立)では、広西・雲南国境近くに住む"僚"が、銅鼓を屋敷の庭に置き儀礼に使うこと、銅鼓に雄雌の区別があることを記しており、考古学的編年に依拠するなら、Ⅳ式銅鼓の利用を記述していることになる。民族習慣に関する記述自体は、ロロ族のそれに近いようだ（樫永私信）。

ロロ族の社会組織は15世紀には羅羅国として、ひとつの独立した政治領域として認識されていたようで、明代には南京の官学に学生を派遣している。また、『大越史記全書』の1508年の記述には、「黒羅羅国人侵入朱村田開、……、往征黒羅羅、到朱村田、分立界碍、尋命烱等経理順(興)化處水尾朱開地方、以修理關隘」とあり、雲南のロロ族の国が、後黎朝支配域である現ラオカイあたりに攻め込み、その存在感が紅河平野のキン族政権に脅威として認識されていたことをうかがわせる。

（3） ライドン式

フート省Thanh Sơn県のLai Đồng社より接収された銅鼓は、これまでの5つの型式とまったく異なるものである（図76、152）。頭部と胴部は真ん中で若干くびれをもって、分かれているが、ともに無紋の長方形浮紋をいくつかめぐらしたのみのもので、文様帯を構成はしていない。鼓面には2匹の龍と雲文が絡み合ったものが配置され、中央部の太陽紋も12芒ながらも、これまでのどの型式の銅鼓とも類似していない。龍文などから判断すれば阮朝期（19世紀：Nguyên A.T. 2001）と考えてよいのであろう。この銅鼓は他の銅鼓との系統的つながりを求めるよりは、青銅製太鼓（Nguyễn D.H. 1983）などとの関連を追及すべきであろう。

フート省タインソン県ではムオン族の間でライドン（Lai Đồng）式鼓や類Ⅱ式鼓、2個を対にして使う慣習が残されている（Bùi T. M. 2001）。村落の集会所である亭（Đình）での儀礼時や族や家族単位での儀礼時に用いられたようで、銅鼓を対にして正置状態で吊し、その下に穴を掘り、音の響きをよくしたようだ。

（4） なぜ類Ⅱ式は製作されなくなったか

先述のように類Ⅱ式鼓は、15世紀あるいは16世紀のある時点で製作されなくなっている。その理由を少し考えてみたい。

ムオンが銅鼓を鋳造した話は、神話的な銅鼓鋳造起源の話以外はなく、さらには近過去における実際の青銅器鋳造例などもまったく報告されていない。20世紀初めに北部ベトナムの山岳民を踏査したアバディ（1944）によれば、ムオンやタイ系の諸民族においては、簡単な鍛冶や銀細工を営む例を認めるのみで、鋳造を伴うような本格的金属手工業は報告されていないし、楽器として頻用される銅鑼などもキン族の既製品を手に入れていることが記録されている。また、Cuisinier（1948）は、ホアビン省の民族調査で、屋敷内に保管されたり、森の中で保管されている銅鼓について言及している。

このような状況を考慮すれば、類Ⅱ式鼓が現在まで連綿と使われているのに、なぜ16世紀を前後とするある時点で銅鼓生産が途絶えたかも説明しやすくなる。つまり、現代でも葬礼などで積極的

に銅鼓を使用しているムオン族に、銅鼓を必要としなくなった理由を見出すことは難しい。また、ムオン族と平地民との交渉関係は、より新しい時代においても継続して確認されており（宇野1999）、17世紀のムオン族首領の墓葬には平野部からの奢侈品を見ることができる（菊池2001、本章第4節参照）。つまり、ムオン族側には銅鼓への需要があったにもかかわらず、キン族側に銅鼓を排除するような思想、社会状況が強調され、生産停止に至り、徐々にムオンの銅鼓利用も減じていったと考えたい。ちなみに『大越史記全書』では、延寧3（1456）年の記述「帝親率百官拝謁山稜、乃旨揮藍山等陵官…寝廟用牛四、撃銅皷、軍士謹應……」が、銅鼓が朝廷内での最後の使用を示すものと考えられる。藍山つまり藍京（タインホア省Thọ Xuân県Xuân Lâm社）は、後黎朝故地である。後黎朝創始者の黎利の母方はムオン族であり、実際に藍京域内のバーザウ（Bà Dâu）山から類Ⅱ式鼓も出土している。吉開（2000：53）が指摘するように、後黎朝の時代に儒教が政権思想として積極的に強化採用されていく中、異質の思想を具現する銅鼓は次第にその役割を減じていったのであろう。先述の銅鼓廟での会盟儀礼は陳朝期までしか行われてないようで、黎朝期の会盟はまったく異なったものであったようだ（参考：黎貴惇『見聞小録』）。儒教思想の普及は洪徳年間（1470-97年）以降という研究（佐世1999：16）もあり、こうした変化と類Ⅱ式鼓の生産停止を重ね合わせる理解も検討が必要であろう。このことは言い換えれば、黎朝初期まで、特に李陳王朝の王権・政治思想にきわめて非中国的な、あるいは在地的なものがあったことを意味する。

　16世紀以降、国家レベルでの銅鼓自体への関心は薄らぐようだが、朝廷側から、銅鼓を信仰対象とした銅鼓廟（タインホア・Yên Định県の銅鼓山の銅鼓廟など：第11章第2節）などへの寄進、勅封状発行などは引き続き行われている（Ban nghiên cứu và biên soạn lịch sử 2009）。廟自体の修築も17世紀に行われている（Bùi V.L. et al. 2008）。

　また、信仰建築に銅鼓を寄進した例は非常に多かったようで、ハナム省の龍隊山（Long Dợi Son：李朝創建の寺あり）のⅣ式鼓や黎貴惇の『見聞小録』が伝えるヴィンフック省の銅鼓寺（18世紀）（Nguyễn X. L. 2000）なども、同様な脈絡で考えるべきものであろう。先述の銅鼓廟でも、1802年に近くの川で発見された大型の銅鼓（Ⅰ式か類Ⅱ式であろう）が寄進されている（Ban nghiên cứu và biên soạn lịch sử　前掲）。20世紀初頭に水路掘削時に発見され村人が自村に持ち帰って祀っていたNgọc Lũ Ⅰ鼓（Phạm M.H.et al. 1987）や旧ハタイ省のダウ（Đầu）寺に保管されていたⅠ式鼓例（Nguyễn D. H. 2001）、ゲアン省西部のタイ（Thái）族が掘り出した銅鼓を再利用して、家庭内で祀っていた例（Diệp Đ.H. 1987）などを枚挙できる。1990年代には、ハイフォン市キエンアン県ドンホア（Đông Hoa）に類Ⅱ式銅鼓を祀るミーカイン（Mỹ Khánh）寺があった（Trần P. 1998）。これは信者が入手した銅鼓を寺に寄進したものであり、寺の縁起や歴史とはまったく関係はなく（Lê T.H. 1999）、銅鼓自体、寺僧の所有で、寺僧が寺を去るとともに銅鼓も寺から持ち去られているということがあった（筆者聞き取り資料）。銅鼓の寄進自体は現在も続いている現象なのである。

　こうした例は、銅鼓がもともとの生産地あるいは出土地点より、かなり長距離を移動した例である。いずれにしても、これらは一度埋納あるいは埋葬を経過することにより、銅鼓の当初の役割とは違う、別の文化的価値を持たされ再利用された例となる。

第4節 ムオン族の墓葬遺跡

キン族とは言語学的に兄弟関係にあるムオン族は、互いの言葉を学ばずともある程度のコミュニケーションが可能である。そして、漢化されていないキン族という表現で代表されるごとく、キン族から分化してさほど時間的距離がないと考えられている。このムオン族の形成については、第11章第2節、本章第3節の銅鼓問題で考えたように、考古学あるいは物質文化研究からのアプローチが一定程度有効と考えている。本論では、2001年から2002年にかけて行ったホアビン省等での発掘調査や若干の聞き取り調査、さらに既刊資料をまとめて、ムオン族の墓葬文化に関する概観を提出する。

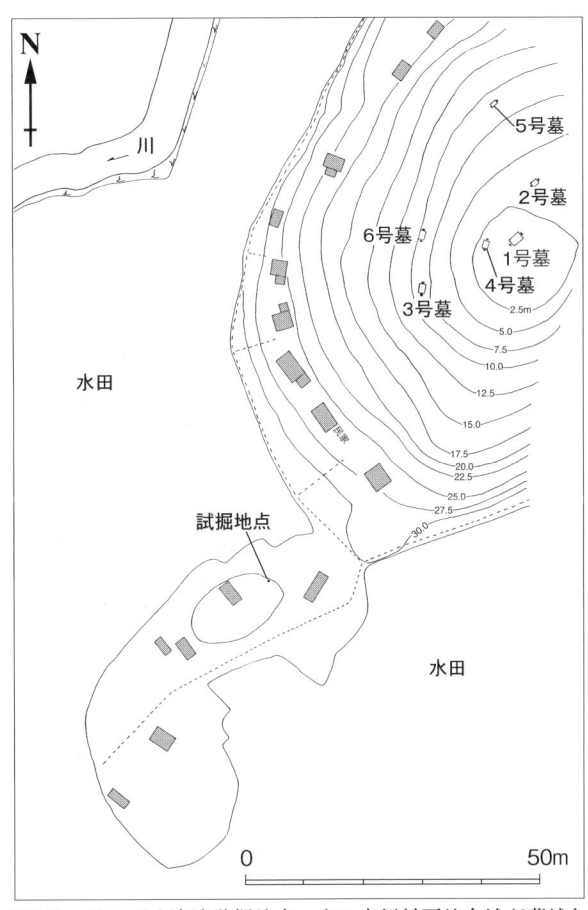

（1） ドンパイ遺跡

ドンパイ（Đông Bay）遺跡は、ホアビン省Tân Lạc県Phong Phú社ソムAiに位置している。遺跡はムオン族の集落（ソムAi）の裏山ドンパイに位置している。ドンパイは独立丘で周囲の水田との比高差が30m以上あり、水田と丘陵の境に家々が並びその前を道が走っており、典型的なムオン族の農業集落となっている（図248と図249）。丘陵の南斜面は頂部から裾にかけて一帯が墓地として使われてきたようである。我々が調査した時点以前に、すでに当地域は組織的な盗掘にあっていたため、丘陵部から、比較的残りの良さそうな墓葬6基を選び発掘した[19]。

すべての墓葬において、埋葬主体部は

図248 ドンパイ遺跡発掘地点　山の東側斜面地全域が墓域と考えられる。

図249 ドンパイ遺跡遠景

発掘範囲

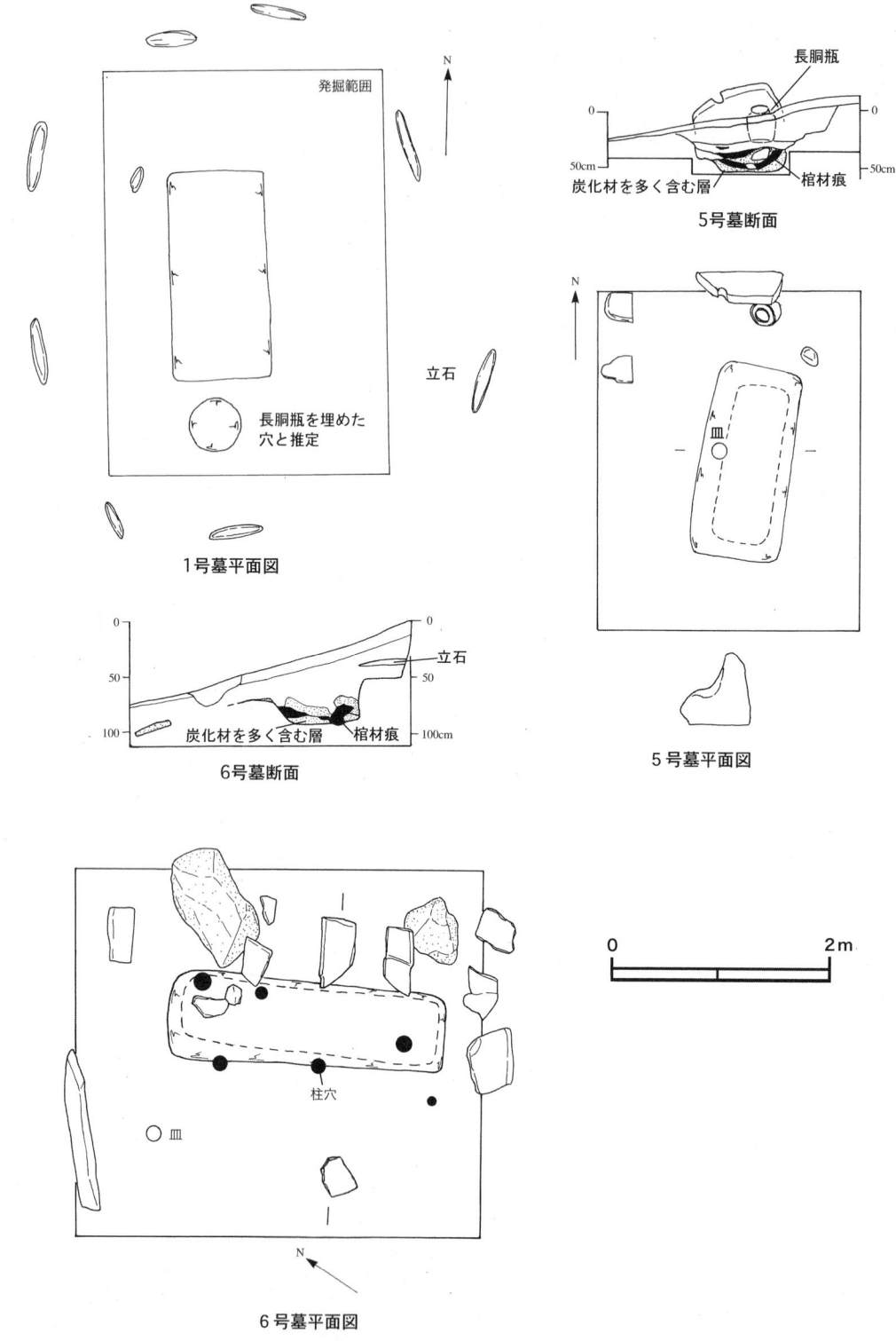

長胴瓶

炭化材を多く含む層　棺材痕

5号墓断面

立石

長胴瓶を埋めた穴と推定

1号墓平面図

立石

炭化材を多く含む層　棺材痕

6号墓断面

皿

5号墓平面図

柱穴

皿

6号墓平面図

図250　ドンパイ遺跡の墓葬構造

方形の土坑墓を掘って、割竹型刳り抜き木棺を埋葬し、墓坑周囲に板状石の立石をめぐらせる構造は共通している。木棺の周囲には炭化材が意図的に敷き詰められている現象が確認された（図250）。

1号墓（図250）は、山の頂に位置し、墓の主体部周囲に9個の板状石が配されていた。板状石の露出部は最大のもので、高さ80cm、あるいは幅105cmに及ぶものがあり、当遺跡のなかでは、かなり大きな板石を使っている。墓坑の南側に瓶や壺類を埋めていたと考えられている土坑が確認された。地元住民の話では、山頂からは銅鼓も盗掘されていたようで、周囲で表採した陶磁器片から山頂部の墓には陳朝に遡るものもあると推定された。ただし、確実な共伴遺物がなく、当墓がいつのものか判断不可能である。

5号墓（図250）は山の中腹に位置し、長方形墓坑の周囲に5個の板状石が確認された。墓坑の両端近くに配された板状石は、他の石に比べ大きいもので北側に17世紀のベトナム製長胴瓶が頸部を露頭するように埋められていた。また、埋葬主体部直上で、中国製青花皿が1点配されていた。

6号墓（図250）も山の中腹に位置し、長方形墓坑の周囲に8個程度の板状石が立ったり、倒れたりしているのが確認された。もともと地盤層に石灰岩が埋まっている地質で、斜面地上方からの石の雪崩込みも同定困難で、立石数の正確な同定は不可能である。また、埋葬主体部直上と周辺で12cmから20cm径前後の小穴が確認された。これらは、後の民族例で紹介するように埋葬主体部上に建てられた家屋模型の柱穴痕の可能性が高い。また、埋葬主体部から北西にやや離れたところで、16世紀のベトナム製青花皿が出土した。

墓葬以外に、裾野集落のなかにおいて、現在の屋敷地内で位置する所1地点（Gò Cả）を選び2平米の試掘を行った。これは居住に関する遺跡情報を得るためであったが、遺構らしきものは確認されなかった。ただし、12世紀から17世紀にかけてのベトナム施釉・無釉陶磁が10点弱出土している。これらは居住活動による遺物と判断される。したがって、集落背後の山に墓域を形成してきた歴史は李・陳朝に遡ると考えてよいであろう。

（2） ドンテック遺跡

ドンテック（Đồng Thếch）遺跡は、ホアビン省Kim Bôi県Vĩnh Đồng社に位置するムオン族の墓葬遺跡である。ここは、ホアビン省のムオン族がかつて形成していた伝統領主支配域（ムオン）のうち、4大ムオンのひとつであるムオン・ドン（Mương Động）の領主、丁功（Đinh Công）氏の代々の墓地である。丁功氏は、その祖が丁部領（丁朝創始者で華閭に遷都）に繋がるとされる丁族の名族のひとつで、家譜資料なども残っている（宇野 1999）。墓地は集落の北外れ（図251）に位置し、1984年末からの発掘調査で、22基の巨大な配石を持つ墓が確認され、うち12基が発掘されている（Trịnh C.T. et al. 1985）。墓葬はA区（1〜15号墓）とB区（16-22号墓）に分かれており、100m強ほど離れあっている。ホアビン省博物館所蔵の出土陶磁器資料を見る限りでは、A区は17-18世紀が年代の中心で、B区は14世紀が中心のようだ。

A区のM3号墓（図252と図253）では17あるいは18本の石柱（大きいものは高さ3mを越える）が長方形になるように巡らされ（10×6m）、石柱のうち6本に漢喃文が記されており、それらは墓標（被葬者丁功紀の爵位や諡など）や経歴や葬儀の経歴（丁功紀は1582年に生まれ、1647年に

図251　ドンテック遺跡遠景

図252　ドンテックM3号墓

没す。遺体は家に安置された後1650年に埋葬）、さらには石柱の寄進者（親族）の情報などが刻まれていた。丁功紀は家譜資料などからムオンドンの領主と判明しており、ムオン族の私有力土豪クラスの墓ということになる。M7号墓は、同じく方形（9×5m）に立石が30個以上、配されている。石柱の碑刻によれば、被葬者は丁功紀の妻、郭氏で、1586年に生まれ、1658年に死亡。1663年に埋葬されている。ともに、中央部で方形の埋葬主体部（土坑）が出土し、最下部で厚い炭層、そしてその上で炭混じりの土層、さらに薄い炭層を挟んで黄褐色土層が確認されている。墓坑南側の上層部で、長胴瓶や碗皿などの各種陶磁器が副葬品として出土しており、その中には肥前陶磁の最初期の輸出タイプが含まれていた（菊池 2001）。M7号墓も、埋葬部の文化層構造がやや異なり、最下層が炭層で、中層が礫石混じり層、上層が炭混じり層となっており、中層にM3号墓と同じく長胴瓶や碗皿類が墓坑隅に副葬されていた。

　他の墓でも似たような墓坑内構造で、最下層の炭層で、黄褐色土層のような間層が確認されている場合もあり、ドンパイの経験に照らし合わせれば、棺材は最下層の炭層に挟まれていたと推定される。

　B区の墓構造はやや異なっている。平面図と断面図の理解がやや難しいが、基本的に上部構造として、小型の立石を多く方形状に配置し、配石部範囲がそのまま下部の埋葬主体部に対応するようだ。M17号墓の場合（図254）、土坑と上面での配石部の間に盛り土により、墳丘が築かれていた。また墓坑内最下層は炭層あるいは炭混じり土層であることは同じで、M17号墓の場合、短胴桶形無釉陶器が、墓坑底部を一段深く掘り込んで多量に配置されていた。また、その底部で比較的大きな石が埋置されている場合もある。副葬品は土坑中位で出土しており、長胴瓶的な器種も含まれている。このA区とB区の構造差は時期差として捉えて良いであろう。丁功氏の家譜では、黎朝による立朝時の加わった人物より、一代前の人物から具体的人名記述が始まっており、初代は陳朝期に遡る可能性が高い（宇野 1999）。B区の墓葬が14世紀のどこまで遡るかは不明であるが、墓域形成と、家譜資料にみられる丁功族としての祖先系統意識の確立は、深い関係にあった可能性もある。

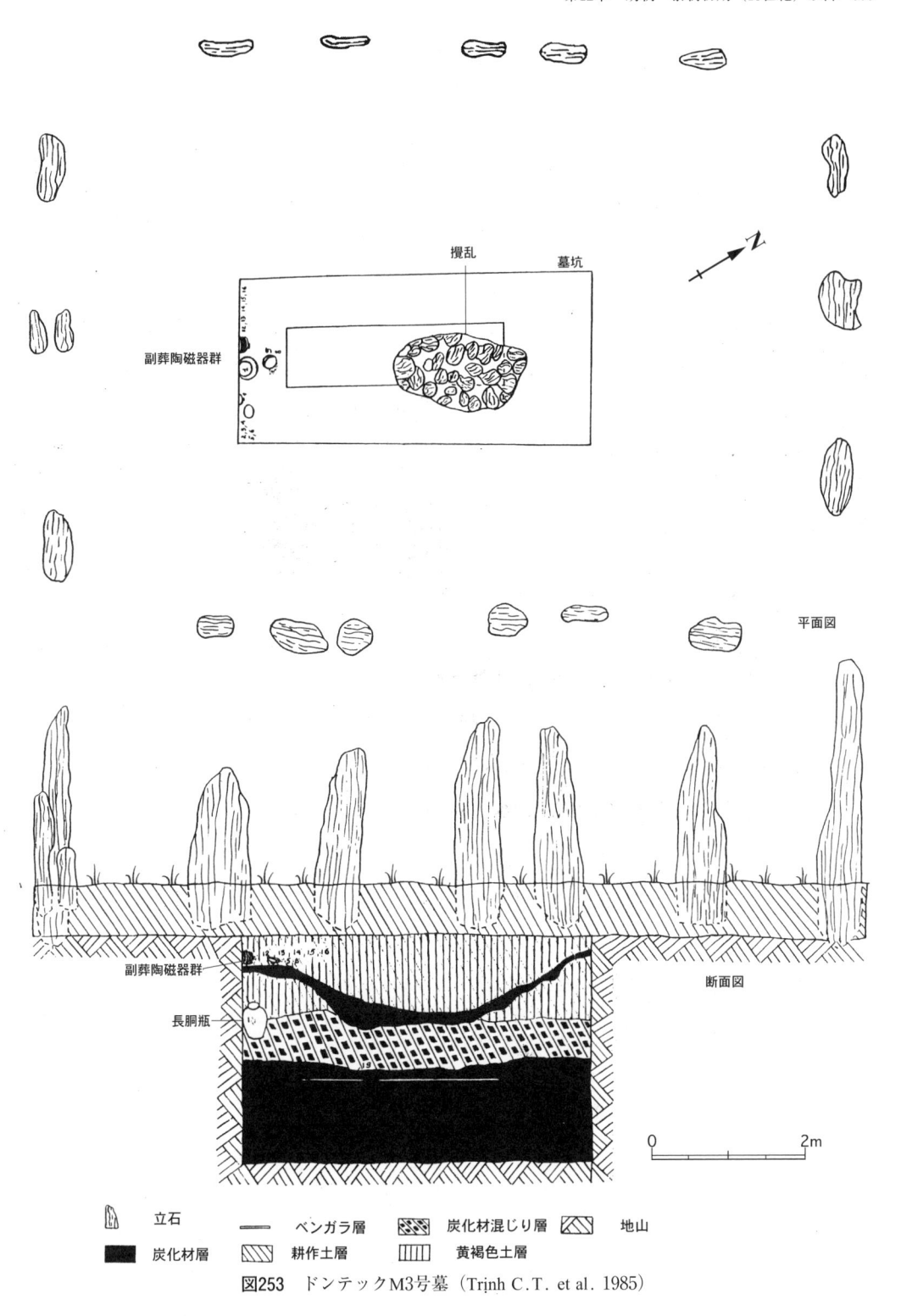

第12章　胡朝・黎朝初期（15世紀）以降　305

撹乱　墓坑

副葬陶磁器群

平面図

副葬陶磁器群

長胴瓶

断面図

0　　　　　2m

立石　　　　―　ベンガラ層　　炭化材混じり層　　地山
炭化材層　　耕作土層　　黄褐色土層

図253　ドンテックM3号墓（Trịnh C.T. et al. 1985）

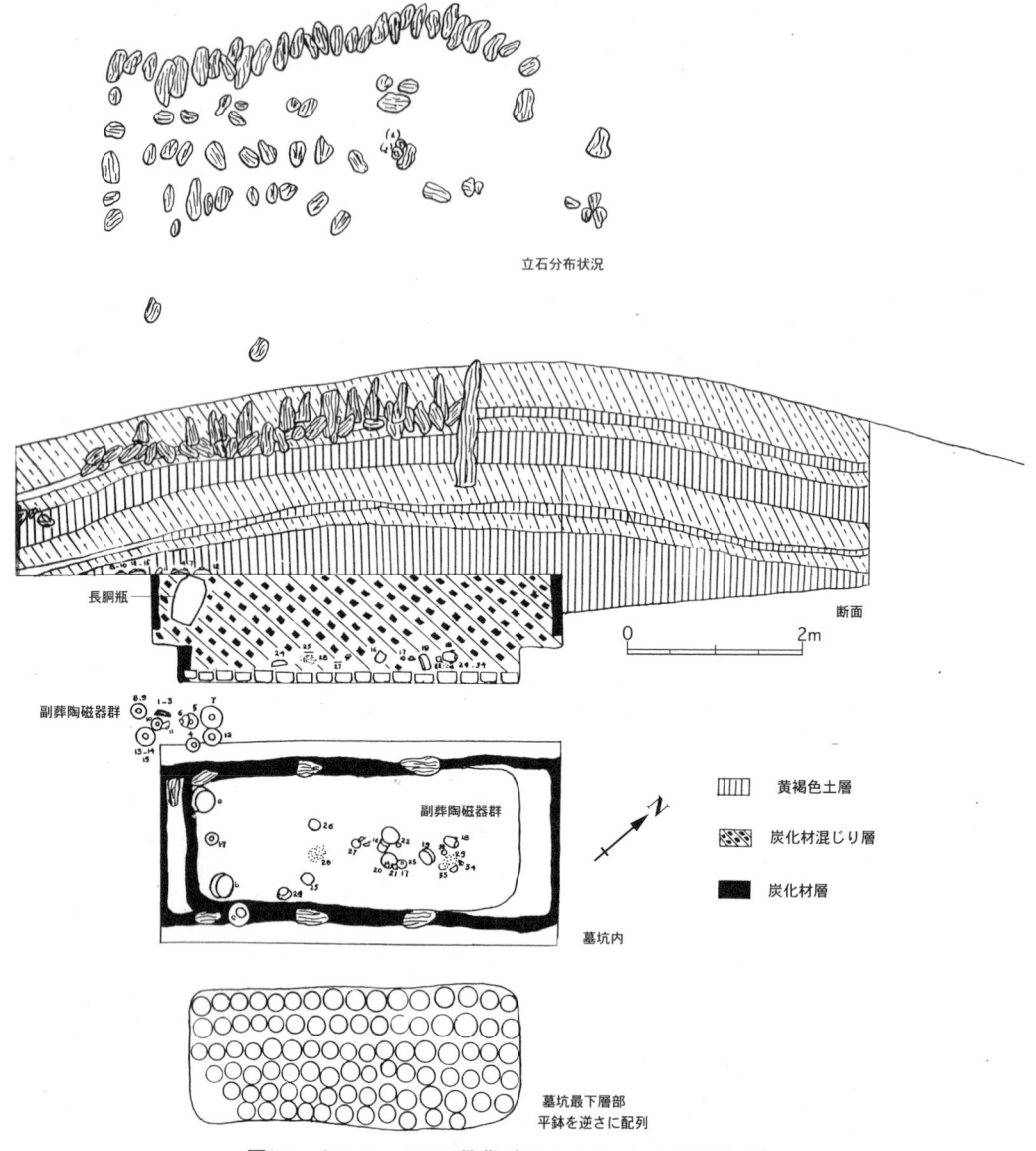

図254 ドンテックM17号墓（Trịnh C.T. et al. 1985より）

立石分布状況
長胴瓶
断面
副葬陶磁器群
副葬陶磁器群
墓坑内
黄褐色土層
炭化材混じり層
炭化材層
墓坑最下層部
平鉢を逆さに配列

（3） 現民族例による墓葬習慣

　ムオン族は現在も配石墓を作り続けている。しかし、これは考古学的な認識であり、民族学的には、墳墓の上に家屋模型を木や竹でつくり、その周りに配石をしている家屋墓（Nhà Mồ：図255）
ニャーモー
といってよい。その民族例は遺跡としての配石墓理解に大いに役立つ。以下、ホアビン省における調査の過程で知り得たいくつかの民族例をまとめる。

1．キムボイ県ヴィンドン社ドンテック

　前述の遺跡から程ないところで、現在ドンテック集落の墓地として利用されているところで観察した例（図256-1～3）である。女性墓の場合、墓のマウンドの周囲に石を7個配石し、男性墓の

第12章 胡朝・黎朝初期（15世紀）以降 *307*

場合5個配石している。墓主と生没年を1924-1990年と記した墓誌をひとつの配石と見立てて、造墓している例があり、キン族の墓誌を受容した例として興味深い。

2．Lạc Sơn県Nhân Nghĩa社のxóm Vó Chiền
　　　ラックソン　　ニャンギア　　　　ソム・ヴォーチエン

図256-4～6のような配石墓のパターンが観察された。男性墓と女性墓の間に、配石数の差はなく、ともに5個配石している。ただし、女性墓には、花束や編み笠が置かれ、男性墓にはサンダル、櫛、山刀の鞘、扇子、小型ランプなどが置かれてあり、配石のパターンも左右で異なっている。また、古い時期の墓として伝えられている配石が4個のタイプのものもあり、こちらには香炉と碗が両端に供えられていた。

また、聞き取りでは木棺のまわりに10個前後の碗や小杯を埋める場合があるということであった。

3．Kỳ Sơn県Độc Lập社のĐộng Can
　　　キーソン　　　ドクラップ　　　ドンカン

ここでは聞き取り調査を行った（図256-7）。墓葬形態に男女の区別はなく、木棺を埋めた後、両端に配石を行うが、棺の上に碗と皿を一個ずつ置き、足側の配石近くに無釉陶器の壺や瓶などを埋め、命日に水を注いで供養するとのことであった。また、現在、棺は方形の板材組み合わせ式が多いが、昔は丸太をくり抜いた割竹式のものであったという。また、炭を棺の周りに敷き詰めるのは、乾燥により死者の保存を良くするためで、棺のなかに囲炉裏の灰などを詰める場合もあるとのことであった。

4．Lương Sơn県Cao Răm社のチョー（Chổ）
　　　ルオンソン　　　カオザム
　　洞穴近く

近くのムオン族集落は、水系的には紅河平野側の旧ハタイ省から上流部へ遡ったところに属しており、前出の各ムオン族集落とは地

図255　現ムオン族の墓（家屋墓）

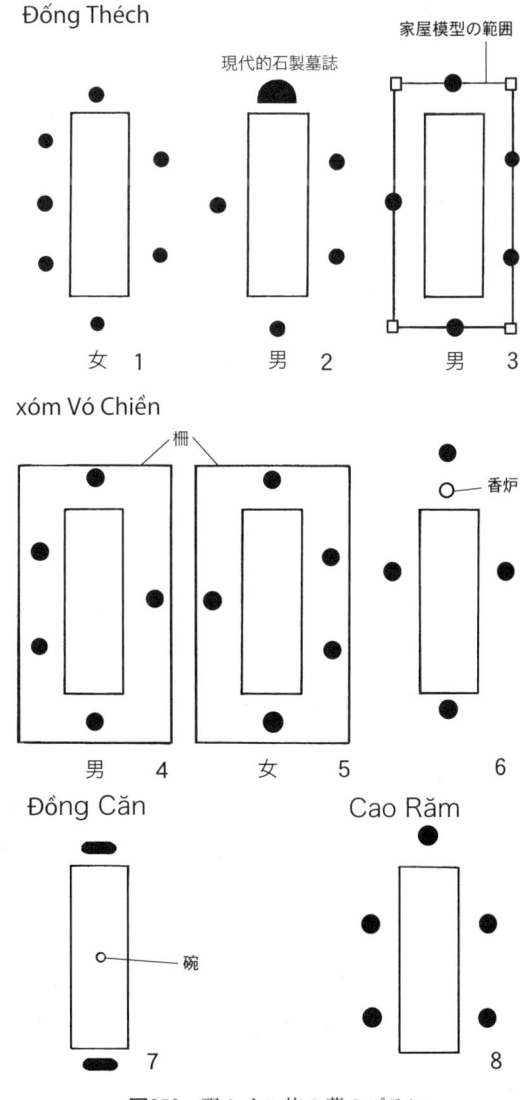

図256　現ムオン族の墓のプラン
　　　　黒塗りは配石

理的背景がやや異なる。ここでは、配石は5つであり、男女の区別は行っていないとのことであった（図256-8）。

またムオン族に限らずモックチャウ（ソンラー省）、マイチャウ（ホアビン省）からフーイェン（ソンラー省）にに多く居住する白タイ族も、墓の直上に死者の家を作り、その周囲に配石を行っている。ただし、その習慣はムオン族と関係が深い南部の白タイ族グループに限られるようだ（樫永真佐夫私信）またトゥエンクアンなどのタイ（Tày）族の古墓にも同様な埋葬法が確認されている（Trịnh N.C. & Phạm N.H. 2009）。しかし、配石の方法などにおいてムオン族との違いがみられるようだ。また、距離は離れるが中部ベトナムの高原地帯でも死者の家が建てられている。Gia Lai、Raglai、Bana、Hrêなどの諸族にそれぞれ、自身の慣習家屋を模型化した家を墓のマウンド上に建てている（Ngô V.D. 2007）。

以上より、埋葬主体部の上に家屋模型を建造する墓は、ムオン族のみならず、山間地のベトナム他民族において、現在でも行われていることになる。こうした習慣がいつ頃までさかのぼるのか考古学的な研究を重ねる必要がある。ただし、北部ベトナムにおいては現在、ムオン族と北接する白タイ族の一部に限定できるようで、配石の方法などでさらなる地域的限定ができるようだ。ただし、現在のムオン族の例で、墓に男女差がない場合や配石数が少ない例などがあり、これらは、阮朝期以降ムオン族が被ってきたさまざまな平野からの文化・社会的圧力（たとえば阮朝明命帝期の改土帰流政策）により、かなり変容した結果の可能性もあろう。現民族例と17世紀や14世紀の墓葬例を比べると、その変容が理解できよう。配石の大きさや数、副葬品の多寡、墓坑内構造などに変化が表れているようだ。ただし、棺材の周りに炭を多量に入れたり、碗皿を埋葬主体部近くに置いたり、無釉陶器の壺や瓶を埋める習慣は、遺跡例でも確認できるものであり、家屋模型設置とともに、長く続いている習慣であることが理解できる。基本的な墓葬構造は1000年近く変わってないのではと推定される。また、これまで多くの陶磁器がムオン族の墓から盗掘されてきた。その盗掘の対象になった理由のひとつが、陶磁器などは家屋模型などに供献されたものであり、家屋模型が朽ちた結果、墓葬のマウンドに浅く埋まっていたもので、埋葬主体部深くに埋められたものでなかったことが挙げられる。この現象は、中南部山地の家型墓にも共通する現象のようだ。

それからムオンの配石墓が分布する地域に近接して確認された別個の墓葬法が、現在ソンラー省のMộc Châu県やタインホア省のQuan Hoá県などで確認されている洞穴内舟形木棺墓である（Nguyễn V. 2007）。こちらは10-12世紀の陶磁器が共伴しており、ムオンの配石墓の早い時期と時期的に重なっており、近接域に分布することを考慮するなら、ムオン系民族が残した墓葬とは考えにくい。洞穴内の舟形木棺葬自体は、広西壮族自治区やタイ北部でも確認されており、東南アジア大陸部山間部での比較研究を急務としている。

第5節　北部ベトナムの改葬墓の出現についての予察

現在の北部ベトナムにおいて、土葬（凶葬）をした後に約3年後に改葬（吉葬）するという習慣は非常に一般的で、現代の北部ベトナム人も、それが昔からの伝統的習慣と考えている。改葬時に

は無釉陶器の棺（Tiểu quách_{ティウクアック}）に納骨し埋葬する。この棺は近年では家型に装飾されたものもあり、沖縄の改葬用甕などとの共通性を感じさせるものである。

ところが中部ベトナム（一般的にはクアンビン省以南）や南部ベトナムのキン族は、一次葬の土葬のみで、改葬を一般的な習慣としていない。本章先節で論じたキン族との兄弟関係にあるムオン族も土葬の伝統を保持している。本節では、この差異がいつ、どのようにして生じたのかを、考古資料を中心に検討してみたい。

（1）　遺跡資料から

ハノイ市北郊コーロア城の遺跡バイメン（Bãi Mèn：第6章参照）では、一次葬の土坑墓と2次葬の陶製棺墓が出土した。しかし陶製棺墓は現代墓との認識から、内部の埋葬品や人骨等も確認せずに、他所に移設・再埋葬したため、考古学的な情報は正確に収集されていない。ただし、2002年調査地点で出土した陶製棺墓（1号墓）は、被葬者の子孫が現れたことから、被葬者は女性で、埋葬年代が1936年で、再葬時に頭蓋等が整然と棺内に配されていることが確認された。棺は、両側面に2つ穴の開いた長方体（55×22.5×20cm）の無釉陶器製で、蓋としてバッチャン（第12章第1節、2節参照）製の方形磚（31×31cm）を2個かぶせていた（図257）。2003年調査地点では、17世紀以降の墓葬が非常に多く確認された。これは現在も当地点がコーロア城内の村の共同墓地として使われていることから理解がしやすい（図258）。一次葬土坑墓（図259）は、いくつかの墓で施釉碗などの副葬品が確認された。最古のもので17世紀あるいは18世紀である。これらは木棺墓であった可能性があるが、遺構としては確認されていない。唯一、F14遺構では、丸木型木棺墓が2つ並んで埋葬されているのが確認されている。墓坑内で、方角の出っ張り部が確認されたことから、墓坑内の木棺の両端が凸状部（後述のドンソン遺跡での確認例と同じ）を有していたことが推察される。このF14遺構の上で確認された別の墓坑がF12であり、そこに共伴した陶磁器は瓦質施釉陶器の碗で、19世紀－20世紀のものと判断されるので、F14遺構は19世紀以前のものと判断できる。

2007年12月より行った、タインホア省ドンソン遺跡のソム・チュア（Xóm Chùa）地点の発掘では、丸木型木棺を使ったと考えられる墓葬（図260）が出土した。共伴遺物は墓の覆土中に17世紀の陶磁器片が含まれていたので、これを年代の上限とすることができる。頭部と両腕の手首にあたる部分と思われるところに赤土塊が置かれていた。この頭や手首に赤土塊を置く習慣は、現在でも、死者が棺内で動いたりしないよう安定させるために行われていることが、中部フエ市郊外Hương Vinh_{フォンヴィン}社での聞き取り調査で確認された。

同じくタインホア省のThọ Xuân県Xuân Thành社ヴックトゥオン（Vực Thượng_{トスアン　スアンタイン}）遺跡では、丸木型木棺墓（F7）、板組木棺墓（F6, F8）、再葬墓（F2）が報告されている（Phạm M.H. 2004）。各墓葬方法については、F6とF8は、四隅に鉄釘があったため、板組による木棺墓と判明し、F7は棺材部の残存形態から丸木を彫り込んだ棺と判断されている。またF2は、わずか40×44cmの方形の土坑のなかに、腕や脚の骨が整然と並べて配されていたので、再葬墓と判明している。F8は陶磁器片が共伴し、F2は景興通宝（景興年号は1740-1786年）が3点頭蓋骨内に共伴していたが、F6とF7は年代確定可能な共伴遺物がない。

図257　バイメン遺跡2002年地点出土の再葬陶棺

図259　バイメン遺跡2003年地点土坑墓

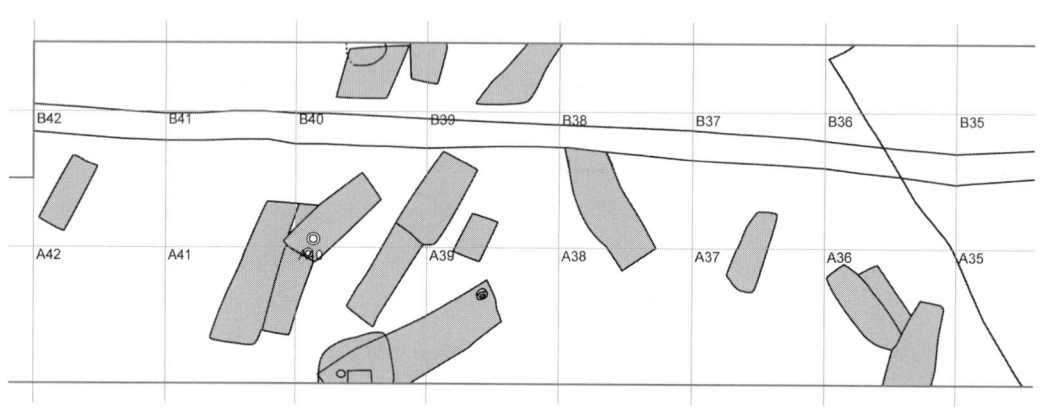

図258　バイメン遺跡2003年調査で確認された17世紀以降の墓坑群

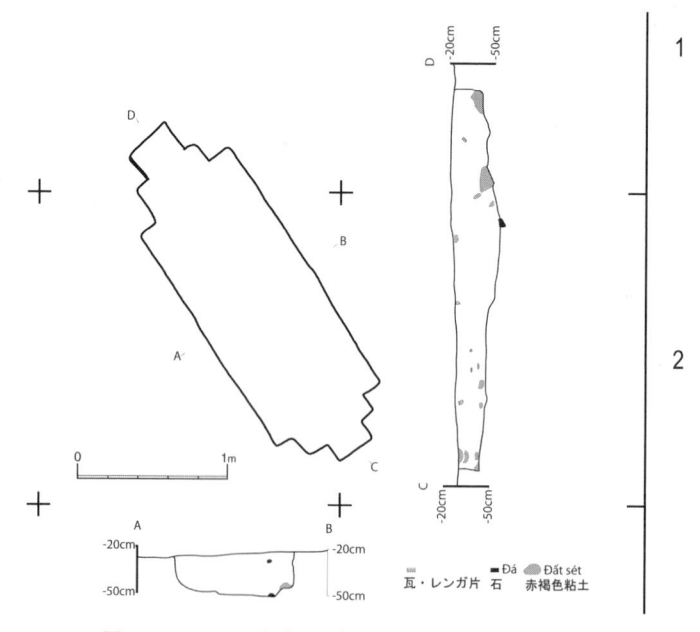

瓦・レンガ片　石　赤褐色粘土
Đá　Đất sét

図260　ドンソン遺跡2007年発掘調査で出土した土坑墓

再葬墓の頭蓋に銅銭が共伴する現象はバイメンでも30号墓（M30）で確認されているし、現在でも、被葬者に、銅銭を数枚口内に含ませる習慣がある（地域によって男女による枚数差などがある）。ただし、こうした銅銭を使った儀礼（例：土地の霊や神に行う lễ cứng đất）などの場合は、現在でも古銭を好んで使用しており、再葬骨の埋納が景興年間あるいは、その直後と即断するわけにはいかず、より遅い時期（例：阮朝期）の可能性も想定しておく必要がある。

2005年11月に、バックザン省 Lục Nam 県（ルックナム）Chu Điện 社 Ngọc Sơn 村（チューディエン・ゴックソン）のゴックラム（Ngọc Lâm）で偶然発見された木棺墓は、発見直後に筆者も実見することができた。208cm×70cm×55cmの木棺（蓋はすでに壊されて計測不能）

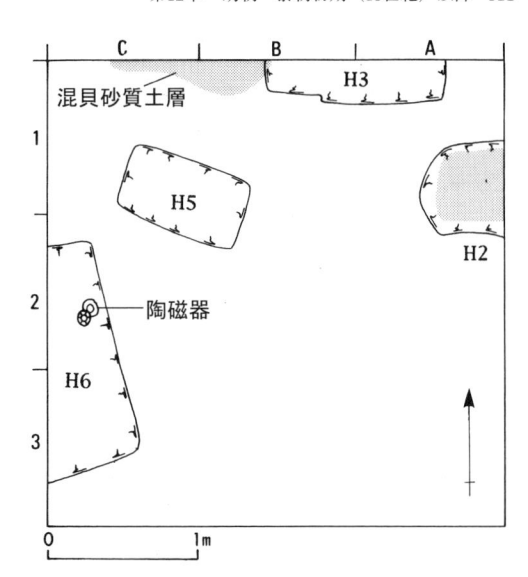

図261　ナムディン省バッコック集落ソムA地点の墓葬　小型の方形土坑が再葬墓で、大型の土坑が一次葬墓。

は、8-9cmの厚みの板材でできており、主軸が約40°-220°の方向にのり、棺中で5個の銅銭（嘉隆通宝と明命通宝）が人骨片とともに見つかっている。棺材は朱塗りであったようだ。また、尖状平瓦が棺材の中に数多く入っていたようだ。おそらく、蓋の上に屋根状に瓦を配置し、蓋が朽ちて陥没したときに瓦が棺中に落ち込んだものと思われる。この墓葬は銅銭より明命通宝鋳造以降のものと判断でき、その上限年代は明命帝在位期間（1821-1841年）に限定できる。

ナムディン省のバッコック集落のソムA地点の調査（図261）では、2種類の方形土坑が確認されている。発掘地点は、現在も集落の墓域として使われている区域のすぐ南に位置しており、集落の拡大により現在は家庭菜園内に位置するが、近過去においては墓地であったと考えられ、発掘の結果もそれを支持している。第1種は、大型の土坑（第6土坑）で、サイズが1.4m×0.6m前後であった。共伴していた完形の碗皿2点が16世紀末か17世紀初頭のものであった。第2種は3基（第2、3、5土坑）確認されている。第5土坑のプランは0.8m×0.3mほどで、他の土坑も同程度と判断される。土坑覆土から碗皿片から19世紀後半から20世紀初頭と考えられ、これらの土坑に人骨は残っていなかったが、第1種土坑で、碗皿を意図的に配した状態は、一次葬の土坑墓（棺の有無は未確認）と判断され、第2種土坑は、4隅に釘が出土していることから、板を組み合わせた木棺があり、サイズから改葬墓であったと判断される。

また、17世紀から18世紀後半頃までは、組み板式木棺のまわりに、漆喰で長方形の郭室をつくるタイプの墓（例：Đỗ V.N. 1970b、Nguyễn L.C. 2006）が、貴人の葬法として流行している。葬法自体は中国起源のようにみえるが、このタイプの墓では、被葬者が服をきたまま埋葬されることが確認されている。これも、二次葬の流行程度を知る上での傍証材料となる。

（2）文献資料より

ベトナムにおける改葬の規定の初現は『胡尚書家礼』（17世紀後半）に出現している。本書は、朱子の家礼をベトナム流に改変しているも祭祀マニュアルであり、改葬を義務づけてはいない。[20]

フランス植民地時代の北部ベトナムの代表的知識人Phan Kế Binh（ファン・ケー・ビン）（1875-1921年）により1915年に出版された『Việt Nam phong tục（ベトナム風俗）』は、北部ベトナムのベトナム人（キン族）の伝統的生活習慣を詳しく記したものと考えられている。ファン・ケー・ビンはハノイの出身であり、当時のハノイや周辺での慣習をもとに当書を執筆したと考えられる。本書は、土葬にいたるまでの葬礼の過程を紹介し、続章で改葬（Cải tang）として、埋葬して3年後あるいは、さらにもう少し経ってから改葬するものとしている。ただし、改葬する多くの場合として、以下のケースを挙げている。

- 貧乏な人が近親者をなくして、質の悪い棺に納棺したため、3年後に改葬して頭蓋骨などが破損しないように丁寧に再葬する場合。
- 墓地が新しいところで、洪水に遭った場合。
- 道の造成などで、墓を移動させないといけない場合。
- 風水師が、墓地に良くない相をみたり、墓地上の木が枯れたり、家で、病人がでたり、気違い沙汰や訴訟などのもめごとが起きたりした場合。
- 功名・富貴をもとめる人が、風水師に墓の吉相を見てもらい、改葬をする場合。

そして、改葬をする場合以外に、最初に土葬（凶葬）をした時点で、棺などを入念に作っていれば、改葬する必要もないと述べ、凶葬で済ます場合と吉葬にいたる場合の両方の可能性を認めている。

（3）まとめ

これまでのところ、タインホアのドンソン遺跡とハノイ郊外のバイメン遺跡に、両端に尖出部をもつ丸木型木棺墓の確認ができる。前者は年代上限が17世紀後半、後者はその下限が19世紀頃に限定できることから、可能性としては、18-19世紀頃に両端尖出の割竹型木棺墓が用いられなくなり、両端に尖出部を持たない木棺に移行した可能性がある。バックザン省のゴックラム例のように棺を家型に模した可能性ものもある。先述のムオン族や各少数民族の家型墓も同様に、棺あるいは墓を家に例える古来以来の伝統的観念であろう。現在のフーラン窯業村が生産する家型再葬棺（図262）は、そのような伝統的観念にたったものであった。ここで、注意しなくてはならないのは、家型棺が確認されないからといって、棺あるいは墓を家に例える観念がなかったとは言えないことである。現少数民族例に見られるように、上部構造に家の模型を建てる例は多いし、キン族の場合、棺を運ぶ車を家に模している場合もある。今後、墓坑の周

図262 フーラン窯業村で生産されている家型再葬棺

辺に柱穴等がないか精査する必要がある。ただし、精緻な発掘を行ったドンソン遺跡のソム・チュア地点では、墓坑を囲むような柱穴列は確認されなかったので、すでに17世紀時点では、キン族の葬制はムオン族のそれとかなり異なっていたことが推定される。

　そして、二次葬がある程度活発に行われるようになったのは、さらに後の20世紀初頭前後のことで、それは北部（ハティン省以北）に限定された現象であり、クアンビン省以南には改葬を一般的に行う習慣が広まらなかったと考えてよい。この地域差がどうして生じたかについては、別論を準備する必要があるが、クアンビン省以南は広南阮氏時代（1558-1777年）から阮朝（1802-1945年）にかけて、都城所在地であった順化（現在のクワンチ省とトゥアティエン・フエ省）を政治・文化的中心としており、社会・文化的ベクトルは北部と異なる方向に向いていることが大きな要因と考える。

註
(1) ここでは窯業村、手工業村などの村落をイメージする用語は使わない。理由はバッチャンやトーハーの場合、伝統的生業に水稲耕作はほとんど存在せず、手工業や商業を主生業としている。また集落形態も特異で、家々が狭い範囲で密集している。このようなあり方は、とても村落と呼べる代物ではなく、日本の中世史などで提起されている都市（例：網野 2001）に近い性格のもので、少なくとも"マチ"として捉えなければならないものであろう。自戒をこめて記すが、ベトナムの集落研究において、xãあるいはthônと行政区分されている集落を、アプリオリに村落として決めて研究している例が、人類学や歴史学には多すぎるようだ。こうした行政単位は為政者側の認識が主たる根拠であって、決して集落の実体を表すものではないから、研究者が主体的な分別を行っていく必要がある。
(2) キムラン研究はNguyễn Việt Hồng氏（72歳）主宰で、Nguyễn Văn Nhung（76歳）、故Nguyễn Văn Viện、Nguyễn Tiến Cung（69歳）、Nguyễn Văn Lanh（62歳）各氏が構成するキムラン郷土史研究会の方々との共同研究活動を通じて得られたものであることを明記しておく。また、バッチャンの聞き取りに関しては故Nguyễn Văn Viện氏のご協力を頂いている。
(3) 『全書』本紀5巻の天應政平元年の条。
(4) 堤外地が与える集落への性質は、窯業村のみにとどまらない。たとえば、バックニン省トゥアンタイン県のドゥオン川の有名な渡しがあったフォーホー（Phố Hồ）の西隣りに版画生産で有名になったĐông Hồがある。この村はかつて現在の堤防より外側に立地していたもので、洪水により現集落に移ったものである。旧村地点は現在レンガ工場と化し、以前の村の居住堆積層をまったくとどめないが、1999年頃まではこの広大な川岸で、4ｍ以上の文化層が確認でき、そこには2世紀から19世紀に至る大量の陶磁器類が包含されていた。その中には高級ベトナム陶磁や中国陶磁、さらには運搬に使われる無釉陶器類も含まれていた。これらは当地域が船着き場、あるいはそれをベースとした商業地であったことを示している。川上（2002）が聞き取ったドンホー（Đông Hồ）の生業像には、洪水の影響により、農業をやめざるを得なかったとの理解が込められているが、旧集落の立地や遺跡のあり方をみるなら農業自体を主たる生業とはせず、"マチ"的な集落であった可能性が高い。
(5) Phan Huy Lê（1995）は現バッチャンの起源に関して、2つの説を引用している。ひとつは、北宋代に3人の太学生が中国に朝廷の使命を帯びて出かけ、その帰路、広東の韶州に嵐で足止めを喰った。その時に窯場の見学をし、そこの技術を学び帰国後、故郷の人たちに伝えたというものである。Hứa（Cao）Vĩnh Kiềuがバッチャンへ、Đào Trí Tiếnが Thổ Hàへ、Lưu Phương Túが Phù Lãngへ伝えたという。もうひとつはBồ Bátよりの移住が起源であるという説である。ボーバットの位置に関しては、タインホアとニンビンが候補に挙げられており、ニンビンに関してはYên Mô県の旧蒲川（Bồ Xuyên）社や旧白鉢（Bạch Bát）庄などで、過去に陶器を製造したという氏族や伝説の存在を紹介している。
　　筆者も当社領域内にあるマンバックという遺跡の調査時に、いまでもバッチャンから氏族の子孫のお参

りがあることを聞いた。また、当社には陶器製造者が現在も若干数存在し、さらには、その痕跡となる考古学的遺跡の存在もほのめかしているが、これに関しては最近の踏査（Bùi .M.T.& Nguyễn.C.T. 1999）により否定されている。当地は古都華閭とまったく関係のない海岸部に近い平野部であり、居住の歴史自体、新石器時代の旧海岸域での特異な居住を除いておそらく陳朝期以前の居住は確認できないところである。ただし、上述の旧蒲川（Bồ Xuyên ボースエン）社や旧白鉢（Bạch Bát バックバット）庄の祖先が、陶磁器生産に絡んでいた可能性は否定できない。筆者は以下のようなシナリオを推定する。ホアルーからタンロンに都を移した際に職人が移住したものの、生産者のすべてではなく、一部はニンビンに残り、彼らはやがて陶磁器需要の高い都城の消滅により、陶磁器生産を止めたであろう。一方、海岸部に発展するデルタ地形を持つニンビンでは農業開拓デルタ地形の形成に伴い徐々に海岸方面への居住進出を可能とする。陶器生産を止めた彼らもやがて農業をベースとした生業となり、現在の海岸に近い居住地に落ち着いたのではなかろうか。

　また、「永寧場」という銘印の入った磚がタンロン都城遺跡や陳朝期の重要建築遺跡（陳朝の副都、ナムディン省トゥックマック（Tức Mạc）の天長府遺跡群など）で確認されている。陳朝史になぞらえた場合、永寧場（ヴィンニンチャン）はこの磚の生産地を示していると考えられる。バッチャンには阮寧場（Nguyễn Ninh Tràng）氏一族がタインホアより一族を連れて移住してきた伝説を伝え（Đỗ.T.H. 1989）、実際に寧場という甲も存在している。Bát Tràng（鉢場）自身が、永寧場であった可能性も考えられ、そうすると陳朝のためのレンガ製造地としての役割があったことになる。

(6)　『大越史記全書』によれば紹豊十二年（1352年）に鉢（旧鉢場社）と塊（旧土塊社）で破堤が起きたことを記している。土塊社は鉢場社の北約2kmに位置しており、現地形では集落は旧堤防上と堤防内の境目に位置している。この堤防道は現在のバッチャン西側の堤防道に続いており、この時代、すでにバッチャンが堤外地に位置していた可能性がある。

(7)　輪中は閉鎖型（懸け廻し式）堤防に囲まれた地理空間、社会を意味するもので、堤防自体の用語としてはふさわしくない。本論では、一定の囲い込まれた空間を創造する閉鎖型（懸け廻し式）堤防を輪中型堤防と仮称しておく。

(8)　ベトナム人による堤防史研究（e.g. Phan K. 1981、Đỗ Đ. H. 1997）は堤防建設や治水関連記事をたどるのみで、堤防体系の進化論提示に至っていない。また、陳荊和（1988：250-255）は、後述の『国朝詔令善政巻之七』や『大南会典事例』の記述から、鼎耳が水門を備えた輪中型堤防であると想定している。しかし、これらの記述は、陳朝期に活発化した堤防（鼎耳）建設が、黎朝後半期や阮朝期まで、形態や構造を変えずに続いていたという想定にもとづいており、堤防進化史的視点からは適切ではない。また、史書の記述から阮朝の河政官自身、陳荊和氏と同様な考えを有していたと窺える。筆者は、鼎耳は、ベトナム人研究者が訳すように、鼎や鍋の耳の形をしたものとし、それは馬蹄形輪中に他ならないと考える。

(9)　中沢（1997）による田地名比定では、かなりの小穀村の公田が現タンコック集落の北東にある堤外地に位置している。堤外地での稲作は、雨期の大増水のため基本的には乾期しか可能とならないため、十月稲の公田としては存在が不可能である。筆者は、こうした公田は、地簿編纂時には堤内地に位置しており、その後河道変化に伴う堤防移動により、堤外地化したと考える。

(10)　タンコック社とその北側に百穀、富穀、小穀、安邏、務本各社、各村の公田が分布する状況（図237）は何を意味しているのだろうか。筆者は、堤防建設を負担し、それに伴う低域での新田地造成で生じた新田分給に参加した集落を表すと考える。上述の集落は全て、ナムディン川沿いとその西側の後背湿地を多く抱える集落だからである。

(11)　頻繁なる破堤水害を受ける越後や福井の低地では、土地の割替え制が発達し、特に越後平野の割替え制は村請け型の開拓地域に集中している（桜井 1987a：62-65）。バッコック周辺やキムランなどの公田化問題も同じような脈絡で考察されるべきであろう。

(12)　前述したバイハムゾン地点で15世紀の居住痕跡がなくなることについては、キムランから分村した村（Kim Quan Thượng：現Gia Lâm県Việt Hưng社）の、黎憲宗（15世紀末）時代に洪水がひどいために分村したとの伝承と時期的に符合する。また、14世紀にはバッチャンと北の塊（旧土塊社、現Cự Khối（クーコイ）社のThổ Khối（トーコイ））間の破堤も記録されており、洪水や破堤が起きやすい場所であったことが理解できる（西村 2006a：86, 90）。

⒀　キムラン（旧名金關社）は描かれていない。
⒁　キムランの『北寧省嘉林県金關社神跡』（漢喃院所蔵資料4Ea7/12）では、9世紀の高駢（安南静海軍節度使）がここを通過した際、桑の栽培を教えたことになっているが、これは後世の附会の可能性がある。
⒂　東アジア、東南アジア史からの比較検討も必要であろう。行論で再三言及したように、紅河平野の堤防形成における現象は日本の濃尾平野などの輪中地帯の堤防形成史に同様な並行現象を見ることが多い。しかも、輪中型堤防が本格的に形成され始めるのが両地域共に17世紀であることを考慮すると、単なる並行進化の結果なのか、中国という当時の先進地域からの技術移転を通じた並行現象ではないか、といぶかってしまう。中国の長江中・下流域では、宋代には輪中型堤防と考えられるものが出現し、その後、連綿と発展している（長江流域規画弁公室長江水利史編集組 1992：127-129）。珠江下流域でも明代には輪中型堤防（堤圏）が盛んに建設されている（王 2002：179）。西日本の山口県などを中心に残る唐樋（水門）は、干拓時に潮水侵入を防ぎ、干拓地内からの排水を行うために17世紀に建設されたものが多く、中国からの技術導入といわれている。今後、水門にとどまらず、築堤や水路掘削等の土木技術史の比較研究を日・中・越で行ってみる必要もあろう。
⒃　『大越史記全書』本紀洪徳15年（1484年）「定築田界蓄水令……継今某処該内有破決防提、秋田淹浸、勢可蓄水以作夏田。承憲二司責令府県州河提勧農等官、合於潦水梢退之時、預為小民救飢之計、相視地勢、随其便宜、督責郷民、培築田界、要令蓄水以作夏田」という記事を、桜井（1989：282）は、堤防決壊により雨期作田が冠水した場合に、田畦を高め洪水水を残し乾期作田の用水にまわすと訳し、当時、大堤防列や輪中型堤防が存在した根拠に挙げている。大堤防列に関しては、筆者は否定しないが、輪中存在の理由に挙げることに関しては懐疑的である。なぜなら、輪中があれば水門を開けない限り、輪中内に降雨や洪水水が溜まることになり乾期作の水利用には困らないであろう。むしろ、この記事から筆者は、逆に当時の堤防は馬蹄形輪中のような非閉塞型の堤防で、田界を作るなどして水溜まりを作らねば、乾期に堤防の非閉塞部分から水が流失していたと推定する。
⒄　岡本（2010）の第2章「明代初期における琉球の官生派遣について」参照。
⒅　この知見は弥生の銅鐸の保管場所にも有効かもしれない。各地で見つかる銅鐸の埋納は、保管のためではなかろう。青銅器を土中に入れれば錆が進むことも予想される。したがって、埋納遺構はやはり、最終的に使わなくなったから埋めたと解釈した方がよい。
⒆　本遺跡の調査は2002年、Bùi Minh Trí氏との共同調査で行った成果の一部である。
⒇　嶋尾稔氏のご教示に感謝する。

● コラム12

権力に左右され続けたベトナム施釉陶器

　施釉陶器の碗皿資料の編年（西村・西野2005）を組んで明らかにできたことのひとつに権力者と陶磁器の関係がある。

　13-15世紀には、官窯のもと、やや特殊な高級品が生産されていたことが理解できる。最近のタンロン遺跡の発掘（Tống T.T. & Bùi M.T. 2010）でも、李・陳・黎朝初期のものに焼成失敗品が多く含まれており、京域あるいは宮域で、陶磁器生産が管理されていたことが明らかになってきた。特に李朝の場合、これまでその生産地がほとんど明らかになっておらず、都城中心地での生産がかなりの量的主体を占めたのではないかと想像できるようになったのは大きな意義がある。

　こうした研究・調査から、各王朝が、施釉陶磁器生産に積極的に関与していたことと理解できるようになった。また、李朝期とそれ以前のホアルー政権期、胡朝期とそれ以前では陶磁器の製作技術等にかなりの差異が看取され、王朝交代に伴う技術革新を表している可能性が高いようだ。

　陳朝期には、ナムディン省の采邑遺跡で陶磁器の生産が確認されるし、後述のキムランやバッチャンでの陶磁器生産も官つまり、陳朝期の采邑あるいは黎朝期初等の政権有力者とのからみで考える必要がある。

　タンロンで続々と出土する15世紀の白磁印花碗や青花碗のなかには、王権を象徴する5爪の龍文（図263）や鳳凰文が使われており、皇城域あるいは禁城域でしか利用できなかったであろう超高級品と判断される。そして、ハイズオン省の各窯址やバッチャンに南接するキムランで出土する製品は、これらをモデルにしたものが多く、中には"官"あるいは"窯官"（図264）と内面中央に刻印したもの存在し、地方窯自体、朝廷側のコントロールを受けていた可能性がある。

　こうした、陶磁器に対する朝廷側のコントロールがゆるむのは、莫氏政権後半期の16世紀半ば以

図263　ラムキン遺跡出土の龍文をもつ青花小皿（15世紀）

図264　ハイズオン省ゴイ遺跡出土の"窯官"の銘をもつ碗（15世紀）

降と考えられる。なぜなら、そのころの陶磁器に寺などに寄進するために民間の人たちが注文したことを示す銘文が入った陶磁器があり、それらに龍文や鳳凰文が使われているからである（図265）。そして17世紀になると中国や日本からの青花時期の輸入が活発化し、ベトナム施釉陶磁器の高級品は非常に稀なものとなっていく。また、鄭氏政権以降、権力者は海外へ磁器の生産注文を行うようになる（Trần Đ.A.S. 2008）。有名なBleu de Hueと呼ばれる阮朝期青花磁器は、中国の景徳鎮等での生産である。ベトナム陶磁器の盛衰は権力者の関心に見事に符合するといってよい。

図265 崇康9（1570）年焼造の銘文をもつ瓶（Nguyễn Đ.C.1999より）

●コラム13

戦争と考古学

　20世紀において、ベトナムは第一次世界大戦での傭兵出兵、日本の仏印進駐と占領、独立後のフランスとの独立戦争、そしてアメリカとの戦争（ベトナム戦争あるいは抗米戦争）、カンボジア紛争介入、中越戦争などいくつもの戦争や国際紛争を経ることを余儀なくされてきた。おそらく東・東南アジアを広く見渡しても、20世紀にこれほどの長い期間、戦時下におかれた国はないだろう。世界史上、中国、フランス、アメリカに戦争で勝った（あるいは負けなかった）国はベトナムしかないという定説があるが、その陰に失われた膨大な生命を考えたとき、気持ちよく話せるたぐいの話題ではない。そして戦争時代という過酷な状況下においても、ベトナムでは考古学調査が行われていた。日越合同調査を行ったランヴァック遺跡の第1次調査は、1972年の北爆が激烈をきわめたときに、考古学院の研究者がハノイから自転車を夜間こいで遺跡にたどり着いて調査を行っている。

　ベトナムの遺跡の発掘で、筆者はいくども爆撃のあとや弾薬の薬莢、爆弾の破片に巡り会ってきた。ハノイの玄関ノイバイ（Nội Bài）空港の周辺では、今もその跡を見ることができる（図266）。

　考古学は、土中に埋まる過去の人類の活動痕跡を明らかにすることを基本作業のひとつとしており、当然、過去となった20世紀は考古学の研究対象時代である。西北部山地にある有名なディエンビエンフー（Điện Biên Phủ）の戦闘（1954年）時の塹壕や、ホーチミン市郊外のクチのトンネルなどは立派な考古学的遺跡である。また現在でも、各地に戦争時のトーチカや砲塁が"遺跡"として残っている。さすれば、土中のこうした戦争痕跡も遺構・遺物と扱わなければならない時に来ているようだ。しかし、爆弾痕跡や薬莢などの負の遺構・遺物を調査したいと考える考古学者がいるだろうか？　不発弾が埋まっているかもしれないし……。しかも、米軍が中南部で投下した枯れ葉剤などは不発弾（遺物）として残るばかりでなく、散布地の環境を汚染し続ける土壌（文化層？）として残ることも多い。そして、その被害者は惨めな肢体になる遺伝子を埋め込まれ、さらに子孫にその遺伝子が伝わっていく。人類が作り出したもので、人類が貶められていく。しかも被害者にそうした被害を耐え忍ばなければならない先天的理由などありはしない。

　ベトナム（坑米）戦争のさなか、北爆を実施させたカーティス・ルメ

図266　ノイバイ飛行場近くに残るベトナム戦争時の爆撃痕（写真右側の水田地帯の池）

イは爆撃により"ベトナムを石器時代に戻してやる"とすごんだという。この発言は考古学者にとって二重に許容できない。ひとつは現代人の方が石器時代より優れているという、石器時代（人）に対する偏見に満ちていること、もうひとつは、他の国（民族）の文化・生活を戦争で貶めることに対する羞恥心のかけらもないことである。この将軍、焦土化作戦による、あの東京大空襲も指揮し、後に日本の自衛隊創設の功労により日本政府から旭日一等勲章をもらっている。あきれてものが言えない。

　アメリカとの戦争が終結して間もない1980年、当時タイのスピリット洞穴などを調査して、東南アジア考古学界で話題を呼んでいたアメリカ人考古学者故チェスター・ゴーマン（Chester Gorman）氏が、ハノイの考古学院を短期間訪れ、ホアビニアン石器を実見し、ソムチャイ洞穴などを訪れている。当時の国際情勢を考えれば、これは奇跡に近い。実現に努力されたベトナム人とベトナム考古学院の開放的思考を心から賞賛したいと思う。どこの国でも、ナショナリズムや国際関係により、学問というものはしばしば道を外しやすいが、ベトナムにもそうしたベクトルにめげず、学術の発展を本気で考えている人たちが昔からいたし、現在もいるのだ。我々が心すべきは、そういう方達とがっしり腕を組んで、負の遺構・遺物を二度と作り出さないための意志を伝えていくことだ。遺跡は語らないが、遺跡を通じて語ることはできるはずだ。

第13章　まとめと展望

　これまでの各論での議論をふまえて、北部ベトナムの集落・民族・文化の形成について総合議論を行っておきたい。

第1節　居住パターンの変化と凋密集落形成

　各章で、旧石器時代から紀元後10世紀までの居住パターンの変化（第2章第7節、第4章第3節、第5章第2節、第7章第3節、第9章第2節）を概観し、さらに、陳朝期以降の居住拡大現象や17世紀を前後とする輪中型堤防形成と集落形成の関係についても、第11章第1節と第12章第2節で検証した。

　後期新石器時代以降、居住パターンの変化として、上流域から下流域へ、つまり高所から低所への居住域の拡大が通時的に確認できる。これは下流域でのデルタの形成・発展、人類の低地への農地開拓居住という、地形変化と文化的適応の両方が背景となっている。

　地形変化という視点では、旧石器時代、新石器時代、そして鉄器時代、さらには初期歴史時代といった具合に時代ごとに居住域範囲が大きく異なっているおり、その理由には海進海退現象やデルタ形成が大きく反映されている。局地的には紅河本流に沿った地域は、デルタ形成の速度が速いため、開拓前線が徐々に現海岸線に近くなっていることが、明瞭に遺跡分布パターンに現れている。これとは対照的にハイフォン市の下流域では、こうしたデルタ形成が進んでないため、開拓前線の前進に関する時期的差異がはっきり現れてこない。また、文化的適応という視点では、居住範囲や文化領域の恒常的拡大のみならず、青銅器時代の遺跡分布の狭小化（第5章第2節）、4－9世紀の磚室墓分布（第9章第2節）に見られような文化空間の狭小化という場合が存在することも明らかとなった。前者は、利用資源の変化とその流通による遺跡立地の変化、後者は、当時の平野部の利用範囲そのものを示すのではなく、磚室墓を造成する文化を持つ人たち（龍編や安南都護府などの支配者側）の実質的支配領域などと深く関係していると考える必要がある。

　俯瞰するなら、紅河平野の人類居住は、非常に長期間にわたって徐々に拡大し、また、各遺跡での居住期間も非常に長期にわたる場合が多々あったと考えられる。先史時代の遺跡の場合には、遺跡と現集落が重なり合ってない場合が多いが、初期歴史時代以降は確実に重なり合ってくる場合が増え、バッコックやキムランでの研究で示したように、居住地が安定した環境にある場合は1000年以上の居住期間さえ簡単に存在することとなる。

以上のような集落形成史をみた場合、ベトナム北部の社会はきわめて定住度が高い一方、新天地への開拓居住を積極的に行う性質が、すでに10世紀以前の歴史時代において体現されていたといえる。15世紀頃には紅河平野全域での集落形成が一区切りを終え、平野部での新規開発居住可能性がほぼなくなってきた時に、中部ベトナムへの開拓・移住（南進）が活発化していくのは偶然の一致ではあるまい。それまでの開発・開拓居住能力とその指向性を新天地にむけたことは間違いないだろう。また、同時にさらなる新規耕作地や居住地造成のための努力を北部の平野域内でも継続したのであろう。それがやがて、17世紀以降の輪中型堤防形成と集落の凋密化につながっていったのだと推察する。

　居住域（パターン）の変化と物質文化変化を関連づけて説明することも忘れてはなるまい。物質文化内容から判断すると、前期新石器時代後半期（ゴーチュン遺跡など）と後期新石器時代前半（マードン・ホアロック期）の内容にはかなり違いがあり、大幅な文化変容を想定しないと説明できない。よそからの文化移入によるものか、あるいは在地文化の担い手集団の内在的発展をベースにしたものかといった疑問に対する回答は慎重を要するが、第4章第1節のマードン・ホアロック期の編年議論で言及したように、中国嶺南地域との物質文化的つながりを見過ごすわけにはいかない。同時期あるいはやや先行する時代に、台湾海峡を越えてオーストロネシア語族が中国大陸から台湾へ植民を行った説（Bellwood 1989・1997）も提出されており、キン族を含むオーストロアジア語族の移住拡大・植民が起きた可能性を検討する必要がある。ただし、筆者は文化移植か内在的発展かといった単純な二者択一的な解釈は無理と考えている。

　紀元1-2世紀における平野部における物質文化における急速な漢文化の圧倒化も、やはり中国側からの移住者があったことを前提にしないと説明できない現象である。従来からの居住活動が濃密であったとはいえないルンケー（龍編）城の出現は、そのことを象徴している。新参した集団には、平野部低域は人口が稀薄で開発しやすい環境であっただろうし、在来集団にとっても、従来の枠からはみ出た活動が容易であったはずだ。したがって、低地での本格的な遺跡形成、つまり居住域化が、人口増加や集落間の活発な交流をもたらし、面的広がりをもつ低地社会の形成、ひいては平野域のなかでの文化的均質性を作り出したと考える。北部における磚室墓やその副葬品などに地域色が豊かでないことが、そのことを裏付けている。それ以前の社会はあくまでも河川水系を軸にした社会であったと推察する。

　ところで、先述した石器から青銅器への利用転換が、後期新石器時代か羅青銅器時代への居住パターン変化を引き起こしたと考えられ、その背景にあるのは、金属資源を含む平野部の寡資源性であった。同様な変化は、紅河平野に限らず、メコン・ドンナイ川平野（西村 2006c）でも看取されることから、他東南アジア大陸部や世界の沖積平野に共通している可能性があるのではないだろうか。さらに、揚子江下流域の良渚文化から馬橋文化への変動（中村 1996）なども、この視点で考えてみる必要を感じる。

　この平野部の寡資源性については、現在の経済活動をみていてもよく理解できることである。量の多寡は無視して、品目で考えた場合、山間部から入手される資源・製品には以下のようなものがある。

タケノコ、獣肉、蜂蜜、木材、竹、薪や木炭、金属資源、石炭、石灰石などの各種石材

このなかで金属資源がその価値の高いものであったことは言を俟たないであろう。

逆に海岸を含む平野から供給できる資源・原料あるいはそれをもとにして生産・供給されているものは以下のようなものがある。

塩、干し魚、い草、ガラス、カオリン、陶磁器

品目は意外に少なく、上述以外は他所より原料をもってきて加工しないと供給できないものばかりである（例：金属器）。食料に関しては、塩や干し魚以外で、集約性による生産量の多寡（米はその典型例）はあれど、入手可能品目に平野部と山地部の違いを感じさせるものはない。せいぜい、若干の森林産物（獣肉、タケノコ、蜂蜜）の入手において違いがある程度だが、これとて、過去の平野部に森林が豊かな時代（例：李朝期に皇帝は像狩りのため平野部に出かけている）があったことを想定すれば、問題ではない。したがって、食糧以外の資源や製品の入手可能性が大きな意味を持っていると考えられる。また、山間部に比べ生態的多様性が小さい平野部は、農業を含めた生業活動を集約化し、生産を高めていく方向が、生態的付帯条件から考えれば合理的といえる。もちろん、これには災害等による極度な生産不振に陥る危険性が伴う。歴史時代、北部平野部にしばしば見られ、飢饉はその結果であることが大きい。近年では、日本軍の強制栽培と悪天候により引き起こされた1945年飢饉が、特に平野部において甚大な被害となったことがそれを象徴している。

平野部から山間部へもたらされる資源で、ガラスと陶磁器に関しては、考古資料でしばしば確認できるものである。特に陶磁器は山間部の古墓から多く出土している。胎土と燃料さえ準備できれば生産できる土器や陶磁器類は、平野が主体的に生産し供給できる数少ない重要かつ需要の高い品目であることが理解できる。

青銅器も、山岳域の墓葬からしばしば出土する副葬品に含まれている。第11章第2節、第12章第3節で述べたように、ムオン族で使用習慣が続いた銅鼓は、少なくとも歴史時代においては平野部での製作と判断されるし、現山間民族の伝統楽器である銅鑼も平野部での生産（西村 2002b）のようだ。当然平野部での青銅器生産の場合、外部からの資源供給を安定させ、集約的生産や高度な生産技術、あるいは製品の需要が見込めるある程度の市場などといった条件が揃わないと、その製品や製品の流通が優位な立場になることはないであろう。北部ベトナム平野部の場合、武器や仏具に青銅製品を多く使う伝統が、高度な青銅器生産を集約化、活発化させてきたようである。現在でも原料を輸入してでも生産を行う体制が存続を許され、伝統的青銅器鋳造村落として多く残っている。また、寺鐘などの場合、大きさや意匠・モチーフを、注文者の意をくみ取って生産する必要があることも、専業生産者の存在を可能にする条件である。陶磁器の場合、山間部集団の好みを反映して製作している例はまれにしか確認されていない。しかし、銅鼓に関しては、製作者が使用者の好みを理解しながら生産されたと考えられ、以下次節で詳しく述べる。

第2節　民族形成史理解のための銅鼓

前出各節（第5章第4節、第6章第5節、第7章第5節、第9章第4節、第11章第2節、第12章

第3節)で論じてきた銅鼓の空間的集中分布を根拠として、文献資料や民俗学資料を援用しながら、本節では北部ベトナムの民族形成史の問題に触れてみたい。類Ⅱ式銅鼓が主にムオン族によって使われてきたことは、13-14世紀のムオン族の古墓から出土し、現在まで用いられ続けていること、さらには過去の伝承にも銅鼓が登場することなどから異論はないであろう。また、その生産地については、類Ⅱ式鼓がムオン族居住域内ではなく、むしろキン族居住域、さらにはその権力中心地である昇龍都城内などを想定した方がよいことも述べた。

それでは、銅鼓が平地民キン族と山岳民ムオン族を結びつけた理由は何であろうか。銅鼓が李陳朝期に国家守護神的扱い(『越甸幽霊集』)を受けたこと、その時期に都城を中心に平野部で生産された類Ⅱ式鼓がムオン族居住域に広く流通したことは無関係ではない。銅鼓の贈与や交易などを通じて、キン族政権側がムオン族を慰撫・利用しようとしたことにつながっているはずである。そして、都城内の銅鼓祠での会盟もそうした中央政権とムオンなどの銅鼓利用民族の関係維持を象徴していると考えてよい。

ところで、ムオン族にはライドン式鼓を使う例もあり、さらにはⅡ式鼓やⅠ式鼓の分布域も現ムオンの分布域に重なることが多いことを考えれば、ムオン族の銅鼓利用史は相当長く、ムオンとキンが分化する以前の祖集団(Proto-Viet/Muong)の時代、つまり北属時代あるいはそれ以前にまで、銅鼓使用を遡らせるのもあながち無理な仮説ではなくなる。(1)

Ⅰ式(図77)とⅡ式や類Ⅱ式(図152)の分布を比べた場合、Ⅱ式や類Ⅱ式は、紅河平野やタインホアのマー川下流域平野部から山岳域に偏在・後退していることが明らかである。紅河平野やタインホアの平野部の北属時代は、交趾郡や九真郡さらにはその後の中国王朝下の郡県制(桜井1979)、州県制の実効支配下にあった領域である。実際に、こうした空間は磚室墓などの中国系物質文化が多く確認されている(西村2003b)。これはドンソン文化の空間において、北属時代の平野部で中国系文化が浸透し、文化変容が進み、山岳部の非漢化空間のなかには銅鼓使用文化が残存した結果と解釈できる。

そして、各型式の分布が明らかにしたように、若干例のⅠ式後期やカオバンやハザンなどの一部地域を除いて、紅河本流から北域には銅鼓の集中分布域は存在しない。第5章第4節で述べたように、紅河を境界線とする南北の銅鼓の分布の違いは、銅鼓を儀器として社会内部に組み込んでいた集団とそうでない集団の差を現し、銅鼓とその分布は現在の民族分布に至る形成過程を理解する鍵と筆者は考える。

ここで、銅鼓利用文化にも関係する北部ベトナムの初期国家形成期の伝承に踏み込んでおく。紀元前2世紀の趙佗以前に登場するベトナムの王は、雄王(雒王の表記変化)と、雄王を倒し後に趙佗に倒される安陽王のみである。『水経注』は『交州外域記』を引用して、蜀の王子が雒王を討ち、雒侯を従わせ、安陽王として即位した話を記載しており、安陽王系の集団と雄王系の集団差異・対立がかなり以前からあったことをうかがわせる。既知のように、雄王伝説はキン族とムオン族の間で共有された伝説である。この雄王を祀った雄王神社(Đền Hùng デンフン)は、フート省ラムタオ県ヒークオン社のギアリン山にあるが、この山の麓で、大型ドンソン系銅鼓(図77)のヒークオン(Hy Cương)鼓が出土している。当地域から西に紅河本流を渡れば、タインソン県などのムオン族居住

域にすぐ到達する。雄王を祀る廟（Đền）はフート省・旧ハタイ省のソンタイ地域、ヴィンフック省の西端Lập Thạch県を中心に濃密に分布する（Nguyễn X.L. 2000：395）。
ラップタック

　これに対し安陽王やその配下の武将を祀る廟（Đền）や伝承は、ヴィンフック省の東から、現ハノイ市の北部、バックニン省などに多く分布し、雄王伝説の分布域と重なっていない。また、安陽王伝説の異伝は、カオバン省のタイ族（Bế V.D. et al. 1992：52-53）、広西の龍州（ランソン省北部に近い中越国境地域）の壮族（李他編 1995：429-436）でも確認されている。また、『越甸幽霊集』（13世紀末成立）では、安陽王の補佐を務めた高魯が後に雒侯に殺されたことについて、高魯が高駢の問いに答える形で、安陽王は金鶏の精であり、雒侯が白猿の精で、祖先シンボル的に別起源であることに触れている。したがって、筆者は、雄王伝説を頂点とするベト・ムオン系集団と安陽王伝説などを頂点とするタイ・ヌン（Tày・Nùng）系の民族集団の文化差が、すでに銅鼓の儀礼上の使用・不使用により現れていたと考える。

　ところで、紀元2世紀を境として銅鼓分布の中心は、紅河平野南域やタインホアを中心とする北部ベトナム（Ⅰ式中期）から、広西郁江流域と北部ベトナム北域の一部（Ⅰ式後期）に移り、やがて、Ⅱ式銅鼓は広西南部で盛行する。この現象は、紅河平野域支配拠点（龍編城など）などで生産されていた銅鼓が、士燮などの龍編政権の仏教導入（西村 2007b）とその保護により、異質な思想を具現する銅鼓生産が停止し、逆に広西では、漢化が進まない広西南部において、タイ系あるいは他の民族間にその在地社会組織の儀器として受け入れられ、土豪勢力の発展に並行して、生産活発化につながったと考えられるのではないか。この場合、タイ系民族（現壮族、タイ・ヌン族の祖集団）を中心とする集団に、広西南部から北部ベトナム北域をつなぐネットワークがあったと理解できる。この背景には、紅河平野周辺では銅などの金属資源を入手しにくく（西村 2006c）、広西の北流県（Ⅱ式鼓分布の一大中心）などでは銅鉱資源が豊富であったことも関係していると推察する。そして、唐代に正州正県制度が厳密に広西に適用され、それまでの在地土豪を官僚として間接支配・管理する政治システムが消滅したことが（張他 1997：454-455）、最終的には広西でのⅡ式銅鼓の衰退・埋納へとつながったと考えたい。

　また、紅河以南のタイ（Thái）系民族（図267）は、キン族やムオン族を囲むように分布するが、過去に銅鼓を使用してきた文献・伝承資料は非常に少ない。唯一、ダー（Đà）川、マー川上流域（ライチャウ省、ソンラー省）に、類Ⅱ式や若干のⅢ式やⅣ式のまとまった分布がみられる。類Ⅱ式の年代を参考にするなら、李・陳朝期にムオンなどを通じて銅鼓を入手した可能性を考えた方がよいであろう。これはタイ（Thái）族の年代記『タイプーサック』にある李・陳朝期の頃、銅鼓を軍の行進に用いたり、戦争時の贈り物にしたこと、さらにはラオスの王に贈った記述（Cầm Trọng私信）に関係してくると考えられる。ダー川は李朝から黎朝期にかけて西北山岳部征討ルートとして重要であったことから、キンやムオン族との連携関係で、この時期に銅鼓利用習慣がこの地域に根付いた可能性がある。また、ダー川上流域には、銅鼓利用民族であるムオンやクム族も居住しており、タイ系民族以外の使用ケースも想定しておかなくてはならない。ラオカイ近くでタイ系ザイ族のⅣ式鼓利用例（Trần H.S. 1993）が報告されているが、明らかに後代に中国側から移住してきた、より漢化の度合いが強い別集団であり、タイ（Thái）族と同列に論じることはできない。
カム・チョン

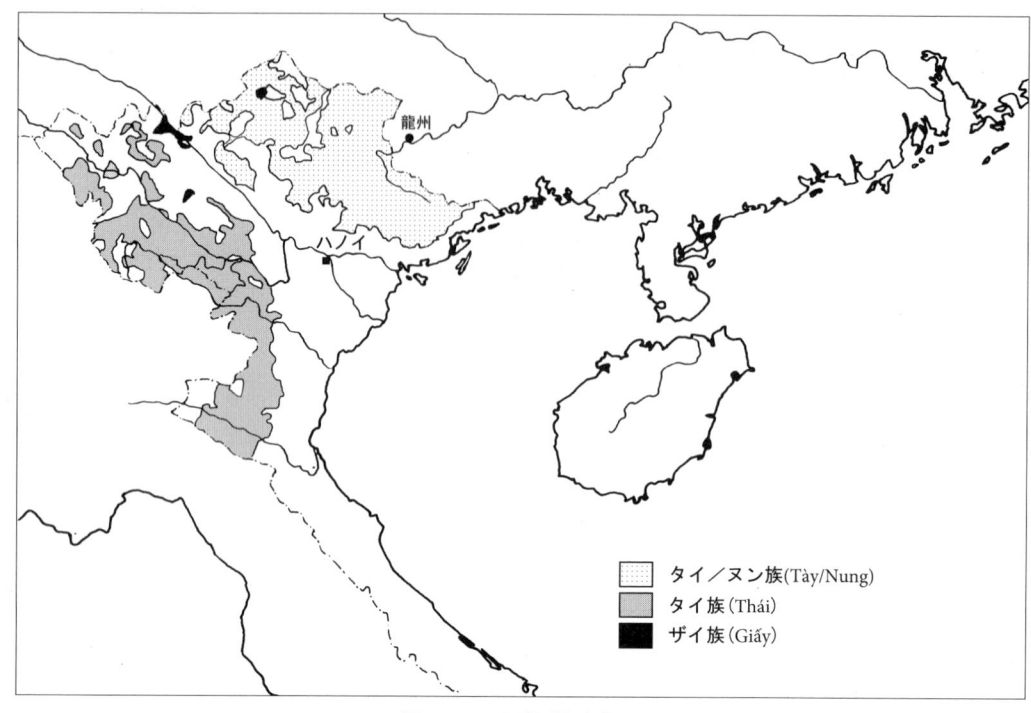

図267 タイ系民族分布図

　以上をまとめると、銅鼓の不使用はⅠ式ドンソン系中期頃までは、壮族やタイ・ヌン（Tày/Nùng）族の祖になるタイ系民族に共通した現象であったと推察できる。したがって、先史時代の末には、紅河平野の紅河本流右岸つまり、紅河平野南部はキン族やムオン族の祖集団（プロト＝ベト・ムオン）の居住域で、広義のタイ系民族が紅河平野北部あるいは紅河平野周囲の山岳部に居住していたと推定される。そして、北部ベトナムと広西でのⅠ式ドンソン系銅鼓や類Ⅱ式鼓の利用有無に象徴される紅河を挟んだ南北での文化地理的差異は、北側のチワンやタイ・ヌン（Tày/Nùng）系集団と南側のタイ（Thái）系集団の地理的空間の反映として解釈し、それは紀元1000年紀前半には形成されていたと考える。[2]

　次に、ロロ族についても銅鼓からその形成史の深浅を探っておきたい。ロロ族（図153）は、現在カオバン省のBảo Lạc県（バオラック）とハザン省のMeo Vạc（メオヴァック）、Đồng Văn県（ドンヴァン）などに主に居住しているが、その地域では非常に多くの銅鼓（Ⅰ式、Ⅱ式、類Ⅱ式、Ⅰ-Ⅳ式、Ⅳ式）が集中して、出土・確認されている（図152）。そして、先述したロロ族の銅鼓伝説で説明される鼓面に小穴をあけたものは、ハザンやカオバン省では、現利用例を含むⅣ式のみならず、Ⅰ式後期、Ⅱ式、類ⅡB式、Ⅰ-Ⅳ式にわたって存在する（Phan H.T.ed. 1990b、Phạm M.H. 2001：34,38、筆者カオバン省博物館観察資料）。しかも、類例は、ベトナムの他地域ではわずかで、広西でも、Ⅰ式後期とⅠ-Ⅳ式に若干例（広西壮族自治区博物館編 1991：115,119）が確認されるに過ぎず、Ⅳ式に関してはほとんど存在しないようだ。雲南省の文山自治州や広西那坡でも、ベトナムのロロ族に対応する倮人（彝族の支族）の銅鼓伝説が報告されている（喩 1995、蒋 2005）。したがって、ハザン省の類Ⅱ式鼓や雲南

の文山自治州や河口での類ⅡB式鼓例も、キン族とロロ族間の経済・政治関係で説明できるのかもしれない。以上より、ロロ族の銅鼓利用についても、1000年あるいはそれ以上の長期間の歴史を有する可能性があり、その利用史自身、ロロ族あるいはその祖集団としての時間深度を表していると考える。

　これまでの議論から、銅鼓の製作はベトナムでは断続的ではあるが、先史時代から19世紀頃まで続いたことが理解できる。ただし、製作者は状況により変化しており、必ずしも使用者が製作しているわけではない。先述したルンケー（龍編）城での銅鼓製作以降、特に政権側あるいは政権所在地の集団が、銅鼓を実行支配できない地域への贈品・商品として利用した場合が多々あるようだ。

　ベトナム民族史のなかにおいて、漢化やキン化をほとんど経験しなかったムオン族に、銅鼓の使用伝統が現在まで保存されたことは特筆すべきことであろう。おそらく、キン族政権やタイ系諸族との拮抗関係のなかで銅鼓は集団の帰属意識を誇示・増幅させるのに格好の儀器であり、ゆえに長い存続利用が許されたのであろう。歴代のベトナム王朝（丁朝、後黎朝など）にはキン族のみならず、ムオン系集団が積極的に立朝・参加していることも、この現象を理解する背景のひとつとなる。また、ムオン族の配石墓（家屋墓）の伝統が長く続いていることも考え合わせると、きわめて長く文化伝統を保持した民族といえるかもしれない。

　ところで、漢代から唐代並行期の磚室墓群は、第7章第3、4節でも論じたように山間地域ではまったく報告されておらず、漢文化が侵入できない強烈な異文化空間が成立していたと判断できる。おそらく中国の政権側の実効力が及ばない地域であったことは間違いなく、ベトナム側の起義・独立運動の際の重要な基盤になっている（李賁、呉権、丁部領、黎利など。西村 2004）。

　また、ドンソン期以降も銅鼓利用の文化がホアビン省やフート省などのムオン族に保存されたと考えるなら、オーストロアジア語族の1グループであるベト（京）族とムオン族の分化は、漢化の受容・非受容がひとつの起点になっていることは間違いない。これは起源を同じくする集団が山間民と平野民として、それぞれ文化適応を行った結果と言い換えてもよい。

　そして、ムオン族とロロ族の銅鼓利用史を参考にするなら、銅鼓の各型式分布とその使用の脈絡、伝承や文献資料などを重ね合わせていくことにより、銅鼓利用を中心とする民族文化の歴史深度を測ることができ、さらに、銅鼓を使わない民族の存在も並行して考えると、民族形成史を空間的に考察できることなどを明らかにできた。

　もちろん、より新しい時代に銅鼓を採用した民族例や途中で銅鼓利用を放棄した民族例もあるようだ。また、同一あるいは同系統の民族であっても、銅鼓利用の有無がある場合（例：広西や貴州の瑤族や苗族とベトナムのザオ族、メオ族、広西の壮族とベトナムのタイ・ヌン族）、あるいは異なる銅鼓形式を用いている場合（ムオン族の類Ⅱ式とライドン式、ベトナムのロロ族のⅣ式と雲南彝族のⅢ式など）がある。いずれにしても、それぞれの例において、民族の中での集団分化やその時期、あるいは平地民との関係史の違いを探る鍵になるはずである。

　儀礼や社会のなかで大きな役割を果たしていた物質文化が時間の尺度を持つことにより、その民族形成史理解のひとつの尺度になることは確かである。

第3節　北部ベトナム：文化形成のベクトルとその場について

　後期新石器時代から、中国の牙璋の移入にみられるような文化受容があり、その後の支配・被支配関係、さらには朝貢関係などに象徴されるように政治・経済・社会・文化のあらゆる面においてベトナムと中国の関係は密接である。文化形成においても、そうした傾向を認識しないといけないが、いつも中国からの影響を受動的に被って文化形成が行われたと考えては、ベトナムを正確に理解できない。ここで、ベトナムの文化形成について、考古学・古代学的議論を基礎にして行っておきたい。

　紅河平野域は、国家形成あるいは国家支配原理の出現により、もともとあった平野域の地域性が薄められるという方向に働いているようだ。その最初の段階は、漢文化の本格的かつ均質的な入植・侵入（紀元1世紀以降）であろう。これは域内のどこにでも確認される漢代の磚室墓とその副葬品から判断することができる。ただし、これは社会の上層・支配層の動きであり、それら以外の人がどのような行動をとったかは、資料不足から未だ明らかにできない。ドンソン期から初期歴史時代の移行過程を、周辺地域も含めてより鮮明化する必要がある。また、漢系文化受容の裏側には移住者の在地文化や異文化摂取や在地化もあったことは間違いない（第7章参照）。

　ベトナム前近代史において、中国のみを文化摂取の対象とせず、多方向から意識的に文化を取り入れていた時代は、3時期あるようだ。ひとつは2世紀から3世紀にかけての南海交易の一拠点として栄えた時代である。次は独立を達成してからの10～14世紀の時代である。最後は、西洋諸国からの技術導入を積極的に図った中部の広南阮氏から阮朝の時代である。最後の時期に関しては、大航海時代以降のことなので同レベルに論じ得ないが、前2時期に関しては、圧倒的な漢文化の入植・侵入・支配のあとに起きたベトナム側からの文化的反発ともみることができる。その際に中国外からの文化摂取は、アイデンティティ強化においても貴重であり、銅鼓、仏教、チャンパ系物質文化は、中国文化から異化する上でも重要な役割を担ったようだ。当然、背景にはベトナムが空間的に中国以外の文化、山岳部の各民族文化、南のチャンパ、クメールなどと接し、そうした異文化の存在を実地で認識していたことがあろう。ただし、この3要素とも、当時の権力形成に密接に結びついており、権力者の象徴表出機能も持たされているようだ。

　ところで北部ベトナムの各長期王朝が、紅河平野を中国の中原のように位置づけ、政治中心地を寡資源地域の中央、つまりハノイにおき（西村 2004）、水田分与システムを発達させ、水稲耕作の集約生産のための堤防建設などの諸政策を実行したことは、結果的に政治的中心地を支える凋密な集落を形成させ、それらにもとづく政治支配空間や人間集団を作り出すエンジンをつくったことになる。そのように考えれば、紅河平野のような大規模な水稲耕作地適地がほとんどない雲南・広西・海南島が中国に服属するなか、ベトナムのみが度重なる中国の侵略を退け、独立を維持できた理由が見えてくる。やはり都城の地政学的位置は、中国との関係で重要だったようだ。タインホア省の胡朝城は、軍事技術に長けた胡氏による建設であり、明の永楽帝の侵攻を覚悟して敢えてこの地を選んで建設したのではないだろうか。

権力者が居住する場であった都城は、中国系文化のみならず、銅鼓や仏教といった権力者にとって異質性の高い文化についても、受容あるいは活躍の場を提供している。したがって、権力中心地、あるいは権力者が行った文化へのアプローチや文化形成の操作というものは、ベトナムにおいては非常に存在感が大きかったと考えることができる。たとえば、皇帝や権力者の独占的モチーフとして使われた龍文がベトナムの民間陶磁器に使われるようになるのは、16世紀半ば以降のことであり（Nguyễn Đ.C. 1999）、村落でのディン（亭）や寺の建設が活発になるのも16世紀末あるいは17世紀という現象（Phạm T.T.V. 2003、大山 2004）などを考え合わせると、民間の力というものが物質文化形成において創造的活力を発揮するのは、莫氏政権以降ではないかと思われる。

ところで、上述した南のチャンパ文化の領域や山岳域との文化的関係は、ベトナムの諸側面を考える上で重要であるが、両関係は決して同質ではない。ルンケー城やタインホアのタムト（Tam Thọ）窯で出土するものと同様な印紋陶器は林邑の都城チャキウのみならず、中部クアンナム（Quảng Nam）省のホイアン、クアンガイ（Quảng Ngãi）省のリーソン（Lý Sơn）やビンディン（Bình Định）省でも確認され、一定の面的分布を持ち、北部ベトナムを起源とする技術・文化（陶器製作技術）が、中部ベトナムへ紀元1-2世紀頃伝播し、根付いている。そして、逆に10世紀以後はチャンパ的な建築・装飾文化が北部に伝わっており（第11章第3節：Nishimura 2010）、両者の関係は侵略・非侵略あるいは支配・被支配といった正史が語る関係のみでは説明しきれない。これに対して、北部ベトナム平野部と山岳部の関係は、物質文化の往来量こそ大きいが、互いの物質文化を摂取しあうということは、非常に少なかったのではないだろうか。銅鼓は、山岳民をコントロールするための象徴的儀器であり、その知識はキン族にある程度深く知識として刻まれてはいただろうが、決して平野民の物質文化の根本を揺るがすような存在ではなかった気がする。また、15世紀以降はキン族が、チャム族の居住する中部、さらには南部に大量入植を開始しているが、その頃山岳部へ入植したキン族は、存在しても非常に少なかったのが、その後の歴史の展開をみれば明らかである。こうしたベクトル差はいかに生じたのであろうか。極論すれば、国家を形成していたチャンパとそうした指向が微弱であった山岳民の違いなのではなかろうか。今後の課題としたい。

註
(1) "ムオン"族として、キン族と区別する習慣・政策はフランス属領期に始まるというNguyễn Lưnog Bích（1974）の議論に異論はないが、平地民（キン）が山地民を自集団と区別してきたことは、山岳域居住民に対する呼称（蛮、獠）や山岳域独特の地名呼称（峒、究）などから、かなり古い時期に遡ることは明らかであろう。
(2) 言語学的には、紅河を挟んで北側に居住するタイ・ヌン（Tay・Nung）族は中央タイ諸語、南側のタイ（Thai）族は南西タイ諸語に分類されている。

既発表論文との対応関係

　本書は既発表の論文を分解して、加筆・修正を行っているものが多く、その対応関係を限定するのはやや困難であるが、既発表論文を挙げ、本書の記述基盤になっているところを示す。その他は完全な書き下ろしと考えてよい。

第1章：2003年「紅河平原の遺跡分布パターンの変化に関する考察」のA節"紅河平野の区分、地勢と形成史に関する覚え書き"『ヴェトナム紅河平原遺跡データ集』文部省科学研究費成果報告書：267-271頁を大幅に加筆・修正。

各章の編年議論：「紅河平原の遺跡分布パターンの変化に関する考察」のB節"考古学的編年の整理"『ヴェトナム紅河平原遺跡データ集』文部省科学研究費成果報告書：271-279頁（2003年）と Chronological framework from the Palaeolithic to Iron Age in the Red River Plain and the surrounding. In *Prehistoric archaeology in South China and Southeast Asia*. Beijing. （2006年）を基盤に大幅加筆修正。

第2～9章の遺跡の分布パターンについて：2003年「紅河平原の遺跡分布パターンの変化に関する考察」『ヴェトナム紅河平原遺跡データ集』文部省科学研究費成果報告書：267-309頁と2005年Settlement pattern of the Red River Plain from the late prehistory to the 10th century AD. *Bulletin of the Indo-Pacific Prehistory Association* No.25：99-107頁に加筆・修正。

第4章第4節：2006年「北部ヴェトナム後期新石器時代の生業基盤変容について：農耕社会成立過程に関する基礎的理解」藤本強編『生業の考古学』：240-261頁を加筆・修正。

第4章のマンバック遺跡とマードン遺跡の石器分析と付随する考察、ならびに第5章ダイチャック遺跡の遺物分析：2006年「紅河平原とメコン・ドンナイ平原の考古学的研究」東京大学大学院人文社会研究科提出学位論文の"第10章　紅河平原後期新石器時代から青銅器時代前期にかけての石器から青銅器への置換について：マンバック遺跡とダイチャック遺跡出土資料を中心に"を加筆・修正。

第6章：2008年「ハノイ北郊のコーロア城について」『古代学研究』180：457-469頁を大幅に加筆修正。

第7章第1節：2007年「北部ヴェトナム紅河平原域における紀元1世紀後半から2世紀の陶器に関する基礎資料と認識」『東亜考古論壇』3号、忠清文化財研究院：57-101頁の一部を抜粋・加筆修正。

第8章：2001年「紅河デルタの城郭遺跡Lung Khe城をめぐる新認識と問題」『東南アジア歴史と文化』30：46-71頁（2001年）を大幅に加筆修正。

第11章第4節：2007年「ヴェトナム集落の形成：ナムディン省バッコック集落と周辺域の考古学調査から」『東南アジア～歴史と文化』36号：36-71頁を加筆・修正。

第12章1節：2006年「キムラン研究覚え書き1：川べりの手工業専業集落の歴史地理的概要」『ベトナムの社会と文化』5号：80-93頁を大幅加筆修正。

第12章2節：2007年「北部ヴェトナム紅河平原における輪中型堤防形成に関する試論」『東南アジア研究』45-2：184-210頁を加筆・修正。

第5章から第12章までの銅鼓に関する議論：2008年「北部ヴェトナムの銅鼓をめぐる民族史的視点からの理解」『東南アジア研究』46-1号：3-32頁に、加筆修正。

　また、上記論文のうちコーロア研究以外は、2006年「紅河平原とメコン・ドンナイ平原の考古学的研究」東京大学大学院人文社会研究科提出学位論文にも、その基となる論文を載せている。

参考文献

青柳洋治、M.L.Aruilera,Jr.、小川英文、田中和彦　1991「ラロ貝塚群の発掘（3）」『上知アジア学』9：49-137.
浅川滋男　1993『住まいの民族建築学：江南漢族と華南少数民族の住居論』建築資料出版社.
アバディ・モーリス／民族学協会調査部訳　1944『東京高地の未開民』東京、三省堂.
阿部百合子　2003「ベトナム・大越国の陶磁貿易」『ベトナム・ホイアンの学際的研究―ホイアン国際シンポジウムの記録―』昭和女子大学国際文化研究所紀要』9：211-240.
網野善彦　2001『日本中世都市の世界』ちくま学芸文庫.
安藤万寿男編　1975『輪中―その展開と構造』古今書院.
安藤万寿男　1988『輪中―その形成と推移』大明堂.
井関弘太郎　1972『三角州』現代地理学シリーズ2、朝倉書店.
市原常夫　1989「銅鼓に関する貴州省地方志資料の検討」『考古学の世界』新人物往来社：131-164.
伊原弘　1993『中国人の都市と空間』原書房.
今村啓爾　1973「古式銅鼓の変遷と起源」『考古学雑誌』59-3：35-62.
　　　　　1989「第1形式銅鼓に把手に認められる特殊な鋳造法について」『東京大学考古学研究室研究紀要』8、99-105.
　　　　　1992「ヘーガーI式銅鼓における2つの系統」『東京大学文学部考古学研究室紀要』11：109-124.
　　　　　1996「東南アジアにおける銅鼓研究の役割」『考古学雑誌』82-4：93-108.
　　　　　1998「紀元前1000年紀の東南アジアと中国の関係」『東南アジア考古学』18：1-20.
　　　　　2010「ヘーガーI式銅鼓の南方海域への展開―その年代と歴史的背景」今村啓爾編『南海を巡る考古学』同成社：3-22.
尹天鈺　1995「雲南河口発現一面銅鼓」『考古』8：760.
上田新也　2010「ベトナム黎鄭政権の地方統治」『近世の海域世界と地方統治』汎古書院：231-272.
上原真人　1997『瓦を読む』講談社.
宇野公一郎　1999「ムオン・ドンの系譜―ベトナム北部のムオン族の領主家の家譜の分析―」『東京女子大学紀要論集』49-2：137-198.
梅原末治　(1951)「印度支那北部の漢墓」『東方学』1：26-45
易西兵　2008「試析北江流域新石器文化的年代序列及其周部地区文化的関係華南」『華南考古』2：10-25.
王双懐　2002『華南農業地理研究』中華書局.
黄増慶　1956「広西貴県漢木槨墓清理簡報」『考古通報』4：18-20.
黄展岳　1993「論南越国出土青銅器」陳遠璋、邱鍾侖、蒋廷瑜、羅坤馨編『銅鼓和青銅文化的新探索』広西民族出版社：221-236.
王林斌　2005「文山万家覇型銅鼓初探」文山荘族苗族自治州文化局編著『声震神州：文山銅鼓曁民族歴史文化国際学術研究会論文集』雲南人民出版社：268-272.
大西和彦　2001「ベトナムの龍」『アジア遊学―特集ドラゴン・ナーガ・龍―』28：38-41.
　　　　　2005「ベトナム胡朝城とその周辺」菊池誠一編『ベトナム胡朝城の研究I-15世紀王城跡の史跡鴎尾にともなう考古学的研究―』昭和女子大学.
大山亜紀子　2004『北部ベトナム仏教寺院の伽藍の変遷過程に関する研究：14世紀から20世紀における木造建築の技術史的考察を中心にして』日本大学大学院理工学研究科提出学位論文.
岡本弘道　2010『琉球王国海上交渉史研究』榕樹書林.
夏雲輝　2005「試論文山童馬銅鼓的幾個特点」文山荘族苗族自治州文化局編著『声震神州：文山銅鼓曁民族歴史文化国際学術研究会論文集』雲南人民出版社：268-272.
川上崇2002「ベトナム社会主義革命のなかの手工業村-紅河デルタにおける木版印刷業の歴史的展開」『ベトナムの社会と文化』3：49-79.
川島秀義　2006「ラオスにおける銅鼓の分布とその関係」『東南アジアの都市と都城　II』東南アジア考古学会：73-80.

川村佳男　2001「四川盆地における銅戈の変遷」『東南アジア考古学』第21号：160-188.
関漢亭1995『半両貨幣図説』上海書店出版社
広東省博物館　1961「広東東興新石器時代貝丘遺跡」『考古』12：644-649.
　　　　　　1982「広東省始興晋―唐墓発掘報告」『考古学集刊』2：113-133.
　　　　　　1983「広東曲江南華寺古墓発掘簡報」『考古』7：601-609.
広東省文物管理委員会、華南師範学院歴史系　1961「広東英徳、連陽南斉和隋唐古墓的発掘」『考古』3：139-141.
広東省文物管理委員会、汕頭地区文化局、掲陽県博物館　1984「広東掲陽東晋、南北朝、唐墓的発掘簡報」『考古』10：895-903.
広東省文物考古研究所他　1991「広東五華獅雄山漢代建築遺址」『文物』11：27-37.
広東省文物考古研究所、珠海市博物館編著　2004『珠海宝鏡湾―海島型史前文化遺址発掘報告』科学出版社、北京.
菊池誠一　2001「北部ベトナムと中部ベトナムの肥前磁器：受容のありかたと輸出年代をめぐって」『昭和女子大学文化史研究』5：45-63.
菊池誠一編　2005『ベトナム胡朝城の研究Ⅰ－15世紀王城跡の史跡整備にともなう考古学的研究』昭和女子大学菊池誠一研究室.
菊地陽子編　1997『百穀社版圖』ベトナム村落研究会.
北村和宏　1998「愛知県の治水・利水遺跡について」『治水・利水遺跡を考える：人は水とどのようにつきあってきたか』第1分冊　資料編：436-464、東日本埋蔵文化財研究会.
紀仲慶　1979「揚州古城変遷初探」『文物』9　北京：日本語訳文　1985『中国江南の都城遺跡』同朋社：135-150.
栗島義明　2000「いわゆるグォム技法について：ベトナム北部旧石器時代の剥片石器群」『大塚初重先生頌寿記念考古学論集』東京堂出版：1009-1034.
高漢銘　1988『簡明古銭辞典』江蘇古籍出版.
広州市文物管理委員会、広州市博物館　1981『広州漢墓』文物出版社.
広西壮族自治区博物館　1988『貴県羅泊湾漢墓』文物出版社.
　　　　　　1991『広西銅鼓図録』文物出版社.
広西壮族自治区文物工作隊　1978a「平東銀山嶺戦国墓」『考古学報』4.
　　　　　　1978b「広西西林普駄銅鼓墓葬」『文物』9：43.
広西壮族自治区文物工作隊等　1988「広西武鳴馬頭元龍坡墓葬発掘簡報」『文物』12.
広西壮族自治区文物工作隊、興安県博物館　1998「広西興安県秦城遺址七里墟王城坪城址的勘探与発掘」『考古』11：34-46.
広西壮族自治区文物工作隊、那坡県博物館　2003「広西那坡県感駄岩遺址発掘簡報」『考古』10：35-56.
広西壮族自治区文物工作隊・灌陽県文物管理所　2006「広西灌陽県画眉井隋代紀年墓」広西壮族自治区文物工作隊編『広西考古文集2』科学出版社：381-388.
河野泰之、柳沢雅之　1996「ナムディン輪中の水利」『百穀社通信』（ベトナム村落研究会）7：1-27.ベトナム村落研究会.
胡守為　1999『嶺南古史』嶺南文庫、広東人民出版社.
呉華　2005「西盟型銅鼓与雲南少数民族」文山荘族苗族自治州文化局編著『声震神州：文山銅鼓曁民族歴史文化国際学術研究会論文集』雲南人民出版社：184-192.
洪声　1974「広西古代銅鼓研究」『考古学報』1：45-90.
後藤均平　1968「漢代九真郡の窯址」『集刊東洋学』20：1-20.
　　　　　　1975『ベトナム救国抗争史―ベトナム・中国・日本』新人物往来社.
湖南省博物館　1984「長沙樹木嶺戦国墓阿弥嶺西漢墓」『考古』9：790-797.
小林青樹　2006「東南アジアにおける銅戈の調査と研究」新田栄治編『メコン流域における金属資源とその利用に関する考古学的研究：平成14年度～平成17年度科学研究費補助金（基盤研究A）研究成果報告書』：53-80.
桜井由躬雄　1976「唐代・長安の制にならう〈ハノイ〉」『朝日アジアレビュー』7-4：158-164.
　　　　　　1979「雛田問題の整理」『東南アジア研究』17-1：3-58.
　　　　　　1980「10世紀紅河デルタ開拓私論」『東南アジア研究』17-4：597-632.

　　　　　1981「李朝期（1010-1225）紅河デルタ開拓試論―デルタ開拓における農学的適応の終末―」『東南アジア研究』18-2：271-314．
　　　　　1987a『ベトナム村落の形成―村落共有田＝コンディエン制の史的展開』創文社．
　　　　　1987b「ベトナム紅河デルタの開拓史」『稲のアジア史』2：235-276．
　　　　　1989「陳朝期紅河デルタ開拓試論：1．西氾濫原の開拓」『東南アジア研究』27-3：275-297．
　　　　　1995a「ベトナム紅河デルタ村落研究報告―東南アジア地域辺境としての人口過密地帯」『百穀社通信』1、ベトナム村落研究会．
　　　　　1995b「陳朝期ベトナムにおける紅河デルタの開拓―新デルタ感潮帯の開拓―」『東南アジア世界の歴史的位相』山川出版：21-45．
　　　　　1996「95年度ソム B 集落に関するベーシックデータ」『百穀社通信』5：1-114．
　　　　　1998『重修欽定百穀社史註』（バックコック調査隊内配布資料）．
　　　　　2000「紅河デルタにおける地域性の形成」坪内良博編著『地域形成の論理』京都大学学術出版：263-300．
　　　　　2006『歴史地域学の試み　バッコック』東京大学大学院人文社会系研究科南・東南アジア歴史社会専門分野研究室．
佐藤甚次郎、佐々木史郎、大羅陽一　1987「荒川流域における水塚」『歴史地理学紀要　29：治水・利水の歴史地理』：127-148．
嶋尾稔　1996　「これまでに収集した資料の若干の整理」『百穀通信』3：41-54．
　　　　　2000「19世紀―20世紀初頭北部ベトナムにおける族結合再編」『〈血縁〉の再構築―東アジアにおける父系出自と同姓結合』風響社：213-254．
　　　　　2003「紅河デルタ沿海部開拓史研究の概観」春山成子編『紅河デルタの環境変動と環境評価』文部科学省科学研究費成果報告：171-188．
徐恒淋　1963「広東英徳浛洸鎮南朝隋唐墓発掘」『考古』9：486-492．
佐世俊久　1999「ベトナム黎朝前期における儒教の受容について」『広島東洋史学報』4：1-20．
蔣禹平　2005「浅析文山僳人与銅鼓的淵源関係」文山荘族苗族自治州文化局編著『声震神州：文山銅鼓暨民族歴史文化国際学術研究会論文集』雲南人民出版社：294-299．
蔣廷瑜　1982「略論漢字銘文銅鼓」『考古与文物』1　後に広西荘族自治区博物館編　1993『広西博物館館60周年論文選集』：238-243に再録．
　　　　　1994「嶺南出土石戈探微」『南中国及隣近地区古文化研究：慶祝鄭徳坤教授従事学術活動60週年論文集』香港中文大学、香港：229-238
謝光茂、林強2008「百色上宋遺址発掘簡報」『人類学学報』27-1:13-22.
　　　　　1999．『古代銅鼓通論』北京：紫禁城出版．
白石昌也　1983「ベトナムの「まち」：特に「くに」との関連を中心として」『東南アジア研究』21-1：97-113
宋方義、邱立誠、張鎮洪、鄧増魁、曹小洪、陳青松1991「広東封開黄岩洞遺址綜述」封開県博物館・広東省文物考古研究所・広東省博物館・広東省文物博物館学会編1991『紀念黄岩洞遺址発現三十周年論文集』広東旅游出版社：1-12．
曾祥旺　1998「深圳竜崗荔枝園村旧石器地点試掘簡報」『南方文物』3：8-15．
谷豊信　1992「仏教と蓮華紋瓦当」『アジアから見た日本』：245-270、角川出版．
　　　　　1999「中国古代の紀年塼：唐末までの銘文と出土地の考察」『東京国立博物館紀要』第34号：174-271．
俵寛司　1995「古式銅鼓の編年と分布」『日本中国考古学会会報』5：70-106．
中国珪酸塩学会編　1982『中国陶瓷史』文物出版社、北京．
中国社会科学院考古研究所、広西壮族自治区文物工作隊、桂林甑皮岩遺址博物館、桂林市文物工作隊　2003年『桂林甑皮岩　中国田野考古報告集考古学専刊』69号、文物出版社．
中国社会科学院考古研究所広西工作隊、広西壮族自治区文物工作隊、南寧市博物館　1998「広西邕寧県頂獅山遺址的発掘」『考古』11：11-33．
長江流域規画弁公室長江水利史編集組（鏑木孝治訳）　1992『長江水利史』古今書院．
張秀明　1992『中越関係史論集』文史哲出版社、台北．
張声震、范宏貴、栗冠昌、覃聖敏、莫家仁、藍鴻恩　編　1997『壮族通史　中』民族出版社、北京．
陳荊和　1987「解題　大越史略―その内容と編者」陳荊和編校『校合本　大越史略』創価大学アジア研究所：

　　　　　　　 5-22.
　　　　　1988「「鼎耳」小考」『創大アジア研究』9：241-255.
沈仲常、陳顯丹(1984)「四川広漢発現的東漢雛城遺跡」『中国考古学会　第五次年会論文集』文物出版社北京：
　　　　　67-72.
陳明　2005「試論文山石塞山型銅鼓及紋飾」文山荘族苗族自治州文化局編著『声震神州：文山銅鼓曁民族歴史
　　　　　文化国際学術研究会論文集』雲南人民出版社、昆明：45-51.
寺沢薫　1992a「銅鐸埋納論（上）」『古代学研究』44-5：14-29.
　　　　　1992b「銅鐸埋納論（下）」『古代学研究』44-6：20-34.
東京大学埋蔵文化財調査室　1998『東京大学構内遺跡出土陶磁器・土器の分類（1）』東京大学埋蔵文化財調
　　　　　査室.
鄧聡、王韻璋　1994「大湾文化試論」『南中国及隣近地区古文化研究：慶祝鄭徳坤教授従事学術活動60週年論
　　　　　文集』香港中文大学、香港.
東南アジア考古学会編　1994『東南アジア・南中国貝塚遺跡データ集』東南アジア考古学会、東京.
鳥居龍蔵　1923「我が国の銅鐸は何民族が残したものか」『人類学雑誌』：38-4.
長岡京史編さん委員会　1993　『長岡京市史　資料編一』.
中沢正樹　1997「百穀社地簿にみる處の位置関係とその比定」『百穀社通信』7：1-51.
永積洋子　2001『朱印船』吉川弘文館.
中西由季子　2003「ベトナムにおける鉄欠乏改善の実践状況」『ベトナム・ホイアンの学際的研究―ホイアン
　　　　　国際シンポジウムの記録―：昭和女子大学国際文化研究所紀要』9：59-72.
中村慎一　1990「薛家崗―樊城堆―石峡系列の諸文化」『東南アジア考古学会会報』10：83-85.
　　　　　1996「良渚文化の滅亡と「越」的世界の形成」『講座　文明と環境』5：181-192.
南越王宮博物館籌建處、广州市文物考古研究所　2008年『南越宮苑遺址―1995、1997年考古発掘報告　上、下
　　　　　／西漢南越国宮署遺址考古』文物出版社.
西野範子　1997『北部デルタにおけるフーラン窯業村の位置づけ』東京外国語大学提出卒業論文.
　　　　　2002「ベトナムにおける陶工と行商人の移動―フーラン村を事例として」『旅の文化研究所研究報
　　　　　告』11：111-124.
　　　　　2004「17世紀バッチャンに嫁いだ日本人女性について」『東南アジア埋蔵文化財保護通信』7・8、
　　　　　東南アジア埋蔵文化財保護基金.
　　　　　2005「フーラン村における窯業の生産・流通システムの変遷―1930年代から2003年まで―」『ベト
　　　　　ナムの社会と文化』5：3-53.
　　　　　2006「ベトナム陶磁の製作技術の視点からの分析」東南アジア考古学会大会7月1日発表原稿.
西野範子、チン・ホアン・ヒエップ　2006「Xóm B地点の試掘概報」『百穀社通信』12：43-47.ベトナム村落研
　　　　　究会.
西野範子、西村昌也　n.d.「バッコック出土陶磁器と周辺資料との分類・比較」Unpublished manuscript.
西野範子、西村昌也　2008「ヴェトナム・ナムディン省コンティン・コンチェー遺跡の位置づけ」『東南アジ
　　　　　ア考古学』28号：87-97.
西村昌也　1992「最近のホアビニアン研究における成果と問題」『東南アジア考古学会会報』12：17-37.
　　　　　1993「ベトナム・タイの貝塚遺跡」『東南アジア考古学会会報』13：25-50.
　　　　　1994「東南アジア大陸部の貝塚遺跡をめぐる生業史上の問題―タイ・北部ベトナムの事例を中心に
　　　　　―」『東南アジア考古学』14：58-100.
　　　　　1996「東南アジア的世界成立のプロローグ：紀元前2000年前後の大陸部東南アジアの変動」『文明
　　　　　と環境：文明の危機』朝倉書店：127-145.
　　　　　1997「Bach Cocと周辺域のジェネラル・サーベイ結果初歩報告」『百穀社通信』第7号、ベトナム村
　　　　　落研究会.
　　　　　2001「紅河デルタの城郭遺跡Lung Khe城をめぐる新認識と問題」『東南アジア歴史と文化』30：
　　　　　46-71.
　　　　　2002a「近年のベトナム陶磁研究：考古学からの新展開」『陶説』557：20-29.
　　　　　2002b「ベトナム銅鼓の生産と使用をめぐるいくつかの問題：考古学的視点を中心にして」『ベト
　　　　　ナムの社会と文化』3：377-388.
　　　　　2003a「近年の考古学データから見たルンケー城と紅河平原」東方学会シンポジウム「ベトナムの中

　　　　　　国化・脱中国化」発表原稿、東京、2003年５月16日．
　　　2003b「紅河平原の遺跡分布パターンの変化に関する考察」『ベトナム紅河平原遺跡データ集』文部
　　　　　　科学省科学研究費成果報告書：267-309．
　　　2004「北属南進の歴史：圧倒的な存在としての中国・フロンティアとしての中・南部」今井昭夫・
　　　　　　岩井美佐紀編『ベトナムを知る60章』明石書店：28-32．
　　　2005「熱帯アジア地域の狩猟採集民の生業適応～時間軸と空間軸上の変異をめぐる検証～」佐藤宏
　　　　　　之編『現代の考古学：狩猟採集の考古学』朝倉書店：168-192．
　　　2006a「キムラン研究覚え書き１：川べりの手工業専業集落の歴史地理的概要」『ベトナムの社会と
　　　　　　文化』５：80-93．
　　　2006b「Phu Coc地点の試掘概報、ならびにバッコックと周辺の居住史に関する覚え書き」『百穀社通
　　　　　　信』12：30-41．
　　　2006c「紅河平原とメコン・ドンナイ平原の考古学的研究」東京大学大学院人文社会研究科提出学位
　　　　　　請求論文．
　　　2006d「北部ベトナム後期新石器時代の生業基盤変容について：農耕社会成立過程に関する基礎的
　　　　　　理解」藤本強編『生業の考古学』同成社：240-261．
　　　2006e「2000年度と2002年度夏期バッコック考古学班調査の報告—Phú Cóc地点の試掘調査概報，
　　　　　　ならびにバッコックと周辺の居住史に関する覚え書き」『百穀社通信』12：30-42．
　　　2007a「北部ヴェトナム紅河平原における輪中型堤防形成に関する試論」『東南アジア研究』45-2：
　　　　　　184-210．
　　　2007b「北部ヴェトナム紅河平原域における紀元１世紀後半から２世紀の陶器に関する基礎資料と
　　　　　　認識」『東亜考古論壇』３、忠清文化財研究院：57-101．
　　　2007c「ヴェトナム集落の形成：ナムディン省バッコック集落と周辺域の考古学調査から」『東南ア
　　　　　　ジア～歴史と文化』36、36-71．
　　　2008a「ハノイ北郊のコーロア城について」『古代学研究』180：457-469．
　　　2008b「北部ヴェトナム銅鼓をめぐる民族史的視点からの理解」『東南アジア研究』46-1、3-32．
　　　2009「東南アジア・中国嶺南」石田恵子・津本英利編『世界の土器の始まりと象形』古代オリエン
　　　　　　ト博物館：20-23．
　　　2010a「鋳造技術からみたヘーガーⅠ式鼓に関する考察」『南海をめぐる考古学』同成社、東京：
　　　　　　23-52．
　　　2010b「東南アジア・南中国の旧石器時代」『日本の考古学　旧石器時代（下）』、青木書店、東京：
　　　　　　505-554．
　　　印刷中「ベトナムの茶飲・茶業に関する史資料管見」『周縁の文化交渉学シリーズNo.1　東アジア
　　　　　　の茶飲文化と茶業』関西大学文化交渉学研究拠点．
西村昌也、グエン・ヴァン・ハオ　2005「バイノイ磚室墓の緊急発掘」『東南アジア考古学』25：149-176．
西村昌也、西野範子　2003『ヴェトナム紅河平原遺跡データ集』文部省科学研究費成果報告書．
　　　2004『東南アジア埋蔵文化財通信』７・８　東南アジア埋蔵文化財保護基金．
　　　2005「ヴェトナム施釉陶器の技術・形態的視点からの分類と編年—10世紀から20世紀の碗皿資料を
　　　　　　中心として」『上智アジア学』23：81-122．
　　　n．d．『ヴェトナム銅鼓資料データベース』．
西村昌也、西野範子、チン・ホアン・ヒエップ、グエン・クオック・ホイ　1998「1997年度夏期考古学調査の
　　　　　　概報」『百穀社通信』８　ベトナム村落研究会：159-180．
西村昌也、西野範子、平野裕子、チン・ホアン・ヒエップ、向井亙　2000「1998年度と1999年度の夏期考古学
　　　　　　調査の概報」『百穀社通信』10、ベトナム村落研究会：95-145．
西村昌也、ファム・ミン・フエン　2008「中部ベトナム・ビンディン省出土の銅鼓資料と文化的脈絡につい
　　　　　　ての検討」『文化交渉学研究』１：187-219．
新田栄治　2000「メコン流域発見のヘーガーⅠ式銅鼓」新田編『メコン流域の文明化に関する考古学的研究』
　　　　　　平成９平成11年度科学研究費補助金研究成果報告書．
裴樹文、陳福友、張東、曹明明、黄鑫、高星2007「百色六環山旧石器遺址発掘簡報」『人類学報』26-1：
　　　　　　1-15．
量博満、今村啓爾　1990「ベトナムを訪ねて（Ⅱ）」『東南アジア考古学会会報』９：61．

麦英豪、林華、王文建　1996「代表的遺物の紹介」『中国・南越王の至宝　前漢時代　広州の王朝文化』毎日新聞社：114-126.
春山成子　1994「ソンコイ川下流デルタの地形環境」『国際関係学研究』21：1-13.
　　　　　1999「ハンドオーガーを用いた簡易ボーリング調査と空中写真を用いた微地形分類図について」『百穀社通信』9、ベトナム村落研究会：207-219.
　　　　　2002「北部ベトナムの海岸浸食」『地理』47-4：98-105.
　　　　　2004『ベトナム北部の自然と農業：紅河デルタの自然災害とその対策』古今書院.
春山成子、平出重信、堀和明、田辺晋、斉藤文樹、Le Quoc Doanh　2000『電気探査を用いたデルタ微地形の環境復元─北部ベトナムの紅河デルタを事例地域として─』Advanced Research Institute for Science and Engineering, Waseda university. Technical report　早稲田大学先端科学研究所テクニカルレポート　No. 2000-15.
ファン・ダイ・ゾアン（大西和彦訳）2002「十七世紀のあるベトナム日本人家族について─バッチャンの『阮氏家譜』を通じて─」『近世日越交流史─日本町・陶磁器』：89-93.
ファン・ミン・フエン（西野範子・西村昌也編訳）　2010「ハノイ郊外のコーロア城デン・トゥオン遺跡における鋳造炉遺構地区の研究」今村啓爾編『南海を巡る考古学』同成社：53-75.
ブイ・ヴィン（丸井雅子訳）「ヴェトナム新石器時代の土器─その中心地の起源」『東南アジア考古学会会報』12：38-42.
藤原利一郎　1967「安陽王と西甌─ヴェトナム古代史小攷─」『古代文化』18-2、後に『東南アジア史の研究』法蔵館に再収.
　　　　　1986『東南アジア史の研究』法蔵館.
松浦章　2010「ベトナム北東沿海港バンドンと中国帆船貿易」『東アジア文化交渉学研究』3：321-333.
万輔彬、房明恵、韋冬平　2003「越南東山銅鼓再認識与銅鼓分類新説」『広西民族学院学報』vol.25、No.11.
三上次男編　1984『世界陶磁全集16　南海編』小学館.
宮川禎一　2000「施文技術からみた西盟型銅鼓の新古」『学叢』22：109-137.
　　　　　2001「麻江型銅鼓の源流と展開」『學叢』23：65-98.
宮本一夫、俵寛司　2002「ベトナム漢墓ヤンセ資料の再検討」『国立歴史民俗博物館研究報告』97：123-192.
桃木至朗　1982「陳朝期ヴェトナムの政治体制に関する基礎的研究」『東洋史研究』41-1：84-121.
　　　　　1983「陳朝期ヴェトナムの路制に関する基礎的研究」『史林』66-5：50-82.
　　　　　1988「ヴェトナム李朝の地方行政単位と地方統治者」『東南アジア研究』26-3：241-265.
　　　　　1991「書評論文「ベトナム村落の形成─村落共有田＝コンディエン制の史的展開」『東南アジア─歴史と文化─』20：77-100.
　　　　　1992「10-15世紀ベトナム国家の「南」と「西」」『東洋史研究』51-3：158-191.
　　　　　1994「ヴィエトナーム前近代史の時代区分」『古代文化』46-11：48-54.
　　　　　1998「近世北部ベトナムの風水と高駢の地理書」『百穀社通信』8：104-122、ベトナム村落研究会.
　　　　　2001a「唐宋変革とベトナム」『東南アジア史2：東南アジア古代国家の成立と展開』山川出版社：29-54.
　　　　　2001b「「ベトナム史」の確立」『東南アジア史2：東南アジア古代国家の成立と展開』山川出版社：171-196.
桃木至朗、蓮田隆志　2007「中近世東南アジア史時代区分試論：東北アジア史との比較を通じて」『近代世界システム以前の諸地域のシステムとネットワーク平成16-18年度科学研究費補助金基盤研究（B）研究成果報告書』：7-27.
森浩一　1981「銅鐸を歩く─銅鐸の性格とその問題点─」『考古学ノート：失われた古代への旅』社会思想社：23-39.
森浩一、石野博信　1994『対論　銅鐸』学生社.
守屋美都雄　1968「曹魏爵制に関する二三の考察」『中国古代の家族と国家』東洋史研究叢刊之十九、東洋史研究会：214-249.
八尾隆生　1995「黎朝聖宗期の新開拓地を巡る中央政権と地方行政：安興碑文の分析」『東南アジア研究』33-2：143-168.
　　　　　1998「黎末北部ベトナム村落社会の一断面─ナムディン省─旧百穀社の事例─」『南方文化』25：113-132.

         2002「黎朝前期紅河デルタにおける屯田所政策」『アジア・アフリカ言語文化研究』64：173-191.
         2009『黎初ベトナムの政治と社会』広島大学出版会.
山形真理子　1997「林邑建国期の考古学的様相―チャキウ遺跡の中国系遺物の問題を中心に―」『東南アジア考古学』17：167-184.
         1999「ベトナム中部の国家形成期遺跡」『季刊考古学』66：66-70.
山形真理子、桃木至朗　2001「林邑と環王」『岩波講座　東南アジア史 1　原史東南アジア世界』：岩波書店、東京：227-254.
         2007「ベトナム出土の漢・六朝系瓦」『中国シルクロードの変遷〈アジア地域文化学叢書 7〉』雄山閣：240-271.
山本信夫　2000『太宰府条坊跡XV―陶磁器分類編―』太宰府市教育委員会.
         2003「12世紀前後陶磁器から見た持躰遺跡の評価」『古代文化』55-3：39-56.
山本達郎　1939「安南の貿易港雲屯」『東方学報』9：277-309.
         1944「安南西都の遺蹟」『考古学雑誌』33-1：1-21.
         1950「越史略と大越史記全書」『東洋学報』32-3：53-76.
喩如玉　1995「西南中国少数民族的銅鼓習俗」『東南アジア考古学』15：27-38.
尤振堯　1985「秦漢東陽城考古発現与有関問題的探析」『中国考古学会　第五次年会論文集』文物出版社、北京：49-57.
楊豪　1983「広東市韶関市郊的南朝墓」『考古学集刊』3：154-161.
楊少祥　1985「試論徐聞、合浦港的興衰」『海交史研究』1：34-39.
楊帆、万揚、胡長城　編著　2010『雲南考古（1979-2009）』雲南人民出版社.
横倉雅幸、西江清高、小沢正人　1990「所謂「越式鼎」の展開」『考古学雑誌』76-1：66-100.
吉開将人　1992「「T字環」をめぐる諸問題」『東南アジア考古学会会報』12：158-178.
         1995「ドンソン系銅盉の研究」『考古学雑誌』80-3：64-94.
         1996「副葬品が語るもの―東アジア世界のなかの南越文化―」『中国・南越王の至宝　前漢時代広州の王朝文化』毎日新聞社：138-142.
         1998a「銅鼓再編の時代」『東洋文化』78：199-218.
         1998b「印からみた南越世界―嶺南古璽印考―」『東洋文化研究所紀要』136：89-135.
         1999「銅鼓に見る伝統の諸相―銅鐸との比較の前に―」『季刊考古学』66：40-45.
         2000「百越・南越・越南―南越印と銅鼓伝説（要旨）」『東南アジア考古学』20：49-54.
         2002「歴史世界としての嶺南・北部ベトナムその可能性と課題―」『東南アジア歴史と文化』31：79-96.
         2010「銅鼓研究と漢籍資料」今村啓爾編『南海を巡る考古学』同成社：77-94.
劉慶柱　1994「戦国秦漢瓦当研究」『漢唐辺疆考古研究』1、科学出版社：1-30.
遼寧省文物考古研究所　1996「遼寧省凌源安杖子古城址発掘報告」『考古学報』2、199-235.
柳州白蓮洞穴科学博物館、北京自然博物館、広西民族学院歴史系　1987「広西柳州白蓮洞石器時代洞窟遺跡発掘報告」『南方民族考古』：143-160.
林業強編　1986『広東出土晋至唐文物』広東省博物館・香港中文大学博物館.
李徳君、陶学良、藍鴻恩、楊路塔、祖岱年編　1995『中華民族故事大系』第 3 巻、上海文芸出版社、上海.
李有恒、韓徳芬　1978「広西桂林甑皮岩遺址動物群」『古脊椎動物与古人類』16-4：244-254.
盧泰康　2006『17世紀台湾外来陶磁研究―透過陶磁探索明末清初的台湾』国立成功大学歴史研究所博士論文.

(ベトナム語・欧文言語)
Abbreviations（略号）
EFEO   Ecole Francaise dExtreme-Orient
BEFEO   *Bulletin de l'Ecole Francaise dExtreme-Orient* & Hanoi Paris.
BIPPA   *Bulletin of Indo Pacific Prehistoric Association*, Canberra
JSEAA   *Journal of the Southeast Asian Archaeology*, Tokyo
KCH   *Khảo Cổ Học*, Hà Nội
KLSTĐHTHHN   Khoa Lịch Sử Trường Đại Học Tổng Hợp Hà Nội, Hà Nội
NCLS   *Nghiên Cứu Lịch Sử*..., Hà Nội

NPH năm...   *Những phát hiện mới về khảo cổ học Việt Nam năm...*, Hà Nội
NXB   Nhà Xuất Bản （出版社）
NXBKHXH   Nhà Xuất Bản Khoa Học Xã Hội, Hà Nội
SVHTTHN   Sở Văn Hóa và Thông Tin Hà Nội, Hà Nội
TLVKCH   Tư Liệu Viện Khảo Cổ Học
VTTKHXH   Viện Thông Tin Khoa Học Xã Hội, Hà Nội
VKCH   Viện Khảo Cổ Học, Hà Nội
VBTLSVN   Viện Bảo Tàng Lịch Sử Việt Nam
VBTLSVN TBKH   *Viện bảo tàng lịch sử Việt Nam thông báo khoa học...*, Hà Nội

Anderson D. Douglas 1990 *Lang Rongrien Rockshelter: A Pleistocene-early Holocene archaeologycal site in Krabi, Southwestern Thailand*. *University Museum Monograph* No.71, University of Pennsylvania.

Anderson J.G.D 1939 Archaeological research in the Fai Tsi Long archipelago, Tonkin. *Bulletin of the Museum of Far Eastern Antiquities* No.11: 75-107.

Ban nghiên cứu và biên soạn lịch sử (Sở văn hóa thể thao và du lịch Thanh Hóa) 2009 *Di tích núi và đền Đông Cổ*. NXB Thanh Hóa.

Bế Viết Đẳng, Nguyễn Văn Huy và Chu Thái Sơn 1992 *Các dân tộc Tày Nùng ở Việt Nam*. Viện dân tộc học, Hà Nội.

Bellwood Peter 1989 *Prehistory of the Indo-Malaysian Archipelago*. Academic Press, London.

     1997 *Prehistory of the Indo-Malaysian Archipelago* (2nd edition). University of Hawai press, Honolulu.

Bellwood Peter, Judith Cameron, Nguyen Van Viet and Bui Van Liem 2007 Ancient boats, boat timbers, and locked mortise and tenon joints from Bronze Age northern Vietnam. *International Journal of Nautical Archaeology* 36: 2-20.

Bùi Minh Trí 2001 *Gốm Hợp Lễ trong phức hợp gốm sứ thời Lê*. Luận án tiến sĩ. VKCH.

     (n.d.) *Bình rượu Việt Nam*. NXBKHXH, Hà Nội

Bùi Minh Trí và Kerry Nguyễn Long 2001 *Vietnamese Blue and White Ceramics*. NXBKHXH, Hà Nội.

Bùi Minh Trí và Nguyễn Cao Tân 1999 Di chỉ cư trú thời sơ sử. Những phát hiện ở Ninh Bình. *NPH 1998*: 224-225.

Bùi Minh Trí và Nishimura Masanari. n.d. Khai quật di chỉ gốm sứ Ngói, Bình Giang, Hải Dương, tháng 3 răm 1999 Unpublished report submitted to Institute of Archaeology.

Bùi Minh Trí, Nishimura Masanari và Đặng Đinh Thế 2003 Khai quật lần thứ 6 di chỉ gốm sứ Chu Đậu (Hải Dương). *NPH 2002*: 378-382.

Bùi Minh Trí, Tống Trung Tín, Phạm Như Hồ, Nguyễn Mạnh Cường, Nguyễn Dõan Thuân và Nguyễn Văn Hùng 2001 Báo cáo sơ bộ kết qùa khai quật khảo cổ học tại Trung tâm tthương mại Trần Tiên, Hà Nội. *NPH 2000*: 294-296.

Bùi Thu Phương, Nguyễn Kim Dung 2006 Khai quật lần thứ hai di chỉ xóm Rền thuộc văn hóa Phùng Nguyên. *KCH* số 3: 23-39.

Bùi Tuyết Mai 2001 *Người Mường trên đất tổ Hùng Vương*. NXBKHXH

Bùi Văn Liêm 2005. Mộ thuyền và quá trình chiếm lĩnh vùng Đông Bắc của cư dân văn hóa Đông Sơn. *KCH* số 3: 75-81.

Bùi Văn Liêm và Hà Văn Phùng 1988 Di chỉ Phú Lương: qua hai lần khai quật. *KCH* số 4: 32-43.

Bùi Văn Liêm, Nguyễn Ngọc Quý, Nguyễn Đăng Cường, Nguyễn Hữu Toàn, Bùi Thị Tuyết 2008 Khai quật di tích Núi và Đền Đồng Cổ (Thanh Hóa). *NPH 2007*: 117-119.

Bùi Văn Lợi và Phạm Quốc Quân 1991 Di chỉ Thành Dền (Hà Nội). *VBTLSVN TBKH 1991*: 103-125.

Bùi Văn Lợi và Trịnh Căn 1993 Mộ gạch cổ Tân Hoà (Hà Tây). *VBTLSVN TBKH 1992*: 20-23.

Bùi Văn Tâm 1998 Những nét tiêu biểu về văn hóa làng Bách Cốc. *Tư liệu kỷ niệm khánh thành đền thờ Thái Phó Bình Quận Công Bùi U Đài*.

Bùi Vinh 1982 Cồn Cổ Ngựa (Thanh Hoá) một bước ngoặt trong nhận thức về văn hóa Đa Bút. *KCH* số 1: 18-30.

     1984 Nghệ thuật trang trí hoa văn gốm Đền Đồi (Nghệ Tĩnh). *KCH* số 3: 31-42.

     1991 The Da But Culture in the stone age of Vietnam. *BIPPA*. 10: 127-131.

     1994 Niên đại C14 Làng Còng và bước tiến mới trong nhận thức văn hóa Đa Bút. *NPH 1993*: 61-62.

Bùi Vinh và Nguyễn Cường 1997 Văn hóa Mai Pha sau khai quật 1996 ở Lạng Sơn. *KCH* số 2: 40-54.

Bùi Vinh và Nguyễn Khắc Sử 1978 Khai quật Gò Trũng (Thanh Hóa). *NPH 1977*：56-59.
Bùi Vinh và Nguyễn Quang Miên 2003 Về những kết qủa tuổi cacbon phóng xạ trong văn hóa Đa Bút được làm gần đây. *NPH 2003*：72-75.
Butterfields 2000 *Treasures from the Hoi An hoard*. 2 vols. Butterfields.
Cao Xuân Phổ 1970 Tháp Chương Sơn, nhà Lý. *KCH số 5-6*：48-63.
Chen Wei Chun 2002 Khai quật di chỉ Ba Vũng-Quảng Ninh thuộc văn hóa Hạ Long. *NPH 2003*：122-126.
Chen Wei Chun, Nguyễn Văn Hảo and Nguyễn Mạnh Thắng 2004 Di chỉ Thạch Lạc (cồn chùa Tăng Phúc)-Hà Tĩnh khai quật lần thứ hai, năm 2002. *NPH 2003*：93-97.
Chu Quang Trứ 2001 *Mỹ thuật Lý Trần：mỹ thuật phát giáo*. NXB mỹ thuật.
Chử Văn Tần 1973Tình hình phân hoá xã hội thời Hưng Vương qua tài liệu khảo cổ học. in *Hưng Vương dựng nước*. tập 3：328-333. NXBKHXH
 1976 Đào khảo cổ Mái đá Thẩm Khương. *KCH số 17*：38-40.
Clayes, J. 1934 Tombe aux Chinois de Lac-Y. BEFEO 33: 345-346.
Colani M. 1931 Recherches sur le prehistorique Indochinoise. *BEFEO 30*：299-422.
 1938 Decouvertes prehistorique dans les Darages de la Baie d'Along, 1938. Institut Indochinois pour l'Etude de l'homme, Hà Nội.
Cooler, Richard. M. 1995 *The Karen bronze drums of Burma*. Leiden.
Cuisinier J. 1948 *Les Muong-geographic humaine et sosiologie. Travaux et memoires delInstitut d Ethnologie*. XLV Paris: Institut de Ethnologie.
Diệp Đình Hòa 1978 Về những hiện vật kim loại ở buổi ban đầu thời đại đồng thau Việt Nam. *KCH số* 2：10-20.
 1987 Nhận xét khảo cổ học dân tộc về người Thái tư liệu điền dã miền tây Nghệ Tĩnh. *KCH số* 1：25-35.
 2003 *Những con đường khám phá*. BTLSVN.
 2006 Kỹ thuật chế tác các quan tài hình thuyền của văn hóa Đông Sơn qua khảo sát cách làm của người Mường, Hòa Bình (nhận xét dân tộc khảo cổ học). *NPH 2006*：303-308.
Diệp Đình Hòa và Đậu Xuân Mai 1976 Người Tày Hay (Nghệ An) và trống đồng. *NPH 1975*：247-252.
Doãn Đình Lâm và Boyd W.E 2000 Holocene coastal stratigraphy and a model for the sedimentary development of the Hải Phòng area in the red river delta, north Việt Nam. *Journal of Geology*. Series B No 15-16/2000: 18-28.
 2002 Tài liệu về đợt hạ thấp mực nước biển trong Holocen giữa-muộn ở vịnh Hạ Long. *Địa chất*, loạt A số 270: 1-7.
Dumont Renne 1935 *La culture du riz dans le delta du Tonkin*. Societe d'edition: Paris (Reprintd in 1995. Prince of Songkla University, Thailand).
Đào Duy Anh 1964 *Đất nước Việt Nam qua các đời: nghiên cứu địa lý học lịch sử Việt Nam*. NXBKHXH, Hà Nội.
Đào Linh Côn and Nguyễn Duy Tỳ 1993 *Địa điểm khảo cổ học Dốc Chùa*. NXBKHXH, Hà Nội
Đào Qúy Cảnh 2010 Nhóm di tích Hòn Ngô-Núi Hứa (Quảng Ninh) trong tiền sử và sơ sử vùng ven biển Đông Bắc. *KCH số* 1：3-18.
Đào Thế Tuấn 1983 Nhận xét về các mẫu lúa đào được ở hang Xóm Trại (Hà Sơn Bình). *KCH số 1-2*：142-148.
Đinh Văn Nhật 1973a Đất Cẩm Khê, căn cứ cuối cùng của Hai Bà Trưng trong cuộc khởi nghĩa Mê Linh năm 40-43. *NCLS số 148*：26-33.
 1973b Đất Cẩm Khê, căn cứ cuối cùng của Hai Bà Trưng trong cuộc khởi nghĩa Mê Linh năm 40-43. *NCLS số 149*：31-40.
 1977 Huyện Mê Linh về thời Hai Bà Trưng. *NCLS số 172*：24-43.
ĐNCKQTCLL (Đoàn Nghiên Cứu Khai Quật Thành Cổ Liên Lâu) 2000 Khai quật khu lò đúc đồng trong thành cổ Liên Lâu (Thuận Thành, Bắc Ninh). *NPH năm 1999*：174-178.
Đỗ Đức Hưng 1997 *Vấn đề trị thuỷ ở đồng bằng Bắc bộ dưới thời Nguyễn thế kỷ XIX*. NXBKHXH, Hà Nội.
Đỗ Như Chung 2003 *Nghệ thuật trống đồng Thanh Hóa*. NXBKHXH, Hà Nội
Đỗ Thị Hảo 1989 *Quê gốm Bát Tràng*. NXB Hà Nội.
Đỗ Văn Ninh 1968 Khai quật hang Soi Nhụ (Quảng Ninh). *NCLS số 117*：57-61.
 1970a Khu lò gạch ngói cổ thuộc thế kỷ thứ 7 -thứ10 tại Thuận Thành Hà Bắc. *KCH số 5-6*：15-18.
 1970b khai quật khảo cổ học: một ngôi mộ hợp chất ở Vân Cát (Nam Hà). *KCH số 5-6*：144-154.

  1970c Thành Quèn căn cứ của Đỗ Cảnh Thạc, một trong 12 sứ quân hồi thế kỷ X. *NCLS* số 132：91-97.

  1972 *Tìm lại dấu vết Vân Đồn lịch sử*. Ty văn hóa thông tin Quảng Ninh.

  1983 *Thành cổ Việt Nam*. NXBKHXH

  1989 Liên Lâu in Văn Tạo ed. *Đô thị cổ Việt Nam*. Viện sử học, Hà Nội：77-91.

Funabiki Ayako 2004 *Palaeo-environmental change during the Holocene in the Red River Delta, Northern Vietnam*. 東京大学新領域創成科学研究科修士論文

Goloubew V. 1929 L'age du bronze au Tonkin et dans le Nord An Nam. *BEFEO* 29：1-46.

  1937 Le peuple de Dongson et Les Muong. Cahier de l'Ecole Francaise d'Extreme Orient.

Gourou Pierre 1936 *Les paysans du delta Tonkinois: etude de geographie humaine*. Les editions darts et dhistoire. Paris.

  2003 Người nông dân châu thổ Bắc Kỳ. Do Nguyễn Khắc Đạm, Đào Hùng và Nguyễn Hoàng Oanh dịch. Hồ Chí Minh: Nhà xuất bản trẻ.（上記文献の翻訳）

Grossin Pierre 1926 *Hoa Binh: province de Muong*. Etude de Extreme-Orient, Hanoi.

Hà Hữu Nga 1998 Có một nền văn hoá Soi Nhụ tại khu vực vịnh Hạ Long. *NPH 1997*：91-94.

  2001 *Văn hóa Bắc Sơn*. NXBKHXH.

  2005 Báo cáo di chỉ khai quật Bà Vũng（Quảng Ninh）năm 2001. In Nguyễn Khắc Sử ed. *Khảo cổ học vùng duyên hải đông bắc Việt Nam*：158-192.

Hà Hữu Nga và Nguyễn Văn Hảo 2002 *Hạ Long thời tiền sử*. Ban quản lý vịnh Hạ Long, Hạ Long.

Hà Văn Cẩn 1999 Về niên đại các tryng tâm gốm cổ ở Hải Dương. *KCH* số 3：72-90.

Hà Văn Phùng 1986 Di chỉ Phú Lương（Hà Sơn Bình）. *KCH* số 2：27-41.

  1996 *Văn hóa Gò Mun*. NXBKHXH, Hà Nội.

  1998 Di chỉ thành Dền tư liệu và nhận thức. *KCH* số 1：13-41.

  2001 Di tích Mán Bạc：tư liệu và nhận thức. *KCH* số 1：17-46.

Hà Văn Phùng, Bùi Thị Thu Phương and Ngô Thị Lan 1999 *Báo cáo khai quật lần thứ nhất di chỉ khảo cổ học Mán Bạc*. Tư liệu Viện khảo cổ học.

Hà Văn Phùng và Nguyễn Duy Tỳ 1982 *Di chỉ khảo cổ học Gò Mun*. NXBKHXH, Hà Nội.

Hà Văn Phùng và Trịnh Hoàng Hiệp 2002 *Báo cáo kết qủa khai quật di chỉ Đồng Vườn lần thứ nhất*（xã Yên Thành, huyện Yên Mô, tỉnh Ninh Bình tháng 7 năm 2002）. Tư liệu Viện khảo cổ học.

Hà Văn Phùng, Trịnh Hoàng Hiệp, Nguyễn Cao Tuấn 2009 Kết quả khai quật di tích Hang Sáo, Thị xã Tam Điệp（Ninh Bình）, năm 2007. *NPH 2008*：92-94

Hà Văn Tấn 1965 Từ một cột kinh Phật năm 973 vừa phát hiện ở Hoa Lư. *NCLS* số 76：39-50.

  1976 Xưởng làm đồ đá Núi Dầu, Bãi Phôi Phối. *KCH* số 17：51-53.

  1977 Gốm kiểu Hoa Lộc ở một số di chỉ văn hóa Phùng Nguyên. *NPH 1977*：121-124.

  1983 Trống đồng Cổ Loa-di chỉ Đình Tràng-văn minh Sông Hồng. in Sở Văn Hóa Thông Tin Hà Nội ed. In *Phát hiện Cổ Loa*：21-39.

  1985 The Late Pleistocene climate change in Southeast Asia: new evidence from Vietnam. *Modern Quarternary Research in Southeast Asia* 9：81-86

  1987 Niên đại C14 của Đồng Chỗ với giai đoạn Gò Bông trong văn hóa Phùng Nguyên. *NPH 1986*：181-182.

  1991 Adzes, pottery and language in prehistoric Vietnam. *BIPPA* 11：353-362.

  1994 Yazang in Vietnam. *Ancient Cultures of South China and Neighboouring regions. Essays in Honor of Professor Cheng Te-Kun on the Occasion of the Sixtieth Anniversary of His Academic Career*. Center for Chinese Archaeology and Art, ICS, The Chinese University of Hong Kong：451-454.

  1997 The Hoabinhian and before. *BIPPA* 16：36-41.

  2002 Viên gạch có chữ trong ngôi mộ thời Nam Tề và cuộc khởi nghĩa của Lư Tuần. *NPH 2001*：711-713.

Hà Văn Tấn ed. 1994 *Văn hóa Đông Sơn ở Việt Nam*. NXBKHXH.

  1998 *Thời đại đá Việt Nam. Khảo cổ học Việt Nam tập I*. NXBKHXH, Hà Nội.

  1999 *Thời đại kim khí Việt Nam. Khảo cổ học Việt Nam tập II*. NXBKHXH, Hà Nội.

  2002 *Khảo cổ học lịch sử Việt Nam. Khảo cổ học Việt Nam tập II*. NXBKHXH, Hà Nội.

Hà Văn Tấn, Nguyễn Khắc Sử and Trình Năng Chung 1999 *Văn Hóa Sơn Vi*. NXBKHXH, Hà Nội.

Hà Văn Tấn, Nguyễn Xuân Mạnh, Bùi Văn Lợi and Chu Ngọc Toàn 1985 Khai quật lần thứ hai di chỉ Thành Dền（Hà Nội）. *NPH1984*：93-95.

Hán Văn Khẩn 2009 *Xóm Rền: một di tích khảo cổ đặc biệt quan trọng của thời đại đồ đồng Việt Nam*. NXB Đại học quốc gia Hà Nội.

Hán Văn Khẩn, Đặng Hồng Sơn, Nguyễn Đức Bình, Nguyễn Thị Vân 2008 Kết quả khai quật lần thứ ba di tích Gò Bông (Thượng Nông-Tam Nông-Phú Thọ). *NPH 2008*：144-146.

Hán Văn Khẩn and Đặng Hồng Sơn 2009 Kết quả khai quật lần thứ nhất di tích Đầu Vè. *NPH 2008*：316-318.

Haruyama S, Doan Dinh Lam and Nguyen Dich Dy 2001 On the Pleistocene/Holocene Boundary and the Holocene Stratigraphy in the Bac Bo Plain. *Journal of Geology Series B No. 17-18/2001*：1-9.

Haruyama Shigeko, Tanabe Susumu and Lê Quốc Doanh 2000 *Holocene Sediment of the southern Delta of the Song Hong. Technical Report* No.2000-18. Advanced Research Institute For Science and Engineering Waseda University.

Heger Franz 1902 *Alte metalltrommeln aus Sudost-Asian*. Leipzig.

Higham Charles.F.W 1996a *The bronze age of Southeast Asia. Cambridge*：Cambridge University Press.

　　　　1996b Archaeology and linguistics in Southeast Asia: implications of the Austric hypothesis. *BIPPA* 14: 110-118.

　　　　2002 *Early cultures of Mainland Southeast Asia*. River books, Bangkok.

Hoàng Văn Khoán ed. 2002 *Cổ Loa*：*trung tâm hội tụ văn minh sông Hồng*. NXB Văn hóa thông tin.

Hoàng Văn Nhâm *Báo cáo khai quật thành lũy Trà Kiệu*. Luận văn tốt nghiệp khoa lịch sử. Trường đại học tổng hợp Hà Nội.

Hoàng Vinh, Nguyễn Văn Huyên and Hà Văn Thắng 1977 Phát hiện trống đồng Xóm Rậm (Hà Sơn Bình). *NPH 1977*：197-199.

Hoàng Xuân Chinh 1966a *Báo cáo khai quật Hang Đang* (Cúc Phương, Ninh Bình). TLVKCH.

　　　　1966b Hệ thống di chỉ vỏ sò điệp ở Quỳnh Lưu. *In một số báo cáo về khảo cổ học Việt Nam 1966*：37-76.

　　　　1966c Hệ thống di chỉ vỏ sò điệp ở Hà Tĩnh. *In một số báo cáo về khảo cổ học Việt Nam 1966*：77-104.

　　　　1968 *Báo cáo khai quật đợt một di chỉ Lũng Hòa*. NXBKHXH, Hà Nội.

　　　　1978 Quan hệ giữa văn hóa Hòa Bình và văn hóa Bắc Sơn. *KCH* số 2: 10-17.

　　　　2000 *Vĩnh Phúc thời tiền sử và sơ sử*. Sở văn hóa thông tin-thể thao.

Hoàng Xuân Chinh ed. 1989 *Văn hóa Hòa Bình ở Việt Nam*. NXBKHXH.

Hoàng Xuân Chinh và Nguyễn Khắc Sử 2005 Báo cáo khai quật di chỉ Cái Bèo, Đảo Cát Bà (Hải Phòng) năm 1973. In Nguyễn Khắc Sử ed. *Khảo cổ học vùng duyên hải Đông Bắc Việt Nam*：274-340.

Hori Chihiro and Miyamori Yuko 2001 Plant remains detected from pediform pottery (Chac Gom) unearthed from the Xom Dinh location of the Lang Vac sites, Nghe An province in Imamura K. and Chu V.T.eds. *The Lang Vac sites* vol.1：212-214.

Hori Kazuaki, Tanabe Susumu and Saito Yoshiki 2003 Sedimentary facies, architecture and evolution of the Song Hong (Red River) Delta, Vietnam.in 春山成子編『紅河デルタの環境変動と環境評価』：63-100.

Hou Yamei, Richard Potts, Yuan Baoyin, Guo Zhengtang, Alan Deino, Wang Wei, Jennifer Clark, Xie Guangmao and Huang Weiwen 2000 Mid-Pleistocene Acheulean-like Stone Technology of the bose Basin, South China. *Science* 287：1622-1626.

Imamura Keiji 1996 *Prehistoric Japan: new perspectives on insular East Asia*. University College London Press.

　　　　2004 "Summary" in Imamura K. & Chu V. T. eds. The Lang Vac sites vol 1.

Imamura Keiji and Chu Van Tan eds. 2004 *The Lang Vac sites vol 1: basic report on the Vietnam-Japan joint archaeological in Nghia Dan District, Nghe An Province, 1990-1991*. The University of Tokyo.

Janse O.R.T. 1947 *Archaeological researchin Indo-China*. vol.1. Harvard University Press, Boston.

　　　　1951 *Archaeological research in Indo-China* vol.2. Harvard University Press. Boston.

　　　　1958 *Archaeological research in Indo-China* vol.3. Institut Belg e des Hautes Études chinoises, Bruges.

Jirawattana Matinee 2003 *The bronze kettle drums in Thailand*. Office of National museum, the Fine Arts Department.

KLSĐHTHHN (Khoa Lịch Sử Đại Học Tổng Hợp Hà Nội) (Khoa sử Đại học Tổng hợp Hà Nội) 1967 Địa điểm Hang Tằm. In VBTLSVN ed. *Những hiện vật tàng trữ tại Viện bảo tàng Lịch sử Việt Nam về văn hóa Hòa Bình*. VBTLSVN：126-155.

Lại Văn Tới 2009 Đền Thượng (Cổ Loa-Hà Nội) thời lịch sử. *KCH* số 5：76-98.

Lại Văn Tới, Nguyễn Ngọc Quý, Nguyễn Văn Chiến, Nguyễn Văn Hùng và Nguyễn Thị Hương 2008 Khai quật ngôi mộ gạch tại thôn Dục Tứ. *NPH 2007*: 360-364.

Lâm Mỹ Dung, Bùi Hữu Tiến, Hoàng Thuý Quỳnh và Nguyễn Thị Thao Giang 2009 Kết quả khai quật di tích Long Tửu. *NPH 2008*: 318-320.

Lê Mạnh Thát 1999 *Lịch sử phật giáo Việt Nam*. Tập 1. NXB Thuận Hóa, Huế.

Lê Thế Hoàng 1999 Vài suy nghĩ về trống đồng Mỹ Khánh (Hải Phòng). *NPH 1998*: 281-282.

Lê Thị Liên 2003 Buddhism in Vietnam during the 1st millennium A.D. from archaeological evidence. *Transactions of the International Conference of Eastern Studies* No.48.

　　　 2006 *Nghệ thuật phát giáo Hindu giáo ở đồng bằng sông Cửu Long trước thế kỉ X*. Nhà xuất bản thế giới.

Lê Trung 1966 Những ngôi mộ táng thời thuộc Hán ở Thiệu Dương. in Nguyễn Văn Nghĩa ed. *Một số báo cáo về khảo cổ học Việt Nam*. Đội khảo cổ, Bộ văn hóa: 277-328.

Lê Xuân Diệm 1966 Báo cáo khai quật mộ quách gỗ ở Ngọc Lặc. in Nguyễn Văn Nghĩa ed. *Một số báo cáo về khảo cổ học Việt Nam*. Đội khảo cổ, Bộ Văn hóa: 249-276.

Lê Xuân Diệm, Đào Linh Côn và Võ Sĩ Khải 1995 *Văn hóa Óc Eo :những khám phá mới*. NXBKHXH, Hà Nội.

Lê Xuân Diệm và Hoàng Xuân Chinh 1983 *Di chỉ khảo cổ học Đồng Đậu*. NXBKHXH, Hà Nội.

Li Zhen, Y. Saito, E. Matsumoto, Wang Yongji, Tanabe S. and Vu Quang Lan 2006 Climate change and human impact on the Song Hong (Red River) Delta, Vietnam during the Holocene. *Quaternary International* 144: 4-28.

Lò Giàng Páo 1996 *Trống đồng cổ với các trống tỉnh Hà Giang*. NXB Thế giới.

Lưu Trần Tiêu và Trịnh Căn 1977 *Khu mộ cổ Châu Can*. VBTLSVN.

　　　 1983 Trở lại di chỉ Cái Bèo: kết quả và nhận thức. *VBTLSVN TBKH* 1983: 14-24.

Madrolle Christine 1937 Le Tonkin ancien. *BEFEO* 37: 263-333.

Malleret Louis 1959 *Archéologie du Delta du Mékong*. Tome I, EFEO, Paris.

　　　 1960 *Archéologie du Delta du Mékong*. Tome II, EFEO, Paris.

　　　 1963 *Archéologie du Delta du Mékong*. Tome IV, EFEO, Paris.

Mansuy Henri 1920 Contribution a l´étude de la Préhistoire de L´indochine IV. Gisments préhistoriques des environs de Lang Son et de Tuyên-quang, Tonkin. *MSGI* 7-2.

　　　 1924 Contribution a l´étude de la Préhistoire de L´indochine IV. Stations préhistoriques dans les cavernes du maassif calcaire de Bắc Sơn, Tonkin. *MSGI* 11-2.

　　　 1925 Contribution a l´étude de la Préhistoire de L´indochine V: nouvelle découvertes dans les cavernes du massif calcaire de Bắc Sơn, Tonkin. *MSGI* 12-1.

Mansuy Henri and Madleine Colani. 1925 Contribution a l´étude de la Préhistoire de L´indochine VII. Néolithicquee inférieur BacSonien et Néolithicque superieur dans le Haaut-Tonkin (dernières recherches) avec la Dercription des crânes du gisement de Lang Cuom. *MSGI* 12-3.

Maspero Georges 1928 *Le royaume de Champa*. Les editions G.Van Oest, Paris&Brussels. English translation *The Champa Kingdom*: *the history of an extinct Vietnamese culture*. White Lotus, Bangkok.

Maspero Henri 1910 Le protectorat general d´Annam sous les Lí, les Trần et les Hồ. *BEFEO* 10: 539-682.

　　　 1918 L´expedition de Ma Yuan. *BEFEO* 18: 11-28.

Matsumura Hirofumi, Marc F. Oxenham, Yukio Dodo, Kate Domett, Nguyen Kim Thuy, Nguyen Lan Cuong, Nguyen Kim Dung, Damien Huffer, Mariko Yamagata 2008 Morphometric affinity of the late Neolithic human remains from Man Bbac, Ninh Binh Province, Vietnam: key skeletons with which to debate the 'two layer' hypothesis. *Anthropological Science* Vol.116-2: 135-148.

Matsushima Yoshiaki 2004 Giám định vỏ sò và môi trường cổ di chỉ Mán Bạc. *NPH 2003*: 34-36.

Meacham William 1995 Middle and Late Neolithic at " Yung Long South". In Yeung Chun-tong and Li Wai-ling Brenda eds. *Conference papers on archaeology in Southeast Asia*. The University Museum and Art Gallery, The University of Hong Kong: 445-446.

Meacham William ed. 1978 *Sham Wan, Lamma Island*. Hong Kong Archaeological Society, Journal Monograph 3.

Ngô Đức Thọ 1993 *Các nhà khoa bảng Việt Nam (1075-1919)*. NXB Văn học.

Ngô Đức Thọ, Nguyễn Văn Nguyên và Papin Philippe 2004 『同慶地輿誌』Nhà xuất bản bản đồ, Hà Nội.

Ngô Quang Toàn 2002 Đặc điểm địa chất đệ tứ vùng Đồng Đậu-Yên Lạc-Vĩnh Phúc. Ủy ban nhân dân tỉnh Vĩnh Phúc and Viện khảo cổ học. *Văn hóa Đồng Đậu*: *40 năm phát hiện và nghiên cứu (1962-2002)*. NXBKHXH

Ngô Sĩ Hồng   1983 Khai quật Làng Vạc (Nghệ Tĩnh). *KCH số 2*: 37-54.

Ngô Thế Phong và Nguyễn Mạnh Thắng   2002 Kết quả khai quật di chỉ khảo cổ học Đồng Đậu lần thứ 6 (Yên Lạc, Vĩnh Phúc). VBTLSVN *TBKH 2004*: 18-61.

Ngô Tiến Hiệu   2000 *Lịch sử Hà Nội qua tài liệu lưu trữ tập 1: Địa giới hành chính Hà Nội từ 1873 đến 1954*. NXB Văn hóa thông tin.

Ngô Thị Lan và Nishimura Masanari 2006 *Báo cáo về phân loại gốm sứ ở hố D4-D6 tại 18 Hoa5ng Diệu, Hoang Thành Thăng Long*. Tư liệu Viện khảo cổ học.

Ngô Văn Doanh   2007 *Bơ thi-cái chết được hồi sinh*. Nhà xuất bản thế giới.

Nguyễn Anh Tuấn   2001 *Trống đồng vùng đất tổ*. Sở văn hóa thông tin thể thao Phú Thọ.

Nguyễn Chiều, Hoàng Văn Nhâm, Nguyễn Danh Mạnh và Nguyễn Thương Hiền   1991 Cắt thành Trà Kiệu (Quảng Nam-Đà Nẵng). *NPH 1990*: 235-236.

Nguyen Cường 2001 *Văn hóa Mai Pha*. Sở văn hóa thể thao tỉnh Lạng Sơn.

Nguyễn Duy Hinh   1983 Trống bằng đồng. *NPH 1982*: 174-175.

　　　　　　　 1996 Dòng chữ Hán khắc trong lòng trống Cổ Loa I. *NPH 1995*: 157-158.

　　　　　　　 2001 Trống đồng quốc bảo Việt Nam. NXBKHXH.

Nguyễn Duy Tỳ và Nguyễn Phương Anh   1995 *Những hiện vật Văn hóa Óc Eo ở bảo tàng tỉnh Cần Thơ*. Bảo tàng tỉnh Cần Thơ. Cần Thơ.

Nguyễn Đình Chiến   1999 *Cẩm nang gốm Việt Nam có văn minh thế kỉ XV-XIX*. Viện bảo tàng lịch sử Việt Nam.

Nguyễn Đình Thực   1985 Công trình đào kênh thời Lê Hoàn. Sở văn hóa thông tin Thanh Hóa. *Lê Hoàn và 1000 năm: chiến thắng Tống xâm lược* (981-1981). Sở văn hóa thông tin Thanh Hóa.

Nguyễn Đức Bạch   1983 Báo cáo sơ bộ về phát hiện nhóm hiện vật ở gò Mả Tre Cổ Loa 1982. in *Phát hiện Cổ Loa 1982*. Sở văn hóa thông tin Hà Nội, Hà Nội.

Nguyễn Đức Nùng ed.   1973 *Mỹ thuật thời Lý*. NXB Văn hóa, Hà Nội.

Nguyễn Gia Đối   1986 Khai quật Hang Dơi. *NPH 1985*: 43-46.

　　　　　　　 2001 *Di chỉ mái đá Điều và một số vấn đề thời đại đá ở miền Tây Thanh Hóa*. Luận án tiến sĩ lịch sử. VKCH, Hà Nội.

Nguyễn Gia Đối, Lê Hải Đăng, Triệu Văn Cương   2010 Khai quật di chỉ Huổi Ca (Lai Châu). Bài phát biểu trong Hội nghị *NPH 2010*.

Nguyễn Gia Đối và Bùi Vinh   1988 Hang Dơi, Suy nghĩ thêm về văn hóa Bắc Sơn. *KCH số1-2*: 12-19.

Nguyễn Hưu Thọ và Trần Thị Thuý Hà 2008 Phát hiện dấu tích ngôi chùa thời Trần ở Tuyên Quang. *NPH 2007* 340-341.

Nguyễn Khắc Sử   1983 Sự phát triển kinh tế và tổ chức xã hội của cư dân cổ Cúc Phương. *KCH số 1*: 8-21. NXBKHXH, Hà Nội.

　　　　　　　 1989 Núi Đọ-tư liệu và thảo luận. *KCH số 2*: 1-10.

　　　　　　　 2005 *Khảo cổ học vùng duyên hải Đông Bắc Việt Nam*. NXBKHXH.

　　　　　　　 2009 Di chỉ hang Con Moong. Tư liệu khảo sát và nhận thức mới. *KCH số 3*: 35-45.

Nguyễn Khắc Sử và Phan Thanh Toàn   2006 *Báo cáo khai quật di chỉ Cái Bèo, đảo Cát Bà, huyện Cát Hải* (Hải Phòng) *năm 2006*. Tư liệu Viện khảo cổ học.

Nguyễn Khắc Sử, Trình Năng Chung, Nguyễn Trung Thông, Nguyễn Thị Toàn và Âu Văn Hợp 2000. *Hà Giang thời tiền sử*. Sở văn hóa thông tin tỉnh Hà Giang, Hà Giang.

Nguyễn Kim Dung   1983 Hai hệ thống gốm sớm trong thời đại đá mới Việt Nam. *KCH số 1*: 22-35.

　　　　　　　 1996 *Công xưởng và kỹ thuật chế tạo đồ trang sức bằng đá thời đại đồng thau ở Việt Nam*. NXBKHXH, Hà Nội.

　　　　　　　 2001 Nhận thức mới về khảo cổ học Cát Bà qua hai lần khai quật di chỉ Bãi Bến. *KCH số 4*: 3-24.

　　　　　　　 2002 Từ kết quả niên đại C14 gần đây ở một số di chỉ khảo cổ học ở Cát Bà đóng góp thêm một vài suy nghĩ về tiền sử đảo Cát Bà. *NPH 2001*: 184-188.

　　　　　　　 2005a Báo cáo khai quật di chỉ Tràng Kênh (Hải Phòng) năm 1986. Nguyễn Khắc Sử ed. *Khảo cổ học vùng duyên hải Đông Bắc Việt Nam*: 235-248.

　　　　　　　 2005b Báo cáo khai quật di chỉ Tràng Kênh (Hải Phòng) năm 1996. Nguyễn Khắc Sử ed. *Khảo cổ học vùng duyên hải đông bắc Việt Nam*: 249-273.

　　　　　　　 2005c Báo cáo khai quật di chỉ-xưởng Bãi Bến (Hải Phòng) năm 1999. Nguyễn Khắc Sử ed. *Khảo cổ học* vùng duyên hải Đông Bắc Việt Nam : 391-419.

2005d Báo cáo khai quật di chỉ xưởng Bãi Bến (Hải Phòng) năm1999. Nguyễn Khắc Sử ed. *Khảo cổ học vùng duyên hải đông bắc Việt Nam* : 420-448.

Nguyễn Lân Cường 2000 "Di cốt người ở di chỉ Mai Pha (Lạng Sơn)". *NPH 1999* : 54-58.

2001 Lần đầu tiên phát hiện được sọ cổ nguyên vẹn trong trống đồng. *NPH 2000* : 216-223.

2006 Mộ hợp chất cánh đồng đào Nhật Tân (Hà Nội). *KCH số 3*: 40-53.

2007a Unique burial practice by ancient cavemen of the Hoa Binh civilization in Vietnam *Anthropologischer Anzeiger* : vol.65-2 : 129-135.

2007b Một phát hiện độc đáo về cổ nhân học tại hang Phia Vài (Tuyên Quang). *KCH số 4* : 3-11.

Nguyễn Lương Bích 1974 Trong lịch sử người Việt và người Mường là hai dân tộc hay một dân tộc. *Dân tộc học số* 4 : 1-19.

Nguyễn Ngọc, Đào Thị Miên 2005 Sự dao động mực biển với khảo cổ học vùng Duyên hải Đông Bắc Việt Nam. *KCH số* 3 : 27-36.

Nguyễn Ngọc, Đào Thị Miên và Lê Thị Nghinh 2002 Góp phần nghiên cứu môi trường tiền sử cánh đồng Châu Can theo tài liệu vi cổ sinh. *KCH số 2* : 13-23.

Nguyễn Ngọc Phát và Vũ Đức Thơm 1999 *Di tích khảo cổ học ở Thái Bình*. Bảo tàng Thái Bình, Thái Bình.

Nguyễn Quang Hồng ed. 1996 *Di văn chùa Dâu*. NXBKHXH

Nguyễn Quang Miên 2003 Thông báo về kết quả nghiên cứu xác định tuổi mẫu gốm cổ bằng phương pháp carbon phóng xạ. *NPH 2002* : 56-59.

Nguyễn Quang Miên và Lê Cảnh Lam 2007 Niên đại 14C Hang Phia Vài và giai đoạn Hòa Bình sớm vùng Hà Giang-Tuyên Quang. *KCH số 1* : 82-88.

Nguyễn Quang Miên và Lê Khánh Phồn 2000 Some results of 14 C Dating in investigation on quaternary geology and geomorphology in Nam Dinh-Ninh Binh Area, Viet Nam. *Journal of geology*. Series B No 15-16/2000 : 106-109.

Nguyễn Quang Miên, Trịnh Hoàng Hiệp 2009. Về những kết quả đo tuổi C14 di tích Hang Sáo (Ninh Bình). *NPH2008* : 136-137.

Nguyễn Quang Miên, Trương Đắc Chiến 2009 Về những kết quả đo tuổi C14 di tích Hang Tiên Ông (Quảng Ninh). *NPH 2008* : 106-107.

Nguyễn Quang Ngọc and Vũ Văn Quan eds. 2007 *Địa chí Cổ Loa*. NXB Hà Nội.

Nguyễn Quốc Hội 1994 Kết quả thám sát khảo cổ di tích Miếu và Đình Cao Đài, xã Mỹ Thịnh. Tư liệu bảo tàng tỉnh Nam Định.

1999 Phát hiện thêm một số công cụ đá mới sơ kì kim khí ở Núi Hổ (Vụ Bản, Nam Định). *NPH 1998* : 221-222. Nguyễn Quốc Hội, Nguyễn Xuân Nam và Trần Đăng Ngọc 1996 Đào thám sát bãi Hạ Lan, xã Lộc Vượng, ngoại thành Nam Định. *NPH 1995* : 415-416.

Nguyễn Tá Nhí 1999 Văn bia Đền Sĩ Vương. Bài phát biểu hội thảo khoa học "Văn hóa Luy Lâu và Kinh Dương Vương" Sở văn hóa thông tin tỉnh Bắc Ninh.

Nguyễn Thành Trai 1985 Góp phần tìm hiểu trống loại II Heger. *VBTLSVN TBKH số* 3: 70-81.

Nguyễn Thị Mai Hương 2002 *Kết quả phân tích bào tử phấn hoa di chỉ Đại Trạch* (Đình Tổ, Thuận Thành, Bắc Ninh). TLVKCH.

Nguyễn Thị Mai Hương và Phạm Văn Hải 2009. Kết quả phân tích bào tử phấn hoa di chỉ Hang Con Moong (Thanh Hóa). *KCH số 3*: 22-27.

Nguyễn Thị Phương Chi 2002 *Thái ấp-điền trang thời Trần (thế kỉ XIII-XIV)*. NXBKHXH.

Nguyễn Trung Chiến 1998 *Văn hóa Quỳnh Văn*. NXBKHXH

Nguyễn Tuấn Lâm 1992 Vết tích văn hóa Hòa Bình vùng ven biển và hải đảo Đông Bắc Việt Nam. *KCH số* 2 : 49-55.

Nguyễn Trường Đông 2008 Cắt ngang di chỉ Bãi Bến mô hình và kiểm nghiệm mô hình. *KCH số* 2 : 72-86.

Nguyễn Văn Bình 1988 Khai quật Động Can (Hà Sơn Bình). *NPH 1987* : 38-39.

Nguyễn Văn Bình and Vũ Thế Long (1993) The results of excavation at Mai Da Dieu (Thanh Hoa), data submitted at the Hoabinhian 60 years after Madleine Colani Anniversary Conference. Dec.28,1993-Jan.3,1994.

Nguyễn Văn Hảo 1979a Thời đại đá mới vùng Đông Bắc Việt Nam. *KCH số 1* : 29-36.

1979b Những di chỉ cồn điệp củ văn hóa Quỳnh Văn-Quanh những cồn điệp ở Quỳnh Lưu. *KCH số 3: 10-18*.

Nguyễn Văn Hảo and Nguyễn Khắc Sử

 1976 Tìm kiếm di tích khảo cổ ven biển Quảng Ninh, Thanh Hóa, Quảng Bình. *KCH* số 17: 58-59.

Nguyễn Văn Kim 2006 Hệ thống thương cảng Vân Đồn qua tư liệu lịch sử và khảo cổ học. *KCH* số 4：46-65.

Nguyễn Văn Quang 2008. Khai quật di tích khảo cổ học Bến Lăn（Yên Bái）năm 2007. *NPH 2007*：338-339.

Nguyễn Việt 1990 Tàn tích nhuyễn thể trong các di tích tiền sử Việt Nam. *KCH* số 1-2：39-62.

 2000 Homeland of the Hoabinhian in Vietnam. Paper presented at the 8th international conference of the European Association of Southeast Asian Archaeologists. 2nd 6th Oct., Sarteano.

 2001 Cổ môi trường Châu Can：tiếp cận liên ngành. Bài phát biểu trong buổi sinh hoạt khoa học "Cổ môi trường làng cổ và mộ cổ Châu Can".

 2004 Hoabinhian food strategy in Viet Nam. in Paz, V. ed. *Southeast Asian archeology Wilhelm G. Solheim II Festschrift*. The university of the Philippines press:442-462.

 2007a Niên đại, chủ nhân những mộ táng quan tài độc mộc trên các hang núi ở Mộc Châu (Sơn La) và Quan Hóa (Thanh Hóa). Bài phát biểu tại hội nghị *NPH 2007*.

 2007b Minh văn chữ Hán sớm nhất ở Việt Nam （Minh văn trên đồ đồng Đông Sơn）. *KCH* số 5：43-51.

 n. d. Những bằng chứng khai thác thức ăn và cư trú theo mùa trong văn hóa Hoà Bình.

Nguyễn Xuân Lan 2000 *Địa chí Vĩnh Phúc* (sơ thảo). Sở văn hóa thông tin-thể thao Vĩnh Phúc, Vĩnh Yên.

Nishimura Masanari 1998a Khuôn đúc trống đồng được phát hiện trong lòng thành cổ Luy Lâu. *KCH* số 4：99-100.

 1998b Một trung tâm sản xuất gốm sứ sành？tại xã Vạn Ninh, huyện Hải Ninh (Quảng Ninh). *NPH 1997*：561-564.

 2001 Nhận xét mới về niên đại cuối cùng ở thành Luy Lâu Lũng Khê (h.Thuận Thành, t.Bắc Ninh). *NPH 2000*：629-632.

 2002 Chronology of the Neolithic Age in the southern Vietnam. *JSEAA* 22: 25-58.

 2003a A minor-excavation at Co Son Tu in the upper Vam Co Tay River, Long An, Vietnam. *JSEAA* 23: 113-144.

 2003b Vài nhận xét về những hiện tượng khảo cổ học ở di chỉ Đại Trạch, Bắc Ninh. *NPH 2002*：226-231.

 2004 Nhận thức bước đầu về đồ gốm địa điểm Chân Gò Minh Sư Gò Tháp-Đồng Tháp. NPH 2003: 740-744.

 2005a Settlement pattern of the Red River Plain from the late prehistory to the 10th century AD. *BIPPA* 25: 99-207.

 2005b Thành Lũng Khê：nhận xét mới từ những điều tra khảo cổ học. *Một thế kỉ khảo cổ học Việt Nam* vol.II NXBKHXH, Hà Nội：53-71.

 2005c Attribute Analysis of Hoabinhian Industry:Implication from a Comparative Study of Bung Cave and Xom Trai Cave, Northern Vietnam. *JSEAA* 25：81-104, 2005

 2006a Chronological framework from the Palaeolithic to Iron Age in the Red River Plain and the surrounding. In *Prehistoric Archaeology in South China and Southeast Asia*. 科学出版社、北京.

 2006b Nhận xét về gốm sứ trước thế kỷ X ở hố D6-18, Hoàng Diệu (Hà Nội). *NPH 2005*：580-583.

 2010 The Roof tiles in the later period of the Champa: a consideration for its origin and diffusion, *Journal of the Cultural Interaction Studies in East Asia* 3：64-89.

Nishimura Masanari and Bùi Minh Trí 2004 Excavation of Duong Xa kiln site, Bac Ninh Province, Vietnam. *JSEAA* No. 24: 91-131.

Nishimura Masanari, Lê Đình Phúc, Nguyễn Văn Quảng và Miyahara Kengo 2010 "Nhận xét sơ bộ về Thành Hóa Châu qua điều tra khảo cổ học" in Nguyễn Quang Trung Tiến và Nishimura Masanari eds. *Văn hóa – lịch sử Huế qua gốc nhìn làng xã phụ cận và quan hệ với bên ngoài* NXB Thuận Hóa:165-174.

Nishimura Masanari, Nguyễn Duy Tỵ and Huỳnh Văn Trung 2008 Excavation of Nhơn Thành at the Hậu Giang River reach, southern Vietnam,『国立台湾大学美術史研究集刊』25：1-68.

Nishimura Masanari, Nguyễn Duy Tỵ and Nguyễn Xuân Lý 2009 *Excavation of Da Kai site in the upper reach of the Dong Nai River, southern Vietnam*. Foundation to Safeguard the Underground Cultural Heritage in Southeast Asia.

Nishimura Masanari and Nguyễn Kim Dung 2002 Excavation of An Son. a Neolithic mound site in the middle reach of Vam Co Dong River of the southern part of Vietnam. *BIPPA* 22：101- 109.

Nishimura Masanari, Nishino Noriko, Trịnh Hoàng Hiệp, Hirano Yuko, Hán Văn Khẩn và Nguyễn Quốc Hội 1999 Báo cáo thám sát Thành Lợi (h.Vụ Bản, t.Nam Định). *NPH 1998*: 453-457.

Nishimura Masanari, Nishino Noriko, Mukai Ko, Hán Văn Khẩn và Nguyễn Quốc Hội 2000 Báo cáo thám sát lần thứ ba tại xã Thành Lợi (h.Vụ Bản, t.Nam Định). *NPH 1999*: 372-377.

Nishimura Masanari and Nishino Noriko 2002 Archaeological study of the settlement formation in the Red River Plain: a case of Bach Coc and the surrounding. *Paper collections of the IIAS workshop: Vietnamese peasants' activity, an interaction between culture and nature*. IIAS, Leiden University.

2003 Chronological sequence for late 14th to Early 15th century Vietnamese ceramics from Bãi Hàm Rồng, Kim Lan and Hồ Citadel. *JSEAA* 23: 145-163.

2004 Báo cáo khai quật chữa cháy lần thứ hai ở di chỉ Bãi Hàm Rồng, Kim Lan (huyện Gia Lâm, thành phố Hà Nội).

2006 Nghiên cứu khảo cổ học về sự hình thành làng xã ở đồng bằng sông Hồng: Trường hợp làng Bách Cốc và xung quanh. *Thông tin Bách Cốc số đặc biệt*. (ベトナム村落研究会): 17-37.

Nishimura Masanari and Trần Thị Kim Quy 2006 Những mảnh ngói của di chỉ Bãi Mèn: phân loại và kỹ thuật. NPH 2005.

Nishimura Masanari and Trinh Nang Chung 2004 Son Vi cultural layer at Lang Vac location. In Imamura, K. and Chu Van Tan eds. *The Lang Vac sites: volume I basic report on the Vietnam-Japan Joint archaeological Research in Nghia dan District, Nghe An Province, 1990-1991,* The University of Tokyo: 157-184.

Nishimura Masanari and Phạm Minh Huyền 1998 Những tư liệu khảo cổ mới sau văn hóa Đông Sơn tại huyện Thuận Thành và Gia Lương, tỉnh Bắc Ninh. *NPH 1997*: 637-641.

2005 Những hiện tượng khảo cổ học thời kì thành Cổ Loa ở di chỉ Bãi Mèn khai quật năm 2002 và 2003. Bài trong Hội nghị những phát hiện mới về khả cổ học ở Việt Nam năm 2005.

Nishimura Masanari, Trịnh Hoàng Hiệp, Tống Trung Tín and Bùi Minh Trí 2002 Khai quật chữa cháy ở Kim Lan (Hà Nội). *NPH 2001*: 393-403.

Nishino Noriko 2002 Classsification and chronological sequence of Tran dynasty ceramic of Vietnam. *JSEAA* 22: 81-106.

2003 Gốm sứ Phù Lãng. *NPH 2002*: 423-426

Nishino Noriko, Trịnh Hoàng Hiệp và Nishimura Masanari 2001 Báo cáo thám sát xóm B xã Thành Lợi, huyện Vụ Bản, tỉnh Nam Định. *NPH 2000*: 541-548.

Nishino Noriko và Nishimura Masanari 2001 Niên đại, kỹ thuật và vai trò gốm sứ ở di chỉ Cồn Chè, Cồn Thịnh, huyện Mỹ Lộc, tỉnh Nam Định. *NPH 2000*: 552-558.

2003 Nhận xét mới về hành cung ứng Phong thuộc thời Lý ở huyện Vụ Bản, tỉnh Nam Định. *NPH 2002*: 595-596.

Nông Trường 1977 Tìm hiểu về người Pu Peo ở Hà Giang. *Nghiên cứu lịch sử* số 88: 33-40.

O'Harrow S 2001 Người Hán, người Hồ, người Bách Man. Tiểu sử Sĩ Nhiếp và khái niệm về xã hội Việt Nam cổ đại (translaed paper). *In Những vấn đề lịch sử Việt Nam*. NXB Trẻ.

Parmentier, Henri 1917 Anciens tombeaux au Tonkin. *BEFEO* 17: 1-32.

1918 Le tombeau de Nghi-Vê. *BEFEO* 18: 1-7.

1932 Notes d'archaeologie Indochinoise. *BEFEO* 32: 171-182.

Patte E. 1932 Notes sur le préhistorique Indochinois: le kjökkenmöddding Neolithique de Da But et ses sepultures (Province de Thanh Hoa, Indochine). *Bulletin du Service Géologique de l'Indochine*. vol 19-3: 1-111.

Phạm Đức Mạnh 1975 *Cụm di chỉ đồ đá Hương Sơn*. Luận văn tốt nghiệp khoa lịch sử. Trường đại học tổng hợp Hà Nội.

2005 Trống đồng kiểu Đông Sơn (Heger I) ở miền Nam Việt Nam.

Phạm Huy Thông, Hoàng Xuân Chinh và Nguyễn Khắc Sử 1990 *Hang Con Moong*. Vườn quốc gia Cúc Phương và Viện Khảo Cổ Học, Hà Nội. (Phạm H.T. et al. 1990a)

Pham Huy Thong, Pham Minh Huyen, Nguyen Van Hao và Lai Van Toi 1990 *Dong Son drums in Viet Nam*. NXBKHXH. (Phạm H.T. et al. 1990b)

Phạm Lý Hương 1973 Đào khảo cổ di chỉ Gò Mả Đống. *NPH 1972*: 150-163.

Phạm Lý Hương 1999 Nhóm di tích Mả Đồng-Gò Con Lợn. *Khảo cổ học Việt Nam. Tập II: Thời đại kim khí Việt Nam*. NXBKHXH: 63-95.

Phạm Lý Hương, Nguyễn Quang Miên. 2001 Các kết quả giám định niên đại bằng phương pháp Radio Carbon ở Việt

Nam và một số nhận xét. *KCH số* 3：81-101.

Phạm Minh Huyền　1970 *Báo cáo khai quật địa điểm Đường Cồ*. TLVKCH.

　　1982 Khai quật Làng Vạc（Nghệ Tĩnh）lần thứ hai（1980-1981）. *NPH 1981*：85-86.

　　1983 Nghiên cứu nhóm hiện vật Cổ Loa bằng phương pháp quang phổ. In *Phát hiện Cổ Loa 1982*. Sở văn hóa thông tin Hà Nội, Hà Nội：100-105.

　　1994 Các loại hình địa phương và các giai đoạn phát triển của văn hóa Đông Sơn. in Hà Văn Tấn ed. *Văn hóa Đông Sơn ở Việt Nam*：257-283.

　　1995 "Qua" và "Chương" bằng đá trong các di tích thời đại đồng thau ở miền Bắc Việt Nam. *VBTLSVNTBKH* 1995: 22-38.

　　1996 *Văn hóa Đông Sơn tính thống nhất và đa dạng*. NXBKHXH, Hà Nội.

　　1997 Một trung tâm văn minh cổ đại đầu nguồn sông Hồng ở đất Việt. *KCH số* 1：38-63.

　　1999 Nhận diện văn hóa Đồng Đậu ở di chỉ Đại Trạch. *KCH số* 4：19-41.

　　2001 Trống đồng ở Bảo tàng tỉnh Hà Giang. *KCH số* 4: 25-45.

　　2004 *Báo cáo khai quật địa điểm Vực Thượng tháng 12 năm 2003*. Tư liệu Viện khảo cổ học.

　　2005 Nghiên cứu trống Đông Sơn ở Việt nam. *KCH* số 4:36-47.

Phạm Minh Huyền, Nguyễn Văn Huyên và Trịnh Sinh　1987 *Trống Đông Sơn*. NXBKHXH, Hà Nội.

Phạm Minh Huyền và Nshimura Masanari　1998 Điều tra khảo cổ học hai huyện Thuận Thành và Gia Lương, tỉnh Bắc Ninh. *NPH 1997*：135-137.

　　2004 *Báo cáo khai quật di chỉ Đại Trạch, tháng 11, năm 2004*. Tư liệu viện khảo cổ học.

Phạm Minh Huyền, Phạm Thị Ninh, Lại Văn Tới, Hà Mạnh Thắng, Hoàng Văn Khoán và Nishimura Masanari 2004 Khai quật Cổ Loa. *NPH 2003*：175-178.

Phạm Như Hồ, Doãn Quang, Phan Thúy Vân　2004 Khai quật Bến Cái Làng（Quảng Ninh）. NPH 2003：356-358.

Phạm Quốc Quân　1985 Suy nghĩ về những chiếc trống loại II Heger. *VBTLSVN TBKH* số 3：82-90.

　　1993 Mộ Mương Kim Truy（Hòa Bình）. *VBTLSVN TBKH 1992*：60-87.

Phạm Quốc Quân và Trịnh Căn　1982 Khu mộ thuyền Xuân La（Hà Sơn Bình）. *KCH* 4：36-50.

Phạm Thị Ninh　2000 *Văn hóa Bàu Tró*. NXBKHXH, Hà Nội. Phạm Thị Ninh, Trịnh Sinh và Trịnh Hoàng Hiệp 2005 Báo cáo khai quật di chỉ Đầu Rằm（Quảng Ninh）năm 1977. In Nguyễn Khắc Sử ed. *Khảo cổ học vùng duyên hải Đông Bắc Việt Nam*：106-157.

Phạm Thị Thùy Vinh　2003 *Văn bia thời Lê Xứ Kinh Bắc và sự phản ánh sinh hoạt làng xã*. Viện nghiên cứu Hán Nôm.

Phạm Văn Kinh và Lưu Trần Tiêu　1969 *Những hiện vật tàng trữ tại Viện bảo tàng Lịch sử Việt Nam về văn hóa Bắc Sơn*. VBTLSVN, Hà Nội.

Phạm Văn Kinh và Quang Văn Cậy　1977 *Văn hóa Hoa Lộc*. VBTLSVN, Hà Nội.

Phan Cu Tiên ed. 1991 *Geology of Cambodia, Laos and Vietnam*. 2nd edition. Geological survey of Vietnam. Ha Nội.

Phan Đại Doãn　1973 Bước đầu tìm hiểu di tích về cuộc khởi nghĩa của Hai Bà Trưng hiện còn ở Hà Tây và Vĩnh Phú. *NPH 1972*：226-243.

Phan Huy Lê　1995 Lịch sử hình thành và phát triển của làng gốm Bát Tràng. In Phan Huy Lê, Nguyễn Quang Ngọc và Nguyễn Đình Chiến. *Gốm Bát Tràng*. NXB Thế giới.

　　2006 Vị trí khu di tích khảo cổ 18 Hoàng Diệu trong cấu trúc Thành Thăng Long-Hà Nội qua các thời kỳ lịch sử. *KCH* số 1：1-27.

Phan Khánh　1981 *Sơ thảo lịch sử thuỷ lợi Việt Nam*. NXBKHXH, Hà Nội.

Phan Kế Bính　1915 *Việt Nam phong tục*.（後に各出版社より再版が幾度もあり）

Phan Văn Thích và Hà Văn Tấn　1970 Phân tích chì trong vật đồng di thời đại đồng thau và thời đại sắt sớm. *KCH số* 7-8：126-129.

Pookajorn S. and stuff　1996 *Final report of excavation at Moh Khiew Cave（Krabi Province）, Sakai Cave（Trang Province）and ethnoarchaeological research of hunter-gatherer group, so-call Mani, Sakai or Orang Asli at Trang Province*. Silpakorn University, Bangkok.

Quách Văn Ạch　2003 *Trống đồng cổ ở Hòa Bình*. Luận án tiến sĩ. VKCH.

Quách Văn Ạch và Trịnh Sinh　2002 Phân loại và xác định niên đại trống đồng ở Hoà Bình. *KCH số* 2：24-56.

Quang Văn Cậy, Lưu Trần Tiêu, Hà Văn Thắng, Nguyễn Văn Huyên, Nguyễn Thành Trai, Đặng Cao Sâm, Hoàng Hoa Toàn, Lê Mai Châu và Diệp Đình Hoa　1974 Những trống đồng mới phát hiện: người Lô Lô với trống đồng. *KCH số 16*∶ 115-125.

Quang Văn Cậy, Trình Năng Chung, Ngô Thế Phong, Bùi Văn Tiến và Hoàng Ngọc Đăng   1981 *Thần Sa-Những di tích của con người thời đại đồ đá*. VBTLSVN.

Rolett Barry V., Wei-Chun Chen and Jonh M.Sinton   2000 Taiwan, Neolithic seafaring and Austronesian origins. *Antiquity* 74∶54-61.

Sakurai Yumio   2002 Revolution and war: modern history of Vietnam form villagers' perspective. in Sakurai Yumio ed. *Paper collection IIAS workshop Vietnamese peasant's activity, an interaction between culture and nature*∶88-183.

Sasaki Randall J. and Jun Kimura   2010The Bạch Đằng Battle Site Survey. *The INA annual 2009 projects and research*. Institute of Nautical Archaeology∶14-24.

Shoocongdej R.   1996 *Forager mobility organization in seasonal tropical environments. a view from Lang Kamnan Cave, Western Thailand*. Ph. D. Dissertation of the University of Michigan.

   2006 Late Pleistocene activities at the Tham Lod Rockshelter in highland Pang Mapha, Mae Hong Son province, Northern Thailand.in Bacus, E.A., Glover, I.C. and V. C.Pigott eds. *Uncovering Southeast Asia's Past*. National Singapore University Press, 22-37.

Schrock J.L., Stockton Jr. W., Murphy E.M. and Fromme M   1966 *Minority groups in the Republic of Vietnam*. Cultural information Analysis Center, The American University Wasington, D.C.

Sở văn hóa thông tin Hà Nội   1983 *Phát hiện Cổ Loa*. Sở văn hóa thông tin Hà Nội, Hà Nội.

Suzuki Masao and Watanabe Keita 2004 Fission track ages of Indochinite Tektite from the Son Vi Cultural layer. In Imamura, K. and Chu Van Tan eds. *The Lang Vac sites: volume I Basic report on the Vietnam-Japan Joint archaeological Research in Nghia dan District, Nghe An Province*, 1990-1991, The University of Tokyo : 222-223

Takaya Yoshikazu 1975 Rice cropping patterns in Southern Asian Delta. *South East Asian Studies* 13-2: 256-281.

Tăng Bá Hoành   2000 *Gốm Chu Đậu*. Kinh Books.

Taylor, Keith.W.   1983 *The Birth of Vietnam*. Unversity of California Press.

TBNCKCH (Tiểu Ban Nghiên Cứu Khảo Cổ Học: Viện sử học, Vụ bảo tồn bảo tàng và Trường đại học tổng hợp) 1961 *Dấu vết xưa của người nguyên thủy trên đất Việt Nam*. NXB Sử học.

Thanh Hương và Phương Anh   1977 *Hà Bắc ngàn năm văn hiến. Tập 1: các di tích lịch sử, kiến trúc và nghệ thuật*. Ty văn hóa Hà Bắc∶54-64.

Tống Trung Tín   1997 *Nghệ thuật điêu khắc Việt Nam thời Lý và thời Trần (thế kỉ XI-XIV)*. NXBKHXH, Hà Nội.

   2006 *Hoàng thành Thăng Long*. NXB Văn hóa thông tin, Hà Nội.

Tống Trung Tín and Bùi Minh Trí   2010 *Thăng Long-Hà Nội: lịch sử nghìn năm từ long đất*. NXBKHXH, Hà Nội.

Tống Trung Tín và Lê Định Phụng   1987 *Báo cáo nghiên cứu khu di tích Luy Lâu (Thuận Thành-Hà Bắc) năm 1986*. Tư liệu Viện khảo cổ học.

Tống Trung Tín, Trần Anh Dũng, Lê Thị Liên và Bùi Xuân Quang   1999 Kết quả thám sát và khai quật di tích cố đô Hoa Lư (Ninh Bình) năm 1998. *KCH số 2*∶44-61.

Trần Anh Dũng   2010 Khai quật di tích chùa Nậm Dầu (Hà Giang). *KCH số 2*∶42-54.

Trần Anh Dũng và Đặng Kim Ngọc   1985 Khu lò nung gốm cổ ở Đại Lai (Hà Bắc). *KCH số 1*∶71-80

Trần Anh Dũng và Nguyễn Mạnh Cường 1987 Tháp Nhận ở Nghệ Tĩnh qua hai lần khai quật. *KCH số 3*:69-83.

Trần Anh Dũng, Lại Văn Tới   2007 Lò gốm Đồng Khống (Bắc Ninh). *KCH số 3*∶42-54.

Trần Đình Luyện   1970 *Báo cáo di chỉ khai quật Luy Lâu năm 1970*. Tư liệu viện khảo cổ học.

   1999 *Luy Lâu, lịch sử và văn hóa*. Sở văn hóa thông tin tỉnh Bắc Ninh.

Trần Đức Anh Sơn   2008 *Đồ sứ ký kiểu thời Nguyễn*. NXB Đại học quốc gia Hà Nội.

Trần Phương   1998 Trống đồng Mỹ Khê (Hải Phòng). *NPH 1997*∶228-229.

Trần Hữu Sơn   1993 Người Giấy và trống đồng. *NPH 1992*∶109-111.

Trần Văn Giáp   1971 *Phong thổ Hà Bắc đời Lê*∶ *Kinh Bắc phong thổ ký diễn quốc sự*. Ty văn hóa Hà Bắc, Bắc Giang.

Trần Quốc Vượng   1959 Một vấn đề địa lí học lịch sử. *NCLS số 6*∶23-38.

   1960 Địa lí lịch sử miền Hà Nội: trước thế kỉ XI. *NCLS số 15*∶48-57.

   1969 Cổ Loa: những kết quả nghiên cứu vừa qua và những triển vọng tới. *KCH số 3-4*∶100-134.

   1975 Vài nét về các di tích khảo cổ Việt Nam thế kỉ I-X. in Trần Quốc Vượng, Hà Văn Tấn and Diệp Đình

Hoa ed. *Cơ sở khảo cổ học*. NXB Đại học và trung học chuyên nghiệp, Hà Nội: 223-251.

1983 Nhân những phát hiện mới về Cổ Loa; Suy nghĩ thêm về thành Cổ Loa nước Âu Lạc-An Dương Vương. In Sở văn hóa thông tin Hà Nội ed. *Phát hiện Cổ Loa 1982*. Sở văn hóa thông tin Hà Nội.

1999 Vị thế Luy Lâu. Bài phát biểu hội thảo khoa học "Văn hóa Luy Lâu và Kinh Dương Vương" Sở văn hóa thông tin tỉnh Bắc Ninh.

2001 Vị thế Luy Lâu. Bài phát biểu hội thảo khoa học. *NCLS* số 315: 3-7.

Trần Quốc Vượng và Hà Văn Tấn   1960 *Lịch sử chế độ phong kiến Việt Nam* tập I. NXB Giáo dục, Hà Nội.

Trần Quốc Vượng và Hoàng Văn Khoán   1986 Đầu ngói Trà Kiệu Quảng Nam Đà Nẵng. *NPH 1985*: 235-237.

Trần Quốc Vượng và Phan Tiến Ba   1973 Đào khảo cổ những ngôi mộ cổ ở Triều Khúc. *NPH 1927*: 120-132.

Trần Quốc Vượng và tập thể sinh viên chuyên ban khảo cổ   1978 Cổ Loa mùa điền dã năm 77. *NPH 1997*: 124-126.

Trần Quốc Vượng, Trần Đình Luyện và Nguyễn Ngọc Bích   1981 *Một Hà Bắc Cổ trong lòng đất*. Ty văn hóa thông tin tỉnh Hà Bắc.

Trịnh Cao Tưởng, Phan Tiến Ba, Lê Đình Phụng và Lê Thị Liên 1985 *Báo cáo khai quật khu mộ Mường Đống Thếch-Hà Sơn Bình*. Tư liệu Viện khảo cổ học.

Trịnh Hoàng Hiệp   2004 *Di tích Mán Bạc và mối quan hệ của nó với các di tích tiền Đông Sơn ở đồng bằng sông Hồng*. Luận án thạc sĩ khoa học lịch sử. Đại học Quốc gia Hà Nội.

Trịnh Hoàng Hiệp   2009 *Báo cáo kết quả khai quật khảo cổ học địa điểm Đền Cầu Từ 1 và Đền Cầu Từ 2, thôn Cầu Từ, xã Phượng Sơn, Huyện Lục Ngạn, tỉnh Bắc Giang*. TLVKCH

Trịnh Hoàng Hiệp and Hà Văn Phùng   2003 Di chỉ Đồng Vườn-tư liệu và nhận thức. *KCH* số 1: 22-42.

Trịnh Hoàng Hiệp, Hà Văn Phùng, Nguyễn Cao Tuấn   2009 Kết quả khai quật di tích Hang Cò, Thị xã Tam Điệp (Ninh Bình), năm 2007. *NPH 2008*: 94-96.

Trịnh Hoàng Hiệp và Phạm Thị Ninh   2005 Đồ gốm di chỉ Đầu Rằm trong hệ thống gốm cổ vùng ven biển Đông Bắc Việt Nam. *Một thế kỉ khảo cổ học Việt Nam* vol.1.NXBKHXH, Hà Nội: 492-531.

Trình Năng Chung, Phạm Như Hồ   2009 Mộ Tây cổ Pù Quân-Heo Uẩn (Nà Hang, Tuyên Quang). *KCH* số 2: 26-40.

Trình Năng Chung, Nguyễn Gia Đối   2007 Di chỉ Hang Phia Vài (Tuyên Quang). *KCH* số 6: 3-16.

Trịnh Sinh   2003 Casting Method, Classification and Dating of the Heger II drums in Hoa Binh Province, Vietnam. *JSEAA* 23: 59-67

2006 Di chỉ Đông Lâm (Bắc Giang). *KCH* số 2: 20-43

2007 Giải mã dòng chữ trên trống Cổ Loa. *KCH* số 6: 16-26

Trịnh Sinh và Nguyễn Anh Tuấn   2001 Những chiếc trống đồng ở Phú Thọ. *KCH* số 2: 38-71.

Trịnh Sinh, Quách Văn Ạch   2002 Phân loại và định niên đại trống đồng ở Hòa Bình. *KCH* số 2: 24-48.

Trương Đắc Chiến, Ngô Thế Phong, Vũ Quốc Hiền, Nguyễn Mạnh Thắng và Trần Minh Nhật   2009 Khai quật di tích Hang Tiên Ông trên vịnh Hạ Long, năm 2007. *NPH 2008*: 97-101.

Trương Hoàng Châu   1969 Gốm Cổ Loa. *KCH* số 3-4: 135-137.

UBNDTHH&HKHLSVN (Ủy ban nhân dân tỉnh Hải Hưng và hội khoa học lịch sử Việt Nam) 1994 *Phố Hiến: kỷ yếu hộ thảo khoa học*. Sở văn hóa thong tin-thể thao Hải Hưng, Hải Dương.

Viện Bảo tàng lịch sử Việt Nam   1965 *Mộ cổ Việt Khê*. VBTLSVN.

1967 *Những hiện vật tàng trữ tại Viện bảo tàng lịch sử Việt Nam về Văn hóa Hòa Bình*. Viện bảo tàng lịch sử Việt Nam

1975 *Những trống đồng Đông Sơn đã phát hiện ở Việt Nam*. VBTLSVN.

Vũ Quốc Hiền and Trịnh Căn   1986 Di chỉ Bàu Dũ (Quảng Nam-Đà Nẵng) qua trình phát hiện và nghiên cứu kết quả và nhận xét sơ bộ. *KCH* số 4: 16-24

Vũ Thế Long   1973 Xương răng động vật ở Hàng Chùa. *NPH 1972*: 103-105.

1980 Di tích động vật ở Cồn Cổ Ngựa (Thanh Hóa). *NPH 1980*: 60-61.

1984 Sơ bộ nghiên cứu những xương răng động vật và di cốt người trong đợt khai quật Đồng Đậu 1984. *NPH 1984*: 85-89.

Vũ Thế Long và Nguyễn Gia Đối   1987 Xương động vật ở di chỉ Cái Bèo. *NPH 1987*: 49-51.

Vũ Thế Long và Hà Văn Cẩn   1997 Di tích động vật ở Xóm Hồng (Hải Hưng). *NPH 1996*: 69-70.

Vũ Thế Long, Lâm Mỹ Dung và Đặng Quốc Phồn   1995 Di tích động vật trong di chỉ Phượng Hoàng (Sài Sơn, Quốc

Oai, Hà Tây). *NPH 1994* : 29-31.

Vũ Thế Long và Nguyễn Cường 1997 Di tích động vật ở Mai Pha (Lạng Sơn). *NPH 1996* : 59-62.

Vũ Thế Long and Nguyễn Mạnh Thắng 2005 Xương răng động vật trong di chỉ Thạch Lạc (Hà Tĩnh, 2002). *NPH năm 2004* : 29-31.

Wang Gungwu 1958 The Nanhai trade a study of the early history of Chinese trade in the South Chine Sea. *Journal of the Malayan Branch of the Royal Asiatic Society* 31-2 : 1-135.

Yamagata Mariko and Nguyen Kim Dung 2010 Ancient roof tiles found in central Vietnam. in B.Bellina, E.A.Bacus, T.O.Pryce&J.W.Christie eds. *50 years of archaeology in Southeast Asia: Esaays in honor of Ian Glover* : 195-205.

Yi Seonbok 2004 Báo cáo về các dự án Hòa Bình 2003-niên đại ams từ các di chỉ khảo cổ học ở Việt Nam. *NPH 2003* : 22-29.

Yi Seonbok, Lee June-Jeong, Kim Seongnam, Yoo Yongwook and Kim Dongwan 2008 New data on the Hoabinhian: investigations at Hang Cho Cave, northern Vietnam. *BIPPA* 28 : 73-79.

Yi Seonbok, June-Jeong Lee Seongnam Kim, Yongwook Yoo and Dongwan Kim 2008 New data on the Hoabinhian: investigations at Hang Cho, Northern Vietnam. *BIPPA* 28 : 73-79.

Yoshikai Masato 2004 One century of bronze drum research in Japan. *Transactions of the International Conference of Eastern Studies* No.49 : 23-53.

Zuraina Majid 1982 *The west mouth, Niah, in the prehidtory of Southeast Asia. The sarawak Museum Journal, special monograph* No.3, Kuching.

あとがき
――ベトナムと東南アジアの考古学、ひいてはベトナム地域研究の発展を願って――

　日本では"外国考古学"などという言葉を耳にする時がある。これは日本列島以外での考古学研究を指し、その特殊な状況を括弧くくりで表現しているものと思われるが、違和感を覚えずにはいられない。考古学に"外国"も"日本"もないと思う。

　日本列島以外で考古学研究をするには、いろいろな基礎条件がクリアされなければならない。まず、そこの風土や言葉をよく理解すること、そこの地域の人と一緒に仕事ができること、そこの人たちが理解できる言語で研究還元を行うことなどであろう。しかし、これは日本に置き換えても、あたりまえのことであり、そうでなければ批判を浴びるだろう。「はじめに」で述べた学際的な地域研究的方向も、日本の各地域で根を下ろして調査されている方は、自然と身につけられ、日常的研究生活で実践されているようだ。

　であるならば、他国での考古学研究の場合はどうするのが理想だろうか。ひところ、文化人類学では、フィールド調査を行う地域で最初の1年か2年で言葉を学び、その次の年に調査して博士論文を書くなどという定式をよく耳にしたことがある。考古学は特に言語習得を優先しなくても可能な学問だが、ベトナムでの長期の滞在や調査を経ずに、この轍を踏んでいたら、私のベトナム考古学は、とても長持ちするような深みのある研究は提出できなかった。本書は、ベトナム、あるいは東南アジア地域研究においても有効であろうことを意識して書いてあるが、それはとりもなおさず、私自身のベトナムへのこだわり、あるいは理解や愛情を表現したといってもいいのかもしれない。本書の各論の特徴は、自身の調査や日常生活中に気づいた疑問や考えをもとにしたものが多いことである。故に、単に遺跡と遺物を羅列したような考古学概説書にならなかったという自負もある。

　現在（東南アジア）地域研究において、考古学が与えられている役割はきわめて小さい気がするが、本書がそうした状況改善に少しでも役立てば幸いである。また、本書のところどころで、私自身ベトナムで感じてきた喜怒哀楽を行間に込めてみた。学問とて人間の営為だ。学術書というものには、もっと執筆者の情感や情熱を込めて、作者の考えの背景をわかりやすくした方が、読者には親切な気がする。

　本書の執筆を終えるに当たって、私の地域研究的な考古・古代学を形成するに至った研究人生過程を感謝の念を込めながら記すことをお許しいただきたい。学問の形成とは、ひととの出会いにより触発され・発展するものだと思う。

　東南アジア考古学の研究をはじめた大学院生駆け出しの頃、東京大学考古学研究室で先史考古学

を教えておられた故藤本強先生がSiberian Mousterian：from outsider's viewという論考を準備しておられたときである。授業でその内容に触れられ、outsider's viewという言葉を使った理由をおっしゃられた。その軽妙な使い方に感心して「僕も使おう」と軽口をたたいた時に、先生はすかさず「おまえはInsider's viewじゃないとだめだ」とおっしゃられた。その言葉に妙に自分が納得したのをよく覚えている。

　そして、日越合同考古学調査隊（団長：上智大学量博満教授［当時］）に参加をさせていただき、1990年10月21日に初めてベトナムの土を踏んだ。ランヴァック遺跡調査のため、ハノイに入りランヴァック遺跡調査に行く直前に調査隊で会食をしている時に、今村啓爾先生が「東南アジアは編年や年代観が^{14}C年代頼りであてにならない」と僕に言われた。日頃から先生がおっしゃっていたことであったが、ベトナム考古学を目の前にしての言葉は重く、この問題を解決しないといずれ自分の学問的将来はないと感じた。人間は勝手なもので、^{14}C年代に関して、私は限定的かつ批判的利用者となり、特に欧米の^{14}C年代に依存した編年方法論批判の急先鋒になりつつある。また、今村先生が編み出されてきた銅鼓の分類・編年は、東南アジア考古学の貴重な編年軸になっている。こうした包括的編年研究は、東南アジア考古学発展のために非常に重要であり、私自身が編年研究を行う際に理想的目標としてきたものである。

　ベトナムを訪れるまでは、ベトナムに対して具体的イメージを持つことが難しく、ベトナム（抗米）戦争とドイモイ政策といったありきたりのことしか思い浮かばなかった。そして、いきなり2カ月間に及ぶゲアン省ランヴァック遺跡での発掘は、この国、民族、文化、土地を理解する上でまたとない貴重な導入となってくれた。初めて訪れたベトナムで、初めて考古学調査の一翼を担わせて頂いた経験は、その後の研究人生の基本的方向付けを行ったようだ。当時、今では古めかしく聞こえる"西側諸国"に門戸を開いて3年強ほどしかたっていないベトナムにおいて、考古学院と考古学者は、その当時の社会状況から考えると、私たち日本人研究者にきわめて開放的かつ友情に満ちたものだったことが、その後のベトナム長期生活で理解することができた。

　また、その頃私と最初に深い関係を持たせて頂いた東南アジアの研究者、シルパコーン大学の故Surin Pookajorn教（スリン・プーカジョン）先生との交流は、私の人生に大きな感銘を残してくれた。当時、ホアビニアン研究に邁進していた私に、先生は快く自分の資料分析の機会を与えてくださり、さらに自分の調査に参加するよう進めてくださった。先生の南タイでの民族考古学研究と発掘調査は、東南アジアの民族形成史を考える上でも大変興味深いもので、私も一時研究域を変えようか真剣に迷った。南タイのSakai洞穴の調査時に、「Nishimura！面倒をみてやるから、ここで民族考古学の研究をしないか？」と言われた時には、その意味の大きさに深く感謝するとともに、たじろいでしまった。あの時「はい！」と返事をしていたなら、その後の私の人生はまったく異なったものになっただろう。結局、ホアビニアン研究とはやや遠のいてしまった自分であるが、あのころの興奮や発憤した気持ちは、私の大きな精神的財産だし、学問形成においてスリン先生の人格・学問・思考が、大きく影響している。先生は2004年に肝炎のため志半ばにして他界されたが、私は先生の意志の一部を継承しているつもりである。

　そして、1994年8月27日から2007年9月までベトナムに腰を落ち着けて研究をした。この時の人

間関係は途絶えることなく、現在まで私の大切な友人・同友関係として続いており、私のベトナムでの研究のみならず人生の基盤のひとつを形づくっている。具体的にはベトナム文化交流研究センター長（当時）のPhan Huy Lê先生（ファン・フイ・レー）、ベトナム考古学院前院長Hà Văn Tấn先生、現院長のTống Trung Tín氏、副院長Nguyễn Giang Hải氏（グエン・ザン・ハイ）にはベトナムでの研究生活において、様々なご協力、教示、支援をいただいた。それから、バックニン省博物館、ナムディン省博物館、タインホア省博物館、クアンニン省博物館、ホアビン省博物館にも、長期間調査のための支援、便宜供与をしていただいた。幾度となく調査を同行したPhạm Minh Huyềnさん、Hán Văn Khẩn先生（ハン・ヴァン・カン）、Nguyễn Kim Dung氏（グエン・キム・ズン）、Lê Thị Liên氏（レー・ティ・リエン）、Bùi Minh Trí氏からは、様々なことを学ばせていただいた。特に、Phạm Minh Huyềnさんには、調査研究のみならず、ベトナムの生活・文化のいろいろなことについて、夫であり民族学と考古学双方に通じたDiệp Đình Hoa先生（ジェップ・ディン・ホア）とともに助けていただき、教えていただき、議論の相手にもなっていただいた。フエンさんは私にとって、ベトナムにおける育ての親のような存在である。また、その博識でもって、遺跡や調査現場で私にいろいろなことを教えてくれた故Trần Quốc Vượng先生にも、感謝をこめて哀悼の気持ちを捧げたい。

　自身の調査を開始せんとする頃、ベッドでよく読んだ論文が、東京大学東洋史研究室で教えておられた桜井由躬雄先生の一連の紅河平野域（桜井先生は紅河デルタと呼ぶ）の開拓史研究である。漢代並行期から陳朝期に至るまでの居住域の拡大現象を稲作農耕と土地利用に関連づけて、その歴史的変化を見事に描き出した研究は、考古学のデータもふんだんに応用されており、読後の感想は考古学者がすべきことを歴史学者がしているという感であった。その逆に挑んでみたいと思った。1995年12月のクリスマスの頃、ホーチミン市で桜井先生と偶然宿を一緒にすることになった。当時、地域研究という私には新鮮に聞こえた学問に邁進しておられた桜井先生の語る村落研究は、内容がよく呑み込めなかったが、とても魅力的に聞こえた。そして、酒もなくならんとする頃に先生は、ご自分が組織されているナムディン省バッコック村の農村調査で、考古学担当として掘ってみないかとおっしゃった。また、たたみかけるように「フングエンやゴームンだとか細分された、つまらん専門家などいてもしょうがないだろう？」とおっしゃられた。この言葉が具体的には私をベトナム考古学のまっただ中にはめ込んだといっても過言ではない。この挑発的お誘いがなければ、現在の自分はなかったといってもよいし、自身の研究のいくつかは、先生の研究を咀嚼・発展させてきたものであり、先生がいなければ、私の研究人生において地域研究的指向性は生まれなかったであろう。

　1996年以降、私自身自分の研究として紅河平野とメコン・ドンナイ川平野とその周辺域で具体的な調査活動を始めたが、いくつもの悩みにぶつかったし、また自分にまだ考古学を遂行するだけの基礎や力が欠けていることにも色々な局面で気づいた。さらに、東南アジア考古学は学問の基礎体力ができておらず、重厚な日本考古学と比べて、非力さは明らかであった。そうした思いの中、日本考古学が、ここまで発達するにあたって日本の考古学者は何を考え、どういった調査・研究を編み出してきたのかを知りたいと思った。幾人かの大先学の著作に触れるうち、戦後、考古学の最初期から考古学に情熱的に身をささげ、独自の学問世界を築いてこられた森浩一先生のご著作が、自分の心の琴線に最も響いた。『僕は考古学に鍛えられた』（1998年筑摩書房刊、後に新潮文庫より

『我が青春の考古学』として再刊）は、若き考古学研究者の必読書だと思う。そして、考古学のみならず、文献史学や民族（俗）学など諸学と幅広く連携し、過去の時代を明らかにしようという森浩一先生の"古代学"、"考古古代学"という大きな学問的枠組みは、地域研究のひとつの主軸になると思う。先生が理想とされてきた"遺跡研究"が考古学の究極の目的であり、遺物研究もその中に位置づけなければ単なる古物研究に終わってしまうという考えは、私にとって終生の座右の銘である。本論でも遺跡の調査・研究で考えたことを、かなり議論の中心に据えているつもりである。

それから、自身のふるさとの歴史を明らかにするために、市井の学者として研究をつづけるNguyễn Việt Hồng氏をはじめとするキムラン歴史研究グループの翁の方々にも、感謝を申し上げたい。研究とは、自弁で自発的にやるものだという学問本来の姿を学ばせていただいた。また、Trịnh Hoàng Hiệp君をはじめ、私を慕ってくれる21世紀のベトナム考古学を担う若手世代との愉快な調査・生活も私の大きな研究活力になっている。ここ数年考古学を教えることに喜びを感じているが、その原点は彼らとの調査行である。

そして、先駆的考古学研究を続けるNguyễn Việt氏（グエン・ヴィエト）やベトナム史研究の桃木至朗先生、中国古代研究の吉開将人氏、タイ族民族学研究の樫永真佐夫氏などから、新しい視点、異なる学問的方法論や考えを吸収できたことも、各研究展開上の大事な起動力になっている。さらには関西大学・文化交渉学教育研究拠点で私と研究室をともにしてくださった方たちと、いろいろな分野・地域の話をもとに、さまざまな議論をすることができたことも大きな刺激となった。記して御礼を申し上げる。それから、妻の西野範子にも深謝の気持ちを表したい。同業の身でありながら、私のあらゆる面での支援をしてくれた。これからは、もっと良い夫でありたいと思う次第である。そして、最良の教育機会を授けてくれた両親に深い感謝を捧げたい。

また、非常に残念なことを記さねばならない、筆者にとって考古学の最初の恩師で、毎年論文執筆の叱咤激励をいただいていた藤本強先生が、2010年9月突然逝去されてしまった。二度とあの意味深く、シニカルかつ超現実主義的な考古学的言質を伺えないと思うと、残念極まりない。本書を先生の御霊前に捧げ、ご冥福をお祈りしたい。

なお、バッコック研究はトヨタ財団の研究助成、ルンケー城の研究は日本学術振興会特別研究員付帯の文部科学省科学研究費、コーロア城とダイチャック遺跡の研究は高梨財団の研究助成を利用している。記して感謝申し上げる。

本書は、関西大学の文部科学省グローバルCOEプログラム「東アジア文化交渉学の教育研究拠点形成―周縁アプローチによる新たな東アジア文化像の創出―」（平成19-23年度）からご支援を頂き、出版にこぎ着けることができた。ご高配頂いた各先生にお礼を申し上げる。

最後に、本書を上梓するにあたって、同成社の山脇洋亮氏と工藤龍平氏（編集担当）にたいへんお世話になった。また、校正にあたって鈴木朋美氏のお手伝いを頂いた。深謝申し上げる。

索　引（五十音順）

地名、遺跡名、考古学文化名、民族名、国名、歴史上の人物名、固有名詞的遺物名などに限定した。ベトナム史の資料名、独立王朝以前の人物・地名（一部を除く）、そして中国の地名・人名は、日本語読みを基本とする。1954年以前の地名・人名は、漢字表記を基本とする。

【あ】

愛州城　192
阿娥新寨遺跡　120
アシューリアン　17
アメリカ　117, 318, 319
アンザン省　186
安杖子古城　136
アンタイン遺跡　168
アンチュン鼓　153
安定（縣）　157, 150
安南志原　140, 279, 299
安南志略　193
安南都護府　141, 187, 189, 193, 195, 273, 299
安陽王　125, 133, 134, 136, 138, 140, 225, 324, 325
安陽王故城　173
アンラオ県　6
イーイェン県　214
イェンカイン県　6
安子（イェントゥ）山　204, 223, 224
イェンバイ省　8, 12, 223, 224
イェンバック遺跡　121
イェンフォン県　157, 176, 177
イェンフン県　206
イェンボンⅢ鼓　114
イェンマー磚室墓　148
イェンモ県　40, 46, 55
安瀾（イェンラー）社　283
イェンラック県　89
イェンラン県　148, 166
彝族　298, 325, 326,
Ⅰ-Ⅳ式中間型銅鼓　212
Ⅰ式銅鼓　112, 116, 151, 152, 187, 212, 324-326
インドネシア　171, 253
武善悌（ヴー・ティエン・デー）　236, 249
武覽（ヴー・ラム）　261
ヴァンアン城　187
ヴァンキエップ　223
万春（ヴァンスアン）国　141, 184
ヴァンド　286
雲屯（ヴァンドン：Vân Đồn）　253
ヴァンドン県　22
万福（ヴァンフック）寺　214
渭川（ヴィセン）縣　224, 280
ヴィンザン川　220
永寧場（ヴィンニンチャン）　314
ヴィンフック省　4, 15, 53, 55, 84, 89, 92, 106, 107, 148, 150, 166, 180, 181, 187, 277, 300, 325
ヴィンロック県　213, 255
ヴェトケー遺跡　90, 113, 121, 130, 150
ヴェトチー市　4, 57
ヴォーニャイ県　21

ヴックトゥオン遺跡　309
ヴバン県　37, 55, 205, 226, 227, 249, 280
務本（ヴバン）縣　283
務本（ヴバン）社　298
ウィーン1号鼓　298
ウボンラチャターニー県　153
雲南（省）　1, 2, 11, 108, 109, 112, 113, 116, 119, 193, 204, 207, 210, 298, 299, 326-328
永楽帝　256, 328
越王故城　140, 141, 175
越史通鑑綱目　157
越州窯　183, 190, 191, 199, 200, 245, 272
越甸幽靈集　173, 213, 225, 273, 324, 325
准南子　138
甌　138, 139
黄岩洞　22
王式　193
黄同　138
オーストロアジア（南亜）語族　67, 79, 110, 298, 322, 327
オーストロネシア（南島）語族　67, 79, 322
烏・里　225
オケオ→オッケオ
オッケオ遺跡　170, 172, 186
オッケオ文化　44, 170, 171, 175

【か】

カー川　2
ガーソン県　82
カイ　286
カイタイ島　34
海南島　1, 8, 11, 184, 188, 204, 328
カイバウ島　57
カイベオ遺跡　25, 34, 36, 41, 42, 44, 45, 52, 53, 56, 62, 63, 81
カイラン　254
カインミウチエン地点　269, 270, 273
カウヴック地点　125, 129, 138
カウ川　4, 6, 149, 150, 288, 291, 292
カオダイ　222, 223, 249
カオバン省　8, 140, 210, 212, 213, 298, 324, 326
カガヤン渓谷　52
鄂州　169
カダイ語族　298
カットバー島　34, 45, 54, 56, 57, 62, 254
合浦（市）　140, 146, 173, 184
嘉寧（縣）　150
カムトゥイ県　130, 151
カムトゥイ鼓　130, 151, 153
驩州城　187, 192

漢書　138, 147, 149, 157, 174
感駄岩遺跡　47-51, 66
カントー省　172, 186
広東（省）　3, 18, 22, 29, 44, 47-49, 52, 57, 79, 81, 136, 146, 163, 183, 191, 199-201, 313
カンボジア　6, 220, 318
魏　173, 174
ギアダン県　16, 114, 123
ギアラップ遺跡　84, 85
ギーヴェ磚室墓　170, 185
キーソン県　29, 210, 307
キエンアン県　300
貴港高中鼓　116
貴州　212, 298, 327
金關所（キムクアンソー）　263
金關上（キムクアントゥオン）　261, 263
金關東（キムクアンドン）　261, 263
キムチュイ古墓群　211
キムドン県　123
キムボイ県　210, 303, 306
キムラン社　182, 183, 191, 204, 259-277, 289-291, 295-297, 313-316, 321
九真郡　146, 192, 193, 196
丘和　141, 192-196
曲陽（縣）　147
キン族　1, 2, 8, 31, 67, 79, 110, 212, 214, 298, 301, 307, 309, 312, 313, 324-327, 329
キンタイ川　149, 150
クアカム　197, 291, 292, 294
クアリン　228, 231, 242, 246
果霊（クアリン）社　242, 250
クアンイエン磚室墓　180
クアンナム省　36, 138, 164, 168, 218, 329
クアンニン省　4, 8, 14, 22, 34, 41, 53, 56, 62, 79, 83, 143, 146, 148-152, 183, 206, 223, 242, 253, 254, 276
クアンビン省　8, 45, 309, 313
クアンホア県　308
クアンラン島　253, 254
クイチュー遺跡　15, 63
クインヴァン貝塚　16, 41, 43, 60, 62
クインヴァン文化　16, 44, 45,
クインリュー県　41
グーフエンケー（五県渓）川　92, 197, 275, 291
クエヴォー県　149, 150, 214, 288
クエタン鼓　152
クエン城　148, 149, 166
阮公朝（グエン・コン・チウ）　249
阮石越（グエン・タック・ヴェト）　261, 273
阮朝　189, 228, 240, 256, 279, 283, 295,

299, 308, 311, 313, 314, 317, 328
阮寧場（グエン・ニンチャン）　249
阮㷋（グエン・バック）　249
クオックオアイ県　148, 166
グオム岩陰　21-23, 30
クオン洞穴　12, 19, 20
クチ　318
旧唐書　195
グプタ朝　187
クム族　298, 325
Klam Riverbank鼓　213
苟漏縣　149, 167
ゲアン（省）　2, 16, 23, 26, 41, 45, 60-62, 65, 66, 78, 114, 117, 123, 130, 132, 141, 153, 186, 207, 276, 300, 332
敬天殿　189, 256
景徳鎮　317
稽徐縣　150
桂林　24, 36, 138, 140, 165, 253
ケーダー川　286
建業（南京）　169, 175
元寇　206, 213, 223, 224, 225
元和郡縣図志　173, 174
見聞小録　300
元龍坡遺跡　108
ゴアイドー遺跡　130
ゴイ　272, 286, 287, 288, 316
紅河　1, 2, 4-6, 8, 9, 25, 57, 58, 62, 114-116, 125, 132, 139, 148, 150, 184, 193, 204, 206, 222, 261, 264, 269, 273, 277, 289, 290, 291, 294, 324, 326, 330
紅河州　119
紅河デルタ　2, 245
紅河平原　1-4, 6-9, 11, 12, 24-26, 36, 37, 39-41, 54, 55, 57, 64, 66, 79-80, 89-93, 109, 113, 121, 126, 130, 138, 140, 142-143, 146, 148, 149, 151-156, 164, 166, 167, 172, 180, 183, 184, 187, 188, 204, 206, 210, 212, 223, 226, 240, 246, 250-252, 263, 266, 276, 277, 279, 280, 283, 295, 297, 299, 307, 315, 321, 322, 324-326, 328
交趾郡　126, 135, 138, 146-151, 154-157, 161, 167, 170, 172-177, 184, 324
交州　140, 141, 148, 156, 173-175, 187, 192, 193
広州　52, 114, 115, 136, 138, 141, 143, 146, 174, 184, 298
交州外域記　114, 125, 136, 138, 173, 324
広州漢墓　143
広州記　125, 138
交州大総管府　142
広信縣　173, 174, 261
広西（壮族自治区）　1, 3, 11, 17, 22, 24, 26, 29, 36, 44, 47-50, 52, 66, 79, 108-116, 140, 146, 151, 163, 165, 181, 187, 188, 204, 207, 209, 213, 261, 298, 299, 308, 325-328
江西（軍）　193, 194
広西省博物館31号銅鼓　213
高中8号漢墓　114
洪徳版図　196, 294, 295, 297
広南阮氏　256, 313, 328

高駢　192-196, 261, 264, 269, 272, 273, 315, 325
後黎朝　189, 209, 212, 256, 279, 289, 300, 327
ゴーヴォンチュオイ遺跡　89
呉権（ゴークエン）　140, 141, 203, 219, 220
ゴーサイン遺跡　219, 220
ゴーズンサウ遺跡　19
ゴーゾム鼓　153
ゴータップ遺跡　186
ゴーチエンヴァイ遺跡　90
ゴーチュアトン遺跡　89
ゴーチュン遺跡　40, 322
コー洞穴　41
ゴーボン遺跡　52, 53, 81
ゴーマードン→マードン
ゴーミンスー遺跡　186
ゴームン遺跡　15, 67, 115
ゴームン期　16, 64, 66, 67, 85, 89, 90, 92-94, 106-108
古螺（コーロア）　140, 184, 203
コーロアⅠ鼓　115, 127-129, 131, 132, 139
コーロア城　25, 83, 90, 95, 114, 116, 119, 120, 125-141, 143, 148, 150, 160, 165-167, 172, 173, 175, 182, 183, 203, 225, 309
コーロアⅡ号鼓　130, 132
五華獅雄山遺跡　136
後漢　66, 116, 132, 139, 141, 147, 157
後漢書　173, 174, 272
国朝官制典例　297
国朝詔令善政　295, 314,
黒瑪井遺跡　120
Ⅴ式銅鼓　207, 208
五銖銭　82, 91, 157, 160
古珠録　170
胡尚書家礼　312
胡朝　203, 259, 316, 328
胡朝城　204, 255-257
コック（Cốc）川　228, 230, 235, 236, 250
玉潤（ゴックニュアン）社　246
コックパノムディ　66
ゴックラック　91, 142-144
ゴックリュⅠ鼓　96, 110
湖南省　36, 90
コンヴォイ（Con Voi）山脈　4
コンコーグア　40, 63, 82
コンタイ島　254
コンチェー・コンティン　222, 223
コンチャンティエン遺跡　49, 168
コンツム省　151, 153
コンモーン洞穴　12, 15, 23, 24, 26, 27, 29, 33, 55

【さ】

ザイ族　276, 298, 325
ザウ（Dâu）川　161, 174
ザウ寺　155, 161, 175
サオ洞穴　41
サット（Sắt）川　275, 286
ザム寺　216, 217
ザライ族　308

ザラム県　150, 225, 273, 289
嘉林（ザラム）縣　275, 286
三国　168, 174-176, 184, 187
三国志　157, 170, 173-175
Ⅲ式銅鼓　112, 207, 213, 297, 298, 325
山東省　135
三仏斉（シュリービジャヤ）　253
士壱　173
西双版納泰族自治州　298
延応（ジエンウン）寺→ザウ寺
史記　91, 138, 141
史記索隠　114, 125, 138
資治通鑑　194, 195
士燮　141, 146, 154-159, 168, 170, 173-176, 204, 225, 273, 325
子城　141, 192-196
士燮廟　157, 168, 173, 176, 204, 225
四川省　165
士徽　174
ジャワ島　253
周敞　149, 157
十二使君（時代）　167, 203, 249
珠海　56
朱崖郡　184
珠江　50, 296, 315
朱鳶縣　148, 149, 154
遵義型銅鼓　112, 212
胥浦縣　174
徐聞縣　146, 184
白タイ族　308
晋　138, 150
秦　116, 130, 138-140, 165, 167
秦漢時代　126-127, 136, 138-139
秦城　140, 165, 167
新昌郡・縣　150
深圳　18
新唐書　195
シンホー県　36
ズア川　60
スアンザン鼓　152
スアンラー遺跡　91
スアンラップ遺跡　114
隋　150, 163, 174
水経注　55, 72, 85, 88, 95, 100, 106, 112, 116
隋書　140, 175
ズイティエン県　87, 141
隋・唐　150, 157, 158, 176, 184, 186, 195
ズーザウ遺跡　80
楊文娥（ズオンヴァンガー）　249
ズオンライ　37, 228, 230, 231, 236, 245
ズオンライゴアイ　231, 236
陽来（ズオンライ）社　244, 248
ズオンライチョン　86, 231, 236
ズックトゥー磚室墓　182, 183
スピリット洞穴　23, 319
スマトラリス　15, 19, 21, 22, 28
スンサム洞穴　23
スンダ陸棚　36
西于王　138
西于縣　138, 147, 149, 150
西甌　91, 138, 141
西河11号墓　163
斉故城臨淄桓公台遺跡　135
西林普駄銅鼓古墓　116

索　引　*357*

石塞山遺跡　90, 119
石塞山系銅鼓　112-114, 116, 117, 119-120, 129, 130, 132, 149
赤東11号墓　163, 176
赤嶺口北坡墓群　163
石峡下層文化　52
浙江省　200
前漢　91, 114, 134, 136, 139, 140, 142, 147, 149, 150, 155, 157, 165, 167, 173, 174
先Ⅰ式銅鼓→プレⅠ式銅鼓
暹羅（シャム）　253
前黎朝　200, 203, 213, 220, 245
ゾイ洞穴　22, 34
ソイニュ洞穴　21, 22, 30, 62
蒼梧郡　174, 201
宋書　174
甑皮岩　174
宋平（縣）　173, 175, 181, 184
属明期　203, 246, 299
ゾックチュア　123
ソムA　228, 230-232, 240, 241, 246, 251, 252, 311
ソムキュー遺跡　25
ソムザムⅠ鼓　209, 210, 211
ソムC　228, 230, 231, 236, 240, 246, 250, 251
ソムゼン遺跡　51-54, 81-84
ソムチャイ洞穴　19, 21, 23, 27-29, 31, 72, 319
ソムチェー洞穴　19
ソムチュア　309, 313
ソムデイン鼓　210, 211
ソムニョイ鼓　89, 90, 92, 93
ソムニョイズオイ　127, 128, 130
ソムB　228, 230, 231, 236
ソムベング　231, 232, 250
ソム・ホン　223
蘇歴舊城　193
蘇歴江　191-193
ソンヴィー遺跡　19
ソンヴィー石器群　12, 15, 17, 18, 22-25
ソンガム山脈　4
ソンタイ市　74, 325
ソント寺院　186
ソンラー省　12, 207, 209, 297, 298, 308, 325

【た】

ダー川　4, 8, 213, 325
ダー川鼓　115
ダーバック磚室墓　152
タイ（国）　1, 6, 22, 23, 30, 118, 213, 298, 319
大安（ダイアン）縣　280
大越國軍城磚　195
大越史記全書　126, 140, 158, 175, 192-196, 212-214, 225, 246, 253, 256, 257, 273, 279, 299, 300, 313-215
大越史略　126, 140, 175, 192, 194-196, 214, 279
ダイ川　4, 6, 148, 149, 167, 276
大雁塔　187
太極山　119

西京（タイキン）　222, 257, 272
タイグエン省　4, 6, 8, 21
タイ系（民族）　8, 139, 140, 213, 224, 299, 300, 308, 325, 326
帯江水　149
タイ語族　298
タイ（Tày）族　8, 133, 308, 325, 326
タイ（Thái）（系民）族　8, 325-327, 330
ダイチャック遺跡　39, 86, 89, 90, 93-109, 121, 130, 132, 161, 334
西都（タイドー）　255
大南一統志　157
大南会典事例　295, 314
タイ・ヌン（Tày・Nùng）族　325-327, 330
ダイバイ村　272
大波那遺跡　119
タイビン川　261, 263, 291
タイビン省　4, 6, 37, 146, 148, 183, 204, 205, 220, 222, 249, 277, 279
タイビン輪中　284, 286
タイプーサック（書名）　325
太平寰宇記　148, 149, 157, 161
太平御覧　187
大溶江　140, 165
ダイライ窯址　160, 176, 181
大羅城　166, 181, 192, 196
大覧山（ダイラムソン）寺　204, 214
大浪古城　140
大湾文化　57
タインヴォン遺跡　167
タインコイ村　288
タインゼン遺跡　53, 64, 79, 89, 107, 109, 167
タインソン県　299, 324
タイントゥイ県　80
タインホア（省）　19, 20, 26, 36, 40, 45, 49, 55, 59, 61-63, 78, 80, 82, 92, 114, 17, 118, 123, 130, 132, 138, 141-143, 146, 151, 153, 154, 168, 170, 174, 188, 207, 209, 210, 213, 222, 255, 263, 276, 300, 308, 309, 312-314, 324, 325, 328, 332
タインホア市　2, 114, 117
タインラン窯址　181
ダウザム　51, 53, 62
ダウ寺　300
ダオ・チー・ティエン　313
ダオチュー鼓　187
ダカイ　30, 123
太宰府　190, 191
ダッグラオ鼓　151-153
ダックラック省　297
タックラック遺跡（群）　49, 51, 60, 62, 63, 78, 80
タップムオイ県　186
ダナン特別市　3
ダブット遺跡　40, 41, 42
ダブット期／文化　13, 14, 16, 24, 31, 33, 36, 38, 40, 41, 46, 51, 59, 61, 74
タムアー　161
タムザン潟湖　225
タムダオ山塊　4
タムディエップ山脈　2, 4

タムディエップ町　41
タムドゥオン遺跡　220, 222
タム洞穴　33
タムト窯　168, 170, 329
タムノン県　80
ダムハー県　34
タンビエン（傘円）山　4
タンコック　228, 231, 242, 246, 248, 280, 281, 283, 284, 291, 314
籐州（ダンチャウ）　206
ダン洞穴　24
傘円（タンビエン）山　4
タンラック県　301
タンレー　222
昇龍（タンロン）（城）　142, 166, 181, 189-191, 194, 196, 203, 206, 213, 214, 216, 219, 220, 245, 256, 259, 272, 279, 294, 324,
昇隆（タンロン）（城）　189
チーリン県　223
チベット・ビルマ語族　8, 298
チャーヴィン省　185, 186
チャーキウ城　164, 167-170, 172, 176
チャイオイ遺跡　60, 62
チャウカン遺跡　39, 90
チャウタインA県　186
チャオプラヤ河平野　6
チャム　79, 220, 329
陳光啓（チャン・クアン・カイ）　222
陳国俊（チャン・クオック・トアン）　249
チャンケン遺跡　49, 53, 54, 62, 63
陳聖宗（チャン・タイン・トン）　213
チャンティエン通り　223
陳仁宗（チャン・ニャン・トン）　223
チャンパ　168, 187, 192, 213, 214, 216, 218, 220, 225, 226, 328, 329
チャンパサック　154
陳興道（チャン・フン・ダオ）　223
チュア洞穴　26, 27
チュアライ遺跡　52, 53
趙越（チウヴェト）王　175
チュー川　8
チュウダウ　7, 272, 275, 284-286, 294
章山　204, 214, 216, 217
チュオンソン山脈　213
チュックニン県　6
徴（チュン）姉妹／徴側・徴貳（チュン・チャック、チュン・ニ）　91, 116, 132, 139, 141, 148, 166, 167
チュンバン社　206
長安　187
長江　225
頂獅山　315
張舟　192
趙佗（尉佗）　91, 125, 138, 139, 141, 324
張伯儀　192
趙昧　115
チョー洞穴　19, 24, 307
チョボ　213
壮族　140, 325-327
鄭氏政権　203, 297, 317
陳書　192
陳朝　63, 87, 134, 157, 159, 167, 176,

196, 203-206, 209, 210, 212, 213-214,
220, 222-226, 239-240, 244-246, 249,
252, 255-257, 269, 270, 273, 275, 277,
279, 300, 303, 304, 314, 316, 321, 325
陳留王　174
ティウイエン県　80
ディウ岩陰　12, 15, 19, 20, 22-24, 26,
28
小穀（ティウコック）（村）　228, 242,
245, 246, 248-250, 252, 280, 281, 283,
284
ティウズオン遺跡　117, 130
ティエンイエン県　34
ティエンオン洞穴　35
ティエンズー県　180, 182, 234
ティエンソン県　148
天長府（ティエンチュオンフー）　204,
220, 222, 225, 226, 232, 244, 245, 257
天寿（ティエント）寺　214
ディエンビエン省　8
ディエンビエンフー　318
ティエンホイ磚室墓　181, 182, 191
丁朝　200, 203, 214, 249, 303, 327
ティック川　148
丁部領（ディン・ボ・リン）　200, 203,
214, 249
丁元亨（ディン・グエン・ハイン）　261
ディンコン　114
丁功紀（ディン・コン・キー）　303, 304
ディンチャン遺跡　95, 130, 131
丁蓮（ディン・リエン）　214
デン・カオトゥー遺跡　218-220
天子廟遺跡　119
滇池　119
デン・チャン　220
デンドイ遺跡　60, 81
デン・トゥオン　125
トアイソン県　186
ドアントゥオン遺跡　80
ドイダー遺跡　89, 90, 116
ドイトン遺跡　214
トゥアティエン・フエ省　3, 8, 313
トゥアンタイン県　39, 93, 143, 147,
149, 150, 155, 156, 177, 273, 313
水軍（トゥイクアン）湖　294
トゥイクエ通り　213
トゥイソン鼓　151
トゥーキー県　142
トゥーソン県　92, 150
トゥーボン川　164
トゥエンクアン省　8, 13, 224, 308
陶璜　173-175
ドゥオンカム遺跡　25
トゥオン川　1, 6, 150
ドゥオン川　6, 37, 39, 94, 116,
149-151, 155, 156, 161, 170, 180, 184,
261, 273, 313
上元（トゥオングエン）縣　280
ドゥオンコー遺跡　91
ドゥオンコー類型　90
ドゥオンサー（窯）　86, 181-183, 191,
197-201
祥龍（トゥオンロン）寺　204, 206
唐会要　192
同慶地輿誌　278

東呉　169
銅鼓山　213, 300
銅鼓祠　213, 300
銅鼓寺　300
銅鼓神　213
唐朝　163, 167, 173, 176, 182, 187, 193,
195, 214, 218, 261, 273, 325, 327
東南アジア大陸部　3, 24, 26, 36, 64,
67, 82, 86, 112, 167, 170, 171, 308, 323
杜景碩（ドー・カイン・タック）　167
土塊（トーコイ）社　314
ドー山　12
トー族　8
ドーダイ川　286
トーハー　201, 275, 291, 292-294, 297,
313
蘇歴（トーリック）江　191-193
杜慧度　148, 154, 174
杜弘文　148, 174
トスアン県　222, 300, 309
徳宏自治州　298
トラパンヴェン寺院　185, 186
トロウラン　253
ドンアイン（Đông Anh）県　25, 92,
125, 150, 181, 273
ドンヴオン遺跡　40
ドンボン遺跡　52, 53
ドンカン洞穴　19, 23, 29, 307
ドンコイ遺跡　12, 80
東甌（ドンズー）社　297
ドンソン遺跡　110, 114, 117, 118, 123,
130, 131, 223, 309, 310, 312, 313
ドンソン型青銅器　91, 114, 131, 132,
ドンソン期/文化　15, 16, 39, 58,
64-67, 82, 85, 90-94, 96, 106-108, 110,
113-121, 123, 126, 127, 129-134,
138-143, 147, 149-154, 156, 161, 205,
324, 327, 328
ドンソン型桶形青銅器（提筒）　90,
113, 119, 132, 149
ドンソン系銅鼓　82, 96, 112-116, 127,
130, 132, 151, 152, 324, 326
ドンソン系洗　151, 152, 154
ドンソン県　49, 80, 142
ドンソン村　117
ドンダウ遺跡　53, 64, 89, 92, 106, 107
ドンダウ期　16, 39, 45, 58, 63, 66, 68,
83-85, 92, 93, 95, 99, 100, 106-108,
133
ドンタップ省　186
ドンチュウ山脈　4
ドンチョー遺跡　53
ドンテック遺跡　303-305
ドンナイ川　44
ドンナイ文化　44
ドンパイ遺跡　301, 303, 304
ドンホア　300
ドンホー　313
ドンマーグア　206
トンモン鼓　152
ドンラム遺跡　89, 90, 107, 109

【な】

長岡京　190
ナコーンパノム　213

ナハン県　23, 224
ナムザウ寺　224
ナムサック県　284
ナムダン県　186, 187
ナムチュック県　37
南定省　3
ナムディン省　4, 5, 6, 9, 37, 55, 56, 93,
146, 148, 185, 204, 205, 214, 220-222,
226, 244, 249-251, 277, 278, 280, 283,
311, 314, 316
ナムディン川　148, 227, 228, 230, 246,
280, 283, 284, 314
ナムディン市　185, 186, 205, 220, 227,
232, 242, 249, 280
ナムディン輪中　278, 280
ナムトゥン洞穴　12
南亜（オーストロアジア）語族　67,
68, 77, 110, 298, 322, 327
南越（国）　91, 113, 115, 116, 125, 126,
129, 136, 138, 139, 141, 149, 174, 176
南越王墓　115, 116, 118, 130, 131
南越官署遺跡　136
南海郡　138
南漢　203, 206
南京（建業）　168, 169, 299
南郊壇　255
南史　174
南州異物志　187
南詔　193, 194, 261
南斉　154
南斉書　176
南定縣　173
南島（オーストロネシア）語族　67,
79, 322
南寧市　1, 11, 29., 204
南流江　140
ニア　30
Ⅱ式銅鼓　110, 112, 152, 187, 188, 207,
208, 209, 213, 324-326
日南郡　184
珥河（ニハ）　9
ニャン塔遺跡　186, 187
ニョンタイン遺跡　186
ニンビン省　4, 6, 14, 24, 36, 38, 40, 45,
46, 54-56, 59, 183, 200, 207, 209, 313,
314
ヌイナップ遺跡　123
ヌイヌオン遺跡　80
ヌイファア遺跡　34, 35
ヌン族　28
ノイバイ空港　318

【は】

バーヴィ県　151
バーヴィ山塊　4
バーヴン遺跡　57, 79
バーザウ山　300
バートゥイ　286, 287
ハイヴァン峠　3
ハイズオン省　4, 6, 7, 39, 55, 90, 93,
142, 146, 148, 150, 205, 206, 223, 245,
260, 272, 275, 284, 286, 289, 316
ハイズオン市　6, 39, 148, 149, 150
裴泰劇　192
バイディン遺跡　176

索　引　*359*

バイトゥ遺跡　52, 53, 77, 80, 92
バイドンザウ遺跡　157, 161
バイノイ磚室墓　156, 161, 177-180
バイハムゾン遺跡　182-191, 200, 264, 265, 267, 269-271, 273, 274, 290, 314
バイハラン遺跡　220, 232, 242, 244, 249
バイフォイフォイ遺跡　65
ハイフォン特別市　4, 6, 9, 14, 15, 37, 53, 56, 62, 92, 93, 113, 130, 146, 148-151, 183, 214, 216, 254, 300, 321
バイベン遺跡　45, 49, 52, 56, 68, 78, 79, 81
バイメン遺跡　79, 83-85, 90, 125, 126, 129, 133, 134, 309-311, 312
ハインティエン　251
ハウ川　60
バウズー貝塚遺跡　36
バウチョー遺跡　49
バウチョー文化　45, 51
馬援　91, 116, 132, 139-141, 167, 172
バオアン寺　225
バオラー鼓　210
博多　190, 254
バクソニアン→バックソン石器群
ハザット遺跡　22
ハザン省　8, 12, 19, 45, 50, 113, 207, 210, 213, 214, 298, 324, 326
ハタイ省(旧)　4, 9, 12, 14, 16, 23, 37, 39, 45, 53, 55, 74, 90, 91, 93, 132, 147, 148, 151, 166, 187, 207, 209, 277, 300, 307, 325
バッカン省　8
バックザン省　4, 6, 12, 90, 92, 107, 148, 149, 220, 223, 251, 279, 292, 311, 312
バックソン遺跡群　21
バックソン県　22, 34
バックソン山脈　4, 139
バックソン石器群　24, 25, 33, 34, 36, 40, 82
バックダン川　4
白藤（バックダン）江　206
バックニン省　4, 15, 39, 52, 55, 89, 92, 94, 130, 143, 146-151, 155, 157, 170, 176, 177, 180-182, 184, 191, 197, 209, 214, 217, 250, 260, 273, 275, 279, 289, 292, 313, 325
バックニン市　149, 157, 176
バックハック　246
白鉢（バックバット）庄　313, 314
バックフンハイ運河　259, 260, 269, 276, 289-291
バックリー鼓　152
バッコック　9, 37, 204, 205, 206-252, 280-284, 291, 294, 296, 297, 311, 314, 321
百穀（バッコック）社/村　280, 281, 283, 284, 314
鉢場（バッチャン）　291, 297, 314
バッチャン（社）　260, 261, 263, 264, 266, 272, 273, 275-277, 289, 290, 297, 309, 313, 314, 316
ハツモン型　249
ハティン省　1, 2, 8, 15, 60, 62, 78, 80,
313
ハティン市　60
ハドン市(旧)　37, 149
バナ族　308
ハナム省　4, 55, 93, 132, 147, 148, 150, 183, 206, 209, 214, 230, 236, 244, 248, 249, 277, 298, 300
ハノイ特別市　1, 4, 7, 9, 25, 37, 39, 52, 55, 83, 86, 92, 118, 125, 127, 138, 141, 148, 150, 151, 167, 172, 175, 181-184, 192, 193, 196, 200, 213, 225, 253, 259, 260, 273, 277, 289, 294-296, 309, 312, 318, 319, 325, 328
HANOI 1873（地図名）　294, 296
ハルン洞穴　41
ハロン文化　44, 50-52, 56, 57, 62, 68, 79, 83
ハロン湾　4, 22, 30, 34, 35, 38, 41, 51, 56, 57, 63, 66, 79, 83, 146, 150, 152, 253, 254
万家覇遺跡　112, 119
番禺　138, 174
蠻書　192-194
ハンズア　22
Ban Dong Yang鼓　213
ハンバイ通り　294
バンブー運河　150
半両銭　129-131, 133, 134, 138, 141
ヒークオン鼓　325
BTHG.KL/D18鼓　210, 212
ヒエップホア県　90
顕慶（ヒエンカイン）　223
ビムソン県　180
百色石器群　17
ヒューチュン鼓　152
ビルマ　298
羸㖫縣　147, 148, 150, 166, 173
閩越　138
ビンザン県　286, 287
ビンディン省　153, 168, 219, 220, 329
ビンルック県　132
ファーホー遺跡　156
ファーライ　150
ブア川　58
仏跡（ファットティック）寺　204, 209, 214-217
ファ・(カオ)・ヴィン・キウ　313
ファン・ケー・ビン　312
フィアヴァイ岩陰　23, 82
フィアディエム遺跡　83
裴於台（ブイ・ウー・ダイ）　246, 249, 252
裴光家（ブイ・クアン・ザー）　246
裴允原（ブイ・ゾアン・グエン）　246, 249-252
裴備（ブイ・ビ）　246
裴慕（ブイ・モ）　246
フィリピン　52
フーイエン省　308
封谿（縣）　126, 138, 140, 147-149, 150, 173
フーコック　228, 231, 246, 248, 280, 281, 283, 284, 291, 292
富穀（フーコック）社　236, 245, 246, 248-250, 280, 281, 283, 284, 314
フースエン県　39, 132
フート省　4, 8, 12, 19, 25, 52, 55, 57, 66, 80, 84, 92, 108, 130, 148, 150, 188, 207, 212, 246, 299, 324, 325, 327
フーフォンⅠ鼓　104
プーペオ族　151
フーラン　86, 275-277, 288, 289, 312, 313
扶朗（フーラン）社　288
フールオン遺跡　91
フエ市　226, 309
フオイカー遺跡　36
ブオイ通り　191
普明（フォーミン）寺　220, 221
フオンソン　220
フオンホアン遺跡　62, 63
フックイェン　180
フックラム廃寺　224
福建　163, 199, 200
武帝　138, 155, 174
扶南　44, 185, 186, 187
フランス植民地時代　40, 110, 157, 203, 213, 216, 228, 279, 312
Fleuve de Rouge　9
フレ族　308
プレ（先）Ⅰ式銅鼓　110, 112, 119, 120, 213
フンイエン省　4, 6, 39, 55, 93, 123, 150, 205, 260, 261, 289
フンイエン市　254
フンクエン洞窟　23
フングエン期/文化　15, 16, 24, 31, 44-46, 48-53, 58, 62-66, 73, 77-81, 83, 84, 89, 92, 106, 107, 109, 133
文山（壮族苗族自治）州　112, 119, 298, 326, 327
文山董馬鼓　210
興寿（フント）寺　246
フンハー県　222
平道縣　138, 140
北京　257
ベト・ムオン系民族　139, 325, 326
Việt Nam phong tục（ヴェトナムフォントゥック：書名）　312
ベンクイ　185, 187
ベンラン遺跡　223-225
ホアイドゥック県　148
ホアインボー県　41
化州（ホアチャウ）城　225
ホアビニアン→ホアビン石器群
ホアビン山塊　30, 139, 207, 227
ホアビン省　8, 19, 23, 28, 29, 31, 33, 72, 92, 114, 187, 207, 209, 210, 212, 213, 300, 301, 303, 306, 308, 327
ホアビン石器群　12, 15, 19, 20, 22-26, 29-31, 34-36
ホアビン盆地　26
華林（所）（ホアラム[ソー]）　273, 275
華閭（ホアルー：Hoa Lư）　183, 191, 195, 203, 204, 218, 225, 245, 246, 303, 314
ホアロック遺跡　45, 46, 48-52, 58-60, 62, 63, 77-81
ホアロック文化　44, 45, 49, 51, 58, 62
環剣（ホアンキエム）湖　294

ホアンザン川　92, 126, 127, 133, 148
ホアンジウ通り　92, 126, 127, 133, 148
ホアンチャウ地点　164, 169
ホアンハー鼓　115
ホアンホアタム通り　191, 192
ホアンリエンソン山脈　4
胡季犛（ホー・クイ・リー）　255
望海縣　140, 147, 149
宝鏡湾遺跡　47, 48, 50, 51
峯州　150
ホーソン寺　5, 240, 241
ホーチミン市　186, 318
ボーナム洞穴　34
北宋　206, 313
北属時代　91, 94, 126, 138, 141, 156, 195, 201, 324
北帯縣　147, 150
北寧省嘉林県金關社神跡　261, 315
北流型銅鼓　110, 112, 208, 209
蒲川（ボースエン）社　313, 314
法顕　184
ホプレー　275, 286, 288
ホン河　4
ホンゴー遺跡　34-36, 41
香港　36, 50-52, 57, 79, 81
ホンハイコーティエン遺跡　83

【ま】

マー川　1, 2, 8, 11, 59, 117, 142, 151, 255, 324, 325
マーチェー　125, 127, 131, 132
マードン遺跡　45, 48-52, 65, 74-76, 78-80, 108, 335
マードン・ホアロック類型　16, 46, 50, 51, 62, 63, 65, 68, 70, 73, 74, 79-81, 322
マイチャウ　308
梅叔鸞（マイ・トゥック・ロアン）　14, 187
マイファー遺跡　16, 45, 49, 51, 52, 57, 63, 65, 78, 83
マイファー文化　44, 45, 57, 83
マオケー磚室墓　143
莫氏　195, 203, 254, 316, 329
マジャパイト王国　253
マックチャン　143
マラッカ海峡　184
マレー半島　36, 170, 171, 218
マンバック遺跡　11, 14, 16, 30, 38-40, 43, 45-53, 58, 59, 62, 66, 68-71, 73, 74, 76-83, 86, 100, 108, 313, 335
ミーカイン寺　300
ミーサー　275, 284-286
ミーソン遺跡　168
ミーハオ県　39
ミーロック県　205, 222, 249, 280
美禄（ミーロック）縣　280
明命（ミンマン）帝　248, 308, 311
ミンレーⅡ洞穴　34
ムオイ洞穴　13, 27, 28
ムオン山　223, 224
ムオン族　8, 110, 207, 208, 213, 214, 299-301, 303, 304, 306-309, 312, 313, 323-327, 329
ムクダハン　213

メーリン県　15, 89
メーリン城　148, 166, 167
メコン河　1, 11, 44, 153, 172, 185, 186, 204
メコン・ドンナイ川平野　6, 146, 322, 333, 335, 336
モーキュウ洞穴　30
モックチャウ県　14, 308

【や】

訳吁宋　138
弥生文化　109
雄王　117, 125, 133, 324, 325
邑江　187
Yunglong South遺跡　47, 48, 51
揚州城　196
Ⅳ式銅鼓　109, 112, 207, 210, 212, 213, 298-300, 325, 326, 327

【ら】

ラータイン通り　191
ラータイン　166
雷州半島　146, 184
ライチャウ省　8, 12, 14, 19, 36, 297, 298, 325
ライドン式銅鼓　212, 299, 324, 327
ラオ　286, 287, 288
ラオカイ（Lào Cai）省　8, 12, 112, 119, 210, 298
ラオカイ市　1, 11, 112, 119, 204
ラオス　1, 8, 11, 153, 204, 207, 213, 277, 297, 298, 325
駱　114, 138, 139
雒城　165
洛陽　194
ラグライ族　308
羅城　166, 172, 184, 192-196, 261
儶人　298, 326
ラックイー　180
ラックソン県　13, 14, 28, 207, 307
ラックチュオン磚室墓　146, 170
ラップタック県　325
羅泊湾漢墓　113, 114, 116, 129-131
羅泊湾鼓　113, 114
ラム川　1, 2, 8, 11, 186, 204
藍京（ラムキン）　257, 263, 272, 300, 316,
ラムタオ県　15, 324
羅羅国　299
ランヴァイン岩陰　14, 19, 28
ランヴァック遺跡　11, 15-19, 66, 114, 117, 122, 123, 129, 130, 132, 138, 141, 318, 332,
ランカー遺跡　16, 130, 131
ランクオム洞穴　11, 34, 82
ランコン遺跡　11, 14, 16, 40
ランソン省　4, 8, 14, 22, 24, 33-45, 82, 325
ランドイ洞穴　21, 27, 28
ランロンリエン岩陰　22, 30
李佛子（リー・ファット・トゥ）　140, 141, 175
李賁（リー・ボン／リー・ビー）　141, 175, 184, 192, 195, 327
李家山　119

六朝　157, 158, 184
六頭江　150
李元嘉　192, 193, 195
李原善　193
李朝　157, 189, 194, 196, 197, 203-205, 209, 210, 212-214, 216, 219, 220, 223, 225, 226, 249, 253, 256, 261, 269, 270, 273, 289, 292, 300, 303, 316, 323, 325
リュー・フォン・トゥ　313
龍淵縣　149, 150, 173-176
龍州　140, 325
龍編（縣）　141, 146-150, 155, 157, 158, 161, 170, 173-176, 184, 321, 325
龍編侯　173, 174
龍編城　135, 148, 172-175, 273, 325
梁　192, 193
遼寧省　135
呂興　174
呂后　133
呂岱　174, 184
霊応寺（リンウントゥ）　261
林邑　44, 164, 184, 329
林邑記　188
霊郎大王（リンランダイヴオン）　249
類Ⅱ式銅鼓　110, 112, 207-210, 212, 214, 299, 300, 324-327
ルイロウ城　147, 155, 156, 176
贏陽（縣）　155, 158, 172-174, 176, 184
ルオック川　150, 206
ルオン磚室墓　182
ルオンソン県　33, 307
ルソン　52
ルックイエン県　223
ルックガン県　22
ルックナム川　4
ルックナム県　311
ルンケー城　86, 94, 135, 140, 141, 143, 147-151, 154, 155-176, 177, 180, 181, 185-187, 192, 225, 273, 322, 327, 329, 334
ルンホア遺跡　16, 53, 54, 84, 85, 89, 181
ルンホア窯址　181
嶺外代答　213
霊渠　140, 165
霊山型銅鼓　112, 208
嶺南　3, 29, 36, 82, 86, 115, 131, 138, 139, 167, 173, 322
黎可朗（レー・カー・ラン）　261, 272, 273
Red River Plain　2
黎桓（レー・ホアン）　200
黎利（レー・ロイ）　246, 294, 300, 327
レンハント遺跡　60, 62, 65
ロー（Lô）川　4, 25
ロー（Lô）洞穴　55
盧循　148, 154, 174
ロロ族　8, 208, 298, 299, 326, 327
龍隊山（ロンドイソン）　214, 298, 300
ロンビエン　147, 148, 151

【わ】

佤族　298
和田理左右衛門　276
倭奴國王　141

ベトナムの考古・古代学

■著者略歴■
西村　昌也（にしむら・まさなり）
1965年　山口県下関生まれ。
1998年　東京大学大学院人文科学研究科（考古学専攻）博士課程単位取得退学。東京大学文学博士（論文博士）。
現　在　関西大学文化交渉学教育研究拠点助教（2011年3月まで）。
専　門　東南アジア考古学、ベトナム地域研究。20年以上に亘ってベトナムを中心に考古学調査や集落調査などを行う。
〈主要著作〉『紅河平原とメコン・ドンナイ川平原の考古学的研究』東京大学大学院人文社会研究科提出学位論文（2006年）。*Excavation of Da Kai : a Neolithic circular settlement site in the upper reach of Dong Nai river, southern Vietnam. Southeast Asian Archaeology Data Monograph, No.1.* The foundation for safeguarding the underground heritage in Southeast Asia.（2009年）。『フエの歴史と文化：周辺集落と外部からの視点』トゥアンホア出版社（ベトナム語、共編著、2010年）。『周縁の文化交渉学シリーズ1　東アジアの茶飲文化と茶業』関西大学文化交渉学教育研究拠点（編著、2011年）など。

2011年3月31日発行

著　者　西　村　昌　也
発行者　山　脇　洋　亮
印　刷　亜細亜印刷㈱
製　本　協栄製本㈱
発行所　東京都千代田区飯田橋4-4-8　㈱同成社
　　　　（〒102-0072）東京中央ビル
　　　　TEL 03-3239-1467　振替 00140-0-20618

©Nishimura Masanari 2011. Printed in Japan
ISBN978-4-88621-556-7 C3021